Julia Droste-Hennings · Thorsten Droste

Frankreich
Der Südwesten

Die Landschaften zwischen Zentralmassiv,
Atlantik und Pyrenäen

D1721530

Die wichtigsten Orte auf einen Blick

☆
Umweg lohnt

☆☆
keinesfalls versäumen

Inhalt

Natur – Kultur – Geschichte

Reiserouten im Südwesten Frankreichs

Natur – Kultur – Geschichte

Landeskunde

Die Landschaften Südwestfrankreichs

Der vorliegende Reiseführer beschreibt jene Gebiete im südwestlichen Frankreich, die sich heute auf die beiden Regionen Aquitaine und Midi-Pyrénées verteilen. Dies sind unter den 22 Regionen Frankreichs die beiden größten, insgesamt erfasst dieses Buch etwa ein Sechstel der Gesamtfläche Frankreichs (88 000 von insgesamt 540 000 km²). Seit der Gebietsreform von 1972 sind in der Region Aquitaine die fünf Départements Dordogne, Gironde, Lot-et-Garonne, Landes und Pyrénées Atlantiques zusammengefasst. Unter dem Dach der Region Midi-Pyrénées wurden acht Départements versammelt: Ariège, Aveyron, Haute-Garonne, Gers, Lot, Hautes-Pyrénées, Tarn und Tarn-et-Garonne. So weit die aktuellen politischen bzw. verwaltungstechnischen Namen. Dem Gast aus Deutschland sind die historischen Landschaftsnamen vermutlich vertrauter. Unsere Routenbeschreibung führt den Leser zunächst durch das südliche **Limousin**, es folgt die Beschreibung der Landschaft **Quercy**, die sich in eine Nordhälfte, das Haut-Quercy, und eine Südhälfte, Bas-Quercy, auch Quercy Blanc genannt, teilt. Die Mitte markiert das Tal des Lot, an seinen Ufern liegt die Hauptstadt des Quercy, Cahors, heute Präfektur des Département Lot.

Das Herzstück Südwestfrankreichs ist das Périgord mit dem lieblichen Dordognetal. Die Südhälfte nennt man das **Périgord Noir**, das Schwarze Périgord. Als Grund für diese Namensgebung liest man unterschiedliche Versionen: Nach der einen sind die dunkel belaubten Steineichen der Region, nach einer anderen die schwarzen Trüffel dafür verantwortlich. Hauptstadt des Périgord Noir ist das bezaubernde Sarlat, das Rothenburg Südwestfrankreichs. Die Nordhälfte gliedert sich in zwei Landschaftsabschnitte, die man Périgord Blanc und Périgord Vert nennt. Das **Périgord Blanc** ist das Gebiet unmittelbar um die Stadt Périgueux, von dort erstreckt es sich entlang dem Nordufer des Isle über das Städtchen Ribérac hinaus bis zum Angoumois. Die Bezeichnung Weißes Périgord nimmt Bezug auf die hellen Kalksteinformationen, die hier verbreitet sind. Périgueux ist die alte Hauptstadt des gesamten Périgord und Präfektur des Département Dordogne. Das **Périgord Vert** grenzt nördlich an das Périgord Blanc und ist in der Hauptsache eingebettet zwischen die Täler des Isle und der Dronne. Zentrum des Grünen Périgord ist das Städtchen Thiviers. Schließlich gibt es noch ein **Périgord Pourpre**. Die Bezeichnung Purpurnes Périgord für das Weinbaugebiet um Bergerac ist eine Kreation aus jüngerer Zeit und wurde wohl nicht zuletzt aus verkaufstaktischen Gründen aus der Taufe gehoben. Der Name betont die Eigenständigkeit innerhalb des Périgord und soll vor allem eine selbstbewusste Abgrenzung gegen das Bordelais mit seinen zum Teil weltberühmten Weinlagen verdeutlichen.

◁ *Kreuzgang von Moissac*

Weiter geht es entgegen dem Uhrzeigersinn durch die Landschaften Südwestfrankreichs. Auf das Quercy und das Périgord folgt das **Bordelais** mit Bordeaux als Zentrum, zugleich Hauptstadt der Region Aquitaine. Hier stellen wir die Denkmäler und ebenso die Landschaften beidseits von Dordogne und Garonne vor. Südlich schließen an das Bordelais die Landes (Heiden) an, jene ausgedehnte, ebene Waldlandschaft, die das Hinterland der Atlantikküste bildet. Mehr als 200 km feinsten Strandes erstrecken sich von der Girondemündung bis an den Fuß der Pyrenäen. Wegen seines Silberglanzes nennt man diesen Küstenabschnitt die **Côte d'Argent**.

Als Südgrenze des Raumes von Südwestfrankreich bauen sich dann die Pyrenäen auf. Das **Baskenland** besetzt die atlantischen Pyrenäen, landeinwärts schließt sich das **Béarn** mit der Hauptstadt Pau an. Großen Raum nimmt die **Gascogne** ein (Hauptort Auch). Sie grenzt im Süden an die westlichen Pyrenäen, im Westen an die Landes, im Osten an das Toulousain, nach Norden wird sie von der Garonne gegen das Périgord abgegrenzt.

Die zentralen **Pyrenäen** werfen sich im Bereich der Landschaften Bigorre, Comminges und Couseran bis zu 3000 m Höhe auf, es herrscht ein alpines Milieu mit idealen Bedingungen für Wintersportler.

Auf der Mitte zwischen Atlantik und Mittelmeer liegt **Toulouse**, neben Bordeaux die zweite urbane Metropole in Südwestfrankreich. Während sich in Bordeaux alles um das Thema Wein dreht, beherrscht

Das Tal des Lot bei St-Cirq-Lapopie – in Jahrmillionen hat sich der Fluss tief in den weichen Kalkstein gegraben.

Tropfsteinbildung im Gouffre de Padirac. Die größte Tropfsteinhöhle im südwestlichen Frankreich besitzt alle erdenklichen Formen des Höhlensinters. Hier sind besonders gut die so genannten Sinterbecken zu erkennen.

in Toulouse der Flugzeugbau von Airbus die Szene. Mit dem Besuch von Carcassonne, der mächtigen mittelalterlichen Stadt an der Aude, lassen wir das Buch ausklingen.

Stichworte zur Geologie

Das südwestliche Frankreich wird nicht nur von den Historikern, sondern auch von den Geologen Aquitanien genannt, man spricht vom Aquitanischen Becken. Dieser Begriff ist weiter gespannt als das historische Herzogtum Aquitanien beziehungsweise die heutige Region Aquitaine. Die von zahlreichen Flüssen durchzogene Ebene bildet ein nahezu dreieckiges Senkungsfeld, das im Osten vom Zentralmassiv, im Norden vom Armorikanischen Massiv (Höhenzüge der Vendée und der Bretagne), im Süden durch die Pyrenäen und im Westen durch den Atlantik begrenzt wird. Ursprünglich ein Meeresgolf, also eine Erweiterung der heutigen Biskaya nach Osten, entstand das Aquitanische Becken, indem sich der Meeresboden allmählich mit Schuttmassen auffüllte, die von den im Tertiär und Quartär aufsteigenden Gebirgen (Pyrenäen) oder Nachfaltungen (Zentralmassiv) stammten. Diese Molasse und fluviale Bildungen überdeckten weitgehend die älteren marinen Ablagerungen, die nur am Nordostrand in Form von Kalken des Alttertiärs, der Kreide und des Jura zusammen mit den Ausläufern des Zentralmassivs mitangehoben wurden. Die Vézère, die Dordogne, der Lot und der Tarn haben tiefe Gräben in diese Gesteinsschichten gezogen. Sie sind Nebenarme der Garonne, der wichtigsten Wasserader Südwestfrankreichs, die im Val d'Aran in Spanien entspringt und in einem weiten Bogen auf 650 km Länge unser Reisegebiet durchzieht.

Unter den von Gebirgsfaltungen in die Senke getragenen Schuttmassen bildeten sich an der Westflanke des Aquitanischen Beckens, in der Landschaft Landes, Gase und Erdöl, die heute im Gebiet um das Städtchen Parentis-en-Born abgebaut werden. Ansonsten ist das Aquitanische Becken ausgesprochen arm an Bodenschätzen, weshalb sich letztlich keine nennenswerte Industrie entwickelte. So ist in weiten Teilen des südwestlichen Frankreich die agrarische Struktur vorherrschend geblieben. Im heutigen überindustrialisierten Europa empfindet man die Unberührtheit der Landschaft als besonders wohltuend.

Entstehungsgeschichte der Höhlen

Höhlen gehören zu den auffälligsten Erscheinungen in Südwestfrankreich. Geballt kommen sie im Périgord, im Quercy und in den Pyrenäen vor. Ihre Entstehung soll hier deshalb näher beleuchtet werden. Sie finden sich überwiegend im Kalksaum entlang den Ausläufern des Zentralmassivs, also in den Tälern der Vézère, der Dordogne und des Lot, die klassische Karstgebiete sind. Die Bezeichnung **Karst** benannte ursprünglich einmal die Kalklandschaft in Istrien, im heutigen Grenzgebiet zwischen Italien und Slowenien, inzwischen aber findet sie allgemein Anwendung auf Kalklandschaften, deren gemeinsames Charakteristikum eine unterirdische Entwässerung ist. Das Kalkgestein – in Jahrmillionen durch Ablagerungen entstandener alter Meeresboden – wurde im Zuge der tertiären Nachfaltungen des Zentralmassivs nach oben gedrückt. Dabei verschoben sich die Kalkschichten, wurden vielfältig gebrochen, in- und übereinander gelagert, was zahllose Risse, Klüfte und Fugen verursachte. Dieses Gefüge aus zerklüfteten Hohlräumen ist der Ursprung der unterirdischen Höhlen. Doch ihr heutiges Aussehen erhielten sie erst durch die Tatsache, dass der Kalk wasserlöslich ist. Das mit Kohlendioxyd aus der Luft, insbesondere aus der Luft pflanzenreicher Böden, gesättigte und deshalb – bezogen

Wasserundurchlässige Gesteinsschichten

Schema der Verkarstung einer Landschaft mit Bildung einer Tropfsteinhöhle

13

Bei der Beschreibung der Höhlen werden unweigerlich weitere Fachbegriffe ins Spiel kommen. Dem kunstgeschichtlichen Glossar wurde deshalb ein höhlenkundliches angeschlossen (S. 389), damit der Leser jederzeit ihm fremd erscheinende Begriffe aus diesem Spezialgebiet abrufen kann.

auf den Kalk – säureartig wirkende Wasser dringt in die Risse und Fugen des ehemaligen, nun aufgefalteten Meeresbodens ein und beginnt, diese zu vergrößern. Neben seiner chemischen Wirkung (Korrosion) übt das Wasser auch eine mechanische Kraft aus (Erosion). Mitgeführte feste Bestandteile wie Sand und Schutt werden an den Kalkwänden gerieben und sorgen für zusätzliche Abtragung. So entsteht allmählich ein System unterirdischer Kanäle, das der Erdoberfläche mehr und mehr das Regenwasser entzieht. Als Folge trocknet die Krume aus, wird stellenweise abgetragen, und entsprechend geht die Vegetation zurück, teilweise bis zur völligen Verödung – das klassische Bild einer Karstlandschaft. Das versickerte Wasser gräbt sich seinen Weg, der Erdanziehung folgend, so lange in die Tiefe, bis es auf wasserunlösliche Gesteinsschichten trifft, auf denen es abfließt, um dann irgendwo als **Karstquelle** wieder zutage zu treten. So bleiben die höher gelegenen Teile des Systems aus Kanälen und Hohlräumen allmählich frei von Wasser, es entstehen die unterirdischen Höhlen, die den Menschen des Paläolithikums als Kultstätten dienten und in denen sich vielfach eine Zauberwelt aus Tropfsteinen bildete.

Bei den Tropfsteinen, mit anderen vergleichbaren Bildungen allgemein **Höhlensinter** genannt, handelt es sich um sekundären Kalk. Der primäre Kalk ist der gewachsene ehemalige Meeresboden, der, wie eben beschrieben, vom kohlendioxydhaltigen Wasser zersetzt und in gelöstem Zustand fortgetragen wird. In größeren Tiefen gibt das Wasser die Kalkbestandteile wieder ab, die sich dann im Höhlensinter konkretisieren. Die dafür entscheidende Voraussetzung ist nicht, wie man meinen könnte, die Wasserverdunstung, sondern vielmehr das **Entweichen des Kohlendioxyds**, ohne das Wasser die Fähigkeit verliert, Kalk zu binden.

Wenn das Wasser an einer schrägen Höhlendecke oder -wand verläuft, ohne dabei abzutropfen, entstehen **Sinterfahnen**, die oft nur papierdünn sind. Wo aber der Neigungsgrad zu gering wird, tropft das Wasser von der Höhlendecke zu Boden. Dabei lagern sich nach und nach sowohl oben als auch unten Kalkteilchen ab, bis die von der Decke herabhängenden **Stalaktiten** und die von unten nach oben wachsenden **Stalagmiten** entstehen. Am erstaunlichsten sind indes die *excentriques*, korallenartig verzweigte Sinterstäbchen, deren Formen jedem Naturgesetz zu widersprechen scheinen. Verbreitet sind auch Sinterbecken, flache, wannenähnliche Gebilde, und der Bodensinter, der überall dort entstanden ist, wo Wasser über den Boden ablief, was meist zu wulstigen, buckligen Bildungen geführt hat.

Die genaue Untersuchung eines Tropfsteins gibt Aufschluss über sein Alter und die klimatischen Bedingungen zur Zeit seiner Entstehung. Für die Datierung hat sich die ^{14}C-Methode als verlässlich erwiesen. Im Kohlendioxyd der Luft finden sich geringe Mengen von ^{14}C, radioaktivem Kohlenstoff, der durch das Wasser in den Tropfstein gelangt und vom Moment der Kalkausscheidung an zu zerfallen beginnt. Je geringer die noch messbaren radioaktiven Rückstände sind, desto älter ist das Tropfsteingebilde. So gewinnt man auch Einsicht in die Wachstumsdauer eines Tropfsteins: etwa 1 cm pro Jahrhundert. Bei Querschnitten durch Stalaktiten und Stalagmiten wurden verschiedene Schichtungen identifiziert, die wie die Jahresringe eines Baumes die paläoklimatischen Umweltbedingungen widerspiegeln. In den Kaltzeiten, die nur ein geringes Maß an Vegetation zuließen, kam ihr Wachstum fast zur Stagnation, während Phasen der Erwärmung mit einer reichen Flora das Wachstum wieder beschleunigten.

Klima und Vegetation

In Südwestfrankreich herrscht ein **atlantisch-mediterranes Mischklima**, wobei jedoch die atlantische Komponente deutlich überwiegt. Die Sommer sind angenehm warm, nur selten wird es drückend heiß. Im Winter sind Frosttage die Ausnahme, und Schnee fällt in den Niederungen so gut wie nie. Das Frühjahr und der Herbst bringen häufig Regenschauer vom Atlantik her, aber in der Regel verhält es sich ähnlich wie in Irland: Es vergeht kaum ein Tag ohne Sonne, ausgesprochene Schlechtwetterperioden erlebt man selten.

Dieses feuchtwarme Klima bietet die ideale Voraussetzung für eine artenreiche Vegetation. Im Landschaftsbild dominiert der **Laubwald**, vor allem der westeuropäische Eichenmischwald. Neben Steineichen fallen die vielen Haine der Edelkastanie auf, die vor allem an den Abhängen der Flusstäler gedeiht. In den Niederungen dagegen herrschen

Im Herbst leuchten die Weinfelder rund um Puy-l'Evêque in allen Rottönen.

Pyramiden-Hundswurz

Wild wachsende Orchideen stehen auch in Frankreich unter Naturschutz. Man darf sich an ihnen freuen, sollte sie aber nicht pflücken.

Zypressen und Pappeln vor. Ferner bestimmen Baumplantagen das Landschaftsbild, die vielen Nussbäume im Périgord, die ausgedehnten Obstplantagen im Bergeracois bzw. Périgord Pourpre (Pfirsich, Nektarine, Apfel), das nicht auf Wein allein spezialisiert ist, schließlich die Pflaumenplantagen rund um Agen am Nordrand der Gascogne. In den Landes beherrschen Kiefernwälder das Feld. Mit 15 000 km² Gesamtfläche erlebt man hier das größte zusammenhängende Waldgebiet Frankreichs.

Blumenarten

Unübersehbar ist die Artenvielfalt der Blumen. Des milden Klimas wegen gedeihen in ganz Südwestfrankreich mediterrane Blumenarten. Nur ganz wenige, ausgesprochen atlantische Spezies, sind ausschließlich auf den Küstenstreifen beschränkt. Am auffälligsten in der atlantischen Dünenlandschaft sind die Strandkresse mit kleinen weißen, die Strandkamille mit margeritenähnlichen Blüten, der goldgelb blühende Strandschneckenklee, der Hornmohn mit seinen orangefarbenen Blüten und die zartrosa blühende Strandwinde, die diesen Namen wegen ihres gewundenen Stängels trägt. Vor allem dem Liebhaber von **Wildorchideen** bietet sich ein breites Beobachtungsfeld. In Südwestfrankreich wurden mehr als 200 wild wachsende Orchideenarten identifiziert! Im Mai und Juni entdeckt man vielerorts Kuckucksknabenkraut, Affenknabenkraut, die Waldhyazinthe, den Pyramiden-Hundswurz, Bienen-, Hummel- und Fliegenwurz oder das Langblättrige Waldvögelein. Auch die hoch wachsende Bocksriemenzunge, in Deutschland so gut wie ausgestorben, ist keine Rarität.

Ferner fallen bei Spaziergängen auf: der weiß blühende Aronstab, an dessen Stiel im Herbst die roten Fruchtkugeln leuchten, und der gleichfalls weiß blühende Affodill, die mythische Blume des Apoll, die man im Juni gehäuft in höheren Lagen der Pyrenäen antrifft.

Fauna

Gegen die überreichen Darstellungen in den steinzeitlichen Höhlen mit ihren Abbildungen von Büffeln, Wildpferden, Raubkatzen, Nashörnern und anderen zum Teil ausgestorbenen Großtierarten nimmt sich unser Reisegebiet heute vergleichsweise artenarm aus. Dafür ist einmal das gegenüber früheren Zeiten veränderte Klima verantwortlich, zum anderen diktiert die dichtere Besiedelung heute gänzlich veränderte Lebensbedingungen. Den größten Artenreichtum erleben wir in den **Pyrenäen**. Hier lassen sich Steinadler und andere Greifvögel, sogar Geier in freier Wildbahn beobachten. Roter wie Schwarzer Milan kommen in großen Kolonien vor. Ansonsten sieht man Tierarten, wie sie auch in den Alpen verbreitet sind: Murmeltier, Steinbock, Gämse. Derzeit laufen Versuche, den ausgestorbenen Braunbär mit Exemplaren aus Slowenien in den Pyrenäen wieder anzusiedeln. Die Bevölkerung nimmt das mit gemischten Gefühlen auf. Engagierte

Umweltschützer sind emsige Befürworter der Aktion, Bauern und Hirten stemmen sich mit Gewalt dagegen. In den Wäldern und Auen der Niederungen ziehen Rehe, Hirsche, Wildschweine, Hasen und Fasane das begehrliche Auge der Jäger auf sich. Die Jagdleidenschaft der Franzosen hat inzwischen bizarre Blüten getrieben. Mancherorts wundert man sich zur Jagdzeit über scheinbar handzahme Fasane, die durch die Dörfer stolzieren. Dabei handelt es sich nicht um frei lebend aufgewachsene Tiere, sondern um Zuchtexemplare, die zur Jagdzeit ausgesetzt werden, um den schussfreudigen Jägern leicht zu treffende Ziele abzugeben. Gleichfalls artenreich vertreten sind **Lurche und Reptilien**. Vor allem beleben verschiedene Eidechsenarten das warme Gestein von Ruinen und Felsen, unter denen die giftgrüne Smaragdeidechse optisch am auffälligsten ist. Eine Beruhigung mag es sein, dass in den hier beschriebenen Landschaften Giftschlangen eher selten vorkommen. Trotzdem empfiehlt sich bei Spaziergängen oder Wanderungen querfeldein festes Schuhwerk. Was man gelegentlich unterwegs sieht, sind in der Regel harmlose Natternarten. An manchen Orten erlebt man die Geburtshelferkröte, die ihr sehr viel kleineres Männchen während der Paarungszeit auf dem Rücken trägt. Zwar bekommt man das scheue Tier fast nie zu sehen, aber akustisch ist es gegenwärtig. Die Kröten quaken nicht, vielmehr lassen sie einen silbrigen, hellen Ton erklingen. Da jede einen anderen Ton anstimmt, kann man gelegentlich ein anmutiges Konzert mit ständigem Wechselgesang hören. Man nennt die Geburtshelferkröte deshalb auch mit freundlicherem Namen den Glockenfrosch.

Unerschöpflich ist der Artenreichtum unter den **Insekten**. Es ist gewiss kein Zufall, dass der bedeutendste Entomologe (Insektenforscher) aller Zeiten, Jean-Henri Fabre (1823–1915), aus dem Périgord stammt. Er siedelte allerdings schon in jungen Jahren in die Provence über, wo er seine Forschungen in den lesenswerten »Souvenirs entomologiques« festhielt. Wer die Ausführungen Fabres zum Leben der Insekten auch nur zum Teil kennengelernt hat (eine Auswahl seiner Aufsätze ist in deutscher Übersetzung unter dem Titel »Das offenbare Geheimnis« erschienen), wird sich mit anderen Augen in der Natur Südfrankreichs umsehen. Da gilt es, das aufregende Verhalten der unterschiedlichen Grabwespen zu studieren, die ihren Larven ein durch gezielte Stiche gelähmtes Opfer als Nahrung mit in die einsame Brutkammer geben; man lernt das mühselige Geschäft des Mistkäfers kennen, dessen schillernder Panzer nicht ahnen lässt, dass er sich von den Verdauungsresten anderer Tiere ernährt; man erlebt den erschreckenden Kampf der mit mörderischen Scheren ausgerüsteten Gottesanbeterin und vieles mehr.

Neben den wild lebenden Tieren fallen vor allem die domestizierten Arten ins Auge, die zugleich einen Grundpfeiler der Landwirtschaft darstellen, allen voran das Federvieh. Die **Gans** kann man nachgerade als Wappentier des Périgord ansprechen, dasselbe gilt für die Ente. Aus beiden wird die Vielzahl der Köstlichkeiten bereitet, auf die wir an entsprechender Stelle noch ausführlich eingehen.

Smaragdeidechse beim Sonnenbad

Epochen der Geschichte

Im Dämmerlicht der Vor- und Frühgeschichte

Die Frühzeit menschlichen Lebens im heutigen Südwestfrankreich liegt im Dunkel der Vorgeschichte. Nach unserer Kenntnis haben schon vor etwa einer Million Jahre Vorfahren des Homo sapiens hier gelebt. Im Altpaläolithikum folgten vier Eiszeiten im Wechsel mit warmen Perioden aufeinander: die Günz-, Mindel-, Riss- und schließlich die Würm-Eiszeit. In das vorletzte Interglazial, so der Fachbegriff für die Warmzeiten, etwa in die Zeit vor 450 000 Jahren wird das Auftreten frühester Kulturäußerungen datiert. Die Prähominiden dieser Ära kannten bereits Feuer und fertigten aus Stein primitive Werkzeuge. Vor etwa 150 000 Jahren, mit dem Beginn der mittleren Altsteinzeit, die zugleich das letzte Interglazial einleitet, tritt in Mitteleuropa der Neandertaler auf. An verschiedenen Orten wurden Schädel mit nur geringen unterschiedlichen rassischen Merkmalen gefunden. Man kennt den Moustier-, den Ferrassie- und den Chapelle-aux-Saints-Typus. Die Steinwerkzeuge dieser Epoche zeigen bereits eine differenziertere Bearbeitung.

Während der letzten Eiszeit starb der Neandertaler aus, und an seine Stelle trat seit der Zeit um 40 000 v. Chr. der erste Menschentyp, den man Homo sapiens sapiens nennt. Dies ist in Südfrankreich der **Cro-Magnon-Mensch**. Seinen Namen erhielt er nach dem Ort, wo Anfang 1868 der erste Schädel seiner Gattung entdeckt wurde. Cro-Magnon ist ein Ortsteil von Les Eyzies im Tal der Vézère. Der Cro-Magnon ist der Schöpfer der Höhlenkunst, die sich schon bald nach seinem Auftreten zu entwickeln begann und die erste bedeutende Kunstepoche in der Geschichte der Menschheit darstellt. Mit dem Aussterben des Cro-Magnon um 10 000 v. Chr. ging auch diese Ära der Steinzeitkunst zu Ende. Man vermutet, dass die Rentiere, wichtiges Beutegut der nomadisierenden Jägersippen, dem nach Norden zurückweichenden Eis folgten, mit ihnen wanderten die Jäger ab.

Aus der Übergangszeit des Mesolithikums kennt man nur wenige Fundstücke, was sich nicht zuletzt aus der zunehmenden Verwendung vergänglicher Stoffe erklärt (Holz, Leder, Darm u. Ä.). Erst mit dem anbrechenden Neolithikum mehren sich wieder die archäologischen Funde. Diese letzte Epoche der Steinzeit setzt man zwischen 4250 und 2800 v. Chr. an. In dieser Zeit kommt die Herstellung einfacher Keramik auf, die Steinwerkzeuge werden jetzt geschliffen, Steine und Knochen zum Teil durchbohrt, eine Technik, die dem Cro-Magnon noch unbekannt war. Monumentale Zeugen aus dieser Zeit haben sich in Gestalt der Menhire (Hinkelsteine) und der Dolmen (Hünengräber) vielerorts erhalten.

Bald nach der Wende vom 4. zum 3. vorchristlichen Jahrtausend erlischt die Steinzeit, und es heben die Metallzeitalter an. In deren erster Epoche, der Bronzezeit, wurde das Errichten von Dolmen noch eine Zeitlang fortgesetzt. Um 1200 v. Chr. drang eine erste (keltische?) Wanderungswelle nach Südwestfrankreich vor, der ca. 600 Jahre später die eigentliche große keltische Landnahme von Osten her folgte. Im Périgord siedelte sich der Stamm der Petrucoren an, nach dem das Périgord wie auch seine Hauptstadt Périgueux ihren Namen tragen, im Namen des Quercy und seiner Hauptstadt Cahors lebt die Erinnerung an den Keltenstamm der Cadurcen fort, die sich in diesem Raum niederließen. Im Pyrenäenraum siedelten die Covenaren. Sie sind die Namensgeber der Landschaft Comminges. Außer Orts- und Landschaftsnamen erinnert kaum etwas an die Zeit der Kelten. Vom Fortgang der Geschichte sind wir erst dank der in römischer Zeit anhebenden schriftlichen Überlieferung verlässlicher unterrichtet.

DIE ZEITALTER DES PALÄOLITHIKUMS (ALTSTEINZEIT)				
	Perioden	Klima	Menschheits-Entw.	Jahre
Jung-Paläolithikum	MAGDALÉNIEN SOLUTRÉEN AURIGNACIEN PÉRIGORDIEN	Würm-Eiszeit	HOMO SAPIENS (Cro-Magnon, Chancelade, Grimaldi)	10 000 v. Chr. 18 000 40 000
Mittel-Pal.	MOUSTÉRIEN LEVALLOISIEN TAYACIEN	Warmzeit (Interglazial)	NEANDERTALER (Moustier, Ferrassie)	150 000
Alt-Paläolithikum	ACHEULÉEN	Riss-Eiszeit Warmzeit	Mensch von Fontechévade (Charente) Mensch von Swanscombe (England)	
Alt-Paläolithikum	CLACTONIEN ABBÉVILLIEN	Mindel-Eiszeit Warmzeit Günz-Eiszeit	Mensch von Java, sog. Pithecanthropus	800 000 ca. 1 000 000

Die Archäologie benennt Fundstücke und Epochen nach dem Ort ihrer Entdeckung. Die Tatsache, dass fast alle prähistorischen Epochen Namen südwestfranzösischer Orte tragen, ist ein Zeichen für die eminente Bedeutung dieses Gebiets.

Antike

Schon um 600 v. Chr. machten sich Griechen aus Phokäa an der französischen Mittelmeerküste breit und gründeten dort ihre Kolonien, als bekannteste Massalia, das heutige Marseille. Von dort aus trieben sie einen nicht unbedeutenden Handel mit den Kelten, von denen sie sich wichtige Rohstoffe – vom Tierfell bis zum Silber – im Tausch gegen Luxusgüter aus ihrer eigenen Produktion einhandelten – Bronzegegenstände, Keramik u. Ä. 1953 wurde in Burgund der **Schatz von Vix** gehoben, dessen große Bronzegegenstände, allen voran der berühmte Krater von Vix, ein mannshoher Mischkrug, ein Schlaglicht auf das offenbar gutnachbarschaftliche Verhältnis zwischen Griechen und Kelten werfen. Diese Zeit eines friedfertigen Nebeneinanders ging im späten 2. Jh. v. Chr. in die Brüche. Die Griechen sahen sich in der Provence wiederholte Male Übergriffen von keltischer Seite ausgesetzt und riefen schließlich die Römer zu Hilfe. Die ließen sich nicht lange bitten, da sie mit einem Einmarsch im südlichen Gallien die Chance witterten, eine feste Landbrücke zwischen Spanien, das ihnen als Folge ihres Sieges im Zweiten Punischen Krieg zugefallen war, und Italien zu schlagen. Die Rechnung ging auf. Die Kelten wurden in mehreren Schlachten nach Norden zurückgedrängt und die Griechen übergangen. Im Jahre 118 v. Chr., nur sieben Jahre nach dem Einmarsch der römischen Legionen, wurde die **Provinz Gallia Narbonensis** mit der Hauptstadt der Colonia Narbo Martius (das heutige Narbonne) gegründet. Im südwestfranzösischen Raum wurde nun für ein Dreivierteljahrhundert der Tarn zur Grenze zwischen dem von den Römern beherrschten Südgallien und jenen Teilen Restgalliens, die sich zunächst noch von der römischen Bevormundung hatten freihalten können.

Die Eroberungsfeldzüge des Gaius Julius Cäsar brachten es mit sich, dass schließlich im Jahr 51 v. Chr. ganz Gallien dem Imperium Romanum einverleibt wurde. In diesem Jahr brach der letzte gemeinsame Versuch der Kelten unter Führung des Arvernerfürsten Vercingetorix, das drohende Joch der Fremdherrschaft abzuschütteln, mit dem Fall von Alesia zusammen. In der Nachfolge Cäsars gelang es Kaiser Augustus, Gallien tief greifend zu befrieden, wobei immer wieder lokale Aufstände der Kelten mit blutiger Gewalt niedergeschlagen wurden. So entstand die **gallorömische Kultur**, die den Landschaften in ganz Gallien eine Blütezeit bescherte. Die Römer gründeten an der Stelle vormaliger keltischer Siedlungsplätze beziehungsweise Heiligtümer als wichtigste Städte Burdigala (Bordeaux) und Tolosa (Toulouse), ferner im Quercy Divona Cadurcorum (Cahors) und im Périgord Vesuna Petrucorium (Périgueux).

An baulichen Zeugen hat sich indes nicht vieles bewahrt; in dieser Hinsicht können die Landschaften Südwestfrankreichs mit der Provence nicht konkurrieren. Den Arenen, Theatern, Tempeln und Triumphbögen in Arles, Nîmes und Orange stehen nur spärliche Ruinen in Bordeaux, Périgueux, Montcaret, St-Bertrand-de-Comminges und

Noch heute hat das Land den Römern für Dinge zu danken, die diese in Südfrankreich einführten und heimisch machten. Zuvorderst denkt man natürlich an den Weinbau, der hier auf eine zweitausendjährige Tradition zurückblickt; aber auch der Anbau von Kirschen, Walnüssen, Edelkastanien und Pfirsichen, die die Römer ihrerseits aus Kleinasien eingeführt hatten, gehört bis heute zu den Fundamenten der Wirtschaft in Südwestfrankreich.

Cahors gegenüber. Der Grund dafür liegt in der bewegten Geschichte, die das Land nach dem Zusammenbruch der Römerherrschaft über sich ergehen lassen musste.

Völkerwanderungszeit

Obwohl das weströmische Reich definitiv erst im Jahr 476 n. Chr. erlosch, hatte das südwestliche Frankreich zu diesem Zeitpunkt bereits wiederholte germanische Invasionen erlebt und war schon früh eigene Wege gegangen. Bereits im Jahre 276 n. Chr. brandschatzten die **Alamannen** viele Orte Aquitaniens. 408 zogen die **Vandalen** durch Südwestfrankreich, eine Spur der Zerstörung hinter sich lassend. An die kurze Episode erinnert nur noch der Name des Dorfes Gandalou, das 4 km südöstlich von Moissac liegt – wie sich überhaupt wesentliche Ereignisse der Geschichte immer wieder in Ortsnamen niedergeschlagen haben. Nur sieben Jahre später traten die **Westgoten** nach langer Wanderschaft, die sie durch halb Europa geführt hatte, in Südwestfrankreich auf den Plan. Sie wurden offiziell unter dem Signum der *foederati* (Bundesgenossen) angesiedelt, de facto stellte ihr Herrschaftsbereich das erste selbständige Germanenreich auf dem Boden des Imperium Romanum dar. Nach seiner Hauptstadt Toulouse hat man es auch das Tolosanische Reich genannt. Es blieb vom Abtreten Westroms von der weltpolitischen Bühne gänzlich unbeeindruckt und musste sich erst den Franken geschlagen geben. Der Einschnitt wird durch das Jahr 507 markiert. Damals verlor der König der Westgoten, Alarich II., die Schlacht von Vouillé (nahe Poitiers) und das Leben, sein Volk wurde über die Pyrenäen nach Spanien abgedrängt. Fortan geboten die **Franken** über das südwestliche Gallien.

Vesuna-Tempel in Périgueux – die Cella des Rundtempels ist das am besten erhaltene Bauwerk der gallo-römischen Epoche im Périgord. Andere Denkmäler der Antike wurden zu einem großen Teil schon in der Epoche der Völkerwanderung niedergerissen; mit dem Abbruchmaterial wurden vielerorts die Stadtmauern verstärkt.

Die Rolle des Christentums

Die Epoche vom 3. bis zum 8. Jh. war eine Zeit tiefer Erschütterungen und brachte eine radikale Umgestaltung Europas mit sich. Dass die Provinzen des zusammengebrochenen Römischen Reiches nicht im Chaos versanken, sondern sich vielmehr eine neue, an antike Traditionen anknüpfende Ordnung durchsetzen konnte, ist dem Christentum zu verdanken. Bereits seit dem 2. Jh. n. Chr. war die neue Religion über die Häfen der Mittelmeerküste nach Südfrankreich eingesickert. Nach der Legitimation des Christentums durch Konstantin den Großen (313 Toleranzedikt von Mailand) und ganz besonders als Folge der Erhebung zur offiziellen Staatsreligion Ende des 4. Jh. durch Theodosius den Großen zog die Kirche nicht nur die Aufgabe des kultischen Dienstes an sich, sondern wurde daneben auch zum Garanten für das Fortbestehen einer funktionierenden Verwaltung. Nicht zuletzt deshalb nahmen die neuen germanischen Herren über Gallien den christlichen Glauben an. Im Jahr 496 (nach neuerer Forschung wird dieses Datum in Zweifel gezogen) vollzog **König Chlodwig**, der die verschiedenen fränkischen Kleinstaaten Galliens unter seiner alleinigen Autorität zusammengeführt hatte, einen Schritt von welthistorischer Tragweite: Er ließ sich in Reims nach orthodoxem Ritus taufen, zugleich auch salben und krönen; 5000 fränkische Adlige schlossen sich seinem Vorbild an. Damit war dem Katholizismus der Weg zur Vorrangstellung in Europa geebnet. Man geht heute allerdings davon aus, dass Chlodwigs Motive weniger religiös waren, sondern eher nüchternem politischem Kalkül entsprangen. Mit dem Bekenntnis zur Orthodoxie vollzog der machthungrige Merowingerkönig den Schulterschluss mit der alten gallorömischen Nobilität, die als Träger der Verwaltung ein unverzichtbarer Bündnispartner beim Aufbau der merowingisch fränkischen Herrschaft war. Zugleich hatte man sich dauerhaft der Unterstützung von Seiten Roms versichert.

Neben dem Weltklerus, der die Ordnung – in den Städten – aufrecht erhielt, entwickelte sich seit dem 6. Jh. die Ordensgeistlichkeit zu einem zweiten Verantwortungsträger der Kirche. Eine der ältesten Abteien ist das im 7. Jh. gegründete **Moissac**, das im 11. Jh. zum bedeutendsten Kloster der Region aufstieg und das Cluny Südwestfrankreichs werden sollte. **Karl der Große** band die Klöster in seine Politik mit ein. Ihnen fielen im Rahmen der karolingischen Reichsordnung so zentrale Aufgaben zu wie das Schulwesen, Ausbildung des akademischen Nachwuchses, soziale und karitative Funktionen. In den Skriptorien wurden die antiken und frühchristlichen Autoren kopiert, ihre Schriften archiviert und so der Nachwelt übermittelt.

Die Zeit der Karolinger

Diese neue Ordnung sah sich wiederholte Male existenziellen Bedrohungen ausgesetzt. 711 hatten die **Araber** das Westgotenreich in Spanien zerschlagen und schon bald danach die Pyrenäen überschritten. Ihr weiteres Vordringen nach Norden verhinderte Karl Martell, der Großvater Karls des Großen. 732 mussten sich die Araber in der Schlacht von Tours und Poitiers den Franken geschlagen geben und zogen sich wieder über die Pyrenäen zurück. Lediglich in der Septimania, dem heutigen Roussillon, und in manchen Festungen in der Provence konnten sie sich zum Teil noch bis ins 10. Jh. halten. Im Namen der Ortschaft Castelsarrasin (6 km südlich von Moissac) ist diese Episode lebendig geblieben.

Kaum waren die Araber in die Schranken verwiesen, tauchte im 9. Jh. mit den **Normannen** eine neue Geißel auf. Mit ihren wendigen Booten segelten die »Nordmänner« die Flüsse vom Atlantik her aufwärts und plünderten die Dörfer, Städte und Klöster an deren Ufern. Erst ihre Ansiedlung in der Normandie erlöste das westliche Frankreich von ihnen.

Zu dieser Zeit hatte Karl der Große (768–814) bereits sein Riesenreich geschmiedet, dem jedoch kein dauerhafter Bestand beschieden war. Schon unter seinen Enkeln zerfiel das Karolingerreich. Aus wiederholten **Teilungsverträgen** (Verdun 843, Mersen 870, Ribemont 880) gingen schrittweise Deutschland und Frankreich hervor, das anfänglich geschaffene künstliche Mittelreich Kaiser Lothars wurde auf diese beiden neuen Königreiche aufgeteilt, einige Territorien des Mittelreichs – die Provence und Oberitalien – spalteten sich vom fränkischen Erbe ab und gingen vorübergehend eigene Wege. Das südwestliche Frankreich aber blieb fortan unverbrüchlicher Bestandteil des westfränkischen Reiches, in dem die Karolingerdynastie noch bis zu ihrem Aussterben 987 ein Schattendasein führte. Einen beherzten Neuanfang gab es erst mit dem Regierungsantritt Hugo Capets, dem Begründer des Capetingischen Hauses.

Die fortschreitende Dekadenz der karolingischen Autorität hatte es mit sich gebracht, dass den Territorialfürsten in zunehmendem Maße Obliegenheiten der Zentralgewalt zugefallen waren. Neben Burgund und der Normandie emanzipierten sich das **Herzogtum Aquitanien** und die **Grafschaft Toulouse** zu neuen Machtfaktoren mit überraschend freien Befugnissen. Périgord und Gascogne gehörten seit dem 10. bzw. seit dem 11. Jh. zum Herrschaftsbereich des Herzogs von Aquitanien, das Quercy dagegen stand unter der Autorität der mächtigen Grafen von Toulouse.

Blütezeit im Hochmittelalter

Man kann ohne jede Übertreibung das 11. und 12. Jh. als das Goldene Zeitalter der Landschaften Südwestfrankreichs apostrophieren. Die Turbulenzen der Völkerwanderungszeit und der nachfolgenden unterschiedlichen Invasionen sowie der karolingischen Reichsteilungen waren vergessen, das Land fand zu innerer Ruhe und wirtschaftlicher Stabilität.

Sichtbare Zeugen dieser Epoche des Friedens und Wachstums sind die Klöster und Kirchen der Romanik, die wir in Südwestfrankreich in auffallend großer Zahl antreffen. Die schöpferische Kraft der genannten Landschaften in dieser Zeit wird unter anderem daran ablesbar, dass sie einen eigenen Bautypus hervorbrachten, die **Kuppelkirche**, die sich gleichrangig neben die anderen großen Bauschulen Frankreichs im 11. und 12. Jh. stellt. Kaum geringer als die Architektur sind die Leistungen einzustufen, die die Kunst auf dem Gebiet der Bildhauerei hervorgebracht hat. Ende des 11. Jh. war Toulouse zu einem Zentrum der romanischen Skulptur aufgestiegen und unterhielt bedeutende Ateliers. Aus diesen ging eine Generation von Künstlern hervor, die vor allem im Quercy ihre besten Arbeiten schufen. Die Skulpturen von Moissac, Cahors, Souillac oder Beaulieu zählen zu den Spitzenwerken der Romanik in Frankreich.

In einem Atemzug mit den bildenden Künsten ist auch die Troubadourlyrik zu nennen, die ihre Wurzeln im südwestlichen Frankreich hat. Als einer der ersten Troubadourdichter gilt Wilhelm IX. von Aquitanien, der Großvater der Eleonore von Aquitanien.

Die Wallfahrt

Anfang des 9. Jh. war in Galicien, im äußersten Nordwesten der Iberischen Halbinsel, das Grab Jakobus' des Älteren entdeckt worden. Die rasch anhebende Wallfahrt zum Grabe des Apostels hatte anfangs kaum mehr als regionale Bedeutung. Mit dem Fortschreiten der Re-

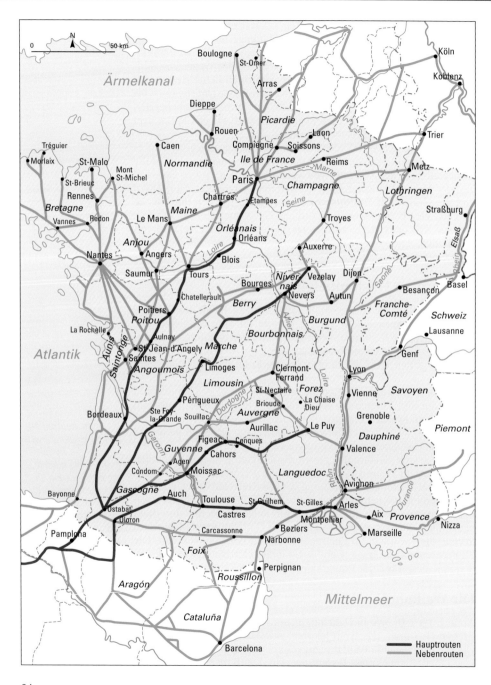

conquista allerdings, die im 10. und 11. Jh. zur Vertreibung der Mauren aus Nordspanien geführt hatte, wurde der Weg zu der heiligen Stätte auch für die nördlich der Pyrenäen lebenden Christen frei. Innerhalb kurzer Zeit erlebte die Pilgerfahrt nach Santiago eine unvorstellbare Popularität. Wieder einmal schlüpften Mönche in die Rolle umsichtiger Akteure, indem sie nicht nur fleißig für die Wallfahrt warben, sondern zugleich die Zügel bei deren organisatorischer Umsetzung in die Hand nahmen. So formierten sich vier Hauptrouten durch Frankreich, auf denen die Pilger zur Blütezeit der Wallfahrt, in der ersten Hälfte des 12. Jh., jährlich zu Hunderttausenden nach Süden zogen. An diesen Wegen entstanden Kirchen, Klöster, Hospize, Herbergen und vereinzelt auch Friedhöfe für Pilger, die den Strapazen der langen Reise nicht gewachsen und unterwegs gestorben waren. Die **Via Touronensis** (Ausgangspunkt St-Denis bzw. Tours), die **Via Lemovicensis** (Ausgangsort Vézelay) und die **Via Podiensis** (Start in Le Puy) treffen nahe Ostabat im Béarn aufeinander. Die **Via Tolosana**, der mittelmeerische Weg, biegt zuvor bei Oloron nach Süden ab und überquert die Pyrenäen am Col du Somport. Südlich von Pamplona vereint sich die Via Tolosana mit dem Weg der Pilger, die auf einer der drei erstgenannten Routen gekommen waren. Von hier an heißt der Weg durch Nordspanien **Camino francés**. Der Name verdeutlicht, dass Franzosen das Hauptkontingent der Jakobspilger stellten, wie es ja auch Franzosen waren – etwa in Gestalt der Mönche von Cluny –, die so eifrig die Organisation der großen Wallfahrt betrieben.

Die Routenfestlegung beruht auf einem Bericht des poitevinischen Mönchs Aimery Picaud, der 1138 einen Pilgerführer verfasst hatte, der als fünfter Band dem »Liber Sancti Jacobi« angefügt wurde. Picaud übergeht darin die Tatsache, dass sich neben den vier genannten Hauptwegen ein verzweigtes Netz von zahlreichen Nebenwegen gebildet hatte, die in einigen Fällen kaum weniger stark frequentiert waren als die so genannten Hauptwege.

Als das Gezänk um Aquitanien zwischen Frankreich und England nach der Mitte des 12. Jh. anhob, ging die Pilgerbewegung zurück, die Kriege des 13./14. Jh. brachten einen dramatischen Einbruch. In unseren Tagen erlebt die Wallfahrt zum Grab des Apostels Jakobus eine Renaissance. Anlässlich des letzten heiligen Jakobsjahres 2004 machten sich Tausende Pilger auf den Weg. Es gilt folgende einfache Regel: Immer wenn der Namenstag des hl. Jakobus, der 25. Juli, auf einen Sonntag fällt, ist Jakobusjahr; das wird das nächste Mal 2010, danach erst wieder im Jahr 2021 der Fall sein.

Aquitanien unter englischer Hoheit

Ein einschneidendes Datum markiert das Jahr 1137. Nach dem Tod Herzog Wilhelms X. von Aquitanien, der ohne männlichen Nachfolger gestorben war, fiel sein Erbe an **Eleonore**, seine fünfzehnjährige Tochter. Sie erfüllte den testamentarischen Wunsch ihres Vaters nach einem Schulterschluss mit der Krone und heiratete den Kronprinzen

Lesetipp
Der Erfahrungsbericht »Ich bin dann mal weg«, den Hape Kerkeling von seiner Pilgerreise im Jahr 2006 veröffentlichte, führte monatelang die Bestsellerliste an.

◁ *Jakobspilgerwege in Frankreich: Die vier Hauptwege, die im »Liber Sancti Jacobi« (12. Jh.) genannt werden, sind rot, die zahlreichen Nebenrouten grün markiert.*

Ludwig, den Sohn Ludwigs VI., der dem Vater nur wenige Monate später, nach dessen Ableben, als Ludwig VII. auf dem französischen Thron folgte. So war die junge Herzogin von Aquitanien zur Königin von Frankreich aufgestiegen. Das Schicksal dieser Ehe ist bekannt. Unüberbrückbare charakterliche Unterschiede zwischen den Gatten und das Ausbleiben eines männlichen Erben zerrütteten die Verbindung, die 1152 auf Betreiben der Eleonore von Aquitanien durch das Konzil von Beaugency annulliert wurde. Eleonore muss zu diesem Zeitpunkt bereits eine Liaison mit Heinrich aus dem Haus Anjou-Plantagenet, dem Herzog der Normandie, gehabt haben, denn nur zwei Monate nach der Auflösung ihrer Verbindung mit dem französischen König ging sie mit jenem die Ehe ein. Als Heinrich zwei Jahre später, 1154, durch Erbfolge auf den englischen Thron gelangte, wurde aus der vormaligen Königin von Frankreich die Königin Englands – ein in der Geschichte einmaliger Vorgang. Da Eleonore außer dem Herzogtum Aquitanien mit dem Périgord auch das Herzogtum Gascogne sowie die Grafschaften Auvergne und Poitou mit in die Ehe brachte, Heinrich seinerseits außer über die Normandie über die Grafschaften Maine und Anjou gebot, entstand praktisch über Nacht ein Machtkomplex im Westen Europas, wie man ihn seit der Zeit Karls des Großen nicht mehr erlebt hatte. Dieser erstreckte sich von Schottland bis zu den Pyrenäen und ging unter dem Namen **Angevinisches Reich** in die Geschichtsbücher ein. Fortan war Eleonores Augenmerk darauf gerichtet, ihren aus der Verbindung mit Heinrich II. von England hervorgegangenen Söhnen die Herrschaft über ihre Territorien zu sichern. Dabei war sie darauf bedacht, den aquitanischen Ländern weitgehende Selbständigkeit gegenüber der englischen Krone zu erhalten. Dieses Streben brachte sie zwangsläufig in einen Interessenskonflikt mit Heinrich II., der eine enge Bindung Aquitaniens an England verfolgte. Der Krach, der daraus resultierte, kann handfester kaum gedacht werden, die ›Royals‹ hatten schon damals einen ganz Europa bewegenden Skandal. 1174 nämlich ließ Heinrich II., der im Alter immer brutaler wurde – 1170 hatte er seinen Kanzler, den Erzbischof von Canterbury, Thomas Becket ermorden lassen –, Eleonore kurzerhand ins Gefängnis werfen. Diesem Akt war ein Aufstand seines ältesten Sohnes Heinrich, genannt Heinrich der Jüngere, vorangegangen. 1183 gelang es dem Kronprinzen erneut, die Edelleute Aquitaniens gegen den Vater aufzuwiegeln, der den Aufstand niederrang. Im selben Jahr starb Heinrich der Jüngere, wobei ungeklärt ist, ob an einer Krankheit oder an den Folgen einer Verwundung, die er bei der Belagerung der Burg von Montfort erlitten haben soll. Erst danach lockerten sich für Eleonore die Lebensbedingungen; sie hatte fast zehn Jahre im Kerker verbracht. Wenig später starb auch ihr zweiter Sohn Gottfried (1186). So ging die Krone von England nach Heinrichs II. Ableben 1189 auf Eleonores Lieblingssohn **Richard Löwenherz** über, der sich seinerseits zuvor mehrfach auf die Seite des französischen Königs geschlagen hatte und offen gegen den eigenen Vater aufgetreten war. Nun fiel aber Richard die neue Rolle zu, den Herrschaftsanspruch Englands über Aquitanien zu verteidigen. Mit der Eroberung der Burg von Beynac an der Dordogne, die über Jahrhunderte eine Schlüsselstellung innehatte, gelang ihm ein wichtiger Punktsieg. Es gehört zu Eleonores Tragik, dass sie erleben musste, wie auch ihr dritter Sohn noch vor ihr starb (1199). Sie selbst war damals Ende siebzig, ein für das Mittelalter biblisches Alter. Sie starb 1204, 82-jährig, in ihrem Lieblingskloster Fontevraud an der Loire. Am Ende hatte sie nur ihr jüngster Sohn, **Johann Ohneland**, überlebt. Der verstrickte sich alsbald in langwierige Kämpfe mit dem französischen König Philipp II. August. Sein Schicksal entschied sich 1214 auf dem Schlachtfeld von Bouvines. England verlor und büßte im Frieden von Chinon seine sämtlichen Besitzungen nördlich der Loire ein, erhalten blieben Johann Ohneland nur Aquitanien und Poitou. Obwohl in Bouvines vordergründig der Konflikt zwischen England und Frankreich ausgetragen wurde, handelt es sich doch in Wahrheit um ein Ereignis von welthistorischer Dimension, denn zugleich wurde auf dem Schlachtfeld der welfisch-staufische Gegensatz ausgetragen, der das Reich über Jahre paralysiert hatte. 1168 nämlich hatte Herzog Heinrich der Löwe Mathilde, eine der Töchter Eleonores und Heinrichs II. von England, geheiratet, woraus eine langfristige, bis in die neuere Geschichte fortlebende Verbindung zwischen dem Welfengeschlecht und der englischen Krone zustande kam. Die staufische Partei dagegen solidarisierte sich mit Frankreich, sodass der Sieg des französischen Königs den Herrschaftsanspruch des Welfen Ottos IV., Sohn Heinrichs des Löwen, zu Fall brachte und dem jungen Staufer **Friedrich II.** zum Durchbruch verhalf.

Das 13. Jh. blieb eine Zeit des rivalisierenden Nebeneinanders Englands und Frankreichs in Aquitanien. Da die Grenze beider Monarchien infolge kleinerer Scharmützel fortwährend Veränderungen unterlag, und jede Seite bestrebt war, keinen Fußbreit nachzugeben, entstanden die zahlreichen Bastiden, Garnisonsstädte, mit denen die Herrscher im Grenzgebiet ihre Autorität zu festigen gedachten.

Das Angevinische Reich der Plantagenet. Der Name leitet sich vom Anjou ab, das im Herzen des ausgedehnten Machtbereichs liegt und das Herkunftsgebiet Heinrichs II. von England war.

Die Katharerkriege

Nach der glanzvollen Zeit des 11. und 12. Jh. bedeutet das 13. Jh. einen tiefen Einschnitt in der Geschichte Südwestfrankreichs. Das Gerangel zwischen Frankreich und England um die Herrschaft über Aquitanien blieb nicht der einzige Schatten, der sich über das Land legte. Eine wahre Katastrophe zog mit dem Katharerkreuzzug herauf. Die Katharer (von griechisch *katharein*, reinigen; daher stammt die deutsche Bezeichnung Ketzer), waren Anhänger einer häretischen Sekte, die sich vor allem im Languedoc im 11. und 12. Jh. ausgebreitet hatte (die Bezeichnung Albigenser, die man gelegentlich für die Katharer liest, ist historisch nicht zu begründen und eindeutig falsch!). Sie hingen einer radikal dualistischen Glaubenslehre an, die in allen dinglichen Erscheinungen der Welt ein Werk Satans sah. Christus galt ihnen als Sendbote Gottes, als ein Engel, der Menschengestalt angenommen hätte, nicht aber als Gottes leiblicher Sohn. Damit waren der Schöpfungsbericht der Genesis und die christliche Heilslehre sowie zwangsläufig auch die Autorität der Kirche massiv infrage gestellt. Als 1208 unter nie geklärten Umständen der päpstliche Legat Peter von Castelnau in St-Gilles ermordet wurde, fand die Kurie in Graf Raimund VI. von Toulouse den vermeintlich Schuldigen und rüstete flugs zum Kreuzzug gegen das ketzerische Südfrankreich. Die treibende Kraft in Rom war Papst Innozenz III., die vielleicht schillerndste Figur, die je auf dem Stuhle Petri saß. Der Papst hatte bislang von dem machtpolitischen Vakuum, das im Europa des anbrechenden 13. Jh. herrschte, als Einziger profitiert. Deutschland war durch die Doppelwahl von 1198 und den offenen Ausbruch des welfisch-staufischen Gegensatzes lahmgelegt, England und Frankreich banden ihre Kräfte im Ringen um Aquitanien. Geschickt nutzte der Papst diese Situation, um im weltpolitischen Geschäft Fuß zu fassen. So erreichte das Papsttum in dieser Zeit eine Machtfülle, die es zuvor niemals besessen hatte und die es bald auch wieder einbüßen sollte.

Kriegsverlauf

Den Auftakt dieses dramatischen Kapitels bildete 1209 der **Fall von Béziers**, dessen sämtliche Einwohner – man schätzt etwa 15 000 Menschen – an einem einzigen Tage niedergemetzelt wurden. Die französische Krone beteiligte sich anfangs nur halbherzig an dem Unternehmen, zu dessen Führer sich der skrupellose Simon von Montfort aufschwang. Der Krieg wandelte sich schon bald ungeschminkt zum territorialen Eroberungsfeldzug. Den nordfranzösischen Baronen, die sich an dem Heerzug beteiligten, war Landbesitz in Südfrankreich als Lohn in Aussicht gestellt worden. 1213 fiel in der **Schlacht von Muret** nahe Toulouse die letzte Entscheidung. Raimund VI. von Toulouse hatte sich mit seinem Schwager, Peter II. von Aragón, verbündet, der im Jahr zuvor mit dem Sieg bei Navas de Tolosa den größten Erfolg der Reconquista errungen hatte und damals als unbesiegbar galt. Dennoch musste sich das Heer der okzitanisch-aragonesischen Allianz dem zahlenmäßig unterlegenen Kontingent der Nordfranzosen geschlagen geben. Peter von Aragón verlor sein Leben, Raimund VI. konnte sich nur durch Flucht retten. Nun mochte auch der König nicht mehr länger seitab stehen, galt es doch, sich durch aktive Teilnahme am Kreuzzug eine gehörige Scheibe von Südfrankreich zu sichern. Simon von Montfort eroberte nun rasch nacheinander das Albigeois, das Minervois und zuletzt das Agenais. Toulouse hatte sich gleichfalls ergeben, war aber nach dem Abzug der Truppen des Simon von Montfort abtrünnig geworden und hatte seine Tore wieder verschlossen. Simon eilte nach Toulouse, um die Stadt zurückzuerobern. Dort ereilte ihn sein Schicksal. 1218 traf ihn bei der Belagerung der Stadt ein verirrtes Geschoss tödlich, der Kreuzzug war jählings seiner treibenden Kraft beraubt. Zu diesem Zeitpunkt hatte sich zwar schon der Kronprinz, der spätere Ludwig VIII., in das Geschehen eingeschaltet, doch mangels eigener Erfolge stellte er seinen Kriegszug 1219 wieder ein. Offiziell ging der Krieg mit der **Eroberung der Festung Montségur** 1229 zu Ende, deren katharische Insassen verbrannt wurden. Die Verfolgung der Katharer zog sich allerdings noch bis in das frühe 14. Jh. hin. Zur treibenden Kraft bei ihrer Verfolgung wurde die **Inquisition**, zu deren Vertretern sich die Dominikaner aufschwangen. Der hl. Dominikus hatte den Orden 1215 mit dem Ziel einer Bekehrung der Ketzer gegründet.

1229 suchte Raimund VII. den Ausgleich mit der Krone. Man schloss den Frieden von Meaux. Während dem Kirchenstaat Teile der Provence zufielen (Grafschaft Venaissin), sicherte sich die Krone den Besitz von Narbonne, Teilen des Albigeois und das nördliche Quercy mit der Bischofsstadt Cahors. Der Vertrag wurde, wie es im Mittelalter Brauch war, durch eine Eheschließung besiegelt: Raimunds Tochter Johanna wurde mit Alphonse von Poitiers, dem dritten Sohn Ludwigs VIII., vermählt. Man vereinbarte, dass im Falle eines erbenlosen Todes der Ehegatten Toulouse an die Krone fallen sollte. Das war wenige Jahrzehnte später der Fall. Beide Gatten starben 1271 unter mysteriösen Umständen kinderlos, die Krone zog ihr Lehen ein. So wurde 1271 die bis dahin freie Grafschaft Toulouse Krondomäne des französischen Königs.

Verurteilung und Verbrennung eines Ketzers im Beisein des Klerus (Holzschnitt, 14. Jh.).

Schlacht im Hundert-jährigen Krieg (Buch-malerei zu dem Geschichtswerk von Jean Froissart, den »Chroniques de France, d'Angleterre, d'Ecosse, d'Espagne, de Bretagne...«, ent-standen Ende des 14. Jh.). Die Kriegs-ereignisse des 14./15. Jh. brachten die sakrale Baukunst im südwestlichen Frankreich fast gänz-lich zum Erliegen. Dafür erlebten die Kleinkünste, vor allem die Buchmalerei, eine letzte große Blüte.

Der Hundertjährige Krieg

Anfang des 14. Jh. brach der schwelende Konflikt zwischen Frankreich und England wieder offen auf. 1328 war mit Karl IV. der letzte Capetinger ins Grab gesunken. Nun erhoben Philipp von Valois, ein Neffe König Philipps des Schönen, und König Edward III. von England, ein Enkel desselben Herrschers, Anspruch auf den französischen Thron, der nach dem Willen der französischen Herzöge Philipp VI. zufiel. Da kein Kompromiss gefunden wurde, kam es 1339 zum Ausbruch des Krieges, in dessen Verlauf Frankreich an den Rand seiner Existenz gedrängt wurde. Es würde hier zu weit führen, die verwickelten Ereignisse in allen Einzelheiten zu referieren. Wir beschränken uns darauf, die wichtigsten Begebenheiten in Stichworten zusammenzufassen.

1340 vernichtet Edward III. die französische Flotte im Hafen von Sluis. 1346 siegen die Engländer dank einer überlegenen militärischen Technik in der **Schlacht bei Crécy** gegen das zahlenmäßig überlegene Heer der Franzosen. Im Jahr darauf erobert Edward III. Calais, das bis 1559 in englischem Besitz bleibt.

1348 rottet die erste große Pestepidemie fast ein Drittel der Bevölkerung Frankreichs aus. Der Landwirtschaft fehlen Arbeitskräfte, es kommt zu Versorgungsengpässen und Hungersnöten. Daraus resultieren Revolten in Paris und Bauernerhebungen in den Provinzen. Das Land versinkt im Chaos.

1356 verliert Johann II. (1350–64) die Schlacht von Maupertuis (bei Poitiers) mit 30 000 Mann gegen den Schwarzen Prinz, den Sohn Edwards III., der nur mit 8000 Mann angetreten war. König Johann II. und sein jüngster Sohn, Philipp der Kühne, der spätere Herzog von Burgund, geraten für vier Jahre in englische Gefangenschaft.

1360 verzichtet Edward III. im **Frieden von Brétigny** auf die französische Krone, erhält aber die Hoheitsrechte über ganz Südwestfrankreich und wird vom Lehnseid gegenüber dem französischen König entbunden. In den nachfolgenden Jahren gelingt es allerdings dem Söldnerführer Bertrand du Guesclin, den Engländern in einem zähen Kleinkrieg wieder große Teile dieser Territorien abzutrotzen.

1380 stirbt Karl V., der Weise (1364–1380), der ernsthaft versucht hatte, das Land wieder auf Kurs zu bringen. Sein Fehler war es, seine Brüder Ludwig von Anjou, Johann von Berry und Philipp den Kühnen von Burgund mit gewaltigen Apanagen auszustatten. Besonders Burgund emanzipierte sich und sollte der königlichen Zentralgewalt schon bald ein gefährlicher Rivale werden.

1396 wird ein 28 Jahre währender Waffenstillstand mit England geschlossen. Für den seit 1392 geistesgestörten König Karl VI. (1380–1422) führen die Herzöge von Burgund und Orléans als Reichsverweser die Regierung.

1407 lässt Johann Ohnefurcht von Burgund des Königs Bruder, Ludwig von Orléans, ermorden, dessen Stelle sein Schwiegervater, Bernhard von Armagnac, einnimmt. In Paris kommt es zwischen beiden Seiten zum Bürgerkrieg – auf der Seite Johanns von Burgund kämpfen die so genannten Cabochiens, auf Seiten Bernhards die so genannten Armagnacs. 1415 nutzen die Engländer die chaotische Situation in Paris und landen an der Seinemündung. In der **Schlacht von Azincourt** siegt Heinrich V. von England über das französische Aufgebot und marschiert in Paris ein. 1416 anerkennt Johann Ohnefurcht Heinrich V. als König von Frankreich. Heinrich erobert Rouen und die Normandie. 1418 wird Johann Ohnefurcht von Gefolgsleuten des Dauphin auf der Brücke von Montereau nun selbst ermordet. Aus Rache entschließt sich sein Sohn und Nachfolger, Philipp der Gute, zum Bündnis mit England. Damit schien das Schicksal Frankreichs endgültig besiegelt.

1422 sterben sowohl Heinrich V. von England als auch Karl VI. Dessen Nachfolger wird der schwächliche Dauphin Karl VII., der gegen seinen englischen Widersacher John of Bedford, den Bruder Heinrichs V., wiederholte Niederlagen einstecken muss. Er gebietet nur noch über ein Schrumpfterritorium südlich der Loire, weshalb man ihn auch spöttisch »König von Bourges« genannt hat. 1428 beginnt Bedford die Belagerung von Orléans. Wäre es den Engländern gelungen, diese letzte Schlüsselposition zu erobern, so wäre ihnen Frankreich endgültig in die Hände gefallen.

1429 war das Jahr der überraschenden Wende. Aus dem lothringischen Domrémy wurde das siebzehnjährige Bauernmädchen **Johanna** bei Hofe vorstellig und empfahl sich als Retterin des Landes. Sie berief sich auf göttliche Visionen, denen zufolge sie zu dieser Aufgabe bestimmt sei. Trotz großer Reserviertheit der politisch Verantwortlichen schlugen sich einige Königstreue auf ihre Seite. Mit ihnen befreite Johanna im Handstreich das belagerte **Orléans** und führte den Dauphin zur Krönung nach Reims. Obwohl die Jungfrau schon im Jahr darauf von Burgundern gefangen genommen und den Engländern ausgeliefert wurde, die sie 1431 in Rouen als vermeintliche Ketzerin verbrannten, war es ihr gelungen, ein starkes französisches Nationalgefühl zu entfachen, das ganz plötzlich den Siegeswillen aller Schichten des Volkes wachrüttelte.

1435 zogen die Burgunder die Konsequenz aus den gewandelten Verhältnissen und söhnten sich mit Frankreich im **Frieden von Arras** wieder aus. Nachdem die Hauptschauplätze des Hundertjährigen Krieges bis dahin an der Loire und im Poitou gelegen hatten, verlagerte sich in der Endphase der Schwerpunkt nach Aquitanien. Dort sah man den Aufstieg Frankreichs mit gemischten Gefühlen, denn namentlich die großen Hafenstädte fürchteten um ihren einträglichen Handelsverkehr mit England, allen voran Bordeaux und Bayonne.

1453 kam es bei **Castillon-la-Bataille** (seither der Namenszusatz des Ortes) am Unterlauf der Dordogne zur letzten Schlacht des verlustreichen Krieges, die die Engländer verloren. Danach zogen sie sich weitgehend aus Frankreich zurück (einige zuvor französische Kanalinseln verblieben bis zum heutigen Tag in englischem Besitz). Das Ringen um das reiche Aquitanien, das sich über einen Zeitraum von dreihundert Jahren hingezogen hatte, war endgültig zugunsten Frankreichs entschieden.

Renaissance und Religionskriege

An den Folgen des Hundertjährigen Krieges hatte das Land noch lange zu tragen. Nach Schätzungen der Historiker hat die ländliche Bevölkerung erst Mitte des 19. Jh. wieder denselben Populationsstand wie zu Beginn des großen Waffengangs erreicht. Für das Städtchen St-Astier etwa im Périgord Blanc sind aus Quellen Mitte des 14. Jh. 200 Herdstellen belegt, Mitte des 16. Jh. sollen es nur noch fünf gewesen sein. Dies gilt natürlich in besonderem Maße für Regionen mit problematischer Infrastruktur. Die unfruchtbaren Hochplateaus des Quercy etwa waren nahezu entvölkert, in den fruchtbaren Flusstälern dagegen hatte man sich sehr viel rascher von den Katastrophen erholt. Sichtbare Zeugen für diesen Wiederaufschwung sind die vielen Bauten des Feudalzeitalters.

Das Ende des Hundertjährigen Krieges fiel mit dem Aufkeimen der Renaissance zusammen. Nachdem viele Burgen des Mittelalters schwere Kriegsschäden erlitten hatten, wurden nun zahlreiche Bauten im Stil und im Geist der neuen Zeit aufgezogen. Die Feudalarchitektur legte ihr martialisches Gehabe ab, es entstanden **Schlösser** mit offenen Ehrenhöfen, und an die Stelle schmaler Schießscharten traten große Fensteröffnungen. Unübersehbar ist die Zahl der Schlösser. Entlang den Ufern der Dordogne und ihrer Seitenarme sind es noch heute mehr als tausend.

Auch in den Städten hielt mit dem anbrechenden 16. Jh. der neue Stil seinen Einzug, als sich die wohlhabenden Familien stattliche Wohnsitze errichteten, die so genannten *hôtels*. Die schönsten Beispiele großbürgerlicher und stadtadeliger Wohnkultur dieser Epoche finden sich heute in Toulouse, in Sarlat und in Périgueux.

Doch schon bald nach der Mitte des 16. Jh. verdunkelte sich wieder der Himmel über Frankreich und insbesondere über seinen südwestlichen Provinzen. Es beginnt die Zeit der religiösen Auseinandersetzungen. Da König Franz I. und auch sein Sohn und Nachfolger, Heinrich II., der **Reformation** relativ gleichgültig gegenübergestanden hatten, konnte sich der neue Glauben ungehindert ausbreiten. Er fand eine große Anhängerschaft vor allem in der stets gegenüber religiösen Neuerungen aufgeschlossenen Languedoc, im Périgord und im Quercy sowie in den anderen westfranzösischen Landschaften zwischen Loire und Garonne, also im Poitou, im Angoumois und in der Saintonge. Nach einem anfänglichen Klima der gegenseitigen Toleranz – nicht selten wurden dieselben Kirchen zugleich von Katholiken wie von Protestanten, den so genannten Hugenotten genutzt – verschärften sich nach dem Ableben Heinrichs II. (1559) die Gegensätze. Im Todesjahr des Königs erklärten die Häuser Bourbon und Châtillon offiziell ihre Konversion. Damit verschoben sich die Akzente in Richtung eines politischen Machtkampfes der großen Adelssippen. 1562 brachen die Feindseligkeiten aus, die mit wiederholten Unterbrechungen bis 1598 andauerten. Da man insgesamt acht Waffengänge unterscheidet, spricht man nicht vom Religionskrieg im Singular, sondern von den **Religionskriegen** im Plural. Der erschütternde Höhepunkt dieser Epoche war das Massaker der

In der Bartholomäusnacht wurden in ganz Frankreich Tausende von Hugenotten ermordet.

Bartholomäusnacht am 23./24. August des Jahres 1572. Damals weilte der junge König Heinrich von Navarra, eine der Führungsgestalten der Hugenotten, anlässlich seiner Vermählung mit Margarethe von Valois in Paris. Er selbst blieb verschont, doch seine Gefolgsleute wurden nebst weiteren etwa 10 000 Hugenotten im ganzen Land niedergemetzelt. Drahtzieher des Komplotts waren Katharina de Medici, die Witwe Heinrichs II., und ihr zweiter Sohn, Karl IX. (1560–1574; dessen Bruder, Franz II., Nachfolger Heinrichs II., war seinem Vater bereits 1560 ins Grab gefolgt).

1589 wurde der letzte der drei Söhne der Katharina de Medici, Heinrich III., ermordet, mit ihm starb das Haus Valois aus. In der Erbfolge stand nun Heinrich von Navarra als Thronanwärter bereit, doch musste sich der Hugenotte erst in neun Jahre währenden Kämpfen gegen die Opposition der katholischen Liga durchsetzen und schließlich unter dem Druck seiner Ratgeber 1593 zum Katholizismus konvertieren. Als Heinrich IV. wurde er zum Begründer der Bourbonendynastie (er war der Sohn Antons von Bourbon und der Jeanne d'Albret, der Königin von Navarra) und zugleich der populärste aller Könige Frankreichs. 1598 beendete er mit dem **Edikt von Nantes**, das den Hugenotten die freie Religionsausübung garantierte, das Kapitel der Religionskriege.

Das Zeitalter des Absolutismus

Unter den Bourbonen setzte sich der Absolutismus durch. Der Einfluss des Adels schwand zugunsten der königlichen Zentralgewalt, in deren Schatten alles andere verblasste. Entsprechend versanken die Provinzen des Landes in Bedeutungslosigkeit und wurden rücksichtslos von den Herrschenden ausgebeutet. Die daraus resultierenden sozialen Spannungen entluden sich in wiederholten **Bauernaufständen**. Das Périgord war einer der Hauptschauplätze. Nachdem bereits Ende des 16. Jh. eine erste Erhebung blutig niedergeschlagen worden war, kam es 1637 erneut zu einem Aufstand der Massen, die gegen die drückenden Abgaben revoltierten. Unter der Führung eines Adligen mit Namen La Mothe La Forêt eroberten die Aufständischen die Stadt Bergerac und wurden erst vor den Toren von Ste-Foy-la-Grande durch die Truppen des Gouverneurs in die Knie gezwungen. Trotzdem zogen sich die Kampfhandlungen zwischen den Croquants (Habenichtse, von *croquant,* knusprig) und den Regierungstruppen noch bis 1642 hin. Die von der Krone gewaltsam erzwungene Ruhe war nur oberflächlich. Auch aus den nachfolgenden Jahrzehnten hört man immer wieder von lokalen Aufständen der Croquants.

Mit der Aufhebung des Edikts von Nantes 1685 durch Ludwig XIV., den Enkel Heinrichs IV., brach zudem die alte Wunde des katholisch-hugenottischen Gegensatzes wieder auf. Viele Protestanten verließen nun das Land, um erneuten Verfolgungen aus dem Wege zu gehen. Da die Hugenotten überwiegend zur Schicht des wirtschaftlich aktiven, Handel treibenden Bürgertums gehörten, erlebten viele Städte des südwestlichen Frankreich einen nicht wiedergutzumachenden Aderlass ihrer Bevölkerung. Die unerträglich gewordene Diskrepanz zwischen der Obrigkeit und den Untertanen führte schließlich Ende des 18. Jh. zur Revolution.

Revolution und 19. Jahrhundert

Als 1789 in Paris die Revolution ausbrach, kam es rasch zu einem Flächenbrand, der das ganze Land erfasste. Bereit, jede Veränderung zu begrüßen, wenn sie denn nur mit dem alten Herrschaftsapparat aufräumte, schlossen sich praktisch alle Provinzen dem Umsturz spontan an. Eine Ausnahme bildete lediglich die Vendée (die Landschaft zwischen Bretagne und Poitou), wo sich royalistische Kräfte mit Unterstützung der Bevölkerung noch bis in die letzten Jahre des 18. Jh. der Republik widersetzten. Nun verschwanden die alten Landschaftsnamen von der Landkarte, an ihre Stelle traten die Départements als neue Verwaltungseinheiten, 89 in ganz Frankreich als Erinnerung an das glorreiche Revolutionsjahr. Ansonsten aber hatte man nicht allzu viel von den neu gewonnenen Freiheiten und wandte sich deshalb mit demselben Enthusiasmus dem aufstrebenden **Napoleon Bonaparte** zu. Aus dem Périgord gingen mit den Generälen Murat, Daumesnil und Fournier-Sarlovèze einige der treusten Gefolgsleute des Volkstribunen hervor, der seit 1804 Kaiser der Franzosen war und 1815 nach dem Scheitern seiner Großmachtspolitik ins Exil gehen musste.

An den weiteren Ereignissen der großen Politik – Restauration (Ludwig XVIII. 1815–1824, Karl X. 1824–1830), Julimonarchie (Louis-Philippe 1830–1848), Zweite Republik (1848–1852), Zweites Kaiserreich (Napoleon III. 1852–1870) hatten die Provinzen und namentlich jene im Raum Südwestfrankreichs keinen nennenswerten Anteil, denn allen Umstürzen und Erneuerungsbestrebungen zum Trotz blieb Paris auch weiterhin das unangefochtene Zentrum des Staates.

Die lamentablen wirtschaftlichen Verhältnisse in den Départements des südwestfranzösischen Raumes führten dazu, dass hier schon früh sozialistisches Gedankengut auf fruchtbaren Boden fiel. Mit dem Republikaner **Léon Gambetta**, 1838 in Cahors geboren, ging aus dem Quercy eine der markantesten politischen Gestalten Frankreichs in der zweiten Hälfte des 19. Jh. hervor. Er bekämpfte das Zweite Kaiserreich, dessen Zusammenbruch er 1870, nach der Niederlage Frankreichs bei Sedan, mit der Ausrufung der Dritten Republik besiegelte.

20. Jahrhundert

Im Jahr 1900 wurde die Wirtschaft Südwestfrankreichs erneut hart getroffen, denn eine Reblauskatastrophe – die zweite nach derjenigen von 1868 – vernichtete die Pflanzungen aller Weinbaugebiete; jene von Cahors hatte man nach der ersten Heimsuchung durch die Reblaus gar nicht erst wieder bestockt.

Der Erste Weltkrieg forderte unter der männlichen Bevölkerung auf den Schlachtfeldern von Verdun, an der Somme und in den Vogesen einen hohen Blutzoll. Immer wieder steht man betroffen vor den Kriegsdenkmälern, wo selbst in kleinen Dörfern die Liste der Gefallenen oft unvorstellbar lang ist. Die deutsch-französischen Beziehungen sanken im Zweiten Weltkrieg nochmals auf einen absoluten Tiefpunkt. Südwestfrankreich gehörte während dieser Zeit offiziell nicht zu dem von der Deutschen Wehrmacht besetzten Frankreich, sondern zu dem vom **Vichy-Regime** kontrollierten Südteil des Lan-

Blick durch die Gassen von Sarlat auf den Turm der Kathedrale

des, doch drang die Wehrmacht mehrfach in diese Gegenden vor, sprengte Brücken und zerstörte Dörfer. Die **Resistance** war zwar überall tätig, doch gerade im Limousin entfalteten die Widerstandskämpfer besonders lebhafte Aktivität. Die SS nahm dafür wiederholt blutige Rache. Am 10. Juni 1944 rotteten 160 Mitglieder der SS-Elitedivision Das Reich die gesamte Bevölkerung des Dorfes **Oradour-sur-Glane** bei Limoges aus; 642 Männer, Frauen und Kinder starben bei dem Massaker. Das »Märtyrerdorf« blieb eine Ruinenstadt und ist heute eine nationale Gedenkstätte.

In dieser Zeit waren viele Elsässer und Lothringer nach Südwestfrankreich zwangsumgesiedelt worden, von denen sich etliche der Resistance anschlossen. Einer ihrer Verbände operierte damals unter dem Kommando des Oberst Berger im Périgord. Dies war das Pseudonym von André Malraux. Der Kunsthistoriker und Autor war später in der Fünften Republik unter Präsident Charles de Gaulle Kulturminister (1959–1969). Mit seiner Initiative, die gesamte Altstadt von Sarlat zu renovieren, hat er dem Périgord, dem er sich seit der Kriegszeit eng verbunden fühlte, einen herausragenden Dienst erwiesen.

Zu dieser Zeit hatte das Land ohnehin einen tief greifenden Neuanfang gemacht. In der Einsicht, dass der Zentralismus, unter dem Frankreich seit der Zeit des Absolutismus gelitten hatte, ein überholter Zopf sei, hatte schon Präsident de Gaulle 1969 versucht, eine große Reform auf den Weg zu bringen, war aber mit seinem Referendum gescheitert und trat deshalb zurück. Erst sein Nachfolger, Präsident Georges Pompidou (1969–1974), konnte die **Gebietsreform** 1972 durchsetzen. Im Großraum Paris wurden vier neue Départements geschaffen, das ganze Land in 22 Regionen gegliedert, die aber, da sie keine Parlamente haben, nicht im Sinne von Bundesländern wie in Deutschland, Österreich oder der Schweiz zu verstehen sind. Es handelt sich um die Zusammenschlüsse mehrerer Départements mit dem Ziel, das wirtschaftliche und kulturelle Leben und bestimmte Formen der Verwaltung zu bündeln und zu optimieren.

Als Folge der Gebietsreform kam es tatsächlich zu der angestrebten Emanzipation der Provinzen, das Monopol von Paris wurde auf manchen Gebieten gebrochen. So gelang es zum Beispiel Yves Guéna, dem langjährigen, rührigen Bürgermeister von Périgueux, den Druck sämtlicher französischer Briefmarken in seine Stadt zu ziehen. Seither haben immer wieder malerische Motive aus dem Périgord Sondermarken der Post geschmückt, zuletzt 2006 eine Ansicht des Dorfes Laroque-Gageac an der Dordogne.

Auch in der Politik des Landes wird seither kräftig mitgemischt, die Provinzen stehen nicht länger im Abseits, sondern stellten wiederholt in wichtigen Ressorts die Minister. 1981 war Maurice Faure Justizminister, 1988 bis 1993 vertrat Roland Dumas als Vertreter des Wahlkreises Sarlat die französische Außenpolitik unter der Präsidentschaft von François Mitterand, der seinerseits aus dem dem Périgord benachbarten Angoumois stammte.

Die Sanierung von Sarlat, die zwischen 1965 und 1975 als erste groß angelegte Rettung eines ganzen historischen Stadtkomplexes in Frankreich durchgeführt wurde, brachte dem Tourismus einen geradezu explosionsartigen Aufschwung. Sarlat wurde im Europäischen Denkmaljahr 1975, als jedes Land der europäischen Gemeinschaft eine Stadt als ihr Aushängeschild der Öffentlichkeit vorstellte, als Vorzeigeobjekt Frankreichs international bekannt.

1993 brachte einen wichtigen politischen Einschnitt. Nach jahrelanger Dominanz der Sozialisten siegten die konservativen Parteien sowohl bei der Parlaments- als auch bei der Regionalwahl. Seither sind viele zuvor von den Linken gehaltene Rathäuser in die Verantwortung von Konservativen übergegangen, so etwa in Sarlat. Dessen Bürgermeister Jean-Jacques de Perretit wurde 1994 als Minister für Frankreichs Überseeprovinzen (*Ministre d'Outremer*) in die Regierungsmannschaft der Juppé-Administration aufgenommen. Juppé, wenngleich in den Elf-Aquitaine-Skandal verwickelt, und deshalb 2002 endgültig aus der nationalen Politik ausgeschieden, eroberte im Oktober 2006 bei den Kommunalwahlen seinen Posten als Oberbürgermeister von Bordeaux zurück. Doch 1997 beging Präsident Jacques Chirac einen folgenschweren Fehler. Er zog die für 1998 anstehenden Parlamentswahlen um ein Jahr vor, die konservative Regierung erlitt überraschend eine blamable Schlappe, und unter dem sozialistischen Premierminister Lionel Jospin formierte sich erneut eine Linksregierung, die mit den Grünen koalierte. Doch in Frankreich hat kaum eine Regierung Aussicht auf einen längeren Bestand. 2002 standen wieder Präsidentschaftswahlen an, und der Kandidat Jospin, der bisherige Ministerpräsident, erhielt mit 15 Prozent der Stimmen ein niederschmetterndes Ergebnis. Er legte unverzüglich alle politischen Ämter und auch den Vorsitz der sozialistischen Partei nieder und zog sich nach Cintegabelle bei Toulouse zurück. Frankreich sah sich vor eine unerwartete Alternative gestellt, denn nach dem Ausscheiden Jospins blieben mit dem amtierenden Präsidenten Chirac und dessen Konkurrenten Jean-Marie Le Pen, dem Vorsitzenden des rechtsradikalen Front National, in der entscheidenden Stichwahl zwei konservative Kandidaten übrig. Chirac musste zwangsläufig gewinnen. Seine zweite Amtszeit geht 2007 zu Ende, wenige Wochen nach dem Erscheinen dieses Buches. So bleibt im Augenblick offen, wie die politische Landschaft Frankreichs nach 2007 aussehen wird. Hoffnungen auf eine Fortsetzung seiner politischen Karriere macht sich derzeit Philippe Doust-Blazy. Der vormalige Bürgermeister von Toulouse wurde 2002 zunächst Gesundheits- und Sozialminister, 2005 wurde er zum Außenminister ernannt. Damit sind wir in der Gegenwart angelangt.

Gegenwart

Die **Airbus-Industrie** in Toulouse ist der bedeutendste Wirtschaftsfaktor im Raum Südwestfrankreichs. Schon vor einigen Jahren hat der europäische Flugzeugbauer der amerikanischen Konkurrenz Boeing den Rang als weltgrößter Flugzeughersteller abgelaufen. Nun hat der Konzern aktuell ein neues Ziel der Superlative vor Augen: Mit dem A380 wurde im Herbst 2005 der Öffentlichkeit das weltgrößte Passagierflugzeug mit Platz für mehr als 800 Reisende vorgestellt. Ganz Europa jubelte! Wenig später folgte die Ernüchterung. Bei den zahllosen Versuchsflügen stellten sich unerwartete Probleme ein, es drohen erhebliche Verzögerungen bei der Auslieferung, und schon steckt

Airbus in der Krise. In der zweiten Jahreshälfte 2006 folgten im Abstand von nur drei Monaten zwei neue Herren auf dem Chefsessel. Es steht eine grundlegende Sanierung des gesamten Airbus-Konzerns an. Vom Erfolg hängt die Zukunft einer ganzen Region ab.

Was für Toulouse der Airbus, das ist für Bordeaux der **Wein**, ein Ruhekissen, sollte man meinen. Das war der Weinbau im Bordelais tatsächlich über Jahrhunderte, doch ist nun auch er in die Krise geschlittert. Grund dafür sind verschärfte gesetzliche Bestimmungen, was den Alkoholkonsum angeht. Während die Franzosen früher gern zur Mittagszeit das eine oder andere Gläschen genossen, ist der Weinkonsum in Anbetracht gehäufter Verkehrskontrollen drastisch zurückgegangen, ja, er hat sich in den letzten Jahren praktisch halbiert – mit entsprechenden Auswirkungen für die Winzer, die nun auf einem erheblichen Posten ihrer Produktion sitzen bleiben.

Die Absenz größerer Industrien ist Tradition in Südwestfrankreich und resultiert aus der Armut an Bodenschätzen. Der wichtigste Wirtschaftsfaktor ist und bleibt also die **Landwirtschaft**, die aber im Zuge der EU-Konkurrenz erheblich zu kämpfen hat. Der europaweite Rückgang bäuerlicher Betriebe hat auch in Südwestfrankreich seine Spuren hinterlassen. Wir nehmen als Beispiel das Périgord, wo die Zahl der bewirtschafteten Gehöfte seit 1970 von damals 30 000 auf rund 10 000 gesunken ist. Längerfristige Prognosen gehen davon aus, dass sich der Bestand bei künftig 8000 bis 10 000 Höfen einpendeln wird.

Gänseschar im Périgord. Die Tiere führen meist ein überraschend freies Leben, auf manchen Höfen dürfen sie sogar ungehindert in der Dordogne baden.

Der **Tabakanbau**, noch vor kurzem ein tragender Pfeiler der Landwirtschaft, befindet sich im Siechtum. Wurde in den 1950er-Jahren noch auf rund 5000 ha Tabak angebaut, so ist die Anbaufläche inzwischen auf 800 ha geschrumpft – eine für die betroffenen Bauern betrübliche Entwicklung, für die Gesundheitspolitik indes ein Erfolg, denn die gezielten Kampagnen gegen das Rauchen fallen in Frankreich inzwischen erkennbar auf fruchtbaren Boden.

Andere Branchen können dagegen erwartungsvoll in die nähere Zukunft blicken. Viele Produkte, vor allem die verschiedenen Spezialitäten von **Gans und Ente**, früher nur etwas für Eingeweihte, finden sich heute in den Regalen und Kühltruhen der Delikatessenläden aller Länder. Die Bedeutung des Exports nimmt weiter zu.

Der Tourismus gewinnt ebenfalls steigende Bedeutung. Davon profitieren alle, die in Gastronomie, Hotellerie und verwandten Dienstleistungsbranchen tätig sind. Man halte sich nur vor Augen, dass allein die Kopie der Höhle von Lascaux, Lascaux II genannt, jährlich etwa 1 Mio. Besucher zählt.

Die Reize der Region haben inzwischen viele Ausländer angezogen, die sich entweder Ferienhäuser oder eine Bleibe auf Dauer gesichert haben. Man trifft vor allem viele Engländer und Holländer, immer häufiger auch Belgier und neuerdings Deutsche. 1997 lebten 2000 Deutsche in und um Toulouse, zehn Jahre später hat sich ihre Zahl um das Fünffache auf 10 000 gesteigert. Der wachsende Ausländer-

Aristokratische Wohnhäuser in Collonges-la-Rouge, als eines der »schönsten Dörfer Frankreichs« ausgezeichnet

anteil hat zum Teil zu regelrechten Umschichtungen in der Bevölkerungsstruktur geführt. Das Beispiel Berbiguières: In dem kleinen Dorf bei Siorac ließ sich in den 1970er-Jahren ein Engländer nieder, der sich auf das Vermakeln von Immobilien seiner näheren Umgebung spezialisierte. Nach und nach kamen die Häuser von Berbiguières in den Besitz englischer Pensionäre, die sich hier im Périgord mit derselben Rente, von der sie in einem Londoner Vorort eine Zweizimmerwohnung hätten finanzieren können, ein schönes Haus mit Garten leisten. Inzwischen ist Berbiguières praktisch fest in der Hand von Engländern. Und Berbiguières ist beileibe kein Einzelfall. So scheint es den Engländern, die noch vor 600 Jahren mit ihrem Versuch, in Südwestfrankreich Fuß zu fassen, scheiterten, doch noch gelungen zu sein, das Land auf friedlichem Wege zu erobern. Tatsache ist, dass heute mehr Engländer in Südwestfrankreich leben als zu Zeiten des Hundertjährigen Krieges. Ein anderes Beispiel ist Castelnaud-la-Chapelle: Bis 1970 war das Dorf unterhalb der berühmten Burg mit Leben erfüllt. Zwischen 1970 und 1980 wanderten viele junge Familien ab, es blieben die Alten, die allmählich wegstarben. Um 1980 war das Dorf praktisch tot. Dann wurden die Häuser eins ums andere von Ausländern gekauft. Inzwischen sieht man in Castelnaud Familien aus England, Dänemark, Holland, Belgien und Deutschland.

Die schönsten Dörfer Frankreichs

In den 1950er-Jahren wurde in Frankreich ein nationaler Wettbewerb der schönsten Dörfer ins Leben gerufen. Er findet seither jedes Jahr statt und hat die Erwartungen der Organisatoren vollauf befriedigt, denn es sollten vor allem strukturschwache Orte und Gebiete für den Tourismus erschlossen werden. Aber die Angelegenheit ist ein zweischneidiges Schwert. Manche Orte sind vom Massentourismus geradezu plattgewalzt worden (z. B. Collonges-la-Rouge), andere dagegen konnten ihren Charme und ihre Authentizität weitgehend bewahren (z. B. Curemonte). Die Ortschaft, die den Sieg davonträgt, schmückt sich fortan mit dem Titel *L'un des plus beaux villages de France*, am Ortseingang wird dies auf einer Plakette dem Besucher mitgeteilt. Derzeit gibt es etwa 150 Dörfer, die diesen begehrten Titel tragen, aber die Zahl erhöht sich natürlich von Jahr zu Jahr, manchmal kommen auch zwei oder gar drei neue Kandidaten hinzu, wenn der erste Platz mehrfach vergeben wird. Während sich die Zahl der prämierten Dörfer landesweit gleichmäßig verteilt, erleben wir in Südwestfrankreich eine enorme Konzentration: Mehr als 40 Dörfer sind hier Mitglieder im erlauchten Kreis der schönsten Dörfer des Landes – also knapp ein Drittel der Gesamtzahl. Die meisten findet man in den Départements Dordogne (Périgord), Lot (Quercy) und Tarn. Die Kandidaten, die sich zur Wahl stellen, müssen bestimmte Kriterien erfüllen: Die Einwohnerzahl muss unter der Marke 2000 liegen und der Ort muss über mindestens zwei Denkmäler verfügen, die offiziell von der Denkmalbehörde als *monument historique* klassifiziert sind.

Daten zur Geschichte

ca. 1 Mio. v. Chr.	Erstes Auftreten prähominider Lebensformen in Südfrankreich – Beginn des Altpaläolithikums
150 000–40 000 v. Chr.	Epoche des Neandertalers
40 000–10 000 v. Chr.	Das Zeitalter des Cro-Magnon-Menschen
18 000–10 000 v. Chr.	Das Magdalénien Blütezeit der Höhlenkunst
10 000–4250 v. Chr.	Mesolithikum (Mittlere Steinzeit)
4250–2800 v. Chr.	Neolithikum (Jungsteinzeit)
2800–500 v. Chr.	Metallzeitalter (Bronze, Eisen)
um 600 v. Chr.	Große keltische Einwanderung in Gallien
124 v. Chr.	Einmarsch römischer Legionen in der Provence
118 v. Chr.	Gründung der römischen Provinz Gallia Narbonensis
51 v. Chr.	Niederwerfung ganz Galliens durch Cäsar
31 v. Chr. bis 14 n. Chr.	Regierung des Kaisers Augustus, der Gallien endgültig befriedet
1.–4. Jh.	Epoche der gallorömischen Kultur
276	Einfall der Alamannen in Südwestfrankreich
415	König Wallia gründet das Tolosanische Reich.
496	Frankenkönig Chlodwig nimmt den katholischen Glauben an.
507	Schlacht von Vouillé: Alarich II. fällt
711	Das Westgotenreich wird von den Mauren vernichtet.
732	Schlacht von Tours und Poitiers: Karl Martell besiegt die Araber.
768–814	Karl der Große – Entstehung des fränkischen Großreiches
843	Vertrag von Verdun: Die Enkel Karls des Großen teilen sein Erbe in ein West-, ein Ost- und ein Mittelreich.
870/80	Verträge von Mersen und Ribemont: Das Mittelreich löst sich auf und kommt teils an das ost-, teils an das westfränkische Reich.
987	Ende der westfränkischen Karolinger – Hugo Capet begründet das Capetingergeschlecht.
11./12. Jh.	Kulturelle Blütezeit (Romanische Kunst, Troubadourlyrik, Wallfahrt)
1137	Eleonore von Aquitanien heiratet Ludwig VII.
1152	Die Ehe wird annulliert, Heirat mit Heinrich Plantagenet
1154	Plantagenet wird als Heinrich II. König von England, Eleonore englische Königin.

Tod Heinrichs II. von England. Nachfolger wird Richard Löwenherz.	1189
Richard Löwenherz stirbt. Sein Nachfolger ist Johann Ohneland.	1199
Tod der Eleonore von Aquitanien	1204
Schlacht von Bouvines: König Philipp II. Auguste nimmt Johann Ohneland alle englischen Besitzungen nördlich der Loire ab.	1214
Katharer-Kreuzzug. Im Frieden von Meaux sichert sich der König den Zugriff auf große Teile Südwestfrankreichs.	1209–1229
Die Grafschaft Toulouse fällt an die Krone	1271
Die Capetinger-Dynastie stirbt aus. Philipp von Valois und Edward III. streiten um den französischen Thron.	1328
Hundertjähriger Krieg: Das Ringen Englands und Frankreichs um die Herrschaft über Aquitanien endet mit dem Sieg der Franzosen.	1339–1453
Religionskriege zwischen der katholischen Liga und den Hugenotten	1562–1598
Tod Heinrichs III., Ende des Hauses Valois. Heinrich IV. begründet das Geschlecht der Bourbonen.	1589
Mit dem Edikt von Nantes beendet Heinrich IV. die Religionskriege.	1598
Bauernaufstände im Périgord	1637–1642
Widerruf des Edikts von Nantes, Massenexodus der Hugenotten	1685
Französische Revolution, Neuordnung des Landes in 89 Départements	1789
Erste und zweite Reblauskatastrophe: Das Weinbaugebiet von Cahors wird aufgegeben.	1868/1900
Der aus Cahors stammende Léon Gambetta ruft die Dritte Republik aus.	1870
Während des Zweiten Weltkriegs unterstehen die Provinzen Südwestfrankreichs dem Vichy-Regime.	1940–1945
André Malraux operiert als führender Kopf der Resistance in der Dordogne.	1944
Das Weinbaugebiet Cahors wird wieder bestockt.	1950
Gebietsreform in Frankreich: Die Regionen Aquitaine und Midi-Pyrénées werden geschaffen.	1972
Roland Dumas aus dem Wahlkreis Sarlat wird Außenminister Frankreichs.	1988–1993
Der Bürgermeister von Toulouse, Philippe Doust-Blazy wird Sozial- und 2005 Außenminister.	2002
Der erste Airbus A380, das größte Passagierflugzeug der Welt, wird in Dienst gestellt.	2007

Galerie bedeutender Persönlichkeiten

Ausonius (um 310 bis 390)

Mit vollem Namen heißt dieser erste bedeutende Dichter, der aus Aquitanien hervorging, Decimus Magnus Ausonius Burdigalensis. Der hintere Namenszusatz klärt darüber auf, dass er aus Bordeaux stammte. Nach einem Studium der Rechte wurde er Professor der Jurisprudenz und der Rhetorik. Kaiser Valentinian I. war auf Ausonius aufmerksam geworden und berief ihn als Erzieher seines Sohnes, des späteren Kaisers Gratian, an den Hof nach Trier, wo er sich um 367 aufhielt. Dort entstand auch sein literarisches Hauptwerk »Mosella«, die erste in lateinischen Versen abgefasste Hymne auf eine deutsche Landschaft. Als Gratian, erst sechzehnjährig, 375 n. Chr. die Herrschaft über das Weströmische Reich übernahm, wurde Ausonius einer seiner wichtigsten Ratgeber. 379 wurde er deshalb mit dem Titel eines Konsuls belohnt. Nach der Ermordung Gratians 383 in Lyon zog sich Ausonius wieder in seine Heimat zurück, wo er die meiste Zeit auf einem Landgut in der heutigen Saintonge verbrachte.

Josephine Baker (1906–1975)

Die afroamerikanische Sängerin und Tänzerin ist fraglos eine der faszinierendsten Frauengestalten des 20. Jh. und der Beweis dafür, dass eine Frau nicht unbedingt schön sein muss, um als internationaler Star Erfolg zu haben. Bei ihr war es die Mischung aus dem Talent zur Komik, Körperakrobatik und einer starken Ausstrahlung, mit der sie ihr Publikum in Bann schlug. Ihren Platz in den Geschichtsbüchern aber hat sie sich nicht zuletzt durch ihr engagiertes Eintreten für die Überwindung der Rassenressentiments gesichert.

Während des Zweiten Weltkrieges war Josephine Baker in der Resistance aktiv. An diese Episode erinnert Johannes Mario Simmel in seinem Erfolgsroman »Es muss nicht immer Kaviar sein«.

Nach einem kometenhaften Karrierestart in den Vereinigten Staaten in den 1920er-Jahren – berühmt wurden ihre Shownummern »Das Mädchen mit dem Bananenröckchen« und »Schwarze Venus« – feierte sie alsbald auch Triumphe in Europa, vor allem im Paris der Dreißigerjahre. 1936 beschloss die Baker, endgültig in Frankreich zu bleiben, und kaufte im Périgord das bezaubernde Schloss Les Milandes. Nach 1945 trat Josephine Baker nur noch selten auf. Sie widmete sich fortan mit ganzem Elan ihrer Vision einer friedlichen Gemeinschaft der Völker, die sie in ihrem eigenen privaten Bereich exemplarisch vorzuleben gedachte. Sie adoptierte nacheinander zwölf Waisen unterschiedlicher Herkunft, aus Asien genauso wie aus Afrika, Südamerika und Europa. Doch finanzielle Probleme zwangen sie wiederholt zu einem Comeback. Nach jedem neuen Auftritt schwor sie, dies sei der endgültig letzte gewesen. Am Ende halfen ihr großzügige Spendenaktionen aus Kollegenkreisen. Brigitte Bardot und Charles Aznavour setzten sich besonders für sie ein. Aber Josephine war eine exaltierte Persönlichkeit, die trotz drückender Probleme weiterhin ei-

*Josephine Baker
(koloriertes Foto,
um 1930)*

nen ausgefallenen Lebensstil pflegte. 1968 wurde Les Milandes zwangsversteigert, im März 1969 musste sie das Schloss endgültig verlassen. Nach mehreren Stationen in Südfrankreich und Mittelamerika entschloss sich die bereits 69-Jährige 1975 noch einmal, ein Comeback auf der Bühne zu wagen. Entgegen allen Unkenrufen wurde die Premiere am 8. April ein umwerfender Erfolg. Allein, die Strapazen waren zu groß, drei Tage später starb Josephine Baker an Herzversagen. Am 15. April 1975 erhielt sie ein Staatsbegräbnis, an dem fast die gesamte Regierung nebst dem Staatspräsidenten teilnahm. Zehntausende säumten die Straßen. Erst 1996 hat es in Frankreich wieder ein Staatsbegräbnis gegeben, und zwar für François Mitterand.

Bertran de Born (um 1140 bis kurz vor 1215)

Der bekannteste Troubadour des französischen Mittelalters war Burgherr von Hautefort, dessen Besitz er sich mit seinem Bruder teilte. Unter den 48 Dichtungen Bertran de Borns, die wir heute noch kennen, finden sich allerdings keine schöngeistigen Liebeslieder, vielmehr sind die Verse, oft aggressiven Inhalts, den so genannten Sirventes zuzurechnen. So nennt man satirische Dichtungen des 12. Jh., die konkret historische Persönlichkeiten oder aktuelle Ereignisse der Geschichte aufs Korn nehmen. Bertran de Born war eine treibende Kraft im Konflikt zwischen Heinrich II. Plantagenet und dessen ältestem Sohn Heinrich, auf dessen Seite sich der Dichter geschlagen hatte. Der englische König belagerte deshalb Hautefort und ließ die Burg zerstören. Bertran de Born entging der Hinrichtung, indem er mit Versen, die den König anrührten, um Gnade bat. Ludwig Uhland hat über diese Episode eine Ballade geschrieben. Dante allerdings ließ das nicht gelten. Für ihn war Bertran de Born die Inkarnation des Bösen und verantwortlich für die Familienkatastrophe im Hause Plantagenet. In Dantes »Göttlicher Kommödie« begegnet man deshalb der Gestalt des Bertran de Born im 28. Gesang der Hölle als Verdammtem. Erst im Alter zog sich Bertran de Born in das Kloster Dalon zurück. Reste davon sieht man in dem Dorf Ste-Trie 8 km nordöstlich des Schlosses Hautefort.

Etienne de la Boëtie (1530–1563)

Der bedeutendste Sohn der Stadt Sarlat entstammte einer wohlhabenden Kaufmannsfamilie, deren Haus, eines der schönsten Profangebäude der französischen Renaissance, noch heute gegenüber der Kathedrale von Sarlat zu bewundern ist. Blutjung, mit dreiundzwanzig Jahren, wurde Etienne de la Boëtie als Abgeordneter von Sarlat in das Regionalparlament von Bordeaux entsandt. Dort lernten sich Montaigne und de la Boëtie kennen und schlossen innigste Freundschaft. In seinem Essay »Sur l'amitié« (Über die Freundschaft) hat Montaigne dieser Beziehung ein kleines literarisches Denkmal gesetzt. Unsterblichen Ruhm erlangte de la Boëtie als Autor mit seiner Schrift »Discours de la servitude volontaire« (Abhandlung über die freiwillige Unterordnung). Er geht darin der Frage nach, warum immer wieder in der Geschichte bestimmte Gruppen von Menschen oder ganze Völker sich dem Willen eines einzelnen Tyrannen unterwerfen. Obwohl die Schrift auf die letzten Vertreter des Hauses Valois gemünzt war, liest sie sich ausgesprochen zeitlos. Etienne de la Boëtie starb sehr jung mit 33 Jahren in den Armen seines Freundes Montaigne, dem er seine Bibliothek und wichtige Dokumente hinterließ.

Brantôme (1540–1614)

Sein voller Name lautet Pierre de Bourdeille, Abt und Seigneur von Brantôme, aber längst hat es sich eingebürgert, ihn einfach nur Brantôme zu nennen. Er lebte in der bewegten Zeit der Religionskriege während der Herrschaft der letzten Könige aus dem Hause Valois und wurde mit seinen Schriften ein lebendiger Chronist dieser Epoche, in der Mord und Verrat an der Tagesordnung waren. Kriegerische Unternehmungen und diplomatische Missionen führten den Abenteuerlustigen nach Malta, Italien, Marokko, Portugal und Spanien, für das er besonders schwärmte. 1561 – damals war Brantôme noch ein treuer Anhänger der Katharina de Medici – gehörte er zur Gruppe der französischen Edelleute, die die jung verwitwete Maria Stuart nach dem Tode ihres Mannes, Franz II., in ihre Heimat Schottland zurückgeleiteten. Durch die Ereignisse der Bartholomäusnacht und die dekadente Hofhaltung Heinrichs III. (seit 1574) skeptisch geworden, ging Brantôme bald auf Distanz zu den Valois. Zum Bruch mit der Krone kam es 1582, nachdem ihm Heinrich III. das in Aussicht gestellte Amt des Gouverneurs im Périgord vorenthielt. Nach einem Reitunfall, der ihn 1584 zum Krüppel machte, zog er sich aus dem öffentlichen Leben zurück und verbrachte fortan die meiste Zeit im Kloster Brantôme, dessen Titularabt er bereits geworden war. Ein Teil seiner Schriften muss schon zuvor zu Papier gelangt sein, aber in der Abgeschiedenheit von Brantôme wurden nun die beiden Werke vollendet, denen der Autor seinen Ruhm verdankt: »Les vies des hommes illustres et grands capitaines français« und vor allem die Skandalchronik »Les Dames galantes«, die einen tiefen Einblick in das Leben bei Hofe am Vorabend des Untergangs des Hauses Valois gibt.

Pierre de Bourdeille, Abt und Seigneur von Brantôme

Hl. Dominikus (um 1170 bis 1221)

Der Gründer des Dominikanerordens wurde in Caleruega (Altkastilien) geboren und hieß mit bürgerlichem Namen Dominikus Guzmán. Er studierte in Palencia Theologie, wurde 1195 Regularkanoniker an der Kathedrale von Burgo de Osma und 1201 dem Subpriors. In den Jahren 1203 und 1205 begleitete er seinen Bischof Diego de Acébès auf Missionsreisen nach Skandinavien. 1206 beauftragte der Papst das bewährte Predigergespann mit der Mission gegen die Katharer in Südfrankreich. Bischof Diego ging 1207 zurück nach Burgo de Osma, wo er kurz darauf verstarb. Dominikus setzte seine Missionsarbeit in Südfrankreich fort. Er hatte erkannt, dass besonders Frauen aller Schichten den Katharern in hellen Scharen zuliefen. Um deren spirituelle Bedürfnisse zu befriedigen, gründete Dominikus 1207 in dem Dorf Prouille in den Corbières eine Betgemeinschaft für Frauen – manche Historiker nehmen dieses Datum als Gründung des Dominikanerordens. 1215 entstand in Toulouse die dem hl. Jakobus geweihte Predigergemeinschaft, 1216 verlieh Papst Honorius III. der Gemeinschaft die Anerkennung. Dominikus nannte den Orden »Ordo Fratorum Praedicatorum«. Die Mönche, leidenschaftliche Prediger, galten als »Hunde des Herrn« (Domini canes). Erste bedeutende Ableger entstanden in Paris und Bologna. In den 1220er-Jahren erlebte der Orden eine rasante Ausbreitung, bereits 1222 zählte er 40 Mönchs- und vier Nonnenklöster, Ende des 13. Jh. hatten sich die Konvente auf 404 (für Mönche) und 58 (für Nonnen) vervielfacht. Dominikus starb am 6. August 1221 in Bologna, wo er in der nach ihm benannten Kirche beigesetzt wurde. 1234 wurde der Ordensgründer heiliggesprochen. 1233 wurde den Dominikanern vom Papst die Inquisition übertragen, die gerichtliche Verfolgung der Katharer.

Durand de Bredon (etwa um 1000 bis 1072)

Über das Leben des großen Abtes von Moissac wissen wir bis zu seinem Auftreten im Jahr 1048 praktisch nichts. Vermutlich stammte er aus der Auvergne und trat schon in jungen Jahren in den Benediktinerorden ein. 1048, nachdem sich Moissac der cluniazensischen Reform angeschlossen hatte, bestimmte ihn Odilo von Cluny zu dessen Abt. 1059 wurde Durandus darüber hinaus zum Bischof von Toulouse gewählt. Die Ämterkoppelung trug deutliche Früchte für das Kloster, dem er vorstand, denn in den folgenden Jahren strömte Moissac eine wahre Flut von Schenkungen zu. Durandus war ersichtlich nicht nur ein großer Kirchenmann, sondern zugleich ein genialer Taktiker. Trotz des Anschlusses an Cluny gelang es ihm, für Moissac den Status einer freien Abtei zu wahren. Damit legte er den Grundstein für die glänzende Geschichte des Klosters am Tarnufer, das sich noch im 11. Jh. zum Cluny Südwestfrankreichs entwickelte und 1096 Papst Urban II. nach dessen Aufruf zum Ersten Kreuzzug für längere Zeit in seinen Mauern als Gast aufnahm.

Eleonore von Aquitanien (um 1122 bis 1204)

Kaum eine Frau hat die Gemüter der Menschen so sehr bewegt wie die mächtige Herzogin von Aquitanien, über die bis auf den heutigen Tag die Flut der Literatur nicht abreißt. Ihr Geburtsdatum ist nicht mit Bestimmtheit zu ermitteln, überliefert ist lediglich der Ort ihrer

Das im 13. Jh. geschaffene Grabdenkmal Eleonores in Fontevraud an der Loire ist eines der bemerkenswertesten seiner Zeit. Es zeigt die Tote in einem Buche lesend. Treffender hätte man die kulturbeflissene Herzogin und Königin zweier Länder kaum für die Nachwelt verewigen können.

Geburt, Nieul-sur-l'Autise im südlichen Poitou. Ihr Vater, Wilhelm X., zog sich 1137 auf einer Wallfahrt nach Santiago de Compostela eine Lungenentzündung zu, an der er innerhalb weniger Tage starb. In seinem Testament hatte er verfügt, seine Tochter möge den Thronerben Frankreichs heiraten. Nichts konnte dem eben noch amtierenden Ludwig VI. lieber sein, der seinerseits bereits sterbenskrank war, denn ein Zusammengehen des reichen Aquitanien mit dem Kronland war automatisch mit einer beträchtlichen Stärkung der königlichen Autorität verbunden. Noch im selben Jahr wurde in Bordeaux die Ehe geschlossen, kurz darauf starb Ludwig VI., sein Sohn Ludwig VII. wurde neuer König, und mit ihm bestieg Eleonore den Thron von Frankreich. Nach dem Scheitern der Ehe 1152 verband sich Eleonore alsbald mit Heinrich Plantagenet und wurde an dessen Seite Königin von England. Damit brach die Epoche des englisch-französischen Gegensatzes an, der die Geschichte beider Nationen während 300 Jahren überschatten sollte.

Eleonore war nicht nur eine machtbewusste Frau, sie war den Freuden des Lebens und der Kunst mit derselben Leidenschaft zugetan. Sie brachte an den düsteren Hof Ludwigs VII. Spielleute und Troubadours aus Aquitanien, pflegte einen schillernden Lebensstil und setzte sich als Mäzenin für die romanische Kunst ein.

Eleonores Lebenstraum war die Erhaltung und Festigung des Angevinischen Reiches für ihre Söhne. Nachdem Richard Löwenherz 1199 ohne männlichen Erben starb und sein unfähiger jüngster Bruder, Johann Ohneland, die Nachfolge antrat, sah die damals hochbetagte Eleonore ihr Lebenswerk zusammenbrechen. Sie zog sich in die Einsamkeit der Insel Oléron an der Charentemündung zurück. Dort erließ sie die berühmten »Rôles d'Oléron«, ein zehn Artikel umfassendes Gesetzeswerk zur rechtlichen Regelung der Seefahrt (vor allem ein Maßnahmenkatalog gegen das Piratenunwesen), und schuf damit das erste kodifizierte Seerecht Europas. Das raue Inselklima aber machte ihr gesundheitlich zu schaffen, weshalb sie schon bald in das Kloster Fontevraud an der Loire übersiedelte. Dort erreichte sie im März des Jahres 1204 die Nachricht, dass die Festung Château-Gaillard, ein von Richard Löwenherz in nur zwei Jahren errichtetes Bollwerk in der Normandie, in die Hände des französischen Königs gefallen war. Wenige Wochen später starb Eleonore von Aquitanien und wurde in ihrem Lieblingskloster Fontevraud beigesetzt. Dort ruht sie an der Seite ihres zweiten Mannes, Heinrichs II. von England, und ihres Sohnes Richard Löwenherz.

Fénelon (1651–1715)

Für den großen Theologen François de Salignac de la Mothe Fénelon hat sich der Kurzname Fénelon durchgesetzt. Er stammte aus altem périgordinischem Adel und wurde am 6. August 1651 auf Château Fénelon geboren. Nach dem Studium der Theologie in Paris lebte der junge Abbé kurze Zeit im Priorat von Carennac. Von dort wurde er zum Vorsteher des neu gegründeten Hauses der Konvertitinnen nach Paris berufen, in dem er seit 1675 zehn Jahre lang erfolgreich tätig war. 1686 wurde er mit einer aussichtslosen Mission beauftragt: Er sollte nach dem Widerruf des Ediktes von Nantes im überwiegend hugenottischen Poitou für die katholische Sache werben. 1689 wurde

Fénelon (zeitgenössischer Kupferstich von Delvaux)

ihm die Erziehung Ludwigs, des späteren Herzogs von Burgund, eines Enkels Ludwigs XIV., übertragen. Für ihn verfasste Fénelon mehrere pädagogische Schriften, darunter das Werk, das ihn berühmt gemacht hat:»Les aventures de Télémaque«. Es ist dies im Grunde ein zeitgenössischer Fürstenspiegel, den der Autor in die Form eines antiken Romans kleidet – noch heute Pflichtlektüre eines jeden französischen Schülers. Bei Hofe aber wurde der Télémaque als eine versteckte Kritik am Sonnenkönig interpretiert und die Drucklegung deshalb hintertrieben. So konnte der Roman erst nach dem Tode Ludwigs XIV. (er starb wie Fénelon im Jahr 1715) veröffentlicht werden (1717). Seit 1693 Mitglied der Académie Française, stieg Fénelon 1695 zum Erzbischof von Cambrai auf. Er muss dieses Amt mit großer menschlicher Opferbereitschaft und voller Hingabe an seine seelsorgerische Pflicht erfüllt haben. Fénelon gilt heute als einer der wichtigsten Theologen an der Wende vom 17. zum 18. Jh. und vor allem als der bedeutendste Mystiker seines Zeitalters.

Léon Gambetta (1838–1882)

Neben Papst Johannes XXII. ist Léon Gambetta der zweite große Sohn der Stadt Cahors, der Hauptstadt des Quercy. Mit ganzem Elan bekämpfte der überzeugte Republikaner das Zweite Kaiserreich. Im preußisch-französischen Krieg, der zur Proklamation des deutschen Kaiserreichs führte, nahm er die Niederlage von Sedan am 4. September 1870 zum Anlass, die Dritte Republik auszurufen, in deren Regierung der nationalen Verteidigung er die Verantwortung des Kriegs-, Innen- und Finanzministers übernahm. Kurz vor dem Fall von Paris setzte sich Gambetta mit einem Heißluftballon aus der Hauptstadt ab und organisierte den Widerstand der »Franctireurs«, der bewaffneten Zivilisten, die allerdings gegen die gut gedrillten preußischen Truppen nichts auszurichten vermochten.

Nach dem Friedensschluss mit Deutschland widersetzte sich Gambetta, erst als Führer der radikalen, dann der gemäßigten Republikaner, erfolgreich den Umsturzbestrebungen Mac-Mahons und dem Versuch des mehrheitlich royalistisch gesonnenen Parlaments einer erneuten Restituierung der Monarchie. Sein außenpolitisches Ziel war gegen Bismarck und auf eine Rückgewinnung von Elsass und Lothringen gerichtet. Kurz vor seinem Tode fiel Gambetta für wenige Monate die Rolle des Ministerpräsidenten zu. Als Kämpfer für den Erhalt der Dritten Republik hat er sich für immer seinen Platz in den französischen Geschichtsbüchern gesichert.

Charles de Gontaut-Biron (1561–1602)

Der Zeitgenosse Brantômes war ein Kriegsheld und gefürchteter Haudegen, dem man zu Lebzeiten den Beinamen »Fulem Galliae« gab (lat. Blitz, Donnerkeil, in übertragenem Sinn aber auch Kriegsheld). Heinrich IV. diente er mit solcher Verve, dass der erste Bourbone ihm zu einer glänzenden Karriere verhalf: 1592 wurde Gontaut-Biron zum Admiral, 1594 zum Marschall und schließlich 1598 zum Herzog des Périgord, Pair von Frankreich und Gouverneur von Burgund ernannt. Offenbar größenwahnsinnig geworden, schmiedete er gemeinsam mit dem Herzog von Savoyen einen Putschplan gegen Heinrich IV. Das Komplott flog 1600 auf, doch vergab der König dem Abtrünnigen den Treubruch. Dies hinderte Gontaut-Biron nicht daran, sogleich den nächsten Umsturzversuch einzufädeln, indem er in geheime Verhandlungen mit den spanischen Habsburgern trat. Die Sache flog auf, weil sich die Edelleute des Périgord gegen ihren Herzog empörten. Ein zweites Mal ließ Heinrich IV. nicht Nachsicht walten. Charles de Gontaut-Biron wurde unter einem Vorwand nach Paris gelockt, gefangen genommen und nach kurzem Prozess am 31. Juli 1602 in der Bastille enthauptet. Das Périgord wurde vom König eingezogen und war fortan Kronlehen. Die Familie fiel in Ungnade und wurde erst 1723 rehabilitiert.

Henri Quatre, Heinrich IV. von Frankreich (1553–1610)

Heinrich von Navarra war der Sohn der Jeanne d'Albret, Königin von Navarra, und des Herzogs Anton von Bourbon. Er wurde 1553 in Pau, der Hauptstadt des Béarn, geboren. Als 1589 mit dem Tode Heinrichs III. das Haus Valois erlosch, erhob Heinrich Anspruch auf den Thron von Frankreich, da er über seinen Vater mit Ludwig IX. verwandt war. Seinen Herrschaftsanspruch suchten die Katholische Liga und das habsburgische Spanien zu vereiteln, da Heinrich Protestant war. Er konvertierte deshalb 1593 zum Katholizismus (berühmt ist sein Ausspruch »Paris ist eine Messe wert«) und erhielt 1595 von Papst Clemens VIII. die Absolution. Damit erstarb die Opposition gegen den Navarresen, der 1594 in Chartres zum König von Frankreich gekrönt wurde. Heinrich IV. begründete das Haus Bourbon, die letzte Herrscherdynastie Frankreichs. Er sanierte die maroden Staatsfinanzen mithilfe seines Ministers Sully, der 1598 das Zeitalter der Religionskriege durch Erlass des Edikts von Nantes beendete, das den Hugenotten im Lande die freie Ausübung ihrer Religion garantierte, Saumur wurde als protestantische Universität und La Rochelle als befestigte Stadt der Hugenotten akzeptiert. In der Außenpolitik suchte Henri Quatre die Stärkung Frankreichs gegenüber dem Haus Habsburg. Als der Jülisch-Klevische Erbfolgestreit 1610 ausbrach, gedachte er mit militärischen Mitteln die Vormachtstellung der Habsburger in Europa zu brechen. Der Versuch war zum Scheitern verurteilt, weil François Ravaillac den König bei Kriegsausbruch in Paris ermordete. Heinrich IV. gilt bis heute als der populärste aller Könige Frankreichs – unsterblich wurde er allein durch den Ausspruch, er wünsche, dass jeder Franzose am Sonntag ein Huhn im Topf habe. Literarisch hat ihm Heinrich Mann mit seiner zweibändigen Biografie – »Die Jugend des Königs Henri Quatre« und »Die Vollendung des Königs Henri Quatre« – ein bleibendes Denkmal gesetzt.

Jean Auguste Dominique Ingres (1780–1867)

Eine der großen Gestalten der französischen Malerei des 19. Jh., Ingres, stammt aus der Stadt Montauban, die auf der Grenze zwischen südlichem Quercy und dem Toulousain liegt. Sein Vater, ein Bildhauer und Stuckateur, zeigte sich gegenüber den künstlerischen Ambitionen des Sohnes aufgeschlossen, der gleichermaßen fürs Zeichnen wie für die Musik begabt war. Bereits mit elf Jahren kam Ingres zur Ausbildung nach Toulouse, mit vierzehn saß er am Pult der zweiten Geige des Orchestre de Capitole, des bis heute international bekannten Stadtorchesters von Toulouse. Doch letztlich zog es ihn stärker zur bildenden Kunst. 1797 trat er in Paris in das Atelier Jacques-Louis Davids ein. Für sein Gemälde »Achill empfängt die Abgesandten Agamemnons« (heute im Besitz des Musée de l'Ecole des Beaux-Arts, Paris) wurde ihm 1801 der Große Rom-Preis zuerkannt, allerdings konnte er das Stipendium infolge innenpolitischer Wirren erst 1806 antreten. 18 Jahre blieb Ingres im Mekka der Maler, wo er sich als Porträtist in der gehobenen Gesellschaft einen Namen machte. Die Auseinandersetzung mit Raffael und der Malerei der Hochrenaissance führte ihn zu seinem ausgewogenen klassizistischen Stil, mit dem er bald begeisterten Zuspruch beim Publikum fand. Wieder in Paris, empfing er 1825 aus der Hand Karls X. den Orden der Ehrenlegion, im selben Jahr wurde er als ordentliches Mitglied in die Akademie gewählt, wo er rasch Karriere machte: seit 1829 als Professor, ab 1832 als Vizepräsident und schließlich seit 1834 als ihr Präsident. In dieser Funktion hat Ingres den offiziellen Kulturbetrieb Frankreichs entscheidend beeinflusst. Wenn auch seine weiteren Werke zum Teil recht akademisch trocken wirken, ist ihm in Bildern wie dem berühmten »Türkischen Bad« (Paris, Louvre), an dem er jahrelang gearbeitet hat, eine Zartheit und ein Lyrismus gelungen, die ihn als Malergenie zu erkennen geben. So galt denn auch nicht zufällig neben dem Porträt gerade dem weiblichen Akt sein besonderes Interesse.

Ingres trägt die Hauptverantwortung dafür, dass die École des Beaux-Arts und das Institut einen übermächtigen Einfluss auf die französische Malerei erlangten. Allen Erneuerungsbestrebungen einer jüngeren Generation, die nicht dem Akademie-Ideal des klassischen Ebenmaßes folgen wollte, wurde das Leben schwer, der Aufstieg unmöglich gemacht. Am meisten hatten unter diesem Geschmacksdiktat die jungen Impressionisten zu leiden, die regelrecht aus dem offiziellen Kunstbetrieb ausgegrenzt wurden.

Als Maler aber ist Ingres von überzeitlicher Bedeutung. Gerade weil er das zeichnerische Element über die Sprache des Pinsels stellte, hat sich noch Picasso ganz vehement auf ihn berufen.

Seiner Geburtsstadt Montauban übereignete Ingres testamentarisch den größten Teil seines Nachlasses, darunter 4000 Zeichnungen und Skizzen sowie etliche Ölgemälde. Das Ingres-Museum in Montauban wurde bereits 1869, nur zwei Jahre nach dem Tod des Künstlers, eröffnet.

Jean Jaurès (1859–1914)

Jaurès ist einer der geistigen Väter der sozialistischen Partei Frankreichs. In dem Städtchen Castres (Département Tarn) geboren, schlug er zunächst eine akademische Laufbahn ein und wurde 1883 Professor der Philosophie in Toulouse. Zunehmend wurde Jaurès in der Politik aktiv und zog 1895 als Abgeordneter der Linken ins Parlament ein. Als rhetorisches Genie setzte er sich u. a. für die Revision des Dreyfus-Prozesses und die Aufklärung dieses Skandals ein, der das Frankreich um 1900 in seinen Grundfesten erschütterte. Jaurès war überzeugter Pazifist und trat schon vor dem Ersten Weltkrieg für eine dauerhafte Verständigung ein – damals war er ein einsamer Rufer in der Wüste, heute darf man in ihm einen der Wegbereiter der deutsch-französischen Freundschaft sehen. Die Zeitung »L'Humanité«, die er 1902 gegründet hat, besteht bis auf den heutigen Tag. Jean Jaurès wurde am Vorabend des Ersten Weltkrieges am 31. Juli 1914 in Paris das Opfer eines Attentats.

Papst Johannes XXII. (um 1245 bis 1334)

Der aus Cahors stammende Jacques Duèze, der unter dem Namen Johannes XXII. als zweiter Papst in Avignon residierte (1316–1334), ist zweifellos die schillerndste Gestalt unter den sieben Avignoneser Päpsten. Seine Wahl erfolgte nach einer zweijährigen Sedesvakanz (der längsten in der Geschichte des Papsttums). Als er den Stuhl Petri bestieg, war er bereits ein Greis von 72 Jahren. Dennoch sollte sein Pontifikat mit 18 Jahren Dauer das längste des 14. Jh. werden. Äußerlich unscheinbar und in seiner Hofhaltung unprätentiös, setzte Johannes XXII. alles daran, das infolge der Schwäche seines Vorgängers Clemens' V. beschädigte Ansehen des Papsttums wiederherzustellen. Vor allem suchte er sich auf der internationalen Bühne zu profilieren, besonders in der Kontroverse mit dem deutschen Herrscher, Ludwig dem Bayern (1314–1347), der ebenfalls um die Autorität in Italien buhlte. 1324 belegte Johannes XXII. den deutschen Herrscher mit dem Kirchenbann. Als finanzpolitisches Genie geriet er aber auch mit den Franziskanern und dem von ihnen propagierten Armutsideal in Konflikt. Die Franziskaner begaben sich unter die Obhut Ludwigs des Bayern, München wurde damals eine Hochburg des Franziskanertums (Wilhelm von Ockham).

Den unter Clemens V. begonnenen Nepotismus, die Verleihung hoher Kirchenämter an Verwandte, führte Johannes XXII. zum Exzess. Seine Heimat, der sich dieser Papst stark verbunden fühlte, profitierte von seiner Rührigkeit. Die romanische Kathedrale von Cahors, im 14. Jh. zu Teilen eingestürzt, verdankt ihm ihre Erhaltung, und das bis dahin unbedeutende Sarlat wurde zur Bischofstadt erhoben. Als Johannes XXII. starb, hinterließ er der Kirche ein Vermögen von mehreren hunderttausend Goldgulden. Seine Nachfolger bestritten aus diesem Erbe die Errichtung des Papstpalastes in Avignon.

François Mauriac (1885–1970)

Mauriac stammte aus Bordeaux, wo er in einer streng katholischen Familie aufwuchs. Nach dem Studium in Bordeaux wurde er Journalist und Schriftsteller. In der Zeit zwischen den beiden Weltkriegen veröffentlichte er eine wahre Flut von Romanen: 1921 »Préséances« (deutsch: In diesen Kreisen), 1922 »Le baiser aux lépreux« (Der Aussätzige und die Heilige), 1923 »Génitrix« (Der Tod der jungen Frau), 1925 »Le désert de l'amour«, 1927 »Thérèse Desqueyroux«. Der letztgenannte Roman ist symptomatisch für das Werk Mauriacs. Ähnlich wie Fontane kratzt er am Lack der Gesellschaft seiner Zeit, ohne die Menschen gnadenlos bloßzustellen. Es geht – wie in fast allen Romanen und Theaterstücken Mauriacs – um den Widerstreit zwischen Schuld, Sühne und Gnade. Während des Zweiten Weltkriegs war der 1933 in die Académie Française gewählte Autor in der Resistance aktiv. Nach 1945 engagierte er sich als Journalist und gewann als Mitarbeiter erst von »L'Express«, dann von »Le Figaro« enormen politischen Einfluss. François Mauriac, dem 1952 der Nobelpreis für Literatur verliehen wurde, hat einmal von seiner südwestfranzösischen Heimat gesagt: »Ich weiß nicht, ob ich dich hasse oder liebe, aber ich weiß, dass ich dir alles verdanke.«

Michel de Montaigne (1533–1592)

Montaigne (Radierung von Theodor de Leu)

Montaigne hat ein wenig spektakuläres Leben geführt. 1557 betrat er als Parlamentsrat in Bordeaux die politische Bühne und versah diese Funktion bis 1570. 1580/81 bereiste er Süddeutschland und vor allem Italien. Nach seiner Rückkehr wurde er 1582 zum Bürgermeister von Bordeaux gewählt. Doch bereits 1585 legte er das ehrenvolle Amt wieder nieder, um sich ganz seinen literarischen Neigungen zu widmen. Er zog sich an seinen Wohnort St-Michel-de-Montaigne zurück, wo heute noch der große Bibliotheksturm des Philosophen zu besichtigen ist. Dort schrieb er die berühmten Essays, die als das erste große Werk der Laienphilosophie der Nachantike gelten. Montaigne hat das Essay zu einer selbständigen Literaturform gemacht. Sein Kernthema ist der Mensch, den er aus unterschiedlichen Blickwinkeln beschreibt, wobei die Essays oft in kritische Selbstbetrachtungen münden. Montaignes Eigenart einer vorurteilslosen Menschenbeobachtung hat ihn zum Begründer der Tradition der französischen Moralisten gemacht.

Montesquieu (1689–1755)

Charles de Secondat, Baron von La Brède und Montesquieu, der große Philosoph und Staatsmann, wurde auf Château de la Brède geboren, einem romantischen Wasserschloss südlich von Bordeaux. Nach humanistischen und juristischen Studien wurde er 1714 Parlamentsrat und war von 1716 bis 1726 Senatspräsident in Bordeaux. Danach bereiste er alle bedeutenden Länder Europas. Auf La Brède verfasste er seine berühmtesten Schriften »Lettres Persanes« und »L'esprit des lois«. Montesquieu blieb seiner Heimat treu. Die zum Schloss gehörenden Weinländereien sicherten seinen Wohlstand, was er selbst einmal sinnfällig mit der Bemerkung zum Ausdruck brachte, sein Geld liege unter seinen Füßen. Montesquieu wandte sich mit Nachdruck gegen den Absolutismus und trat für die Form der konstitutionellen Monarchie nach englischem Vorbild ein. Seine Theorien blieben bis in die Zeit der Revolution und darüber hinaus richtungweisend und hatten entscheidenden Einfluss auf die Verfassung der Vereinigten Staaten von Amerika.

Eugène Le Roy (1836–1907)

Neben dem berühmten Troubadour Bertran de Born erblickte auf Hautefort mit Eugène Le Roy ein zweiter namhafter Autor das Licht der Welt. Er wurde dort 1836 als Sohn des damaligen Schlossverwalters geboren. Seine berufliche Laufbahn begann er in der gesicherten Stellung eines Steuerbeamten. Doch zog es ihn schon bald zur Schriftstellerei. Erste Proben gab er mit kleinen Essays und feuilletonistischen Beiträgen in verschiedenen Provinzblättern. Seine Erfüllung aber fand Le Roy erst im Gesellschaftsroman. Dabei war es ihm von Anbeginn ein Anliegen, seine périgordinische Heimat zum eigentlichen Thema zu machen. So wurde Le Roy zum ersten Heimatdichter dieser Landschaft. Das war aber auch der Grund dafür, dass sein Werk zunächst kaum über die Grenzen des Département Dordogne hinaus bekannt wurde. Der Durchbruch gelang ihm erst 1899 mit dem Roman »Jacquou le Croquant« (deutsch: Jakob der Habenichts), eine ebenso liebevolle wie zugleich sozialkritische Auseinandersetzung mit dem bäuerlichen Milieu im Périgord des 19. Jh.

Der Heimatdichter Eugène Le Roy

Henri Marie Raymond de Toulouse-Lautrec (1864–1901)

Toulouse-Lautrec, in Albi geboren, ist einer der populärsten und bekanntesten Künstler im Umfeld des Impressionismus, ohne allerdings selbst der Gruppe der Impressionisten angehört zu haben. Er entstammte einem der ältesten Adelsgeschlechter Frankreichs, das durch Inzest ausgezehrt war. Toulouse-Lautrec war deshalb zeitlebens gesundheitlich schwer angeschlagen. Die Knochen des Knaben brachen wiederholt, die Folge war eine Wachstumsstörung, sodass er zwergwüchsig blieb. Ab 1882 lebte er in Paris, wo er in Verbindung mit den Impressionisten stand. Ihn interessierte in seiner Arbeit als Maler und Grafiker nicht die Landschaft, sondern das Leben seiner Zeitgenossen, vor allem solcher, die wie er am Rande der Gesellschaft lebten. Gern hielt er sich in Theater, Zirkus und Varieté als den gesellschaftlich akzeptierten Vergnügungsstätten, lieber noch in Kneipen und Bordellen als den diskriminierten Orten des Vergnügens auf. Hier holte sich der Künstler die Inspiration zu seinen Bildern. Toulouse-

Lautrec wurde zum Erfinder der Plakatkunst. Was für Rodin der Torso war, wurde ihm die locker hingeworfene Skizze, das bewusst unfertig gelassene Bild. Besonders im Medium der Pastellskizze erreichte er größte Virtuosität. Henri de Toulouse-Lautrec starb nach einem Leben voller körperlicher und seelischer Qualen, die ihn nicht daran hinderten, dennoch ein uferloses künstlerisches Werk hervorzubringen, 1901 auf Schloss Malromé im Département Gironde nahe Bordeaux. In seiner Heimatstadt Albi wurde im ehemaligen bischöflichen Palais das Toulouse-Lautrec-Museum eingerichtet, in dem Werke aus allen Schaffensperioden des Künstlers versammelt sind.

Ossip Zadkine (1890–1967)

Zadkine, der als einer der bedeutendsten Bildhauer des 20. Jh. in der Nachfolge des Kubismus gilt, wurde 1890 in Smolensk geboren. Im Alter von 20 Jahren siedelte er nach Paris über, wo der Maler Modigliani zu seinen ersten Freunden zählte. Als Freiwilliger nahm er auf französischer Seite am Ersten Weltkrieg teil, da ihm so die angestrebte französische Staatsbürgerschaft zufiel (1921). Zwischen den beiden Weltkriegen arbeitete er in Paris und in Südwestfrankreich. Dorthin war Zadkine erstmals 1918 gekommen, zahllose weitere Aufenthalte sollten folgen. Der Künstler wurde rasch bekannt, seine Werke wurden zwischen 1924 und 1939 in aller Welt gezeigt, u.a. in London, Brüssel, New York und Tokio. 1934 erstand der Bildhauer im Quercy in dem Dorf Les Arques ein kleines Anwesen, das bis zu seinem Tode sein bevorzugtes Refugium blieb. Der drohenden Verfolgung in der Hitlerzeit entzog er sich, indem er 1941 bis 1945 in die USA übersiedelte. Gleich nach Ende des Zweiten Weltkriegs kehrte er in die französische Wahlheimat zurück. Fortan bewegte sich sein Leben auf der Achse zwischen Paris und Les Arques.

Entgegen der allgemeinen Entwicklung der Kunst des 20. Jh. zur Abstraktion hielt Zadkine an der konkreten Form fest. Seine Skulpturen sind ein Bekenntnis zu einem humanistischen Menschenbild. Als sein bedeutendstes Werk entstand Anfang der 1950er-Jahren in Anlehnung an Picassos »Guernica« die Monumentalskulptur mit dem Titel »Die zerstörte Stadt«. Konkret meinte er damit das zerstörte Rotterdam, und dort wurde dieses Werk 1953 aufgestellt. Die zwei wichtigsten Auszeichnungen seien genannt: 1950 gewann Zadkine den 1. Preis für Bildhauerei auf der Biennale in Venedig, 1960 zeichnete ihn die Stadt Paris mit dem »Grand Prix de la Sculpture« aus. In Paris wurde das Atelier Zadkines nach dem Tod seiner Witwe 1982 als Museum der Öffentlichkeit zugänglich gemacht, seine Wirkungsstätte in Les Arques ist heute ebenfalls Museum und steht dem Besucher offen.

Skulptur von Ossip Zadkine in seiner Wahlheimat Les Arques

Die prähistorische Kunst

Nirgendwo sonst auf der Welt gibt es eine derartige Fülle prähistorischer Stätten wie im Tal der Vézère rund um das Städtchen Les Eyzies. Da die wichtigsten der Öffentlichkeit zugänglich, oder, wie im Beispiel Lascaux, in einer Kopie gegenwärtig sind, kann man sich hier im Verlauf von zwei bis drei Tagen einen lückenlosen Einblick in alle Fragen der prähistorischen Kunst verschaffen.

Geschichte ihrer Entdeckung und Erforschung

Die prähistorische Forschung ist eine verhältnismäßig junge Disziplin, deren Anfänge in die zweite Hälfte des 19. Jh. zurückreichen. Ihr Weg beginnt in Spanien, wo 1869 ein Jäger nahe dem kantabrischen Küstenstädtchen Santillana del Mar eine Höhle fand. Graf de Sautuola, der Besitzer des Bodens, auf dem sich die Höhle befand, unternahm nach dem Besuch der Weltausstellung in Paris 1878, angeregt durch die dort gesehenen prähistorischen Kleinkunstwerke, Grabungen in dieser Höhle. Seine kleine Tochter, die den Vater mehrfach begleitete, entdeckte 1879 sensationelle Tierdarstellungen an der Höhlendecke, die seither unter dem Namen Altamira berühmt wurde. Die Entdeckung der Felsbilder wirkte wie ein Fanal. Zahlreiche Forscher und Laien fanden sich alsbald in Altamira ein, um die Kunstwerke zu untersuchen. Schon damals plädierten einige für ein eiszeitliches Alter der Bilder. Aber sie standen zunächst auf verlorenem Posten, denn auf dem Internationalen Kongress für Anthropologie und prähistorische Archäologie, der 1880 in Lissabon tagte, wurde die Echtheit der Bilder verworfen. Man unterstellte, dass ein Spaßvogel versucht habe, die Wissenschaft zum Narren zu halten.

Die Skepsis ist insofern verständlich, als bis dahin die Kultur Vorderasiens und Ägyptens als Wiege der menschlichen Kultur galt. Die Entdeckung der Eiszeitkunst bedeutete deshalb einen tiefen Einbruch in das Geschichtsbild des 19. Jh. Die Folgezeit arbeitete für die Verfechter der Echtheit der eiszeitlichen Bilder. 1883 fand F. Daleau in der Höhle **Pair-non-Pair** bei Bordeaux erste Felsgravuren, die unter bis dahin ungestörten Fundschichten zutage traten. Hier konnte es sich demnach nicht um Fälschungen handeln. Aber der Fund wurde vorerst totgeschwiegen. Auch die Entdeckung weiterer Höhlen (z. B. 1895 La Mouthe bei Les Eyzies) brachte die Diskussion nur schleppend wieder in Gang. Der Durchbruch gelang erst mit dem anbrechenden 20. Jh. Abbé Henri Breuil und Denis Peyrony, Vertreter einer jüngeren Forschergeneration, fanden im September 1901 binnen weniger Tage Felszeichnungen in **Les Combarelles** und polychrome Bilder in **Font-de-Gaume** nahe bei Les Eyzies. Breuil lud Professor E. Cartailhac von der Universität Toulouse ein, einen der schärfsten Gegner der Frühdatierung, die Bilder von Font-de-Gaume in Augenschein zu nehmen. Besonders eine Beobachtung Breuils nahm jetzt

Cartailhac und anderen Skeptikern den Wind aus den Segeln: An einigen Stellen hatten sich über den Felsbildern Sinterschichten abgelagert, die unmöglich von Menschenhand stammen konnten und ein Wachstum von mehreren tausend Jahren benötigen. Es spricht für die Charaktergröße Cartailhacs, dass er in einer damals viel gelesenen Schrift »Mea culpa d'un sceptique« (Schuldbekenntnis eines Skeptikers) seine früheren Zweifel widerrief. Endlich herrschte Einigkeit darüber, dass die Felsbilder von Altamira, Font-de-Gaume und anderen Höhlen in das geschichtliche Dunkel der Eiszeit zu stellen sind.

Nun setzte eine fieberhafte Suche ein und in rascher Folge wurden zahlreiche neue Höhlen gefunden: 1903 El Castillo, Covalanas und Hornos de la Peña, 1911 La Pasiega, 1914 Peña de Candamo und 1916 Santimamine in Nordspanien, sowie 1906 Niaux, 1908 Le Portel, 1909 Cap Blanc, 1912 Tuc d'Audoubert, 1914 Trois Frères, 1922 Pech-Merle und schließlich, als bedeutendste, 1940 **Lascaux**, die Letzteren in Südwestfrankreich. Da alle diese Höhlen in Nordspanien und in Südfrankreich liegen, hat sich rasch der Begriff des »franko-kantabrischen Kunstkreises« eingebürgert. In den 1950er-Jahren häuften sich noch einmal die Entdeckungen besonders im Périgord und Quercy: 1953 Cougnac bei Gourdon, 1956 Rouffignac bei Les Eyzies und 1958 Villars, 40 km nördlich von Périgueux. Danach meinten viele, das Kapitel der Entdeckung der Eiszeitkunst sei weitgehend abgeschlossen – ein Trugschluss, wie wir inzwischen wissen, denn nach 1980 brach noch einmal eine Ära sensationeller Neuentdeckungen an. Im Périgord wurden wichtige prähistorische Siedlungsplätze gefunden (z.B. der Abri Pataud in Les Eyzies), und dann kam, womit niemand gerechnet hatte: In der Provence, die bis dahin ein weitgehend unbeschriebenes Blatt war, wurden 1991 die Grotte Cosquer bei Marseille und 1994 die Grotte Chauvet bei Montélimar entdeckt, deren Bilderreichtum mit Lascaux auf eine Stufe zu stellen ist. Gerade diese beiden Höhlen haben der prähistorischen Forschung nicht nur einen gewaltigen Neuauftrieb gegeben, ihre Entdeckung hat auch dazu geführt, dass die Geschichte der prähistorischen Kunst in wesentlichen Kapiteln neu geschrieben werden musste.

Gattungen und Motive

Es lassen sich vier Kunstgattungen unterscheiden: Kleinkunst (gravierte Knochen und Steine), Felsritzung, Relief beziehungsweise Skulptur und Malerei. Die Werke der Kleinkunst finden sich heute in den Vitrinen der Museen, die Felsbilder aber und der größte Teil der Skulpturen ist in den Höhlen verblieben.

Meistens wurden Tiere dargestellt, in seltenen Fällen auch Menschen. Dabei tritt uns das Bild einer zum Teil ausgestorbenen Fauna vor Augen, andere Arten leben heute in weit entfernten Regionen. Am häufigsten erscheinen Pferde und Bisons, oft sieht man auch Bilder von Rentieren, Hirschen, Mammuts und Steinböcken, seltener sind Darstellungen von Raubkatzen, Bären, Nashörnern, Fischen und Vögeln. Es fällt auf, dass nur in Ausnahmefällen ein szenischer Zusammenhang zwischen den einzelnen Tieren besteht, in der Regel stehen sie isoliert nebeneinander. Faszinierend ist aber immer die naturnahe Lebendigkeit, mit der jedes Tier gezeichnet ist. Dabei finden sich oft Unebenheiten im Fels der Gestalt nutzbar gemacht, indem natürliche Wölbungen des Gesteins zur Betonung von Köpfen, Schenkeln oder Bauchpartien in die Darstellung einbezogen wurden.

Die Deutungen der Felsbilder

Der Sinn der Bilder ist zur Zeit ihrer Entdeckung unklar gewesen. Anfangs meinte man, die Felsbilder hätten eine **dekorative Funktion** gehabt, eine Fehleinschätzung, die damit zusammenhängt, dass man die Höhlen zunächst als natürlichen Wohnraum der paläolithischen Jäger ansah. Dank zahlreicher Grabungen wissen wir inzwischen jedoch, dass die Höhlen prinzipiell nicht bewohnt waren. Spuren des alltäglichen Lebens wie Feuerstellen, Essensreste und Werkzeuge fanden sich in großer Zahl unter den Abris, den Felsüberhängen, die oftmals den Höhlen außen vorgelagert sind und den Cro-Magnon-Menschen Schutz vor den Unbilden der Witterung boten. Dann erkannte die Forschung, dass den Kunstwerken in den Höhlen ein tieferer Sinn innewohnen muss.

Eine Theorie sah in den Tierbildern, die oft von Darstellungen menschlicher Hände begleitet sind, den **Ausdruck eines Jagdzaubers**. Die Hand wurde als Symbol des Besitzergreifens interpretiert, die Tierbilder als Teil eines komplexeren Jagdzaubers gedeutet. Dagegen spricht jedoch, dass gerade die Spezies, die am häufigsten abgebildet wurde, das Wildpferd, praktisch nie verzehrt, andererseits das Rentier, eines der wichtigsten Beutetiere der Steinzeit-Jäger, selten abgebildet wurde. Daneben wurde die **totemistische Theorie** aufgestellt, wonach es sich bei den Tieren um Metaphern für Menschen handeln sollte. Die Forschergeneration um Max Raphael hing diesem Gedanken an, der die Höhlenkunst letztendlich als Ausdruck eines **Ahnenkults** begreifen wollte. Jagdzauber und Totemismus, diese beiden Deutungen beschäftigten die prähistorische Forschung, grob gesagt, zwischen 1925 und 1975 am stärksten. Das letzte Viertel des 20. Jh. brachte eine neue Theorie in Umlauf. Ihr zufolge soll es sich bei den Tieren um sexuelle Symbole gehandelt haben. Demnach wäre die prähistorische Höhlenkunst Teil eines **Fruchtbarkeitskultes**. Doch ist in jüngster Zeit auch diese Annahme stark in Zweifel gezogen und von namhaften Vertretern der Disziplin wieder aufgegeben worden. Eingehende Untersuchungen und Vergleiche der vielen tausend Tierbilder haben zu dem Resultat geführt, dass Unterscheidungen zwischen männlichen und weiblichen Tieren deutlich in der Minderzahl sind. In der Regel haben die Künstler auf die Kenntlichmachung geschlechtsspezifischer Merkmale verzichtet.

Alle diese Theorien krankten an einem Denkfehler. Sie gingen grundsätzlich davon aus, dass die gesamte prähistorische Kunst ei-

Lange Zeit haben artifiziell gebohrte Punkte in der Höhle von Lascaux, von denen kleine strahlenförmig geritzte Striche ausgehen, die Forschung vor ein Rätsel gestellt. 1984 gelang Felix Schmeidler von der Universität München die Entzifferung dieser geheimnisvollen Zeichen. Mithilfe exakter Messungen konnte er nachweisen, dass es sich hierbei um die genaue Wiedergabe eines Teils des Sternenhimmels handelt. Bislang sind aber die sensationellen Ergebnisse Schmeidlers, die den Schluss nahelegen, dass sich der Cro-Magnon-Mensch bereits mit Fragen der Astronomie, vielleicht sogar der Astrologie?, beschäftigt hat, von der Forschung kaum zur Kenntnis genommen worden.

Neben den klar zu identifizierenden Darstellungen von Tieren und gelegentlich auch Menschen gibt es eine Reihe von Zeichen, die sich bislang jedem Versuch einer Deutung entzogen haben. Man kennt aviforme (vogelähnliche) Zeichen, Striche unterschiedlicher Größe und Anordnung sowie Punkte beziehungsweise, wie im Fall der Pferde von Pech-Merle, ganze Muster, die aus Punkten zusammengesetzt sind. Man geht davon aus, dass es sich dabei um eine Symbolsprache handelt, von der wir nicht wissen, ob eines Tages ihre Entschlüsselung gelingen wird. Es wurde sogar die Vermutung geäußert, dabei handle es sich möglicherweise um eine Vorform der Schrift.

nem bestimmten Grundgedanken unterworfen sei. Neuerdings hat sich die Überzeugung durchgesetzt, dass die prähistorische Kunst ein großes Feld heterogener Inhalte ist. Es wird nicht mehr in Zweifel gezogen, dass viele Höhlen und ihre Bilder kultisch zu verstehen sind als Ausdruck einer wie auch immer gearteten **Naturreligion**. Aber man ist davon abgekommen, nun krampfhaft alle Äußerungen des Cro-Magnon-Menschen als religiös interpretieren zu wollen. Frei zugängliche Kunstwerke wie etwa der Pferdefries unter dem Abri du Cap Blanc könnte man sich durchaus als **Experimentierfeld**, als Künstleratelier vorstellen.

Noch etwas kann inzwischen als sicher gelten: Dort, wo Felskunst religiöse Hintergründe hat, ist sie offenbar nicht isoliert entstanden, sondern war in ein komplexeres **kultisches Geschehen** einbezogen. Vielerorts wurden so genannte Schwirrhölzer und kleine Flöten aus Röhrenknochen gefunden, die dafür sprechen, dass der künstlerische Vorgang von Musik, möglicherweise auch einem rhythmischen Tanzen begleitet war. Auf Letzteres deuten versteinerte Fußspuren hin, die in der Höhle Tuc d'Audoubert sichergestellt wurden. Sie zeigen eine Anordnung, die in dieser Form nur aus einer rituellen Bewegung heraus entstanden sein kann. Da man in dieser Höhle neben den Fußabdrücken Erwachsener auch solche von Kindern oder Jugendlichen ausgemacht hat, ist die Überlegung aufgetaucht, dass es sich in diesem speziellen Fall um einen Initiationsritus gehandelt haben könnte.

Dass ein Zusammenhang zwischen dem visualisierten Bestand der Felsbilder und der **Akustik** besteht, ist inzwischen durch genaue Untersuchungen erwiesen. Die Bilder wurden grundsätzlich an solchen Stellen angebracht, wo die beste Tonqualität herrscht. Auch der Höhlensinter wurde in die akustische Gestaltung miteinbezogen. Bestimmte Sinterfahnen etwa geben, sobald man ihnen mit einem Holzstab einen Schlag versetzt, einen sonoren Ton. In der Höhle von Cougnac wurde das offenbar exzessiv betrieben, denn dort weisen viele Sinterfahnen Bruchstellen infolge wiederholter Bearbeitung auf.

Die Frauen-Statuetten

Die Menschendarstellungen machen nur verschwindende 5 Prozent der Höhlenkunst aus. Dabei fällt auf, dass geschlechtsunspezifische Figuren und solche, die sich zweifelsfrei als Männer erkennen lassen, deutlich in der Minderzahl sind. Hauptthema ist die Frau. Allerdings kennt man kaum Beispiele der Wandkunst. Verbreitet sind die in Relief oder vollplastisch gearbeiteten **Statuetten**. Das schönste Beispiel fand sich nicht in Frankreich, sondern in Österreich. Es ist die »Venus von Willendorf«, die sich heute im Naturhistorischen Museum in Wien befindet. Sehr bekannt ist auch das Relief der bei Les Eyzies gefundenen »Venus von Laussel«, das im Musée d'Aquitaine in Bordeaux aufbewahrt wird. Nur als Kopffragment ist das »Mädchen von Brassempouy« aus der Gascogne erhalten (Original im Nationalmuseum von St-Germain-en-Laye bei Paris). Alle diese Gestalten weisen verwandte Züge auf. Grundsätzlich ist das Gesicht nicht ausgearbeitet, eine Individualität also nicht erkennbar. Umso mehr Detailliebe wurde auf die Gestaltung der Frisuren verwendet. Die weibliche Anatomie ist grundsätzlich besonders akzentuiert; die Figuren haben große Brüste, die nicht selten bis tief auf den Bauch herunterhängen, Bäuche, Gesäßpartien und Oberschenkel sind in schwellenden **Formen** gehalten. Diese Betonung des spezifisch Weiblichen deutet auf Fruchtbarkeit, auf die Rolle der Frau als Gebärerin hin. Dies hat dazu geführt, dass man eine Zeit lang meinte, in der Zeit des Cro-Magnon-Menschen habe das **Matriarchat** geherrscht. Da aber mit Ausnahme der Venusfiguren, wie dieser Bildtypus benannt wurde, kein anderes Indiz auf eine Vorherrschaft der Frau hindeutet, ist diese Theorie neuerdings wieder sehr infrage gestellt worden. Man vermutet heute eine **weitgehende Gleichstellung** der Geschlechter, die ihr Leben nach einem vernünftigen Prinzip der Arbeitsaufteilung organisiert hatten.

»Venus von Laussel«
(Musée d'Aquitaine in Bordeaux)

Material und Werkprozess

Die Felszeichnungen wurden mit hartem Stein oder zugespitzten Knochen in den Kalkstein geritzt. In seltenen Fällen sind auch **Kratzspuren** von Fingern zu identifizieren, wenn die Zeichnung, wie in Bara-Bahau oder Pech-Merle, in weichen Untergrund geschürft wurde, der sich erst nachträglich verhärtete.

Skulpturen wie jene von Cap Blanc waren ausschließlich mit harten Silexsteinen aus dem Felsen herauszuarbeiten, wobei gleichfalls Steinmaterial als Hammer diente.

Einen größeren technischen Aufwand erforderten die monochromen oder polychromen **Felsbilder**. Deren Grundstoffe sind grundsätzlich Erdfarben: roter Ocker, Rötel, schwarze Erde, Manganoxyd, aber auch Brandreste, also Holzkohle. Chemische Untersuchungen haben gezeigt, dass die zu Pulver zerstoßenen Farben mit tierischen Substanzen wie Fett, Blutserum und Eiweiß als Bindemittel versetzt wurden. Als Pinsel dienten mit Tierhaaren durchzogene Röhrenknochen verschiedener Stärke und Größe. Oft wurde die Farbe aber auch mit dem Mund auf die Felswand geblasen.

Nicht selten befinden sich die Felsbilder in hoch gelegenen Abschnitten der Höhle. In Lascaux gefundene Holzreste deuten darauf hin, dass die Künstler in derartigen Fällen regelrechte Baugerüste aufstellten. Die Finsternis der Höhlen wurde mit kleinen Lampen erhellt, flachen Schalen, die mit tierischem Fett gefüllt waren. Als Docht diente ein Stück Tierdarm. Man muss bei der Betrachtung der Felsbilder diese spezifische Lichtsituation berücksichtigen. Wenn die Bilder heute mit elektrischen Glühbirnen angestrahlt werden, wirken sie leicht steif und leblos. Denkt man sich aber die Bilder vom Flackern eines offenen Lichtes spärlich erhellt, dann kann man sich schon eher vorstellen, welche lebendige Magie von den gemalten Tierkörpern zur Zeit ihrer Entstehung ausging.

Felszeichnungen aus dem Magdalénien in Les Combarelles bei Les Eyzies (nach Henri Breuil)

Konservierungsprobleme

Mit der Eiszeit endete auch die Epoche der Höhlenkunst. Die Höhlen gerieten in Vergessenheit, ihre Eingänge wurden nach und nach durch Geröll verschüttet. So hat in sehr vielen Höhlen über einen Zeitraum von vielleicht 10 000 oder noch mehr Jahren ein völlig unverändertes Klima mit gleich bleibender Temperatur und konstanter Luftfeuchtigkeit geherrscht. Die Natur selbst hatte einen Schutz zum Erhalt der Kunstwerke geschaffen, den man sich idealer nicht denken kann. Erst die Entdeckung der Höhlen hat sie wieder aus ihrem jahrtausendelangen Schlummer geweckt. Die Öffnung für den Besucherverkehr veränderte dabei oftmals radikal das **Mikroklima** der Höhlen. Lascaux ist ein besonders trauriges Beispiel dafür. Nachdem 1962 mehr als 200 000 Menschen durch die Höhle geschleust worden waren, entschlossen sich die Verantwortlichen 1963, die Höhle für immer zu schließen. Der Temperaturanstieg und die deutlich höhere Luftfeuchtigkeit hatten das Milieu dramatisch verändert, auf vielen Bildern hatten sich schimmelähnlicher Belag und Destruktionsfäule abgelagert, die zur fortschreitenden Zerstörung der Malereien führten. Neuerdings ist man indes zu einer erschreckenden Erkenntnis gelangt: So unvernünftig es war, den Besucherstrom in Lascaux unkontrolliert anschwellen zu lassen, so falsch war es offenbar, die Höhle von einem Tag auf den anderen wieder zu schließen. Es hat sich nämlich herausgestellt, dass dieser zweite Eingriff ebensolche Zerstörungsgewalt freigesetzt hat wie der erste – die Malereien von Lascaux sind möglicherweise unrettbar dem Untergang geweiht.

In den Höhlen, die auch heute noch der Öffentlichkeit zugänglich sind, ist deshalb die Besucherzahl eingeschränkt worden. In manchen Fällen wie etwa Font-de-Gaume dürfen nur noch wenige hundert Besucher täglich das Höhleninnere besichtigen. Da es vereinzelt zu Beschädigungen der Kunstwerke durch Besucher gekommen ist, hat man in einigen Höhlen das Bodenniveau abgesenkt, um zu verhindern, dass man die Bilder mit der bloßen Hand erreicht.

Datierungsfragen

In der ersten Hälfte des 20. Jh. waren Datierungen noch großen Schwankungen unterworfen. Kalkablagerungen auf bestimmten Bildern konnten nur zu der Feststellung führen, dass ein hohes Alter der Malerei vorliege. Etwas genauere Zeitangaben wurden überall dort möglich, wo sich aus der Schichtenfolge ergrabener prähistorischer Siedlungsplätze bestimmte Zeitfolgen ablesen ließen. Inzwischen aber steht die Datierung der prähistorischen Kunst dank der ^{14}C- oder Radiokarbon-Methode auf solideren Füßen. Sie wurde nach dem Zweiten Weltkrieg in Amerika entwickelt. Alle organischen Stoffe haben zum Zeitpunkt ihres Absterbens einen gewissen messbaren Grad von Radioaktivität. Innerhalb fester Zeiträume, die die Wissenschaft genau bestimmen kann, reduziert sich die Strahlung um die Hälfte, man spricht von der Halbwertzeit. Da sich dieser Prozess über einen Zeitraum von vielen tausend Jahren erstreckt, ist es möglich, die Bilder, die ja unter Verwendung organischer Stoffe hergestellt wurden, relativ genau zu datieren. Natürlich bleibt ein Unsicherheitsspielraum, der im Einzelfall bis zu 500 Jahre hin oder her betragen kann, aber grundsätzlich ist dadurch die Altersbestimmung nicht infrage gestellt.

Inzwischen hat sich hinsichtlich der **Zeitangaben** in der Forschung eine Konvention durchgesetzt. Danach ist das Jahr 1950 als Fixdatum definiert worden, alle Zeitangaben legen dieses Jahr als das Jahr Null der Vor- und Frühgeschichte zugrunde. Hinter der Jahresangabe erscheint immer **das Kürzel B. P.** (= *before present*). Die Altersangabe 14 000 B. P. bedeutet also, dass das betreffende Kunstwerk etwa 12 000 Jahre vor Christus entstanden ist. Sofern nicht ausdrücklich auf einen anderen Modus hingewiesen wird, richten sich auch in diesem Buch die Altersangaben nach dieser Konvention.

Epochen

Die Epochen der Steinzeit werden, wie in der Archäologie üblich, nach wichtigen Fundorten benannt. Das Auftreten des Cro-Magnon-Menschen fällt mit dem Beginn des Aurignacien vor etwa 40 000 Jahren zusammen. Um 30 000 B. P. wird das Aurignacien vom Périgordien abgelöst, das bis etwa 22 000 B. P. andauert. In den letzten Jahren hat sich allerdings mehr und mehr der Begriff Gravettien für das Périgordien durchgesetzt. Daran schließt sich das Solutréen an (benannt nach dem berühmten Felsen von Solutré in Burgund), eine relativ kurze Epoche von 22 000 bis 20 000 B. P., die das Bindeglied zwischen Périgordien/Gravettien und Magdalénien darstellt. Das Magdalénien (benannt nach dem Siedlungsplatz La Madeleine bei Les Eyzies) reicht von 20 000 bis etwa 12 000 B. P. und geht mit der letzten Eiszeit zu Ende. Man unterscheidet innerhalb dieser Epoche zwischen Älterem, Mittlerem und Jüngerem Magdalénien. Alle Epochen werden unter dem Oberbegriff Jungpaläolithikum zusammengefasst. Unsere Tabelle vermittelt der Vollständigkeit halber einen (etwas vereinfachten) Überblick über die Abfolge der Epochen der Steinzeit.

Jahrzehntelang wurde das Bild, das man sich von der Entwicklung der Höhlenkunst gemacht hatte, von einer klaren Vorstellung bestimmt. Danach sollte über einen Zeitraum von etwa 30 000 Jahren ein kontinuierlicher Prozess stattgefunden haben, an dessen Beginn erste ungelenke Versuche standen, z.B. die so genannten Makaroni von Pech-Merle. Von da an hätte sich die Kunst Schritt um Schritt in Richtung auf eine immer naturgetreuere Wiedergabe weiterentwickelt und schließlich im Magdalénien in den Malereien von Lascaux und Font-de-Gaume mit ihrem lebendigen Naturalismus ihre höchste Blüte erlebt.

An dieser Theorie wurden jedoch in den Jahren zwischen 1980 und 1990 wiederholt Zweifel laut. Die Entdeckung der Höhlen Cosquer und Chauvet hat nun neuerdings das gesamte bisherige Bild der Wis-

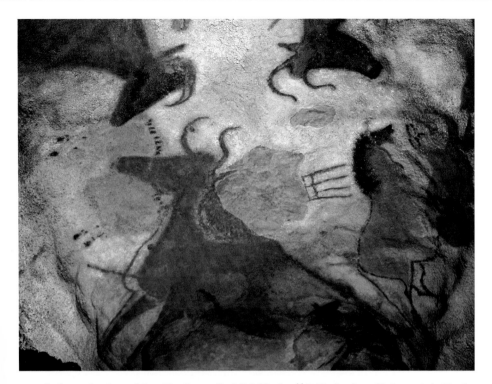

senschaft regelrecht auf den Kopf gestellt. Mithilfe der ^{14}C-Methode wurden die dortigen Bilder untersucht und man kam zu folgendem Ergebnis: Der größte Teil der Kunstwerke in der Grotte Cosquer ist in das Solutréen zu datieren, die vollendet schönen Bilder der Grotte Chauvet sind sogar noch älter. Sie konnten dank naturwissenschaftlich exakter Messungen in das ausgehende Aurignacien gestellt werden, sind also mehr als 30 000 Jahre alt. In der Genauigkeit der Naturwiedergabe besteht kaum ein Unterschied zwischen den Bildern von Lascaux aus dem Mittleren Magdalénien (ca. 15 000 Jahre alt) und denen in der Grotte Chauvet, die rund doppelt so alt sind. Die Forschung musste praktisch über Nacht alle früheren Theorien zu einer stilistischen Entwicklung der prähistorischen Kunst zurücknehmen. Es ist zu bezweifeln, ob es überhaupt jemals gelingen wird, eine bestimmte Entwicklung nachzuzeichnen. Offenbar unterlag der künstlerische Evolutionsprozess keiner Gesetzmäßigkeit und hat Sprünge vor und zurück gemacht.

Rinder und ein Pferd in Lascaux

Reiserouten im Südwesten Frankreichs

Limousin

Die ersten Vorboten –
Anreise durch das südliche Limousin

Auf dem Anreiseweg in Richtung Südwestfrankreich laden schon im Limousin verschiedene Stationen zu Abstechern ein. **Limoges** hat leider seine Hauptattraktionen verloren: Die romanische Abteikirche St-Martial wurde nach der Revolution abgerissen, das einst berühmte Diözesanmuseum Anfang des Jahres 1981 ausgeraubt. Dabei ging der Welt größter Schatz an Limoges-Emails verloren. Sehenswert sind jetzt noch die gotische Kathedrale, der Jugendstil-Bahnhof und das Porzellanmuseum. Unweit von Limoges sollte man jedoch der Abtei Solignac unbedingt einen Besuch abstatten (erste Autobahn-Ausfahrt südlich von Limoges, Nr. 36, von dort der Ausschilderung folgen). Hier erlebt der Reisende den ersten Vertreter der romanischen Kuppelkirchen, die für den Raum des südwestlichen Frankreich so typisch sind. Einen gelungeneren Auftakt kann man sich kaum wünschen.

Abtei Solignac

Das Kloster ist eine Gründung des **hl. Eligius** (frz. St-Eloi, um 590–660), der aus dem Limousin stammte. Am Hofe der merowingischen Könige machte er eine glänzende Karriere. Vom einfachen Goldschmied war er zum königlichen Münzmeister König Chlothars II. (584–622) aufgestiegen. Nach dessen Tod diente er König Dagobert I. (622–638) in derselben Funktion. Als Lohn für seine Dienste erhielt Eligius unter anderem das königliche Hofgut Solignac, das er in ein Kloster umwandelte. Zu dessen Abt setzte er Remaklus ein. Er selbst empfing bald nach dem Tode Dagoberts die priesterlichen Weihen und wurde 641 zum Bischof von Noyon geweiht und behielt dieses Amt bis zu seinem Tode. Seines einstigen Berufes wegen wurde er der Patron der Goldschmiede und Metallarbeiter, als welcher er gerade im Limousin besondere Verehrung genoss, war doch Limoges im Mittelalter eine Hochburg der Goldschmiedekunst.

Schon früh entwickelte sich Solignac zu einem geistigen Zentrum des fränkischen Reiches. Zwei prominente Heilige sind aus Solignac hervorgegangen: der **hl. Remaklus** (um 600–668), der im Jahre 650 zum Bischof von Maastricht berufen wurde und die Klöster Stablo und Malmedy gründete, und der **hl. Hadelinus**, Zeitgenosse des Remaklus, Gründer des Klosters Celles im Bistum Lüttich und Patron der Stadt Visé in Belgien.

Einen temporären Niedergang des Klosters brachten die Zerstörungen durch die Sarazenen und die Normannen im 8. bzw. 9. Jh. mit sich. Seit dem 10. Jh. aber entwickelte sich Solignac zu erneuter Blüte und unterhielt enge Beziehungen zu den bedeutendsten Abteien, zu Fleury etwa an der Loire (heute St-Benoît-sur-Loire) oder zur königlichen Abtei St-Denis. Der zunehmende Pilgerstrom – Solignac liegt an der Via Lemovicensis – brachte seit dem 11. Jh. immer stattlichere

Solignac ☆
Besonders sehenswert:
die Kuppelkirche

◁◁ Blick von
Castelnaud ins
Dordognetal

◁ Ansicht von
Turenne. Der Ort trägt
die Auszeichnung
»eines der schönsten
Dörfer Frankreichs«.

Der Hamburger Musiker, Orgelbauer und Autor Hans Henny Jahnn (1894–1959) schreibt über die Kuppelkirche:»Solignac, kühl und großartig in den Elementen, wird in der Dämmerung ausdruckslos ... Bei Tage, wenn die Gurtbögen, Pendentifs und weiß schimmernden Kuppeln deutlich sichtbar sind, entfalten sich die einfältig erhabenen Grundgebilde unserer mathematischen Anschauung. Man bekommt schwache Knie vor dem Unausdrückbaren, das Gestalt angenommen hat.«

Geldmittel, sodass man bald nach der Wende zum 12. Jh. mit einem Kirchenneubau beginnen konnte. Die zur selben Zeit errichteten Klosterbauten haben die nachfolgenden Jahrhunderte nicht überstanden. 1388 brannten die Engländer das Kloster nieder, knapp 200 Jahre später (1568) wüteten die Hugenotten in der Abtei. Die Klostergebäude wurden im 18. Jh. zum Teil wiederhergestellt. In ihnen ist seit 1945 ein Seminar des Ordens »Oblaten der Maria Immaculata« untergebracht.

Einzig die **Kirche** selbst, die dem hl. Petrus geweiht ist, überstand die wiederholten Verwüstungen weitgehend unbeschädigt. Man nähert sich dem behäbig hingelagerten Baukörper von Osten. Majestätisch ragt der Chor aus der Gruppe von fünf begleitenden Apsiden hervor, drei am Chor selbst, zwei weitere an den Querschiffarmen. Die große Überraschung ist der Innenraum, den man nach Durchschreiten des Narthexturmes (13. Jh.) über eine vielstufige, nach unten führende Treppe erreicht. Es handelt sich nämlich um eine Kuppelkirche, die einzige ihrer Art im Limousin. Der verbreitete Typus dieser Landschaft ist eigentlich die dreischiffige Halle mit leicht erhöhtem Mittelschiff, eine Disposition, die in engem Kontakt mit der westlichen Nachbarlandschaft des Poitou steht. Im Beispiel Solignac aber haben sich die Architekten an der Bauschule Aquitaniens orientiert. Zwei mächtige Kuppeln überwölben das einschiffige Langhaus, eine dritte ist über die Vierung gespannt. Mit nur 14 m Höhe im Zenit der Kuppeln ist St-Pierre ausgesprochen niedrig und vermittelt dadurch einen Eindruck schwerer Erdverbundenheit, den das Baumaterial, der Granit des Limousin, noch wirkungsvoll unterstreicht. Zugleich aber wird bereits an diesem ersten Beispiel deutlich, welche Würde und Erhabenheit mit der Kuppelbauweise Hand in Hand geht. Die breit ausladenden Querschiffarme sind unterschiedlich eingewölbt: der linke mit einer zum Oval gelängten Kuppel, der rechte mit einer Tonne. Letztere ist wahrscheinlich das Ergebnis einer Restaurierung. Ursprünglich waren wohl beide Seiten gleich gewölbt. Ungewöhnlich für eine Pilgerkirche ist die **Gliederung des Chores**. Um einen reibungslosen Zug der Pilger durch eine Kirche zu gewährleisten, war schon im 10. Jh. an verschiedenen Stellen Frankreichs (Clermont-Ferrand in der Auvergne, Tournus in Burgund und Tours an der Loire) das Muster des Chores mit einem Umgang und davon ausstrahlenden Radialkapellen ersonnen worden. Durch Cluny wurde dieses Muster für alle Pilgerkirchen regelrecht institutionalisiert. In Solignac aber fehlt der Chorumgang, die Radialkapellen öffnen sich direkt zum Halbrund des Chores. Auch in diesem Punkt erweist sich St-Pierre der Baukunst Aquitaniens verpflichtet, wo das Muster des Chores mit Umgang, abweichend von allen anderen Bauschulen des 12. Jh. in Frankreich, die Ausnahme geblieben ist. In Souillac, Cahors und anderen Orten wird uns dieselbe Anordnung wieder begegnen. Auch dieser Verzicht auf das baulich kompliziertere Motiv des Chorumgangs trägt zum Gesamteindruck einer großen konzentrierten Kraft mit bei. Zu beachten ist außerdem das an den Seitenwänden aufgestellte Chorgestühl aus dem 15. Jh. mit köstlichen Drolerien und Grotesken.

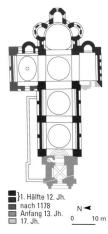

}1. Hälfte 12. Jh.
nach 1178
Anfang 13. Jh.
17. Jh.

N ◄

0   10 m

Grundriss der ehemaligen Abteikirche Solignac

Uzerche

Rasch geht es in südlicher Richtung weiter auf der Autobahn A 20. Eine reizvolle Etappe ist das Städtchen Uzerche, das in einer eng gezogenen Schleife der Vézère liegt, die nur knapp 70 km nordöstlich von hier entspringt. Die Stadt hatte eine günstige strategische Lage, die sie praktisch unangreifbar machte. Die Sarazenen sollen sich an Uzerche die Zähne ausgebissen haben. Es heißt, die Stadt sei damals acht Jahre lang durch eine Belagerung von der Außenwelt abgeschlossen worden. Wenn man den Chroniken Glauben schenken darf, gelang es schließlich durch eine List, die Belagerer abzuschütteln. Als die Nahrungsmittel restlos verbraucht waren, bereiteten die Einwohner aus ihrem letzten Kalb ein köstliches Mahl und übersandten es dem Kommandeur der Feinde. Die Rechnung ging auf. Überzeugt von den vermeintlich unerschöpflichen Reserven der Stadt, hoben die Araber die Belagerung auf und rückten ab. Im Stadtwappen erinnern zwei Stiere an diese Episode. Auch in den nachfolgenden Jahrhunderten konnte Uzerche niemals mit Gewalt erobert werden.

Im Ort beobachtet man eine beachtliche Zahl stattlicher alter Häuser und Palais, viele aus dem 16., 17. und 18. Jh. Ein Sprichwort sagt: »Wer ein Haus in Uzerche hat, besitzt ein Schloss im Limousin.« An höchster Stelle erhebt sich die **romanische Kirche St-Pierre**, deren Krypta aus dem 11. Jh. stammt (Zugang von außen). Das übrige Gebäude entstand weitgehend im 12. Jh.; im 13. Jh. wurde eine Erweiterung nach Westen vorgenommen. Hier nun erleben wir das in Solignac vermisste Muster eines echten Pilgerchores, denn zwischen Chorhaupt und Radialkapellen ist ein Umgang eingeschoben. Besonders charakteristisch für das Limousin ist der mehrgeschossige Glockenturm. Das Motiv des Wimpergs, des dreieckigen Giebels, über den Arkaden des vorletzten Geschosses hat seine Heimat im Périgord, wo es Ende des 11. Jh. an dem Glockenturm von Brantôme auftaucht.

Brive-la-Gaillarde

Das betriebsame Städtchen an der Corrèze liegt geografisch am Berührungspunkt von Limousin, Périgord und Quercy und am Schnittpunkt wichtiger Verkehrsverbindungen. Hier kreuzen sich die Nord-Süd- und die Ost-Westverbindung Paris–Limoges–Toulouse beziehungsweise Clermont-Ferrand–Bordeaux. Brive ist deshalb während des Hundertjährigen Krieges wiederholt von den Engländern belagert worden. Aus dieser Zeit stammt der Namenszusatz la Gaillarde (die Tapfere), da sich die Einwohner immer wieder heldenmütig zur Wehr setzten. Heute sind davon kaum noch Spuren sichtbar. Anstelle der mittelalterlichen Stadtmauer, die schon im 19. Jh. abgerissen wurde, entstand ein weit gezogener Ringboulevard um den Kern der Altstadt, wie man es oft in den Städten Südfrankreichs antrifft. Der Verlauf der Straßen aber zeichnet noch getreulich die Struktur der mittelalterli-

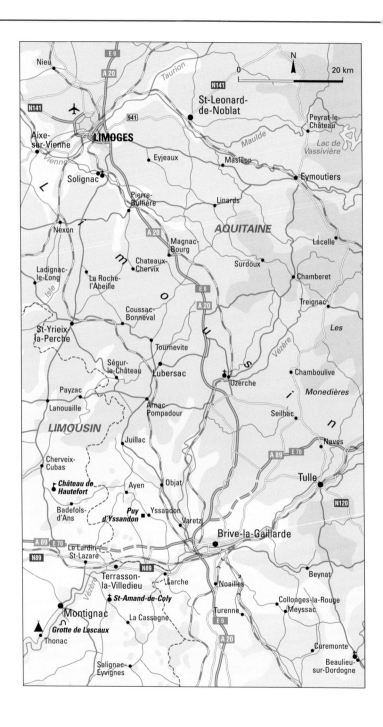

chen Stadt nach. Sie ziehen sich konzentrisch um die **Kirche St-Martin**, die den Mittelpunkt bildet. Dieser Martin ist aber nicht identisch mit dem Nationalheiligen der Franken, der in Tours begraben ist, sondern es handelt sich hier um einen Heiligen aus Spanien, der in der Spätantike die Bewohner von Brive zum Christentum bekehren wollte und dabei den Märtyrertod fand. Romanisch sind an dieser Kirche nur ihre Ostteile, wobei man bei Grabungen unter dem Chor Reste eines merowingerzeitlichen Vorgängers fand. Das Langhaus wurde im 14. Jh. angelegt. Das gesamte Bauwerk wurde im frühen 18. Jh. einer Restaurierung unterzogen, bei der Etliches völlig neu gestaltet wurde. Der Anstoß zu diesen Maßnahmen ging von Guillaume Dubois (1656–1723) aus, der aus Brive stammte. Unter Ludwig XV. bekleidete er hohe Staatsämter, später wurde er zum Kardinal ernannt und Nachfolger Fénelons auf dem Stuhl des Erzbischofs von Cambrai.

Zwei Straßen weiter stößt man auf das **Hôtel de Labenche** (der Weg dorthin ist gut ausgeschildert), ein stattliches Renaissancepalais und zugleich das wichtigste Architekturdenkmal in Brive. Nach Art italienischer Palazzi des 16. Jh. umstehen offene Arkaden den großzügig proportionierten Innenhof. Im Innern befindet sich das Musée de Labenche mit einer gut aufbereiteten archäologischen Sammlung. Instruktiv sind vor allem die Dokumentationen zu verschiedenen Ausgrabungen prähistorischer Stätten in der Umgebung. Prunkstück in der Sammlung mittelalterlicher Kunst ist ein aus Bronze gegossener, versilberter Hostienbehälter in der Form einer Taube aus dem 11. Jh., der ursprünglich über dem Altar einer Kirche aufgehängt war. Der Stolz des Museums ist aber in erster Linie die »Salle des Contes de Cosnac«, in der eine Folge großformatiger Gobelins hängt, die im 18. Jh. in Mortlake in England gewebt wurden.

Musée de Labenche: April bis Okt. tgl. außer Di 10–18.30 Uhr; Nov. bis März tgl. außer Di 13.30–18 Uhr; geschlossen am 1. Jan., 1. Mai, 1. Nov. und 25. Dez.; freier Eintritt am letzten So im Monat.

Collonges-la-Rouge

Collonges-la-Rouge, das man von Brive aus über die D 38 nach 20 km erreicht, ist inzwischen eine der touristischen Hauptattraktionen der Region. Das Markenzeichen *L'un des plus beaux villages de France* hat auf das Publikum magnetische Wirkung. Der Name sagt alles: Die Häuser des Ortes wurden aus dem tief dunkelroten Kalksandstein dieser Gegend erbaut. Bei schlechtem Wetter versinkt alles in unscheinbarem Graubraun. Aber bei Sonnenschein bietet die Ansicht von Collonges eine Farbensymphonie, die sich aus dem Rot der Bauwerke, dem Grün der vielen Bäume und dem Blau des Himmels komponiert. Obwohl der Ort recht klein ist, erkennt man auf den ersten Blick sein aristokratisches Flair. Collonges-la-Rouge diente nach Ende des Hundertjährigen Krieges den hohen Funktionsträgern der Vizegrafschaft Turenne als Sommerfrische. Man sieht deshalb kaum Bauernhäuser, sondern vorwiegend gediegene Wohnbauten des 16. Jh., die mit ihren Türmen zum Teil schlossartigen Charakter besitzen (Abb. S. 40).

An den mittelalterlichen Ursprung des Ortes erinnert die Kirche eines kleinen Priorates, das von der mächtigen Abtei Charroux im Poi-

Collonges-la-Rouge ☆ Besonders sehenswert: Dorfensemble

tou abhing. Sie macht sich weithin durch ihren vielstockigen Glockenturm bemerkbar, ein naher Verwandter des Turmes von Uzerche. Prunkstück der Kirche ist das **Tympanon ihres Portals**. Es stammt aus der Mitte des 12. Jh. und ist aus einem hellen, fast weißen Kalkstein gearbeitet, der wirkungsvoll mit dem roten Sandstein des Bauwerks kontrastiert. Es handelt sich um ein in zwei Streifen unterteiltes Registertympanon. Im oberen Streifen steht aufrecht die Gestalt Christi, ihm zu Seiten vier Engel, darunter erkennt man die Versammlung der Apostel und Maria. Die Streifen sind direkt aufeinander bezogen und zeigen die Himmelfahrt Christi. In korrekter Wiedergabe des Themas zählt man deshalb auch nur 11 Apostel, da zu diesem Zeitpunkt der Verräter Judas ausgeschieden war und Matthias, der die Zwölferrunde später wieder komplettierte, seinen Platz noch nicht eingenommen hatte. Diese Ikonografie ist im südwestlichen Frankreich keine Seltenheit. Sie taucht zum ersten Mal gegen 1118 an der Porte Miégeville an der Pilgerkirche St-Sernin in Toulouse auf und hat sich von dort über ganz Frankreich verbreitet. Auch in Burgund findet man das Thema gelegentlich dargestellt (Montceaux-l'Étoile, La Charité-sur-Loire). Die künstlerisch anspruchsvollsten Figuren sind die beiden Engel, die in einer extrem verzerrten Stellung die Zwickelfelder zu beiden Seiten des Heilands einnehmen. Diese expressive Gestaltungsweise ist typisch für die »barocke« Spätphase der romanischen Skulptur Mitte des 12. Jh.

Der Innenraum der Kirche wirkt uneinheitlich. Durch spätgotische Anbauten und neuzeitliche Veränderungen ist die romanische Substanz empfindlich gestört.

Turenne und Curemonte

Wer mit Muße unterwegs ist, kann von Collonges aus noch einen kleinen Abstecher zum nahen Turenne unternehmen. Das malerische Dorf – auch hier prangt am Ortseingang das Signum *L'un des plus beaux villages de France* – wird von der imposanten Ruine der Burg der Vizegrafen von Turenne beherrscht. Die Familie Turenne war eine der großen Dynastien des Landes. Ihr bekanntester Spross ist Henri II. de la Tour d'Auvergne gewesen, besser bekannt unter dem Namen des »Grand Turenne«. Er war Marschall von Frankreich und der erfolgreichste Feldherr Ludwigs XIV.

Während Collonges-la-Rouge und Turenne in der Hauptsaison von Besuchern überquellen, erlebt man Curemonte – ebenfalls eines der schönsten Dörfer Frankreichs – selbst im Juli und August angenehm ruhig. Curemonte liegt versteckt auf einem Höhenrücken auf halber Strecke zwischen den Ortschaften Meyssac (an der D 38) und Vayrac (an der D 703 im Tal der Dordogne). Die schönen alten Häuser steigen hügelan und gipfeln in der Zwillingsanlage zweier kleiner Burgen, nämlich des Château des Plas und des Château de St-Hilaire, beide aus dem 15. Jh. (und in Privatbesitz, Besichtigung ausgeschlossen).

Beaulieu-sur-Dordogne

Wer die Anreise so gewählt hat, dass er sich auf der Autobahn über Clermont-Ferrand von Osten her Südwestfrankreich nähert, sollte die A 89 bei Tulle verlassen (Ausfahrt 20) und auf der D 940 nach Beaulieu-sur-Dordogne fahren. Wer dagegen von Norden her über Limoges und Brive gekommen ist, sollte den kleinen Abstecher nach Beaulieu ebenfalls nicht versäumen, ein Umweg, der keinem Liebhaber romanischer Kunst zu weit sein wird. Das Kloster wurde Mitte des 9. Jh. von Raoul, dem damaligen Bischof von Bourges, gegründet und schloss sich nach einer Phase des Niedergangs im späten 11. Jh. der cluniazensischen Reform an. Vom Aufschwung der Pilgerfahrt wurde auch das Kloster an der Dordogne erfasst, das im 12. Jh. den Bau einer neuen Kirche in Angriff nahm. Deren Portaldekoration gehört zu den großen Leistungen der romanischen Kunst. Hundertjähriger Krieg und die nachfolgenden Religionskriege führten zu einem Verfall der klösterlichen Disziplin. 1663 wurde darum die Reform von St-Maur durchgeführt, eine Erneuerungsform, der sich damals zahlreiche Benediktinerklöster im ganzen Land anschlossen. In dieser Zeit wurden die mitgenommenen Baulichkeiten des Mittelalters wiederhergestellt. In der Revolution wurden sie zerstört. Erhalten blieben nur der ehemalige Kapitelsaal auf der Nordseite der Kirche und die Kirche selbst.

Beaulieu-sur-Dordogne ☆
Besonders sehenswert: Hauptportal der Kirche St-Pierre

St-Pierre

Das **Portal** der Kirche St-Pierre ist nach Süden ausgerichtet. Es wird von einer überwölbten offenen Vorhalle geschützt, wie sie seit Moissac im Quercy und seinen Nachbarlandschaften in Mode gekommen war. Nicht nur das Tympanon, sondern auch die Innenseiten dieser Vorhalle, die man Portalwangen nennt, sind mit Skulpturen dekoriert. Bevor wir uns an eine Deutung des vielschichtigen Bildprogramms machen, scheint es angeraten, erst einmal eine Beschreibung des Bestandes vorzunehmen. Die beherrschende Gestalt im **Tympanon** ist, wie bei allen romanischen Portalen, die Gestalt Christi, der beide Arme weit von sich zu den Seiten ausbreitet. Neben seinem Thron haben zwei Engel Aufstellung genommen, die Posaunen blasen, um die Toten aufzuwecken. Man sieht sie links und rechts ihren Gräbern entsteigen. Zu beiden Seiten haben etwas weiter oben die Apostel Platz genommen. Hinter Christus taucht eine Gruppe von Engeln auf, die des Herrn Leidenswerkzeuge herbeitragen: das Kreuz, die Nägel und die Krone, die aber nicht als Dornenkrone, sondern als Herrschaftszeichen erscheint. Der Architrav ist in zwei Streifen geteilt. Darin erscheinen Fabelwesen, die zum Teil dem romanischen Bestiarium entstammen (Löwe, Greif, Wildschwein), zum Teil aber direkt aus der Apokalypse herzuleiten sind, z.B. das siebenköpfige Monster im unteren Streifen. Am **Trumeau** sieht man drei manieristisch überlängte Atlanten. Die Türpfosten besetzen Gestalten der beiden Patrone Clunys, Petrus (links) und Paulus (rechts), die nach dem

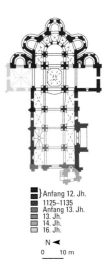

■ } Anfang 12. Jh.
■ 1125–1135
■ Anfang 13. Jh.
■ 13. Jh.
■ 14. Jh.
■ 16. Jh.

N ◄
0   10 m

Grundriss der romanischen Abteikirche in Beaulieu-sur-Dordogne

75

Mittelpunkt des romanischen Tympanons der Kirche St-Pierre in Beaulieu-sur-Dordogne ist Christus, der mit ausgebreiteten Armen die Wundmale seiner Hände zeigt.

Anschluss von Beaulieu an das burgundische Reformkloster auch zu dessen Patronen wurden. Alles weist auf das Weltgericht als das beherrschende Thema hin. Man vermisst in diesem Zusammenhang lediglich den seelenwägenden Erzengel Michael, wie man ihn von den Portalen des Gislebertus in Autun oder von Conques her kennt. Doch gerade dieses Fehlen scheint nicht zufällig. Offenbar ist nicht das Gericht allein gemeint, sondern es schwingen noch andere Gedanken mit. Indem eine Zeitstufe angedeutet erscheint, die dem Gericht unmittelbar vorausgeht, ist zugleich die Parusie (Wiederkunft Christi) mitangesprochen. Deutlicher als auf anderen Tympana der französischen Romanik ist der Thron dargestellt. Dieses Hoheitszeichen weist darauf hin, dass als dritter Bildgedanke der Typus der Majestas gemeint ist. Ungewöhnlich ist die Armhaltung des Erlösers, wie auch die Präsenz der Engel mit den Leidenswerkzeugen singulär in der Romanik ist. Man hat sich das Portal im ursprünglichen Zustand farbig gefasst vorzustellen. Im 12. Jh. waren vermutlich die Wundmale in den offen dargebotenen Handflächen gut zu erkennen. Wundmale und Leidenswerkzeuge sind untrügliche Hinweise auf das Opfer des Heilands, der durch seinen für die Menschheit erlittenen Tod die Legitimation zu seinem Richteramt erlangt hat. Diese Note ist der romani-

schen Portalikonografie sonst fremd und taucht hier in Beaulieu erst-
malig auf. Auch die Tatsache, dass Christus mit halb entblößtem Ober-
körper gezeigt wird, macht auf die menschliche Seite seines Daseins
aufmerksam. Der Typus des Wundmale-Christus ist im 12. Jh. ein No-
vum und sollte erst in der Gotik zur festen Nomenklatur der Portalikonografie werden (Chartres, Südquerhaus; Amiens, Westportal der
Kathedrale u. a.). Die ikonologische Vielschichtigkeit des Portals ist
nicht so sehr die große Überraschung von Beaulieu, denn das ist insgesamt ein Wesenszug der romanischen Kunst, die sich niemals auf
eine klare Aussage festlegen lässt. Die eigentliche Besonderheit ist vielmehr die **Kreation neuer Bildtypen**. Beaulieu gehört kulturgeogra-
fisch zum Limousin. Kirchenpolitisch dagegen zählte es im Mittelalter
zur Diözese Cahors. Für sie ist kennzeichnend, dass sie in den Jahrzehnten zwischen 1120 und 1150 wiederholte Male mit originellen
Bildschöpfungen aus dem Rahmen gefallen ist. Wir werden dafür in
Souillac und in Moissac weitere eindrucksvolle Beispiele erleben.

Die **Reliefs der Portalwangen** sind stark verwittert. Dennoch erkennt man auf der linken Seite die Darstellung Daniels in der Löwengrube sowie seine wundersame Errettung und rechts gegenüber
die drei Versuchungen Christi. Man kann diese Bilder nicht isoliert
vom Tympanon, sondern muss sie im Kontext mit diesem sehen. Daniel ist ein in der Romanik und ganz besonders in der Portalplastik
oft zitierter alttestamentlicher Typus für Christus. Seine Errettung aus
der Löwengrube wurde als prophetischer Hinweis auf die Auferstehung des Herrn interpretiert. Die Versuchungsszenen zeigen Christus in seiner Menschlichkeit und zugleich im Triumph über das Böse.
In diese insgesamt christozentrische Ikonografie passt es, dass Christus ein weiteres Mal, nämlich an der rechten Außenkante der Vorhalle erscheint. Die Bewegung seiner rechten Hand lässt sich als Ein-
ladungsgeste verstehen, den Raum in der Vorhalle zu betreten. Spontan denkt man an den von Johannes überlieferten Ausspruch, in dem
sich Christus selbst mit einer Tür verglichen hat (Joh. 10, 9): »Ich bin
die Tür; wer durch mich hineingeht, wird gerettet werden.«

Der **Stil der Figuren** ist heterogen. Auf die künstlerische Sprache
von Toulouse und Quercy (Moissac, Souillac) weisen solche Motive
wie die gekreuzten Beine einiger Apostel oder die frische Lebendigkeit, mit der sich etliche der Auferstandenen einander zuwenden, andererseits ist die Entkörperlichung der Gestalten mit ihren spindel-
dürren Gliedmaßen ein spezifisch burgundischer Ausdruck. Möglicherweise hat in Beaulieu eine Gruppe von Bildhauern gearbeitet, die
zwar aus dem Umfeld der Toulousaner Ateliers hervorgegangen war,
aber Kenntnis von der gleichzeitigen Kunst Burgunds hatte beziehungsweise in Beaulieu direkt mit Bildhauern aus Burgund in Kontakt kam. Da die gesamte Disposition des Portals von dem Vorbild
Moissac abhängt, kann die Datierung 1125, die man oft liest, nicht
zutreffen. Das Portal von Moissac fand erst um 1135 seine Fertigstellung. Selbst wenn Beaulieu sich zeitlich unmittelbar anschließt, ist
die Entstehung dieses Portals erst nach 1135 vorstellbar.

In den Jahren 2001/2002 fand eine grundlegende Restaurierung des Portals statt, das bereits bedenkliche Spuren des Verfalls erkennen ließ. Diese sind nun wieder behoben.

Bevor man den Kirchenraum betritt, sollte man das Gebäude umrunden, um vor allem die **Chorpartie** in Augenschein zu nehmen, die sich in klaren kubischen Formen aufbaut. Sie zeigt – anders als Solignac – die bauliche Organisation der unter dem Einfluss von Cluny stehenden Pilgerkirchen mit den Radialkapellen in der untersten Zone, darüber geht die Bedachung des Chorumganges auf; als dritte Zone erhebt sich darüber das Dach des Chorhauptes, schließlich gipfelt die Anlage in der pyramidalen Bedachung des gedrungenen Vierungsturmes. Man sieht nicht nur eine äußerlich wohlabgestufte Gliederung der Baumassen, dieser Form der romanischen Chorpartie wohnt zugleich der symbolische Gedanke einer Hierarchie inne: Im Chorumgang und an den Radialkapellen vorbei bewegen sich die gläubigen Pilger, die Laien; der Chor ist der Raum, in dem sich die Geistlichen versammeln, der Vierungsturm schließlich steht für Christus, denn der Kreuzgrundriss der mittelalterlichen Kirche ist ja zugleich als Abbild des Kreuzes Christi zu verstehen, das Haupt des Erlösers hat man sich im Kreuzpunkt der beiden Balken zu denken. Damit wird aber auch das Selbstverständnis der Mönche deutlich, die sich in der Rolle der Vermittler zwischen den Menschen und dem Göttlichen sahen.

Den **Innenraum** betritt man durch das Südportal (Vorsicht, es führen einige recht ausgetretene Stufen hinab!). Den Besucher umfängt ein gedämpftes Halbdunkel, und das Auge benötigt einige Minuten, bis es sich an die Situation gewöhnt hat. Allmählich gibt sich die Struktur des Gebäudes zu erkennen. Es handelt sich um eine dreischiffige Anlage mit Querhaus und einer Chorlösung, die, wie eben beschrieben, dem klassischen Ideal der romanischen Pilgerkirche entspricht. Ungewöhnlich ist die Gestaltung der Hochschiffwand. Das Mittelschiff erhebt sich deutlich über die begleitenden Seitenschiffe, dennoch ist der Obergaden nicht durchfenstert. Stattdessen erkennt man ein kleines Emporengeschoss. Doch sind auch die Emporen nicht nach außen geöffnet, was immerhin eine indirekte Belichtung des Mittelschiffs ermöglicht hätte. Dies ist der Grund für die reduzierte Lichtführung. Der Vergleich mit den benachbarten Kunstlandschaften klärt darüber auf, dass die bauliche Erscheinung von St-Pierre aus unterschiedlichen Quellen schöpft: Die basilikale Struktur (Mittelschiff höher als die Seitenschiffe), die zugleich einen hallenartigen Charakter besitzt, indem der Obergaden nicht durchfenstert wurde, ist dem Limousin verpflichtet. Die Aufbrechung des Obergadens mit der Anlage eines Emporengeschosses dagegen weist auf die benachbarte Auvergne, wo sich der Typ der Emporenkirche seit dem ausgehenden 11. Jh. durchgesetzt hat (Nôtre-Dame-du-Port in Clermont-Ferrand ist der Gründungsbau dieser lokalen Bauschule). Allerdings zeigt sich die Empore in Beaulieu zu einer Art »Stummelempore« vermindert. Die Anlage des Chores schließlich ist von Burgund herzuleiten. Es fällt auf, dass die Architektur dieselbe Mischung verschiedener Einflüsse und Stile aufweist, die wir zuvor im Medium der Skulptur beobachten konnten. Beaulieu ist beileibe kein Sonderfall. Die Vielgestaltigkeit der romanischen Kunst erklärt sich gerade aus der Tatsache, dass Bauten, die stilrein eine bestimmte lokale Tradition vertreten, eher in der Minderzahl sind. Häufiger begegnet man Bauten, in denen die Formen unterschiedlicher Kunstlandschaften miteinander kompiliert werden. Dies ist vor allem immer dort der Fall, wo sich die Kirchen nicht im Kern einer jeweiligen Landschaft befinden, sondern, wie es hier gegeben ist, in kulturgeografischen Grenzbereichen liegen.

Gleich gegenüber dem (schmucklosen) Westportal von St-Pierre fällt ein originelles Wohnhaus der Renaissance auf, in dessen Außenwände verschiedene Skulpturen vermauert wurden. Die besonders markanten Gestalten des ersten Menschenpaares gaben dem Haus seinen Namen als »**Maison d'Adam et Eve**«. Von hier führt eine schmale Gasse zur Dordogne, an deren Ufer sich auf einem kleinen Felssockel die **Chapelle des Pénitents Noirs** erhebt. Im Spätmittelalter gab es in Frankreich mehrere Bußgemeinschaften, die man nach den unterschiedlichen Farben ihrer Gewänder benannte. Der kleine Bau ist kein besonders nennenswertes Denkmal, aber seine Lage direkt am Wasser ist ein stimmungsvolles Motiv.

Reisen & Genießen

Hotels und Restaurants
Wer unserem Routenvorschlag bis hierher gefolgt ist, wird sich möglicherweise in Beaulieu-sur-Dordogne nach einem Quartier umschauen. Für eine Mittagsmahlzeit oder auch eine Übernachtung empfehlen wir das bezaubernde kleine Hotel-Restaurant

Les Charmilles**
20, Bd Saint Rodolphe de Turenne
19120 Beaulieu-sur-Dordogne
Tel. 05 55 91 29 29
www.auberge-charmilles.com,
aubergecharmilles@clubinternet.fr.
Bei schönem Wetter kann man auf der flussseitigen Terrasse sitzen.

Sollte es ausgebucht sein, ist eine verlässliche Alternative das
Hotel-Restaurant Manoir de Beaulieu***
4, place Champ de Mars
19120 Beaulieu-sur-Dordogne
Tel. 05 55 91 01 34, Fax 05 55 91 23 57
www.manoirdebeaulieu.com,
reservation@manoirdebeaulieu.com.

Porzellan aus Limoges
Rund um Limoges findet man am Straßenrand Hinweise auf Porzellanfabriken, wo man günstig Limoges-Porzellan kaufen kann.

Quercy

Haut-Quercy – Die Dordogne von Beaulieu bis Souillac

Château de Castelnau

Château de Castelnau:
Mai/Juni tgl. 9.30–
12.30 und 14–18.30
Uhr, Juli/August tgl.
9.30–19 Uhr, Sept. bis
April tgl. (Okt. bis März
tgl. außer Di) 10–12.30
und 14–17.30 Uhr;
letzter Einlass eine
Std. vor der Schlie-
ßung; geschlossen am
1. Jan., 1. Mai, 1. und
11. Nov., 25. Dez.;
Teilnahme an der
Führung (45 Min.) ist
obligatorisch.

Nur knapp 10 km südlich von Beaulieu erreicht man bei der Ortschaft Bretenoux, die nahe der Mündung der Cère in die Dordogne liegt, das Quercy. Von Bretenoux weist die Ausschilderung zum Château de Castelnau, dessen Besichtigung einen wahrlich angemessenen Auftakt zu Streifzügen im Quercy bildet. Die mächtige Burg, die ähnlich wie die Häuser von Collonges-la-Rouge aus einem rötlichen Gestein erbaut wurde, erhebt sich majestätisch auf einer leichten Anhöhe. Am intensivsten leuchtet die Farbe im Licht der späten Nachmittagssonne.

Castelnau war im Mittelalter Stammschloss der gleichnamigen Barone, einem der mächtigsten Geschlechter im Quercy. 1184 übertrug Graf Raimund von Toulouse die Lehnshoheit über Castelnau dem Vizegrafen von Turenne. Die Folge war eine blutige Fehde zwischen dem Baron und seinem neuen Lehnsherrn. Der Krieg der beiden Häuser wurde erst dank eines Schiedsspruches von höchster königlicher Instanz beigelegt. Philipp II. August verfügte, dass zwar das Lehensverhältnis in der von Raimund von Toulouse verfügten Form fortbestehen solle, der Baron von Castelnau aber jährlich nur ein Hühnerei als symbolischen Tribut an den Vizegrafen von Turenne abzugeben hatte. Fortan wurde einmal im Jahr mit festlichem Aufwand ein Ei von Castelnau nach Turenne transportiert.

Zu dieser Zeit bestand die Burg lediglich aus dem mächtigen Donjon. Die Erweiterung des Baukomplexes und die starke Ummauerung wurden erst im Hundertjährigen Krieg aufgezogen. Nach der Plünderung in der Revolution blieb die Burg unbewohnt und wurde 1851 durch einen Brand schwer getroffen. 1896 erwarb der aus dem Quercy stammende Opernsänger Jean Mouliérat die Ruine, die er renovieren und wohnlich ausbauen ließ. 1932 vermachte der Künstler das Denkmal dem Staat.

Im Kern der Anlage ist noch der **Donjon** zu erkennen. Derartige quadratische, gelegentlich auch rechteckige Türme sind die frühesten in Stein erbauten Zeugnisse der Feudalarchitektur. Heute findet man nur noch wenige Beispiele, die wie einst isoliert und ohne spätere Ummantelungen in der Landschaft stehen (z. B. Beaugency an der Loire, hier im Quercy Montcuq und, ganz in der Nähe, die Ruine St-Laurent-les-Tours oberhalb von St-Céré). Die **Rundtürme**, die die Ecken der über einem dreieckigen Grundriss erbauten Burg sichern, tauchen in Europa erst im 12. Jh. auf, nachdem man diese Bauweise im Rahmen des Ersten Kreuzzuges bei den Arabern kennengelernt hatte. Sie bieten feindlichen Geschossen weniger Angriffsfläche.

Im **Innern** sieht man die Anfang des 20. Jh. geschmackvoll wieder hergerichteten Räume. Im einstigen Ständesaal sowie im großen Sa-

◁ *Stille Gasse in Carennac*

81

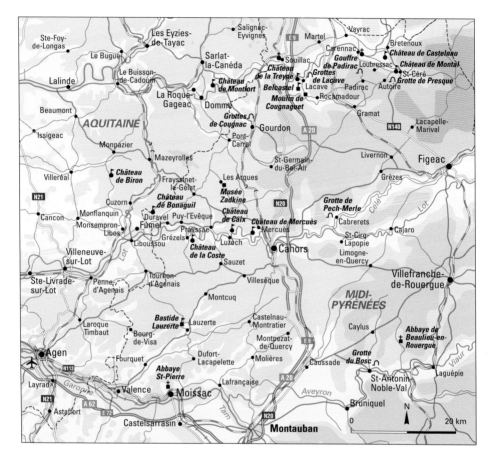

lon sind wertvolle Tapisserien aus Aubusson (Auvergne) aufgehängt. Von einigen Fenstern bietet sich ein herrlicher Blick in die übergrünte Hügellandschaft ringsum.

Château de Montal

Wenige Kilometer südlich von Castelnau erreicht man am Ufer der Bave das malerische Städtchen **St-Céré** mit zahlreichen historischen Wohnhäusern. Auf einem Hügel oberhalb der Ortschaft stehen die Reste einer mittelalterlichen Burganlage, St-Laurent-les-Tours. Wendet man sich dort in Richtung der Stadt Gramat (D 673), stößt man nach kurzer Fahrt auf das Château de Montal. Nach Castelnau als repräsentativem Beispiel einer mittelalterlichen Wehrburg lernt man hier einen mustergültigen Vertreter der Renaissance kennen. Die Geschichte des Schlosses ist von tragischen Umständen begleitet. Der

Überlieferung zufolge wurde das bestehende Bauwerk von Jeanne de Balsac d'Entraygues, der Witwe des Gouverneurs der Haute-Auvergne, für ihren ältesten Sohn errichtet. In den Jahren zwischen 1523 und 1534 entstand das Schloss unter aktiver Mitwirkung von Künstlern aus dem Loiretal. Doch der Sohn Robert hat das Bauwerk nie erlebt. Er hatte an den kriegerischen Unternehmungen Franz' I. in Italien teilgenommen und auf dem Schlachtfeld von Pavia den Tod gefunden. Schließlich kehrten nur die sterblichen Überreste des geliebten Sohnes nach Montal zurück. Daraufhin erhielt sein jüngerer Bruder Dordé, der in den geistlichen Stand getreten war, Dispens vom Papst. Er entsagte seinem Stand und heiratete, denn nur so war der Fortbestand der Familie zu gewährleisten. Nach den Stürmen der Revolutionszeit unbewohnbar geworden, kam das Schloss 1879 in den Besitz eines skrupellosen neuen Besitzers. Er verschacherte Kamine, Türen und andere noch vorhandene Teile der Einrichtung zum Teil an Museen, zum Teil an private Sammler in Europa und Amerika. 1908 erwarb Maurice Fenaille das heruntergekommene Anwesen und machte es sich zur Aufgabe, Montal aus Ruinen wieder auferstehen zu lassen, wobei es ihm gelang, teilweise Stücke der einstigen Originalausstattung zurückzuerwerben. Das renovierte Schloss vermachte er 1913 dem Staat.

Ein Teil von Château de Montal trägt mit Türmen und Schießscharten noch mittelalterliche Züge. Der Trakt zur Gartenseite aber ist mit seinen großen Fenstern und einer verspielten Architekturdekoration ein stilreines Beispiel der Renaissance. Ein 32 m langer Fries, in dem sich Tiere, Menschenköpfe und Gestalten aus der antiken Mythologie tummeln, trennt die beiden Geschosse voneinander. Man

Château de Montal: Palmsonntag bis 1. Nov. tgl. außer Sa 9.30–12 und 14.30–18 Uhr; letzter Einlass 45 Min. vor der Schließung; geschlossen am 1. Mai; Teilnahme an der Führung (45 Min.) ist obligatorisch.

Detail des Fassadenschmucks am Château de Montal

entdeckt auch die Initialen der Bauherrin und ihrer beiden Söhne (J R D). Darüber sind sieben Reliefbüsten mit Porträts verschiedener Familienmitglieder der Schlossherren von Montal angebracht. Das alles erinnert stark an Blois und Chambord, die königlichen Residenzen an der Loire, die in der ersten Hälfte des 16. Jh. richtungweisend waren. Nur wirkt hier alles anheimelnder, weil das Schloss nicht die gigantischen Ausmaße seiner königlichen Geschwister hat. Im Innern wird man durch eine Flucht von rund 20 Räumen geführt, alle erlesen mit Möbeln und Gobelins ausgestattet.

Geht oder fährt man nach der Besichtigung die Anhöhe gegenüber dem Schloss etwas hinauf, erlebt man einen reizvollen Blick auf das Château de Montal im Vordergrund und die Ruine der Burg St-Laurent-les-Tours im Hintergrund. Diese Burg wurde bereits in den Religionskriegen zerstört. Einsam ragen zwei Donjons auf, der eine aus dem 13., der andere aus dem 15. Jh.

Autoire und Loubressac

Die Dörfer Autoire und Loubressac, nur wenige Kilometer westlich von St-Céré gelegen, schmücken sich beide mit der Auszeichnung *L'un des plus beaux villages de France*. Autoire ist winzig und besteht nur aus einer Handvoll Häuser, die sich aber zu einem ungemein ansprechenden Ensemble vereinen. Vom Dorf blickt man bergan in eine gigantische Schlucht, den Cirque d'Autoire. Loubressac dagegen liegt in luftiger Höhe. Während der Fahrt auf das Hochplateau erhascht man wiederholt reizvolle Blicke auf das Château de Castelnau. Bis in die neuere Zeit war Loubressac immer wieder Kriegsschauplatz. Im 14./15. Jh. war der Ort von Engländern und Franzosen umkämpft, im 16. Jh. wurde er von Hugenotten teilweise zerstört, im Juli 1944 landeten bei Loubressac amerikanische Fallschirmspringer. Loubressac ist größer als das benachbarte Autoire und lädt Besucher zu einem Bummel durch seine verwinkelten Gassen ein.

Grotte de Presque

Grotte de Presque:
15. Feb. bis 4. Juli und
26. Aug. bis 30. Sept.
tgl. 9.30–12 und 14–
18 Uhr, 5. Juli bis
25. Aug. tgl. 9.30–
18.30 Uhr, 1. Okt. bis
1. Nov. 10–12 und 14–
18 Uhr; geschlossen
2. Nov. bis 14. Feb.

Nahe der D 673, die St-Céré und Gramat miteinander verbindet, stößt man nur 1 km südwestlich des Château de Montal auf die Grotte de Presque. Sind Castelnau und Montal ein wunderbarer Auftakt zum Thema der Burg- und Schlossarchitektur, so bietet diese Grotte den passenden Einstieg in das Kapitel der Tropfsteinhöhlen. Obwohl bereits 1825 entdeckt, steht sie erst seit 1922 Besuchern zur Besichtigung offen. Auf einer Gesamtlänge von etwa 300 m offenbaren sich hier in mehreren Sälen alle denkbaren Arten des Höhlensinters. Im ersten Abschnitt der Höhle stehen zahlreiche Stalagmiten, die zum Teil überraschend schlank und, da sich hier das Kalzit ganz rein auskristallisiert hat, leuchtend weiß sind. Es folgen weitere Säle mit verschiedenen Tropfsteinbildungen. Das Ganze wird durch eine geschickt angebrachte Beleuchtung optisch wirkungsvoll zur Geltung gebracht.

Gouffre de Padirac

Wenn man sich vom Besuch der Grotte de Presque auf das Erlebnis der unterirdischen Wunderwelt der Tropfsteinhöhlen hat einstimmen lassen, stellt die Besichtigung des Gouffre de Padirac, der sich nur 8 km weiter westlich befindet, eine Steigerung ins Grandiose dar. Gouffre bedeutet Schlund. In Frankreich nennt man so große, meist kreisrunde Löcher, die als natürlicher Schacht senkrecht in den Fels vordringen. Der Gouffre de Padirac ist der größte seiner Art in Frankreich und eine Natursehenswürdigkeit ersten Ranges. Der Schacht hat 31,5 m Durchmesser und ist 75 m tief.

Das Mittelalter hatte für dieses Loch, das von einem Wasserstrudel in Jahrmillionen ausgehöhlt wurde, eine übernatürliche Erklärung. An dieser Stelle habe es, so will die Legende wissen, einen heißen Disput zwischen dem hl. Martin und dem Teufel gegeben. Nachdem der Heilige die Redeschlacht für sich entschieden hatte, habe der Teufel voller Wut derart mit seinem Pferdefuß aufgestampft, dass dabei der Gouffre entstand.

1889 wurde der Gouffre von dem **Speleologen Edouard-Alfred Martel** (1859–1938) erforscht, der am Grund des Schachtes einen Durchschlupf ins Erdinnere entdeckte. Beim weiteren Vordringen stieß Martel auf einen unterirdischen Fluss, dessen Ursprung bis heute nicht ermittelt wurde. Färbversuche haben gezeigt, dass der Wasserlauf etwa 10 km entfernt als Karstquelle direkt am Ufer der Dordogne, und zwar am Cirque de Montvalent, zutage tritt. Martel erforschte die Höhle in neun Kampagnen und stieß im Jahr 1900 bis zum Grand Dôme vor. Die Höhle war schon zwei Jahre zuvor für die Öffentlichkeit zugänglich gemacht worden. Zwischen 1937 und 1985 fanden wiederholte Kampagnen zur weiteren Erforschung statt. Inzwischen ist das Höhlensystem auf eine Länge von 22 km untersucht. Während der insgesamt etwa eineinhalb Stunden dauernden Besichtigung wird dem Besucher nur ein kleiner Abschnitt, allerdings der interessanteste, gezeigt.

Zunächst fährt man mit zwei unterschiedlichen Liften in die Tiefe (wer sportlich genug ist, kann auch die Treppe benutzen). Vom Grund des Gouffre geht es dann zu Fuß über glitschige Stufen hinab ins Erdinnere. Dort folgt man dem Lauf des rasch dahinfließenden Baches. Nach 300 m erreicht man einen kleinen Hafen und besteigt einen Kahn, in dem jeweils 12 Besucher Platz finden. Geschickt manövrieren die Bootsführer ihre Kähne über eine Distanz von 700 m bis zum

Padirac ☆☆
Besonders sehenswert: natürlicher Schacht im Fels

Gouffre de Padirac:
April, Mai, Juni bis 11. Juli sowie Sept. tgl. 9–12 und 14–18 Uhr, 12. bis 31. Juli 9–18 Uhr, Aug. 8.30–18.30, Okt. bis 1. Nov. 10–12 und 14–17 Uhr; geschlossen vom 2. Nov. bis Ende März. www.gouffre depadirac.com In der Hochsaison sollte man morgens so früh wie möglich dort sein. Tagsüber ist mit längeren Wartezeiten zu rechnen. Vormerkungen nur für Gruppen (mind. 8 Tage im Voraus).

Für Behinderte ist der Besuch der Höhle von Padirac nahezu unmöglich, Rollstuhlfahrern ist in jedem Fall davon abzuraten!

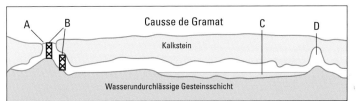

Längsschnitt durch die Höhle von Padirac
A = Gouffre
B = Aufzüge
C = unterirdischer Fluss
D = Grand Dôme

Ausstieg am »**Lac de pluie**« (See des Regens). Man muss sich unbedingt die Nummer des Bootes merken, da es sonst bei der Rückkehr zu Verwicklungen kommen kann! In kleinen Gruppen wird man nun durch das Höhlensystem geführt, wobei man eine Vielzahl schöner Sinterbildungen zu sehen bekommt. Der Rundgang endet im »**Grand Dôme**«, einem unterirdischen Saal von gigantischen Ausmaßen. Er ist imposante 91 m hoch. Anschließend fährt man wieder mit demselben Boot zurück, mit dem man gekommen ist. Die Lifte bringen den leicht ausgekühlten Besucher wieder ans Tageslicht. Wer den Aufstieg zu Fuß unternimmt, um sich wieder aufzuwärmen, sollte bedenken, dass insgesamt 455 Stufen zu erklimmen sind!

Blick auf Portal und Tympanon von Carennac

Carennac

Nach Schlössern und Höhlen zurück zur Romanik! Die präsentiert sich vom Feinsten im nahen Carennac an der Dordogne, wohin man von Padirac über die kleine D 60 gelangt (im Dorf Gintrac links auf die D 30 abbiegen, Fahrzeit von Padirac etwa eine Viertelstunde).

Carennac ist nun bereits das sechste Dorf, das uns mit dem Hinweis empfängt, dass es eines der schönsten Dörfer Frankreichs sei – viele werden noch folgen! Mitten in das zauberhafte Ambiente der alten Häuser eingebettet liegt das kleine Priorat. Dessen romanisches Portal gewahrt man im Durchblick durch ein altes Stadttor, ein Motiv, das kein Fotograf auslassen wird. Allerdings braucht man das Nachmittagslicht. Während der Vormittagsstunden befindet sich das reizvolle Motiv im Gegenlicht.

Aber bevor die Skulpturen vorgestellt werden, rasch ein kurzer Blick in die **Geschichte**. Das Priorat Carennac wurde um das Jahr 1070 gegründet und schon bald der Aufsicht von Moissac unterstellt. Die erste urkundliche Erwähnung des Klosters datiert in das Jahr 1075. Ende des 11. Jh. wurde die Kirche errichtet, der man im 12. Jh. einen offenen Narthex voranstellte. Im Hundertjährigen Krieg in Mitleidenschaft gezogen, kam es in der zweiten Hälfte des 15. Jh. zu umfassenden Renovierungsmaßnahmen. Moissac und Cluny hatten zu diesem Zeitpunkt längst ihren beherrschenden Einfluss verloren. Das Priorat wechselte deshalb im 16. Jh. in den Besitz der Familie Salignac-Fénelon. Das ist auch der Grund dafür, dass sich François de Fénelon, der spätere Erzbischof von Cambrai, wiederholt in Carennac aufgehalten hat. Ob er auch sein bekanntestes Werk, den »Télémaque«, hier geschrieben hat, muss dahingestellt bleiben. 1791 wurde das ganze Priorat versteigert. Heute befindet es sich im Besitz der Gemeinde.

Das **Tympanon des Narthexportals** ist sehr viel kleiner als die großen Tympana von Moissac und Beaulieu. Entsprechend ist auch das Personal des Szenariums reduziert. In der Mitte thront Christus in einer Mandorla, umgeben von den vier Symbolen der Evangelisten (Engel = Matthäus, Adler = Johannes, der geflügelte Stier = Lukas und der geflügelte Löwe = Markus), die klassische Ikonografie der Majestas Domini. Christus ist auf einem kunstvoll durchbrochenen Thron platziert; seine Rechte ist zum Segensgestus erhoben, während die linke Hand das Buch mit den sieben Siegeln hält. In zwei Registern sind um ihn die zwölf Apostel angeordnet, die gleichfalls auf kleinen Thronen Platz genommen haben. Einer ist leider herausgebrochen (links oben). Daneben erkennt man mit den Schlüsseln Petrus, der als Einziger unter den Zwölfen namentlich identifizierbar ist. Die Apostel sind immer paarweise aufeinander bezogen. Ihre ausgeprägte Körperlichkeit und die zielgerichtete Bewegung zum jeweiligen Nachbarn, mit dem sie sich zu unterhalten scheinen, bringen eine Frische und Lebendigkeit in die strenge Theologie, die das Tympanon unmissverständlich als einen Ableger der Toulousaner Bildhauerschule einstufen lässt. Um das Halbrund des Bogenfeldes zieht sich ein kunst-

Carennac ☆
Besonders sehenswert: Tympanon des Narthexportals und Grablegungsgruppe

87

voll gestalteter Ornamentstreifen, in dem allerlei kleines Getier erscheint. Die erlesene Behandlung im Detail könnte dafür sprechen, dass der Bildhauer ein Werk der Goldschmiedekunst, zum Beispiel ein Antependium, als Vorbild vor Augen hatte. Gewisse Verhärtungen – etwa in der Gewandbehandlung – und die Dominanz ornamentaler Motive lassen darauf schließen, dass das Werk nicht mehr der Blütezeit der romanischen Skulptur im Quercy, die wir zwischen 1125 und 1140 anzusetzen haben, sondern der Spätphase dieser Epoche zuzurechnen ist; das hieße um 1150.

Über einige unebene Stufen gelangt man in den Narthex. Von dort führt ein kleines Portal in den **Innenraum** der Kirche. Bevor man diesen betritt, wäre noch ein Kapitell am rechten Eingangspfosten zu beachten. Es zeigt in einem sehr flachen Relief die Gestalten zweier Löwen, die über Kreuz zueinander postiert sind. Hierbei handelt es sich um frühromanische Skulptur vom Ende des 11. Jh. Das Motiv der gekreuzten Löwen findet etwa 30 Jahre später am Trumeau des Portals von Moissac zu einer ausgereiften Form. Die Kirche, wie jene in Moissac und Beaulieu, da das Priorat zum cluniazensischen Kirchenverband gehörte, den hl. Petrus und Paulus geweiht, ist eine Halle nach Limousiner Zuschnitt, das heißt, das Mittelschiff erhebt sich zwar über die Seitenschiffe, doch es fehlen Fenster im Obergaden. Ein Querhaus ist nur angedeutet, aber die Vierung wird durch eine kleine Kuppel betont. Besonders schlicht ist die Chorlösung. Der eigentliche Chor beschreibt einen quadratischen Grundriss, ist also platt geschlossen, die Seitenschiffe münden in kleine halbrunde Apsiden.

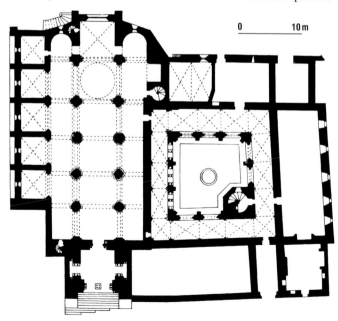

0   10 m

Grundriss der romanischen Klosterkirche und des Kreuzgangs in Carennac

Um in den **Kreuzgang** zu gelangen, muss man die Kirche wieder verlassen und zum nächsten Eingang in der Gasse gehen. Man zahlt einen kleinen Obolus und betritt alsdann einen der intimsten Kreuzgänge des französischen Mittelalters. Nur eine Galerie ist romanisch, die drei anderen sind das Resultat des Wiederaufbaus im 15. Jh., eine Besonderheit ist der polygonale Turm in der Südwestecke. In ihm führt eine Wendeltreppe auf eine Terrasse über den Kreuzgangsgewölben, von wo man die Kreuzgangsflügel aus erhöhter Perspektive betrachten kann.

Im ehemaligen **Kapitelsaal** ist eine Grablegungsgruppe mit lebensgroßen Figuren aufgestellt, die sich früher in der Kirche befand. Am Kopf und am Fußende des Katafalks, auf dem der Leichnam des Heilands liegt, sind Joseph von Arimathäa und Nikodemus postiert. Die Breitseite nehmen die Gestalten der Muttergottes, des Johannes, der Magdalena und zwei weiterer Frauen ein. Auch wenn das Werk eine gewisse Bäuerlichkeit besitzt, stellt es doch ein wichtiges Zeugnis der Skulptur im Quercy an der Wende vom Mittelalter zur Renaissance dar (man datiert die Gruppe in das späte 15. Jh.). Dieser Typus der personenreichen monumentalen Grablegung kam in Frankreich im 15. Jh. auf und findet sich in allen Provinzen des Landes.

Kreuzgang:
März tgl. außer So 10–12 und 14–18 Uhr, April tgl. außer So 10–12.30 und 14–18 Uhr, Mai/Juni tgl. außer So 10–12.30 und 14–18.30 Uhr, Juli/Aug. tgl. 10–12.30 und 14–19 Uhr, Sept./Okt. tgl. außer So 10–12 und 14–18.30 Uhr, Nov. bis Feb. tgl. außer So 10–12 und 14–17 Uhr; letzter Einlass 15 Min. vor der Schließung. Man löst das Ticket im Office de Tourisme, der Eingang zum Kreuzgang befindet sich rechts daneben.

Martel

Um von Carennac in westlicher Richtung weiter voranzukommen, stellt sich die Alternative: Entweder folgt man der Dordogne flussabwärts mit einem Abstecher zum Städtchen Martel, oder man macht einen Schlenker über die Causse de Gramat, um dem Wallfahrtsort Rocamadour einen Besuch abzustatten. Wir beschreiben zunächst die erste Möglichkeit.

Der Name des Städtchens Martel, nach dem die umliegende Hochebene Causse de Martel heißt, soll auf ihren vermeintlichen Gründer Karl Martell zurückgehen, von dem es heißt, er habe den Arabern nach seinem Sieg von Tours und Poitiers 732 nachgesetzt und ihnen in Aquitanien eine weitere Schlappe beigebracht. Für diese Version fehlen aber historisch relevante Anknüpfungspunkte. Sicher ist, dass es Martel als Marktflecken spätestens seit dem 13. Jh. gab, denn damals gewährte Raimund IV., Vizegraf von Turenne, dem Ort Steuerprivilegien und das Recht, eigene Münzen zu prägen. Noch im 13. Jh. entwickelte sich Martel zu einem Zentrum der Gerichtsbarkeit, wo im 14. Jh. mehr als 50 Anwälte, Notare und Richter tätig gewesen sein sollen. Die nachfolgenden Kriegsereignisse führten zum Niedergang. Heute leben kaum mehr als 2000 Menschen in Martel, das sich aber als Ort der Verarbeitung landwirtschaftlicher Güter der Umgebung einen Namen gemacht hat.

Sehenswert ist vor allem der Ortskern mit dem **Marktplatz**. In dessen Mitte erhebt sich eine alte hölzerne Markthalle aus dem 18. Jh. Die östliche Schmalseite des Platzes nimmt die **Maison de la Raymondie** ein, Ende des 13. Jh. als befestigtes Quartier der Vizegrafen

von Turenne errichtet und im 14. Jh. zu einem Stadtpalais umgestaltet. Heute befinden sich darin unter anderem das Rathaus und das Office de Tourisme. Gleich daneben auf der Ecke zur Rue du Four-Bas steht die **Maison Fabri**. In deren Mauern soll der Überlieferung zufolge Heinrich der Jüngere, der Sohn Heinrichs II. Plantagenet 1183 gestorben sein, nachdem er auf dem Sterbebett eine Depesche an den Vater aufgesetzt hatte, in der er um dessen Verzeihung bat. Der Papa war gerade mit der Belagerung von Limoges beschäftigt und deshalb unabkömmlich. Er ließ dem Sohn sein väterliches Pardon gleichfalls brieflich übermitteln, der kurz nach dessen Erhalt starb. Die Rue du Four-Bas führt geradewegs zur gotischen **Kirche St-Maur**. Über deren Portal spannt sich ein Tympanon, dessen Ikonografie mit einem Wundmalechristus, Engeln, die die Leidenswerkzeuge bringen, sowie solchen, die zum Gericht blasen, in der Nachfolge von Beaulieu steht.

Die nächste Station in westlicher Richtung ist Souillac, das man nach 15 km über die D 703 erreicht.

Rocamadour

Von Carennac führt der Weg des weniger eiligen Touristen nach Rocamadour. Es sind nicht so sehr kunstgeschichtlich besonders nennenswerte Bauten, sondern vielmehr die unvergleichliche Lage der steil am Felsen emporwachsenden Stadt, die den Besuch rechtfertigt. Im Mittelalter war Rocamadour ein stark frequentierter Wallfahrtsort. 1166 fanden die Einwohner des Dorfes in einer Felsnische einen unversehrten Leichnam, um den sich rasch verschiedene Legenden rankten. Nach der geläufigsten Version soll es sich dabei um die sterblichen Überreste des Zachäus gehandelt haben, des Mannes der hl. Veronika. Aus dem okzitanischen »roc amator« (der Felsliebende) wurde der französische Name Rocamadour. Ziel der Wallfahrt war insbesondere ein **wundertätiges Standbild der Muttergottes**, das sich noch heute in der Chapelle Miracouleuse befindet. Im Lauf der Jahrhunderte sah Rocamadour so prominente Pilger wie den hl. Bernhard von Clairvaux und den hl. Dominikus, sowie die Könige Ludwig IX. (der Heilige), Philipp IV. (der Schöne), Philipp VI. und Ludwig XI. Hundertjähriger Krieg und die Religionskriege ließen die Wallfahrt in Vergessenheit geraten, Erdrutsche und Steinschläge den Ort und seine Sanktuarien zur Ruine verkommen. Erst im 19. Jh. sorgten die Bischöfe von Cahors für eine Wiederherstellung der Bauten und eine Reorganisation der Wallfahrt. Seither zieht Rocamadour wieder einen beträchtlichen Schwarm von Menschen an, wobei sich gläubige Pilger und bildungsbeflissene Touristen wohl die Waage halten. Entsprechend wartet der Ort mit allem Kitsch und Rummel auf, der für derartige Zentren unvermeidlich ist. Man sollte sich davon nicht verdrießen lassen.

Die Ortschaft besteht in der Hauptsache aus einer langgezogenen Straße, deren Anfang und Ende von jeweils einem mittelalterlichen Stadttor markiert wird, im Nordosten die Porte du Figuier, im Südwesten die Porte Basse. Im ehemaligen Rathaus, der Couronnerie, ei-

Rocamadour ☆
Steil am Felsen ansteigender Wallfahrtsort

◁ *Blick von der Burg auf den Wallfahrtsort Rocamadour*

nem schmucken Gebäude aus dem 15. Jh., befindet sich das Office de Tourisme. Zu den Kapellen, die auf halber Höhe des Steilfelsens über dem Ort am Abhang kleben, führt in der Ortsmitte ein Aufzug hinauf. Wer authentisch dem Weg der Pilger folgen will, steigt die 216 Stufen der Treppe hinauf, aber wohl nicht auf den Knien, wie es sich früher für den Gläubigen geziemte.

Die Sanktuarien gruppieren sich um einen umbauten Innenhof. Das größte von ihnen ist die Kirche **St-Sauveur**, die noch in Teilen aus dem 12. Jh. stammt. Sie steht in Verbindung mit der bereits erwähnten **Chapelle Miracouleuse**, in der die kleine Statue der Muttergottes aufgestellt ist, vor der man immer betende Gläubige antrifft. Bei der Figur handelt es sich um eine aus Nussholz geschnitzte Skulptur des 12. Jh., die ursprünglich wie die Madonna von Orcival rundum mit Silberblech belegt war. Davon sind nur spärliche Reste erhalten, die man kaum wahrnimmt, da das Ganze vom Ruß der Kerzen schwarz gefärbt ist. Im Gewölbe der im 19. Jh. völlig neu errichteten Kapelle hängt eine Glocke aus karolingischer Zeit. Von ihr heißt es, dass sie immer dann, wenn sich ein Wunder ereignet, selbsttätig zu läuten anfängt.

Die **Michaels-Kapelle** ist halb aus dem Felsen herausgeschlagen. Sowohl an ihrer Außenwand als auch im Innern sind Reste gotischer Wandmalerei erhalten. Ferner drängen sich um den Hof die Kapellen St-Blaise, Ste-Anne, St-Jean-Baptiste und St-Amadour, die als Krypta St-Sauveur unterfängt. Auch sie sind mehr oder weniger Resultate des Wiederaufbaus im 19. Jh.

Über allem thront am Übergang vom Steilfelsen zur Causse de Gramat die im 14. Jh. angelegte **Burg**, die dem Ort Schutz gewährleisten sollte. Ein solcher war notwendig geworden, nachdem man durch Heinrich den Jüngeren schmerzhaft hatte erfahren müssen, wie verwundbar der ungeschützte Ort war. Der Prinz hatte, um seine Söldner bezahlen zu können, Rocamadour geplündert. Zwar bietet sich von hier ein weiter Blick, doch vom Ort sieht man wenig. Lohnender ist da die Aussicht, die sich vom nahen Dorf L'Hospitalet auf Rocamadour bietet, ein schönes Fotomotiv in den Vormittagsstunden. Der Name des Dorfes erinnert daran, dass sich hier im Mittelalter ein Hospiz für die Jakobspilger befand.

Mühle von Cougnaguet

Mühle von Cougnaguet:
April bis Mitte Okt. tgl. 10–12 und 14–18 Uhr. Man ist gehalten, an der Führung teilzunehmen.

Von Rocamadour führt die kurvenreiche D 673 westwärts durch ein wild zerklüftetes Tal. Nach etwa 8 km zweigt ein winziges Sträßchen nach rechts ab. Es führt zur Mühle von Cougnaguet. Zisterziensermönche haben sie im 13. Jh. erbaut und darin das Mehl der Bauern aus der Umgebung gemahlen. Es ist faszinierend, wenn man sich vor Augen hält, dass dieses geschichtsträchtige Denkmal bis in die frühen 1980er-Jahre in Betrieb war. Auch heute noch funktioniert die gesamte Mechanik. Dem staunenden Besucher wird dies mehrfach am Tage demonstriert. Angetrieben wird die Mühle vom Wasser der Ouysse, einem Flüsschen, das bei Belcastel in die Dordogne mündet.

Höhle von Lacave

Zurück auf der D 673 folgt man dem Verlauf dieser Straße bis zum Dorf Calès. Dort wechselt man die Richtung und folgt der schmalen D 23 nordwärts, bis man wieder das Dordognetal erreicht. Hier stößt man unter einem 70 m hohen Steilfelsen auf den Eingang zur Grotte de Lacave, die im Jahr 1912 entdeckt und anschließend von Armand de Viré erforscht wurde, der ein Schüler Martels war. Mit einem elektrisch betriebenen Zug fährt man zunächst durch einen künstlichen Stollen, dann geht es mit einem Lift mitten hinein in die Höhle. Sie besitzt bei weitem nicht die Größe von Padirac, aber die große Zahl ihrer Sinterbildungen und die malerisch von der Natur angelegten unterirdischen Seen machen sie zu einer der anziehendsten ihrer Art. Vor allem begeistern die vielgestaltigen *excentriques*. Die Ausleuchtung mag mancher ein wenig kitschig finden, aber insgesamt ist das Resultat durchaus annehmbar. Norbert Casteret, einer der herausragenden Höhlenforscher des 20. Jh., war von Lacave über die Maßen angetan und befand, dass die Höhle »eine Synthese aller Grotten Frankreichs« sei.

*Höhle von Lacave:
Mitte bis Ende März sowie Okt. bis 3. Nov. tgl. 10–12 und 14–17 Uhr, April bis Juni 9.30–12 und 14–18 Uhr, Juli bis 25. Aug. 9.30–18 Uhr, 26. Aug. bis Ende Sept. 9.30–12 und 14–17.30 Uhr; geschlossen vom 4. Nov. bis Mitte März.*

Château de la Treyne

Wir überqueren nun die Ouysse kurz vor deren Mündung in die Dordogne und sehen auf einer nahen Anhöhe die Umrisse des Schlösschens Belcastel, das herrschaftlich auf einem schroffen Kalkfelsen über dem Fluss thront. Belcastel ist bewohnt und nicht zugänglich.

Das Château de la Treyne ist heute ein Luxushotel der Sonderklasse. Die Zimmer sind liebevoll und äußerst geschmackvoll eingerichtet, der Speisesaal gilt als einer der schönsten in Frankreich und die Küche ist märchenhaft. Gäste aus dem deutschsprachigen Raum werden erfreut registrieren, dass die Juniorchefin Deutsch spricht. Tel. 05 65 27 60 60, Fax 05 65 27 60 70; www.chateau delatreyne.com.

93

Die Besitzer gewähren allerdings den Besuch der Gartenterrassen, die einen weiten Blick in das Dordognetal ermöglichen. Wenige Kilometer weiter überquert man die Dordogne auf einer Eisenbrücke. Auf dem Nordufer angelangt, sollte man eine kleine Pause einlegen und auf das Südufer zurückschauen. Nahe der Brücke ist das Château de la Treyne auf einem Steilfelsen über dem Fluss postiert. Die Märchenkulisse stammt weitgehend aus dem 17. Jh. Vom mittelalterlichen Vorgänger blieb nur ein Turm erhalten.

Reisen & Genießen

Chemin de Fer touristique du Haut-Quercy

Eisenbahn-Nostalgiker werden sich eine Fahrt mit dem historischen Zug, der von einer Dampflok gezogen wird, nicht versagen. Man startet in Martel, fährt durch das Tal der Dordogne nach St-Denis-près-Martel und wieder zurück. Die Dauer beträgt eine Stunde. Leider ist der Zug nur in der Hochsaison (Juli/August) täglich in Betrieb (Abfahrten um 11, 14.30 und 16 Uhr). In der Vor und Nachsaison (April bis Juni und Sept.) nur an Sonn- und Feiertagen zu denselben Uhrzeiten, sowie einmal Di und Do am Nachmittag um 14.30 Uhr.

Ein tierisches Vergnügen: Reptilien

Nahe dem Städtchen Martel wurde das »Reptiland« angelegt (bei Puy Lombry, Ausschilderung folgen). Hier kann man 92 verschiedene Reptilienarten beobachten: Schlangen, Eidechsen, Krokodile, Schildkröten. Es ist der größte Reptilienzoo in Frankreich. Geöffnet von Mitte Februar bis Ende Juni und von Oktober bis kurz vor Weihnachten tgl. außer Mo 10–12 und 14–18 Uhr, im Juli/Aug./Sept. tgl. 10–18 Uhr.

Kontrastprogramm der tierischen Art: Raubvögel

Nahe bei Rocamadour kann man den »Rocher des Aigles« (Adlerfelsen) besuchen, wo in freier Natur alle möglichen Arten von Greifvögeln über den Köpfen der Anwesenden kreisen, Adler, Geier, Kondore usw. Achtung: Nur nachmittags geöffnet!

Tipp für Familien mit Kindern: Préhistologia – Parc Préhistorique

Dieser didaktisch sehr anschaulich in Fragen der Vor- und Frühgeschichte einführende Park befindet sich bei Lacave. Er wurde in einem mehrere Hektar umfassenden Wald angelegt. Hier sieht man Europas größte Nachbildungen von Flugechsen, Dinosauriern und anderen ausgestorbenen Tierarten. Außerdem ist die Rekonstruktion eines steinzeitlichen Dorfes zu besichtigen. Leider nur in der Hochsaison Juli/Aug. geöffnet, tgl. 10–19 Uhr.

Kanu fahren auf der Dordogne

Großer Beliebtheit erfreut sich das Kanufahren auf der Dordogne. In den Sommermonaten besteht an verschiedenen Orten die Möglichkeit, stundenweise Kanus zu mieten. Besonders reizvoll ist jener Abschnitt des Flusses, der die Kanuten unterhalb des Château de la Treyne vorbeiführt. Es gibt verschiedene Startmöglichkeiten: Martel-Gluges, Creysse, Saint-Sozy oder Pinsac. Ziel ist Souillac, wo der Vermieter die Gäste abholt und mit einem Kleinbus zum Ausgangspunkt zurückbringt (Fluss-

Mit dem Kanu unterwegs auf der Dordogne

aufwärtsfahren ist in Anbetracht der starken Strömung der Dordogne praktisch unmöglich, darum gibt es nur die Möglichkeit der Einwegmiete). Der längste Parcours von Martel-Gluges bis Souillac dauert etwa dreieinhalb Stunden, der kürzeste von Pinsac nach Souillac etwa eine Stunde. Bootsmiete ist möglich von Mai bis September. Telefonische Vorbestellung (in der Hochsaison dringend empfohlen!) unter
Tel. 05 65 32 27 59
contact@portloisirs.com
www.portloisirs.com.

Hotels und Restaurants
Einige der in diesem Kapitel beschriebenen Orte und Sehenswürdigkeiten gehören zu den großen Publikumsmagneten in Südwestfrankreich. Das gilt besonders für Padirac und Rocamadour. Hier gibt es Beherbergungs- und Gastronomiebetriebe ohne Zahl. Man hat sich eben auf Massenandrang und Fast-Food-Mentalität eingestellt. Dennoch ein interessanter Tipp für ein Quartier etwas außerhalb von Rocamadour:

Hotel Le Troubadour**
F-46500 Belvyre
Tel. 05 65 33 70 27, Fax 05 65 33 71 99
troubadour@rocamadour.com.
Der ehemalige Bauernhof liegt 2,5 km außerhalb von Rocamadour an der Straße Richtung Brive. Man sollte in jedem Fall reservieren, da das Haus nur über 10 Zimmer verfügt.

Beschaulicher als in Rocamadour geht es in Carennac zu, wohin deutlich weniger Besucher pilgern. Hier empfehlen wir die
Auberge du Vieux Quercy***
46110 Carennac
Tel. 05 65 10 96 59, Fax 05 65 10 94 05
contact@vieuxquercy.com

und die etwas schlichtere
Hostellerie Fénelon**
46110 Carennac
Tel. 05 65 10 96 46, Fax 05 65 10 94 86
contact@hotelfenelon.com.

Cahors und der Oberlauf des Lot

Gourdon und die Höhle von Cougnac

Höhle von Cougnac:
Von So vor Ostern bis
Ende Juni und Sept.
tgl. 10–11.30 und
14.30–17 Uhr, Juli/
Aug. 10–18 Uhr, Okt.
tgl. außer So nur
nachm. 14–16 Uhr;
geschlossen von Nov.
bis zum Beginn der
Karwoche. Der Besuch
dauert 75 Min., die
Temperatur beträgt
konstant 13 °C.

In Souillac (siehe S. 131) trifft der Reisende eine Grundsatzentscheidung: Entweder entschließt er sich, die Landschaft Quercy kennenzulernen, dann wendet er sich nach Süden; oder er setzt die Fahrt ins Périgord fort, in diesem Fall geht es über Souillac im Tal der Dordogne westwärts. Beiden Varianten tragen wir Rechnung, bleiben aber zunächst im Quercy.

Man kann von Souillac auf der A 20 rasch nach Cahors fahren, oder man unternimmt über die N 20 und die D 673/801 den Abstecher nach Gourdon und zur Höhle von Cougnac.

Die **Höhle Cougnac** liegt am Rande der Ortschaft Gourdon. Sie wurde 1949 erschlossen, 1952 der Öffentlichkeit zugänglich gemacht und ist nach Pech-Merle die zweitwichtigste Höhle des Quercy mit prähistorischen Felsbildern. Ein etwa 100 m langer Gang führt vom Eingang auf einen 25 m langen Querarm. In der Verlängerung des Hauptganges kommt jener Abschnitt hin, in dem sich die prähistorischen Kunstwerke befinden. Die Felsbilder zeigen Hirsche, Steinböcke und Mammuts. Besondere Beachtung verdient die singuläre Darstellung eines von Pfeilen getroffenen Menschen. Daneben besitzt Cougnac zahlreiche mysteriöse Zeichen, deren symbolische Verschlüsselung die Forschung vor ungelöste Rätsel stellt. Die Bilder sind in das ältere Magdalénien datiert, das bedeutet, sie wurden vor etwa 18 000 Jahren geschaffen. Der Boden der Höhle gab Etliches aus der Werkstatt der Künstler preis. Man fand Feuersteine, Lampen, Knochensplitter und Farbreste. Abgesehen von den zum Teil hervorragend erhaltenen Tierbildern besitzt die Höhle von Cougnac wunderschöne Sinterbildungen.

Das nahe Städtchen **Gourdon** spielte im Mittelalter die Rolle einer Grenzfeste zwischen Périgord und Quercy und besaß als solche natürlich eine stattliche Burg. Diese wurde in der Revolution fast vollständig abgetragen. An ihrer Stelle befindet sich heute eine Aussichtsplattform, von der aus man weit ins Land schauen kann, nach Norden über die Wälder des Périgord, nach Süden über die sanften Hügelkuppen des Quercy.

Cahors, Hauptstadt des Quercy

Blick in die Geschichte

Cahors ☆
Besonders sehenswert:
Kathedrale und
Pont Valentré

Cahors liegt in einer Schleife des Lot und war dementsprechend durch einen natürlichen Graben bestens gesichert. Vom römischen Divona Cadurcorum ist praktisch nichts erhalten. Die unruhigen Jahrhunderte zwischen dem Zusammenbruch des Imperium Romanum und dem Mittelalter brachten ständige Zerstörungen, sodass die Stadt wie-

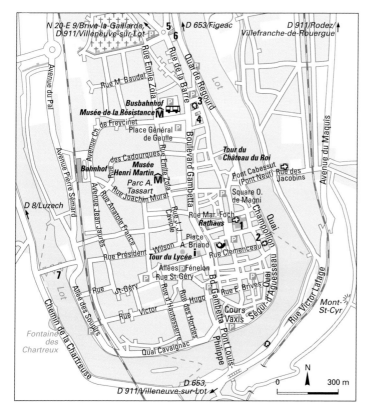

derholt neu aufgebaut werden musste. Erst nachdem die Gefahr gebannt war, die von den Arabern, später von den Normannen und den Ungarn ausging, konnte die Stadt wieder einen Aufschwung nehmen, der sie bereits im 12. Jh. zu großer Blüte führte. Der Hauptgrund dafür war die Ansiedlung lombardischer Bankiers, die Cahors wegen der günstigen verkehrstechnischen Lage im Herzen Südwestfrankreichs zu ihrer Schaltzentrale in Frankreich gemacht hatten. Die Stadt wurde dadurch unermesslich reich und unterhielt im 14. Jh. Kontore in ganz Europa, bis hinauf nach Skandinavien. In dieser Zeit ging aus Cahors **Papst Johannes XXII.** (1316–1334) hervor, der als der »französischste« aller französischen Päpste gilt. Er gründete in seiner Vaterstadt eine Universität und ließ die Kathedrale von italienischen Künstlern ausmalen.

Mit dem Hundertjährigen Krieg ging die Glanzzeit von Cahors abrupt zu Ende. Nachdem sie im Frieden von Brétigny an die englische Krone abgetreten worden war, weigerten sich die Bürger, ihre Stadt auszuliefern. Erst auf den Befehl Johanns II. übergaben die Konsuln die Schlüssel der Stadt zähneknirschend den Engländern und ver-

*Blick vom spätgoti-
schen Kathedralkreuz-
gang auf die romani-
sche Kuppelkirche
St-Etienne in Cahors*

*Blick vom spätgoti-
schen Kathedralkreuz-
gang auf die romani-
sche Kuppelkirche
St-Etienne in Cahors*

merkten: »Ce n'est pas nous qui abandonnons le roi, mais lui qui nous livre à un maître étranger« (Nicht wir verraten unseren König, nein, er ist es, der uns einem Fremdherrscher ausliefert). Die Stadt, die durch die Pest von 1348 ohnehin empfindlich geschwächt war, erlitt durch die englische Okkupation den Todesstoß. Nach dem Abzug der Engländer war Cahors nahezu entvölkert, der Wiederaufbau nahm Jahrzehnte in Anspruch. Und kaum hatte sich Cahors einigermaßen erholt, brachten die Religionskriege die nächste Katastrophe. Die Bevölkerung spaltete sich, 1560 richteten die Katholiken unter ihren protestantischen Mitbewohnern ein Gemetzel an, das Heinrich von Navarra (der spätere König Heinrich IV.) 1580 rächte, indem er Cahors nach dreitägiger Belagerung einnahm und plündern ließ. Fortan führte die Stadt nur noch ein Schattendasein. Die Schließung der von Johannes XXII. gegründeten Universität und die **Reblauskatastrophe**, die fast zum völligen Erliegen des Weinbaus rund um Cahors führte, werfen ein Schlaglicht auf die desolate Lage im 19. Jh. In jüngerer Zeit aber hat Cahors wieder mächtig aufgeholt und sich zu einer florierenden Stadt gemausert. Die Erhebung des Cahorsweins zur *appellation d'origine contrôlée* 1971, die Ansiedlung kleinerer Industriebetriebe und die verbesserte verkehrstechnische Erschließung haben der Stadt einen deutlichen Aufwind gebracht. Aktuell zählt die Präfektur des Département Lot 20000 Einwohner.

Kathedrale

Die schmucklose Westseite der Kathedrale St-Etienne (= Stephanus) stammt aus dem späten 13. Jh. (1). Sie gibt der Kirche ein burghaftes Aussehen. Das romanische Portal, das sich einstmals hier befand, wurde auf die Nordseite des Bauwerks überführt. Nur das **Tympanon** ist romanisch. Die aufwändige Rahmung der kleinen Vorhalle wurde später ausgeführt. Das Bogenfeld zeigt die Himmelfahrt Christi. Der Heiland steht aufrecht in einer Mandorla, die von kleinen Engeln emporgetragen wird; ursprünglich waren es vier, heute sind es nur noch drei. Zwei größere Engel seitlich davon vollführen ekstatische Verrenkungen. Darüber schweben weitere Engel. Sie verkörpern die himmlischen Heerscharen, die den Auferstandenen willkommen heißen. Darunter stehen unter Dreipassbögen die Apostel und in der Mitte die Muttergottes. In den Zwickelfeldern des Tympanon schildern links und rechts zwei kleine Bildstreifen Szenen aus dem Leben und Sterben des hl. Stephanus, dem die Kathedrale von Cahors geweiht ist. Links erkennt man die Predigt des Erzmärtyrers. Die Juden, die seine Rede nicht hören wollen, halten sich ostentativ die Ohren zu. Rechts ist die Steinigung des Stephanus dargestellt. Darüber erscheint eine kleine Gestalt des thronenden Christus und die Hand Gottes, die sich dem Sterbenden entgegenstreckt. Der Stil der Relieffiguren setzt die Skulpturen von Moissac voraus. Die beiden Engel zu Seiten der Mandorla zeigen Eigentümlichkeiten, die für die »barocke« Spätphase der romanischen Kunst charakteristisch ist. Aus diesen Beobachtungen ergibt sich eine Datierung in die Zeit um 1140/50.

Nordportal der Kathedrale St-Etienne
1 Christi Himmelfahrt
2 Engel
3 Apostel
4 Maria
5 Engel
6 Szenen aus dem Leben des hl. Stephanus

Das Erlebnis des **Innenraumes** der Kathedrale gehört zu den Höhepunkten einer Reise durch das südwestliche Frankreich. St-Etienne ist eine der ältesten und zugleich größten Kuppelkirchen des Landes. Etwa 1095 begonnen, wurde das mächtige Bauwerk bereits im Jahr 1117 geweiht. Die ausgewogenen Proportionen lassen die tatsächliche Höhe des Gebäudes kaum ahnen. Der Scheitel der Kuppeln liegt 32 m über dem Boden – zum Vergleich die Kathedrale von Chartres: Dort erreichen die Gewölbe 36,5 m Höhe. Ursprünglich reihten sich drei Kuppeln hintereinander, zwei über dem Langhaus und eine dritte über dem Chor. Diese stürzte im 13. Jh. ein und wurde durch ein gotisches Rippengewölbe ersetzt. Johannes XXII. ließ die Kuppelkalotten von italienischen Künstlern ausmalen. Da sie nicht *al fresco*, sondern in der Technik des *secco*, also auf trockenem Putz, malten, ist der Zustand der Bilder fragil. Jene der zweiten Kuppel sind schon

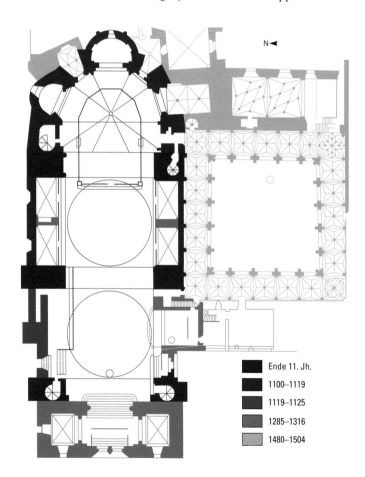

N◄

■	Ende 11. Jh.
■	1100–1119
■	1119–1125
■	1285–1316
▨	1480–1504

Grundriss der Kathedrale St-Etienne und des Kreuzgangs in Cahors

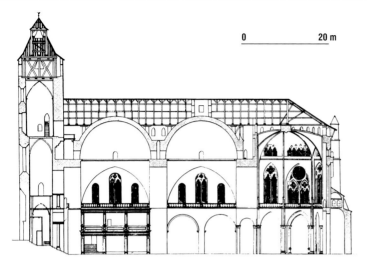

*Längsschnitt der
Kathedrale St-Etienne
in Cahors*

0   20 m

früher restlos abgebröckelt. In der ersten Kuppel aber sieht man noch, wenn auch stark verblasst, acht monumentale Prophetenfiguren: David, Daniel, Jeremias, Jesaja, Ezechiel, Jonas, Ezra und Habakuk. Ursprünglich waren die Kuppeln unter einem Satteldach versteckt, heute liegen sie bloß. Den schönsten Blick auf die Kuppeln hat man vom Kreuzgang aus, der Anfang des 16. Jh. unter dem Episkopat des Antoine de Luzech in spätgotischen Formen angelegt wurde. Der Zugang befindet sich auf der rechten Seite des Chores.

Rundgang durch die Stadt

Die breite Durchgangsstraße des Boulevard Gambetta, dessen Name an den zweiten berühmten Sohn der Stadt erinnert, teilt Cahors in zwei ungleiche Hälften. Östlich drängen sich rund um die Kathedrale die Gassen und Häuser der Altstadt. Die westlich des Boulevards gelegenen Stadtviertel sind das Resultat einer Stadterweiterung in jüngerer Zeit.

Am Ende der Rue de Clémenceau stößt man auf die Kirche **St-Urcisse** (2), einen bescheidenen Bau des späten 12. Jh. In diesem Stadtteil fallen einige alte Fachwerkhäuser auf. Nördlich der Kathedrale gelangt man durch die schmale Rue St-Barthélémy zu der gleichnamigen Kirche (3), einem spätgotischen Bau, in dem Johannes XXII. getauft wurde. An diesen Papst erinnert auch der der Bartholomäuskirche benachbarte Turm, die **Tour de Jean XXII.** (4). Es ist der Rest eines Palais, das dem Bruder des Papstes gehört haben soll.

Am höchsten Punkt der Stadt beschließt eine auf römischen Fundamenten wurzelnde **Festungsmauer** das mittelalterliche Cahors. Außer der gut erhaltenen Stadtmauer stehen von der Befestigung noch die **Barbacane** (5), einstmals Unterkunft der Wachsoldaten, die zum

Schutz der ehemals hier befindlichen Porte de Barre abgestellt waren, und der **Turm St-Jean** (6) rechts davon, auch *tour des pendus* (Turm der Gehenkten) genannt, von wo man weit nach Osten ins Tal des Lot schaut.

Pont Valentré

Zuletzt stellen wir den Pont Valentré (7) vor, das Wahrzeichen von Cahors. Dieses Wunderwerk spätmittelalterlicher Architektur erschien schon früh auf Wappen und Siegeln der Stadt. Er ist Brücke und ein militärisches Bauwerk zugleich. Die drei bis zu 40 m hoch aufragenden Türme stellten eine für Angreifer unüberwindbare Barriere dar.

Selbst die Engländer resignierten trotz ihrer überlegenen Kriegstechnik vor diesem Bollwerk. Sechs mächtige Bögen überspannen den Lot. Ihre wuchtigen Pfeiler sind nach Süden, dem Strom entgegen, wie ein Schiffsbug zugespitzt, sodass sie den Wasserdruck brechen. Der Baubeginn wird mit 1308 angegeben, die Arbeiten zogen sich über mehrere Jahrzehnte hin, was bei einem derart kühnen Projekt nicht verwundert.

Wie so oft im Mittelalter wob sich schon bald eine Legende um das Bauwerk. Der Teufel, hieß es, habe seine Hand im Spiel gehabt und dem Architekten geholfen. Der sollte natürlich in diesem faustischen Pakt seine Seele opfern und hätte dafür jeden Wunsch frei gehabt. Als die Brücke fast vollendet war, wünschte sich der Baumeister als vorletzte Arbeit von Satan, dass dieser ihm Wasser in einem Sieb brächte.

Pont Valentré in Cahors, das Wahrzeichen der Hauptstadt des Quercy

Da musste selbst der Teufel kapitulieren. So hatte der schlaue Architekt seine Seele gerettet und dennoch die Brücke fertig gestellt. Der mittlere der drei Türme heißt in Erinnerung daran »Tour de Diable«; ihm fehlt der oberste Stein. In der Legende heißt es weiter, dass alle Versuche, den fehlenden Stein einzufügen, scheiterten, da die Hand des ergrimmten Teufels ihn jedes Mal ins Wasser gestoßen hätte. Bei einer Restaurierung des Pont Valentré im 19. Jh. wurde an der vermeintlichen Fehlstelle eine kleine Teufelsfratze angebracht, die zu sehen ist, wenn man die steilen Stufen zu der kleinen Tür auf halber Höhe des mittleren Turmes hinaufsteigt.

Ursprünglich hatte Cahors sogar drei solcher Brücken, in jeder Himmelsrichtung (außer nach Norden natürlich) eine. Die eine ist schon früher untergegangen, die zweite wurde erst zu Beginn des 20. Jh. niedergerissen, um Platz für eine neue Brücke zu machen.

Zum Abschluss sei ein kleiner Ausflug auf den **Mont St-Cyr** empfohlen, der sich südlich der Stadt erhebt (den Lot Richtung Montauban/Toulouse überqueren, dann die erste Straße links bergauf, Mont St-Cyr ist ausgeschildert). Von der Anhöhe offenbart sich die einzigartige Lage von Cahors auf der vom Lot umspülten Halbinsel.

St-Cirq-Lapopie

St-Cirq-Lapopie ☆
Reizvoller Ort hoch
über dem Tal des Lot

Cahors ist ein idealer Ausgangspunkt für einen Ausflug in das obere Lottal. Nach einer Fahrt von etwa 30 km in östlicher Richtung erreicht man das Dorf St-Cirq-Lapopie, wieder ein Mitglied der Familie der schönsten Dörfer Frankreichs. Der Doppelname geht in seinem ersten Teil auf den hl. Cyrus zurück, der gemeinsam mit seiner Mutter unter Kaiser Diokletian (284–305) in Kleinasien das Martyrium erlitt. Die Legende berichtet, der hl. Zachäus habe die Gebeine des Cyrus nach Südfrankreich gebracht. Die zeitliche Unstimmigkeit – Zachäus war ein Zeitgenosse Christi, Cyrus lebte dagegen rund 300 Jahre später – war dem Gläubigen des Mittelalters kein Stein des Anstoßes. Der zweite Namensbestandteil – La Popie – stammt von jener Adelsfamilie, die im Mittelalter von der (inzwischen zerstörten) Burg aus den Ort und das Tal des Lot in weitem Umkreis beherrschte. St-Cirq-Lapopie erlebte im Lauf der Geschichte wiederholt Belagerungen. Der aquitanische Herzog Waifre verschanzte sich hier im 8. Jh. vor Pippin, 1198 musste Richard Löwenherz nach längerer Belagerung unverrichteter Dinge wieder abziehen. Im Hundertjährigen Krieg und während der Religionskriege sah sich der Ort ständig als Zankapfel der streitenden Parteien. 1580 schließlich ließ Heinrich von Navarra – damals war er noch nicht König von Frankreich – die verbliebenen Reste der Wehranlage schleifen. Danach ließen sich in dem zur Ruhe gekommenen Ort Drechsler nieder. Heute bevölkern Künstler und Kunsthandwerker – und im Sommer viele Touristen – das malerische Dorf. Von der Burgruine bietet sich ein wundervoller Blick auf die alten Häuser, die schlichte, aber auf einem Felsvorsprung wirkungsvoll in Szene gesetzte Kirche aus dem frühen 16. Jh. und das Tal des Lot.

Ein weiteres Vordringen im Tal des Lot nach Osten führt durch landschaftlich reizvolle Abschnitte und immer wieder durch malerische Dörfer (Calvignac, Montbrun), vorbei an kleinen romanischen Kirchen (Cajarc, St-Pierre-Toirac) und Burgruinen (Cénevières, Larroque-Toirac). Noch ergiebiger erweist sich der Abstecher in das Seitental des Célé, der unterhalb von St-Cirq-Lapopie in den Lot mündet. Etymologisch leitet sich sein Name von lateinisch celer (schnell) ab. Der erste Ort, auf den man stößt, ist Cabrerets. Zwei Burgen auf den Anhöhen ringsum, im Norden die Ruine des Château du Diable, im Süden GontautBiron, verleihen dem Ort eine würdige Kulisse.

Höhle von Pech-Merle

In Cabrerets zweigt ein Sträßchen ab (D 13), das zu der bedeutendsten Sehenswürdigkeit des Tales führt, zur Grotte von Pech-Merle. Diese Höhle rechtfertigt jeden noch so weiten Umweg; ihr Besuch gehört zu den bleibenden Eindrücken einer Reise durch das südwestliche Frankreich. Die Bildungen der Natur sowie die von Menschenhand geschaffenen Kunstwerke formen hier eine Summe so vielfältiger Eindrücke, wie man es in keiner anderen Höhle erlebt.

Pech-Merle ☆☆
Besonders sehenswert:
Pferdefries und Tropfsteinbildungen

Pech-Merle wurde 1922 durch zwei junge Burschen entdeckt und anschließend vom Dorfgeistlichen, dem Abbé Lémozi, untersucht und inventarisiert. Das komplizierte System verschlungener Gänge, bei dem es sich um ein ehemaliges Flussbett handelt, besitzt eine Gesamtlänge von 2 km, etwa 1200 m sind dem Besucher zugänglich.

Das Besucherkontingent ist auf max. 700 Personen pro Tag begrenzt. Ab 9.30 Uhr findet alle 30 Min. eine Führung statt, in der Hochsaison alle 15 Min. Die Besucher erhalten Nummern bzw. feste Uhrzeiten, man muss also unter Umständen Wartezeiten in Kauf nehmen. Je früher man zur Stelle ist, desto größer die Chance, ohne Verzögerung eingelassen zu werden.

Pferdefries mit Handumrissen in der Höhle von Pech-Merle

Die Höhle Pech-Merle

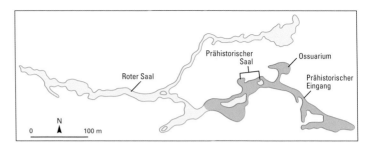

Prähistorischer Saal

Ossuarium

Roter Saal

Prähistorischer Eingang

0   **N**   100 m

Höhle von Pech-Merle:
tgl. von Palmsonntag bis Anfang Nov.; Gruppen auch im Nov., Anfang Dez., Ende Jan., Feb. und März nach Voranmeldung, Tel. 05 65 31 27 05. Geschlossen von Mitte Dez. bis Mitte Jan. Ticketkauf 9.30–12 und 13.30–17 Uhr. www.pechmerle.com

Gut 100 m vom Eingang entfernt trifft man auf die **Felsmalereien**. In einem Palimpsest sieht man zahlreiche Tierbilder, vereinzelte Umrisse von Menschen und die so genannten Makaroni, von denen es heißt, mit diesen frühesten Formen einer Darstellung hätten die Menschen die Kratzspuren von Höhlenbären imitiert. Berühmt ist vor allem der herrliche Pferdefries. Er zeigt in Lebensgröße zwei Pferde, die einander die Hinterteile zuwenden. Sie sind monochrom in Schwarz gehalten, ihre Leiber mit zahlreichen Tupfern übersät, mehr als 200 schwarze Punkte und 29 rote. In einem der Pferde entdeckt man die wohl nachträglich geschaffene Darstellung eines Fisches, dessen Konturen in roter Farbe angegeben sind. Die Abbildungen von sechs menschlichen Händen rahmen den Fries.

Die ältesten Artefakte von Pech-Merle werden in das Aurignacien datiert, die jüngsten in das Magdalénien. Die Höhle wurde demnach über einen Zeitraum von rund 20 000 Jahren immer wieder von Menschen aufgesucht und war über einen unvorstellbar langen Zeitraum ein Ort kultischer Handlungen. Es ist kaum anzunehmen, dass die religiöse Vorstellung während dieser langen Dauer stets dieselbe war. Die Betrachtung der Bilder von Pech-Merle wirft also die schwer auszulotende Frage auf, in welcher Richtung die Darstellungen zu interpretieren sind. Man sieht sich der ganzen Komplexität und vor allem der Vielschichtigkeit der prähistorischen Kunst gegenüber, und zumindest wird deutlich, dass jeder Versuch, die Bilderwelt der Eiszeit auf eine klare Aussage festzunageln, zwangsläufig ins Leere laufen muss.

Neben den prähistorischen Kunstwerken begeistert in Pech-Merle die Vielgestaltigkeit des Höhlensinters. Neben Stalaktiten, Stalagmiten und *excentriques* faszinieren die kleinen Perlen in ihren winzigen Sinterbecken, ein Phänomen, das es nur sehr selten gibt.

Und eine Besonderheit ist auch das Finale. Der Rundgang endet in einem kleinen Saal, von dessen Decke das Wurzelgeflecht einer Eiche herabhängt. Auf der Suche nach Feuchtigkeit hat der Baum seine Wurzeln metertief in die Felsspalten getrieben und schließlich am Boden der Höhle erneut ins Erdreich wachsen lassen.

Zur Abrundung der Eindrücke steht das Musée Amédée Lémozi zur Verfügung mit seiner vorzüglichen Dokumentation über die Höhlenkunst im Quercy.

Reisen & Genießen

Cahors

Wer zur Mittagszeit die Fahrt auf den Mont St-Cyr unternimmt, sei darauf aufmerksam gemacht, dass sich auf der Anhöhe Tische und Bänke befinden. Man kann sich also während des Rundgangs durch die Stadt mit Proviant und Getränken versorgen und auf dem Mont St-Cyr in luftiger Höhe und fern des Autoverkehrs picknicken.

Wer sich mit den Informationen in diesem Buch unterversorgt fühlt, erhält im Office de Tourisme an der Place A. Briand hervorragendes Material, das u. a. auch über Reitmöglichkeiten, Golfplätze, Wanderungen und dergleichen mehr Auskunft gibt.

Festivals

In den Sommermonaten finden vielerorts im Quercy Veranstaltungen statt, etliche davon sind seit Jahren institutionalisiert und werden regelmäßig abgehalten. Hier die wichtigsten mit den jeweiligen Telefonnummern, unter denen man kurzfristig aktuelle Informationen abrufen kann.

Mitte Juli bis Mitte August in Gourdon: »Les Trétaux de la Chanson« (Festival des französischen Chansons), Tel. 05 65 41 17 17.

Ebenfalls in Gourdon Ende Juli: »Festival de musique de chambre« (Kammermusik), Tel. 05 65 41 20 06 (in der Hauptsaison) oder 05 65 41 18 97 (in der Nebensaison).

Zweite Julihälfte in Cahors: »Cahors Blues Festival«, Tel. 05 65 35 99 99.

Mitte Juli bis Mitte August in St-Céré: »Festival de St-Céré et du Haut-Quercy« (Opern und Konzerte), Tel. 05 65 38 29 08.

Die ADDA (Association Départementale pour le Développement des Arts) gibt zu diesen und weiteren Veranstaltungen ein Programmheft heraus, das man anfordern kann bei:

ADDA
115, rue de l'Ile
F-46000 Cahors
Tel. 05 65 20 60 30, Fax 05 65 20 60 38
contact@addalot.com
www.addalot.com.

Historische Eisenbahnfahrt

In den Sommermonaten verkehrt der »Quercyrail«, ein Schienenbus von 1950, auf der Strecke von Cahors nach Capdenac. Die Fahrt folgt den Windungen des Lot flussaufwärts. Tel. 05 63 40 11 93.

Kanu fahren auf dem Lot

Wie auf der Dordogne gibt es auch am Oberlauf des Lot an verschiedenen Orten die Möglichkeit, Kanus zu mieten. Abfahrtsorte sind Cajarc, Larnagol, St-Cirq-Lapopie und Vers. Am Célé kann man Kanus in Figeac, Brengues, Marcilhac und Orniac mieten. Überall gilt: Die Fahrt führt ausschließlich flussabwärts, der Vermieter holt seine Gäste zu einer vorher vereinbarten Zeit am Ziel wieder ab und bringt sie zum Ausgangspunkt zurück.

Mit dem Ausflugsschiff auf dem Lot

Statt mit dem Kanu auf eigene Faust kann man direkt ab Cahors (Anlegesteg nahe dem Pont Valentré) eine Flussfahrt mit einem Ausflugsschiff unternehmen. Es gibt drei Varianten: eine Fahrt rund um Cahors (Dauer etwa eine Stunde, Veranstalter »Le Valentré« Tel. 05 65 35 98 88), bzw. die Fahrt flussabwärts Richtung Luzech durch die Weinberge oder flussaufwärts Richtung St-Cirq-Lapopie (Dauer bis zu 6 Stunden, Veranstalter »Les Croisières Fénelon«, Tel. 05 65 30 16 55). Besonders reizvoll ist es, die Schifffahrt mit einem Mittagsmenü an Bord zu verbinden.

Hausboot auf dem Lot

Dass man auf den berühmten Kanälen Südfrankreichs (Canal du Midi) oder Burgunds
(Canal de Bourgogne, Canal du Nivernais)
Hausboote mieten kann, ist kein Geheimnis. Aber es dürfte immer noch als Ge-
heimtipp gelten, dass dies auch für den Lot
gilt. Anders als bei der Kanumiete fährt man
mit dem Hausboot flussauf- und flussabwärts. Die Schiffe liegen in Douelle (6 km
westlich von Cahors). Hier vermietet
Crown Blue Line Hausboote unterschiedlicher Größe, kleinere mit nur zwei Kabinen, aber auch größere, auf denen bis zu 12
Personen Platz finden. Die Kabinen sind
einfach, aber urgemütlich, sehr sauber und
funktionell. Die Küche ist wie in einem
Ferienhaus mit allem Notwendigen ausgestattet. Der Mieter muss keinerlei Vor-
kenntnisse und keine Zertifikate wie Boots-
führerschein etc. mitbringen. Die Hausboote, deren Dieselmotoren gedrosselt sind,
darf jeder Volljährige lenken. Allerdings
sollte man bei der gründlichen Einweisung
in die Bedienung des Schiffes und seiner
Einrichtungen volle Konzentration aufbringen, damit einem nichts entgeht. Auch
empfiehlt es sich für Anfänger, vor dem
Start zu einer längeren Fahrt mehrere Ma-
növerversuche zu unternehmen, Rück-
wärtsfahren und Anlegen zu üben.
Info Crown Blue Line
Tel. 05 65 20 08 79, Fax 05 65 30 97 96
Unterlagen und Informationen erhält man
auch über die Zentrale
Crown Blue Line
Le Grand Bassin – BP 1201
F-11492 Castelnaudary
Tel. 04 68 94 52 72, Fax 04 68 94 52 73
info@crownblueline.com
www.crownblueline.com.
Hier kann man auch buchen. In der Saison
ist die Miete nur wochenweise möglich, au-
ßerhalb der Saison kann man auch wo-
chenendweise mieten.

Hotels und Restaurants

Das Angebot an Übernachtungsmöglich-
keiten ist in Cahors nicht gerade berau-
schend. Originell, weil in einer geschmackvoll renovierten Jugendstilvilla von 1916 untergebracht, ist das
Hotel Terminus***
5, avenue Ch. De Freycinet
F-46000 Cahors
Tel. 05 65 53 32 00, Fax 05 65 53 32 26
terminus.balandre@wanadoo.fr.
Vor allem das diesem Hotel angeschlossene
Restaurant Balandre lohnt den Besuch. Zu
den regionalen Spezialitäten sollte man einen Cahorswein genießen. Die Karte bietet
eine große Auswahl an Weinen (vgl. »Reisen & Genießen« am Ende des nächsten
Kapitels, S. 114).

Als besonders charmant fiel uns bei Cabre-
rets auf:
Auberge de la Sagne**
Route Grotte de Pech-Merle
F-46330 Cabrerets
Tel. 05 65 31 26 62, Fax 05 65 30 27 43.
Das Haus ist verhältnismäßig einfach, je-
doch urgemütlich und winzig; es hat nur
acht Zimmer, geöffnet von Mitte Mai bis
etwa Mitte September.

Ein Tipp für den Gourmet! Wer sich von
Cahors ostwärts den Lot flussaufwärts begibt, kommt 10 km hinter Cahors durch das
unscheinbare Dorf Lamagdeleine. Hier befindet sich das
Restaurant Claude Marco
Tel. 05 65 35 30 64
info@restaurantmarco.com
www.restaurantmarco.com.
Es trägt den Namen des Chefs, der nicht nur
regionale Spezialitäten zelebriert, sondern
auch spanische Gerichte zubereitet, denn
er stammt aus Spanien. Dem Restaurant ist
übrigens ein kleines Hotel mit fünf Zimmern angeschlossen.

Die Weinberge von Cahors – Der Unterlauf des Lot

Château de Mercuès und Luzech

Dieser zweite Ausflug von Cahors führt uns in westliche Richtung und durch die Weinfelder von Cahors. Nur wenige Kilometer von Cahors entfernt liegt auf einem Hügel über dem rechten Ufer des Lot das Château de Mercuès, die stolzeste Burganlage im Tal des Lot. Der Name erinnert an einen Merkurtempel, der auf dieser Anhöhe in gallorömischer Zeit stand. Im Mittelalter war das Château de Mercuès die bevorzugte Sommerresidenz der Bischöfe von Cahors. Die heutige Bausubstanz des Schlosses ist spätmittelalterlich (14./15. Jh.) und zum Teil das Ergebnis einer Neugestaltung im 17./18. Jh. Herrliche Ausblicke ins Tal des Lot bieten sich von dem auf mehreren Terrassen angelegten Schlosspark.

Die Ortschaft Luzech liegt in der engsten aller Schleifen des Lot. Kaum 100 Meter breit ist hier der Streifen Land zwischen dem östlichen und dem westlichen Bogen der Schleife, sodass man das Gefühl hat, sich auf einer Insel zu befinden. Der Ort zerfällt in eine neue Süd- und eine ältere Nordhälfte. Im alten Stadtteil sieht man etliche schöne gotische Häuser. Über allem thront ein mittelalterlicher Donjon.

Unter den Weingütern rund um das Dorf Parnac fallen drei wegen ihrer baulichen Gestalt besonders ins Auge: das hoch über dem Lot thronende Château de Mercuès (siehe oben), das **Château de Lagrézette**, ein vorbildlich renoviertes Renaissanceschlösschen, direkt daneben im Weinfeld ein auf Stelzen stehender Pigonnier, sowie das **Château de Caix** (sprich: Kä). Es liegt nahe Parnac über dem rechten Ufer des Lot. Das schmucke Schloss ist seit 1980 Besitz der dä-

Im Château de Mercuès befindet sich heute ein Luxushotel der Gruppe Relais & Châteaux. Die Zimmer sind stilvoll eingerichtet, die Küche bietet unvergleichliche Gaumenfreuden von größter Originalität. Dazu genießt man Weine aus eigener Kellerei, denn das Château de Mercuès ist darüber hinaus eines der besten Weinschlösser der Region. Wer sich hier eine Übernachtung gönnt, sollte sich unbedingt den großen Weinkeller zeigen lassen – eine Sehenswürdigkeit für sich! Tel. 05 65 20 00 01, Fax 05 65 20 05 72, www.chateaude mercues.com, mercues@relais chateaux.com

Château de Caix, das Schloss der dänischen Königsfamilie

nischen Königsfamilie, deren Mitglieder hier regelmäßig ihre Sommerurlaube verbringen. Das Schloss, ein mittelalterlicher Wehrbau, der in der Zeit der Renaissance modernisiert wurde, ist zugleich ein Weingut, wo ein vorzüglicher Tropfen gekeltert wird. Der Besucher kann sich in dem Verkaufsraum umtun, wo man neben den Weinangeboten Souvenirs rund um die dänische Königsfamilie entdeckt. Das alles ist sehr dezent und unaufdringlich arrangiert.

Erster Abstecher nach Norden: Les Arques

Wer der Route von Luzech flussabwärts Richtung Prayssac und Fumel folgt, gelangt nach 8 km in das Dorf Castelfranc. Hier zweigt die D 45 nach Norden ab. Links von dieser Straße, die dem Lauf des Flüsschens Masse aufwärts nach Norden folgt, entdeckt man kurz hintereinander mehrere Dolmen. Nach knapp 15 km gelangt man nach Les Arques, einem abgeschiedenen Weiler, der ein Mekka der Kunstpilger geworden ist. Hier hatte sich der Bildhauer **Ossip Zadkine** (siehe Galerie bedeutender Persönlichkeiten) zwischen den beiden Weltkriegen ein aufgelassenes Gehöft gekauft und renoviert. Neben Paris wurde dem aus Russland stammenden Bildhauer Les Arques zum zweiten Standort in seiner Wahlheimat Frankreich, wo er zahlreiche Arbeitsurlaube verbrachte. Die Witwe des Künstlers – er war mit der Malerin Valentine Prax (1899–1981) verheiratet – vermachte einen großen Teil seines Werks der Stadt Paris. Da im dortigen Atelier-Museum nicht genügend Raum zur Verfügung stand, um alles der Öffentlichkeit zu präsentieren, fiel der Entschluss, einen Teil seines Œuvres nach Les Arques in das ehemalige Atelier Zadkines auszulagern. Dies entsprach zugleich einem Wunsch, den er in seinem Tes-

Uneinnehmbar sollte sie sein: die Burg von Bonaguil

tament geäußert hatte. Man kann die Aufstellung der Werke nur als gelungen bezeichnen. Ein Teil der Skulpturen ist in den beiden Innenräumen seines einstigen Refugiums ausgestellt, etliche Bronzeplastiken sind im Freien vor dem Museum postiert. Man sieht Arbeiten aus allen Schaffensperioden Zadkines. Bis in die Mitte der 1930er-Jahre folgte er dem Kubismus, danach verlieren die Skulpturen die geometrische Strenge und gewinnen an Bewegung und Expressivität. Doch seit den 1950er-Jahren kehrte Zadkine zu Formprinzipien seiner Frühzeit zurück. Ausgestellt sind Entwürfe und Skulpturen aus unterschiedlichen Materialien: Holz, Stein und Bronze. Auch die kleine romanische Kirche gleich gegenüber dem Museum ist in die Präsentation miteinbezogen. Hier sieht man einen überlebensgroßen Kruzifixus in Holz, der zur Zeit des Ausbruchs des Zweiten Weltkriegs entstand (1938–1940). Besonders ergreifend ist die ebenfalls aus Holz geschnitzte Pietà in der Krypta (entstanden 1956/57). Sie erinnert in ihrer Expressivität an rheinische Pietà-Gruppen der Spätgotik. Von Les Arques kehren wir in das Tal des Lot zurück.

Zadkine-Museum in Les Arques:
April bis Sept. tgl. 10–13 und 14–19 Uhr, Oktober bis März tgl. außer an So und Feiertagen nur nachm. 14–17 Uhr

Puy-l'Evêque und Duravel

Das Städtchen Puy-l'Evêque kam im 13. Jh. unter die Autorität des Bischofs von Cahors. Daran erinnert der zweite Teil seines Namens. Von der Burg des Bischofs steht einzig noch der Donjon. Die Wehrkirche stammt aus dem 14. Jh., als Puy-l'Evêque mehrere Jahrzehnte lang fest in Händen der Engländer war. Vereinzelt entdeckt man schöne Wohnhäuser des Spätmittelalters und der Renaissance.

Ein Kleinod der Romanik am Unterlauf des Lot findet sich in dem Dorf Duravel. Die Kirche war Teil eines von Moissac abhängigen Priorates. Ihr dreischiffiges Langhaus ist nur zwei Joche tief. Daran schließen sich die fast quadratischen Querhausarme mit je einer Seitenkapelle an, die linke quadratisch, die rechte halbrund. Der Chor beschreibt ein Halbrund. Hier ist ein spätantiker Sarkophag aufgestellt, in dem seit dem 9. Jh. die **Reliquien** dreier als Heilige verehrter Eremiten ruhen: Hilarion, Poemon und Agathon. Diese Reliquien werden seit dem Mittelalter bis heute alle fünf Jahre den Gläubigen gezeigt. Da die südfranzösische Romanik kaum Krypten kennt, ist die Krypta der Kirche von Duravel ein architekturhistorisch besonders wertvolles Denkmal. Sie wird in das 11. Jh. datiert und ist damit der älteste Teil der Kirche. Der quadratische Grundriss verleiht dem Raum eine ruhige Ausgewogenheit. Vier freistehende Säulen tragen das Gewölbe, weitere zehn Säulen sind den Wänden vorgelagert.

Zweiter Abstecher nach Norden: Château de Bonaguil

Bonaguil liegt an einer Stelle, wo die Landschaften Périgord, Quercy und Agenais aneinandergrenzen. Hier erhebt sich eine der imposantesten Burganlagen Frankreichs. Nähert man sich dem Bauwerk, das

Grundriss der Festung Bonaguil

Burg Bonaguil:
Feb./März tgl. 11–13
und 14.30–17.30 Uhr,
April/Mai und Sept.
tgl. 10.30–13 und
14.30–17.30 Uhr, Juni
bis Aug. tgl. 10–18
Uhr, Okt. tgl. 11–13
und 14.30–17 Uhr,
Nov. nur während der
französischen Herbst-
ferien (Anfang Nov.)
sowie an So und Feier-
tagen 11–13 und
14.30–17 Uhr, Dez. an
Wochenenden 14.30–
17 Uhr; geschlossen
am 24., 25. und 31.
Dez. und im Jan.

zu Teilen Ruine ist, gewinnt man den Eindruck einer trutzigen Anlage des Mittelalters, so wehrhaft und klotzig steht Bonaguil in der
Landschaft. Mit ihrem zweifachen Verteidigungsring, den zyklopisch
schweren Mauern, den zahlreichen Türmen und Zinnen meint man
geradezu das Musterbeispiel einer Burg des 13. Jh. vor sich zu haben.
Umso kurioser liest sich die Geschichte des Bauwerks. Erst 1477
wurde der Grundstein gelegt, ein halbes Jahrhundert später, 1520, der
Schlussstein gesetzt. Die Burg wurde also zu einer Zeit errichtet, als
überall im Lande Schlösser entstanden, die das kriegerische Gesicht
ablegten und mit dem freundlicheren Erscheinungsbild der Renaissance tauschten. Die anachronistische Festung Bonaguil, die letzte
mittelalterliche Burg Frankreichs, verdankt ihr Aussehen ihrem ex-
zentrischen Bauherrn Berengar de Roquefeuil, der offenbar gleichermaßen unter Größenwahn wie unter Verfolgungsängsten litt. Er selbst
pflegte sich als den »noblen, großartigen und mächtigen Herrn und
Baron der Baronien Roquefeuil, Blanquefort, Castelnau, Combret und
Roquefère sowie Graf von Naut« zu betiteln. Über Bonaguil hatte er
verlauten lassen, dass er eine uneinnehmbare Burg errichten werde.
Niemand würde sie jemals erobern können, weder die Engländer, falls
sie auf die Idee kommen sollten, erneut in das Land einzufallen, noch
die besten Soldaten des französischen Königs.

Fumel und Monsempron-Libos

Fumel wurde Mitte des 13. Jh. gegründet und sah sich während des
Hundertjährigen Krieges heftigen Kämpfen ausgesetzt. Nachdem die
Hugenotten im 16. Jh. den Baron von Fumel ermordet hatten, traf die
Stadt ein hartes Strafgericht. Die Stadtmauern wurden geschleift und
die oberen Stockwerke sämtlicher Häuser abgerissen. Von diesem
Schlag hat sich das Städtchen nie recht erholt. Es ist im Grunde relativ gesichtslos. Aber der Vorort Monsempron-Libos wartet mit der
bemerkenswerten **romanischen Kirche St-Géraud** auf, die zu einem
kleinen Priorat der Benediktiner gehörte. Das Langhaus von St-Géraud wurde im 17. Jh. umgestaltet, hier ist von der Romanik nicht mehr
viel zu spüren. Aufmerksamkeit beansprucht der Ostteil der Kirche.
Die Winkel zwischen den Querhausarmen und dem Chor – er wurde
im 16. Jh. in spätgotischen Formen nach Osten erweitert – füllen An-
nexkapellen über annähernd dreieckigem Grundriss. Sie werden von
Ovalkuppeln überfangen und öffnen sich in zwei weitere Kapellen,
von denen die linke quadratisch, die rechte fünfeckig ist. Sie schließen bündig mit dem Chor ab. Dieses enge Zusammenrücken der Kapellen ist untypisch für die romanische Baukunst, die sonst nur die
isoliert stehenden Radialkapellen kennt (vgl. Beaulieu, Souillac u.a.).
Das Beispiel St-Géraud macht deutlich, dass es für das gotische Prinzip des Kapellenkranzes vereinzelt Vorstufen in der Romanik gibt.

Monsempron-Libos,
St-Geraud, Grundriss
(nach H. Séguy)

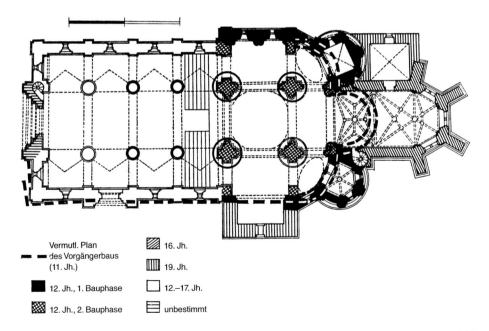

Vermutl. Plan
des Vorgängerbaus
(11. Jh.)

12. Jh., 1. Bauphase

12. Jh., 2. Bauphase

16. Jh.

19. Jh.

12.–17. Jh.

unbestimmt

Dritter Abstecher nach Norden:
Bastide Monflanquin

Wer sich in die verwunschenen Dörfer der Region verliebt hat, wird den Abstecher nach Monflanquin keinesfalls versäumen. Der Weg dorthin führt von Fumel bzw. Monsempron-Libos auf der D 124 in nordwestlicher Richtung. Die Bastide Monflanquin wurde 1256 von Alphonse von Poitiers gegründet. Sie ist eine der ältesten Bastiden des Quercy. Der Ort ist weithin sichtbar auf einer Hügelkuppe postiert. Steil führen die Gassen zum zentralen Platz, der noch von etlichen Häusern aus der Gründungszeit gesäumt wird. Ihre Untergeschosse öffnen sich in großen Arkadenbögen, unverwechselbares Merkmal aller Bastiden in Südwestfrankreich. Monflanquin schmückt sich zu Recht mit dem Titel *L'un des plus beaux villages de France*.

Reisen & Genießen

Das Weinbaugebiet Cahors
Wer unserem Routenvorschlag folgt und von Cahors aus im Tal des Lot eine Fahrt flussabwärts unternimmt, kommt durch eines der ältesten Weinbaugebiete Frankreichs. Dass schon die Römer hier Rebstöcke gepflanzt haben, ist denkbar, aber urkundlich nicht gesichert. Aus Quellen ist die Weinkultur bei Cahors seit dem 7. Jh. n. Chr. belegt. Die Reben gedeihen auf den

Blick in den Weinkeller von St-Didier-Parnac

Kalkböden beidseits des Lot. Mitte des 19. Jh. ging es infolge der ersten großen Reblauskatastrophe mit der Weinkultur von Cahors bergab. Erst 1947 formierte sich die Kooperative von Parnac, die zum treibenden Motor bei der Wiederaufforstung mit Rebstöcken wurde. Die Bemühungen wurden 1971 mit der Erhebung des Cahorsweines in die höchste Qualitätsstufe der AOC (*appellation d'origine contrôlée*) belohnt. Heute ist die Hälfte aller Weinerzeuger der Gegend dieser Kooperative angeschlossen.

Der Cahorswein wird aus der Auxerrois-Traube gekeltert, die man auch unter dem Namen Malbec kennt. Sie gibt dem Wein eine tiefrote Farbe – früher nannte man den Cahorswein auch »Le Noir« (den Schwarzen) – und dank des hohen Tanningehaltes ein kräftiges Aroma mit einem leichten Hang zur Bitterkeit. Um dieses auszugleichen, wird der Wein vielerorts verschnitten. Mindestens 70 % müssen von der Auxerrois-Traube stammen, den Rest verschneiden die Winzer mit Merlot, der den Wein geschmeidiger macht. Nach einem bis zwei Jahren der Reifung im Fass muss man den guten Lagen noch mindestens weitere drei bis fünf Jahre der Flaschenreifung lassen, damit sie ihre ganze Fülle entfalten können. Die wichtigsten Weinorte an den Ufern des Lot zwischen Cahors und Fumel sind Caillac, Parnac (hier besonders zu empfehlen das Château St-Didier-Parnac), Luzech, Albas, Prayssac, Bélaye, Puy-l'Evêque, Duravel, etwas nach Süden abgesetzt liegen Sauzet, Fargues und Floressas. Die Anbaufläche beträgt 4400 ha. In früheren Zeiten wurde der Wein auf Terrassen an den Anhöhen gezogen. Das ist heute zu unwirtschaftlich, die Weinfelder breiten sich in den Ebenen aus.

Auf den Etiketten vieler Weingüter fällt auf, dass man anstelle des geläufigen Begriffs Château den Terminus Clos vor dem Eigennamen liest. Das ist die wertneutrale Bezeichnung für Domaine, Weingut, und heißt auf keinen Fall, dass es sich deshalb um einen Wein minderer Qualität handelt. So gehört etwa der Wein des Clos de Gamot zu den besten Cahorstropfen.

Detaillierte Informationen erhält man bei
La Maison du Vin
430, Avenue Jean Jaurès
F-46002 Cahors B. P. 61
Tel. 05 65 23 22 24, Fax 05 65 23 22 19
uivc.cahors@free.fr.

Festivals
Ende Juli/Anf. Aug. in Prayssac: »Festival Mondial de Folklore«, Tel. 05 65 22 40 57.
Anfang August in Bélaye: »Rencontres de violoncelle de Bélaye« (Cello-Seminare in Bélaye und Konzerte in verschiedenen Kirchen im Tal des Lot) Tel. 05 65 29 18 75.

Wassersport
Bei Luzech ist der Lot gestaut. Hier kann man Tretboote, Kanus bzw. Kajaks mieten, rudern, segeln oder einfach nur baden – das Wasser ist überraschend sauber.

Hotels und Restaurants
Den schönsten Blick über das untere Lottal genießt man von der Terrasse und den Zimmern des
Hotel Bellevue***
Place de la Truffière
F-46700 Puy-l'Evêque
Tel. 05 65 36 06 60, Fax 05 65 36 06 61
hotelbellevue.puyleveque@wanadoo.fr
www.lothotelbellevue.com.

Weniger spektakulär, dafür preislich sehr interessant ist die abseits touristischer Routen gelegene
Auberge de la Tour**
F-46140 Sauzet
Tel. 05 65 36 90 05, Fax 05 65 36 92 34
m_pol@clubinternet.fr
www.aubergedelatour.com.

Moissac und das Quercy Blanc

Montcuq und Lauzerte

Wir verlassen Cahors in südlicher Richtung. Bald nach dem Ortsende zweigt nach Südwesten die D 653 ab. Auf dem Wege durch das Quercy Blanc nach Moissac (Fahrtdauer von Cahors ca. eine Stunde) laden die Orte Montcuq und Lauzerte zu kleinen Unterbrechungen ein.

Montcuq wurde von Raimund VI. von Toulouse gegründet und kam 1229 durch den Frieden von Meaux, mit dem der Katharer-Kreuzzug endete, in die Hand Alphonses von Poitiers. Der etwas ulkig anmutende Name geht auf die lateinische Bezeichnung »Mons acutus« (spitzer Berg) zurück. Von der Burg des 12. Jh. ist einzig der Donjon erhalten geblieben. Mächtig überragt der 24 m hohe Turm den Ort. Von seiner Plattform bietet sich ein weiter Blick über das dünn besiedelte Tal der Barguelonette, eines kleinen Seitenarmes des Tarn.

Lauzerte, 20 km nördlich von Moissac auf einer Hügelkuppe gelegen, ist eine Gründung Raimunds V. von Toulouse. Sein Enkel Raimund VII. ließ die Befestigung 1241 zu einer Bastide ausbauen. Die Kriege des 14./15. und des 16. Jh. haben der Festung schwer zugesetzt, aber dennoch ist so viel von der mittelalterlichen Substanz stehen geblieben, dass sich Lauzerte auch stolz das »Toledo des Quercy« nennt. Vor einigen Jahren kam noch der Titel *L'un des plus beaux villages de France* hinzu.

Die Wandteppiche in der Kirche von Montpezat zeigen Szenen aus dem Leben des hl. Martin.

Montpezat-de-Quercy und Castelnau-Montratier

Von Montcuq ließe sich ein Abstecher zu den Ortschaften Montpezat und Castelnau-Montratier unternehmen. Monpezat ist ein mittelalterliches Städtchen, das viel von seiner alten Bausubstanz bewahrt hat. Abgesehen von dem zentralen Platz mit zahlreichen historischen Häusern lohnt die ehemalige Klosterkirche St-Martin aus dem 14. Jh. einen Besuch. Besonders sehenswert ist der Kirchenschatz mit fünf großformatigen Wandteppichen des 16. Jh. aus Flandern. Auf ihnen sind Begebenheiten aus dem Leben des hl. Martin dargestellt. In kleinen panzerverglasten Vitrinen in den Seitenkapellen sind Skulpturen aus dem Spätmittelalter ausgestellt.

Auch das nahe Castelnau-Montratier liegt auf einer Anhöhe und wurde im 13. Jh. als Bastide angelegt. Man sieht deshalb erneut den typischen zentralen Platz mit Häusern, die sich in Arkaden öffnen. Ansonsten ist nicht ganz so vieles aus der Frühzeit der Stadt erhalten wie in Montpezat. Reizvoll aber ist das Umfeld von Castelnau-Motratier. Nahe dem Städtchen sieht man etliche Windmühlen, die älteste stammt aus dem 17. Jh.

Moissac und die Abtei St-Pierre

Moissac liegt an der Südspitze des Quercy am Ufer des Tarn, der nur 4 km von hier in die Garonne mündet. Die Abtei St-Pierre nimmt in der europäischen Kunstgeschichte einen unvergleichlichen Rang ein. Man erlebt hier nicht nur den ältesten, sondern zugleich den einzigen Kreuzgang der Romanik, der noch seinen gesamten Skulpturendekor besitzt. Zugleich ist Moissac das einzige Beispiel, wo sowohl der Kreuzgang als auch das romanische Portal als Ensemble erhalten blieben. Man sollte sich also Zeit nehmen, um diese einzigartige Denkmälergruppe kennenzulernen.

Moissac ☆☆
Besonders sehenswert:
Portal und Kreuzgang

Geschichte der Abtei

Nach einer Legende soll der Merowingerkönig Chlodwig das Kloster gegründet haben. Historisch erwiesen ist inzwischen, dass die Gründung im 7. Jh. und zwar auf Veranlassung des Bischofs Didier von Cahors erfolgte. Das einschneidendste Datum in der Geschichte von Moissac ist das Jahr 1048. Damals schloss sich das Kloster der Reform der Cluniazenser an. Als Abt setzte Odilo von Cluny **Durand de Bredon** ein (siehe Galerie bedeutender Persönlichkeiten), dem es dank geschickter Verhandlungen mit dem burgundischen Mutterkloster gelang, eine rechtliche Sonderstellung zu erwirken: Moissac behielt den Rang einer selbständigen Abtei und durfte sich einen eigenen Klosterverband aufbauen. So erlangte dieses Kloster im 11. und in der ersten Hälfte des 12. Jh. für das südwestliche Frankreich einen Rang, wie ihn Cluny für Burgund einnahm. Man knüpfte Kontakte in alle Nachbarlandschaften und unterhielt Beziehungen über die Pyrenäen hinweg nach Katalonien, Kastilien und Portugal. 1096 bestieg ein Mönch aus Moissac, Geraldus, den Bischofsthron der portugiesischen Stadt Braga. Abt Durandus seinerseits wurde 1059 zum Bischof von Toulouse gewählt und versah fortan beide Ämter, das des Abtes von Moissac und jenes des Bischofs von Toulouse. In Moissac ließ Durandus eine frühromanische Klosterkirche erbauen. Bei seinem Tod 1072 hinterließ er seinem Nachfolger Hunaldus ein blühendes Kloster. **Hunaldus** (1072–1085) wich von der Politik seines Vorgängers ab und suchte den Schulterschluss mit Cluny. Moissac geriet in Gefahr, seine Selbständigkeit zu verlieren. Da sich Hunaldus auch in anderen Angelegenheiten unbeliebt gemacht hatte, revoltierten die Mönche 1085 gegen ihn und erreichten seine Amtsenthebung. **Abt**

Das romanische Portal der Kirche St-Pierre in Moissac

Ansquitil (1085–1115) schwenkte wieder auf Durandus' Linie ein und konnte Moissac erneut seine Selbständigkeit sichern. Als sichtbaren Ausdruck für das wiedergewonnene Selbstbewusstsein ließ Ansquitil den großen romanischen Kreuzgang errichten, der im Jahr 1100 eingeweiht wurde. Auch sein Nachfolger, **Abt Roger** (1115–1135), trat als Bauherr und Mäzen hervor. Unter seinem Abbatiat entstand das berühmte romanische Portal von Moissac. Zugleich ließ Roger die Kirche des Durandus abreißen und den Grundstein zu einer mächtigen Kuppelkirche legen. Der alte Bau (Moissac I) war dem stetig anschwellenden Pilgerstrom nicht mehr gewachsen. Roger starb schon bald nach Baubeginn. Erst Ende des 12. Jh. wurde die Kirche (Moissac II) fertig gestellt. Zu dieser Zeit hatte Moissac bereits seine glänzende Stellung eingebüßt. Die Mitte des 12. Jh. brachte einen Bruch in der Geschichte des mittelalterlichen Mönchtums. 1153 war der hl. Bernhard von Clairvaux gestorben, drei Jahre später folgte ihm mit Petrus Venerabilis, dem letzten großen Abt von Cluny, eine zweite Symbolfigur der Ordensgeistlichkeit ins Grab. Die Zukunft sollte den Bischöfen gehören. Dieser tief greifende Wandlungsprozess hat sich in der Kunst des 12. Jh. sichtbar niedergeschlagen. Die Romanik geht zu Ende, der Bau großer Klosterkirchen kommt zum Erliegen; nun zieht mit der Gotik ein neuer Stil herauf, und zugleich entstehen in den Städten die Kathedralen als Kirchen des mächtig gewordenen Weltklerus.

Der Niedergang von Moissac vollzog sich rasant. 1212 standen die Truppen des Simon von Montfort vor den Toren der Stadt. Obwohl die Katharer, die sich in Moissac aufhielten, ausgeliefert wurden, plünderte das Kreuzfahrerheer den Ort. Die Kirche wurde niedergebrannt, und auch der Kreuzgang erlitt schweren Schaden. Von diesem Schlag hat sich die Abtei nie wieder richtig erholt. Zwar wurde der Kreuzgang Ende des 13. Jh. unter Verwendung der romanischen Originalteile rekonstruiert, im 15. Jh. auch die Kirche wieder aufgebaut (Moissac III), aber an die einstige Bedeutung vermochte das Kloster nicht wieder anzuknüpfen. Anfang des 16. Jh. wurde die Leitung einem Laienabt übertragen, 1626 trat an die Stelle der Mönchsgemeinschaft ein Stift von Weltgeistlichen. Die reich bestückte **Bibliothek** – Moissac hat in seiner Blütezeit ein eigenes Skriptorium betrieben – gelangte in den Besitz Colberts, des Finanzministers Ludwigs XIV. Heute gehören die erhaltenen Bände zum Bestand der Bibliothèque Nationale in Paris. Die Auflösung des Klosters in der Revolution bedeutete insofern kaum mehr als eine Formalität.

Im 19. Jh. drohte den Klosterbaulichkeiten die Katastrophe. Der Kreuzgang sollte der Bahnlinie Bordeaux–Sète Platz machen. Gottlob formierte sich Widerstand gegen diesen Frevel. Die Bahntrasse wurde geringfügig nach Norden verschoben. So musste nur das einstige Refektorium den Gleisen weichen, der Kreuzgang blieb stehen. Aber manche Säulen zittern inzwischen bedenklich, wenn nur wenige Schritte von der Nordgalerie entfernt der TGV Toulouse–Bordeaux an dem mittelalterlichen Denkmal vorbeirast.

Das romanische Portal

Das Portal ist ähnlich aufgebaut wie jenes in Beaulieu. Das **Tympanon** wird von einer gewölbten offenen Vorhalle geschützt, in den **Portalwangen** dieser Vorhalle sind weitere Skulpturen angebracht. Blickfang des ganzen figurenreichen Ensembles ist die große Gestalt Christi im Zentrum des Tympanons. Es ist die erste gekrönte Figur des Heilands in der mittelalterlichen Portalplastik. Seine linke Hand hält das in der Offenbarung beschriebene Buch mit den sieben Siegeln, die rechte ist zum Segensgestus erhoben. Bei genauerem Hinsehen gewinnt man den Eindruck, als ob sich dieser rechte Arm im Ellenbogenbereich in zwei Unterarme gabelt. Die eine Hand ist sichtbar, die andere verschwindet unter dem Gewand und ruht auf dem Herzen. Dies wäre eine kühne neue Bilderfindung, die man mit einer Trinitäts-Bedeutung in Zusammenhang bringen könnte. Aber die Situation lässt sich nicht eindeutig in dieser Richtung bestimmen. Es könnte auch der Fall sein, dass lediglich eine Ungereimtheit der Gewanddraperie diesen Eindruck hervorruft. Die zentrale Christusfigur umgeben die Symbole der vier Evangelisten (vgl. Carennac) und zwei große Engel, Seraphim, der eine mit einer offenen, der andere mit einer geschlossenen Schriftrolle in Händen. Auch diese beiden Engel sind eine neue Bilderfindung der Künstler in Moissac beziehungsweise deren Auftraggeber. In drei Registern sind die 24 Greise der Apokalypse angeordnet, jeder mit einem Kelch und einem Saiteninstrument ausgestattet. Im Gegensatz zu der hoheitsvollen Gestalt des Heilands entzücken diese kleinen Könige durch die Lockerheit ihres Auftretens. Zum Teil haben sie salopp die Beine übereinandergeschlagen. Alle richten ihren Blick auf Christus.

Bis auf den heutigen Tag liest man immer wieder, dass es sich hier um eine Darstellung des Weltgerichts handelt. Das ist definitiv nicht der Fall! Es fehlen wichtige Motive, die für die Weltgerichts-Ikonografie unverzichtbar sind: die Seelenwägung, die Apostel als Beisitzer, die Auferstandenen usw. In Moissac ist vielmehr die **Parusie** dargestellt, die Wiederkunft des Herrn, wie sie im 4. Kapitel der Offenbarung beschrieben wird. (Hier sei eingeschoben, dass entgegen einer verbreiteten Meinung das Weltgericht keineswegs ein Hauptthema der romanischen Portalskulptur war, es war im Gegenteil ein eher selten dargestelltes Nebenthema dieser Epoche. Wir kennen nur drei echte Weltgerichts-Tympana in der französischen Romanik: Autun, Macon und Conques. Viel häufiger erscheinen die Themen Parusie [vgl. Beaulieu], Himmelfahrt [vgl. Cahors], Majestas [vgl. Carennac]).

Am **Architrav** erscheinen acht stilisierte Rosetten, die sich aus den Schlünden zweier Monster an den beiden Außenkanten des Balkens entrollen. Die Forschungen des Verfassers zu den Skulpturen von Moissac haben zu einer überraschenden botanischen Identifikation geführt. Diese Rosetten sind keine abstrakten Schmuckmotive, sondern es handelt sich um die exakte Wiedergabe der Blüte einer in Südwestfrankreich verbreiteten Steinbrechart mit Namen *Saxifraga will-*

komniana. Der **Steinbrech** ist dem Mittelalter ein geläufiges Christussymbol gewesen und hieß im deutschen Sprachraum auch das Heilandsblümchen. Schaut man auf die Unterseite des Architravs, erkennt man dort weitere Pflanzenornamente, diese jedoch in einem ganz anderen Stil und wesentlich flacherem Relief. Der stilistische Vergleich mit Bauornamenten der Westgotenkunst in Spanien hat den Nachweis erbracht, dass dieser Architrav eine Spolie aus dem 7. Jh. n. Chr. ist. Im 12. Jh. wurde lediglich die Stirnseite mit den Saxifragablättern aus dem Stein gemeißelt.

Den Architrav stützt der **Bestienpfeiler**. An seiner Stirnseite sieht man drei Löwenpaare kreuzweise übereinandergestellt, Apotropäen, die nach der Auffassung des Mittelalters böse Geister von dem Bauwerk fernhalten sollten. Hinter den Raubkatzen erkennt man wieder dieselben Blattformen wie auf dem Architrav. Auf den Seitenflanken erscheinen Paulus (links) und der Prophet Jeremia (rechts), Letzterer ein enger Verwandter des Jesaja von Souillac, nur länger und schlanker als jener. Zusammen gesehen bilden Trumeau und Architrav ein Tau-Kreuz, eine in der Romanik verbreitete Kreuzform, die man auch das mystische Kreuz genannt hat. In einer für die Romanik typischen Verschlüsselung wird also auch mit diesen Bestandteilen des Portals auf Christus hingewiesen.

Der berühmte Jeremia von Moissac am Bestienpfeiler

Die **Skulpturen der Portalwangen** entstanden nicht gleichzeitig mit dem Tympanon, sondern wurden im Zuge einer Verstärkung des Narthexturmes geschaffen. Während das Tympanon zwischen 1125 und 1135 gearbeitet wurde, schließen sich die Reliefs der Wangen unmittelbar daran an, ihr Entstehungszeitraum ist deshalb für die Jahre zwischen 1135 und 1140 zu vermuten. Links sieht man (von oben nach unten) das Gleichnis vom armen Lazarus und dem reichen Prasser. Dieser sitzt zu Tisch und tafelt dort mit seiner Frau, daneben haucht der arme Lazarus seinen Geist aus, der links in Kindesgestalt im Schoße Abrahams wieder auftaucht. In den Szenen darunter sieht man den Tod des Prassers und die Höllenqualen, denen er und seine Frau nach ihrem Ableben ausgesetzt sind. Zuunterst stehen großfigurige Gestalten der Laster des Geizes (links) und der Unkeuschheit. Hier haben also die mönchischen Auftraggeber gezielt jene beiden Untugenden aufs Korn genommen, denen sie sich selbst infolge ihrer Gelübde zu entschlagen hatten. Die gegenüber befindliche Seite hat man umgekehrt, sie ist also von unten nach oben zu lesen. Der Zyklus beginnt mit der Verkündigung (lediglich der Verkündigungsengel ist eine Neuschöpfung aus dem 19. Jh.), daneben steht die Heimsuchungsszene. Darüber sieht man die Anbetung der Könige, im abschließenden Fries die Darbringung des Christusknaben im Tempel mit dem Priester Simeon und der Prophetin Hanna sowie die Flucht nach Ägypten. Geschildert wird eine Sequenz, die ihre literarische Vorlage nicht in der Bibel, sondern in den Apokryphen hat. Im Evangelium des Pseudo-Matthäus wird beschrieben, wie bei der Ankunft der heiligen Familie in der Stadt Sotine die Götzenbilder herabstürzten. Hier in Moissac sind deutlich zwei Gestalten zu erkennen, die mit verrenkten Gliedern von den Mauern herabfallen. Die Portal-wangen sind antithetisch einander gegenübergestellt. Links erscheint das Böse, und entsprechend geht der Blick von oben nach unten. Rechts dagegen wird der erste Adventus des Herrn vor Augen geführt, hier darf sich der Blick befreit von unten nach oben bewegen. Die Verteilung der Themen auf die beiden Seiten ist nicht zufällig gewählt. Die Menschwerdung des Herrn erscheint im Osten, dort, wo die Sonne aufgeht. Die Laster dagegen haben ihren Platz im Westen, wo die Sonne untergeht und sich die Nacht ausbreitet. Zugleich sind aber auch beide Portalwangen inhaltlich auf das Tympanon bezogen. Die erste Erscheinung Christi auf Erden wird seiner Wiederkehr voran-gestellt. Die Laster und die Geschichte vom armen Lazarus machen dem Gläubigen bewusst, welche Gefahren auf ihn lauern und wel-chen Versuchungen man aus dem Weg zu gehen hat.

Zuletzt erwähnen wir die künstlerisch schwächeren Figuren an den **Portalpfosten**, links Petrus und rechts Jesaja, sowie die beiden Säu-lenstatuen an der Außenseite der Vorhalle, Benedikt und Abt Roger. Letztere gehören der späten Romanik an und wurden wohl erst nach 1150 der Vorhalle appliziert.

Insgesamt kann man den kleinen Vorraum, von dem aus man alle Skulpturen betrachten kann, als ein kleines Purgatorium ansprechen, in dem der Betrachter auf einen Weg der Selbsterkenntnis geführt wird. Die Quintessenz der Aussage besteht darin, in Christus und sei-ner immer während Gegenwart die Erlösung zu sehen.

Narthex

Das Portal ist in einen Turm eingebettet, der, wie die neueste For-schung zu Moissac schlüssig belegt, ursprünglich isoliert vor der Kir-che des Durandus stand. Erst im Zuge des Neubaus der Kirche Mois-sac II wurden Narthex und Klosterkirche miteinander verzahnt. Er besitzt zwei Stockwerke (die aus Ziegeln gemauerte Glockenstube und der Dachstuhl wurden dem Turm erst im 16. Jh. aufgepflanzt). Der Weg in die Kirche führt durch das gedrungene Untergeschoss die-ses Narthexturmes, den man mit einem französischen Fachbegriff *clo-cher-porche* nennt. Er wird von einem Gewölbe mit ungeschlachten Rippen überfangen. Es handelt sich dabei um die älteste Rippenkon-struktion im südwestlichen Frankreich. An den Fußpunkten der Rip-pen sieht man insgesamt acht große Kapitelle mit unterschiedlichen zoomorphen und vegetabilen Motiven.

Die Kirche Moissac III

Von der bereits im 12. Jh. abgerissenen Kirche Moissac I wissen wir dank Ausgrabungen, dass es sich um eine dreischiffige Halle ohne Querhaus handelte. Der Chor beschrieb ein Halbrund, um das sich ein Umgang ohne Kapellen legte. Im Chor sind noch Reste der Grund-mauern von Moissac I zu sehen, erhalten blieb ferner die Weihinschrift

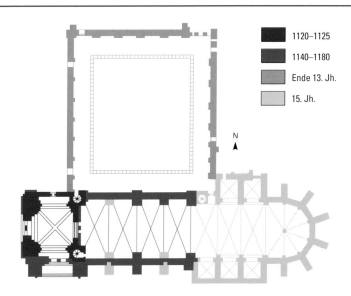

■	1120–1125
■	1140–1180
■	Ende 13. Jh.
■	15. Jh.

N
▲

Grundriss der Abteikirche St-Pierre in Moissac

aus dem Jahr 1063, die heute in die innere Nordwand des Chores vermauert ist. Von Moissac II, der Kuppelkirche des 12. Jh., wurden beträchtliche Teile in den bestehenden spätgotischen Bau Moissac III inkorporiert. So erhält man zumindest noch eine Ahnung von der Größe dieser zweiten Abteikirche. Heute wirkt der Raum recht seelenlos, wobei eine tapetenhafte Ausmalung aus dem frühen 20. Jh. nicht eben dazu angetan ist, den Eindruck zu verbessern.

Sehenswert ist aber die **Ausstattung** mit verschiedenen Skulpturen des Mittelalters. Als Wichtigstes ist ein auf der Südwand angebrachter Kruzifixus hervorzuheben, der in die Zeit um 1130 oder bald danach datiert wird, also ein spätromanisches Bildwerk (das Astkreuz entstammt der Gotik, nur der Korpus des Heilands ist romanisch). Die Andeutung des Leidens und die leichte Drehung der Gestalt lassen bereits die heraufziehende Gotik ahnen. Am Gewandsaum des Lendentuches beobachtet man ein Detail, das schon an den Figuren des Tympanons zu erkennen war und das sich im Kreuzgang mehrfach wiederholt: mäanderartige Knickungen, eine Stileigentümlichkeit der romanischen Bildhauer von Moissac. Demnach stammt der hölzerne Kruzifixus von einem Künstler, der auch an den Portalskulpturen mitgearbeitet hat.

Kreuzgang

Von der Chronologie her betrachtet, müsste eine Besichtigung in Moissac mit einem Rundgang durch den Kreuzgang der ehemaligen Abtei beginnen, denn dessen Kapitelle sind die ältesten Skulpturen von Moissac. Aber kaum einer wird es fertigbringen, am Portal vorbeizugehen. Wir stellen deshalb den Kreuzgang an den Schluss.

Kreuzgang von Moissac: April bis Juni und Sept. tgl. 9–12 und 14–19 Uhr, So und an Feiertagen erst ab 10 Uhr, Juli/Aug. 9–19 Uhr, Okt. bis März 10–12 und 14–17 Uhr bzw. So und an Feiertagen nur nachm. 14–17 Uhr; geschlossen am 1. Jan. und 25. Dez.

Kapitelle und Pfeilerplatten im Kreuzgang von Moissac

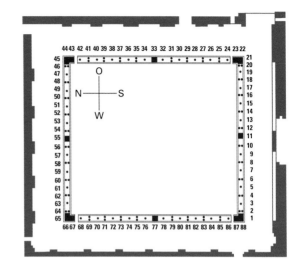

SÜDLICHE GALERIE

1 Eckpfeiler: Apostel
   Matthäus
2 Martyrium Johannes des
   Täufers
3 Stilisierte Vögel
4 Sündiges Babylon
5 Stilisierte Adler
6 Nebukadnezar als
   wildes Tier
7 Verurteilung und Martyrium des hl. Stephanus
8 Akanthusblätter
9 David und die Tempelmusiker
10 Himmlisches Jerusalem
11 Mittelpfeiler ohne Dekor
12 Satan in Drachengestalt
   mit Gog und Magog
13 Evangelistensymbole
14 Wunderheilungen Christi
15 Barmherziger Samariter
16 Versuchungen Christi
17 Johannes und der Engel,
   apokalyptische Reiter
18 Verklärung Christi auf
   dem Berg Tabor
19 Gefangenschaft und
   Befreiung Petri
20 Taufe Christi
21 Eckpfeiler: hl. Paulus

ÖSTLICHE GALERIE

22 Eckpfeiler: Apostel Petrus
23 Samsons Kampf mit dem
   Löwen
24 Martyrien Petri und Pauli
25 Arabisierende Ornamente
26 Adam und Eva, Sündenfall
27 Akanthusblätter
28 Martyrium des
   hl. Laurentius
29 Fußwaschung
30 Stilisierte Palmwedel
31 Armer Lazarus und
   reicher Prasser

32 Stilisierte Vögel
33 Mittelpfeiler:
   Abt Durandus
34 Menschen mit
   stilisierten Vögeln
35 Weinwunder auf der
   Hochzeit zu Kana
36 Stilisiertes Weinlaub
37 Anbetung der Könige
   und Kindermord
38 Tierfratzen und
   Blattornamente
39 Akanthusblätter
40 Martyrium des
   hl. Saturninus
41 Stilisierte Palmwedel
42 Martyrium
   der hl. Fructuosus, Augurius und Eulogius
43 Verkündigung und
   Heimsuchung
44 Eckpfeiler: Apostel
   Jakobus der Ältere

NÖRDLICHE GALERIE

45 Eckpfeiler: Apostel
   Johannes
46 Kampf der guten und der
   bösen Engel
47 Adler, darüber am
   Kämpfer Fische

48 Arabisierende Ornamente
49 Szenen aus dem Leben
   des hl. Benedikt
50 Stilisierte Vögel
51 Szenen aus dem Leben
   des hl. Petrus
52 Stilisiertes Weinlaub, am
   Kämpfer Tiere
53 Vier Engel
54 Wundersamer Fischfang,
   Berufung der Jünger
55 Mittelpfeiler mit Wellenornament
56 Daniel in der Löwengrube
57 Kreuzritter vor Jerusalem
58 Arabisierende Ornamente
59 Vier Evangelisten
60 Stilisierte Adler
61 Jünglinge im Feuerofen
62 Hl. Martin von Tours
63 Arabisierende Ornamente
64 Jesus und die Samariterin am Jakobsbrunnen
65 Eckpfeiler: Apostel
   Andreas

WESTLICHE GALERIE

66 Eckpfeiler: Apostel
   Philippus
67 Abraham opfert Isaak
68 Triumph des hl. Kreuzes

69 Akanthusblätter
70 Stilisierte Vögel
71 Verkündigung an die Hirten, Daniel in der Löwengrube
72 Stilisierte Palmwedel
73 Fabelwesen
74 Auferweckung des
   Lazarus
75 Stilisierte Blätter
76 Nackte Menschen, umringt von Fabelwesen
77 Mittelpfeiler: Bauinschrift,
   zum Hof Apostel Simon
78 Das Opfer Samuels und
   die Salbung Davids
79 Arabisierende Ornamente
80 Adler und Löwen
81 Akanthusblätter
82 Personifikationen
   der Seligpreisungen
83 Löwen, Menschen bedrängend
84 Opfer Kain und Abels, der
   Brudermord
85 Stilisiertes Weinlaub
86 Alexanders Greifenflug (?)
87 Kampf Davids gegen
   Goliath
88 Eckpfeiler: Apostel
   Bartholomäus

Der Kreuzgang beschreibt einen leicht rechteckigen Grundriss. Die Nord- und die Südgalerie besitzen 18, die Ost und die Westgalerie dagegen 20 Arkaden. Die Ecken und die Mitte jeder Galerie markieren eckige Pfeiler. An den Eckpfeilern sind in großen Marmorreliefs Apostel dargestellt, der Mittelpfeiler der Südseite besitzt keinen Dekor, der der Ostgalerie zeigt eine würdevolle Reliefstatue des Abtes Durandus, jener der Nordgalerie ornamentale Muster; der Mittelpfeiler der Westgalerie – und hier wollen wir mit der Besichtigung beginnen – trägt folgende aufschlussreiche Bauinschrift:

»ANNO AB INCARNATIONE AETERNI PRINCIPIS MILESIMO CENTESIMO FACTUM EST CLAUSTRUM ISTUD TEMPORE DOMINI ANSQUITILI ABBATIS AMEN«

Es folgen in vier Zeilen untereinander die bislang nicht gedeuteten Kürzel: V V V M D M R R R F F F.

Die Inschrift lautet übersetzt: »Im Jahr 1100 nach der Fleischwerdung des Herrn (hier als Prinz bzw. Fürst tituliert) wurde dieser Kreuzgang zur Zeit des Abtes Ansquitil errichtet Amen.«

Da das Jahr 1100 als Termin der Fertigstellung genannt wird, fällt demnach die Errichtung des Kreuzgangs in die letzten Jahre des 11. Jh., man geht von einer Bauzeit zwischen 1095 und 1100 aus.

Wir betrachten nun die **Apostelfiguren** an den Pfeilern und beginnen den Rundgang in der Südostecke des Kreuzgangs. Dort stehen Paulus und Petrus, Symbolgestalten der Kirche in ihrer Gesamtheit und hier zugleich die Patrone von Cluny und Moissac. Abt Durandus am folgenden Mittelpfeiler ist gegenüber dem Kapitelsaal als leuchtendes Vorbild der mönchischen Gemeinde postiert. Am Nordostpfeiler stehen Jakobus d. Ä. und sein Bruder Johannes. An der Nordwestecke folgen Andreas und Philippus, die wie die anderen zuvor ebenfalls ein kohärentes Paar abgeben; sie sollen durch enge Freundschaft miteinander verbunden gewesen sein. Am Mittelpfeiler der Westgalerie sieht man auf der Hofseite die Gestalt des Simon. Sie wurde erst später an dieser Stelle angebracht und befand sich ursprünglich zusammen mit drei anderen Apostelfiguren, die verloren sind, am Brunnenhaus des Kreuzgangs, das in der Nordwestecke stand und im 19. Jh. abgerissen wurde. Den Reigen beschließen Bartholomäus und Matthäus am Pfeiler der Südwestecke. So wie jedes Paar eine geschlossene Gruppe bildet, ergibt auch der Ablauf, wie er hier vorgestellt wurde, einen schlüssigen Sinn. Die Reihenfolge entspricht nämlich exakt der Aufzählung der Apostel, wie sie im Evangelium des Markus genannt wird.

Nun zu den **Kapitellen**, die fast alle aus Kalkstein gemeißelt wurden, wenige Ausnahmen jedoch aus Marmor. Es sind 76 an der Zahl, und obwohl der Kreuzgang 1212 schweren Schaden genommen hat, gilt es als sehr wahrscheinlich, dass sie beim Wiederaufbau Ende des 13. Jh. ausnahmslos ihre originalen Plätze wieder eingenommen haben. Eine genaue Beschreibung aller Kapitelle würde hier zu weit führen. Ein Rundgang lässt sich leicht mithilfe der nebenstehenden Planzeichnung bewerkstelligen. Sobald man sich alle oder einige Kapitelle vergegenwärtigt hat, ist ein Resumee zu ziehen.

Reliefplatte des Abtes Durandus im Kreuzgang der Abtei

125

Die Kapitelle schildern alle Zeitalter der Menschheitsgeschichte. Der Beginn der Menschheit wird durch Adam und Eva verdeutlicht. Auf die Vergangenheit beziehen sich die verschiedenen alt und neutestamentlichen Szenen. In der Gegenwart (gemeint ist damit natürlich die Zeit zur Errichtung des Kreuzgangs) steht das Kapitell mit der Darstellung der Kreuzritter vor Jerusalem, ein Ereignis, das die Menschen im Jahr 1098 außerordentlich bewegt hat. In die Zukunft weisen die verschiedenen Begebenheiten aus der Apokalypse.

Die unterschiedlichen, auffallend naiven Inschriften sowie ein Alphabet an der Kämpferplatte von Kapitell Nr. 21 lassen den Schluss zu, dass der Kreuzgang nicht nur ein Ort der Kontemplation war, sondern zu Schulzwecken diente. Hier erhielten die jungen Novizen Unterweisung im Lesen. Damit wird die Multifunktionalität des Bauwerks deutlich.

Direkt oder indirekt spielen fast alle Kapitelle auf Christus an. Die Gestalten des Alten Testamentes sind als Typen für den Antitypus Christus zu verstehen. Die Heiligen und Märtyrer als Nachfolger des Herrn. Eine Schlüsselstellung kommt deshalb dem Kapitell mit der Nr. 58 zu, wo man das Kreuz als Zeichen des Triumphes sieht. Mehrere Dutzend Male identifiziert man zudem verschiedene Christusmonogramme. Der Kapitellzyklus ist nicht zuletzt Ausdruck des christozentrischen Denkens der Romanik und liegt somit auf derselben Ebene wie das Portal.

Die *salle haute* im *clocher-porche*

In der Südwestecke des Kreuzgangs befindet sich eine Treppe, über die man in das Obergeschoss des Narthexturmes gelangt. Dieser *salle haute* genannte Raum ist einer der schönsten der französischen Romanik. Er beschreibt ein Quadrat, das sich nach jeder Himmelsrichtung in drei großen Fenstern öffnet. Nach oben wird der Raum durch ein Klostergewölbe mit zwölf Rippen überwölbt. Die Rippen laufen in einer runden Öffnung zusammen, durch die vor der Aufstockung des Turmes im 16. Jh. das Sonnenlicht einfiel. Da der Turm nach 1140 verstärkt und gleichzeitig die Kirche angebaut wurde, sind heute die Fenster zu drei Seiten hin blind. Nach Osten öffnen sie sich zum Kircheninnern, nach Süden und Norden stellen sie jetzt die Verbindung

Kapitelle im Kreuzgang mit unterschiedlichen Motiven

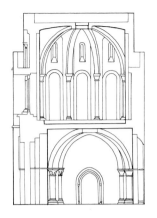 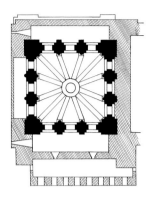

zu schmalen Annexräumen her. Welche Funktion die *salle haute* hatte, ist heute nicht mehr mit Bestimmtheit zu ermitteln. Es liegt aber auf der Hand, dass der Raum in hohem Maße symbolbesetzt ist. Sein Aufbau entspricht der Beschreibung, die Johannes in der Offenbarung vom Himmlischen Jerusalem gibt. Dazu passen auch die Zinnen am Außenbau des Turmes. Die immer wieder zu lesende Behauptung, dieser Turm sei ein Wehrturm zum Schutze der Abtei gewesen, ist völlig abstrus. Es wäre der einzige Turm des Mittelalters, der mit großen Fensteröffnungen einen ausgesprochen einladenden Charakter gehabt hätte. Man muss ihn vielmehr als Ausdruck eines symbolischen Verständnisses und als Abbild des Himmlischen Jerusalem begreifen.

Canal latéral à la Garonne

An Moissac vorbei wurde im 19. Jh. der Canal latéral à la Garonne angelegt. Mit ihm wurde das Großprojekt des **Canal du Midi** vollendet. Die Vision einer künstlichen Wasserstraße quer durch Südfrankreich als Verbindung zwischen Mittelmeer und Atlantik hatten schon die Römer gehabt. Realität wurde dieser Kanal erst im 17. Jh. Damals machte der **Ingenieur Pierre Paul Riquet** (1604–1680) den Bau des Canal du Midi (ursprünglich nannte man ihn den Canal des Deux Mers) zu seiner Lebensaufgabe. Zwar beteiligte sich der chronisch geldknappe König Ludwig XIV. mit der stattlichen Summe von 1 400 000 Livres an dem Projekt, aber eine deutlich höhere Summe brachte Riquet weitgehend aus eigener Kraft auf. Fünfzehn Jahre wurde an dem Projekt gearbeitet, zeitweilig waren 10 000 Arbeiter beschäftigt. Am Ende jedoch war Riquet finanziell zerrüttet. Er starb sechs Monate vor der Eröffnung des Kanals und hinterließ einen Schuldenberg in Millionenhöhe. Damals war das Stück von Sète nach Toulouse fertig gestellt worden, die Verlängerung von Toulouse nach Bordeaux fand erst im 19. Jh. ihre Vollendung. Noch bis in die 1960er-Jahre hinein hatte der Canal eine große Bedeutung als Transportweg für Güter. Seither aber hat er diese Rolle den Lastkraftwagen und den Autobahnen überlassen müssen. Jetzt dient er Hausbootfahrern und Freizeitkapitänen zum Vergnügen.

Montauban

Mancher wird den Besuch in Moissac mit einem Abstecher zu der nur knapp 30 km entfernten Stadt Montauban verbinden. Hier befand sich im frühen Mittelalter ein benediktinisches Kloster, um das sich, wie in Sarlat, ein kleines Gemeinwesen bildete. Den Aufstieg zu einer größeren Stadt erlebte Montauban erst im 13. Jh., als es zu einer **Bastide** erweitert wurde. Im 16. Jh. entwickelte sich Montauban sehr rasch zu einer Hochburg des Protestantismus und war Anfang des 17. Jh. neben Nîmes und La Rochelle eine der drei wichtigsten Städte der Hugenotten in Frankreich. Nachdem Kardinal Richelieu 1628 La Rochelle in die Knie gezwungen hatte, verließ auch den Einwohner von Montauban der Mut. Sie übergaben 1629 kampflos ihre Stadt dem streitbaren Kardinal, der ihre Festungsmauern abtragen ließ. Im selben Jahr suchte die Pest Montauban heim; sie forderte mehr als 6000 Menschenleben. Hatte man bis dahin praktisch eine dem mächtigen Toulouse ebenbürtige Stellung behauptet, so verlor die Stadt durch die wiederholten Rückschläge von ihrem Einfluss. Dennoch blieb Montauban ein wichtiger Handelsplatz und wurde nach der Revolution Hauptstadt des Départements Tarn-et-Garonne. Heute leben rund 50 000 Menschen in Montauban.

Sehenswertes in Montauban

Auf den Ursprung von Montauban als königliche (französische) Bastide weist noch die **Place Nationale** im Herzen der Stadt hin. Allerdings wurden die mittelalterlichen Häuser durch zwei Brandkatastrophen im 17. und zu Beginn des 18. Jh. restlos zerstört. Im 18. Jh. wurde der Platz neu gestaltet, wobei man an dem alten Bastidenprinzip der offenen Arkaden im Untergeschoss festhielt. Der Platz besitzt dank des einheitlichen Planes ein wunderbar geschlossenes Bild.

An der Place Bourdelle erhebt sich über dem *pont vieux* aus dem 14. Jh., der den Tarn überspannt, das ehemalige bischöfliche Palais, das im 17. Jh. errichtet wurde. Darin befindet sich jetzt das **Ingres-Museum**. Im Untergeschoss des Museums sind u.a. Werke von Schülern Ingres' ausgestellt, darunter der berühmte Théodore Chasseriau. Die Berühmtheit des Museums, die Ingres-Sammlung, befindet sich im ersten Stockwerk. Etliche Porträts zeugen von der subtilen Malkunst des bedeutendsten Vertreters des Klassizismus in Frankreich. Sehenswert sind ferner Bilder aus Ingres' Privatsammlung, darunter solche von Masolino, van Eyck und van Dyck.

Ingres-Museum
Juli/Aug. tgl. 9.30–12 und 13.30–18 Uhr, Sept. bis Mitte Okt. Di bis So 10–12 und 14–18 Uhr, Mitte Okt. bis Juni Di bis Sa 10–12 und 14–18 Uhr, geschlossen am 1. Jan., 14. Juli, 1. und 11. Nov., 25. Dez.

Reisen & Genießen

Schifffahrt auf dem Canal

Auf dem Canal latéral à la Garonne kommen Hausbootfahrer und Freizeitkapitäne auf ihre Kosten. In Moissac liegt ein *bateau mouche*, das bis zu 50 Personen aufnehmen kann. Reizvoll ist eine Fahrt auf dem Canal zur Mittagszeit, dann wird ein Menü mit mehreren Gängen serviert.

In Montech, etwa 20 km südlich von Moissac, gibt es eine ähnliche Möglichkeit. Wer hierher fährt, um eine Schiffspartie auf dem Kanal zu unternehmen, lernt die Pente d'eau de Montech kennen, ein Schiffshebewerk aus den 1960er-Jahren, das einzigartig auf der Welt ist! Zwei gigantische mit Dieselmotoren betriebene Zugmaschinen ziehen ein Schiff in einer Art Schlaufe über eine 600 m lange Rampe, die fünf ehemalige Schleusen ersetzt.

Über Schiffsfahrten auf dem Canal latéral à la Garonne und auf dem Canal de Montech informiert:
Montech Navigation
Mr. Dussaux
Tel. 05 63 26 31 15, Fax 05 63 26 31 08
info@montechlapentedeau.com
www.montechnavigation.com.

Spezialität von Moissac

Moissac ist das Zentrum des Anbaus einer besonderen Weintraube. Man nennt sie *Chasselas de Moissac*. Es handelt sich um eine weiße Traube mit kleinen, süßen Beeren, mit der für Frankreich wirklich ungewöhnlichen Besonderheit, dass sie nicht zur Weinerzeugung, sondern zum Verzehr der Frucht gezogen wird. Auch in der Kosmetik findet die Chasselastraube Verwendung.

Hotels und Restaurants

Ein kulinarisches Erlebnis besonderer Art bietet das
Restaurant Pont Napoléon
2, Allées Montebello (direkt an der Brücke, die über den Tarn führt)
F-82200 Moissac
Tel. 05 63 04 01 55, Fax 05 63 04 34 44
dussau.lenapoleon@wanadoo.fr.

Gute Küche und ordentliche Zimmer bietet das am Marktplatz gelegene
Hotel-Restaurant Le Chapon Fin**
3, Place Récollets
F-82200 Moissac
Tel. 05 63 04 04 22, Fax 05 63 04 58 44
info@lechaponfinmoissac.com.

Besonders originell dank der Lage halb im Fluss ist das Hotel
Le Moulin de Moissac**
Esplanade du Moulin
F-82200 Moissac
Tel. 05 63 32 88 88, Fax 05 63 32 02 08.
Die Grundmauern dieser alten Mühle reichen in das 15. Jh. zurück. Das bestehende Gebäude wurde um 1900 errichtet und in den 1960er-Jahren zum Hotel umgebaut. In den 1980er-Jahren stand die ehemalige Wassermühle leer und war dem Verfall preisgegeben. Erst vor wenigen Jahren erfolgte die Renovierung und Wiedereröffnung als Hotel.

Périgord Noir

Erste Begegnung mit dem Périgord –
Die Dordogne von Souillac bis Sarlat

An ihrem Oberlauf zwängt sich die Dordogne durch enge Schluchten. Von Souillac nach Westen weitet sich ihr Tal, die Landschaft zeigt in lebendigem Wechsel grüne Anhöhen, schroffe Felsformationen und üppig bewachsene Niederungen, in denen Walnussbäume und Pappeln gedeihen. Wer auf den Umweg über das Quercy verzichtet hat und auf direktem Wege über die A 20 nach Süden vorgestoßen ist, wird spätestens ab Souillac die Fährte hochkarätiger Sehenswürdigkeiten aufnehmen. Souillac allein ist eine Reise wert.

Übersichtskarte dieses Gebietes siehe S. 139

Souillac

Die Anfänge von Souillac liegen im Dunkeln. Angeblich soll das Kloster bereits vom hl. Eligius im 7. Jh., also etwa gleichzeitig mit Moissac, gegründet worden sein. Aus den Quellen lässt sich diese Frühzeit allerdings nicht belegen. Historisch verbürgt ist die Existenz von Souillac erst seit dem 10. Jh. Der Bau der Kuppelkirche wurde Ende des 11./Anfang des 12. Jh. begonnen und Mitte des 12. Jh. abgeschlossen. Abgesehen von dieser Bauanstrengung erbrachten die Mönche von Souillac auch eine landwirtschaftlich relevante Leistung. Sie legten den Sumpf rund um das Kloster trocken und schufen bebaubares Ackerland. Im Hundertjährigen Krieg endete die große Zeit von Souillac, das sich wiederholten Übergriffen von englischer Seite ausgesetzt sah. Das Wüten der Hugenotten erledigte den Rest. Die Kirche wurde schwer beschädigt, das große Figurenportal, das möglicherweise das umfangreichste Bildprogramm der gesamten romanischen Kunst besaß, wurde fast vollständig zertrümmert, und die mittelalterlichen Klosterbauten wurden ein Raub der Flammen. Im 17. Jh., nachdem Benediktiner von St-Maur Souillac übernommen hatten, wurden die gröbsten Bauschäden wieder behoben und die Klausur zum Teil neu errichtet. Nach der Säkularisation dienten die Kirche und jene Räume des Klosters, die den Abriss überstanden hatten, als Tabaklager. Seit Wiedereinführung des katholischen Kultes ist die ehemalige Klosterkirche Pfarrkirche des Ortes. Diese Funktion versah bis zur Revolution die nahe gelegene Kirche St-Martin, die heute als Ausstellungsraum dient.

Souillac ☆☆
Besonders sehenswert: Theophilusrelief, Bestienpfeiler, Jesaja

Souillac liegt auf der Grenze zwischen Périgord und Quercy; offiziell rechnet man den Ort eben noch zum Quercy, gleich westlich davon erreicht man das Périgord. Wir stellen Souillac deshalb an den Beginn der Fahrt ins Périgord.

Die ehemalige Klosterkirche Ste-Marie

Nach Osten präsentiert sich die **Chorpartie** gänzlich unverbaut. Der Aufbau erinnert stark an Solignac. Drei Kapellen strahlen vom Chor aus, an den sie nahtlos angrenzen, da auch hier das überleitende Element eines Chorumganges fehlt. Zwei weitere Kapellen sind den Querhausarmen appliziert. Und doch ist der Charakter ein völlig anderer als in Solignac. Dort verleiht die dunkle Tönung des Limousiner Gra-

◁ *Blick von Domme ins Tal der Dordogne*

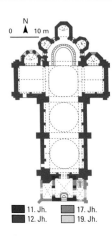

N
0 ▲ 10 m

■ 11. Jh. ▨ 17. Jh.
■ 12. Jh. □ 19. Jh.

Grundriss der ehemaligen Abteikirche in Souillac

nits der Architektur einen Eindruck von lastender Schwere, hier in Souillac erleben wir dagegen ein Bauwerk, das im Weiß des Quercy-Kalksteins hell erstrahlt.

Der Innenraum

Den **Kirchenraum** betritt man durch einen Narthexturm, der wohl noch zu einem Vorgängerbau des 11. Jh. gehört. Hier wurden Fragmente romanischer Wandmalerei entdeckt und freigelegt. Die Kirche vertritt das klassische Muster des aquitanischen Kuppelsaales. Als Vorbild für Souillac gilt die Kathedrale von Cahors, mit deren Bau Ende des 11. Jh. begonnen worden war. In Cahors hatte man noch auf eine Gliederung der Füllwände verzichtet. Hier in Souillac zeigen sich dagegen die Wandflächen in Form aufgeblendeter Arkaden aufgelockert. Zwei Kuppeln von 11 m Spannweite überfangen den einschiffigen Raum. Die Pfeiler, auf denen sie ruhen, sind in Form von Zungenmauern in den Raum vorgezogen. So ist nicht nur das struktive Gerüst der Konstruktion zu erkennen, es resultiert daraus zugleich eine Rhythmisierung der Baumassen. Im Grundriss sind deutlich die beiden Quadrate erkennbar, deren Eckpunkte von den Pfeilern besetzt sind. Die Überleitung vom Quadrat zum Kuppelrund erfolgt über Pendentifs. Die dritte Kuppel, die sich über die Vierung spannt, ist nicht exakt kreisrund, sondern beschreibt einen leicht oktogonal gebrochenen Grundriss. Ungewöhnlich weit laden die Arme des Querhauses zu den Seiten aus, der nördliche noch etwas mehr als der südliche. Was in der Grundrisszeichnung wie ein Chorumgang aussieht, entpuppt sich als hölzernes Chorgestühl. Tatsächlich findet man den Eindruck, der sich bereits bei einer Betrachtung des Außenbaus einstellte, im Innern bestätigt: Die Radialkapellen öffnen sich unvermittelt zum Chorrund, ein Chorumgang fehlt wie in so vielen Kirchen Aquitaniens.

Theophilus-Relief

Im 17. Jh. wurden im Zuge der Wiederherstellungsmaßnahmen die vom einstigen Portal übrig gebliebenen Fragmente ins Innere der Kirche überführt und rund um den Eingang in die Westwand vermauert.

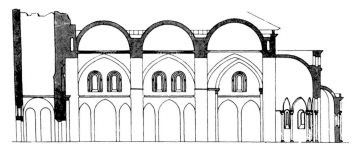

Längsschnitt durch die ehemalige Klosterkirche in Souillac (rekonstruierter Zustand vor der Freilegung der Kuppeln)

Über der Tür befindet sich ein großes Relief mit einer Darstellung der Theophilus-Legende, die Folgendes berichtet: Theophilus, ein frommer Diakon, wurde als Opfer einer Intrige seines Amtes als Schatzmeister des Bischofs von Adana (Kilikien, Kleinasien) enthoben und schloss daraufhin einen Pakt mit dem Teufel, um seine Wiedereinsetzung zu erreichen. Nachdem er erkannt hatte, in welches sein Seelenheil zerstörendes Abenteuer er sich eingelassen hatte, erschien ihm im Traum die Muttergottes. Sie nahm den verhängnisvollen Vertrag an sich und löschte die Unterschrift des Theophilus, der kurz darauf geläutert erwachte. Wenig später starb Theophilus im Zustand der Erleuchtung.

Der Künstler hat die Geschichte in drei Szenen unterteilt. Links sehen wir den Teufel und Theophilus bei den Vertragsverhandlungen. Rechts stehen die beiden Akteure in nur geringfügig veränderter Haltung. Hier besiegeln sie den Pakt. Ihre Gestik ist von überraschender Wirklichkeitsnähe, denn die Haltung, mit der Theophilus seine Hände in die des Teufels legt, entspricht genau dem Ritual, wie es unter den Lehnsleuten des Mittelalters üblich war. Der Vasall legte, wenn er den Treueeid schwor, seine Hände in die des Lehnsgebers. Darüber ist die wundersame Errettung dargestellt. Theophilus liegt schlafend quer im Raum, von oben schwebt Maria herab, vom Erzengel Michael und zwei weiteren Engeln links und rechts begleitet. Daneben sieht man ein Modell der Bischofskirche von Adana. An den Außenseiten der Szenenfolge thronen großformatig Gestalten des hl. Benedikt (links) und des Petrus (rechts). Das Ganze wird von einem gedrückten Dreipassbogen überfangen. Ursprünglich hat man sich das Theophilusrelief in einer der beiden seitlichen Portalwangen zu denken.

Eines jedenfalls wird deutlich: Der konkrete Bezug zur Lebens-
wirklichkeit des Hochmittelalters, der in der Szene des Vertragsab-
schlusses erkennbar wird, ist in der ersten Hälfte des 12. Jh. ein No-
vum. Erneut sehen wir die Bildhauer des Quercy, wie bereits in Beaulieu, in der Rolle von Vorreitern. Bis dahin ist die romanische Skulptur
reine Theologie. Nun gesellt sich erstmals eine säkulare Note hinzu,
die in der Gotik Nordfrankreichs bald nach der Mitte des 12. Jh. ihre
Nachfolge fand. Diese schrittweise von Jenseitsbezügen sich lösende
und auf die **irdische Wirklichkeit** eingehende Sprache der romanischen Kunst verläuft parallel zur Entwicklung des Stils. Die frühe Romanik artikuliert sich in einem extrem flächigen Relief. Jahrzehnt um
Jahrzehnt wird das Relief plastischer, werden die Figuren raumgrei-
fender. Die Emanzipation zur vollrunden Plastik vollzieht sich allerdings erst in der gotischen Skulptur. Meyer Schapiro hat diese Entwicklung, in der sich die formale Äußerung deckungsgleich mit der
inhaltlichen Neuorientierung abspult, treffend als »die fortschreitende
Konkretisierung der romanischen Skulptur« bezeichnet.

*Detail des Bestien-
pfeilers in der Abtei-
kirche von Souillac*

134

Bestienpfeiler

Heute etwas sinnentstellend auf einen Sockel postiert, war dieser verschwenderisch mit Skulpturen überzogene Pfeiler einst der Trumeau des Portals und stützte Architrav und Tympanon. Die Frontseite zeigt ein chaotisches Durcheinander von Tieren. Doch bei genauerer Betrachtung erkennt man, dass das Chaos in eine strenge Ordnung eingebunden ist. Das struktive Gerüst bilden vier Tierpaare, immer ein Löwe und ein Greif, die kreuzweise übereinandergestellt erscheinen. Ihre Körper sind auf die Außenkanten des Pfeilers ausgerichtet, ihre Köpfe aber wenden sich zurück und verbeißen sich in unterschiedliche Tierleiber, die von oben nach unten stürzen. Zuoberst taumelt ein Mensch in diesen Orkus. Insgesamt ist also der **Höllensturz** der verdammten Kreatur gemeint, was wiederum darauf schließen lässt, dass sich im Tympanon darüber eine Darstellung des Weltgerichts befand. Wir erleben hier eine der genialsten Figurengruppierungen der gesamten romanischen Kunst, in der sich zugleich ein tiefer Wesenszug dieser Epoche offenbart: Die Gegensätzlichkeiten von Chaos und Kosmos erscheinen zu einer Synthese miteinander geführt.

Auf der linken Seite ist die **Opferung Isaaks** wiedergegeben. Der Vater hat den Knaben beim Schopf ergriffen und holt eben zum tödlichen Streich aus. Raubvogelgleich stürzt senkrecht von oben der rettende Engel mit dem Widder herunter, der anstelle des Sohnes geschlachtet werden soll. Im Grunde zeigt diese Szene einen ähnlichen Gedanken wie der Höllensturz der Frontseite. Die Dramatik des Ereignisses wird durch das Einbinden des Geschehens in ein ornamentales Raster gebändigt. Die Bewegung der Hände und Köpfe aller Beteiligten ergeben ein Muster sich kreuzender Linien, also dasselbe Kompositionsprinzip wie bei den Bestien.

Die rechte Seite hat Anlass zu den unterschiedlichsten Deutungen gegeben. Hier sieht man **drei Menschenpaare** übereinander, die sich in den Armen liegen. Mal findet man diese Paare als Kämpfer interpretiert, dann wieder sollen es die Auserwählten sein, auch von einer Darstellung der Fleischeslust liest man. Grundsätzlich: Romanische Skulptur ist in ihren Äußerungen immer vielschichtig. Jeder Versuch einer eindeutigen Festlegung muss zwangsläufig ins Leere laufen. Wir haben das bereits in der Vielschichtigkeit des Tympanons von Beaulieu aufzeigen können. Unterzieht man die Gestalten dieser Seite des Trumeaus genauer Analyse, so stellt man fest, dass die Figuren nicht restlos identisch sind. Wir konstatieren geringfügige Variationen. Die beiden zuoberst befindlichen machen tatsächlich den Anschein, als würden sie miteinander raufen. Das Paar in der Mitte wirkt indifferent. Hier vermag man nicht zu entscheiden, ob eine aggressive Grundstimmung oder genau das Gegenteil davon gemeint ist. Die Sanftheit indes, mit der sich die beiden unteren in die Arme sinken, wobei die bärtige Männergestalt links unverkennbar lächelt, kann man nur als Ausdruck der Liebe begreifen. Obwohl also, rein formal gesehen, alle drei Paare in derselben Haltung erscheinen, kann man sich des Eindrucks nicht erwehren, als seien hier unterschiedliche emotionale Qualitäten angesprochen. Entspricht dies nicht einer tiefen Einsicht in die Widersprüchlichkeit des menschlichen Daseins? Sowohl im Hass als auch in der Liebe fallen sich Menschen in die Arme, sei es, um sich zu massakrieren, oder sei es, um innige Zärtlichkeiten auszutauschen.

Jesaja

Den Gipfel aller Skulpturen von Souillac aber bildet die Gestalt des Jesaja, heute unscheinbar zwischen Bestienpfeiler und Türöffnung eingezwängt. Als wichtigster Prophet des Alten Testaments ist Jesaja derjenige unter den Sehern, der das Kommen des Heilands mit der größten Nachdrücklichkeit angekündigt hat. Er gehört deshalb zum **festen Repertoire größerer Skulpturenzyklen der Romanik**. In der Regel erscheint er in Verbindung mit der Verkündigungsszene, wie es nicht weit von hier in Moissac der Fall ist. Möglicherweise hat man sich die Situation hier in Souillac auch ähnlich wie dort zu denken. Demzufolge könnte sich die Verkündigung in einer der beiden Portalwangen abgespielt haben, während sich der Jesaja gleich daneben, oder, wie in Moissac, am Portalpfosten befand. Verlässlich ist die ursprüngliche Anordnung nach dem dürftig erhaltenen Bestand jedenfalls nicht mehr zu rekonstruieren.

Auf den ersten Blick macht der Prophet einen Eindruck von erstaunlicher Lockerheit und Lebensnähe. Mit viel Liebe für das Detail sind seine Haare gesträhnt, Besonderheiten der Physiognomie geformt (man beachte etwa die Ohren), Einzelheiten des Gewandes erfasst (vor allem am Gewandsaum). Ihre Leichtigkeit bezieht die Figur aus ihrem tänzerischen Schreiten. Doch die genaue Analyse verdeutlicht, dass es letztlich **ornamentale Einzelmotive** sind, aus denen sich die Gesamtheit der Gestalt addiert. Die Haare des Hauptes und des Bartes beschreiben wellenförmige Strähnen, wie sie die Natur in dieser gekünstelten Form nicht legt. Sie sind hier vielmehr zu Flammen umgedeutet, die das Haupt des Erleuchteten umzüngeln. Die Kreuzstellung der Beine, ein geläufiger Topos der romanischen Skulptur ganz besonders im südwestlichen Frankreich, formt dieselbe X-Stellung, die dem Muster des Bestienpfeilers zugrunde liegt. Zwar ist der Fuß des vorgestellten Beines weggebrochen, aber es ist noch so viel von seinem Ansatz erhalten, dass man erkennt, dass beide Füße – ähnlich wie bei den griechischen Jünglingsstatuen der Archaik – platt auf dem Boden aufliegen, eine Stellung, die mit einem realen Tanzen unmöglich in Einklang zu bringen ist. Die Arme halten ein Schriftband (darauf ursprünglich wohl dieselbe Inschrift wie in Moissac: *Ecce virgo concipiet*, Seht, eine Jungfrau wird empfangen) in einer beinahe verkrampften Manieriertheit. Das Gewand beschreibt Bauschungen und Brechungen, die selbst die verrücktesten Windwirbel nicht zustande brächten. Das alles entdeckt man jedoch nur, wenn man die Gestalt in Einzelmotive zerlegt. Setzen wir das Puzzle wieder zusammen, stellt

Den Höhepunkt aller
Skulpturen von
Souillac bildet die
Gestalt des Jesaja.
Wenn man das Glück
hat, diese Figur un-
gestört durch andere
Besucher betrachten
zu können, sollte man
sich getrost einen der
Stühle nehmen, für
eine Weile davor nie-
dersetzen und ihr
mehr als einen flüch-
tigen Blick widmen.

137

sich ungetrübt der erste Eindruck zart bewegten Schwunges wieder ein. Dem Künstler ist also ein Paradoxon gelungen: Er komponiert eine Gestalt aus streng geometrisch oder ornamental zu verstehenden Einzelformen, die in der Zusammenschau den Eindruck eines hohen Maßes scheinbarer Natürlichkeit erwecken, in Wahrheit offenbart sich eine Bewegtheit, die jenseits aller irdischen Begrenzung liegt. Hier soll nicht tatsächlich ein Tänzer oder ein tanzender Prophet gezeigt werden, vielmehr pulsiert in diesem Jesaja die Idee des Tanzens als Ausdruck einer ekstatischen, vom göttlichen Geist erfüllten Bewegung, die nicht an irdische Gesetzmäßigkeiten gebunden ist. Im Stein materialisiert der Künstler demnach die abstrakte Vorstellung von etwas Höherem und führt gerade darin die romanische Kunst zu ihrer Vollendung. Deren Ziel nämlich ist es, in allen ihren unterschiedlichen Äußerungen auf dem Wege über die sinnliche Wahrnehmung zu einem Verstehen übersinnlicher Phänomene zu führen.

Auch wenn wir berücksichtigen, dass dem Meister Gislebertus in Autun, dem Meister des Portals von Vézelay und einigen wenigen anderen Genies in Toulouse und in St-Gilles gleichfalls großartige Schöpfungen gelungen sind, möchte man meinen, dass in dieser einen Figur des Jesaja die ganze Epoche der Romanik zu ihrer Vollendung gefunden hat.

Weitere Skulpturen – Datierung

Neben der Bestiensäule und dem Jesaja verblasst der Rest. Links neben dem Eingang befindet sich spiegelbildlich zum Jesaja eine Gestalt des hl. Joseph. Sie ist von sehr viel schwächerer Hand gearbeitet. Darüber befindet sich das Fragment eines weiteren Bestienpfeilers. Die Existenz zweier Bestienpfeiler in Souillac ist bislang nicht enträtselt worden. Denkbar wäre, dass der Eingang zwei Tympana besaß, eines im Zugang zum Narthex, ein weiteres über dem Portal, das Narthex und Kirche miteinander verband, eine Situation also, die, wenn auch in deutlich kleinerem Maßstab, in Carennac gegenwärtig ist. Für Vézelay ist eine ähnliche Konstellation verbürgt. Ein Seitenportal dürfte es wohl kaum gegeben haben.

Die besten Figuren von Souillac stammen von der Hand desselben Meisters, der in Moissac tätig gewesen ist. Da wir die Skulpturen von Moissac inzwischen verlässlich in die Zeit zwischen 1125 und 1135 datieren können, schließen sich demnach die Werke von Souillac direkt daran an und sind vermutlich in der Zeit um 1140 entstanden.

Automaten-Museum in Souillac

Musée National de l'Automate
April, Mai und Okt. Di bis So 10–12 und 15–18 Uhr, Juni und Sept. 10–12 und 15–18 Uhr, Juli/Aug. 10–19 Uhr, Nov. bis März Mi bis So 14.30–17.30 Uhr.

Der romanischen Klosterkirche in Souillac ist das Musée National de l'Automate et de la Robotique benachbart. Dessen Bestand an Spielautomaten und Robotern ist aus einer Sammlung der Familie Roullet-Descamps hervorgegangen, die sich seit 1860 über vier Generationen mit der Herstellung von Spielzeugautomaten beschäftigt hat.

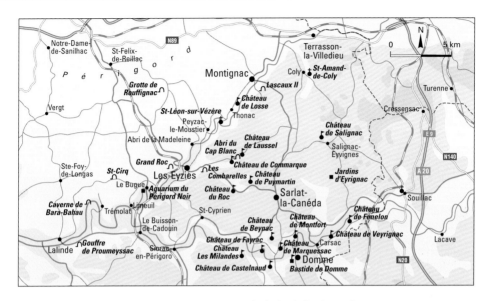

1865 bastelte Jean Roullet die erste automatisch funktionierende Puppe, und zwar die Figur eines kleinen Gärtners. 1909 entwickelten die Roullets zur Weihnachtszeit für ein großes Pariser Kaufhaus die erste bewegliche Schaufensterdekoration. Seither sind derartige Stimmungsmacher aus der vorweihnachtlichen Zeit nicht mehr hinwegzudenken. Alle diese Puppen sind jetzt in dem Museum zu sehen. Hier erfreut sich nicht nur das Kinderherz; auch Erwachsene, die sich ein jugendliches Gemüt bewahrt haben, werden sich zum Beispiel von der Ballettgruppe »Die Schneekönigin« nach dem gleichnamigen Märchen von Hans Christian Andersen angerührt fühlen. Einige der Puppen kann man selbst per Knopfdruck aktivieren, die meisten aber werden in regelmäßigen Abständen durch eine ferngesteuerte Elektronik in Bewegung gesetzt.

Château de Fénelon

Man verlässt Souillac auf der D 703 in westlicher Richtung (Ausschilderung: Sarlat/Bergerac). Im Dorf Cazoulès, 3 km nach Souillac, tritt die Dordogne in das Périgord ein. Quercy und Périgord gehen praktisch nahtlos ineinander über, ein wesentlicher Unterschied in der Landschaft ist nicht zu erkennen. Beim Durchfahren der ersten Dörfer beobachtet man dann doch eine Veränderung: Anstatt des weiß- oder grautonigen Kalksteins, aus dem die meisten Bauernhäuser des Quercy erbaut sind, sieht man jetzt das satte Gelb, das für das Périgord so typisch ist. Nach weiteren 8 km erreicht man das Dorf Rouffillac. Hier überspannt eine der aus leuchtend gelbem Kalkstein erbauten Brücken den Fluss, wie man sie in den kommenden Tagen

Château de Fénelon:
Feb. und Nov. nur
Sa/So 14–17 Uhr,
März und Okt. tgl.
außer Di 14–17 Uhr,
April bis Juni tgl.
außer Di 10.30–12.30
und 14.30–18 Uhr,
Juli/Aug. tgl. 10–19
Uhr; geschlossen im
Dez. und Jan.

Der Cingle de Montfort mit dem gleichnamigen Château

noch oft zu Gesicht bekommt. Am jenseitigen Ufer gelangt man in das Dorf St-Julien-de-Lampon, biegt rechts ab nach Ste-Mondane und erreicht alsbald das Château de Fénelon. Das Schloss wird von einer weit gezogenen Mauer eingefasst. Dahinter stehen noch Teile eines inneren Walles. So wird deutlich, dass Fénelon auf eine mittelalterliche Wehranlage zurückgeht. Auch das Schloss besitzt noch Teile der alten Fortifikationsarchitektur. Der größte Abschnitt der baulichen Substanz entstand jedoch erst in der Renaissance (15./16. Jh.). Letzte Veränderungen wurden im 17. Jh. vorgenommen.

Eine geschwungene Freitreppe führt zur **Schlossterrasse** hinauf, von wo man das Dordognetal auf viele Kilometer überschaut. Nicht weit entfernt sieht man ein kleines Renaissanceschlösschen. Es liegt oberhalb des eben durchfahrenen Dorfes Rouffillac und trägt denselben Namen. Im Innern von Fénelon werden dem Besucher verschiedene möblierte Wohnräume, die originelle, zum Teil in den Felsen getriebene Küche und die Schlosskapelle gezeigt (Besichtigungsdauer etwa 45 Min.). Der Rest des Gebäudes ist bewohnt und kann nicht besichtigt werden.

Auf Fénelon wurde am 6. August 1651 der gleichnamige Autor und spätere Erzbischof von Cambrai geboren, den wir in der Galerie bedeutender Persönlichkeiten bereits vorgestellt haben. Auf Schloss Fénelon verbrachte er die Jahre seiner Kindheit.

Carsac und Montfort

Vom Château de Fénelon geht es zurück über Rouffiac auf das rechte Dordogneufer. Von dem Dorf Carsac führt die gut ausgebaute D 704 nach Sarlat. Wir schlagen jedoch einen kleinen Umweg vor und empfehlen die Route über Montfort und Vitrac (D 703, Ausschilderung St-Cyprien/Bergerac). Am Ortsrand von Carsac erhebt sich eine kraftvolle romanische Kapelle. Im Innern des schlichten Bauwerks finden Moderne und Mittelalter zu einer gelungenen Symbiose. An den Wänden nämlich sind Reliefs mit Symbolen des Kreuzwegs von der Hand des zeitgenössischen Künstlers Léon Zack ausgestellt, begleitet von Texten von Paul Claudel.

Bis 1982 konnte man das Château de Montfort besichtigen. Dann wechselte es den Besitzer und gehört seither einem Ölscheich. Heute ist es für Besucher nicht mehr zugänglich.

Wenige Kilometer weiter erreicht man über einer weiten Schleife der Dordogne einen herrlichen Aussichtspunkt, von dem aus man den Cingle de Montfort überblickt. Darüber erhebt sich stolz das Schloss Montfort. Die mittelalterliche Wehrburg wurde wiederholt zerstört, so auch durch Simon von Montfort, dessen Name allerdings mit diesem Ort nichts zu tun hat. Immer wieder aufgebaut, hat Monfort sein jetziges Aussehen nicht zuletzt einer im 19. Jh. durchgeführten aufwändigen Restaurierung zu verdanken.

Das nächste Dorf ist Vitrac. Hier biegt man rechts auf die D 46 ab, auf der man nach kurzer Fahrt Sarlat erreicht.

Reisen & Genießen

Schwimmvergnügen
Nahe Souillac befindet sich am Dordogneufer das »Quercyland«, ein Aqua- und Freizeitpark mit sechs Wasserbecken für jedes Alter, drei Wasserrutschen, dazu Minigolf, Boule-Platz, Hüpfburgen für die Kids, Trampolin usw. Für das leibliche Wohl sorgen eine Pizzeria, ein Self-Service, Crêperie und ein traditionelles Restaurant. Geöffnet von Mai bis September tgl. 11–20 Uhr.

Hotels und Restaurants in Souillac
Ein einfaches, verlässliches und außerdem gemütliches Haus mit guter landestypischer Küche ist:

La Vieille Auberge✳✳✳
1, rue Recège
F-46200 Souillac
Tel. 05 65 32 79 43, Fax 05 65 32 65 19
r.veril@lavieilleauberge.com.

Etwas außerhalb an der Route Richtung Sarlat/Bergerac liegt wunderschön in einem Park das Logis de France-Hotel
Les Granges Vieilles✳✳✳
Route de Sarlat
F-46200 Souillac
Tel. 05 65 37 80 92, Fax 05 65 37 08 18
contact@lesgrangesvieilles.com.
Das Haus hat nur 11 Zimmer, Reservierung empfohlen!

Sarlat – Hauptstadt des Périgord Noir

Sarlat ☆☆
Besonders sehenswert:
die historische Altstadt

Sarlat, darin sind sich alle einig, die dieses Juwel alter Stadtbaukunst kennengelernt haben, ist nicht nur die schönste Stadt des Périgord, sondern einer der anziehendsten Orte ganz Frankreichs. Dabei sind es gar nicht so sehr einzelne markante Gebäude oder andere Denkmäler, die besonders herausragen, vielmehr fasziniert das Zusammenwirken von Häusern und Palais verschiedener Epochen, das ineinander verschachtelte System von Gassen und Höfen und die Geschlossenheit der historischen Altstadt.

Blick in die Geschichte

Die Geschichte von Sarlat reicht nicht wie bei vielen anderen Städten Aquitaniens in die gallorömische Zeit zurück; die Geburt von Sarlat fällt in die karolingische Epoche. Pippin der Kurze, der Sohn des Maurenbezwingers und Vater Karls des Großen, gründete hier ein kleines Kloster, dem er die **Reliquien des hl. Sacerdos** überließ. Dieser war zunächst Abt im Kloster von Calviac gewesen, bevor er das Amt des Bischofs von Limoges antrat (Calviac liegt zwischen Carsac und Rouffillac an der Dordogne; vom dortigen Kloster steht nur noch eine romanische Kapelle). Zum Grab des Heiligen setzte bald eine lokale Wallfahrt ein, die Sarlat zu Ansehen und Wohlstand führte. Nachdem sich das Kloster schon früh der cluniazensischen Reform angeschlossen hatte, genoss es seit der Mitte des 12. Jh. das Privileg, direkt dem Papst unterstellt zu sein. Diese Maßnahme geht auf den Zisterzienserpapst Eugen III. zurück. Inzwischen hatte sich rund um das Kloster ein Gemeinwesen angesiedelt, das sich wohl noch im Laufe des 12. Jh. zu einer kleinen Stadt mauserte. Jedenfalls sind seit dem 13. Jh. Auseinandersetzungen zwischen dem Abt, der bis dahin die unangefochtene Autorität darstellte, und den Konsuln als Vertretern einer bürgerlichen Selbstbestimmung bekannt, eine für viele Städte des europäischen Hochmittelalters typische Rivalität. Sie gipfelte in der Ermordung des Abtes **Arnaud de Stapone**, der 1273 während der Messe mit einem Pfeilschuss niedergestreckt wurde. 1299 schlichtete Philipp der Schöne die Streitigkeiten, indem er den Bürgern weitgehende Rechte der Selbstverwaltung einräumte und den Abt in seine Schranken verwies. Kurz darauf bestieg mit Johannes XXII. ein Sohn des nahen Cahors in Avignon den Stuhl Petri. Dieser Papst teilte 1317 die Diözese Périgueux und erhob Sarlat in den Rang einer Bischofsstadt. Seither waren die Mönche des Klosters zugleich auch Domkleriker. Aber dann brach die Epoche des Hundertjährigen Krieges an, die der Stadt schwere Wunden schlug. Mitte des 15. Jh. soll die Hälfte aller Gebäude von Sarlat zerstört gewesen sein. Das Ergebnis des Wiederaufbaus hat das Gesicht der Stadt bis auf den heutigen Tag geprägt. Erneute Rückschläge brachten die Religionskriege im 16. Jh., als der Hugenottenführer Vivans zeitweilig ein Schreckensregiment

Sarlat empfängt seine Gäste mit Humor: Unter den Werbeplakaten fallen zwei Schilder auf. Der Hinweis »keep right« erinnert die Gäste aus Großbritannien höflich daran, dass sie sich auf dem Kontinent befinden, und ein anderes Schild meldet dem Automobilisten »Respirez, souriez – vous êtes en Aquitaine!« (Atmen Sie durch, lächeln Sie – Sie sind in Aquitanien).

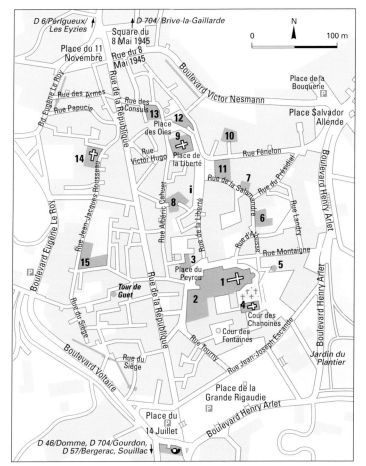

im Périgord führte. Danach war Sarlat zwar immer noch eine respektable Ansiedlung, doch die große Rolle, die die Stadt im 13. und 14. Jh. als Handelszentrum innegehabt hatte, war ausgespielt. Seit dem 17. Jh. entstanden kaum noch nennenswerte Bauwerke, und die alte Substanz war nach und nach dem Niedergang geweiht. Mitte des 20. Jh. bot die Altstadt ein lamentables Bild, viele Gebäude waren akut vom Einsturz bedroht.

Das Jahr 1962 brachte die Wende. André Malraux kam als Kulturminister zu der Einsicht, dass es in einem mit Kulturdenkmälern so überreich gesegneten Land wie Frankreich auf Dauer keinen Sinn mache, nach dem Gießkannenprinzip ständig Mittel zur Restaurierung historischer Denkmäler über das ganze Land zu verstreuen. Er formulierte ein **neues Denkmalpflegegesetz**, das eine besondere Begünstigung der Sanierung bedrohter Altstädte vorsah. Die erste Wahl fiel auf Sarlat. Dabei mögen durchaus persönliche Gründe mitgespielt haben, denn Malraux fühlte sich seit seiner Zeit als Widerstandskämpfer in der Dordogne dem Périgord eng verbunden. Die Arbeiten wurden 1964 begonnen und zogen sich etwas mehr als 10 Jahre hin. Als Sarlat im europäischen Denkmaljahr 1975 in den Medien der Weltöffentlichkeit präsentiert wurde, konnte man tatsächlich von der »Wiedergeburt einer Stadt« sprechen. Damit brach aber auch die neue Ära des touristischen Zeitalters für Sarlat an. Inzwischen ziehen alljährlich bis zu einer Million Besucher durch die Stadt. Negative Begleiterscheinungen sind dabei nicht ausgeblieben. Viele alte Geschäfte – Metzgereien, Bäckereien, Schuster, Haushaltswaren- und Kramläden – sind verschwunden und haben chromblinkenden Spezialitätenläden, Boutiquen und Maklern das Feld geräumt. Die traditionsreichen Restaurants sehen sich der Konkurrenz einer auf Ex-und-Hopp-Konsum ausgerichteten Gastronomie ausgesetzt. Wenn man aber die Auswüchse mit anderen touristischen Zentren in Europa vergleicht, muss man trotzdem immer noch staunen, in welchem Maße sich Sarlat bislang davon hat freihalten können, vollends zur touristischen Kulisse zu verkommen. Die Stadt hat sich ihren Charme bewahren können und ist – gottlob! – auch heute noch das gern besuchte Ziel der ländlichen Bevölkerung im Périgord Noir. Das spürt man am deutlichsten an den Markttagen, mittwochs und samstags.

Theater, Film und Fernsehen

Inzwischen ist Sarlat wiederholte Male Schauplatz von literarischen Verfilmungen gewesen. Seit 1960 wurden mehr als 30 Streifen abgedreht, darunter so bekannte Filme wie »Die Elenden« mit Lino Ventura in der Hauptrolle, »Die drei Musketiere« oder »Molière« unter der Regie von Ariane Mnouchkine. Auch das Fernsehen hat vor dem Hintergrund der alten Häuser ganze Serien produziert, als bekannteste die Verfilmung von Eugène Le Roys »Jacquou le Croquant«.

Es verwundert nicht, dass die Stadtkulisse von Sarlat magische Anziehungskraft auf die Leute des Theaters und des Films ausübt. 1962, schon vor der großen Stadtsanierung, wurde das **Theaterfestival** ins Leben gerufen, das nach dem Festival von Avignon (gegründet 1948) das zweitälteste in Frankreich ist. Die Aufführungen finden traditionell in der zweiten Juli- und ersten Augusthälfte statt. Schauplatz ist der Marktplatz, auf dem dann aus Stahlrohren eine große Zuschauertribüne errichtet wird, als Bühne fungiert der kleine Bereich zwischen der ehemaligen Pfarrkirche Ste-Marie und den ihr gegenüber befindlichen Häusern, die zum Teil sehr lebendig in die Inszenierung miteinbezogen werden. Außerdem finden Aufführungen auf der Rückseite der Kathedrale und seit wenigen Jahren auch in dem neu erbauten Kongresszentrum am Rande der Altstadt statt. Schon längst hat dieses Festival den anfänglichen Ruf der Provinzialität abgelegt und zieht mittlerweile Starensembles aus dem In- und Ausland an.

An der Place du Peyrou

Am besten beginnt man die Besichtigungen in Sarlat mit einem Besuch der Kathedrale (1), die im Herzen der Altstadt an der Place du Peyrou liegt. Schon weithin macht sie sich durch ihren hoch aufragenden **Glockenturm** mit dem originell geschwungenen Helm bemerkbar. Dieser Turm ist das Einzige, was von der romanischen Klosterkirche erhalten blieb. Die wenigen Skulpturen sind namentlich nicht zu identifizieren. Der Helm ist eine Hinzufügung aus dem 18. Jh.

Bevor man die Kirche betritt, beachte man die angrenzenden Bauwerke an der Place du Peyrou. Direkt an die Kathedrale schließt das dreistöckige ehemalige **Bischofspalais** (2) an, in dessen äußerer Erscheinung mit den großen Fenstern die italienische Renaissance mitschwingt. Es wurde denn auch auf Initiative des Florentiner Kardinals Nicolò Goddi errichtet. Er war einer der engen Ratgeber der Katharina de Medici. Eine seiner zahlreichen Missionen zwischen Paris beziehungsweise Blois und Florenz hielt ihn für längere Zeit in Sarlat fest. Die italienisch inspirierte offene Loggia im Obergeschoss wurde dem Gebäude erst zu Anfang des 20. Jh. aufgepflanzt.

Völlig stilrein und bar späterer Veränderungen präsentiert sich schräg gegenüber der Kathedrale die **Maison de la Boëtie** (3) aus dem frühen 16. Jh. Hier betrieb der Vater des berühmten Autors des »Discours de la servitude volontaire«, Etienne de la Boëtie, im Untergeschoss sein Geschäft, die Familie lebte in den Stockwerken darüber. Mit seiner verschwenderischen Dekoration der Fenstereinfassungen, der Gesimse und des Giebels zitiert es den Formenschatz, der von den Renaissanceschlössern her geläufig ist. Zugleich wird deutlich, dass gerade in der Klein- und Vielteiligkeit dieser Architekturausschmückung auch noch im 16. Jh. gewisse Elemente der Spätgotik in der französischen Kunst fortleben.

Kathedrale

Wir betreten nun die **Kathedrale St-Sacerdos**, einen spätgotischen Bau. Natürlich verlangte es das Prestigedenken des Mittelalters, dass Sarlat nach seiner Erhebung zur Metropolitanstadt eine neue Kirche bekam. Die romanische Klosterkirche wurde deshalb unverzüglich abgerissen und ein Neubau in Angriff genommen. Doch schon kurz nach der Grundsteinlegung brach der Krieg mit England aus, und bis zur Mitte des 15. Jh. waren die Interessen der Menschen auf ganz andere Dinge gerichtet als die Fortführung eines großen Bauprojekts. Die Baustelle blieb also über Jahrzehnte verödet. Erst nach Ende des Hundertjährigen Krieges kam ein neuer Elan auf, der das Gebäude zur Fertigstellung brachte. So erklärt es sich, dass die Kathedrale in ihren größten Abschnitten das bauliche Resultat des 16. Jh. ist. Da man sich aber getreulich an den im 14. Jh. festgelegten Plan hielt, ist nichts vom Geist des neuen Zeitalters der Renaissance zu spüren, sondern insgesamt ist die Kirche noch eine Äußerung der späten Gotik. So kommt es, dass St-Sacerdos eine der letzten gotischen Kathedralen Frankreichs wurde. Das Gebäude ist eine dreischiffige Basilika ohne Querhaus. Die Seitenschiffe münden im Osten in einen Chorumgang mit einem ausladenden Kapellenkranz. Dass im 16. Jh. das Gefühl für die Gotik abhanden gekommen war, spürt man an der Nüchternheit des Gebäudes, das auch bezeichnenderweise keine nen-

Die Maison de la
Boëtie, das Geburts-
haus des Dichters
gegenüber der Kathe-
drale, ist heute das
Wahrzeichen von
Sarlat.

nenswerte Ausstattung aus der Zeit seiner Errichtung besitzt. Kostbar ist einzig die große **Barockorgel** aus dem 17. Jh., eine der schönsten des ganzen Landes. Hören kann man das Instrument vor allem im Sommer bei abendlichen Konzerten. Zahlreiche Aufnahmen auf Tonträgern wurden in der Kathedrale von Sarlat mitgeschnitten.

Rundgang durch die Stadt

Wir verlassen die Kirche durch eine kleine Tür auf der rechten Seite und gelangen in einen geschlossenen Innenhof. Vereinzelte Blendarkaden an den Wänden ringsum sind die einzigen Reste des Kreuzgangs, der sich hier einstmals befand und in der Revolution vollständig abgetragen wurde.

Durch einen Torbogen gelangt man in den angrenzenden Brunnenhof, Cour des Fontaines. Wir biegen links um die Ecke und erreichen einen weiteren Platz, den Hof der Kanoniker, Cour des Chanoines. Dessen rückwärtige Seite wird von der St-Benedikt-Kapelle begrenzt, die man auch die **Chapelle des Pénitents Bleus** (4) nennt, die Kapelle der Blauen Büßer (17. Jh.). An ihrer Rückseite befindet sich ein kleiner Durchschlupf, der zum einstigen Friedhof der Domkleriker führt. Dort gelangt man über eine Treppe auf einen Aussichtspunkt, von dem man auf die Chorkapellen der Kathedrale schaut.

Darüber erhebt sich ein merkwürdiger Turm, dessen steinerne Dachkonstruktion nach oben spitz zuläuft wie ein Zuckerhut. Er wurde im 12. Jh. errichtet und trägt heute den Namen **Lanterne des Morts** (Totenlaterne; 5). Ob diese Bezeichnung jedoch zutreffend ist, muss bezweifelt werden. Totenlaternen kamen im 12. Jh. in den Gebieten des Poitou und des Limousin groß in Mode; vereinzelte Ableger findet man aber noch in weit entfernten Gebieten, z. B. im Garten des ehemaligen Zisterzienserklosters Schulpforta bei Naumburg. Es handelt sich dabei immer um Pfeiler oder Säulen, mal größer, mal kleiner, auf deren Spitze ein offener Tabernakel für das Totenlicht angebracht ist. Hier in Sarlat aber handelt es sich um einen größeren Turm, dessen Fenster, schmale Schlitze, viel zu klein geraten sind, um einem Licht Durchlass zu gewähren. Man liest deshalb auch die Vermutung, es könne sich um ein kleines Gefängnis gehandelt haben, in dem möglicherweise Delinquenten auf ihre Hinrichtung warteten. Am wahrscheinlichsten ist indes die Hypothese, die die Lanterne des Morts als Totenkapelle interpretiert, in der verstorbene Domkleriker vor ihrer Beisetzung aufgebahrt wurden. Eine andere, volkstümliche Version sieht in der Lanterne des Morts ein Denkmal, das zur bleibenden Erinnerung an den Besuch des hl. Bernhard von Clairvaux 1147 in Sarlat errichtet worden sein soll. Er hatte hier ein Wunder vollbracht, indem Kranke, die ein von ihm gesegnetes Brot genossen hatten, rasch gesundeten.

Man verlässt nun den Friedhof, überquert die schmale Rue de Montaigne und gelangt durch die Gasse der Rue d'Albusse an die Rückseite des alten Gerichtsgebäudes von Sarlat. Hier lohnt der kleine Abstecher durch die Rue Lendry zu dessen Vorderseite. Das verwinkelte, in einem verwunschenen Garten liegende Justizgebäude, **Le Présidial** (6) genannt, wurde von Heinrich II. initiiert. Den Erfordernissen schon im 19. Jh. nicht mehr gewachsen, wurde der Sitz der Gerichtsbarkeit damals an die Place de la Grande Rigaudie verlegt. Heute befindet sich darin ein angenehmes Restaurant. Bei warmem Wetter wird im Garten serviert – sehr atmosphärevoll!

Wir begeben uns durch die Rue Lendry zurück zur Rue d'Albusse und biegen rechts ab in die Rue de la Salamandre. Sie trägt ihren Namen nach der Figur eines Salamanders am Eingang des **Hôtel de Grézel** (7; Rue de la Salamandre Nr. 1) hier gleich an der Ecke. Der Salamander war das persönliche Wappentier König Franz' I., dem Sarlat die Verleihung wichtiger Privilegien verdankte. Des Königs Wappentier fand deshalb auch Eingang in das Stadtwappen von Sarlat. Dieses sieht man nur wenige Schritte weiter an einem Bogen, der sich vom Rathaus, zu dessen Rückseite man nun gelangt, zu einem benachbarten Gebäude spannt. Sobald man diesen Bogen durchschreitet, erreicht man die Place de la Liberté, den Marktplatz von Sarlat.

Der Platz hat einen unregelmäßigen trapezförmigen Grundriss. Am unteren Ende, wo er sich zu einer schmalen Gasse verengt, der Rue de la Liberté, erhebt sich als das stattlichste Adelspalais von Sarlat das **Hôtel de Malville** (8), dessen drei Trakte seit Mitte des 16. Jh. in mehreren aufeinander folgenden Baukampagnen entstanden.

Das obere breite Ende der Place de la Liberté begrenzen die Rückseite der **ehemaligen Pfarrkirche Notre-Dame** (9), deren Chor in der Revolution abgebrochen wurde (sie dient heute nicht mehr als Kirche, sondern sehr profan als Markthalle), und, etwas zurückversetzt, das **Hôtel de Chassaing** (10), an dessen Schauseite sowohl gotische Fenster als auch solche der frühen Renaissance darüber Aufschluss geben, dass das Gebäude in der Zeit des Übergangs von der einen Epoche zur anderen errichtet wurde. Das **Rathaus** (11), das einen Teil der östlichen Einfassung des langgezogenen Platzes einnimmt, stammt aus dem 17. Jh. und wirkt in dem überwiegend vom Milieu des 16. Jh. geprägten Ambiente beinahe schon unzeitgemäß.

Zum Hôtel de Chassaing führt eine kleine Rampe hinauf, von deren höchster Erhebung sich ein wunderschöner Blick auf die Gesamtanlage des Platzes ergibt. Im Durchblick dahinter erhebt sich der mächtige Glockenturm der Kathedrale. Auf der anderen Seite geleitet die Rampe auf die kleine Place des Oies, den Platz der Gänse, denen man in seiner Mitte ein bronzenes Denkmal gesetzt hat. Hier findet in den Wintermonaten der Geflügelmarkt statt. Der kleine Platz ist wohl der schönste in Sarlat, eingerahmt vom **Hôtel de Mirandol** (12) mit seinem originellen, zweifach ausgebuchteten Treppenerker und dem **Hôtel de Plamon** (13), auch Maison des Consuls genannt. Dessen Unter- und Mittelgeschoss gehören der Gotik an. Die prachtvolle Fenstergruppe im ersten Stockwerk ist eines der eindrucksvollsten Zeugnisse profaner Gotik in Frankreich. Das abschließende Obergeschoss dagegen wurde dem Gebäude in der Renaissance aufgepflanzt.

An der Place des Oies beginnt die Rue des Consuls, die nach einer eng gezogenen Kurve schon bald auf die Traverse mündet. Wir biegen nach links ab und folgen der geraden Achse etwa 50 m. Dann steigt auf der gegenüberliegenden Seite die Rue Jean-Jacques Rousseau leicht bergauf. Sie führt in einem weit gezogenen Bogen durch den westlichen Teil der Altstadt. Da sich hier kaum Geschäfte befinden, schlendert man durch ein ruhiges Wohnviertel. Als Erstes erreicht man die kleine **Chapelle des Pénitents Blancs** (14) aus dem 17. Jh. Ein paar hundert Meter weiter erreicht man das ehemalige **Klarissenkloster Ste-Claire** (15) ebenfalls aus dem 17. Jh., dessen Baulichkeiten in der Revolution als Gefängnis dienten. Danach war der Komplex mehr oder weniger dem Verfall preisgegeben und wurde erst in den 1980er-Jahren auf Initiative des Club du Vieux-Manoir restauriert. In einem Teil des Gebäudekomplexes befinden sich jetzt Privatwohnungen, der Innenhof wird zum Teil in die Inszenierungen des Theaterfestivals von Sarlat einbezogen.

In den Seitengassen sieht man immer wieder schöne alte Häuser aus Mittelalter, Renaissance und Barock, am Ende der Straße, die nun Rue du Siège heißt, auch vereinzelt Reste der einstigen Stadtbefestigung. Der Rundgang endet auf der Traverse, unweit der Kathedrale.

Les Cabanes, eine Gruppe von Kuppelbauten in der Umgebung von Sarlat

Ausflüge in die Umgebung von Sarlat

Rund um Sarlat laden mehrere Sehenswürdigkeiten zu Ausflügen ein. Als Erstes beschreiben wir einen Abstecher nach Nordwesten. Man schlägt die D 47 in Richtung Les Eyzies ein. Nach etwa 6 km zweigt

Château de Puymartin
*April bis Juni und
Sept. bis Nov. 10–12
und 14–18 Uhr,
Juli/Aug. 10–12 und
14–18.30 Uhr.*

ein unscheinbarer Weg zum **Château de Puymartin** ab, das inmitten der unberührten Natur liegt. Es wurde über den Ruinen einer im Hundertjährigen Krieg zerstörten Burg im 15. und 16. Jh. errichtet. Seinen glänzenden Erhaltungszustand verdankt Puymartin einer bereits im 19. Jh. durchgeführten Restaurierung. Die Innenräume sind geschmackvoll bestückt mit antiken Möbeln und alten Wandbehängen.

Wenige Kilometer weiter – die Fahrt führt vorbei an dem kleinen **Château du Roc** aus der Zeit Ludwigs XV. – erreicht man eine Werkstatt, bei der man rechts abbiegt. Nach 200 m gabelt sich die kleine Straße, wir folgen der Spur nach rechts. Nach weiteren 1–2 km landet man bei **Les Cabanes** (siehe Abb. S. 149), einer Gruppe urtümlicher Steinhütten. Noch vor wenigen Jahren nur Eingeweihten bekannt, sind diese bäuerlichen Bauten inzwischen zu einer Attraktion geworden, und der Besitzer verlangt ein kleines Eintrittsgeld. Es handelt sich um kreisrunde Bauten, über deren kaum mehr als hüfthoher Mauer eine Bedachung aus Steinplatten aufgeht. Diese sind nach dem Muster der »falschen Kuppel« geschichtet, das heißt, jede Lage Steinplatten kragt immer ein Stück über die darunter befindliche vor, sodass sich nach oben konzentrisch verjüngende Kreise bilden, die schließlich zusammenwachsen. Solche primitiven Kuppelbauten sind in ganz Südeuropa verbreitet. In Apulien nennt man sie Trulli, auf Sardinien Nuraghen, in der Provence Bories, in Spanien Canãos und im Périgord, ganz ähnlich wie im Spanischen, Cabanes. Früher sah man in ihnen Zeugen keltischer Bauweise, diese Frühdatierungen hat man

*In den Gärten
von Eyrignac*

aber längst fallen lassen, Cabanes werden heute als nachmittelalterlich angesehen. Doch herrscht Einigkeit darüber, dass sich in ihnen tatsächlich eine uralte Tradition widerspiegelt.

Ein zweiter Ausflug führt von Sarlat auf der D 704 in nördlicher Richtung. Schon bald nach dem Ortsende zweigt rechts ein Sträßchen zur romanischen **Wallfahrtskirche Notre-Dame de Temniac** ab. Es handelt sich um eine einschiffige Kapelle, die von zwei Kuppeln überwölbt wird, der Chor endet in einem Polygon. Nach Solignac und Souillac wird hier deutlich, dass die lokale Bauform der Kuppelkonstruktion nicht auf monumentale Großbauten beschränkt war, sondern auch im kleinen Maßstab Umsetzung fand. Die Ruinen neben der Kapelle gehörten im Mittelalter zu einer Komturei der Templer.

5 km weiter nördlich gabelt sich die Straße; die D 704 führt in einem Bogen weiter nach Montignac, wir schlagen die Abzweigung nach rechts ein (D 60 Richtung Brive). Nach weiteren 8 km erreicht man das Dorf Salignac-Eyvigues. Dort erlebt man mit dem **Château de Salignac** eine weitere Burganlage des Mittelalters, die, wie so oft im Périgord, nach den kriegsbedingten Schäden des 14./15. Jh. im 16. Jh. eine Umgestaltung im Stil der Renaissance erfuhr. Insgesamt aber blieb der Charakter einer mittelalterlichen Wehranlage gut erhalten. Salignac gehörte zum weitläufigen Besitz der einflussreichen Familie Salignac de la Mothe-Fénelon, aus der, abgesehen von dem berühmten Erzbischof von Cambrai, auch andere namhafte Gestalten und vor allem etliche der Bischöfe von Sarlat hervorgegangen sind. Sollte man sich Anfang August in der Gegend aufhalten, darf man sich das traditionelle Dorffest von Salignac nicht entgehen lassen.

Auf dem Weg von Sarlat nach Salignac ließe sich noch ein kleiner Abstecher zum Dorf **St-Geniès** in das Ausflugsprogramm einfädeln. Es liegt nur wenige hundert Meter östlich der Verbindungsstraße zwischen Sarlat und Montignac (D 704), und zwar etwa auf halber Strecke zwischen beiden Orten. Das Herzstück des hübschen Dorfes ist die Doppelanlage von mittelalterlicher Kirche und Burg. Alle Dächer des Ensembles sind mit den traditionellen Steinplatten gedeckt.

Manoir d'Eyrignac

Fährt man von der Burg durch das Dorf zurück in Richtung Sarlat, zweigt kurz vor dem Ortsende eine Straße zum **Manoir d'Eyrignac** ab. Das Herrenhaus wurde im 18. Jh. errichtet. Es ist bewohnt und wird nicht besichtigt. Trotzdem ist der Abstecher nach Eyrignac unbedingt zu empfehlen, denn die eigentliche Sehenswürdigkeit sind die berühmten Gartenanlagen aus dem 18. Jh. Sie waren im 19. Jh. aufgegeben worden und der Verwilderung überlassen. Seit 1970 hat der Besitzer den Park wieder hochgebracht, der heute als einer der schönsten seiner Art in Frankreich gilt. Für die Rückfahrt nach Sarlat wendet man sich entweder wieder zur Hauptstraße oder man wählt den abseitigen, von schönen Ausblicken in die Landschaft begleiteten Weg über Ste-Nathalène (D 47).

Manoir d'Eyrignac
April 10–19 Uhr, Mai bis Mitte Juli und Mitte Aug. bis Sept. 9.30–19 Uhr, Mitte Juli bis Mitte Aug. 9.30 Uhr bis Einbruch der Dunkelheit, Okt. bis März 10.30–12.30 und 14.30 Uhr bis Einbruch der Dämmerung.

Reisen & Genießen

Köstlich: Honig aus Sarlat

Markt in Sarlat

Mittwochs und samstags ist Markt in Sarlat, am Mittwoch der kleinere, am Samstag der eigentliche große Wochenmarkt. Die vielen Stände und bunten Schirme inmitten der historischen Architekturkulisse sind ein Fest fürs Auge. Entsprechend groß ist der Andrang; und da Sarlat – das ist das Dilemma dieser Stadt – in einen schmalen Taleinschnitt geklemmt ist, hapert es an Parkmöglichkeiten. Wer im Sommer den Markt besuchen möchte, dem ist dringend zu empfehlen, deutlich vor neun Uhr zu kommen. Wer später anfährt, sieht sich einem stundenlangen Stau ausgesetzt, und die Suche nach einem Parkplatz wird zur Qual.

Obstbrände

Nahe der kleinen romanischen Kirche von Temniac liegt die Distillerie du Périgord. Hier werden erlesene Obstbrände erzeugt. Beliebt sind auch die in Armagnac eingelegten Früchte. Besichtigung und Verkostung sind möglich.
www.distillerie-salamandre.com

Hotels und Restaurants

Die Szene hat sich in den zurückliegenden Jahren fundamental verändert. Vormals traditionsreiche Familienbetriebe wurden aufgegeben, viele Etablissements sind aus dem Boden geschossen, die wenig Atmosphäre bieten. Am besten gefällt uns das
Hotel-Restaurant La Madeleine***
1, Place Petite Rigaudie
F-24200 Sarlat-la-Canéda
Tel. 05 53 59 10 41, Fax 05 53 31 03 62
hotel.madeleine@wanadoo.fr
Dieses Haus aus dem 19. Jh., unlängst renoviert und modernisiert, liegt am Beginn der Traverse. Die Küche ist regional und konventionell.

Originell sitzt und isst man im
Restaurant Le Presidial
6, Rue de Landry
Tel. 05 53 28 92 47

Unser Tipp: Wer nicht darauf versessen ist, in der Stadt selbst untergebracht zu sein, findet in dem Dorf Tamniès eine knappe Viertelstunde mit dem Auto nordwestlich von Sarlat ein angenehmes Quartier in Gestalt des
Hotel-Restaurant Laborderie**/***
F-24620 Tamniès
Tel. 05 53 29 68 59, Fax 05 53 29 65 31
hotel.laborderie@wanadoo.fr
Das Haus liegt herrlich ruhig auf einer Hügelkuppe, gleich neben einer stimmungsvollen romanischen Kapelle. Das Hauptgebäude ist Zwei-Sterne-Kategorie, die Zimmer im Annex haben Drei-Sterne-Standard. Ein weitläufiger Garten mit Pool lädt zum Erholen ein, im Restaurant wird der Gast mit Spezialitäten der regionalen Küche verwöhnt (unbedingt die *Foie gras de canard* probieren!). Das Hotel eignet sich hervorragend für längeres Verweilen und als Basis für Exkursionen im Périgord Noir, zumal die Preise moderat sind.

Im Herzen des Périgord Noir – Die Dordogne von Domme bis Trémolat

Das Tal der Dordogne ist von ihrem Ursprung in der Auvergne bis zur Mündung in die Gironde gespickt mit Denkmälern und Naturse-henswürdigkeiten. Der kurze Abschnitt zwischen Domme und Tré-molat aber übertrifft alles. Hier reihen sich Schlösser, malerische Dör-fer und Bastiden wie Perlen an einer Schnur auf. Max Sarradet, in den 1960er- und 1970er-Jahren Konservator für die Denkmäler Aquita-niens hat es auf den Punkt gebracht: »Keine andere Landschaft Frank-reichs hat Naturschönheiten und Baudenkmäler in gleicher Dichte aufzuweisen wie die Gegend um Sarlat.« Man wird unmöglich alle Punkte, die nachstehend aufgeführt sind, an einem einzigen Tag be-suchen können. Am besten bezieht man ein Standquartier, um dann zu wiederholten Ausflügen aufzubrechen.

Bastide Domme

Von Cénac führt eine gut ausgebaute Straße bergaufwärts nach Domme, wo uns das inzwischen bekannte Signum *L'un des plus beaux villages de France* empfängt. Der nach fast allen Seiten steil abfallende Felsen war prädestiniert für die Errichtung einer Befesti-gung. Philipp der Kühne gründete hier deshalb 1283 eine jener Bas-tiden, die während des 13. und 14. Jh. überall in Aquitanien wie Pilze aus dem Boden schossen. Was uns heute den Atem verschlägt, die grandiose Lage und der einzigartige Blick von der Anhöhe, wurde da-mals ausschließlich unter dem Aspekt der Kriegsführung betrachtet.

Domme ☆
Bastide in grandioser Lage

Die Porte des Tours ist das Wahrzeichen von Domme. Rechts davon stehen noch Reste der mittelalterlichen Stadtmauer mit Abort-erker.

Üblicherweise wurden Bastiden fantasielos nach einem festen Schema über einem langgezogenen rechteckigen Grundriss angelegt. In Domme war das nicht möglich. Man musste sich den Unebenheiten des Hochplateaus anpassen, was der Bastide bis heute ihre lebendige Struktur gibt. Im Hundertjährigen Krieg heftig umkämpft, konnten die Engländer die Anlage schließlich 1417 einnehmen und 20 Jahre lang halten. Bald nachdem Burgund und Frankreich sich im Frieden von Arras 1435 ausgesöhnt hatten, hielten wieder Franzosen Einzug in Domme. Erneute Schäden erlitt das Städtchen 1588, nachdem es dem Hugenottenführer Vivans durch eine List in die Hände gefallen war. Vier Jahre später gab Vivans Domme gegen eine Ablöse von 40 000 Livres an die Katholiken zurück, nicht ohne vorher die alte Pfarrkirche niederzubrennen.

Nach Norden, zur Dordogne, fällt der Felsen steil ab. Nach Süden dagegen ist das Gefälle seichter, sodass zu dieser Seite hin die Errichtung einer Stadtmauer notwendig war. Von ihr stehen heute noch drei Stadttore. Durch die Porte del Bos gelangt man in den Innenbereich des Ortes (außerhalb der Saison kann man mit dem Auto ins Ortszentrum fahren, in den Sommermonaten stellt man den Wagen besser außerhalb der Stadtmauer ab). Das Wahrzeichen von Domme ist die **Porte des Tours**, so benannt nach den beiden trutzigen Türmen, die sie flankieren. In ihnen wurden zwischen 1307 und 1318 die Ritter des aufgelösten Templerordens gefangen gehalten. Die Grande Rue führt hinauf zum einstigen Exerzierplatz, in dessen Mitte sich jetzt eine alte Markthalle erhebt. Im Haus des Gouverneurs aus dem 16. Jh. ist das Fremdenverkehrsamt untergebracht. Von hier sind es nur noch wenige Schritte zum bekannten Aussichtspunkt **Belvédère de la Barre**. Der Blick schweift von den Türmen des Château de Montfort über die weit gezogene Schleife, die die Dordogne unterhalb von Domme beschreibt, zum Dorf La Roque-Gageac. 1939 stand **Henry Miller** hier oben und fasste seinen Eindruck mit den Worten zusammen:»Selbst ein flüchtiger Ausblick auf den schwarzen, geheimnisvollen Fluss bei Domme von der wunderschönen steilen Anhöhe am Stadtrand aus ist etwas, für das man das ganze Leben lang dankbar sein muss. Für mich gehört dieser Fluss, dieses Land dem Dichter Rainer Maria Rilke. Es ist nicht französisch, nicht österreichisch, nicht einmal europäisch, es ist das verzauberte Land, das von Dichtern entdeckt wurde und auf das nur sie Anspruch erheben dürfen.«

Hat man sich an dem Panorama sattgesehen, lädt unter der Markthalle die **Grotte du Jubilé** zu einem Besuch des Erdinnern ein. Auf einem etwa 500 m langen Weg wird man an Stalaktiten, Stalagmiten und anderen zum Teil skurril ausgeleuchteten Sinterbildungen vorbeigeführt. Am Ende wird der Besucher dank eines Liftes wieder sehr komfortabel an die Erdoberfläche befördert.

Am Fuße des Felsens von Domme liegt das Dorf **Cénac**. Dort, wo die Straße nach St-Cybranet Cénac verlässt, steht die romanische Kirche eines einstigen von Moissac abhängigen Priorates. Während die zwei Joche des Langhauses und das Querschiff das Ergebnis eines

Grotte du Jubilé:
Feb./März und Anfang Okt. bis 11. Nov. tgl. außer Sa; Führungen (Dauer 45 Min.) um 11, 14.30, 15.30 und 16.30 Uhr, April/Mai tgl. 10.15–12 und 14.30–17.30 Uhr (um 10.15 Uhr erste, um 17.30 Uhr letzte Führung), Juni und Sept. tgl. 10.15–12 und 14.15–18.30 Uhr, Juli/Aug. tgl. 10.15– 18.40 Uhr, Führungen jede Dreiviertelstunde; geschlossen von 11. Nov. bis Ende Jan.

neoromanischen Wiederaufbaus aus dem 19. Jh. sind, ist die Chorpartie mit ihrer Dreiapsiden-Anlage noch Originalsubstanz des 12. Jh. Sehenswert sind die originellen Kragsteine unterhalb des Dachansatzes. Dass das romanische Bauwerk nur noch als Fragment erhalten ist, hat wiederum Vivans zu verantworten, der bei seinem Abzug aus Domme 1592 nicht nur die dortige Pfarrkirche einäscherte, sondern auch in Cénac Feuer legte.

Von Cénac wechseln wir nun auf das rechte Ufer der Dordogne und folgen dem Fluss bis zum Dorf La Roque-Gageac.

La Roque-Gageac

Der Ort am Dordogneufer war 1956 einer der ersten, der die begehrte Auszeichnung »Schönstes Dorf Frankreichs« erhielt. Kurz darauf, im Februar 1957, brach die Katastrophe über La Roque-Gageac herein. Ein mächtiger *abri* löste sich und begrub etwa ein Viertel aller Häuser unter sich. Etliche Menschen fanden dabei den Tod. Es dauerte Jahre, bis die ungeheuren Felsmassen abgetragen und das Dorf wiederhergestellt war. Inzwischen ist diese Wunde wieder verheilt. Nur noch der helle Felsabriss, wo sich der Brocken gelöst hat, erinnert an das Verhängnis.

Eingezwängt zwischen dem Flussufer und der steilen Anhöhe staffeln sich die Häuser auf schmalen Terrassen hintereinander. Ein einzeln stehender Turm kündet vom einstigen Palais der Bischöfe von Sarlat. Rechts davon sieht man das interessanteste Gebäude des Ortes, ein Manoir der Renaissance, das früher im Besitz der Familie de

La Roque-Gageac am Ufer der Dordogne, im Hintergrund das Schloss La Malartrie

Tarde war. Aus diesem Geschlecht sind bekannte Persönlichkeiten hervorgegangen: Jean de Tarde (1561–1636), ein Kleriker und Humanist, der als einer der gelehrtesten Männer seiner Zeit galt, und zuletzt Gabriel de Tarde (1843–1904), ein berühmter Soziologe. Das **Fort Troglodytique** von La Roque-Gageac, eine Zufluchtsstätte der Bevölkerung in den früheren kriegerischen Zeiten, ist seit 1994 über Treppen zu erreichen (allerdings nur im Sommer offen, Zugang hinter dem Manoir de Tarde). Erneut erlebt man von dieser Anhöhe einen schönen Blick über die Dordogne. In der Ferne lassen sich bereits die Umrisse des Château de Castelnaud ausmachen.

Am Ortsende von La Roque-Gageac steht das reizende Schlösschen **La Malartrie**, das man spontan für einen Bau des 15. Jh. halten könnte. Es wurde jedoch erst Anfang des 20. Jh. erbaut.

Château de Castelnaud

Château de Castelnaud ☆ *Eindrucksvolle Wehranlage aus dem Mittelalter*

Château de Castelnaud:
April bis Juni und Sept. tgl. 10–19 Uhr, Juli/Aug. 9–20 Uhr, Feb./März und Okt. bis Mitte Nov. 10–18 Uhr, Mitte Nov. bis Ende Jan. 14–17 Uhr, in den Weihnachtsferien 10–17 Uhr. Es ist einer der seltenen Fälle, wo man sich frei in einer Burg bewegen kann, Führungen werden in der Hauptsaison angeboten, die Teilnahme ist freigestellt.

Vom Flussufer steigen die Häuser des Dorfes **Castelnaud-la-Chapelle** treppenartig nach oben an. Die bewegte Kulisse gipfelt in der Burg von Castelnaud, einer der eindrucksvollsten Wehranlagen des französischen Mittelalters. Dass sich hier bereits im 13. Jh. eine Befestigung befunden haben muss, erfahren wir aus dem Jahr 1214. Damals hatte Simon von Montfort seine kriegerischen Streifzüge bis ins Périgord ausgedehnt. Da ihm der Ruf der Unbesiegbarkeit vorauseilte und nach dem Massaker von Béziers sowie der Eroberung von Moissac jeder im Land wusste, dass dieser Mann kein Pardon kannte, hatten die Einwohner von Castelnaud, aber auch von Domme, Montfort und im nahen Beynac ihre Festungen Hals über Kopf im Stich gelassen und den Kreuzrittern überlassen, die ihren Zorn an den Gemäuern ausließen. Mitte des 13. Jh. kam Castelnaud als erste Festung des Périgord in englischen Besitz und wurde nun zu einer starken Bastion ausgebaut. Aus dieser Zeit stammt der **Donjon**, der die Burganlage überragt. Als die Gebietsabtretungen Frankreichs an Eduard III., ausgehandelt im Frieden von Brétigny, durch du Guesclin rasch wieder rückgängig gemacht wurden, blieb Castelnaud weiterhin als eine der wenigen Burgen im Umkreis in der Hand der Engländer. Zu diesem Zeitpunkt war die Familie derer von Castelnaud bereits ausgestorben, das Erbrecht auf die Familie Caumont übergegangen, die dem englischen König die Treue hielt. Von gelegentlichen französischen Zwischenspielen abgesehen, hielten die Engländer Castelnaud bis 1442 und gaben erst dann nach einer dreiwöchigen Belagerung auf, an der der Baron von Beynac maßgeblich beteiligt war. Seine Burg thront unübersehbar etwa 2 km entfernt über dem jenseitigen Dordogneufer. Dennoch konnte sich die Familie Caumont auch weiterhin auf Castelnaud halten. 1463 ließ Brandelis de Caumont in Erwartung eines Wiederaufflammens des Krieges den großen Rundturm aufziehen, der heute noch etwa zur Hälfte steht. Danach war Castelnaud kein Kriegsschauplatz mehr und wurde nur noch sporadisch von den Caumont aufgesucht, die sich im nahen Les Milandes eine freundlichere Wohnstatt geschaffen hatten. So war Castelnaud, das seit der Revolution endgültig aufgegeben wurde, dem Verfall preisgegeben und schließlich zur einsturzgefährdeten Ruine verkommen. 1966 wurde das Gemäuer zum *monument historique* erklärt, wenig später begannen die Renovierungsarbeiten, die sich fast 20 Jahre von 1969 bis 1988 hinzogen und zu einem guten Teil aus der Privatschatulle des derzeitigen Besitzers finanziert wurden.

Schon vor Abschluss dieser Arbeiten wurde 1985 das **Museum des Hundertjährigen Krieges** in der Burg eröffnet. Man erlebt also nicht nur die Burgmauern, sondern zugleich eine didaktisch gut aufgemachte Einführung in die bewegte Geschichte des 14./15. Jh. Vor allem sind zahlreiche Waffen ausgestellt, teils Originale, zum Teil auch nachgebaute wie die im Freien aufgestellten Wurfmaschinen.

Von der Burgterrasse genießt man einen Blick, der den von Domme vielleicht sogar noch übertrifft, da man hier zusätzlich zum Landschaftseindruck noch markante Bauwerke ringsum bemerkt. Nach links ragt das stolze **Beynac** auf, an einer gegenüber Castelnaud seicht ansteigenden Anhöhe sieht man das **Manoir von Marqueyssac**, dessen Gärten seit 1997 den Besuchern offen stehen (Möglichkeit zu ausgedehnten Spaziergängen!), und von rechts grüßt das Schlösschen La Malartrie herüber. Gleich unterhalb von Castelnaud mündet nahe der Autobrücke der Céou in die Dordogne.

Park von Marqueyssac: tgl. geöffnet www.marqueyssac.com Der Park ist seit 1997 Jahr für Jahr erweitert worden. Inzwischen addieren sich die Spazierwege, die von rund 150 000 Buchsbaum- und anderen Buscharten gesäumt werden, zu einer Gesamtlänge von 6 km.

Château Les Milandes

Von Castelnaud folgt man der Straße am linken Ufer der Dordogne. Nach 2 km umfährt man das Château de Fayrac, eine Märchenkulisse, das bewohnt und nicht zu besichtigen ist. Nach weiteren 2 km erreicht man das Dorf Les Milandes, dessen Name durch Josephine Baker in aller Welt bekannt wurde. Das bezaubernde kleine Schloss wurde Ende des 15. Jh. von François de Caumont erbaut, dem Sohn des Brandelis de Caumont, der die letzten größeren Baumaßnahmen am Château de Castelnaud hatte durchführen lassen. Die Familie Caumont lebte bis zur Revolution in Les Milandes. Danach ging das Schloss durch mehrere Hände, bis es 1949 Josephine Baker erstand und nach ihrem Geschmack gestaltete. Als die Künstlerin 1969 finanziell am Ende war, kam es zum Skandal, der von der Öffentlichkeit überraschend wenig beachtet wurde. Nachdem Frau Baker das Schloss hatte zwangsräumen müssen, wurde der Besitz in einer undurchsichtigen Nacht- und-Nebel-Aktion für sage und schreibe 125 000 Francs verscherbelt, was etwa 50 000 Euro entspricht, und zwar das gesamte Anwesen mit allem Mobiliar und 100 ha Grund! Danach wurde es jahrelang still um Les Milandes. Teile des Inventars wurden veräußert. Nach erneutem Besitzerwechsel kann man heute das Schloss besichtigen.

Ein gepflegter Park umgibt das Schloss, von dem man auf die Dordogne hinunterschaut. Hier ist auch eine **Falknerei** untergebracht, die den Besuchern zu bestimmten Uhrzeiten die Flugkunst der Greifvögel demonstriert.

Château Les Milandes ☆ Schloss von Josephine Baker

Château Les Milandes: April und Okt. tgl. 10– 18.15 Uhr, Mai/Juni und Sept. 10–18.30 Uhr, Juli/Aug. 9.30– 19.30 Uhr, April und Okt. Sa erst nachm. ab 14 Uhr geöffnet; geschlossen von Nov. bis Ende März. Im Château Les Milandes kann man sich frei bewegen.

Die Aufmachung des Schlosses im Innern ist bemerkenswert. Einerseits erlebt man, umgeben von Stilmöbeln aus unterschiedlichen Epochen, die Wohnkultur vergangener Jahrhunderte, daneben erfährt man sehr authentisch, wie Les Milandes in den Jahrzehnten ausgesehen hat, als Josephine Baker hier mit ihren 12 Adoptivkindern lebte. Ja, nach der Neugestaltung von Les Milandes kann man sagen, dass das Château zu einer Gedenkstätte für Josephine Baker geworden ist – sehr lebendig das Ganze, anschaulich und angenehm unsentimental. Der Rundgang endet in der urgemütlichen Küche. Hier hat Josephine Baker ihre letzten Stunden in Les Milandes verbracht.

Château de Beynac

Château de Beynac ☆
Besonders sehenswert:
Burg und Ort

Um von Les Milandes nach Beynac zu gelangen, fährt man nach Castelnaud zurück und überquert dort die Dordogne. Auch Beynac empfängt den Besucher am Ortseingang mit dem Hinweis, dass es zur Gruppe der schönsten Dörfer Frankreichs gehört. Man sollte seinen Besuch deshalb auch nicht auf eine Besichtigung der Burg allein beschränken, sondern sich Zeit für einen Bummel durch die Gassen von Beynac lassen, das ähnlich wie La Roque-Gageac an den Felsen geschmiegt ist.

Im Ort zweigt eine kleine Straße ab, die in einer weit in die Hügel ausgreifenden Schleife bis zur Burg führt, der man sich dann von ih-

Château Les Milandes, der einstige Wohnsitz Josephine Bakers, ist von einem märchenhaften Park umgeben.

rer Rückseite nähert. Sobald man am Kassenhäuschen vorbei den Burgkomplex betritt, erkennt man, dass man sich im Innern eines doppelten Mauerrings befindet. Erst nach Durchschreiten eines weiteren Tores erreicht man den inneren Burghof. Auf der einen Seite recken sich die Mauern und Türme der Wehrburg in den Himmel, gegenüber sieht man auf das steingedeckte Dach der Burgkapelle. Trotz der praktisch uneinnehmbaren Lage wurde Beynac kurz nacheinander zweimal erobert: Ende des 12. Jh. durch Richard Löwenherz, 1214 durch Simon von Montfort, der Beynac fast völlig zerstören ließ. Was wir heute sehen, ist das Resultat des Wiederaufbaus, den die Barone von Beynac im 13. Jh. veranlassten. Im Hundertjährigen Krieg war Beynac nur temporär in englischer Hand (1360–1368). Danach war die Burg fest im Besitz der Franzosen. In der folgenden Zeit, als die Dordogne jahrzehntelang die Grenze zwischen England und Frankreich bildete, lagen sich Castelnaud und Beynac feindlich gegenüber, und die Besatzungen beider Burgen lieferten sich drunten im Tal manches Scharmützel. Noch heute spürt man übrigens die alte Rivalität zwischen beiden Orten. Die Bewohner des einen Dorfes lassen kein gutes Haar an denen des anderen, wenn sie voneinander reden.

Auch die Burg von Beynac, seit der Revolution unbewohnt, war wie Castelnaud im 20. Jh. verwahrlost und eine traurige Ruine. Der jetzige Besitzer, der sich einen kleinen Trakt des Gebäudes für Wohnzwecke reserviert hat, hat in jahrzehntelanger Anstrengung Beynac wieder hochgebracht. Für eine Möblierung im Innern haben die Mittel bislang aber nicht gereicht.

Der Rundgang führt zunächst in die **Salle des Gardes**, dann geht es hinauf in den Ständesaal. Hier hängen die Embleme der Barone des Périgord an der Wand. Sie erinnern daran, dass die Grafschaft Périgord im Mittelalter in vier Baronien unterteilt war: Beynac, Biron, Bourdeilles und Mareuil. In einer seitlichen Kapelle sieht man ein spätgotisches Fresko mit einer Darstellung des Abendmahls. Die Besucher werden nun bis auf die höchsten Zinnen der Burg geführt. Noch einmal erlebt man aus etwas anderem Blickwinkel den unvergleichlichen Blick in das Dordognetal.

Burg Beynac:
März bis Mai tgl. 10–18 Uhr, Juni bis Sept. 10–18.30 Uhr, Okt./Nov. von 10 Uhr bis Einbruch der Dämmerung, in den Wintermonaten Dez., Jan. und Feb. von 12 Uhr bis zur Dämmerung. Teilnahme an der Führung ist obligatorisch.

Von St-Cyprien bis Limeuil

St-Cyprien ist aus einer Eremitage des 7. nachchristlichen Jahrhunderts hervorgegangen. Im 11. Jh. ließen sich Augustinerchorherren dort nieder. Ihr Kloster gehörte anfangs zu dem von St-Sernin in Toulouse kontrollierten Kirchenverband, bevor es Ende des 12. Jh. der Autorität des Bischofs von Périgueux unterstellt wurde. Aus dieser Zeit stammt noch die wuchtige einschiffige romanische Kirche mit ihren späteren gotischen Gewölben. Während der Sommermonate finden wiederholt Konzerte in dem Gebäude statt.

Bei **Siorac** wechselt man erneut auf das andere Dordogneufer. 4 km südlich von Siorac erhebt sich auf einem Felsvorsprung das Dorf **Belvès**, eine alte Bastide, wiederum ein Mitglied der Familie der schöns-

Grotte de Maxange:
April bis Juni und
Sept. tgl. 10–12 und
14–18 Uhr, Juli/Aug.
9–19 Uhr, Okt. 10–12
und 14–17 Uhr; ge-
schlossen von Nov. bis
März; für Gruppen
außer im Jan. ganz-
jährig offen nach Vor-
anmeldung unter
contact@lesgrottes
demaxange.com.

ten Dörfer Frankreichs. Der Ort besitzt noch zahlreiche Wohnhäuser aus dem Spätmittelalter und der Renaissance. Ältester Baukörper ist in der Ortsmitte ein Glockenturm aus dem 11. Jh., die benachbarte Markthalle datiert aus dem Spätmittelalter (15. Jh.). In der Rue J.-Mancotte befindet sich ein kleines Museum mittelalterlicher Instrumente (keine geregelten Öffnungszeiten).

3 km westlich von Siorac erreicht man das etwas abseits der Hauptstrecke gelegene Dorf **Urval**. Es besitzt als einziges in der Gegend noch seinen mittelalterlichen Gemeindeofen – den Dorfbewohnern ist dies Anlass, jedes Jahr an einem Wochenende im August ein ausgelassenes Mittelalterfest zu veranstalten.. Sehenswert ist auch die kleine Wehrkirche aus dem 12. Jh.

Le Buisson-de-Cadouin ist ein kleiner Verkehrsknotenpunkt mit einer Eisenbahnstation der Linie Bordeaux–Sarlat. Früher ist man hier eilig weitergefahren. Das hat sich grundlegend geändert – seit hier im Sommer 2000 eine interessante Tropfsteinhöhle, die Grotte de Maxange, gefunden wurde, zieht es viele Besucher hierher. Die Höhle besitzt eine unerhörte Vielfalt an Sinterbildungen, vor allem faszinierende *excentriques*.

Bei Le Buisson geht es wieder auf das Nordufer der Dordogne hinüber und weiter nach Limeuil. Hier mündet die Vézère in die Dordogne. Was den Zusammenfluss so reizvoll macht, ist die Anlage zweier Brücken, die im stumpfen Winkel auf einer kleinen Landzunge aufeinander stoßen. Auch der Ort **Limeuil**, wieder eines von Frankreichs schönsten Dörfern, lohnt einen kleinen Besuch. Hier wurden Anfang des 20. Jh. bedeutende prähistorische Funde gemacht, die Besiedlung des Fleckens reicht also über Jahrtausende zurück. Im Mittelalter war der Ort immer wieder heftig umkämpft. Von seiner Wehranlage blieben nur Ruinen übrig, die sich heute mit den verwinkelten Gassen zu einer romantischen Kulisse gruppieren. Ein winziges Sträßchen führt von Limeuil zum nah gelegenen Paunat.

0 5 m   N◄

■ 12. Jh.   □ neu-
■ 14. bis 17. Jh.   zeitlich

Grundriss der romanischen Kirche in Paunat

Paunat

Sollte die Überlieferung stimmen, wäre das Kloster von Paunat, von dem nur die Kirche erhalten ist, eines der ältesten im Périgord. Angeblich wurde es schon im 6. Jh. durch den hl. Cybar, einen Mönch aus dem nahen Trémolat gegründet. Auf jeden Fall ist die Existenz des Klosters für das frühe 9. Jh. gesichert. Damals kam es unter die Autorität von St-Martial in Limoges. Die Kirche ist ungewöhnlich. Der Grundriss als einschiffiger Saal mit weit ausladenden Querhausarmen entspricht der Norm der Gegend. Atypisch ist der flach geschlossene Chor, der aber speziell im Rahmen der perigordinischen Romanik kein Einzelfall ist. In St-Amand-de-Coly, Cherval, Périgueux (St-Etienne-de-la-Cité) und im nahen Trémolat sehen wir denselben Grundriss. Er ließe sich mit der Zisterzienser-Architektur der zweiten Hälfte des 12. Jh. in Verbindung bringen. Eine Kuppel besitzt nur die Vierung. Die drei Joche des Langhauses, die Querschiffarme und

der quadratische Chor wurden erst im 15. Jh. mit gotischen Kreuzrippen eingewölbt. Deren Gewölbekappen sind eingestürzt, erhalten
sind nur die Rippen, sodass der Blick hinauf in den hölzernen Dachstuhl vordringt – ein etwas kurioser Eindruck.

Trémolat

Das Kloster von Trémolat ist wie Paunat eine frühe Gründung, die
Kirche indes ein romanischer Bau, dessen Grundsteinlegung noch in
das ausgehende 11. Jh. fallen soll. In ihren ungeschlachten Formen
erhebt sie sich aus dem Grün der Walnussbäume ringsum, heroischer
Zeuge einer Zeit, in der die Menschen in den Kirchen nicht nur ihr
Seelenheil, sondern oft genug Schutz vor feindlicher Aggression suchten. Die Kirche von Trémolat ist groß genug, um auch heute noch die
gesamte Bevölkerung des zugehörigen Dorfes und der umliegender
Weiler aufzunehmen. Die Verwandtschaft mit Paunat, das auf Trémolat zurückgeht, fällt ins Auge. Die Westseite besetzt ein wuchtiger
geschlossener Turm. Daran schließt sich das einschiffige Langhaus
an, ein wenig schmaler proportioniert als das in Paunat. Drei Kuppeln überspannen den Raum. Sie erreichen eine Höhe von knapp über
11 m. Etwas höher ist die vierte Kuppel, die sich über die Vierung
spannt (17 m). Die Querschiffarme fluchten nicht ganz so weit wie in
Paunat nach außen, dafür ist der Chor etwas weiter nach Osten gezogen als dort. Verwandt ist aber wiederum der gerade Chorabschluss.

Vom Dorf Trémolat ist es nur ein kleines Stück Wegs zum Aussichtspunkt Racamadou. Von dort überschaut man die bekannteste
Flussschleife der Dordogne, den **Cingle de Trémolat**. Derart eng zieht
der Fluss an dieser Stelle seine gekurvte Bahn, dass man fast schon
meint, er fließe hier im Kreise.

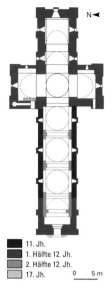

■ 11. Jh.
■ 1. Hälfte 12. Jh.
▨ 2. Hälfte 12. Jh.
□ 17. Jh.   0   5 m

*Grundriss der
romanischen Kirche
in Trémolat*

Reisen & Genießen

Bootsfahrten auf der Dordogne
Der Abschnitt zwischen Vitrac und Beynac
ist der schönste des gesamten Dordogneta-
tals. Das lädt zu einer Partie mit dem Kanu
ein: Miete und Abfahrt in Vitrac, Rückgabe
des Bootes entweder in La Roque-Gageac,
Castelnaud oder Beynac. Aber Achtung!
Im Hochsommer ist dies zugleich der von
Kanuten am stärksten frequentierte Abschnitt. Es herrscht ein derartiger Auftrieb,
dass neuerdings motorisierte Wasserpolizei
im Einsatz ist, die das Abgleiten ins Chaos
verhindern soll. In den Monaten Juli und
August ist von einer Bootsfahrt eher abzuraten.
Von La Roque-Gageac aus werden Fluss-
fahrten mit nachgebauten *gabares* angeboten, so nennt man die flachen Lastschiffe,
mit denen in früheren Zeiten der Güterver-
kehr auf den Flüssen vonstatten ging. Anders als bei der Kanumiete sitzt man taten-
los auf Bänken und lässt sich vom Aus-

gangspunkt nach Castelnaud und zurück chauffieren. Sehr schön und geruhsam, aber ebenfalls nur in den Monaten der Vor- und Nachsaison.

Spazieren gehen
Auf eine Promenade im Park des Château de Marqueyssac wurde bereits hingewiesen. Beachtenswert ist auch ein Weg, der abseits des Tourismus liegt und den Spaziergänger von Schloss zu Schloss führt. Er beginnt in Castelnaud links von der Kirche leicht den Hang hinaufversetzt, führt unterhalb der Burg von Castelnaud durch dichten Wald und endet beim Château de Fayrac, von wo man wiederum das Château de Beynac aus ungewohnter neuer Perspektive erlebt. Eine Wegstrecke dauert je nach Gehgeschwindigkeit etwa 30 Minuten.

Rund um die Walnuss
Am Rand des Dorfes Castelnaud-la-Chapelle liegt die Ferme de Vielcroze mit dem Ecomusée de la Noix du Périgord. Hier wird der Besucher anschaulich über alles informiert, was mit der Nussverarbeitung im Périgord zu tun hat. Auf dem gemeindeeigenen Parkplatz, wo die Burgbesucher ihre Autos abstellen, wird eine saftige Parkgebühr erhoben, auf dem privaten Gelände des Museums dagegen kann man kostenlos parken; derart sollen viele Burgbesucher motiviert werden, auch dem Nussmuseum einen Besuch abzustatten. Geöffnet von Ostern bis Anfang Nov tgl. 10–19 Uhr.

Hotels und Restaurants
Auf der Anhöhe von Domme liegt in Nachbarschaft des Belvedere das gepflegte
Hotel-Restaurant L'Esplanade***
F-24250 Domme
Tel. 05 53 28 31 41, Fax 05 53 28 49 92
esplanade.domme@wanadoo.fr.

Direkt am Dordogneufer liegt in La Roque-Gageac das kleine

Hotel-Restaurant La Belle Etoile**
F-24250 La Roque-Gageac
Tel. 05 53 29 51 44, Fax 05 53 29 45 63.
Wegen der Lage an der Straße nur außerhalb der Saison zu empfehlen. Bei gutem Wetter kann man auf der kleinen Terrasse mit Blick auf den Fluss speisen.

Für den anspruchsvollen Geschmack empfehlen wir in Trémolat das
Hotel-Restaurant Le Vieux Logis****
F-24510 Trémolat
Tel. 05 53 22 80 06, Fax 05 53 22 84 89
vieuxlogis@relaischateaux.com
www.vieuxlogis.com.
Das Haus gehört zur Gruppe Relais & Châteaux, bietet also Luxus in jeder Hinsicht und ist – verglichen mit anderen Häusern – sogar einigermaßen erschwinglich.

Private Unterkunft mit Traumblick
Auf dem Hügel gegenüber von Dorf und Burg Castelnaud-la-Chapelle vermietet ein Hamburger sein Haus an Feriengäste. (Tel. 0049 40/44 43 30). Hier kann man die Ferien verbringen und genießt jeden Tag den Traumblick auf das nahe Castelnaud und das Tal der Dordogne.

Schlösser aus der Vogelperspektive
Das private Unternehmen Air Châteaux mit Sitz nahe dem Dorf Vézac bietet Rundflüge über die hier beschriebenen Schlösser im Tal der Dordogne an. Man fliegt mit einem kleinen Flugzeug oder einem Hubschrauber. Die Preise sind durchaus moderat, der kürzeste Flug (Dauer 10 Min.) kostet je nach Personenzahl ab 25 Euro, nach oben sind natürlich keine Grenzen gesetzt. Der halbstündige Flug kostet um die 100 Euro. Leidenschaftlichen Fotografen bieten sich bei einem solchen Flug ungeahnte Motive.
Air Châteaux
F-24220 Vézac
Tel. 06 89 78 53 07
www.airchateaux.com.

Prähistorische Stätten in Les Eyzies und am Unterlauf der Vézère

Les Eyzies

Als Ort mutet Les Eyzies eher unscheinbar an, ein klassisches Straßendorf mit Häusern links und rechts, ein paar Hotels und etliche Geschäfte. Aber mit dem stolzen Titel »**Hauptstadt der Vor- und Frühgeschichte**« schmückt sich Les Eyzies zu Recht. Den idealen Auftakt für die anstehenden Höhlenbesichtigungen bietet ein Besuch im Prähistorischen Nationalmuseum.

Les Eyzies ☆☆
Besonders sehenswert:
Prähistorisches
Nationalmuseum

Prähistorisches Nationalmuseum

Über die Ortsmitte von Les Eyzies wölbt sich ein mächtiger Abri. Hier hatten im 12. Jh. die Herren von Tayac, Vasallen der Barone von Beynac, eine Burg erbaut, deren Nachfolger aus der Renaissancezeit während der Revolution fast völlig zerstört wurde. 1913 kaufte der Staat auf Betreiben Denis Peyronys die Ruine, in der das Museum für Funde, die rund um Les Eyzies zutage traten, eingerichtet wurde. Die ersten Räume wurden 1918 eröffnet. Dem Andrang zahlloser Besucher war das kleine Museum Ende des 20. Jh. nicht mehr gewachsen. 1980 fiel der Entschluss, unterhalb des Abris ein neues Museumsgebäude zu errichten. Die Planungsphase war äußerst schwierig und zog sich 15 Jahre hin. Erst 1995 erfolgte der erste Spatenstich, und es gingen noch einmal 10 Jahre ins Land, bis das Gebäude nach dem Plan des Architekten Jean-Pierre Buffi 2004 eröffnet werden konnte. Das Museum ist dank seiner Dimension, der Weiträumigkeit der Ausstellungssäle und der gelungenen Präsentation der Objekte ausgesprochen besucherfreundlich. Ein wenig bedenklich mag erscheinen, dass

Musée National de Préhistoire:
Juli/Aug. tgl. 9.30–18.30 Uhr, Juni und Sept. tgl. außer Di 9.30–18 Uhr, Okt. bis Mai tgl. außer Di 9.30–12.30 und 14–17.30 Uhr, geschlossen am 1. Jan. und 25. Dez. Am 1. So im Monat freier Eintritt.
Infos über geführte Besuche unter Tel. 05 53 06 45 65 bzw. mnp.eyzies@ culture.gouv.fr

Kalkblock aus dem Fund von Fourneau de Diable mit Reliefdarstellungen von Rindern im Prähistorischen Nationalmuseum von Les Eyzies

Das Dorf Les Eyzies ▷
schmiegt sich unter
Abris, die zum Teil weit
über die Dächer der
Häuser ragen.

man nun auch vieles ausstellt, was zuvor im Depot schlummerte. Nicht jeder Besucher wird die Geduld aufbringen, ungezählte Vitrinen mit Hunderten von Speerspitzen, bearbeiteten Knochen, Steinen usw. eingehend zu betrachten (18 000 Exponate!). Etwas mehr Straffung hätte dem Konzept gutgetan. Wir fassen hier zusammen: In der unteren der beiden übereinander liegenden, langgezogenen Galerien werden die Epochen der Steinzeit von der Zeit vor etwa 400 000 Jahren bis zum Ende des Magdalénien in chronologischer Reihung vorgestellt. In der zweiten Galerie wird das Leben des Cro-Magnon-Menschen näher beleuchtet. Neben Originalen machen zum Teil Modelle die Inhalte anschaulicher. Es geht um Themenkreise wie Jagd und Fischen, die Höhle als Sanktuarium, Totenbestattung und anderes. Am Ende sind einige Steinreliefs mit Tierdarstellungen ausgestellt. Wichtige Originale vermisst man schmerzlich; diese befinden sich entweder in Bordeaux oder im prähistorischen Nationalmuseum Frankreichs in St-Germain-en-Laye nahe Paris.

Abri Pataud, Cro-Magnon und die Wehrkirche von Tayac

Abri Pataud:
Juli/Aug. tgl. 10–19
Uhr, April bis Juni
sowie Sept. bis Mitte
Nov. und in den Weih-
nachtsferien tgl. außer
Fr und Sa 10–12.30
und 14–18 Uhr, Mitte
Nov. bis März tgl.
außer Fr und Sa 10–
12.30 und 14–17.30
Uhr; geschlossen am
1. Jan und 25. Dez.
Information und An-
meldung unter Tel.
05 53 06 13 14. Teil-
nahme an der Führung
(Dauer 1 Stunde, nur
auf Französisch) ist
obligatorisch.

Mitten im Ort, nur wenige Schritte vom Museum entfernt, wurden zwischen 1953 und 1964 unter dem Abri Pataud systematische Grabungen durchgeführt, die unterschiedliche Siedlungsschichten bis in das Aurignacien freilegten. Die dabei zu Tage geförderten Funde sind seit 1990 in einem kleinen, dem Grabungsgelände angeschlossenen Museum ausgestellt.

Ein Stück weiter in Richtung Périgueux erreicht man (beim Bahnübergang) den Ortsteil Cro-Magnon, der dem homo sapiens sapiens der jüngeren Altsteinzeit seinen Namen gab. Der Name prangt dort an einem von wildem Wein überwucherten Hotel, hinter dem sich die Fundstätte des ersten Cro-Magnon-Skelettes befindet.

Les Eyzies endet im Ortsteil Tayac. Hier zieht ausnahmsweise keine prähistorische Stätte, sondern das Mittelalter in Gestalt einer Wehrkirche die Aufmerksamkeit auf sich. Der kastenförmige Bau, der während unterschiedlicher Kriege als Festung diente, stammt im Wesentlichen aus dem 12. Jh.

Im Anschluss an den Besuch von Les Eyzies bieten sich drei **Ausflüge** in die nähere Umgebung an. Der erste führt in östlicher Richtung zu den Höhlen Font-de-Gaume, Les Combarelles und Cap Blanc, ein zweiter nach Norden zu prähistorischen Siedlungsplätzen, Tropfsteinhöhlen und zur Grotte de Rouffignac, und schließlich ein dritter nach Südwesten in Richtung Le Bugue, wo es weitere prähistorische Sehenswürdigkeiten zu erschließen gilt.

Höhle Font-de-Gaume

Font-de-Gaume ☆
Besonders sehenswert:
Höhlenmalereien

Die Höhle Font-de-Gaume, 1 km außerhalb von Les Eyzies an der Straße in Richtung Sarlat gelegen, war schon lange bekannt. Hirten trieben dort bei Gewitter ihre Schafe zusammen. Aber erst 1901 wur-

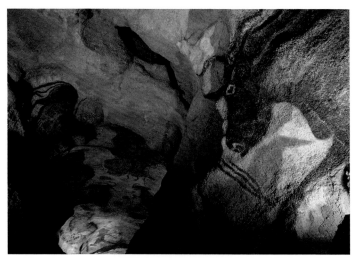

Malereien in der Höhle Font-de-Gaume

Höhle Font-de-Gaume: Mitte Mai bis Mitte Sept. tgl. außer Sa 9.30–17.30 Uhr, Mitte Sept. bis Mitte Mai tgl. außer Sa 9.30–12.30 und 14–17.30 Uhr; geschlossen am 1. Jan., 1. Mai, 1. und 11. Nov. sowie am 25. Dez. Besichtigung nur nach Anmeldung (in der Hochsaison mind. 1 Monat im Voraus, in der Nebensaison reicht es am gleichen Tag); man bekommt eine Uhrzeit zugeteilt, die strikt einzuhalten ist. Tel. 05 53 06 86 00, Fax 05 53 35 26 18.

den die Malereien im tiefsten Innern der Grotte durch Henri Breuil entdeckt. Heute ist Font-de-Gaume die reichste mit Malereien versehene Höhle, die noch für Besucher zugänglich ist.

Durch einen schmalen Gang, Rubicon genannt, gelangt man in den schlauchförmigen Hauptsaal der Höhle. Mit ihren beiden Abzweigungen hat sie eine Gesamtlänge von 120 m. Man zählte rund 200 Tierdarstellungen, von denen dem Besucher allerdings nur ein kleiner Teil demonstriert wird; ein Teil der Höhle ist für die Besichtigung mit Gruppen viel zu eng. Den größten Anteil haben die Bisons mit 80 Darstellungen, gefolgt von Wildpferden (40) und Mammuts (23). Man sieht aber auch Steinböcke, Ziegen und Rentiere. Nur wenige Bilder sind monochrom, die meisten polychrom gemalt, mit einer Farbenpalette, die von zartem Gelb über Ocker und Braun bis hin zu satten Rottönen reicht. An etlichen Beispielen beobachtet man die geschickte Einbeziehung der Felswand in die Komposition. Vor allem Sinterfahnen bilden wiederholt Vorder- oder Hinterextremitäten der dargestellten Tiere. Besonders anrührend sind zwei Rentiere, die einander die Köpfe zuwenden und sich scheinbar liebevoll mit der Zunge berühren, ein Bild, das besonders der inzwischen wieder verworfenen Sexual-Deutung der prähistorischen Kunst Nahrung geliefert hat. Die Bilder von Font-de-Gaume sind in das ältere Magdalénien datiert, also rund 16 000 bis 17 000 Jahre alt.

Höhle Les Combarelles

Nur wenige Tage vor der Entdeckung der Bilder in Font-de-Gaume untersuchten H. Breuil und D. Peyrony im September 1901 die Höhle Les Combarelles, die nur einen knappen Kilometer von Font-de-Gaume entfernt ist (gleich neben der Straße Richtung Sarlat), und identifizierten dort zahllose Felsritzungen. Die Höhle besteht aus einem verzweigten System von zwei Gängen, die zusammen über 500 m lang sind. Man hat dort mehr als 300 Felszeichnungen festgestellt, deren Entzifferung zum Teil erhebliche Schwierigkeiten bereitete, da nur wenige Tiere isoliert stehen; die meisten sind infolge wiederholten Darüberzeichnens ineinanderverschachtelt. Man nennt diese Form der Überlagerung Palimpsest (ein Terminus, der eigentlich aus der mittelalterlichen Buchmalerei stammt und Pergamente meint, die nach Abkratzen einer älteren Beschriftung in späterer Zeit erneut benutzt wurden). Keine andere Höhle kann sich mit der großen Zahl und vor allem mit der unerhörten Bandbreite der dargestellten Tiergattungen messen. Neben den verbreiteten Arten Wildpferd, Mammut, Bison, Steinbock und Rentier erscheinen Raubkatzen, Löwen, Bären und sogar ein Fuchs. Die sicher erfasste Anatomie und die lockere Strichführung weisen die Kunstwerke in denselben zeitlichen Rahmen wie die Malereien von Font-de-Gaume, also ins Magdalénien.

Achtung: Personen mit Neigung zur Klaustrophobie ist vom Besuch der Höhle abzuraten!

Höhle Les Combarelles:
Mitte Mai bis Mitte
Sept. tgl. außer Sa
9.30–17.30, Mitte
Sept. bis Mitte Mai tgl.
außer Sa 9.30–12.30
und 14–17.30 Uhr; geschlossen am 1. Jan.,
1. Mai, 1. und 11. Nov.
sowie 25. Dez.
Die Zahl der Besucher
ist strikt limitiert, Besichtigung nur nach
Anmeldung (in der
Hochsaison mind.
1 Monat im Voraus!);
Tel. 05 53 06 86 00.

Abri du Cap Blanc

Kurz hinter Les Combarelles zweigt die D 48 ab, die im Tal der Beune, einem winzigen Seitenarm der Vézère, aufwärtsführt. Nach etwa 3 km weist ein Schild auf den Abri du Cap Blanc hin, den man über einen Waldpfad erreicht (Auto auf dem Parkplatz abstellen; von dort ca. 200 m zu Fuß). 1909 führte hier der Archäologe G. Lalanne eine viermonatige Grabung durch, die von außerordentlichem Erfolg gekrönt war. Das Grabungsteam legte einen monumentalen Relieffries frei, der im Rahmen der prähistorischen Kunst ohne Vergleich dasteht. Um die Kunstwerke vor Verwitterung und Zerstörung durch Menschenhand zu sichern, wurde der Abri mit einer Mauer nach außen abgeschirmt, sodass man sich heute wie in einer Höhle vorkommt. Ursprünglich waren die Reliefs aber dem Sonnenlicht ausgesetzt.

Der Fries ist 14 m lang und zeigt in der Hauptsache sechs Pferde in Lebensgröße. Außerdem erkennt man Darstellungen von Bisons (unterlebensgroß), einer Hand in Negativrelief und einen kleinen Fisch. Wie bei den gemalten Tierbildern fasziniert auch hier bei den Steinreliefs die traumwandlerische Sicherheit in der Erfassung der Anatomie. Selbst Details wie Ohren, Augen und Nüstern der Pferde sind wirklichkeitsgetreu aus dem Stein gearbeitet. Aus dem Grabungszusammenhang konnten die Reliefs in das jüngere Magdalénien datiert werden, ihr Alter beträgt demnach etwa 14 000 Jahre. In einer etwas älteren Grabungsschicht wurde das Skelett einer Frau gefunden. Unter dem Abri du Cap Blanc haben folglich Menschen über einen längeren Zeitraum gesiedelt. Dabei ist es durchaus vorstellbar, dass der Ort Bedeutungswandlungen durchgemacht hat: Mal Friedhof, mal Kultstätte, könnte er zu einem anderen Zeitpunkt als Wohnstatt gedient haben.

Abri du Cap Blanc ☆
Besonders sehenswert:
prähistorischer
Pferdefries

Abri du Cap Blanc:
April bis Juni und
Sept. bis Okt. tgl. 10–
12 und 14–18 Uhr,
Juli/Aug. 10–19 Uhr.
Außerhalb der Saison
nur nach Anmeldung,
Tel. 05 53 59 21 74,
Fax 05 53 29 89 84,
cap-blanc@wanadoo.fr

Die Schlösser Commarque und Laussel

Château de Commarque:
April tgl. 10–18 Uhr,
Mai, Juni und Sept.
10–19 Uhr und
Juli/Aug. 10–20 Uhr

Laugerie Basse und Grotte du Grand Roc:
März bis Juni und Sept. bis Okt. tgl. 10–18 Uhr, Juli/Aug. tgl. 9.30–19 Uhr; geschlossen von Nov. bis Feb., aber geöffnet in den Weihnachtsferien

Von der Waldlichtung beim Abri du Cap Blanc hat man Aussicht auf die Ruine des **Château de Commarque** am jenseitigen Abhang. Ein Wanderweg führt hinüber. Die Burg ist der Überrest einer Anlage des 13. Jh., die zum ausgedehnten Besitz der Barone von Beynac gehörte. 1406 fiel die Burg in die Hand der Engländer, wurde aber sehr bald vom Seneschall des Périgord zurückerobert. 2006 hat der aus dem Périgord stammende Autor Hugues de Queyssac einen historischen Roman mit dem Titel »La Marque du Temple« veröffentlicht, der im Milieu des Hundertjährigen Krieges angesiedelt und dessen Schauplatz das Château de Commarque ist.

Zwei Wege führen zum Château de Commarque: Entweder geht man zu Fuß vom Abri du Cap Blanc hinüber, oder man erreicht das Denkmal mit dem Auto von Les Eyzies aus auf der kleinen Straße, die die Dörfer Sireuil und Marquay miteinander verbindet. Vom Parkplatz zur Burgruine sind 600 m zu Fuß zu gehen.

Von der Ruine des Château de Commarque schaut man auf das **Château de Laussel**, das ein paar hundert Meter rechts vom Abri du Cap Blanc liegt – das verwunschene Dornröschenschloss kann man leider nur aus der Ferne bewundern, da es in Privatbesitz und bewohnt ist. Unterhalb von Laussel wurde 1909 die nach dem Fundort benannte Venus gefunden, ein etwa 30 cm hohes Flachrelief, das eine Frau mit üppigen Formen und einem Horn in Händen zeigt. Das Original ist heute im Musée d'Aquitaine in Bordeaux ausgestellt, eine Kopie besitzt das Museum in Les Eyzies.

Laugerie und die Tropfsteinhöhle Grand Roc

Überquert man in Les Eyzies im Ortsteil Cro-Magnon die Eisenbahngleise und folgt der D 47 Richtung Périgueux, reihen sich kurz nach dem Ortsende wichtige Sehenswürdigkeiten hintereinander. Zuerst erreicht man einen Taleinschnitt mit Namen Gorge d'Enfer, in dem 1912 unter einem Abri das Relief eines lebensgroßen Lachses gefunden wurde. Der Bauer, dem der Boden gehörte, hatte das Kunstwerk an die Preußischen Museen in Berlin verkauft, deren Mitarbeiter in einer geheim gehaltenen Aktion das Relief aus dem Felsen stemmen wollten. Die Sache flog rechtzeitig auf und der Bauer wurde zwangsenteignet, so blieb das wertvolle Relief an seinem Platz.

Nur wenig weiter ragt links von der Straße ein gigantischer Abri auf, unter den sich eine Handvoll kleiner Häuser duckt (Parkplatz gleich neben der Straße). Dies ist die Siedlungsstätte **Laugerie Basse**, wo zwischen 1872 und 1913 mehrere Grabungskampagnen durchgeführt wurden. Ein Teil der Funde ist in einem kleinen Museum ausgestellt.

Oberhalb von Laugerie Basse erreicht man über eine Holztreppe den Eingang zur Tropfsteinhöhle **Grand Roc**, die 1924 entdeckt wurde. Sie ist zwar mit 50 m Tiefe nicht besonders groß, aber überwältigend reich an bizarren Sinterbildungen. Eine raffinierte Ausleuchtung der Höhle hebt deren Wirkung noch hervor.

Zu Fuß gelangt man zur 200 m entfernten Siedlungsstätte **Laugerie Haute**. Hier fanden bereits 1860 erste Ausgrabungen statt, die in Etappen bis 1939 fortgesetzt wurden. Insgesamt neun aufgedeckte Bodenschichten vom Périgordien bis in das ausgehende Magdalénien belegen eine lückenlose Besiedlung des Platzes über eine Dauer von mehr als 20 000 Jahren.

Laugerie Haute:
Nur nach vorheriger telefonischer Anmeldung zu besichtigen:
Tel. 05 53 06 86 00

Höhle Rouffignac

Wir dehnen den Ausflug in den Norden von Les Eyzies noch etwas weiter aus. 7 km von Les Eyzies entfernt biegt ein Sträßchen zum Dorf Rouffignac ab. Kurz davor gelangt man zur gleichnamigen Höhle, in der 1956 bedeutende Malereien der Eiszeit entdeckt wurden. Damals flammte die Kontroverse um die Echtheit der Bilder noch einmal auf. Da die Höhle Rouffignac schon länger bekannt war, argwöhnten Skeptiker, hier könnte sich ein Geck als vermeintlicher Steinzeitkünstler betätigt haben, um die Wissenschaft an der Nase herumzuführen. Aber die ^{14}C-Untersuchung bereitete der Diskussion ein rasches Ende. Die Bilder wurden ins Magdalénien datiert.

Rouffignac ☆
Besonders sehenswert:
Ritzungen und
Malereien

Faszinierende Tropfsteinformationen in der Höhle Grand Roc

Grotte de Rouffignac:
Palmsonntag bis Juni und Sept. bis Okt. tgl. 10–11.30 und 14–17 Uhr, Juli/Aug. 9–11.30 und 14–18 Uhr. Da eine maximale Besucherzahl pro Tag festgelegt ist, empfiehlt sich in der Hochsaison die Anmeldung; Tel. 05 53 05 41 71. www.grottederouffignac.fr

Grotte de St-Cirq:
Sept. bis Juni tgl. 12–16 Uhr, Juli/Aug. 10–18 Uhr. Die Führung dauert ca. 30 Min.

Höhle von Bara-Bahau:
Feb. bis Juni tgl. 10–12 und 14–17.30 Uhr, Juli/Aug. 9.30–19 Uhr und Sept. bis Dez. 10–12 und 14–17 Uhr, geschlossen im Jan. Die Führung dauert etwas mehr als eine halbe Stunde.

Die Weitläufigkeit der Höhle macht den Besuch zu Fuß unmöglich. Deshalb wurde eine kleine, elektrisch betriebene Eisenbahn installiert, in der Touristen bequem die Zeugen der Vorzeit an sich vorbeidefilieren lassen können. Dabei wird eine Strecke von etwa 2 km zurückgelegt. Die Felsdekorationen beginnen 600 m vom Höhleneingang entfernt. Es handelt sich um Ritzungen und monochrome Malereien, insgesamt 200 Tierdarstellungen. Das Mammut ist dabei am stärksten vertreten, weshalb für Rouffignac mit dem Schlagwort »Höhle mit den 100 Mammuts« geworben wird. Man sieht aber auch einen fantastisch erhaltenen Fries von Wollnashörnern, ferner Pferde, Bisons, Raubtiere und Steinböcke. Am Ende der Höhle, dort, wo die meisten Bilder zu sehen sind, verlässt man den Zug, sodass man Details aus der Nähe betrachten kann. Anschließend geht es mit dem Bähnlein zurück ans Tageslicht.

Grotte de St-Cirq

Nach den Ausflügen in den Osten und Norden von Les Eyzies führt ein dritter Abstecher von der Hauptstadt der Vor- und Frühgeschichte zu weiteren Höhlen im unteren Teil des Vézèretales.

Auf halber Strecke zwischen Les Eyzies und Le Bugue (am Ortsende von Les Eyzies die Vézère Richtung Périgueux überqueren, dann in der ersten Kurve bei der kleinen Tankstelle nach links abbiegen) liegt versteckt der Weiler St-Cirq, dessen Häuser sich unter einen Abri ducken. Hier besichtigt man die gleichnamige Höhle, die auch unter den Bezeichnungen Grotte de Vic oder Grotte de Sorcier firmiert. Neben einigen schönen Tierzeichnungen – Bisons, Steinböcke und Wildpferde – aus dem Magdalénien besitzt sie die einzige vollständig in einer Höhle erhaltene Wiedergabe eines menschlichen Körpers mit allen seinen Details.

Le Bugue und die Höhle Bara-Bahau

Le Bugue ist ein geschäftiges Städtchen am Unterlauf der Vézère, das an den Samstagvormittagen, wenn sich der Wochenmarkt durch die ganze Ortschaft zieht, von quirligem Leben erfüllt ist.

Nur einen halben Kilometer westlich außerhalb von Le Bugue ist die Höhle **Bara-Bahau** zu besichtigen, die 1951 von Norbert Casteret und seiner Tochter entdeckt und untersucht wurde. Sie ist knapp 120 m lang und besitzt 20 zum Teil großformatige Ritzzeichnungen, die nicht, wie in Les Combarelles, mit einem Stein oder einem anderen spitzen Werkzeug, sondern offenbar mit einem Finger oder einem stumpfen Gegenstand, möglicherweise einem abgebrochenen Ast, in die weiche Felswand gezogen wurden, die hier aus Mergel besteht. Man sieht Bisons und Pferde, aber auch einen Bär und einen Steinbock. Die Zeichnungen besitzen nicht dieselbe Sicherheit wie jene in Les Combarelles oder die Malereien in Rouffignac und Font-de-Gaume. Man hat sie deshalb anfangs als frühe, tastende Versuche aus der Zeit des Périgordien interpretiert. Neuere Untersuchungen haben allerdings nachgewiesen, dass die Bilder dem älteren Magdalénien zuzurechnen sind.

Die Höhle ist eine der ganz wenigen, die auch Körperbehinderte und Rollstuhlfahrer problemlos aufsuchen können!

Gouffre de Proumeyssac

Diese Höhle ist die originellste aller Tropfsteinhöhlen im Umkreis von Les Eyzies. Sie liegt 3 km südlich von Le Bugue (bald, nachdem man in Le Bugue die Vézère überquert hat – D 51 Richtung Le Buisson – zweigt nach links die kleine D 31E ab). Nach ihrer Entdeckung 1901 konnte man sie anfangs nur in einem Korb erreichen, der von oben her durch ein rundes Loch herabgelassen wurde. Heute führt ein künstlich in den Felsen getriebener Stollen in das Höhleninnere. Spektakulär ist die Inszenierung, die man dabei erlebt. Man landet auf einer Plattform in halber Höhe der 50 m hohen Höhle und findet sich zunächst in undurchdringlichem Dunkel. Sobald alle Teilnehmer einer Gruppe versammelt sind, wird die Beleuchtung eingeschaltet. Dann sieht man einen großen Saal, von dessen Wänden Sinterfahnen und Stalaktiten herabhängen. Die Höhle ist immer noch aktiv, das bedeutet, dass Wasser eindringt und die Tropfsteinbildung weiter fortschreitet. Dort, wo das Wasser am dichtesten auf den Höhlenboden trifft, hat man kleine Tongefäße aufgestellt, die turnusmäßig ausgewechselt werden. Am Kiosk draußen werden diese Produkte, die von einer silbrig glänzenden Kalzitschicht überzogen sind, an Touristen als Souvenir verkauft. Im Verlauf der Führung geht man durch die Höhle und kann die unterschiedlichen Konkretionen von Nahem in Augenschein nehmen. Zuletzt wird man durch einen niedrigen Gang geschleust (Achtung: Kopf einziehen!), in dem man eine besonders kuriose Form des Höhlensinters zu sehen bekommt: kleine Dreiecke, die die Natur mit bestechender Präzision auf dem Höhlenboden ausgesondert hat.

Proumeyssac ☆
Tropfsteinhöhle

Gouffre de Proumeyssac:
März/April und Sept./Okt. tgl. 9.30–12 und 14–17.30, Mai/Juni 9.30–18.30, Juli/Aug. 9–19 Uhr. Ein angenehmer Service: Über ein Hörgerät kann man eine deutschsprachige Fassung der Führung mitverfolgen.

Reisen & Genießen

Prähistorie für Kinder

Wer mit Kindern eine Besichtigungstour zu den Höhlen rund um Les Eyzies unternimmt, sollte die Grottes du Roc de Cazelle besuchen. Diese prähistorische Siedlungsstätte liegt 5 km östlich von Les Eyzies an der Straße nach Sarlat. Noch bis 1996 waren Teile davon in ein Bauerngehöft einbezogen. Danach wurde das Gelände zu einem didaktischen Parcours umgestaltet, der in lebensgroßen Modellen unterschiedliche Szenen aus dem Alltag der Cro-Magnon-Menschen nachstellt (Jagd, das Leben unter einem Abri usw.). Die Gestaltung ist in-

formativ, lebensnah und verzichtet auf rei-
ßerische Zurschaustellung. Nicht nur Kinder werden hier ihre Freude haben, auch
der Erwachsene kommt auf seine Kosten.
Ganzjährig geöffnet; Dez. bis Feb. tgl. 11–17,
März/April und Okt./Nov. 10–18, Mai/Juni
und Sept. 10–19, Juli/Aug. 10–20 Uhr.

Aquarium du Périgord

Einen Einblick in die artenreiche Fluss-
fauna der Region, aber auch anderer Gegenden unserer Erde, vermittelt das Aquarium du Périgord in Le Bugue. Es ist das
größte private Süßwasser-Aquarium Europas. Geöffnet Mitte Feb. bis März und Okt.
bis Mitte Nov. 13–17 (So 10–18 Uhr),
April/Mai und Sept. 10–18, Juni 10–19 und
Juli/Aug. 9–19 Uhr.

Nostalgischer Erlebnispark
Village Le Bournat

Nahe bei Le Bugue befindet sich ein Erlebnispark ganz besonderer Art. Hier wurde
ein Dorf angelegt, dessen Bewohner das Leben im Périgord der Zeit um 1900 nach-
stellen. Man sieht einen Schmied, Töpfer
und andere Handwerker mit alten Gerätschaften bei ihrer Arbeit, beobachtet die Tätigkeit in einer Nussmühle, nimmt Einblicke in das Geschehen in der bäuerlichen
Küche. Über das Jahr verteilt finden zudem
unterschiedliche folkloristische Veranstaltungen statt. Über die aktuelle Situation und
anstehende Termine informiert man sich im
Internet. Ein Spaß für Groß und Klein!
Das Village Le Bournat ist geöffnet von
Ende Feb. bis Ende April und von Anfang
Oktober bis 12. Nov. tgl. 10–17, Mai bis
Sept. 10–19 Uhr. Letzter Einlass 45 Minuten vor der Schließung.
www.lebournat.fr

Bootfahren auf der Vézère

Wie auf dem Lot und auf der Dordogne
kann man auch auf der Vézère Kanus bzw.
Kajaks mieten. Abfahrtsstellen befinden
sich in Les Eyzies, Tursac, Le Moustier und
Le Bugue. Die Vermietung hat ihren Sitz in
Le Bugue. Hier erhält man auch weitere Informationen:
Canoeric
Tel. 05 53 03 51 99, Fax 05 53 04 47 29
www.canoe-perigord.com
canoeric@wanadoo.fr.

Hotels und Restaurants

Eine originelle und bezahlbare Unterbringung (allerdings ohne Restaurant) bietet der
zu einem Hotel umgebaute ehemalige Bauernhof
La Ferme Lamy**
F-24220 Meyrals
Tel. 05 53 29 62 46, Fax 05 53 59 61 41
www.ferme-lamy.com.
Das Anwesen liegt 8 km östlich Les Eyzies
nahe dem Dorf Meyrals.

Ein Gourmettempel (2 Sterne im roten
Guide Michelin!) mit luxuriösen Zimmern,
aber natürlich auch stattlichen Preisen ist
das
Hotel-Restaurant du Centenaire****
2, Avenue du Cingle
F-24620 Les Eyzies
Tel. 05 53 06 68 68, Fax 05 53 06 92 41
www.relaischateaux.com/centenaire
hotel.centenaire@wanadoo.fr.
Es befindet sich in Les Eyzies schräg gegenüber dem Prähistorischen Museum.

Unser persönlicher Tipp ist die
Domaine de la Barde***
Route de Périgueux
24260 Le Bugue
Tel. 05 53 07 16 54, Fax 05 53 54 76 19
www.domainedelabarde.com
hotel@domainedelabarde.com.
Die Domaine de la Barde, die etwas außerhalb von Le Bugue in einem gepflegten Park
liegt, ist ein ehemaliges Herrenhaus, das
1997 zu einem Hotel für gehobene Ansprüche umgewandelt wurde.

Das Tal der Vézère –
Von Les Eyzies bis Montignac

Die Siedlungsplätze von La Madeleine
und Roque St-Cristophe

Von Les Eyzies führt die D 706 in nordöstlicher Richtung im Tal der Vézère flussaufwärts. Nach 5 km geht es durch das Dörfchen Tursac, kurz dahinter verlässt man die Hauptroute, überquert die Vézère, biegt gleich wieder links ab und erreicht nach kurzer Fahrt die prähistorische Siedlungsstätte von La Madeleine. Diese liegt landschaftlich reizvoll in einer Schleife der Vézère. Unter den zahlreichen Abris, die über eine Spanne von vielen tausend Jahren Menschen Schutz boten, wurden in einer Grabungsschicht, die in die Zeit zwischen 20 000 bis 12 000 B.P. datiert wurde, eine solche Fülle von Pfeilspitzen, bearbeiteten Knochen, Kleinkunstwerken und Steinwerkzeugen gefunden, dass man der letzten Phase der Altsteinzeit den Namen Magdalénien verlieh.

Von hier geht es zurück auf die D 706. Kurz bevor die Straße bei dem Dorf Moustier (das Dorf gab dem Mousterien den Namen; jene Epoche des mittleren Altpaläolithikums, die identisch ist mit der Würmeiszeit) erneut die Vézère überquert, ragt rechts neben der Brücke ein Steilfelsen auf, auf dessen halber Höhe ein langgezogener Einschnitt sichtbar wird. Dieser Roque St-Christophe genannte Siedlungsplatz ist die größte von der Natur geschaffene Felsenfestung der Welt. Der Einschnitt, der 80 m über der Talsohle liegt, zieht sich fast einen Kilometer durch den Felsen. Hier fanden von der prähistorischen Zeit bis ins 16. Jh. hinein Menschen Zuflucht, zuletzt in der Epoche der Religionskriege. Damals sollen sich hier mehr als 1500 Menschen verschanzt haben.

La Madeleine:
Der Siedlungsplatz ist offen und jederzeit zugänglich.

Roque St-Christophe:
Feb./März und Okt. bis 11. Nov. tgl. 10–18 Uhr, April bis Juni und Sept. 10–18.30 Uhr, Juli/Aug. 10–20 Uhr und 12. Nov. bis Jan. 14–17 Uhr.
www.roque-st-christophe.com

Der prähistorische Siedlungsplatz Roque St-Christophe. Der Felseinschnitt bot den Menschen der Steinzeit Sicherheit. Dabei hatte man sich wohl nicht gegen andere Sippen zu verteidigen, sondern mußte sich vielmehr vor wilden Tieren schützen – das Phänomen Krieg scheint es damals noch nicht gegeben zu haben.

St-Léon-sur-Vézère

St-Léon-sur-Vézère ☆
Besonders sehenswert:
Bautenensemble

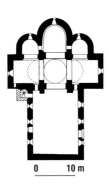

Grundriss der ehema-
ligen Prioratskirche in
St-Léon-sur-Vézère

Von Le Moustier aus erreicht man – nun auf dem rechten Ufer der Vézère weiter flussaufwärts fahrend – nach 4 km das Dorf St-Léon-sur-Vézère. Wieder verspricht das Signum *L'un des plus beaux villages de France* ein besonderes Erlebnis. Rund um das ummauerte (und bewohnte) Schlösschen Clérans und eine romanische Kirche gruppieren sich die alten Wohnhäuser. Die Kirche liegt nahe am Ufer der Vézère. Sie ist das älteste erhaltene mittelalterliche Sakralbauwerk des Périgord. Ihre Mauern wurzeln auf den Fundamenten einer gallorömischen Villa. Das ungewölbte Langhaus soll Jean Secret zufolge in das 10. Jh. zurückreichen. Dem 11. Jh. gehören das Querschiff mit Tonnenwölbungen und einer Kuppel über der Vierung sowie die Dreiapsidenanlage des Chores an. Die Vierung ist allerdings als »Pseudovierung« zu bezeichnen, da das Querhaus wie in ottonischen Bauten gegen das Langhaus abgegrenzt ist und dieses nicht durchdringt. Das Bauwerk besitzt eine kleine Besonderheit, die im Berry ihren Ursprung hat. Zwei schmale Durchgänge öffnen sich neben dem westlichen Vierungsbogen. Es wirkt wie das Rudiment einer Dreischiffigkeit in dieser einschiffigen Anlage. Der Fachmann spricht von einer *passage berrichon*, der deutsche terminus technicus dafür ist: Passagenkirche.

Château de Losse

Château de Losse:
Mitte April/Mai und
Sept. tgl. außer Sa 11–
18 Uhr, Juni bis Aug.
tgl. außer Sa 10–19
Uhr. Gruppen können
(nach Voranmeldung)
das Schloss zu jeder
Jahreszeit besich-
tigen: Tel./Fax
05 53 50 80 08
www.chateau
delosse.com
chateaudelosse24@
yahoo.fr

Von St-Léon geht es auf dem rechten Flussufer durch das Dorf Thonac weiter in Richtung Montignac. Nach nur 3 km erhebt sich über dem Ufer der Vézère das Château de Losse, ein schmucker Bau des 16. Jh., der mit Burgmauer und Graben, Pecherkern und Zinnen noch überraschend mittelalterliche Züge trägt. Die wehrhafte Gestalt steht in Zusammenhang mit dem Bauherrn, Jean II. de Losse, der als überzeugter Katholik zur Zeit der Religionskriege lebte und sich wiederholt gegen den Protestantenführer Vivans zu verteidigen hatte. Man kann die Innenräume besichtigen, die kostbar mit Möbeln und Wandbehängen des 16. und 17. Jh. ausgestattet sind.

Montignac und die Höhle von Lascaux

Nach Lascaux führt nur eine einzige Straße, die in der Ortsmitte von Montignac dorthin abzweigt. Montignac ist ein kleines Städtchen, dessen Häuser sich an beiden Ufern der Vézère gruppieren. Einst wurden sie von einer mittelalterlichen Burg überragt, die aber während der Revolution zerstört wurde. Heute sieht man nur noch bescheidene Reste davon. Weltberühmt wurde Montignac durch die Höhle von Lascaux, die sich 2 km außerhalb der Ortschaft befindet.

Lascaux ☆☆
Besonders sehenswert:
Höhlenmalereien

Lascaux wurde am 12. September 1940 per Zufall von einer Gruppe Jugendlicher gefunden. Europa hatte damals andere Sorgen, sodass die Kunde von dem sensationellen Fund erst nach 1945 um den Erdball ging. 1949 kamen die ersten Besucher, deren Strom in den Folgejahren rasch anschwoll. Als Anfang der 1960er-Jahre deren Zahl nur noch nach Hunderttausenden zu zählen war, zogen die Verantwortlichen Konsequenzen und schlossen 1963 die Höhle, deren Bilder inzwischen akut von der Zerstörung bedroht waren. Man fasste den Plan, eine Kopie von Lascaux herzustellen. Nach jahrelangen Arbeiten wurde das Resultat 1983 unter dem Namen Lascaux II der Öffentlichkeit vorgestellt. Das Ergebnis verblüffte alle. Die Kopie von Lascaux ist von einer derart stupenden Exaktheit, dass nicht die geringsten Abweichungen gegenüber dem Original auszumachen sind. **Lascaux II** wurde in einem aufgelassenen Steinbruch nur 200 Meter vom Original entfernt angelegt. Allerdings hat man nicht die gesamte Höhle rekonstruiert, sondern nur die beiden Räume mit den reichsten Ausmalungen. Die Malereien wurden von Monique Peytral ausgeführt, die ausschließlich dieselben Naturfarben verwendete wie ihre steinzeitlichen Künstlerkollegen.

Die Besucher gelangen durch ein verdunkeltes Entree in den Hauptraum der Höhle, den »Saal der Stiere«, den man auch als »Sixtinische Kapelle« der prähistorischen Kunst bezeichnet hat. Der erste, offizielle Name bezieht sich auf vier überlebensgroße Stierdarstellungen, der inoffizielle zweite auf die Tatsache, dass man hier eines der umfangreichsten und zugleich künstlerisch vollkommensten Beispiele steinzeitlicher Höhlenmalerei erlebt. In mannigfacher Farbgebung erscheinen an den Felswänden die unterschiedlichen Tierarten der Eiszeit: Auerochsen, Wildpferde, Bisons und Hirsche. Aber auch ein rätselhaftes Einhorn erkennt man, das als Fabelwesen oder verkleideter Zauberer gedeutet wurde. Ferner ist eine der ganz seltenen szenischen Darstellungen der prähistorischen Kunst zu sehen: Ein

Lascaux II:
7. Feb. bis 31. März sowie 12. Nov. bis 7. Jan. tgl. außer Mo 10–12.30 und 14–17.30 Uhr, 1. April bis 4. Juli sowie Sept. tgl. 9–18.30 Uhr, 5. Juli bis 1. Sept. tgl. 9–20 Uhr und 1. Okt. bis 11. Nov. tgl. 10–12.30 und 14–18 Uhr.

Château de Losse mit der Vézère im Vordergrund

Stier ist von einem Speer tödlich getroffen, Eingeweide quellen aus seiner Bauchwunde, vor ihm liegt schräg eine stilisierte Menschengestalt. Neben dieser Szene ist ein Stecken aufgepflanzt, auf dessen Spitze ein Vogel sitzt. Ob es sich hier um die Wiedergabe eines von einem Stier verwundeten Menschen handelt, oder gerade andersherum um einen Zauberer, der den Stier bezwingt, ist nicht zu bestimmen. Die Szene ist bis heute nicht entschlüsselt. Ein schmaler Durchgang führt in einen zweiten, engeren Abschnitt der Höhle, in dem sich vor allem zahlreiche Pferdedarstellungen unterschiedlicher Größe befinden. Rätsel gibt vor allem am hinteren Ende des Ganges das Bild eines auf dem Kopf stehenden Pferdes auf.

Die Bilder von Lascaux stammen aus unterschiedlichen Epochen. Da die Höhle mit Unterbrechungen über einen Zeitraum von mehreren tausend Jahren immer wieder von Menschen zu kultischen Zwecken aufgesucht wurde, ergibt sich ein weites zeitliches Spektrum. Mithilfe der ^{14}C-Untersuchung wurden die ältesten Malereien in die Zeit um 17000 B.P. datiert, die jüngeren um 15000 B.P.

Das prähistorische Informationszentrum Le Thot

Das Eintrittsbillett für Lascaux II entpuppt sich als Doppelticket, mit dem man auch das Informationszentrum von Le Thot besuchen kann. Dieses wurde seitab der D 706 angelegt, die Montignac und Les Eyzies miteinander verbindet. Vorzügliche großformatige Reproduktionen von Malereien aus unterschiedlichen Höhlen, Schautafeln mit Epochenübersichten und eine vertonte Lichtbildschau tragen zur Abrundung der in Lascaux II gewonnenen Eindrücke bei. Dem Informationszentrum ist ein Park angegliedert, in dem in Gehegen verschiedene Großtierarten gehalten werden, die in vorgeschichtlicher Zeit das Vézèretal bevölkerten, darunter Przewalski-Pferde, die erst Anfang des 20. Jh. in der Mongolei entdeckt wurden und als Nachfahren des prähistorischen Wildpferdes gelten. Außerdem sieht man Rekonstruktionen vorzeitlicher Wohnbauten. Besonders eindrucksvoll ist die Rekonstruktion der Hütte von Mezhirich aus der Ukraine, die vollständig aus Knochen und Stoßzähnen von Mammuts errichtet wurde.

Le Thot:
Öffnungszeiten beinahe identisch mit denen von Lascaux II; im Juli/Aug. schließt Le Thot aber bereits um 19 Uhr. Gegenüber der Einfahrt zum Château de Losse auf der D 706 führt die Straße hinauf zur Anhöhe, auf der Le Thot liegt.

Ansicht von Westen der romanischen Kirche in St-Amand-de-Coly

St-Amand-de-Coly

Die romanische Kirche im etwa 6 km östlich von Montignac gelegenen St-Amand-de-Coly hat Max Sarradet, der frühere Konservator für die Denkmäler Aquitaniens, als »einen der originellsten Kirchenbauten ganz Frankreichs« bezeichnet.

Das ehemalige Augustiner-Chorherrenstift ist aus einer frühmittelalterlichen **Eremitage** hervorgegangen, deren Namensgeber der hl. Amandus war. Der bestehende Kirchenbau entstand vermutlich im zweiten Viertel des 12. Jh. Dies fällt zusammen mit der für das 12. Jh. verbürgten Blütezeit des Klosters, das damals über ausgedehnten Grundbesitz verfügte. Der Hundertjährige Krieg führte zum Niedergang; Mitte des 15. Jh. soll nur noch eine Handvoll Mönche das Kloster bewohnt haben. Die Religionskriege brachten das endgültige Aus. 1886 wurde die Kirche renoviert; von den einstigen Klostergebäuden war damals schon nichts mehr vorhanden.

Wie ein monolithischer Block wächst der Kirchenkörper am Fuße eines sacht ansteigenden Hügels empor. Der mächtige **Westturm** öffnet sich in einem großen spitzbogigen Fenster: Es ist die einzige größere Fensteröffnung. Ansonsten lässt die kompakte Erscheinung des Bauwerks keinen Zweifel daran, dass das Gotteshaus auch die Funktion eines Zufluchtsortes hatte. St-Amand-de-Coly ist also ein enger Verwandter der beiden Kirchen in Paunat und Trémolat.

Die räumliche Disposition ist von bestechender Schlichtheit. An das einschiffige Langhaus schließt sich das Querhaus mit seinen ungewöhnlich weit fluchtenden Armen an. Sie öffnen sich nach Osten in eine große polygonal gebrochene Kapelle. Der platt geschlossene

Chor ist zwei Joche tief. Ungewöhnlich ist die Tatsache, dass das Bodenniveau nach Osten hin ansteigt. Bei der Errichtung der Kirche hat man das Terrain kaum eingeebnet, sodass die Lage am Hügel nachvollziehbar geblieben ist.

Bei eingehender Beobachtung stellt man eine weitere, nicht minder erstaunliche Tatsache fest. Obwohl der Raum einen Eindruck von stringenter Geschlossenheit vermittelt, schöpft die Architektur aus unterschiedlichen Quellen. Das Motiv der zugespitzten Tonne im Langhaus, in den Querschiffarmen und im ersten der beiden Chorjoche setzt die Kenntnis der burgundischen Bauschule der Cluniazenser voraus. Die Vierungskuppel über Pendentifs ist Ausdruck der heimischen Tradition. Das östliche Chorjoch zeigt eine dritte Wölbform; es ist von einem frühgotischen Kreuzrippengewölbe überspannt. An dieser Stelle zeigt sich, dass St-Amand-de-Coly nur scheinbar altertümlich geraten ist. Tatsächlich nimmt der Bau Anteil an den modernen Strömungen der Baukunst um die Mitte des 12. Jh. Auf einen Einfluss der frühen Gotik weist ferner der kleine Laufgang hin, der über den Chorfenstern angelegt wurde. Mit der Baukunst der Zisterzienser korrespondiert der gerade Chorabschluss.

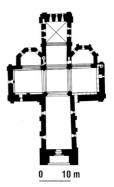

Grundriss der romanischen Abteikirche in St-Amand-de-Coly

Reisen & Genießen

Prehisto Parc
Wer der in diesem Kapitel beschriebenen Route von Les Eyzies nach Montignac folgt, stößt schon kurz hinter Les Eyzies, noch vor der Siedlungsstätte von La Madeleine, auf den Prehisto Parc, der besonders zum Besuch mit Kindern einlädt, da hier das Leben des Cro-Magnon-Menschen in Bildern und Modellen anschaulich nachgestellt erscheint. Geöffnet von Mitte Feb. bis Ende März und Anfang Okt. bis 11. Nov. tgl. 10–17.30, April bis Juni und Sept. 10–18.30 sowie Juli/Aug. 10–19 Uhr.
www.prehistoparc.fr

Sommerkonzerte in Kirchen
Die beiden in diesem Kapitel beschriebenen romanischen Kirchen in St-Léon-sur-Vézère und St-Amand-de-Coly besitzen eine wunderbare Akustik. Im Rahmen des Sommerfestivals der Musik im Périgord finden in beiden Kirchen Konzerte statt. Programme und Tickets erhält man im Office de Tourisme in Montignac. Vorschau mit Terminen und Programmen im Internet: www.francefestivals.com/perigordnoir.

Hotels und Restaurants
Für die Ausflüge in das Tal der Vézère liegt das bereits genannte Hotel Laborderie in Tamniès ideal (siehe S. 152). Die Anfahrt beträgt von hier nur etwa 20 Minuten. Noch direkter vor Ort ist man, wenn man sich in oder nahe Montignac einquartiert. Eine komfortable Adresse in Montignac mit Pool und in einem schönen Garten gelegen ist die
Hostellerie la Roseraie***
11, place d'Armes
F-24290 Montignac
Tel. 05 53 50 53 92, Fax 05 53 51 02 23
www.laroseraie-hotel.com.

Périgord Blanc und Vert

Périgueux – Hauptstadt des Périgord

Blick in die Geschichte

Unter dem Namen Vesuna Petrucorium war die Stadt an der Isle zur
Zeit der Römerherrschaft eine der bedeutendsten Kolonien in Gallien und die zweitwichtigste hinter Burdigala (Bordeaux) in Aquitanien. Sie hatte sich um ein altes keltisches Quellheiligtum am Fuße
jenes Hügels entwickelt, auf dem heute die Kathedrale St-Front steht.
Germanische Einfälle verursachten verheerende Zerstörungen. Bereits 275 n.Chr. brandschatzten Alamannen die Stadt, es folgten Westgoten und Franken, den Rest erledigten die Sarazenen und zuletzt die
Normannen. Von der einstmals blühenden Metropole standen im
10. Jh. nur noch bescheidene Reste. Unbeeindruckt von diesen Wech-
selfällen der Geschichte hatte sich im Frühmittelalter auf dem der
Stadt benachbarten Hügel am Grabe des hl. Frontus ein Kloster gebildet, das ein gern besuchtes Wallfahrtsziel wurde. Um dieses Kloster entstand eine Ortschaft, **Puy St-Front**, die rasch aufblühte und im
11. Jh. der ehemaligen antiken **Cité** ebenbürtig war.

Lange rivalisierten die beiden benachbarten Städte miteinander und
beargwöhnten sich. Als sich aber im 13. Jh. die Bürger von Puy St-Front
ostentativ hinter den französischen König stellten und die englische
Hoheit ablehnten, solidarisierte sich die Einwohnerschaft von Vesuna
mit ihnen. Die Verbrüderung gegen die Fremdherrschaft zog 1251 die
Zusammenlegung beider Städte nach sich. Aber so richtig zusammenwachsen wollte Périgueux, wie es seit 1251 heißt, nicht. Bis heute spürt
man den Bruch zwischen Cité und St-Front im Stadtbild. Aus den
Wirren des Hundertjährigen Krieges und der Religionskriege ging Périgueux einigermaßen unbeschadet hervor. Erst der Absolutismus und
die Revolution mit ihrer übermächtigen Zentralisierung ließen die
Stadt nahezu bedeutungslos werden. Dies hat sich in den letzten Jahrzehnten entscheidend geändert. Als Präfektur des Départements Dordogne hat sich Périgueux unangefochten als Zentrum des Périgord
profiliert; Industriebetriebe, die sich nach 1960 am Stadtrand ansie-
delten, sorgen für Arbeit und Wohlstand. Heute ist Périgueux etwa
gleich groß wie Montauban und zählt etwas mehr als 50000 Einwohner. Der Briefmarkendruck, 1970 von Paris hierher verlagert, ist
inzwischen ein tragender Wirtschaftsfaktor, denn hier werden nicht
nur sämtliche Briefmarken Frankreichs hergestellt, inzwischen beziehen auch 14 andere Länder ihre Postwertzeichen aus Périgueux.

Périgueux ☆☆
Besonders sehenswert:
Vesuna-Tempel,
St-Etienne-de-la-Cité,
Kathedrale St-Front

*Noch auf einem weite-
ren Gebiet hat sich
Périgueux internatio-
nale Anerkennung er-
worben: Die hier tä-
tige Denkmalbehörde
gilt als eine der fort-
schrittlichsten und
tüchtigsten im ganzen
Land.*

Antike Denkmäler

Zugegeben, die märchenhafte Kulisse der Kathedrale, deren Kuppeln
sich majestätisch über die Dächer der Stadt erheben, zieht jeden Besucher der Stadt auf den ersten Blick in Bann. Dennoch empfiehlt es
sich in diesem Fall, der Chronologie zu folgen. Wenn man sich in die-

◁ *Blick vom Château
de Hautefort über
einen Teil des Parks*

Vesuna-Tempel (Re-konstruktionsversuch)

Musée Gallo-Romain:
April bis Juni und Sept. bis Mitte Nov. tgl. außer Mo 10–12 und 14–18 Uhr, Mitte Nov. bis Ende Dez. und Feb./März 10–12 und 14–17.30 Uhr, Juli/ Aug. tgl. 10–19 Uhr

ser Richtung diszipliniert, erlebt man sehr schlüssig, wie sich das Werden und Wachsen dieser Stadt vollzogen hat. Wir beginnen die Besichtigung deshalb im Bereich der alten Römerstadt Vesuna.

Neben der Bahnlinie erhebt sich in einem gepflegten Park die stolzeste antike Ruine Aquitaniens, die Reste des alten **Vesuna-Tempels** (1). Hierbei handelt es sich um den seltenen Fall eines Rundtempels. Die Cella beschreibt die Form eines Zylinders. Die große Bresche, die nach Norden hin klafft, schreibt die mittelalterliche Legende einem beherzten Hieb des hl. Frontus zu. Ursprünglich legte sich eine offene Säulenhalle außen um die Cella. Davon sind nur noch Spuren des Fundaments zu sehen. Auch die Eingangsfront, die man sich wohl ähnlich wie jene des Pantheons in Rom vorzustellen hat, ist vollständig abgetragen. Mit 20 m Höhe und einem Durchmesser von 17 m stellt die Cella immer noch ein eindrucksvolles Denkmal dar. Das Bauwerk ist von der Archäologie in die Mitte des 2. Jh. n. Chr. datiert worden. Es fällt damit in die Regierungszeit des Kaisers Antoninus Pius (138–161), der väterlicherseits aus Südgallien stammte und die Städte seiner Heimat in besonderem Maße begünstigte.

Gleich hinter der Tempelruine steht das 2003 eröffnete **Musée Gallo-Romain** (2). Es entstand nach einem Plan, der aus dem Büro von Jean Nouvel stammte – der international bekannte Stararchitekt wurde 1945 nicht weit von hier in Fumel geboren. Das Museum erhebt sich über den Resten einer römischen Villa. Besonders instruktiv sind die Modelle dieser Villa sowie der antiken Stadt Vesuna, in den Vitrinen sind Funde aus dem hiesigen Grabungsbereich ausgestellt.

Von der Vesuna-Rotunde geht es – vorbei an der Kirche St-Etienne – zur nahen Ruine des **Amphitheaters** (3), von dem leider nur noch klägliche Reste stehen. Ein Park zeichnet die Ausmaße der Arena nach, sodass man eine plastische Vorstellung von der einstigen Größe gewinnt. Mit einem Durchmesser von 153 m Länge und 125 m Breite gehörte es zu den größten Theatern seiner Art in Gallien und bot schätzungsweise rund 20000 Menschen Platz (Die gut erhaltene Arena in Nîmes, die noch heute mit ihren Ausmaßen beeindruckt, misst nur 131 m in der Länge und 101 m in der Breite). Erste Abbrucharbeiten setzten dem Denkmal schon im 3. Jh. n. Chr. zu, als man einige große Steinblöcke herausbrach und zur Befestigung der Stadt verwandte (römische Spolien als Teil einer Stadtmauer sind noch in der Rue Romaine zwischen Vesuna-Tempel und der Kirche St-Etienne neben der Straße zu sehen). Danach wurde das Amphitheater selbst zu einer kleinen Festung umgebaut, wie man es ähnlich auch von Arles her kennt. Ende des 14. Jh. endgültig zerstört, diente das Denkmal eine Zeit lang als Steinbruch, bis schließlich kaum noch etwas übrig blieb.

St-Etienne-de-la-Cité

Mit der Besichtigung dieser Kirche schlagen wir nun von der Antike die Brücke zum Mittelalter. St-Etienne (4) macht der gleichnamigen Kathedrale in Cahors den Rang streitig, als erste und älteste Kuppelkirche Aquitaniens zu gelten. Da aber die Baudaten in beiden Fällen nicht restlos geklärt sind, lässt sich nur feststellen, dass wohl beide Kirchen etwa gleichzeitig in Bau waren. Die Grundsteinlegung für St-Etienne in Périgueux ist jedenfalls in die letzten Jahre des 11. Jh. zu stellen, die Vollendung datiert ins fortgeschrittene 12. Jh. 1577 wurde das Bauwerk durch einen von Hugenotten gelegten Brand schwer beschädigt. Danach riss man den Westteil ab, erhalten blieben nur die Ostteile. St-Etienne steht also heute nur noch zur Hälfte, denn von ursprünglich vier überkuppelten Jochen sieht man jetzt lediglich zwei. Aber gerade der Vergleich zwischen diesen beiden Jochen ist außerordentlich aufschlussreich und macht den Sinn der Kuppelkonstruktion leicht nachvollziehbar.

Das vordere Joch entstammt noch dem 11. Jh. In dieser Zeit wurde auf Gliederungselemente weitgehend verzichtet, die Mauern schließen mit den Pfeilern bündig ab. Das hintere Joch zeigt dagegen plastische Wandgliederungen, und vor allem ein Motiv fällt ins Auge: Die Pfeiler erscheinen leicht von der Wand abgesetzt. So wird die unterschiedliche Funktion von Wand und Pfeiler sinnfällig gemacht. Die

Périgueux
1 Vesuna-Tempel
2 Musée Gallo-Romain
3 Amphitheater
4 St-Etienne-de-la-Cité
5 Tour Mataguerre
6 Kathedrale St-Front
7 Maison du Patissier
8 Logis St-Front
9 Musée du Périgord

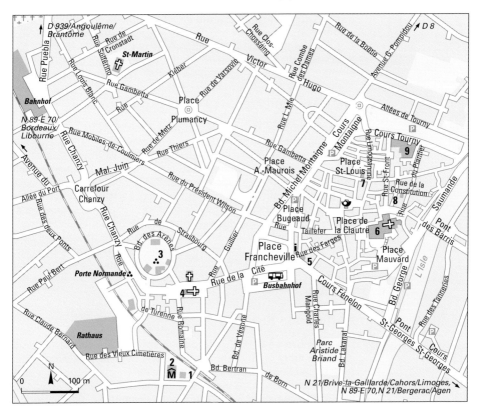

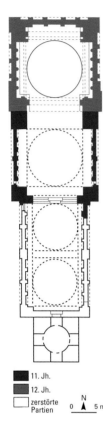

Grundriss der ehemaligen Kathedrale St-Etienne-de-la-Cité

Kathedrale St-Front ▷ *in Perigueux. Ihre Schuppenbedachung erhielten die Kuppeln erst im 19. Jh.*

mächtigen Pfeiler sind das struktive Gerüst einer Kuppelkirche, auf ihnen ruht die Last des Gewölbes. Die Wände werden aus dem Spiel der baustatischen Kräfte ausgeklammert und dienen eigentlich nur als Füllwände, die den Bau nach außen abschirmen. Der Vorteil dieser Technik liegt auf der Hand. Die in der Romanik verbreitete Tonne übt einen starken zu den Seiten wirkenden Schub aus. Entsprechend musste man die Wände tonnengewölbter Kirchen, da man das Strebewerk noch nicht kannte, oftmals zyklopisch schwer anlegen. Das hatte nicht nur lange Bauzeiten zur Folge, sondern schlug natürlich auch mit hohen Baukosten zu Buche. Anders liegen die Dinge bei der Kuppelkirche: Hier musste man lediglich die Pfeiler kräftig proportionieren, die Wände dagegen konnte man recht dünn halten. Die Konsequenz: schnelles Fortschreiten des Bauvorhabens, niedrigere Kosten. Auch wenn die spirituelle Komponente in der Romanik zu schwer wiegt, als dass man sie außer Acht lassen könnte, haben sicher auch nüchterne Gründe des Kalküls eine Rolle gespielt, dass die Kuppelkirche zum vorherrschenden Bautyp in den Landschaften Périgord und Quercy wurde.

Zu beachten ist im Innern das spätromanische Grab des Bischofs Jean d'Astide an der Nordwand des ersten Joches. Es besteht aus einem mit einem üppigen Blattfries umzogenen Bogen, der auf zwei kleinen Wandpfeilern ruht. St-Etienne-de-la-Cité war bis in das 16. Jh. Bischofskirche von Périgueux. Nach der Zerstörung durch die Hugenotten verlor sie diesen Rang, der fortan auf St-Front überging.

Tour Mataguerre

Die breite und meistens stark befahrene Rue de la Cité führt von der Kirche St-Etienne hinüber zum mittelalterlichen Stadtkomplex auf dem Puy St-Front. Man überquert auf diesem Weg die seltsam seelenlos wirkende **Place Francheville**. Hier verläuft die bereits erwähnte Bruchstelle zwischen den beiden einst selbständigen Städten. Dass Puy St-Front und Vesuna ungeachtet ihres Zusammenschlusses im 13. Jh. auch danach noch für eine ganze Weile getrennte Wege gingen, beweist die Tour Mataguerre (5) an der Ostseite der Place Francheville. Der runde Wehrturm ist Teil einer Befestigung, die erst im 15. Jh. um den Puy St-Front gezogen wurde und Vesuna ausgrenzte. Links neben der Tour Mataguerre kann man sich im Office de Tourisme mit Informationen versorgen. Hier beginnt auch die Rue des Farges, die zur Kirche St-Front führt.

Kathedrale St-Front

Der erste Bau an dieser Stelle, eine merowingische Kapelle, musste im 11. Jh. einer größeren Kirche weichen, die 1047 geweiht wurde. 1120 brannte dieser frühromanische Bau nieder. Unverzüglich wurde der Neubau in Angriff genommen und bereits 1173 fertig gestellt. Die für ein Riesenprojekt wie St-Front auffallend kurze Bauzeit erklärt

Vergleich zwischen den Grundrissen von St-Front in Périgueux (links) und San Marco in Venedig (rechts)

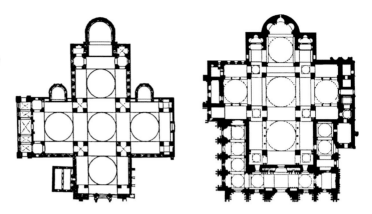

sich aus den eben genannten Vorteilen, die die **Kuppelbauweise** mit sich brachte. Mitte des 19. Jh. wurden umfassende Restaurierungen durchgeführt, die ebenso viel Zeit in Anspruch nahmen wie die Errichtung der Kirche im 12. Jh. Die **Renovierung** begann 1852 und zog sich bis 1901 hin. Verantwortlich war der aus dem benachbarten Angoumois stammende Architekt Paul Abadie, dessen Wirken heute sehr kritisch gesehen wird. Hemmungslos hat er das rustikale Bauwerk mit verspielten Zutaten in die Kulisse eines orientalisierenden Märchenbaus verwandelt. Die Kuppeln erhielten geschuppte Dächer und Laternen, alles Dinge, die sie ursprünglich nicht besaßen. So ist St-Front entstellt worden, darf aber zugleich für sich in Anspruch nehmen, der Sühnekirche Sacré-Coeur in Paris als Vorbild gedient zu haben, die Paul Abadie errichtet hat.

St-Front (6) ist die größte Kuppelkirche Westeuropas und die einzige in Aquitanien, die sich getreulich an das **Vorbild San Marco** in Venedig anlehnt, das seinerseits die Apostelkirche in Byzanz kopierte. Wir sehen also nicht den gewohnten Saal mit einer Reihe von Kuppeln hintereinander, sondern den Typ der Kreuzkuppelkirche über griechischem Grundriss. Den Kern der Anlage bildet ein Quadrat, das von einer Kuppel überwölbt wird. In alle vier Himmelsrichtungen strahlen mit der Vierung identische, gleichfalls überkuppelte Quadrate, sodass man insgesamt fünf monumentale Kuppeln zählt. Die verbindenden Raumabschnitte sind dagegen mit Halbtonnen eingewölbt. Die mächtigen Pfeiler erscheinen leicht und schwerelos, da sie nicht massiv gemauert, sondern durchbrochen wurden. Gerade diese auffallende Besonderheit macht die enge Verbindung zu San Marco besonders evident, wo man nämlich dasselbe beobachtet. Ist am Außenbau die Restaurierung Abadies zu kitschig ausgefallen, so hat sie im **Innern** zu einer trockenen Nüchternheit geführt. Die puristische Bloßlegung des Mauerwerks und das tonangebende matte Grau an Wänden und Pfeilern haben dem Bau jene kraftvolle Würde genommen, die sonst für die Kuppelkirchen so kennzeichnend ist. Das ist der Wermutstropfen, der sich in das Erlebnis von St-Front mischt.

Anlässlich der Restaurierung wurden leider auch Teile der noch im 19. Jh. erhaltenen ehemaligen Konventsbauten abgerissen. Erhalten blieb lediglich der spätgotische Kreuzgang auf der Südseite der Kathedrale.

Rundgang durch die Stadt

Nördlich an die Kathedrale St-Front grenzt die Altstadt an, deren Geschlossenheit mit der Kulisse von Sarlat durchaus konkurrieren kann. Nach der in den 1970er-Jahren durchgeführten Sanierung ist ein Bummel durch das alte Périgueux der reine Genuss. Wir wollen hier keinen festen Rundgang beschreiben, sondern zur Orientierung die Punkte in der Stadt nennen, die man auf keinen Fall auslassen sollte. Eine schöne Kulisse bietet der fast täglich stattfindende **Markt**. Hier beginnt die schmale **Rue de la Sagesse**, wo opulente Schaufensterauslagen die Kauflust anstacheln, aber auch verträumte kleine Innenhöfe und schön geschmückte Portale von diversen Renaissance-Palais zum Verweilen einladen. Ein Abstecher führt zur Place St-Silain, wo mit der **Maison du Patissier** (7, Haus des Zuckerbäckers) eines der originellsten Renaissancehäuser der Stadt steht. Diese Sehenswürdigkeiten liegen alle westlich der Rue Limogeanne, die die Altstadt in zwei Hälften teilt. Östlich dieser Straße sind vor allem die Rue de la Constitution und die Rue Barbecane zu beachten. Das Haus Nr. 7 in der Rue de la Constitution ist das **Logis St-Front** (8), auch Hôtel de Garmanson genannt. Mit seinen beiden Flügeln ist es das größte private Wohnhaus des 16. Jh. in Périgueux. Von hier gelangt man durch die Rue du Plantier zum Cours Tourny, wo sich das Musée du Périgord befindet.

Musée du Périgord

Das Museum (9) befindet sich in den Baulichkeiten eines aufgelassenen Augustiner-Chorherrenstiftes aus dem 17. Jh. Im 19. Jh. waren dort vorwiegend Funde aus der gallorömischen Zeit ausgestellt. Die zahlreichen Grabungen, die im 20. Jh. überall im Département Dordogne durchgeführt wurden, haben vor allem den Bestand an prähistorischen Exponaten anschwellen lassen. Insgesamt ist das Museum im besten Sinne ein Nationalmuseum des Périgord.

   In der **prähistorischen Abteilung** sind zahlreiche Skelette, Steinwerkzeuge, Schmuckstücke und Werke der steinzeitlichen Kleinkunst ausgestellt. Umfangreich ist auch der Bestand der antiken Sammlung mit Architekturfragmenten, Altären, Grabstelen, Gläsern und Terrakotten. Im Saal mit der Kunst des Mittelalters ist vor allem das kleine Diptychon aus Rabastens zu beachten. Es stammt aus dem 13. Jh. und ist damit eines der ältesten Beispiele der Tafelmalerei in der französischen Kunst.

Musée du Périgord:
April bis Sept. Mo und
Mi bis Fr 10.30–17.30,
Sa/So 13–18 Uhr, Okt.
bis März Mo und Mi
bis Fr 10–17, Sa/So
13–18 Uhr; geschlossen an Feiertagen.

Reisen & Genießen

Parken

Wie in allen größeren Städten herrscht auch in Périgueux chronischer Mangel an Parkplätzen. Die Stadt verfügt aber über drei geräumige Parkgaragen. Die für Besichtigungen am besten gelegene ist die Tiefgarage unter der Place Francheville. Von hier aus hat man etwa gleich weite Distanzen zu den römischen Denkmälern rund um St-Etienne-de-la-Cité sowie zur Kathedrale und der dort befindlichen Altstadt.

Kochbuchmesse in Périgueux

Als Hauptstadt des Périgord mit seiner sehr eigenständigen Küche sollte Périgueux ganz automatisch auch eine Hochburg der Kochkunst sein – denkt man! Es verwundert indes, wie wenig sich diese Tatsache in der Auswahl der Restaurants niedergeschlagen hat. Erwähnt werden muss die Internationale Kochbuchmesse, die alle zwei Jahre (in geraden Jahren) im November stattfindet. Sie dauert jeweils drei Tage und wird von Autoren- und Signierstunden, Interviews, Diskussionsrunden usw. begleitet. 1998 war Périgueux Schauplatz einer Sensation. Damals stellte Hannelore Kohl, die Frau des ehemaligen Kanzlers, ein von ihr verfasstes Kochbuch vor, das erste deutsche Kochbuch, das in die französische Sprache übersetzt worden war!

Hotels und Restaurants

Das Bild, das der gastronomische Sektor in Périgueux bietet, ist eine Enttäuschung. Der Michelin-Hotelführer nennt nur eine einzige Hoteladresse in der Stadt, das Hotel Bristol in der Rue A. Gadaud (ohne Restaurant), was die Wirklichkeit vor Ort durchaus realistisch widerspiegelt. Natürlich gibt es einige Hotels, aber keines fällt durch eine besondere Note auf. Wenn man jedoch in einen Vorort ausweicht, wird man durchaus fündig.

In Chancelade, etwa 5 km westlich vom Zentrum, liegt inmitten eines kleinen Parks das gepflegte
Château des Reynats****
Avenue des Reynats
F-24650 Chancelade
Tel. 05 53 03 53 59, Fax 05 53 03 44 84
Eine ausgesprochene Nobeladresse (37 Zimmer) mit hervorragender Küche, die natürlich ihren Preis hat.

Als Restaurants (ohne Hotel) sind zu empfehlen:
Le Clos St-Front
5 rue de la Vertu
Tel. 05 53 46 78 58
www.leclossaintfront.com
Das Lokal liegt auf halber Strecke zwischen der Kathedrale und dem Musée du Périgord. Gute perigordinische Küche in historischem Ambiente, im Sommer wird auch im Garten serviert.

Hercule Poireau
2 rue de la Nation
Tel. 05 53 08 90 76
Das rustikale Lokal liegt in einer kleinen Gasse zwischen Kathedrale und Pont des Barris. Es bietet eine solide regionaltypische Küche. Sa und So geschlossen.

Périgord Blanc

Das hügelige Umland von Périgueux ist das Périgord Blanc. Es erstreckt sich von Hautefort im Osten bis an die Grenze der Saintonge, die im 12. Jh. einen starken Einfluss auf die Romanik des westlichen Périgord genommen hat. Das Périgord Blanc hat seinen Namen nach den Kalkfelsen der Region, die nahezu weiß sind. Der Ostteil zwischen Périgueux und Hautefort macht etwa ein Drittel des Périgord Blanc aus, der größere, mit zwei Dritteln Anteil, ist der Westteil. Dieser ist identisch mit dem Ribéracois, also der Landschaft rund um das Städtchen Ribérac, den Hauptort des Périgord Blanc. Das Ribéracois ist eine unspektakuläre aber liebenswerte Region, durch die der Unterlauf der Dronne in sanften Schwingungen seine Bahn zieht. Wir beschreiben die Orte und Denkmäler von Osten nach Westen.

Château de Hautefort

Hautefort ist die größte barocke Schlossanlage in Südwestfrankreich. Zuvor hatte hier eine Burg gestanden, die dem Troubadour Bertran de Born gehörte, einem Drahtzieher des Aufstandes von Prinz Heinrich gegen seinen Vater König Heinrich II. Plantagenet von England. Nach der Niederringung der Erhebung und dem Tod des Kronprinzen gewährte der sonst als unerbittlich bekannte König dem Dichter großzügig Pardon. Ludwig Uhland hat dies in einer Ballade verarbeitet.

Château de Hautefort ☆☆
Größte barocke Schlossanlage Südwestfrankreichs mit berühmtem Park

Von der mittelalterlichen Burg sind keine Spuren mehr zu erkennen. Eine späte Nachfahrin des streitbaren Troubadours, Marthe de Born, ehelichte im 14. Jh. einen Gontaut-Hautefort, dessen Familie dem Schloss fortan seinen Namen gab. Nach der Erhebung in den Marquis-Stand 1614 war es für die Familie geradezu eine Pflicht, den veralteten Bau durch ein repräsentatives Schloss dem Zeitgeschmack entsprechend zu ersetzen. Die heutige Anlage entstand im Wesentlichen zwischen 1630 und 1670. Nachdem man zunächst einen einheimischen Architekt aus Périgueux unter Vertrag genommen hatte, ließ man alsbald mit **Jean Maigret** einen namhaften Baumeister aus Paris kommen, der den Bau fortführte und vollendete. 1929 kam das Schloss in den Besitz der Barone de Bastard, die nach dem Zweiten Weltkrieg das Gebäude grundlegend renovierten. Kaum waren die Arbeiten abgeschlossen, brach die Katastrophe über Hautefort herein. In der Nacht vom 30. auf den 31. August 1968 führte die achtlos fortgeworfene Zigarette eines Besuchers zu einem **Brand**, der das Schloss restlos zerstörte. Nur die nackten Mauern blieben stehen. Die energische Baronin Bastard zögerte keinen Moment, sondern setzte sich umgehend mit aller Kraft für die Wiederherstellung ein. Unter Einsatz privater Mittel, durch Spenden und Zuschüsse eines Fördervereins wurde das Wunder möglich. Innerhalb weniger Jahre erstand Hautefort aus Ruinen wieder auf und besitzt inzwischen sogar wieder eine sehenswerte Ausstattung.

0 — 10 m

Château de Hautefort

Dachstuhl in einem der Türme des Château Hautefort

Château de Hautefort:
Feb. und Nov. nur
Sa/So 14–18 Uhr,
März und Okt. tgl.
14–18 Uhr, April/Mai
tgl. 10–12.30 und
14–18.30 Uhr, Juni bis
Sept. tgl. 9.30–19 Uhr
www.chateau-
hautefort.com

Rundgang

Man betritt den **Schlosshof** über eine Zugbrücke und durch ein von Türmen gesichertes Tor. Dieses stammt noch aus dem späten 16. Jh. Ebenfalls der Renaissancezeit gehört einer der beiden Rundtürme an, mit denen die Seitenflügel des Schlosses zur Gartenseite abschließen. Von der Terrasse blickt man auf die **Gärten** hinunter, für die Haute-fort berühmt ist. Nach der Besichtigung des Schlosses sollte man auf jeden Fall einen Spaziergang in diesem Park einplanen, der in Teilen Besuchern zugänglich ist. Zehn Gärtner sind ganzjährig damit beschäftigt, den Bestand an Blumen und Bäumen zu erhalten und zu pflegen (siehe auch Reisen & Genießen, S. 195).

Im **Innern** des Schlosses, von dem ein Teil bewohnt ist, sieht man Porträtbüsten, Möbel unterschiedlicher Epochen und einige qualitätvolle Wandbehänge. Die Besichtigung endet im Dachgeschoss des Westturmes, der ein kunstvoll gestaltetes Gestühl aus Kastanienholz besitzt. Kastanie wurde früher gern als Bauholz verwendet, weil es die Eigenschaft besitzt, Spinnen anzuziehen. Und diese nützlichen Vertilger von Ungeziefer sind eine verlässliche Polizeitruppe gegen unliebsame Eindringlinge.

Château des Bories

Wir folgen der Auvézère flussabwärts bis Cubjac, von dort führt eine kleine Querverbindung (D 69) im Tal der Isle Richtung Périgueux. Zwischen den Dörfern **Laudirère** und **Antoine-et-Trigonant** liegt links der Straße inmitten einer gepflegten Parkanlage das Schloss Les Bories, dessen Baubeginn in das Jahr 1497 datiert ist. Es wurde für Johanna von Hautefort errichtet und ist ein gutes Beispiel für den Übergangsstil vom Mittelalter zur Renaissance. Zwei dicke Rundtürme mit spitzen Hauben schützen den dazwischenliegenden dreigeschossigen Wohntrakt. Aber auch in den Türmen, die bei einer rein mittelalterlichen Anlage ausschließlich der Verteidigung gedient hätten, sind Wohnräume untergebracht. So erlebt man den Wandel einer Bauform. In der späteren Schlossarchitektur Frankreichs entwickeln sich aus den Flankentürmen des Mittelalters, die in der Renaissancezeit zu Wohntrakten wurden, die Seitenflügel der Barockschlösser. Auf diesem weiten Weg vom 13. Jh. bis nach Versailles oder Fontainebleau sind Beispiele wie das Château des Bories wichtige Bindeglieder.

Chancelade

Nun führt unser Weg durch Périgueux beziehungsweise daran vorbei nach Chancelade. Dieser westliche Vorort von Périgueux ist dem Altertumsforscher ein Begriff, da hier 1888 eines der bekanntesten prä-

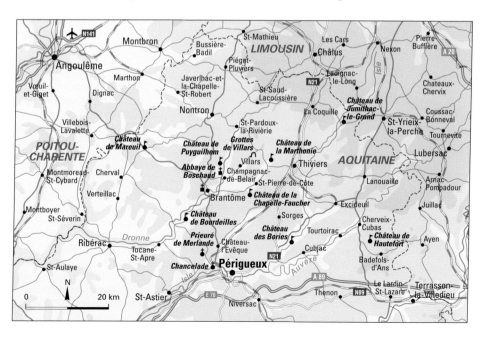

historischen Skelette gefunden wurde. Es befindet sich heute im Museum in Périgueux. Nach ihm wurde ein **eigener Menschentypus** benannt, der zwar zur selben Zeit lebte wie der Cro-Magnon, sich aber von diesem wesentlich unterschied. Während der Cro-Magnon etwa die Durchschnittsgröße des heutigen Menschen besaß, war der Mensch von Chancelade sehr viel kleiner, im Durchschnitt 1,55 m.

Der Tourist sucht Chancelade wegen des dort befindlichen **Klosters** auf. Es wurde im 12. Jh. von Augustinern gegründet, im 16. Jh. durch Hugenotten teilweise zerstört und im 17. Jh. wieder aufgebaut. Um die Regeneration des Klosters in der Barockzeit hat sich vor allem Alain de Solminihac verdient gemacht, der 1981 durch Papst Johannes Paul II. seliggesprochen wurde. Chancelade war in dieser Epoche ein bedeutendes geistiges Zentrum des Périgord.

Die **Klosterkirche** ist noch weitgehend spätromanischer Bestand, allerdings spricht im Gesamtbild das Resultat der Erneuerung im 17. Jh. deutlich mit. Die Fassade ist ein Beispiel für den starken Einfluss, den die Kunst der Saintonge im 12. Jh. auf das Périgord ausgeübt hat. Das mehrfach gestufte Archivoltenportal ohne Tympanon sowie der Blendarkadenfries darüber sind signifikante Erkennungsmerkmale der Romanik dieser westfranzösischen Provinz. Die Betonung des reich gegliederten Glockenturmes weist ebenfalls in die Saintonge. Der Innenraum präsentiert sich in der für das Périgord kennzeichnenden Schlichtheit als einschiffiger Saal. Das Gewölbe stammt aus dem 17. Jh. Im Chor sind noch Reste von Wandmalereien aus dem 14. Jh. auszumachen; man erkennt die Hll. Christophorus und Thomas Becket. In den Sommermonaten ist die Kirche Schauplatz stimmungsvoller Kammerkonzerte. Von den an die Kirche angrenzenden Klostergebäuden stehen noch Teile des Wirtschaftstraktes und das Abtslogis aus dem 17. Jh. In diesem befindet sich ein kleines **Museum** mit einer Sammlung von Reliquiaren, Messgewändern und Kleinkunstwerken. Ein Tafelbild mit der Verhöhnung Christi sticht hervor, das dem Umfeld des Lothringers Georges de la Tour (1593–1652) zugerechnet wird. Nahe dem Kloster steht eine weitere kleine romanische Kirche. Sie war dem hl. Johannes geweiht und diente bis zur Revolution als Pfarrkirche.

Merlande

Die Chorherren von Chancelade gründeten 7 km nördlich im Wald von Feytaud das Priorat Merlande. Einzig dessen romanische Kirche hat die Zeiten überdauert. Sie liegt auch heute noch wie einst im Mittelalter beschaulich von dichtem Grün umgeben. Ursprünglich bestand die Kapelle nur aus einem kleinen rechteckigen Raum. Noch im 12. Jh. erfolgte eine Erweiterung nach Westen um zwei Joche. Beide wurden mit einer Kuppel eingewölbt. Eine von beiden ist später eingestürzt, sodass der Raum heute nur noch eine Kuppel aufweist. Nach außen macht das Gebäude einen Eindruck wehrhafter Geschlossenheit, wie es immer wieder typisch für diese Landschaft ist. Im Innern macht sich ein Wille zu plastischer Gestaltung bemerkbar. Die Wände des Ostteils sind mit Säulen gegliedert, die von kleinen Figurenkapitellen bekrönt werden. Man sieht vegetabile Ornamentik und die für das romanische Bestiarium typischen Tiere.

Romanische Kirchen im Riberacois

Zwischen Bourdeilles und St-Aulaye reiht sich ein Dutzend romanischer Kirchen an den Ufern der Dronne. Für diesen Ausflug haben wir die sechs wichtigsten Denkmäler ausgewählt.

Die Kirche von **Montagrier** besitzt unter den romanischen Bauten des Ribéracois die schönste Lage. Neben den Resten einer Burg ist sie auf einer Hügelkuppe postiert, von der aus sie weithin sichtbar ist. Das Langhaus ist neuzeitlich, original sind nur die Ostteile. Der Chor besitzt eine Pendentifkuppel und als einzige Kirche des gesamten Périgord fünf Radialkapellen.

Im nahen **Grand Brassac** beherrscht die mächtige Wehrkirche Sts-Pierre-et-Paul das Dorf, das bedeutendste Denkmal der Romanik im Périgord Blanc. Sowohl der westlich vorgelagerte Turm als auch der

Romanische Kirche in Montagrier

Nicht erschrecken! Sobald man die Kirche in Grand Brassac betreten hat, löst man mittels einer unsichtbaren Lichtschranke einen interessanten Automatismus aus. Über ein Band wird geistlicher Gesang abgespielt, zugleich treten nacheinander verschiedene Lampen in Aktion, die die Kuppeln sehr schön ausleuchten.

Vierungsturm sind als Wehrtürme gestaltet. Im Innern reihen sich drei Kuppeln hintereinander. Beachtung verdient das Nordportal. Dort überfängt ein schön ornamentierter Bogen eine kleine Anbetungsgruppe, darüber stehen Statuen der Kirchenpatrone und eine Fürbittergruppe mit Christus, Maria und Johannes. Die Tatsache, dass Maria und Johannes knien und nicht stehen, weist die Skulpturen als Werke des 13. Jh. aus, da dieser Bildtyp um 1220/30 an den Kathedralen in Reims und Amiens kreiert wurde.

Die Kirche von **Allemans** besitzt zwei Kuppeln. Der Glockenturm erhielt seine heutige Gestalt erst im 19. Jh. Das Städtchen Ribérac ist ein wichtiger Marktflecken, in dem im Herbst der Nuss-, in den Wintermonaten der Geflügelmarkt Besucher von fern her anzieht. Sehenswürdigkeiten bietet der Ort keine.

In dem hübschen Dorf **Siorac-de-Ribérac** stößt man auf eine weitere Wehrkirche des 12. Jh., über deren Kuppel im Vorchor sich der Vierungsturm erhebt. Der zweite Turm wurde dem Bauwerk erst im 17. Jh. hinzugefügt. Im Innern sieht man (dank einer guten Ausleuch-

tung besonders deutlich) unterschiedliche Wölbformen: Kuppel, Spitztonne und im platt geschlossenen Chor gotische Kreuzrippen.

Das bedeutendste Denkmal der Romanik im Ribéracois ist die Kirche in **St-Privat-des-Prés**, das man 10 km westlich von Siorac-de-
Ribérac erreicht. Es ist der einzige Bau in der Gruppe romanischer
Kirchen dieser Gegend, der nicht dem Muster des einschiffigen Saa-
les folgt, sondern dreischiffig gestaltet wurde. Davon lässt jedoch die
äußere Erscheinung des wehrhaften Bauwerks zunächst nichts ah-
nen, da alle drei Schiffe unter einem Satteldach zusammengefasst sind.
Die Fassade hängt eng mit der Romanik der Saintonge zusammen.
Neun Archivolten schwingen sich über die Tür. Links und rechts da-
von erscheinen zwei kleine Scheinportale, darüber ein Fries von neun
Blendarkaden. Ungewöhnlich ist, dass die Langseiten gleichfalls eine
Gliederung mit Blendarkaden zeigen, ein in der Romanik des Périgord zumindest am Außenbau einer Kirche seltene Erscheinung. Der
Innenraum entpuppt sich als dreischiffige Halle, ein bauliches Mus-
ter, das mit den Nachbarlandschaften Poitou und Limousin korres-
pondiert. Die Zuspitzung des Gewölbes dagegen verrät burgundischen
Einfluss. Das Priorat von St-Privat unterstand im 12. Jh. der Abtei von
Aurillac, die ihrerseits in den cluniazensischen Kirchenverband eingebunden war.

Die Exkursion zu romanischen Kapellen und Kirchen im Tal der
Dronne endet in **St-Aulaye** mit dem Besuch der kleinen Kirche Ste-
Eulalie, deren Gewölbesituation allerdings in gotischer Zeit verändert
wurde. Die Gliederungselemente der Fassade verweisen auch hier auf
die nahe Saintonge.

Reisen & Genießen

Parks und Gärten
im Périgord Blanc

Im geografischen Bereich dieses Kapitels
spielen Fragen der Gartengestaltung und
der Botanik eine gewichtige Rolle. Auf den
Park des Château de Hautefort wurde bereits hingewiesen. Wir möchten die Informationen an dieser Stelle ein wenig vertie-
fen. Der größte Teil dieses Parks ist nach den
artifiziellen Prinzipien französischer Gartengestaltung angelegt. Penibel beschnittene
Buchsbaumhecken beschreiben geometrische Gebilde, innerhalb derer Blumen ein
abwechslungsreiches farbiges Muster bil-

den. Der Westteil des Parks von Hautefort
ist dagegen nach dem Prinzip englischer
Gärten konzipiert. Bäume und Büsche sind
locker angeordnet, als hätte nicht menschlicher Gestaltungswille, sondern die Natur
selbst die Inszenierung geschaffen.

Das Städtchen Terrasson besitzt einen 6 ha
großen Park mit dem Namen »Les Jardins de
l'Imaginaire« (Terrasson liegt an der Vézère
im Grenzbereich zwischen Schwarzem und
Weißem Périgord). Schon ein Bummel durch
den malerischen alten Ort ist ein Vergnügen, der Besuch des Parks, der 1997 eröffnet wurde, ein Genuss! Gartenarchitektin

Kathryn Gustafson hat das Terrain in 13 unterschiedliche Themenkapitel gegliedert, wobei einige explizit der Pflanzensymbolik gewidmet sind. Ohne eine Führung oder zumindest die Zuhilfenahme eines kleinen Wegweisers wird man manches nicht verstehen. Die Jardins de l'Imaginaire haben sich innerhalb kurzer Zeit zum Publikumsmagneten entwickelt und ziehen inzwischen mehr als 40 000 Besucher jährlich an. Geöffnet ist der Park im April und Okt. tgl. außer Di 9.50–11.20 und 13.50–17.20, Mai/Juni und Sept. tgl. außer Di 9.50–11.50 und 13.50–17.20, Juli/Aug. tgl. 9.50–11.50 und 13.50–18.10 Uhr.
www.ot-terrasson.com
Im äußersten Westen des Périgod Blanc liegt das Dorf Cercles mit dem »Jardin des orchidées sauvages« (von Ribérac auf der D 708 nach Norden 10 km in Richtung Verteillac, von dort 8 km östlich auf der 84 in Richtung La Tour-Blanche). Hier hat eine Botanikerin einen Garten angelegt, in dem Wildorchideen gedeihen, zum Teil Arten, die akut vom Aussterben bedroht sind und deshalb unter strengem Schutz stehen. Besichtigungen mit Führung sind möglich während der Blütezeit April bis Juni nur Mi und Sa nachmittags. Anmeldung unter Tel. 05 53 90 86 83.
Ebenfalls an der westlichen Peripherie des Périgord liegt die Ortschaft Neuvic (30 km südwestlich von Périgueux). Hier steht ein schmuckes Renaissance-Schlösschen mit erlesener Ausstattung (nur im Juli/Aug. innen zu besichtigen). Rund um das Schloss wurde 1993 ein botanischer Garten angelegt. Es ist eine der jüngsten Parkanlagen des Périgord und darin dem Park in Terrasson verwandt. Identisch mit jenem ist übrigens auch die Fläche, die 6 ha beträgt. Mehr als 1300 Pflanzenarten haben hier eine Heimat gefunden. Der Park ist ganzjährig tgl. außer Do geöffnet. Normalerweise ist der Eintritt frei, aber im Sommer (Juni bis Aug.) wird eine Eintrittsgebühr erhoben.

Mit dem Heißluftballon über das Périgord

Etwas ganz Besonderes ist eine Fahrt mit dem Heißluftballon. Gestartet wird nahe Hautefort. Wenn der Wind günstig geht, sieht man das große Barockschloss aus der Vogelperspektive. Der Spaß ist nicht billig (man muss rund 200 Euro pro Person rechnen), aber ein unvergessliches Erlebnis! Veranstalter ist Périgord Montgolfière Tel. 06 87 33 86 66
www.perigord-montgolfiere.com.

Hotels und Restaurants

Das Périgord Blanc ist, wenn man von Hautefort als viel besuchtem Ort absieht, eine Region ohne Fremdenverkehr. Bereits in Périgueux wurde auf das Beherbergungsproblem hingewiesen. Deshalb können wir hier nur zwei Empfehlungen aussprechen. Eine rustikale, familiäre Atmosphäre mit einfachen Zimmern und ordentlicher Küche bietet das
Hotel-Restaurant Chabrol*
F-24420 Sarliac-sur-l'Isle
Tel. 05 53 07 83 39, Fax 05 53 07 86 53.
Sarliac-sur-l'Isle liegt 10 km östlich von Périgueux. Der Name Chabrol benennt übrigens eine alte bäuerliche Art, einen Suppenteller auszuschlürfen. »Faire le chabrol« (wörtlich: chabrol machen) bedeutet, dass man in den Rest der Suppe ein Glas Rotwein kippt, beides miteinander verrührt und dann direkt aus dem Teller schlürft.

Wir empfehlen ferner im Westen des Périgord Blanc die von einem Bauerngehöft in ein Hotel umgewandelte
Hostellerie Les Aiguillons***
F-24320 St-Martial-Viveyrols
Tel. und Fax 05 53 91 07 55.
Das kleine Hotel (8 Zimmer) liegt 5 km nordwestlich von Verteillac. Von hier führt die D 101 nach St-Martial-Viveyrols. Es ist eine Oase der Ruhe. Nur von April bis September geöffnet.

Périgord Vert – Die Landschaft im Norden des Périgord

Keine der vier mit Farbnamen titulierten Regionen des Périgord trägt ihre Bezeichnung so sehr zu Recht wie das Périgord Vert. Dieser nördliche Abschnitt der Landschaft ist auf weite Flächen von dichtem Laubwald überzogen, eine einzige Symphonie in Grün. Hauptstadt des Grünen Périgord ist die Ortschaft **Nontron**. Die drei kunstgeschichtlichen Hauptthemen des Périgord – prähistorische Kunst, Romanik und Schlösser – präsentieren sich hier dem Reisenden in zum Teil hervorragenden Beispielen. Wir stellen die sehenswerten Stätten im Rahmen von fünf kleineren Exkursionen vor und beginnen mit einer Beschreibung des Tals der Dronne zwischen Bourdeilles und Brantôme.

Château de Bourdeilles

Vor einer Besichtigung des Schlosses empfiehlt es sich, einen Blick vom rechten Ufer der Dronne auf das stolze Bautenensemble zu richten. Eine gotische Brücke überspannt hier die eilig dahinfließende Dronne. Auf einem Steilfelsen erhebt sich das Schloss, das aus zwei Komplexen besteht. Rechts steht der mittelalterliche Trakt, links daneben das Renaissance-Schloss. Die **mittelalterliche Burg** wurde im 13. Jh. von Géraud de Maumont errichtet und trägt, obwohl neben einer Anlage der Renaissance stehend, seit jeher den paradox anmutenden Namen Château Neuf, weil sie auf den Fundamenten eines frühmittelalterlichen Vorgängerbaus hochgezogen wurde. Nachdem 1259 Ludwig der Heilige das Périgord an die Engländer verloren hatte, gewann Philipp der Schöne im Tausch gegen Ländereien in der Auvergne die Festung Bourdeilles als militärische Enklave im Feindesland zurück. Bourdeilles sollte deshalb im Hundertjährigen Krieg wiederholt eine Schlüsselrolle spielen. Nach Ende des großen Waffengangs hatte die Festung ihre militärische Bedeutung verloren. Dennoch wurde sie nicht, wie in so vielen anderen Fällen, abgerissen. Man ließ die Burg stehen und zog daneben im 16. Jh. das **Renaissance-Schloss** auf. Für den Neubau war in der Hauptsache Jacquette de Montbrun verantwortlich, die Frau von André de Bourdeille und Schwägerin Brantômes. In der Revolution wurden beide Bauten geplündert und zum Teil zerstört. Der Wiederaufbau wurde erst im 20. Jh. unternommen. Die zum Teil erlesene Wiedermöblierung unternahm vor allem in den 1960er-Jahren das Ehepaar Santiard-Beultau. Heute befindet sich das Bautenensemble im Besitz des Départements Dordogne.

Nachdem man einen zweifachen Befestigungswall hinter sich gebracht hat, gelangt man durch die Porte des Sénéchaux in den Innenhof. Das mittelalterliche Château Neuf ist nicht wieder möbliert worden und wird deshalb im Rahmen der Führungen nur gestreift; dagegen werden die Räumlichkeiten des Renaissance-Schlosses aus-

Château de Bourdeilles ☆ Burg und Renaissance-schloss

Château de Bourdeilles: Mitte Nov. bis zum Beginn der Weihnachtsferien und Feb. bis März tgl. außer Di, Fr und Sa 10–12.30 und 14–17.30 Uhr, April bis Juni und Anfang Sept. bis Mitte Nov. und in den französischen Weihnachtsferien tgl. außer Di 10–12.30 und 14–18 Uhr, Juli/Aug. tgl. 10–19 Uhr; geschlossen im Jan. und am 25. Dez. Die Teilnahme an der Führung (Dauer ca. 1 Stunde) ist obligatorisch.

Imposant überragt das Château de Bourdeilles die Dronne – rechts der mittelalterliche Burgtrakt, im Hintergrund der Renaissancebau.

führlich vorgestellt. Besondere Beachtung verdienen das Goldene Zimmer, das von Ambroise Le Noble aus der Schule von Fontainebleau dekoriert wurde, und die drei reich ausgestatteten Räume des zweiten Stockwerks.

Etwa 3 km westlich von Bourdeilles stößt man etwas abseits des Dronnetales in dem Dorf **Paussac-et-St-Vivien** auf eine romanische Kirche, die mit einer Reihe von drei Kuppeln auftrumpft. Ungewöhnlich aufwändig erscheint auch die äußere Gestalt: Das Westportal ist tief in die Wand gestuft und von zahlreichen (undekorierten) Archivolten überfangen, die Wände des Langhauses zeigen hoch aufgehende Blendarkaden. Ins Tal der Dronne zurückgekehrt, schlagen wir den Weg am Flussufer nach Brantôme ein. Kurz hinter Bourdeilles zeichnet der Rocher de Diable sein markantes Profil in den links der Straße aufgehenden Felsen.

Brantôme

Brantôme ☆
Besonders sehenswert: romanischer Glockenturm

Das Städtchen Brantôme liegt auf einer Insel, die von zwei Armen der Dronne umflossen wird. Die Geschichte des Ortes ist eng mit der Abtei verknüpft, die Karl der Große 769 gegründet hatte. Der Zerstörung durch die Normannen folgte ab 1075 ein Wiederaufbau. Von dieser romanischen Anlage ist einzig der Glockenturm erhalten geblieben, während sich in den anderen Konventsbauten die bewegte Geschichte des Klosters widerspiegelt. Nach wiederholter Plünderung durch die Engländer im 15. Jh. wurde im 16. Jh. unter Abt Pierre de Mareuil erneut der Wiederaufbau in Angriff genommen. Sein Nachfolger war Pierre de Bourdeille, Abt und Seigneur von Brantôme.

Von den Konventsgebäuden des 16. Jh. ist wenig erhalten, auch wenn es Brantôme gelang, sein Kloster gleich zweimal vor einer Plünderung durch Hugenotten zu retten. Dafür waren die Zerstörungen in den Revolutionsjahren umso nachhaltiger. Der Wiederaufbau im 19. Jh., an dem Paul Abadie beteiligt war, führte zu zweifelhaften Ergebnissen, denn allzu unbedenklich ging man damals mit der historischen Substanz um. Der bemerkenswerteste Teil der Bautengruppe ist heute der **romanische Glockenturm**, der nach Art italienischer Campanile seitlich von der Kirche abgesetzt ist. Der Turm besteht aus vier Stockwerken. Die schrittweise Verjüngung nach oben und die vielfältige Durchbrechung des Mauerwerks lassen ihn Ende des 11. Jh. als ungemein fortschrittlich einstufen. Namentlich taucht hier zum ersten Mal in der französischen Architekturgeschichte das Motiv des Wimpergs auf, des spitzen geschossübergreifenden Dreiecksgiebels über den Fensteröffnungen. Der Wimperg wurde in der Folgezeit zum unverzichtbaren Bestandteil vor allem der Glockentürme des Limousin und fand von dort Eingang in die Baukunst der Gotik. Ein reizendes Detail im Kontext der ehemaligen Klosterbaulichkeiten ist der heute isoliert stehende kleine Renaissance-Pavillon am Ufer der Dronne. Hier soll Abt Brantôme Teile seiner Skandalchroniken geschrieben haben. Hinter der Kirche gelangt man in eine Höhlung des Felsens, die von den Mönchen zu einer Folge von künstlichen Grotten erweitert wurde. Dort entspringt die **Sicarius-Quelle**, der im Mittelalter heilende Kräfte nachgesagt wurden. Noch heute ziehen Pilger in der Hoffnung nach Brantôme, hier ihre Gebrechen lindern zu können. In einer der Grotten sind Reliefs aus dem Felsen geschlagen. Eindeutig zu bestimmen ist lediglich eine Kreuzigungsgruppe. Wahrscheinlich handelt es sich um künstlerische Versuche aus nachmittelalterlicher Zeit.

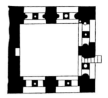

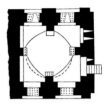

Grundriss des Erdgeschosses (unten) und der Glockenstube (oben) des Glockenturms in Brantôme

Mareuil und Cherval

Von Brantôme führt der zweite Ausflug in westlicher Richtung bis nahe an die Grenze des Périgord zum Angoumois.

Als eine eindrucksvolle Schlosskulisse erfährt man das in Privatbesitz befindliche, aber dennoch zur Besichtigung offen stehende **Château de Mareuil** 20 km westlich von Brantôme, einst eine der vier Baronien des Périgord. Der mittelalterliche Trakt ist weitgehend Ruine, ein Kleinod ist indes die gut erhaltene Schlosskapelle mit ihrem komplizierten spätgotischen Rippengewölbe. Der Renaissancetrakt, Anfang des 19. Jh. zum Teil rekonstruiert, wirkt trotz der musealen Einrichtung ausgesprochen wohnlich.

Von Mareuil gelangt man über die D 708 in das 7 km entfernte Dorf Cherval. In der Ortsmitte erhebt sich die **romanische Kirche**, die nach außen einen schlichten, völlig unspektakulären Eindruck macht. Im Innern gibt sich der Raum als ein wichtiger Vertreter der aquitanisch-périgordinischen Bauschule zu erkennen. Die stattliche Zahl von vier Kuppeln überfängt den Saalraum.

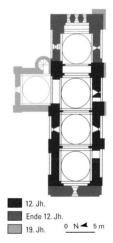

■ 12. Jh.
■ Ende 12. Jh.
▨ 19. Jh.   0 N ◄ 5 m

Grundriss der romanischen Kuppelkirche in Cherval

Das Nontronnais

Nach dem Städtchen Nontron, einer Unterpräfektur des Départements Dordogne, ist die nördlichste Region des Périgord Nontronnais benannt. Einige Badeseen bereichern hier das Landschaftsbild.

0   5 m   N◄

■ 12. Jh.   ■ 16. Jh.
■ undatiert ☐ neuzeitlich

Grundriss der romanischen Kirche in Bussières-Badil

Nontron selbst besitzt keine Sehenswürdigkeiten, aber zwei romanische Kirchen laden zu Abstechern nach La Chapelle-St-Robert (10 km westlich von Nontron) und nach Bussière-Badil (15 km nördlich von Nontron) ein. Die Kirche von **La Chapelle-St-Robert** präsentiert ihre Dreiapsidenanlage zum offenen Feld. Mit kristallischer Klarheit zeichnet sich der Baukörper vor der Natur ab. Im Innern gruppieren sich ein tonnengewölbter Saal, ein breit ausladendes Querhaus und die drei Apsiden des Chores zu einem baulichen Muster, das bereits den Nachbarlandschaften Saintonge und Angoumois näher steht als der Bauschule des Périgord.

Noch deutlicher fällt diese Annäherung an nördliche beziehungsweise westliche Nachbarn in **Bussière-Badil** aus. Das Archivoltenportal der Westseite dieser Kirche ist ein Ableger der poitevinischen Romanik, und auch der dreischiffige Innenraum mit extrem schmal angelegten Seitenschiffen zeigt sich sowohl dem Poitou als auch dem Limousin verpflichtet. Die Querhausarme und die Seitenkapellen der Dreiapsidenanlage wurden im 19. Jh. weitgehend rekonstruiert.

Rund um das Städtchen Villars

Zwischen Brantôme und Thiviers, mitten im Herzen des Périgord Vert, ertönt noch einmal der Dreiklang, der den Reisenden auf allen seinen Wegen bis hierher begleitet hat und der da lautet: Höhle, Romanik und Schloss.

Château de Puyguilhem:
7. Feb. bis Ende März und 12. Nov. bis 21. Dez. tgl. außer Mo, Fr und Sa 10–12.30 und 14–17.30 Uhr, April bis 4. Juli und Sept. bis 11. Nov. tgl. außer Mo 10–12.30 und 14–18 Uhr (ebenso in den Weihnachtsferien), 5. Juli bis Ende Aug. tgl. 10–19 Uhr. Die Teilnahme an der Führung ist wie in fast allen Schlössern obligatorisch.

Ein schönes Beispiel der Renaissance-Architektur ist das **Château de Puyguilhem**, das nur knapp 1 km nördlich von Villars in einem ausgedehnten Park liegt. Dem Château des Bories bei Périgueux eng verwandt, erscheint es wie eine Taschenausgabe von Chambord. An diesen großen Verwandten im Tal der Loire erinnert vor allem der behäbige Rundturm, der den Wohntrakt an seiner Ostseite begrenzt. Ihm antwortet an der Westseite ein eckiger Treppenturm, der wiederum von dem berühmten Treppenturm des Schlosses in Blois abhängt. Dieses enge Verhältnis zu berühmten Vorbildern an der Loire erklärt sich aus der Gestalt des Bauherrn Mondot de la Marthonie, der zeitweilig dem Regionalparlament von Bordeaux wie auch dem Landesparlament in Paris präsidierte und in diesen Funktionen natürlich die Großbauten an der Loire kennengelernt hatte. Eine nach 1945 durchgeführte Restaurierung der Innenräume zog auch eine Wiedermöblierung mit ausgesuchten Antiquitäten nach sich.

Auf einer schmalen Seitenstraße gelangt man von Villars zur nahen Ruine der ehemaligen **Zisterzienserabtei Boschaud**, die im Jahre 1163 gegründet wurde. Nach den kriegsbedingten Zerstörungen im 15. und 16. Jh. wurden keine Anstrengungen unternommen, das Kloster zu reaktivieren. Mitte des 20. Jh. hatte die Natur die verbliebenen Mauerreste fast gänzlich überwuchert. In den zurückliegenden Jahrzehnten wurde von einem Interessentenkreis zur Erhaltung der Ruine von Boschaud eine respektable Instandsetzung betrieben. Alles Gebüsch und Gesträuch wurde entfernt, die erhaltene Substanz in ihrem Bestand gesichert. Die Kirche ist noch etwa zur Hälfte erhalten. Es stehen ihre Ostpartie und das erste Joch des einschiffigen Langhauses, das von einer Reihe von Kuppeln überwölbt war. Die östliche Langhauskuppel ist noch erhalten. An ihr lässt sich gut erkennen, mit welcher handwerklichen Präzision die einzelnen Keilsteine des Gewölbes zugeschnitten wurden. Boschaud ist nach unserer Kenntnis die einzige Kirche des Zisterzienserordens gewesen, die nach dem périgordinischen Muster mit Kuppeln eingewölbt war.

Zurück nach Villars, gelangt man von dort auf der D 82 zur **Grotte de Villars**. Diese 1953 entdeckte Höhle wurde dem Publikum 1958 zur Besichtigung geöffnet. Inzwischen wurde ein verzweigtes System von Gängen und Hallen auf eine Länge von 13 Kilometern erforscht, allerdings ist im Rahmen der Besichtigung nur ein kleiner Teil davon zu sehen. Neben zahlreichen Sinterbildungen werden dem Besucher auch polychrome Bilder aus dem Magdalénien vorgeführt, vor allem Darstellungen von Bisons und Wildpferden. Auf einigen hat sich Kalksinter abgelagert, eine Garantie für das hohe Alter der Kunstwerke.

Und dann steht wieder eines der schönsten Dörfer Frankreichs auf dem Programm: **St-Jean-de-Côle**, wo sich in trauter Nachbarschaft eine romanische Kirche, ein kleines Schloss und hübsche alte Häuser zu einem atmosphärevollen Ensemble gruppieren. Die kleine Kirche, an die sich eine uralte Markthalle lehnt, besteht lediglich aus einem polygonal angelegten Chor mit drei Radialkapellen. Es ist nicht geklärt, ob eine Fortsetzung nach Westen geplant war oder ob der erhaltene Bestand der originalen Konzeption entspricht. Den Raum überwölbte einstmals eine gewaltige Kuppel (12 m Durchmesser), die Ende des 18. Jh. baufällig geworden war und einstürzte. Anfang des 19. Jh. wurde der Versuch einer Rekonstruktion gemacht, der kläglich scheiterte, denn auch die neue Kuppel brach in sich zusammen. Daraufhin resignierten die Denkmalpfleger. 1850 wurde die einstige stolze Kuppel ganz prosaisch durch eine hölzerne Flachdecke ersetzt.

Das benachbarte **Château de la Marthonie** besitzt Bauteile aus dem Mittelalter sowie aus Renaissance und Barock. Es ist bewohnt und kann nur in Ausnahmefällen besichtigt werden.

Thiviers und Jumilhac-le-Grand

Thiviers, ein geschäftiges Provinznest an der N 21, der Hauptverbindung zwischen Périgueux und Limoges, ist, verglichen mit anderen Orten des Périgord, verhältnismäßig gesichtslos. Aber jeder, der die bildhauerischen Leistungen der Romanik schätzt, wird sich den Besuch von Thiviers zum Pflichtpensum machen. Die Architektur der im Kern romanischen Kirche im Zentrum des Ortes ist ein Sammel-

Boschaud:
Die Ruine der Zisterzienserabtei ist offen und jederzeit zugänglich. Man zahlt auch keinen Eintritt.

Grotte de Villars:
tgl. April bis Juni und Sept. 10–12 und 14–19 Uhr, Juli/Aug. 10–19.30 Uhr, Okt. nur 14–18.30 Uhr. geschlossen von Nov. bis März. Der Besuch dauert 45 Min., die Höhle hat eine konstante Temperatur von 13 °C.

Château de Jumilhac-le Grand

Château de Jumilhac-le-Grand:
*Juni bis Sept. tgl.
10–19 Uhr, 15. März
bis Mai und Okt. bis
15. Nov. nur Sa und So
14–18.30 Uhr, 16. Nov.
bis 14. März nur So
14.30–17.30 Uhr. Die
Führung dauert
50 Minuten*

surium unterschiedlicher Stile. Die ursprünglichen romanischen Kuppeln stürzten im 16. Jh. ein und wurden durch gotische Rippengewölbe ersetzt. Der Schatz der Kirche von Thiviers sind ihre romanischen Kapitelle im Chor und an den Vierungspfeilern. Es ist der umfangreichste Zyklus romanischer Kapitelle im Périgord. Das ikonografische Spektrum ist, wie oft in der Romanik, weit gespannt und lässt keinen stringenten Zusammenhang erkennen. In der Hauptsache geht es um das Thema, das dem 12. Jh. besonders am Herzen lag: die Bedrohung des Menschen durch die Kräfte des Bösen und seine Erlösung. Man sieht Samson, einen geläufigen Typus für den Antitypus Christus, im Kampf gegen den Löwen. Auf einem anderen Kapitell pflückt ein Mann eine Traube, die ihm ein Vogel zuträgt, seit der Antike eine bekannte Metapher für die Errettung des Gläubigen durch Christus. Besonders originell ist im Chor die Darstellung einer Tänzerin in einem Ballettröckchen, die von einem Löwen bedroht wird.

Von Thiviers führt eine landschaftlich abwechslungsreiche Fahrt auf der D 78 entlang dem Oberlauf der Isle zum **Château de Jumilhac-le-Grand**, dessen gewaltige Kulisse einen würdigen Schlussakzent im Reigen der Denkmäler des nördlichen Périgord setzt. Der vieltürmige Kern der Anlage stammt aus dem 13. Jh. und hat in der Renaissance nur geringfügige Umbauten erfahren. Im 17. Jh. wurden die niedrigeren Seitentrakte hinzugefügt. In der Gesamterscheinung dominiert also unangefochten das Mittelalter. Darin erweist sich Jumilhac-le-Grand den klassischen Ritterburgen im Dordognetal, vor allem Beynac und Castelnaud, eng verwandt, an Größe aber und Erhaltung stellt es diese bekannten Vergleichsbeispiele noch in den Schatten.

Reisen & Genießen

Spezialitätengeschäft

Überall im Périgord stolpert man über die ganz auf den Tourismus eingestellten Spezialitätenläden, in denen Foie gras, alle Arten von Pasteten usw. angeboten werden. Keiner zeichnet sich durch besondere Originalität aus. In Brantôme aber gibt es ein Geschäft, das sich vor allem an heimisches Publikum wendet und schon deshalb im Angebot deutlich breiter gefächert und auch preislich akzeptabler erscheint. Die Präsentation ist märchenhaft und der Kunde wird gut und geduldig beraten. Neben bekannten Spezialitäten von Ente und Gans werden hier auch in eigener Produktion hergestellte Fertiggerichte in Einweckgläsern angeboten (Cassoulet, Linseneintöpfe, Hasenpfeffer usw.), alles sehr lecker! Das Geschäft mit dem Namen »Boucherie – Charcuterie – Traiteur Carteaud« liegt ganz zentral in Brantôme in der kleinen Fußgängerzone, die den Ortskern durchzieht.

Hotels und Restaurants

Für die in diesem Kapitel beschriebenen Exkursionen bietet sich Brantôme als zentrales Standquartier für ein paar Tage an. Das Périgord Vert sieht zwar deutlich mehr Besucher als das benachbarte Périgord Blanc, aber von dem Andrang, der im Périgord Noir herrscht, ist man meilenweit entfernt. Umso mehr überrascht das Angebot an Hotels und Lokalen. Für jeden Geschmack und in jeder Preisklasse findet sich etwas. In der Zwei-Sterne-Katgorie rangiert die zur Familie der Logis de France gehörende

Hostellerie du Périgord Vert**
6, Avenue Maurois
F-24310 Brantôme
Tel. 05 53 05 70 58, Fax. 05 53 46 71 18
www.logis-de-france.fr
contact@hotel-hpv.fr.
Das Hotel liegt in einem schönen Garten mit (beheiztem) Pool und bietet gute Küche. Die Preise sind ausgesprochen moderat.

Eine Kategorie höher rangiert das Hotel Chabrol*** mit dem dazugehörigen Restaurant Les Frères Charbonnel
57, Rue Gambetta
F-24310 Brantôme
Tel. 05 53 05 70 15, Fax 05 53 05 71 85
www.logis-de-france.fr
charbonnel.freres@wanadoo.fr.
Etwas störend ist die Lage neben einer stark frequentierten Autobrücke. Im Sommer muss man mit akustischen Beeinträchtigungen rechnen. Außerhalb der Saison, wenn weniger Verkehr ist, entfällt dieses Problem weitgehend. Die Küche verdient besonderes Lob! Im Sommer wird auf der Terrasse über die Dronne serviert.

Ein Gourmettempel mit luxuriöser Unterbringung ist das
Hotel le Moulin de l'Abbaye****
F-24310 Brantôme
Tel. 05 53 05 80 22, Fax 05 53 05 75 27
www.moulinabbaye.com
moulin@relaischateaux.com.

Périgord Pourpre

Burgen, Klöster und Bastiden – Die Region um Monpazier

Vom Périgord Vert im Norden des heutigen Départements Dordogne wenden wir uns nun wieder nach Süden und stellen jenen Sektor vor, der nach Südwesten an das Agenais und damit an die Gascogne beziehungsweise im Südosten an das Quercy grenzt. Einige hochkarätige Denkmäler ziehen hier die Aufmerksamkeit auf sich.

Zisterzienserabtei Cadouin

Das ehemalige Zisterzienserkloster Cadouin liegt 6 km südwestlich des Städtchens Le Buisson. Es ist das einzige, das von ehemals vier Niederlassungen des Ordens im Périgord erhalten blieb. Cadouin wurde 1115 von **Gerhard von Sales**, einem Schüler des Robert von Arbrissel (dem Ziehvater des Ordens von Fontevraud), gegründet. Bereits vier Jahre später schloss sich das Kloster den Zisterziensern an. Cadouin gehörte fortan zur Kirchenfamilie des burgundischen Pontigny, das als Mutterabtei zwölf Mönche zur Besiedlung von Cadouin abstellte. Unter den Abteien des Zisterzienserordens nimmt Cadouin eine Sonderstellung ein, denn es erlebte einen lebhaften Zulauf an Pilgern, nachdem 1117 Adhémar de Monteil, der Bischof von Le Puy, dem Kloster das **(vermeintliche) Leichentuch Christi** als Reliquie geschenkt hatte, das er vom Ersten Kreuzzug aus Antiochia mitgebracht hatte. Dem Pilgerrummel gingen die Zisterzienser normalerweise konsequent aus dem Wege; darin liegt ja gerade einer ihrer wesentlichen Unterschiede zu den benediktinischen Cluniazensern, von denen sie sich abgrenzen wollten. Die Reliquie sicherte der Abtei Ansehen und ein gutes Einkommen. Hochgestellte Persönlichkeiten und sogar Könige pilgerten nach Cadouin. Richard Löwenherz, Karl V. und Ludwig IX. machten der Abtei ihre Aufwartung. Als der Hundertjährige Krieg seine Schatten über das Land warf, wurde die Reliquie zunächst nach Toulouse, später in das Zisterzienserkloster Aubazine an der Corrèze verbracht. Nach Ende des Krieges entbrannte ein heftiger Streit zwischen Cadouin und Aubazine um die Rückgabe des Tuches. Erst die Intervention des Papstes und König Ludwigs XI. veranlasste die Mönche von Aubazine, ihren Confratres von Cadouin die Reliquie zurückzuerstatten. Zur selben Zeit wurden die von den Engländern geplünderten Klosterbaulichkeiten wiederhergestellt. Danach ging es mit Cadouin bergab. Als 1789 nur noch vier Mönche im Kloster lebten, bedeutete seine Auflösung durch die Revolution kaum mehr als einen Gnadenakt. Die Klostergebäude wurden vom Pöbel geplündert, das Archiv und die reich bestückte Bibliothek auf dem Dorfplatz verbrannt. Die Rettung ihrer Baulichkeiten verdankt die Abtei dem Bürgermeister Pierre Bureau, der diese 1792 erwarb und sie vor erneuter Heimsuchung schützte. Bald nach der Mitte des 19. Jh. veranlasste Prosper Mérimée eine Renovierung. 1934 untersuchte eine

Cadouin ☆
Besonders sehenswert:
Kirche und Kreuzgang

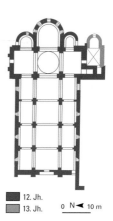

■ 12. Jh.
■ 13. Jh.   0 N◄ 10 m

Grundriss der ehemaligen Abteikirche Cadouin

◁ *Château de Monbazillac*

205

Spätgotische Skulpturen im Kreuzgang von Cadouin: eine Gruppe von Mönchen, Teil der Kreuztragung

Expertengruppe das vermeintliche Leichentuch Christi. Die Reliquie verlor daraufhin die Anerkennung ihrer Echtheit, da bestimmte darauf befindliche arabische Schriftzeichen eine Datierung ins 11. Jh. nahelegten. Doch kamen 1982 andere Forscher zu einem differenzierteren Ergebnis. Sie datierten lediglich die Bordüren mit der kufischen Inschrift in das 11. Jh. Das Tuch selbst konnte zeitlich nicht genauer eingestuft werden – echt oder unecht, die Frage bleibt weiterhin offen!

Der **Bau der Kirche** muss unverzüglich nach Gründung des Klosters in Angriff genommen worden sein, denn bereits aus dem Jahr 1154 ist die Weihe überliefert. Der Anschluss an Cîteaux erfolgte zu einem Zeitpunkt, als die Kirche bereits im Bau befindlich war. Das erklärt die Abweichungen vom strengen Ideal der Zisterzienser-Baukunst. Anstelle einer Basilika, wie sie für den Orden typisch ist, baute man in Anlehnung an die Tradition des Poitou und des Limousin eine dreischiffige Halle mit einem leicht erhöhten Mittelschiff. Die Fassade mit Blendarkaden und seitlichen Scheinportalen ist von der Baukunst der Saintonge inspiriert. An das vier Joche tiefe Langhaus schließen sich das nur geringfügig fluchtende Querhaus und die drei Apsiden der Choranlage an. Der weitgehende Verzicht auf Dekorationselemente allerdings trägt dem Armuts- und Entsagungsideal des hl. Bernhard von Clairvaux Rechnung. Die einzigen **Ausstattungsstücke**, die der Ziehvater des Zisterzienserordens in einer Kirche gelten ließ, waren ein Kruzifix auf dem Altar und ein Standbild der Muttergottes. Ein solches hat sich in Cadouin erhalten. Die Figur der Maria steht vor dem letzten Pfeiler vor der Vierung. Allerdings handelt es sich nicht um eine romanische Madonna, sondern um ein besonders schönes Beispiel für den internationalen »Weichen Stil« der Zeit um 1400.

Der **Kreuzgang** ist das Resultat des Wiederaufbaus der Abtei in der zweiten Hälfte des 15. Jh. Teile seiner Ausstattung wurden erst im 16. Jh. ausgeführt. An der Kirchenseite, also im Nordflügel, ist der Abtstuhl erhalten, den eine köstliche Darstellung der Kreuztragung überfängt. Das Relief zeigt die Personen im zeitgenössischen Gewand des frühen 16. Jh. Aus einem Turm auf der linken Seite zieht eine Prozession karikierter Mönche auf den Heiland zu. Man muss an Wilhelm Busch denken: »An den Füßen milde Schuhe, und im Antlitz Seelenruhe!« Sehr lebendig ist auch die Darstellung des Gleichnisses vom armen Lazarus und dem reichen Prasser neben dem Eingang zum Kapitelsaal im Ostflügel des Kreuzgangs. Der **Kapitelsaal** selbst gehört noch zur romanischen Substanz. Hier ist das Tuch ausgestellt, das in früheren Zeiten die Pilger in hellen Scharen nach Cadouin zog.

Neben dem Kloster befindet sich ein originelles Museum zur Geschichte des Fahrrades. Ein reizvolles Fotomotiv ist die alte Markthalle vor der Abtei. Der weiträumige Platz wurde 2006/07 grundlegend erneuert.

Kreuzgang
von Cadouin:
7. Feb. bis Ende März und 12. Nov. bis 21. Dez. tgl. außer Di, Fr und Sa 10–12.30 und 14–17.30 Uhr, April bis 4. Juli, Sept. bis 11. Nov. sowie in den Weihnachtsferien tgl. außer Di 10–12.30 und 14–18 Uhr, 5. Juli bis Ende August tgl. 10–19 Uhr. Wer möchte, kann sich einer Führung anschließen, man kann den Kreuzgang aber auch allein besichtigen.

St-Avit-Sénieur

Der Ursprung dieses einstigen Klosters (7 km südwestlich von Cadouin) liegt im Dunkeln. Angeblich soll es an einer Stelle errichtet worden sein, an der in merowingischer Zeit ein Eremit mit Namen Avitius lebte. Nachdem anfangs Benediktiner in St-Avit das Sagen hatten, kam das Kloster Ende des 11. Jh. unter die Aufsicht der einflussreichen Abtei St-Sernin in Toulouse. Im 16. Jh. wurde es dem nahen St-Cyprien unterstellt. Zu dieser Zeit war St-Avit, aus dem 1310 ein Bischof von Pamplona hervorgegangen war, nahezu bedeutungslos geworden.

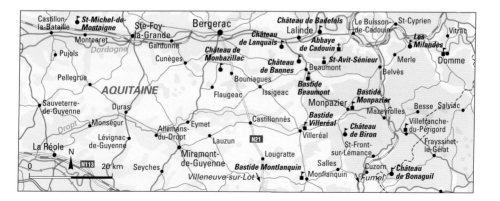

Die Bauarbeiten an der mächtigen romanischen Kirche wurden wahrscheinlich schon Ende des 11. Jh. begonnen. 1117 weihte der Bischof von Périgueux einen Altar, 1142 sein Amtskollege aus Bordeaux einen weiteren. Gegen die Mitte des 12. Jh. scheint der Bau vollendet gewesen zu sein. Ein Brand, der auf das Konto der Engländer geht, führte im 14. Jh. zum Einsturz der Kuppeln, die im 15. Jh. durch spätgotische Rippengewölbe ersetzt wurden. Erneute Schäden brachten die Religionskriege. 1880 bis 1890 wurde die Kirche oberflächlich restauriert. So war das Gebäude 100 Jahre später akut einsturzgefährdet. 1998–2001 wurden die dringend erforderlichen Instandsetzungsarbeiten durchgeführt.

Bastide Beaumont

Die Bastide Beaumont (12 km südwestlich von Cadouin) wurde 1272 auf Veranlassung König Eduards I. von England errichtet. Anstatt der sonst üblichen Doppelachsen, die Bastiden durchzogen (im nahen Monpazier kann man diese Anlage sehen), besaß Beaumont nur eine Hauptachse, die quer durch das Rechteck gezogen wurde. So entstand als Grundriss die Form eines liegenden lateinischen H. Der englische König soll diese Gestalt bewusst als Erinnerung an seinen Vater Heinrich III. in Auftrag gegeben haben. Im Stadtbild ist von der Substanz des Mittelalters nicht mehr viel zu sehen. Von einstmals 16 Stadttoren steht heute nur noch ein einziges, die Porte Luzier. Aber die dem Nationalheiligen des Périgord geweihte **Kirche St-Front** ist noch ein eindrucksvolles Zeugnis aus der Gründungszeit von Beaumont. Das Bauwerk zeigt wenig Verwandtschaft mit den gotischen Kathedralen seiner Zeit, vielmehr geben die vier Wehrtürme – zwei an der Fassade, zwei zu Seiten des flach geschlossenen Chores – der Architektur das Aussehen eines Zwitters, der gleichermaßen eine religiöse wie eine militärische Bestimmung hatte.

Bastide Monpazier

Monpazier ☆
Musterbeispiel einer
Bastide

Monpazier ist das Musterbeispiel unter den Bastiden. Sie wurde konsequent nach dem Idealplan konzipiert und gilt deshalb als **erste »Idealstadt« der Nachantike**. Angelegt wurde sie 1285 durch Jean de Grailly, einen Feldherrn, der im Solde Eduards I. stand. Im Hundertjährigen Krieg war Monpazier wiederholt heftig umkämpft und wechselte mehrmals den Herrn. Vom nahen Biron aus wurde 1557 die Reformation mit Flamme und Schwert nach Monpazier getragen, der sich die überwiegend katholische Bevölkerung heftig widersetzte. Aber auch danach sollte Monpazier nicht zur Ruhe kommen. Ende des 16. Jh. und erneut 1637 war der Ort einer der Hauptschauplätze der großen Bauernaufstände. Einer der wichtigsten Rädelsführer der Aufständischen, der Weber Buffarot, wurde 1637 gefangen genommen und auf dem Marktplatz von Monpazier durch Rädern hingerichtet. Danach wurde es still um Monpazier. Die jahrhundertelange Stagna-

tion ist rückblickend – wie in Sarlat – als Glücksfall zu betrachten, denn so bewahrte die Stadt beinahe unverändert ihr mittelalterliches Aussehen.

Das Rechteck bedeckt eine Fläche von 400 x 220 m. Die Einfassungsmauer ist fast vollständig erhalten. Vier Achsen durchziehen den Ort, zwei in der Länge und zwei in der Quere, sodass im Zentrum ein quadratischer Platz ausgeschieden erscheint. Ihn fassen Häuser ein, deren Untergeschosse sich in Arkaden öffnen, die den ganzen Platz umziehen. Bei einigen wenigen sind sogar noch die gotischen Fenster vorhanden, andere, die in späteren Jahrhunderten »modernisiert« wurden, zeigen Fensterformen der Renaissance und des Barock. Die zauberhafte Kulisse rundet die alte Markthalle aus dem 16. Jh. ab, unter der sich alte eiserne Hohlmaße zum Abwiegen des Getreides befinden. An die Nordostecke des Platzes grenzt die gotische Kirche, ein schlichter einschiffiger Saal.

Der zentrale Platz in Monpazier diente dem Aufmarsch der Soldaten und zum Exerzieren. Heute ist die Kulisse der alten Häuser, die den Platz säumen, einer der Hauptanziehungspunkte im Périgord. Im Hintergrund die gotische Kirche.

Château de Biron

Man verlässt Monpazier in südlicher Richtung. Knapp 7 km entfernt liegt das Château de Biron, eine der stolzesten Schlossanlagen des Périgord. Jahrhundertelang residierte hier die Familie Gontaut-Biron, deren bewegte Geschichte in der baulichen Gestalt ihres Schlosses

Château de Biron ☆
Schloss

Château de Biron:
*7. Feb. bis Ende März,
12. Nov. bis 21. Dez.
tgl. außer Mo, Fr und
Sa 10–12.30 und 14–
17.30 Uhr, April bis
4. Juli, Sept. bis
11. Nov. tgl. außer Mo
10–12.30 und 14–18
Uhr, 5. Juli bis Ende
Aug. 10–19 Uhr und in
den Weihnachtsferien
tgl. außer Mo 10–
12.30 und 14–17 Uhr*

sichtbaren Ausdruck gefunden hat. Einem Gründungsbau des 12. Jh. folgten verschiedene Phasen der Erneuerung. 1212 fiel Biron in die Hände des Simon von Montfort. Erst 20 Jahre später überantwortete König Ludwig VIII. den Besitz seinen rechtmäßigen Eigentümern zurück, die ihre Burg unverzüglich besser befestigten. 1345 eroberten die Engländer Biron, das sie sechs Jahre lang hielten. Nach Ende des Hundertjährigen Krieges wurde die Anlage grundlegend erneuert und erweitert. Unter Heinrich IV. stieg der Baron von Biron zur Herzogswürde über das gesamte Périgord auf. Als Folge des Verrats Karls von Gontaut-Biron an Heinrich IV. und seiner Hinrichtung in Paris 1602 ging diese Stellung allerdings wieder verloren. Nach der Revolution blieb das Schloss unbewohnt und war langsam dem Verfall preisgegeben. 1978 wechselte das Gebäude aus privater Hand in den Besitz des Départements Dordogne, das beträchtliche Geldmittel aufwandte, um das Schloss wieder instand zu setzen. Heute finden während der Sommermonate viel beachtete Ausstellungen mit Werken zeitgenössischer Künstler in den Innenräumen von Biron statt.

Ein mittelalterlicher Mauerring umzieht den größten Teil der Anlage. Sobald man das Tor durchschritten hat, gelangt man in den weitläufigen Vorhof des Schlosses, dessen Südseite die isoliert stehende **Schlosskapelle** beherrscht. Sie ist zweigeschossig angelegt, ein bauliches Muster, das in der Sainte Chapelle in Paris aus der Zeit Ludwigs des Heiligen seinen Ursprung hat. Die Kapelle von Biron wurde allerdings erst im 16. Jh. errichtet. In der unteren Kapelle, die direkt vom Dorf her zugänglich ist, wurde die Messe für das niedere Volk gelesen, im Geschoss darüber versammelte sich die Adelsfamilie. Hier befinden sich mehrere bemerkenswerte Skulpturen, als wichtigste das Grab des Pons de Gontaut-Biron, der 1524 starb. Das ehemals wertvollste Stück jedoch, eine spätmittelalterliche Pietà, wurde Anfang

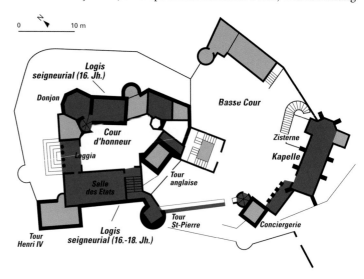

Château de Biron

des 20. Jh. nach Amerika verkauft und gehört heute zum Bestand des Metropolitan Museum of Art in New York. Das **Schloss**, als dessen ältesten Teil man noch einen von anderen Trakten eingeschlossenen Donjon ausmachen kann, besteht in der Hauptsache aus zwei parallel angelegten großen Flügeln. Während der eine weitgehend aus dem späten Mittelalter stammt, ist sein Gegenüber das Resultat der Erweiterung, die während des 16. Jh. vorgenommen wurde. Auf der Nordseite schlägt eine offene Loggia aus der Barockzeit die Brücke zwischen beiden Trakten. Insgesamt stellt Biron eine geglückte Verschmelzung unterschiedlicher Stile dar.

Am Fuße des Schlosses liegen die Häuser des Dorfes **Biron**, die in ein noch freundlicheres Gelb getaucht erscheinen als anderswo im Périgord. Auf dem Dorfplatz beachte man das kleine Denkmal für die Gefallenen der beiden Weltkriege. Es wurde 1996 von dem deutschen Künstler **Jochen Gerz** errichtet und hat beiderseits der Grenzen Aufsehen erregt. Ein deutlicheres Versöhnungszeichen ist wohl kaum vorstellbar, wenn sich eine französische Gemeinde von einem Vertreter des einstigen Kriegsgegners ein Gefallenendenkmal erstellen lässt. Das Denkmal wurde denn auch in der deutschen Presse ausführlich dokumentiert, Informationen sind über das Internet abzurufen (www.farm.de/gerz). Zugleich ist die Art des Denkmals etwas Neues. Gerz wollte ausdrücklich nicht ein *monument aux morts*, sondern ein *monument vivant*. Alle 127 volljährigen Einwohner von Biron wurden von Gerz befragt, wofür es sich ihrer persönlichen Meinung nach heute noch lohne, das Leben hinzugeben. Die Antworten wurden auf kleine rote Täfelchen geschrieben, die der Künstler dann dem schlichten Obelisken applizierte. Auf den verbliebenen Freiflächen sollen künftige Generationen ihre Meinung zu der von Gerz gestellten Frage anbringen. So wird das Denkmal fortan eine Stätte der Begegnung sein, zu Diskussionen und Gedankenaustausch anregen.

Das Denkmal für die Gefallenen der beiden Weltkriege in Biron stammt von dem deutschen Bildhauer Jochen Gerz.

Besse

Von Biron beziehungsweise Monpazier bietet sich ein Abstecher nach Osten zur **romanischen Kirche** von Besse an. Das Dorf liegt 7 km nordöstlich von Villefranche-du-Périgord. Der mit Steinplatten gedeckte Saalraum ist keine architektonische Sensation. Lediglich das Langhaus ist romanisch, die Ostteile mit Querhaus und Chor wurden erst in spätgotischer Zeit angefügt. Die Attraktion von Besse ist sein Portal, das in der Gestalt eines reinen Archivoltenportals (d. h. ohne Tympanon) mit der Romanik der Nachbarlandschaften Poitou und Saintonge in Verbindung steht. Die archaisch wirkenden Reliefs gelten als älteste Skulpturen der Romanik im Périgord und sind vermutlich in das frühe 12. Jh. zu stellen, vielleicht noch in das ausgehende 11. Jh. Folgende Szenen sind zu erkennen: Stirnarchivolte (im Scheitel): Zwei Engel tragen Christus auf einem Thron; zweite Archivolte (von links nach rechts): Ein Engel berührt die Lippen des Propheten Jesaja mit glühenden Kohlen; daneben (in der Laibung)

Detail des Portals der romanischen Kirche in Besse

Detail des Portals der romanischen Kirche in Besse

sitzt Petrus im Marmertinischen Kerker, von oben kommt ein Engel herab, um ihn zu befreien; ein Cherub; Adam und Eva, nackt, im Scheitel nochmals das erste Menschenpaar, hier bekleidet (also nach der Vertreibung aus dem Paradies); der hl. Eustachius jagt den Hirsch; Muttergottes mit dem Kind; als Letztes der Erzengel Michael im Kampf mit dem Drachen; innere Archivolte (wieder nur im Scheitel): Engel mit dem Agnus Dei. In einer für die romanische Kunst typischen Abbreviatur wird der ganze Kosmos der christlichen Heilslehre vom Sündenfall bis zur Erlösung des Menschen durch den Triumph Christi aufgezeigt. Das **Portal** von Besse besitzt den umfangreichsten Skulpturenzyklus der Romanik im Périgord. Diese Landschaft hat im 12. Jh. ihre herausragenden Leistungen auf dem Gebiet der Achitektur hervorgebracht, die Skulptur spielt daneben eine deutlich untergeordnete Rolle. Anders liegt es im Quercy, wo gerade die Skulptur das wichtigste Kapitel der romanischen Kunst darstellt (Beaulieu, Souillac, Moissac).

Villefranche-du-Périgord

Villefranche ist die älteste Bastide des Périgord. Sie wurde bereits 1261 durch Wilhelm von Bagneux, Seneschall des Agenais, im Auftrag des Alphonse von Poitiers gegründet. Im Hundertjährigen Krieg war Villefranche zwischen Engländern und Franzosen ebenso heftig umkämpft wie im 16. Jh. zwischen Protestanten und Katholiken. Zwar ist Villefranche nicht annähernd so gut erhalten wie Monpazier, aber die klassische Form der Bastide ist noch gut im Verlauf der Straßen abzulesen, und am Marktplatz sieht man noch einige der typischen Arkadenhäuser.

Reisen & Genießen

Märkte

Der Wochenmarkt in Monpazier ist besonders attraktiv, da die Stände der Bauern und Händler auf dem zentralen Platz der Bastide aufgebaut sind, was den mittelalterlichen Mauern buntes Leben einhaucht. Der Markt findet jeden Donnerstagvormittag statt. Besondere Marktfeste mit einem erweiterten Angebot gibt es an jedem 3. Donnerstag im Monat, ferner am 8. Juli und am 6. August. Im Oktober wird der Steinpilzmarkt unter der alten Markthalle veranstaltet.

Erwähnen möchten wir auch den Wochenmarkt in Belvès, der gleichfalls im historischen Zentrum des kleinen Ortes stattfindet, und zwar jeden Samstagvormittag. Von Juni bis Anfang September gibt es zudem mittwochs 16 bis 19 Uhr am selben Ort einen Markt nur mit den Spezialitäten des Périgord. Und schließlich kommt im Herbst von Oktober bis Dezember der traditionelle Nussmarkt hinzu, der immer am Mittwochvormittag abgehalten wird.

Ein dritter Markt, der nicht unerwähnt bleiben darf, ist jener in Villefranche-du-Périgord. Die schöne Markthalle dort wurde bereits beschrieben. Sie spielt auch heute noch eine zentrale Rolle im Leben des Ortes. Villefranche liegt inmitten eines Gebietes, in dem Steinpilze besonders gut und reichlich gedeihen. In der Saison (von Juni bis Oktober) finden hier regelmäßig eigene Steinpilz-Märkte statt (je nach Ernte täglich ab 16 Uhr), denen sich im Herbst der Markt für Edelkastanien hinzugesellt (Samstagvormittag).

Hotels und Restaurants

In diesem Bereich des südwestlichen Périgord, wo wenig Urlauberverkehr herrscht, fiel uns vor allem eine Adresse auf, das Château de Scandaillac*** St-Eutrope-de-Born F-47210 Villeréal Tel. und Fax. 05 53 36 65 40 www.scandaillac.com info@scandaillac.com.

Das Schlösschen liegt auf der Grenze zwischen Périgord und Agenais. Besitzer sind die aus Hamburg stammenden Eheleute Klaus und Maren Woehe, die sich hier einen Lebenstraum erfüllt haben. Die Zimmer sind liebevoll eingerichtet, das Ambiente atmosphärevoll, die Preise ausgesprochen moderat.

Wer es vorzieht, in Nähe der Dordogne zu bleiben, findet als eine verlässliche Anlaufstation das Hotel Relais du Périgord Noir** F-24170 Siorac-en-Périgord Tel. 05 53 31 60 02, Fax 05 53 31 61 05 www.relais-perigord-noir.fr hotel@relais-perigord-noir.fr.

Das Haus bietet mehr, als man von einem Hotel der Zwei-Sterne-Kategorie erwartet (u.a. beheizten Pool). Hier lohnt vor allem der Preisvergleich; die Preise in der Hochsaison sind praktisch doppelt so hoch wie in der Vor- und Nachsaison. Das Hotel ist also besonders interessant für Urlauber, die im Frühling oder Herbst im Périgord unterwegs sind.

Die Dordogne von Trémolat bis Montaigne

Château de Lanquais

Château de Lanquais:
April und Okt. tgl. au-
ßer Di 14.30–18 Uhr,
Mai/Juni und Sept. tgl.
10.30–12 und 14–
18.30 Uhr, Juli/Aug.
10.30–18.30 Uhr. Zwi-
schen 21. Juli und
25. Aug. finden frei-
tags Abendführungen
statt.

Das sehenswerte Lanquais liegt auf der Südseite der Dordogne knapp 3 km westlich des Städtchens **Lalinde**. Eine prächtige Ulmenallee führt durch den Park auf das Schloss zu. Das Château de Lanquais zeigt zwei unterschiedliche Bauteile. An einen **mittelalterlichen Rundturm** mit dem Rest eines ebenfalls mittelalterlichen Traktes schließt sich ein **Renaissanceflügel** aus dem 16. Jh. an. Hier erhält man einen plastischen Eindruck von der Baupraxis früherer Zeiten. Wenn nämlich, wie es vielerorts der Fall ist, mittelalterliche Wehrburgen durch Neubauten in der Renaissance ersetzt werden sollten, wurde die alte Bausubstanz nicht restlos abgetragen, sondern man ging portionsweise vor. Die Burg wurde Schritt um Schritt abgerissen und unverzüglich Meter um Meter durch den Neubau ersetzt. Das Nebeneinander der beiden differenten Baukörper in Lanquais spricht dafür, dass der Bauvorgang vorzeitig zum Erliegen kam. Ansprechend ist das Innere, das mit vielen Möbeln vor allem aus der Zeit Ludwigs XIII. ausgestattet ist. Ein Prunkstück ist die große Schlossküche.

Den Renaissancebau von Lanquais hatte Isabelle von Limeuil initiiert, die zur berühmt-berüchtigten »escadron volant« der Katharina de Medici gehörte. Das war ein Zirkel von bildschönen jungen Frauen, die der Königin treu ergeben waren und unter Einsatz ihrer weiblichen Reize diversen Höflingen ihre Geheimnisse entlockten, um die Herrscherin stets über alle Intrigen bei Hofe auf dem Laufenden zu halten.

Issigeac

Ein kleiner Abstecher führt uns über die D 22 zu dem 14 km südlich von Lanquais gelegenen Städtchen Issigeac. Obwohl es sich nicht um eine Bastide handelt, fiel auch Issigeac während der englisch-französischen Reibereien um die Vorherrschaft in Aquitanien wiederholt eine militärische Rolle zu. Im 14. Jh. unterstellte Papst Johannes XXII. das Kloster von Issigeac dem neu ernannten Bischof von Sarlat, was in der Folgezeit zu einer engen Allianz zwischen beiden Städten führte. François de Salignac, Bischof von Sarlat und Onkel des berühmten Fénelon, ließ sich 1669 in Issigeac eine sommerliche Residenz errichten. Heute ist dieses Gebäude Sitz des Bürgermeisters. Beim Schlendern durch die Gassen erfreut man sich an der Vielzahl alter Häuser. Informationen erhält man im Office de Tourisme, das in einer alten Scheune untergebracht ist. Die Kirche des Ortes entstand gleichzeitig mit der Kathedrale von Sarlat und gehört entsprechend der zu Ende gehenden Gotik an.

Bergerac

Fällt der Name der Stadt Bergerac, denkt jeder spontan an die berühmte Theaterfigur des **Cyrano de Bergerac** von Edmond Rostand. Der Titelheld, ein melancholischer Soldat und Philosoph, leidet unter seiner überlangen Nase und erlangt die Liebe der von ihm angebeteten Roxane auf langwierigen Umwegen. Wegen seiner genialen Mischung aus nachdenklich stimmenden Passagen und komödiantisch-burlesken Einfällen gehört der Cyrano auch heute noch zu den beliebtesten Stücken des französischen Theaterrepertoires und wurde 1991 mit Gerard Depardieu in der Rolle des Titelhelden brillant verfilmt. Aber an dieser Stelle gilt es, einen Irrtum aufzuklären. Der Autor, Edmond Rostand, hatte nicht die Stadt Bergerac an der Dordogne im Visier, sein Cyrano stammte vielmehr von einem gleichnamigen Landgut im Norden Frankreichs, im heutigen Département Yvelines gelegen. Dennoch hat man sich in Bergerac ungeniert dieses illustren Adoptivsohns angenommen und ihm auf der Place de Myrpe im Herzen der Altstadt ein Denkmal gesetzt.

Bergerac ist seit dem Mittelalter dank seiner Lage inmitten eines berühmten Weingebietes und am Kreuzungspunkt wichtiger Verkehrswege eine wohlhabende Stadt. In neuerer Zeit ist noch der Tabakanbau hinzugekommen. Heute ist Bergerac Hauptstadt des französischen Tabakanbaus. Noch bis in das 19. Jh. war der Hafen Um-

In der Altstadt von Bergerac

Tabakmuseum:
*Di bis Fr 10–12 und
14–18 Uhr, Sa 10–12
und 14–17, So 14.30–
18.30 Uhr. Mitte Nov.
bis Mitte März Sa
nachm. und an Feier-
tagen geschlossen*

Musée du Vin:
*ganzjährig Mo bis Fr
10–12 und 14–17.30,
Sa 10–12 Uhr, Mitte
März bis Mitte Nov.
auch So 14–17.30 Uhr,
geschlossen an allen
wichtigen Feiertagen*

**Château de
Monbazillac:**
*Nov./Dez. und Feb./
März tgl. außer Mo
10–12 und 14–17 Uhr,
April tgl. 10–12 und
14–18 Uhr, Mai und
Okt. 10–12.30 und 14–
18 Uhr, Juni bis Sept.
10–19 Uhr. Das Ein-
trittsgeld inkludiert
eine Weinverkostung;
der Bon ist nach der
Besichtigung am Aus-
schank einzulösen.*

**Château
de Monbazillac** ☆
Weingut

schlagplatz für die in der Umgebung erzeugten Güter. Er ist inzwischen praktisch bedeutungslos, da der Warentransport auf die Schiene und die Straße verlegt wurde.

Da Bergerac nicht mehr viel von seiner alten Substanz besitzt, lag die Stadt in der Gunst des Reisepublikums weit hinter Sarlat und Périgueux. Das hat sich in den letzten Jahren grundlegend geändert. Dank einer aufwändigen Sanierung der Altstadt, der Einrichtung einer Fußgängerzone und dem Ausbau sehenswerter Museen hat Bergerac seine Attraktion deutlich steigern können.

Die Altstadt von Bergerac erstreckt sich zwischen der spätgotischen Kirche **St-Jacques** und dem Flussufer. An der Südostecke der Place de Myrpe wirft man einen Blick in den **Kreuzgang** des ehemaligen Rekollektenklosters. Man sieht hier das ungewöhnliche Beispiel eines Kolonnadenganges aus dem 16. Jh. (d. h. ein gerader Abschluss des Wandelganges anstelle der sonst in Kreuzgängen üblichen Arkadenbögen). Im einstigen Kloster ist ein Informationszentrum zum Thema des Weinbaus im Bergeracois eingerichtet worden. Man kann hier auch Weine verkosten und einkaufen.

Ein paar Schritte weiter lädt in der Rue de l'Ancien Port das **Musée du Tabac** zu einem Besuch ein. Unter den vielen Exponaten – Tabaksbeutel, Tabaksdosen, Zigarettenspitzen usw. – begeistern vor allem die vielen originellen Pfeifen.

Ein anderes der städtischen Wirtschaftsgeschichte gewidmetes Museum, das **Musée Régional du Vin et de la Batellerie**, findet man an der westlichen Schmalseite der Place de Myrpe. Hier wird man nicht nur zu Fragen der Weinkultur umfassend informiert, zwei weitere Abteilungen machen mit den Themen der Böttcherei und der Flussschifffahrt vertraut.

Von der spätgotischen Kirche St-Jacques führt die Grande Rue zur neogotischen Kirche **Notre-Dame**. In ihr hängen zwei Bilder italienischer Herkunft. Eine Anbetung der Könige wird dem Venezianer Pordenone, einem Zeitgenossen Tizians, zugeschrieben, eine Anbetung der Hirten weist die Kunstgeschichte dem Mailänder Gaudenzio Ferrari zu, der gleichfalls in der ersten Hälfte des 16. Jh. lebte.

Château de Monbazillac

Das viel besuchte Schloss Monbazillac liegt 5 km südlich von Bergerac inmitten ausgedehnter Weinfelder. Der um 1550 errichtete Bau trägt gleichermaßen spätmittelalterliche Züge wie solche der Renaissance. Die wuchtigen Rundtürme an den Ecken mit Zinnen und Schießscharten dienten der Verteidigung, die großen Fensteröffnungen des Wohntraktes dagegen lassen darauf schließen, dass man der Verteidigung im 16. Jh. doch nicht mehr so große Bedeutung zumaß. 1960 ging das Schloss in den Besitz der Winzerei-Genossenschaft von Monbazillac über, die einen Teil des Schlosses möblierte und zur Besichtigung öffnete. Und natürlich kann man in einem Ausschank mit Verkauf den köstlichen süßen Monbazillacwein goutieren.

Montcaret und St-Michel-de-Montaigne

Westlich von Bergerac verliert die Landschaft an Reiz. Es wird eben, die D 936 stellt eine schnurgerade Verbindung zwischen den Orten Ste-Foy-la-Grande und Castillon-la-Bataille her. **Ste-Foy** ist eine französische Bastide des 13. Jh., an deren zentralem Platz noch einige alte Häuser stehen. Wir verlassen die Hauptstraße in dem Dorf Tête-Noire und gelangen rasch nach **Montcaret**. Hier wurden bei Ausschachtungsarbeiten bereits 1827 die Reste eines gallorömischen Waschhauses und ein großes **Mosaik** freigelegt. Doch erst rund 100 Jahre später wurden die Ausgrabungen systematisch fortgesetzt, wobei weitere Mosaiken zutage kamen, die zu einer Thermenanlage gehörten. Die Fundstücke sind jetzt in einem kleinen Museum zu besichtigen.

Auf schmaler Straße geht es von Montcaret weiter in nordwestlicher Richtung nach **St-Michel-de-Montaigne**, dem einstigen Wohnsitz des Philosophen Montaigne. Dessen Schloss brannte allerdings im 19. Jh. bis auf die Grundmauern nieder und wurde anschließend im Neorenaissance-Stil wieder errichtet. Wie durch ein Wunder hatte das Feuer den großen Rundturm verschont, in dem Montaigne seine Bibliothek eingerichtet hatte. Er steht zur Besichtigung offen.

Mosaiken von Montcaret:
zugänglich Juni bis Sept. tgl. 9.45–12.30 und 14–18.30 Uhr, Okt. bis Mai tgl. außer Sa 10–12.30 und 14–17.30 Uhr

Bibliotheksturm des Château de Montaigne:
Feb. bis April und Nov./Dez. tgl. außer Mo und Di 10–12 und 14–17.30 Uhr, Mai/ Juni und Sept./Okt. tgl. außer Mo und Di 10– 12 und 14–18.30 Uhr, Juli/Aug. tgl. 10–18.30; im Schlosspark kann man sich frei bewegen, im Turm muss man sich einer Führung anschließen.

Der Bibliotheksturm Michel de Montaignes

Reisen & Genießen

Hotels und Restaurants
Im ersten Abschnitt dieses Kapitels stellten wir das Château de Lanquais vor. An dieser Stelle möchten wir darauf aufmerksam machen, dass man dieses schöne Schloss nicht nur besichtigen, sondern hier auch komfortabel nächtigen kann. Zwei Zimmer und ein Appartement stehen zahlenden Gästen zur Verfügung.
Château de Lanquais
Tel. 05 53 61 24 24, Fax 05 53 73 20 72
chateaudelanquais@wanadoo.fr.
Übrigens werden auf Château de Lanquais im Sommer auch Mal- und Musikkurse abgehalten.

In Bergerac ist die Situation jener in Périgueux ähnlich. Zentrumsnah gibt es keine wirklich empfehlenswerten Adressen, doch in den Vororten wird man fündig. 3 km in nordöstlicher Richtung (der Ausschilderung Périgueux folgen) liegt in einem schönen Park das
Hotel-Restaurant La Flambée***
153, Avenue Pasteur
D 24100 Bergerac
Tel. 05 53 57 52 33, Fax 05 53 61 07 57
www.laflambee.com
laflambee2@wanadoo.fr.

Knapp 12 km in nördlicher Richtung befindet sich das sehr gepflegte Hotel
Le Manoir du Grand Vignoble***
24140 St-Julien-de-Crempse
Tel. 05 53 24 23 18, Fax 05 53 24 20 89
www.manoirdugrandvignoble.com
info@manoirdugrandvignoble.com
Dieser ehemalige Gutshof liegt inmitten eines 45 ha großen Parks. Dem Hotel angeschlossen ist ein Reiterhof mit 40 Pferden und Ponys.

Ferien mit dem Pferdewagen
Eine originelle alternative Ferienform ist die Fahrt mit dem Pferdewagen (frz. Roulotte). Kindern kann man kaum ein größeres Vergnügen bieten! Mit einem Pferd, das den Wagen zieht (darin Koch-, Ess- und Schlafgelegenheit, jedoch keine Toilette, deshalb empfiehlt sich die Übernachtung auf Campingplätzen), rumpelt man eine Woche lang auf abseitigen, verkehrsarmen Wegen durch das Périgord Pourpre. Information und Vermietung:
Chez Babette et Philippe –
La Métairie du Roc
F-24560 Faux
Tel. und Fax 05 53 24 32 57.
Zu beachten: Vermietet wird nur an Gäste, die so viel Französisch können, dass sie die gründlichen Einweisungen auch gut verstehen.

Die Weine von Bergerac
In Grenznähe zum Bordelais, dem übermächtigen Konkurrenten, hat sich Bergerac als eigenständige Weinregion ein achtbares Profil erworben. In früheren Zeiten wurde hier fast ausschließlich süßer Weißwein gekeltert, vor allem der berühmte Monbazillac. Als dieser im Laufe des 20. Jh. immer mehr außer Mode kam, haben viele Winzer auf rote und trockene weiße Rebsorten umgestellt. Heute halten sich die Erträge an Rot- und Weißweinen in Bergerac in etwa die Waage. Bewirtschaftet wird eine Fläche von 13 180 ha, 13 verschiedene Appellationen firmieren heute unter dem Namen Bergerac, allerdings sind die Herkunftsbezeichnungen Bergerac Sec, Bergerac Rosé, Bergerac Rouge, Côtes de Bergerac Blanc und Côtes de Bergerac Rouge darin mitbeinhaltet. Ferner gibt es die Herkunftsbezeichnungen Montravel, Côtes de

In den Weinbergen bei Bergerac

Montravel, Haut Montravel, Rosette, Pécharmant, Saussignac und Monbazillac. Der bekannteste unter den Bergeracweinen ist der Monbazillac, ein vollmundiger Süßwein, den man zum Foie gras genießt. Noch heute erzählt man dem Freund guten Weins gern eine kleine Anekdote. Am päpstlichen Hof in Avignon wurde im 14. Jh. eine Gesandtschaft aus der damals großen und bedeutenden Stadt Bergerac beim Heiligen Vater vorstellig. Als dieser irritiert fragte, wo denn dieses Bergerac liege, und die Gesandtschaft betreten schwieg, klärte ein Ratgeber den Pontifex mit dem Hinweis auf, Bergerac liege bei Monbazillac – sofort war der Papst im Bilde und hocherfreut (dazu ist zu bemerken, dass Monbazillac damals wie heute nichts anderes war als ein winziges Dorf).

Nachdem er eine Zeitlang an Popularität eingebüßt hatte, erfreut sich der Monbazillac aktuell wieder steigender Beliebtheit. Er wird aus drei Rebsorten verschnitten: 75 % Semillon, 15 % Muscadelle und 10 % Sauvignon. Vor allem die Semillontraube verleiht dem Wein dank ihrer Gabe zur Edelfäule sein unvergleichliches Aroma. Da die Beeren jedoch zu unterschiedlicher Zeit den optimalen Grad der Reife beziehungsweise der Austrocknung (ein mikroskopisch kleiner Pilz perforiert die Frucht und entzieht ihr Flüssigkeit) erreicht, kann man nicht maschinell ernten. Mindestens dreimal erfolgt die manuelle Lese, ein arbeits- und deshalb automatisch kostenintensiver Vorgang. Der Monbazillac hat also seinen Preis. Es ist dieser der einzige Weißwein (neben dem Sauternes, dem der Monbazillac eng verwandt ist), den man nahezu unbegrenzt lagern kann. Einen der besten Monbazillacweine produziert das Château le Fagé, das 3 km südlich von Bergerac an der D 14 liegt. Das Weingut gehört seit 13 Generationen der Familie Gerardin, die mit ihren Erzeugnissen schon viele Auszeichnungen erhielt. Monbazillac benachbart ist die kleine Apellation von Saussignac, wo ebenfalls ein lieblicher Weißwein erzeugt wird. Er ist nicht ganz so schwer und süß wie der Monbazillac. Die anderen Weißweine von Bergerac sind trockene, fruchtige Tropfen, die eine ideale Begleitung zu Fischgerichten und Meeresfrüchten abgeben. Der Rosé ist ein wunderbares Sommervergnügen, längere Lagerung ausgeschlossen.

Die Rotweine von Bergerac haben dank intensiver Bemühungen der Winzer in den zurückliegenden 20 bis 30 Jahren an Qualität zugelegt. Manche kommen jetzt an gute Bordeauxlagen heran. Fruchtig und rund sind die Roten aus dem Pécharmant-Gebiet.

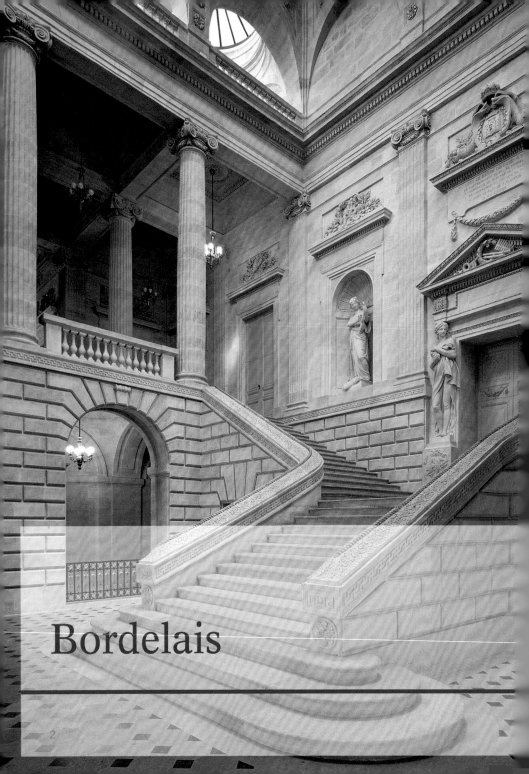

Bordelais

Bordeaux – Hauptstadt Aquitaniens

Keine andere Stadt Frankreichs hat in den zurückliegenden Jahren eine derart tief greifende Wandlung durchgemacht wie Bordeaux. Die auffälligste Veränderung gegenüber früher ist die Tatsache, dass die Stadt ihr Verhältnis zur Garonne neu definiert hat. Wenn man von dem Gebäudekomplex der Börse einmal absieht, die ihre Schauseite dem Fluss zuwendet, ist die gesamte Stadtstruktur derart konzipiert, dass sich Bordeaux regelrecht von der Garonne abgewandt zu haben schien. Derzeit aber werden sämtliche Quais, bislang ein öder Streifen aus Stein und Beton, begrünt, Märkte und Kinderspielplätze eingerichtet. Nun wird Bordeaux auch für Touristen attraktiv, die noch vor kurzem einen Bogen um die Stadt gemacht haben.

Bordeaux ☆☆
Besonders sehenswert:
Grand Théâtre,
Börsenplatz, Porte de
la Grosse Cloche,
Kathedrale St-André,
Musée d'Aquitaine

Blick in die Geschichte

Unter dem Namen Burdigala gründeten die Römer wenige Kilometer südlich des Zusammenflusses von Garonne und Dordogne (deren gemeinsamer Mündungstrichter ist die Gironde) eine kleine Hafenstadt. Einzelheiten über das Aussehen der Stadt in spätantiker Zeit erfahren wir von dem Dichter Ausonius, dem Spezialisten in Sachen topografischer Beschreibungen. Demzufolge muss Bordeaux im 4. Jh. n. Chr. bereits ein **bedeutender Handelsplatz** gewesen sein, von dem schon damals Wein verschifft wurde, da die Römer das Bordelais als ideales Anbaugebiet für den Rebstock geortet hatten. Dem Zusammenbruch des Römerreichs folgte die Neukonsolidierung in westgotischer, später fränkischer Zeit. Nachdem in karolingischer Zeit das **Herzogtum Aquitanien** entstanden war, nahm Bordeaux den Rang der Hauptstadt dieses mächtigen Fürstentums ein.

Im 11. Jh. fusionierte Aquitanien mit der Grafschaft Poitou. Bordeaux behielt zwar nominell seinen Rang als Hauptstadt des Herzogtums, doch bevorzugten die Grafen von Poitou und Herzöge von Aquitanien Poitiers als Residenz. Entsprechend wahrte Bordeaux einen Sonderstatus, den diese ungewöhnliche Stadt im Grunde bis auf den heutigen Tag einnimmt. Ganz besonders deutlich wird dies, wenn man den Blick auf die Epoche des Hundertjährigen Krieges lenkt. Bordeaux lavierte damals geschickt zwischen allen Fronten und machte keinen Hehl aus seiner Sympathie zu den Engländern. Die waren schon zuvor die wichtigsten Abnehmer des Bordelaiser Weines gewesen, den sie wegen seiner leuchtend hellen Farbe **Claret** nannten. Der Handel wurde auch in den Jahrzehnten des Hundertjährigen Krieges munter fortgesetzt, und zeitweilig diente Bordeaux dem berüchtigten Schwarzen Prinzen, dem Sohn König Eduards III. von England, als Ausgangsbasis für seine Plünderungszüge kreuz und quer durch den Raum Südwestfrankreichs. Erst mit dem Ende des Hundertjährigen Krieges 1453 konnte sich Frankreich der Herrschaft über Bordeaux wieder sicher sein.

◁ *Blick in das*
Treppenhaus des
klassizistischen
Grand Théâtre in
Bordeaux

Bordeaux ist wiederholt, doch immer nur kurz, Hauptstadt gewesen. In karolingischer Zeit war es Residenz des Königtums Aquitanien. Nachdem die Preußen 1870 Paris besetzt hatten, war Bordeaux für ein paar Wochen Hauptstadt von Frankreich, ebenso zu Beginn des Ersten Weltkriegs. Am Anfang des Zweiten Weltkriegs wurde Bordeaux erneut für kurze Zeit Sitz der Regierung, bevor sich Marschall Petain für Vichy entschloss. Aber in einer Hinsicht ist und bleibt die Stadt unangefochten Metropole: Bordeaux ist die Welthauptstadt des Weines!

Während der Religionskriege, die im 16. Jh. große Teile des Raums Südwestfrankreichs erschütterten, blieb es in Bordeaux vergleichsweise ruhig. Anders als in La Rochelle, das eine Hochburg der Protestanten war. Diese Hafenstadt hatte Richelieu 1628 mit Gewalt in die Knie gezwungen. Der mächtige Kardinal setzte zur selben Zeit in Bordeaux so genannte **Intendanten** ein, die die Regierungstreue der Stadt zu garantieren hatten. Diese Intendanten waren es, die der Stadt im 18. Jh. ein neues Aussehen verordneten. Kaum eine andere Stadt Frankreichs ist derart nachhaltig vom Spätbarock geprägt worden wie Bordeaux. Doch nicht alle Denkmäler des Mittelalters mussten damals prachtvollen Neubauten weichen. Das Nebeneinander von Kirchen und Stadttoren aus Romanik und Gotik und den Denkmälern des 18. Jh. macht heute den besonderen Reiz von Bordeaux aus. Victor Hugo meinte zu diesem heterogenen Erscheinungsbild, Bordeaux mute wie eine Mischung aus Antwerpen und Versailles an.

In der Französischen Revolution spielte Bordeaux eine Schlüsselrolle. Eine Fraktion der Revolutionäre, die aus Bordeaux und Umgebung hervorgegangen war, nannte man nach dem neu geschaffenen Département Gironde die **Girondisten**. Das waren in der Hauptsache Vertreter eines aufgeklärten und liberalen Bürgertums. Sie befürworteten 1792 die endgültige Abschaffung des Königtums und plädierten für ein System, das man heute mit dem Begriff »Freien Marktwirtschaft« etikettieren könnte. 1793 wurden die Girondisten von der radikalen Fraktion der **Jakobiner** verdrängt. Viele von ihnen wurden ermordet. Damit war auch das Thema der Dezentralisierung vom Tisch, für das sich die Girondisten mit Nachdruck eingesetzt hatten. Stattdessen blieb Paris auch nach der Revolution der übermächtige Wasserkopf des Landes, sehr zum Schaden der Provinzen und ihrer Städte, darunter Bordeaux, das im 19. Jh. in einen Dornröschenschlaf fiel. Aus diesem haben die beiden Bürgermeister Jacques Chaban-Delmas (Amtszeiten 1947–77 und 1998–95, Premierminister 1969–72) und Alain Juppe (Amtszeiten 1995–2004 und seit 2006, Außenminister 1993–95 und Premierminister 1995–97) Bordeaux gerissen.

In den 1960er-Jahren begann der **Erneuerungsprozess**, der ohne Unterbrechungen bis in die aktuelle Gegenwart andauert. Meilensteine der Anbindung an den modernen Verkehr waren 1967 die Eröffnung des Pont d'Aquitaine, damals eines der kühnsten Brückenprojekte Europas, und 1990 des TGV Atlantique, der die Fahrtzeit von Bordeaux nach Paris auf unter drei Stunden gedrückt hat. In der Stadt entstand auf Betreiben Chaban-Delmas' der Neubaukomplex Mériadeck, ein Büro- und Geschäftsviertel und das Messegelände Le Lac am nördlichen Stadtrand. Juppé hat den öffentlichen Nahverkehr modernisiert. Seit wenigen Jahren durchziehen Trambahnlinien die Stadt, die es zuvor nicht gegeben hatte. Die Neugestaltung des Garonnekais wird im Jahr der Drucklegung dieses Führers weitgehend fertig gestellt sein. Zugleich wurde die gesamte Altstadt, die noch bis in die 1990er-Jahre ein zum Teil lamentables Bild bot, saniert. So ist eine weitläufige Fußgängerzone entstanden, die den Bordelaisern eine

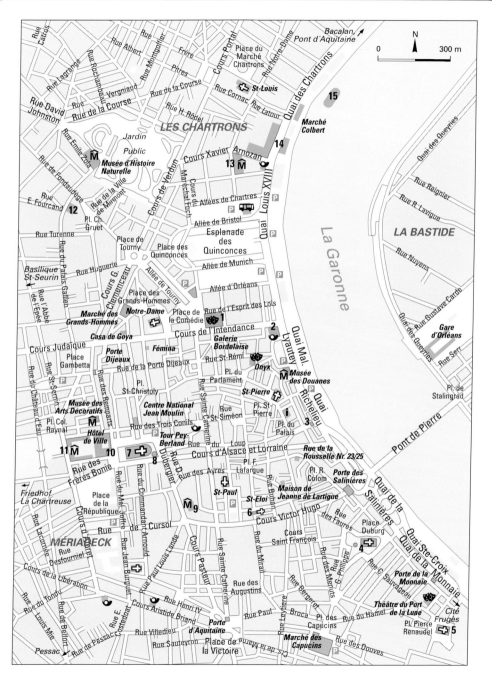

neue Lebensqualität beschert hat. Die erforderlichen Gelder hätte die Stadt aus eigener Kraft unmöglich aufbringen können. Der Erneuerungsprozess von Bordeaux ist nur durch großzügige Förderung aus EU-Mitteln möglich geworden.

Bordeaux zählt heute im Stadtgebiet 220 000 Einwohner (nach der letzten Zählung von 1999) und ist damit die **neuntgrößte Stadt Frankreichs**, mit den Außenbezirken und Vororten sind es rund 744 000, damit rangiert Bordeaux auf dem 6. Platz in Frankreich. Bordeaux ist nicht nur der weltwichtigste Umschlagplatz für Wein, sondern zugleich der bedeutendste Verteiler aller erdenklichen Güter für den gesamten Raum des südwestlichen Frankreich. Außerdem ist in beziehungsweise rund um Bordeaux eine bedeutende Industrie angesiedelt (Elektrotechnik, Chemie, Luftfahrt).

Schon früh, 1964, ist Bordeaux eine Städtepartnerschaft mit München eingegangen, die von beiden Seiten intensiv gepflegt wird.

Bauten und Denkmäler nahe der Garonne

Place des Quinconces

Am Rande der Altstadt breitet sich die Place des Quinconces aus. Hier stand bis zu seinem Abriss im Jahr 1828 das Château de Trompette, in dem die Könige Frankreichs Garnisonen stationiert hatten, um die Kontrolle über die Stadt sicherzustellen. Mit einer Fläche von 126 000 m² ist sie die größte innerstädtische Platzanlage Europas. An der zur Garonne gewandten Schmalseite erheben sich zwei Säulen, die hier 1858 aufgestellt wurden. Auf ihnen stehen Statuen der beiden aquitanischen Philosophen Montaigne und Montesquieu. Gegenüber wurde 1894–1902 das **Monument des Girondins** angelegt, ein Denkmal für die 1792/93 ermordeten Girondisten. Im Zentrum erhebt sich eine 50 m hohe Säule, die als Brunnen konzipierten Figurengruppen symbolisieren den Triumph der Republik (Südseite) und den Triumph der Eintracht (Nordseite).

Die Place des Quinconces bietet nicht immer das Bild einer endlosen, leeren Fläche. Über das Jahr verteilt finden Jahrmärkte, Messen (z. B. für Antiquitäten Anfang Dez.) und Großveranstaltungen statt.

Grand Théâtre

Von der Place des Quinconces sind es nur wenige Schritte zum Grand Théâtre (1). Das in den Jahren 1775–80 errichtete Bauwerk ist das bedeutendste Werk des Architekten Victor Louis (1731–1800) und zugleich ein Hauptvertreter des Klassizismus. Es beherrscht mit seiner kolossalen Ordnung von zwölf korinthischen Säulen die davor liegende **Place de la Comédie**. Da es von keinem Giebel bekrönt wird, dominiert ein Eindruck lastender Schwere, der allerdings dank der auf der Balustrade stehenden Statuen der Musen und antiker Göttinnen gemildert wird. An den Langseiten wiederholt sich das Motiv

Wichtige Hinweise für Autofahrer: An Werktagen ist es beinahe unmöglich, einen Parkplatz zu ergattern. Wer Bordeaux ansteuert, um hier einen Tag oder länger zu verweilen, sollte dies entweder am Wochenende oder nach 19 Uhr tun. Dann findet man verlässlich einen Parkplatz auf der Nordseite der Place des Quinconces. Von dort gelangt man zu Fuß in wenigen Minuten ins Stadtinnere und zu den Hotels. Zu beachten: An jedem ersten Sonntag eines Monats ist die Innenstadt von Bordeaux autofreie Zone.

der korinthischen Stütze, hier in Gestalt von Pilastern, die der Wand aufgeblendet sind. Die Verwandtschaft mit römischen Podiumtempeln fällt auf. Solche standen dem Baumeister sicher vor Augen, er hatte einen Teil seiner Ausbildung in Rom absolviert und war mit der römischen Architektur bestens vertraut. Das großzügig gestaltete Foyer des Grand Théâtre mit seiner monumentalen Treppe wurde landesweit zum Vorbild. Auch die berühmte Opéra Garnier in Paris lehnt sich daran an. Der **Zuschauerraum** ist prunkvoll mit Stuck und Gold dekoriert. In diesem feierlichen Ambiente gilt das ungeschriebene Gesetz, dass bei Premieren die Damen im langen Abendkleid und die Herren im Smoking erscheinen.

Das Grand Théâtre steht dort, wo sich in der Antike das Forum befand. Bei den Römern markiert das Forum die Mitte einer Stadt, hier kreuzen sich die beiden Hauptachsen Decumanus und Cardo – so auch hier in Bordeaux, wo in den Straßen Rue Sainte-Cathérine und Cours de l'Intendance Decumanus und Cardo bis auf den heutigen Tag gegenwärtig sind.

Am schönsten ist es natürlich, wenn man das Innere des Grand Théâtre im Rahmen einer Aufführung erlebt. Aber man kann das Theater auch außerhalb von Darbietungen besichtigen. Dafür gibt es keine geregelten Öffnungszeiten, der Besuch hängt vom aktuellen Probenplan ab. Man informiert sich im Office de Tourisme, das nur wenige Schritte entfernt ist.

Börse

Wir folgen dem Cours de Chapeau-Rouge ostwärts und erreichen rasch das Garonneufer. Nun wendet man sich nach links und steht sogleich auf dem Platz vor der Börse (2). Diese komponiert sich aus drei Gebäudetrakten, zwei betonten Seitenflügeln und einem kleinen Mitteltrakt. Der Architekt Jacques-Ange Gabriel hat das Gebäudeensemble 1730–55 errichtet. Die Gesamtwirkung ist infolge der Größe schloss-

Börsenplatz und Brunnen mit den Drei Grazien

Porte de Cailhau:
*Innenbesichtigung
Juni bis Sept.
14–19 Uhr*

Kirche St-Michel:
*Die Besteigung des
Turmes ist nur in den
Sommermonaten (Juni
bis Sept.) und nur in
den Nachmittags-
stunden 14–19 Uhr
möglich.
Rund um die Kirche
St-Michel findet regel-
mäßig ein Trödel- und
Antiquitätenmarkt
statt.*

artig, zugleich aber nicht protzig zu nennen, eher verhalten. Die nüchterne Sprache der Gliederung unter weitgehendem Verzicht auf Bauplastik lässt den Gebäudekomplex als Brückenschlag zwischen dem Stile classique des 17. Jh. und dem Klassizismus des späten 18. Jh. erscheinen. Die heutige Börse von Bordeaux besetzt nur noch den rechten Trakt, links ist das Musée des Douanes (Zollmuseum) untergebracht. In der Mitte des Platzes steht ein großer Brunnen, den Bronzestatuen der **Drei Grazien** bekrönen.

Porte de Cailhau

Man geht nun am Ufer flussaufwärts. Nach etwa 300 m erscheint zwischen den Häusern leicht zurückversetzt die Porte de Cailhau (3), eines von zwei erhaltenen Stadttoren der mittelalterlichen Befestigung, die von den planmäßigen Erneuerungen der Stadt im 18. Jh. verschont blieben. Karl VIII. hatte ihr 1495 nach einer siegreichen Schlacht das Aussehen eines Triumphtors angedeihen lassen. Das Tor diente ursprünglich als Zugang zu dem dahinter befindlichen Château de l'Ombrière, das ein Opfer der Spitzhacke geworden ist. Einzig der Name des Platzes hinter der Porte de Cailhau (Place du Château) erinnert an die Burg des Seneschalls von Aquitanien, in der 1137 die Hochzeitsfeierlichkeiten anlässlich der Trauung Eleonores von Aquitanien mit dem Kronprinzen Ludwig stattgefunden hatten. Der Name des Stadttores ist übrigens nicht geklärt. Er könnte sich auf eine alte Bordelaiser Familie, die Cailhaus, beziehen, es könnten aber auch die Flusskiesel gemeint sein (französisch caillous), mit denen man in früheren Jahrhunderten Transportschiffe beschwerte.

Hinter der Porte de Cailhau verzweigen sich die Gassen von Vieux Bordeaux, in dessen Mitte die kleine spätgotische Kirche St-Pierre aus dem 14./15. Jh. steht.

Kirche St-Michel

Wir setzen den Weg weiter fort am Pont de Pierre vorbei und gelangen zur Kirche St-Michel (4), die durch Häuser vom Garonneufer abgeschirmt ist. Dennoch spricht das sakrale Bauwerk unübersehbar im Stadtbild von Bordeaux mit, denn der **Glockenturm**, der nach Art italienischer Campanile vom Kirchenkörper abgesetzt ist, ist mit 114 m Höhe der höchste Glockenturm in Südfrankreich. Man kann den Turm bis etwa auf halber Höhe besteigen und genießt von dort oben einen wunderbaren Rundblick über die Dächer der Stadt. Die Michaelskirche ist ein Denkmal der Spätgotik. Der Baubeginn ist für das Jahr 1350 verbürgt, die Fertigstellung fand im 16. Jh. statt. In einem letzten Bauvorgang wurden der dreischiffigen Halle seitliche Kapellen angegliedert. Einst besaß St-Michel wertvolle farbige Fenster. Diese gingen 1940 durch Kriegseinwirkung verloren. Die Fenster, die man jetzt sieht, wurden nach Entwürfen des Künstlers Max Ingrand (1908–69) angefertigt.

*Man muss nicht zu Fuß
gehen, sondern kann
auch die Trambahn
nehmen. Hier verkehrt
die Linie C. Sowohl
St-Michel als auch
Ste-Croix haben eige-
ne Stationen dieses
Namens.*

Kirche Ste-Croix

Geht man von St-Michel weitere 500 m in Richtung Bahnhof, so gelangt man zur romanischen Kirche Ste-Croix (5). Sie gehörte ursprünglich zu einem Konvent, der ein Krankenhaus für die Armen der Stadt unterhielt. Die Fassade leitet sich aus der poitevinischen Kunst ab, die im Austausch mit der Romanik in Nordspanien im 12. Jh. den Typus der »façade écran« entwickelt hat (wörtlich: Leinwandfassade; den Terminus hat die französische Kunstgeschichte in Anlehnung an das Bild einer Kinoleinwand geprägt. Gemeint ist damit, dass die Skulpturen sich nicht, wie sonst üblich, auf das Portal beschränken, sondern die ganze Fassade einer Kirche besetzen). Unten öffnet sich in der Mitte ein **Archivoltenportal** (auch das ist typisch poitevinisch), daneben sieht man zwei Scheinportale, in der Zone über dem Portal befinden sich zwei Streifen mit Nischen, darin Figuren. Allerdings ist nicht alles original. Im 19. Jh. wurden etliche der Figuren erneuert (z. B. der Reiter in der Nische links oben). Der die Fassade rechts einfassende **Glockenturm** stammt aus dem 12. Jh., sein Pendant links gegenüber ist eine frei erfundene Zutat von Paul Abadie, der seine Aufgabe als Restaurator stets sehr großzügig auslegte und seiner Fantasie gern freien Lauf ließ. Auch das **Innere** der dreischiffigen Anlage mit ausladendem Querhaus und einer Dreiapsidenanlage im Osten ist im 19. Jh. stark erneuert worden.

Wirklich bedeutend ist an Ste-Croix – ungeachtet der Ergänzungen – lediglich die Fassade. Da ist es zu verschmerzen, wenn man vor verschlossenen Türen stehen sollte. Die Öffnungszeiten von Ste-Croix sind nämlich bizarr: nur Do 9.30–12 und So 9.30–11 Uhr.

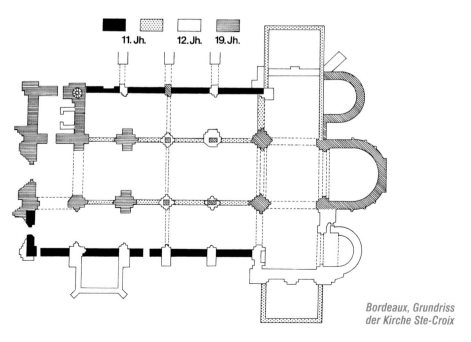

11. Jh.   12. Jh.   19. Jh.

Bordeaux, Grundriss der Kirche Ste-Croix

227

*Namengebend für die
Porte de la Grosse
Cloche ist die fast 8 t
schwere Glocke,
die 1775 aufgehängt
wurde.*

Porte de la Grosse Cloche

Wenn man sich nun von Ste-Croix oder auch von St-Michel wieder dem Stadtinnern zuwendet, stößt man bald auf die Achse des Cours Victor Hugo, der zur Kathedrale und zu den Museen führt. Auf dem Weg dorthin kommt man an dem Prachttor der Grosse Cloche (6) vorbei, die den Zugang zur Rue St-James bildet. Die Fundamente des Bauwerks gehen auf das 13. Jh. zurück, das Tor in seiner jetzigen Gestalt entstand jedoch erst im 15. Jh. zeitgleich mit der Porte de Cailhau. Im oberen Abschnitt hängt eine mächtige Glocke, die dem Turm den Namen gab. Sie ist den Bordelaisern ein **Objekt der Identifikation**. Wollten in früheren Zeiten Könige die Stadt abstrafen, dann wurde einfach die Glocke entfernt. Sie wurde immer nur zu besonderen Anlässen betätigt. Jahrhundertlang hat la Grosse Cloche alljährlich im September die Weinlese eingeläutet.

Der Bezirk um die Kathedrale

Kathedrale St-André

Wir erleben in Bordeaux ein Phänomen, das man auch in anderen Handels- und Hafenstädten beobachten kann: Der Bischofsitz ist deutlich vom Stadtkern abgesetzt – bestes Beispiel dafür ist Venedig. Die Kathedrale (7) ist weithin erkennbar an einem markanten Turm. Erst beim Näherkommen erkennt man, dass dieser Turm, so wie der Glockenturm von St-Michel, von der Kirche abgesetzt ist. Ungewöhnlicherweise erhebt er sich im Osten hinter dem Chor. Er trägt den Namen des Erbauers **Tour Pey Berland** (8). Berland war im 15. Jh. Erzbischof von Bordeaux, eine der bedeutendsten Persönlichkeiten in diesem Amt; er gründete u. a. die Universität von Bordeaux. Der nach ihm benannte Glockenturm wurde 1440–66 errichtet.

Die Kathedrale besitzt mehrere Zugänge: im Südquerhaus, an der Westseite und zwei auf der Nordseite. Kunstgeschichtlich bedeutend sind die beiden Letzteren. An der Stirnseite des nördlichen Querhausportals befindet sich die **Porte des Fleches** aus dem 14. Jh. In ihrem Gewände stehen Statuen heiliger Bischöfe, im Tympanon sieht man das Abendmahl, darüber die Himmelfahrt und den Triumph Christi. Rechts daneben, zurückspringend, da es sich um einen Eingang in das Langhaus handelt, befindet sich die Porte Royale, die dringend der Restaurierung bedarf. Dieses Tor wird schon seit langem nicht mehr als Eingang genutzt. Es ist weiträumig abgesperrt, sodass der Besucher die Skulpturen nur aus größerer Entfernung betrachten kann. Das ist schade, denn hier handelt es sich um die künstlerisch qualitätvollsten Skulpturen der französischen Gotik außerhalb der Ile de France. Gemeint sind damit vor allem die Apostelfiguren im Gewände. Der Restaurator Viollet-le-Duc war von ihnen so angetan, dass er Abgüsse von ihnen für die Fassade von Nôtre-Dame in Paris anfertigen ließ. Im Tympanon ist das Jüngste Gericht mit der Auferstehung der Toten darunter dargestellt. Dieses Portal ist älter als das Querhausportal. Es entstand im 13. Jh. und ist vermutlich von einem Wanderkünstler aus der Ile de France geschaffen worden.

Der **Innenraum** der Kathedrale bietet ein heterogenes Bild. Das Langhaus ist ein einschiffiger Saal, dessen Wände noch zur Bausub-

Tour Pey Berland:
Juni bis Sept. tgl. 10–18 Uhr, Okt. bis Mai tgl. außer Mo 10–12.30 und 14–17.30 Uhr. Man kann den Turm besteigen und hat von oben einen unvergesslichen Blick auf die benachbarte Kathedrale. Einen Aufzug gibt es nicht, es sind 230 Stufen zu erklimmen. Achtung beim 2. Absatz: Kopf einziehen, sonst stößt man sich an!

Bordeaux, Kathedrale St-André, Grundriss (links) und Aufriss eines Langhausjoches (rechts)

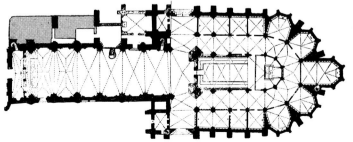
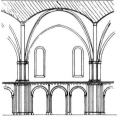

stanz des romanischen Vorgängers aus dem 12. Jh. gehören. Dieser wurde nach einem Brand grundlegend erneuert und erhielt im 14. Jh. eine gotische Einwölbung. Dafür mussten die Außenwände verstärkt werden. Beide Bauetappen kann man im Innern gut ablesen. Der Chor dagegen ist ganz nach dem Muster der nordfranzösischen Kathedralen mit Umgang und einem Kranz mit sieben Kapellen erbaut worden.

Musée d'Aquitaine

Musée d'Aquitaine: tgl. außer Mo und an Feiertagen 11–18 Uhr

Der Stadtteil um die Kathedrale ist zugleich das Museumsviertel von Bordeaux. Der Geschichte Südwestfrankreichs ist das Musée d'Aquitaine (9) gewidmet. Natürlich nimmt die Abteilung der **Vor- und Frühgeschichte**, die im Parterre ihren Platz hat, einen besonders breiten Raum ein. Hier sieht man (gleich in Saal 1) hinter Panzerglas das Relief mit der »Venus von Laussel«. Es handelt sich um eine jener für das Magdalenien typischen Frauendarstellungen mit prononcierter Betonung der sekundären Geschlechtsmerkmale. Den Bestand originaler Skulpturen und Ritzzeichnungen auf Knochen und Stein hat die Museumsdirektion didaktisch geschickt durch einzelne Kopien ergänzt. So sieht man z. B. einige der Felsbilder aus der Höhle von Lascaux in Nachbildungen. Breiten Raum nimmt auch die **Antikenabteilung** (gleichfalls im Parterre) ein. Da an gebauter Substanz aus römischer Zeit in Bordeaux kaum etwas erhalten ist, erschließt sich hier dem Besucher ein zentrales Kapitel der Geschichte Aquitaniens und Bordeaux' recht anschaulich. Es sind Architekturfragmente, Mosaiken, Stelen, Altäre und Kleinbronzen, aber auch Gebrauchsgegenstände des täglichen Lebens in großer Zahl ausgestellt, alles lebendig gruppiert und dezent, doch zugleich ausreichend beleuchtet. Das wertvollste Exponat befindet sich in einem der letzten Räume der Antikenabteilung: eine **bronzene Herkulesstatue**, die 1832 bei Ausschachtungsarbeiten in Bordeaux gefunden und aus 20 Fragmenten rekonstruiert wurde. Die Forschung datiert das Werk Ende 2./Anfang 3. Jh. n. Chr. Vergleiche mit Porträts der römischen Kaiserzeit legen die Vermutung nahe, dass der Künstler diesem Herkules die Gesichtszüge des Kaisers Septimius Severus verliehen hat. In der anschließenden Abteilung zum Mittelalter fällt besonders eine gut erhaltene Holzfigur des Apostels Jakobus d. Ä. aus dem 15. Jh. auf. Sie stand ursprünglich in der Jakobus-Kapelle der hiesigen Kirche St-Michel. Der Rundgang endet mit dem Durchschreiten der Säle zu den Jahrhunderten der Neuzeit, wo vor allem die Aspekte des Brauchtums und der Lebensformen gewichtet erscheinen.

Palais Rohan

Innenraum der ▷
Kathedrale St-André

Zur Gruppe der Bauten, die das Gesicht von Bordeaux im 18. Jh. so nachhaltig prägen sollten und mit denen zugleich der Klassizismus seinen triumphalen Einzug in die Stadt hielt, gehört das Palais de Rohan (10), das den Platz auf der Nordseite gegen Westen abschließt.

An barocke Schlossarchitektur erinnert noch der geräumige Ehrenhof. Das Palais diente als Residenz der Erzbischöfe von Bordeaux. Errichten ließ es Erzbischof Ferdinand Maximilian de Mériadeck, Fürst von Rohan. Seit 1836 ist das Gebäude Rathaus der Stadt und damit der Sitz des Bürgermeisters.

Musée des Beaux-Arts

Musée des Beaux-Arts:
tgl. außer Di und an Feiertagen 11–18 Uhr

Das Musée des Beaux-Arts (11) grenzt links an das Rathaus. Trotzdem hat man einen etwas weiteren Weg, denn von dieser Seite ist das Gebäude nicht zugänglich. Man muss zum westlichen Eingang des hinter dem Rathaus gelegenen Residenzparks gehen und hier den **Park** betreten. Dieser Park ist der ehemalige Lustgarten des erzbischöflichen Palais, heute eine öffentliche Erholungsanlage, die jedem zugänglich ist. Die beiden Schmalseiten fassen zwei langgezogene Galerien ein, in denen die Bestände des Kunstmuseums untergebracht sind. Haupteingang und Kassenhäuschen befinden sich im Südflügel, aus Blickrichtung des in den Park Eintretenden rechts. 1801 hat Napoleon das Musée des Beaux-Arts, eine Gemäldegalerie, ins Leben gerufen. Es ist eine von 15 Museumsgründungen, die der machtbesessene Korse in Frankreich vorgenommen hat.

Im Südflügel ist Kunst von der Renaissance bis zum 19. Jh. ausgestellt. Den Auftakt bildet die **Abteilung italienischer Malerei**. Hier sticht besonders eine *Sacra Conversazione* von Pietro Perugino ins Auge, dem großen Meister der Frührenaissance in Umbrien und Lehrer Raffaels. Auf diesem Altargemälde sieht man neben der Muttergottes in der Mitte die beiden Kirchenväter Hieronymus und Augustinus. Das Bild ist in Tempera ausgeführt. Die Misch- beziehungsweise Öltechnik erlernten die Italiener erst Ende des 15. Jh. unter dem Einfluss der Niederländer, die diese damals revolutionäre neue Technik entwickelt hatten. Ein anderer großer Schatz ist das Bildnis der »Büßenden Magdalena« von Tizian. Der Meister des Porträts und der psychologischen Einfühlsamkeit zeigt hier den Widerstreit zwischen der Sinnlichkeit einer schönen Frauengestalt und ihrem Schmerz darüber, mit dieser Erotik den falschen Umgang gewählt zu haben. Tizian hat dieses Thema im Alter sehr beschäftigt; er malte mehrere Versionen. Auch mit dem Thema der ungezügelten Aggression hat sich Tizian im Alter befasst. Er hat es thematisch in dem spannungsgeladenen Bild der »Entehrung der Lukretia durch Tarquinius« festgemacht, das wir hier in einer von drei Versionen sehen (die beiden anderen befinden sich in Cambridge und in Wien).

In der **Sammlung niederländischer Malerei** fallen auf: »Sänger mit Flöte« von Ter Brugghen und »Eiche, vom Blitz getroffen« von Jan van Goyen, unter den französischen Werken: »David mit dem Haupt des Goliath« von Simon Vouet, der stark von Caravaggio beeinflusst war und zu den großen Gestalten der französischen Malerei des 17. Jh. zählt. Auch die deutsche Malerei ist vertreten; von Tischbein hängt hier ein »Porträt der Fürstin Luise von Oranien-Nassau«.

Im Nordflügel (dorthin muss man den Park durchqueren) befindet sich die **Malerei des 19. und 20. Jh.** Eugène Delacroix, einer der wichtigsten Wegbereiter des Impressionismus, ist mit mehreren Werken vertreten, darunter das politisch ambitionierte Gemälde »Griechenland auf den Trümmern von Missolonghi«. Von Henri Gervex sieht man den liegenden weiblichen Akt mit dem Titel »Rolla«; das Bild erregte anlässlich des Salons von 1878 einen Skandal und wurde von der Ausstellung ausgeschlossen. In einem Kabinett sind mehrere Bilder des aus Bordeaux stammenden Symbolisten Odilon Redon (1840–1916) ausgestellt, u. a. »Der Wagen des Apoll« und »Die Lesestunde«. Ferner sind der Russe Chaim Soutine (»Der Mann auf der Straße«), Henri Matisse (»Porträt der Bevilaqua«) und Oskar Kokoschka mit einer Ansicht auf Bordeaux präsent.

Schaut man vom Museumsgarten nach Westen, fällt der Blick auf das Stadtviertel Mériadeck, so benannt nach jenem Erzbischof, der das Palais Rohan errichten ließ. In den 1970er-Jahren, zur Zeit der Erbauung, mutete dieses Projekt kühn an. Heute wollen einem die vielen seelenlosen Betonklötze keine besondere Euphorie mehr entlocken. Im Vordergrund sieht man über der Tür eines älteren Gebäudes die Aufschrift »Galerie des Beaux-Arts«. Es handelt sich um einen Annex des Kunstmuseums, in dem Wechselausstellungen stattfinden.

Weitere Denkmäler am Rande der Altstadt

Kirche St-Seurin

Über die belebte Place Gambetta gelangt man zur Kirche St-Seurin an der Place des Martyrs de la Résistance. Hier stoßen wir auf die ältesten Spuren der christlichen Kultur in Bordeaux. Die Kirche ist in der Hauptsache ein Denkmal der Romanik, allerdings mit sehr heterogenen Bauteilen. Aus dem 11. Jh. stammt der Narthex mit frühromanischen Kapitellen. Das romanische Langhaus wurde im Spätmittelalter gotisiert. Besonders interessant ist die **Krypta**, in der merowingische Sarkophage des 6. Jh. aufgestellt sind. In den Sommermonaten kann man auch die benachbarten Ausgrabungen aus paläochristlicher Zeit besichtigen.

Site paléochrétien de St-Seurin:
Juni bis Sept. tgl. nur nachm. 14–19 Uhr.

Kirche St-Seurin:
ganzjährig vorm. und nachm. geöffnet; geschlossen zwischen 11.45 und 14.30 Uhr

Palais Gallien und Jardin Public

Von St-Seurin wenden wir uns nordwärts und gelangen durch die Rue du Docteur Albert Barraud zum Palais Gallien (12), das inmitten einer kleinen Grünanlage liegt. Es handelt sich dabei um den Rest des römischen Amphitheaters. Die bescheidene Ruine ist alles, was an aufgehendem Mauerwerk aus antiker Zeit in Bordeaux erhalten blieb. Archäologen haben das Bauwerk ins 3. Jh. n. Chr. datiert und geschätzt, dass das Amphitheater einst etwa 15 000 Zuschauern Platz bot. Es gehört damit zu den kleineren seiner Art.

Jardin Public:
*tgl. von der Morgen-
dämmerung bis zum
Einbruch der Dunkel-
heit geöffnet.*

Jardin Botanique:
*8.30–17.30 Uhr geöff-
net, gebührenfrei zu-
gänglich.*

**Musée d'Histoire
Naturelle:**
*tgl. außer Di und an
Feiertagen 11–18 bzw.
Sa und So 14–18 Uhr*

**Musée d'Art
Contemporain:**
*tgl. außer Mo und an
Feiertagen von 11–18
Uhr, Mi 11–20 Uhr. Das
Restaurant ist zu den
selben Zeiten geöffnet,
Tel. 05 56 44 71 61*

Von hier ist es nur noch ein kurzes Stück zu laufen, bis man die ausgedehnte Grünanlage des **Jardin Public** erreicht. Sein Ursprung geht auf das 18. Jh. zurück. Bordeaux mehrte seinen Wohlstand damals nicht nur durch Weinhandel mit den europäischen Nachbarn, sondern auch durch Fernhandel, und das bedeutet konkret: Sklavenhandel aus Afrika. Die Stadt war einer der Umschlagplätze für das menschliche Handelsgut. Seefahrer brachten aus fernen Ländern exotische Pflanzen mit, die in Bordeaux eine neue Heimat fanden. 1746–56 ließ der Intendant Tourny (nach ihm ist jene breite Allee benannt, die von Nordwesten her schräg auf die Fassade des Grand Théâtre zuführt) einen ersten Park anlegen, der nach der Revolution verwilderte und zuletzt den napoleonischen Soldaten als Exerzierplatz diente. Im 19. Jh. wurde der Park im Sinne englischer Landschaftsgestaltung mit Teichen, Inseln, Brücken und Baumgruppen neu gestaltet. Im hinteren Teil befindet sich der **Botanische Garten**, diesem ist das **Musée d'Histoire Naturelle** angeschlossen.

Sehenswürdigkeiten im Norden der Stadt

Musée d'Art Contemporain

Noch vor wenigen Jahren war die **Place des Quinconces** eine Art Kulturgrenze innerhalb der Stadt. Nach Norden lagen die Docks und Hafenviertel mit ihren Lagerschuppen, für Touristen nichts zu holen. Auch das hat sich seit den 1990er-Jahren fundamental geändert. Nahe der Place des Quinconces setzt sich jetzt die Museumslandschaft von Bordeaux schlüssig fort. Im Musée d'Art Contemporain (13), das in einem aufgelassenen Lagerschuppen eingerichtet wurde, ist die Kunst des späten 20. Jh. und der aktuellen Gegenwart präsent. Das Gebäude wurde 1824 errichtet und war bis 1950 in Betrieb. Danach stand es leer und war dem fortschreitenden Verfall preisgegeben. 1973 übernahm die Stadt Bordeaux die Verantwortung für das Gebäude, dem die Staatliche Denkmalbehörde den Rang eines *monument historique* verlieh. Damit war der Weg für eine Renovierung geebnet. 1990 wurde das Museum der Zeitgenössischen Kunst eröffnet. Man erlebt indes keine Dauerausstellung mit einer festen Hängung oder Stellung der Bilder, Skulpturen und Installationen; die Präsentation wird etwa alle 6 bis 8 Monate ausgetauscht, zudem finden regelmäßig Wechselausstellungen statt. Unverrückbar ist der von Keith Haring originell gestaltete Aufzug, der den Besucher in die oberen Etagen befördert. Eine Sehenswürdigkeit für sich ist das **Museums-Restaurant** im Dachgeschoss. Design und Einrichtung sind betont modern, der Backstein der Wände und die Holzbalken der Dachkonstruktion setzen dem einen warmen Akzent dagegen, beides vermählt sich und schafft eine Atmosphäre, in der sich jeder wohl fühlen kann. Im Sommer wird auf der Dachterrasse serviert. Abwechslungsreich ist auch die Speisekarte. Dieses Restaurant lohnt optisch und kulinarisch gleichermaßen den Besuch!

Quai des Chartrons und die Cité Mondiale du Vin

Wir folgen dem breiten Quai des Chartrons stadtauswärts. Der Name des Uferkais erinnert an ein Kloster der Kartäuser, die sich hier im Spätmittelalter – damals weit außerhalb der Stadt – niedergelassen hatten. Später entstand an der Stelle das Viertel der Weinhändler aus aller Herren Länder; man nannte sie in Bordeaux halb verächtlich, halb bewundernd die Korkenbarone. Sie kauften den Weingütern ihre Erträge ab, unternahmen auf eigene Rechnung die Fasslagerung, das Abziehen auf Flaschen und den anschließenden Vertrieb. Manche Familie ist damit zu Reichtum gelangt. Mittlerweile ist die Bedeutung des Zwischenhandels deutlich zurückgegangen, die Erzeuger bewerkstelligen die Lagerung, Abfüllung und den Vertrieb lieber selbst, um die eigene Gewinnspanne zu erhöhen. Etwas zurückversetzt vom Garonneufer entstand Anfang der 1990er-Jahre die **Cité Mondiale du Vin** (14), ein weitläufiger Glaspalast, der 1992 eröffnet wurde. Hier befinden sich jetzt das Kongresszentrum, ein Informationshaus zum Bordelaiser Wein, Boutiquen und alle möglichen Geschäfte. Auch das Comité Regional für den Fremdenverkehr hat hier seinen Sitz, ebenso wie ein Hotel namens Claret Libertel, von dessen Frühstücksterrasse man einen wunderbaren Blick auf die Umgebung hat.

In den modernen Glasbauten im einstigen Weinhändlerviertel dreht sich auch heute noch alles um den Wein.

Der Kreuzer Colbert

Während eines Spaziergangs entlang dem Quai des Chartrons hat man fortwährend ein Kriegsschiff im Blick. Es ist der Kreuzer Colbert (15). Das Schiff wurde 1959 in Dienst gestellt und gehörte zu der in Tou-

Kreuzer Colbert:
Jan. bis März und Okt.
bis Dez. werktags 13–
18 und Sa/So 10–18
Uhr, April/Mai und
Sept. tgl. 10–18 und
Sa/So bis 19 Uhr, Juni
bis Aug. tgl. 10–20 Uhr

lon stationierten Mittelmeerflotte. Später wurde die Colbert zum Träger für Raketen umgerüstet und war seither in Brest stationiert. Häufiger als bei Kriegsereignissen war das martialisch anmutende Schiff jedoch bei humanitären oder diplomatischen Missionen im Einsatz: 1960 Bergung von Erdbebenopfern in Agadir, 1961 Überführung des Leichnams von General Liautey aus Marokko nach Frankreich, Präsident de Gaulle unternahm zwei Reisen mit der Colbert (1964 nach Südamerika und 1967 nach Kanada). 1990 fand der letzte große Einsatz im Golfkrieg statt. 1993 wurde die Colbert außer Dienst gestellt und ankert seither am Stadtrand von Bordeaux. Der Kreuzer kann besichtigt werden.

Reisen & Genießen

Programmgestaltung

Wer Bordeaux ansteuert, sollte mindestens einen Tag für den Besuch der Stadt einplanen, besser wären zwei. Wir haben die Sehenswürdigkeiten derart gegliedert, dass jeweils ein Kapitel etwa einem halben Tagespensum entspricht. Die vier Kapitel ergäben also das Programm für zwei allerdings prallvolle Tage. Wer wirklich alles sehen möchte, was hier beschrieben wird, sollte dann doch besser drei oder vielleicht sogar vier Tage einplanen. Alles, was wir in den beiden ersten Kapiteln zusammengefasst haben, sollte man unbedingt anschauen, die Sehenswürdigkeiten in den beiden letzten Kapiteln kann man im Sinn einer Kür verstehen. Neben seinen Sehenswürdigkeiten bietet Bordeaux natürlich auch interessante Einkaufsmöglichkeiten, vor allem im Hinblick auf die Weine des Bordelais, aber nicht nur diesbezüglich. Wir geben nachstehend ein paar einschlägige Hinweise.

Informationen

Das Office de Tourisme in Bordeaux ist hervorragend organisiert und hält zu jedem Bereich Broschüren, Informationsmaterial, Karten, Stadtpläne usw. bereit, vieles davon auch in deutscher Sprache. Es befindet sich im Eckgebäude Cours du Trente Juillet/Allée d'Orléans auf halber Strecke zwischen Grand Théâtre und Place des Quinconces. Ganz ausgezeichnet ist auch die Homepage zu Bordeaux:
www.bordeaux-tourisme.com.
Das Département Gironde hat seinerseits ein eigenes Büro. Dieses befindet sich am Cours de l'Intendance zwischen den Straßen Rue Martignac und Rue Voltaire. Hier erhält man Hotelverzeichnisse, Karten für das Bordelais und vieles mehr.

Fortbewegung, Verkehrsmittel

Erst seit wenigen Jahren hat Bordeaux mit der Trambahn ein neues Verkehrsmittel. Die Züge sind futuristisch gestylt, drinnen sitzt man sehr bequem. Fahrtkarten zieht man am Automaten. An jeder Station hängen Pläne, auf denen man das gewünschte Fahrziel leicht findet. Die Hauptlinien sind derzeit:
A: Mériadeck – Jardin Botanique (West-Ost-Verbindung)
B: Place des Quinconces – Place de la Victoire (Nord-Süd-Verbindung durchs Zentrum)
C: Quinconces – Bahnhof St-Jean (zweite Nord-Süd-Verbindung, diese parallel zur Garonne)

Die Zahl der innerstädtischen Buslinien ist seit Inbetriebnahme der Trambahn 2003 stark reduziert worden. Taxistände gibt es nur wenige. Verlässlich findet man Taxis immer auf der Nordseite des Grand Théâtre. Wer sich gern bewegt, aber die weiten Fußwege scheut, kann sich ein Fahrrad mieten. Es gibt mehrere Verleiher. Am nächsten zum Zentrum bzw. zum Grand Théatre, unserem Ausgangspunkt, liegt

MACADAM Sport –
Association »Fous des quais«
22, Quai des Chartrons
Tel. 05 56 51 75 51.
Man muss eine Kaution in Höhe von 300 Euro hinterlegen.

Oper, Theater, Konzert

Wer es irgend einrichten kann, sollte während eines Aufenthaltes in Bordeaux eine Abendvorstellung im Grand Théâtre besuchen. Das Haus ist multifunktional, es finden Opernaufführungen, Schauspiel und Konzerte statt. Das Orchester des Hauses ist eines der ältesten Frankreichs und wurde bereits 1850 unter dem Namen Orchestre de la Société Sainte-Cécile gegründet. 1988 nahm das Ensemble, das 120 Musiker umfasst, den Namen Orchestre National Bordeaux-Aquitaine an. Über das aktuelle Programm informiert das Internet: www.bordeaux-opera.com
Telefonische Auskünfte 05 56 00 85 20, Kartenbestellung 05 56 00 85 95
Die Tageskasse ist Di bis Sa 11–18 Uhr geöffnet.
Eine Institution ist der »Mai Musical«, der seinen festen Platz im Kalendarium der französischen Festivals hat. Es kommen Virtuosen aus aller Welt, die Konzerte finden gleichfalls im Grand Théâtre statt.
1907 wurde das Städtische Orchester unter dem Namen Orchestre de la Musique Municipale de Bordeaux gegründet. Diesem Ensemble gehören 65 Musiker an. Aufführungen finden überwiegend im Théâtre Fé-

mina (20, Rue Gassi) statt, das 1921 erbaut, 1930 in ein Kino umgewandelt und 1976 in ein Theater- und Konzertgebäude zurückversetzt wurde. Programme:
Tel. 05 56 52 45 19
www.theatrefemina.fr.

Weinhandlungen

Wein kann man an jeder Straßenecke kaufen, es fällt schwer, sich einen Überblick zu verschaffen. Wer in Bordeaux weilt und in seiner Reiseplanung keine Zeit für Ausflüge in die Weinanbaugebiete der Umgebung eingeplant hat, andererseits aber ein paar gute Flaschen mitnehmen möchte, der wird solche Läden aufsuchen, die ein breit gefächertes Sortiment führen; außerdem wird dort fachkundige Beratung angeboten. Wir nennen hier zwei Adressen, die die genannten Kriterien erfüllen. Beide liegen zentral in Nachbarschaft des Grand Théâtre:

La Maison des Millesimes
37, Rue Esprit des Lois
Tel. 05 56 44 03 92, Fax 05 56 79 23 66,
La Vinothèque de Bordeaux
8, Cours du Trente Juillet (direkt neben dem Office de Tourisme).
Alle Regionen des Bordelais sind hier vertreten, man wird solide und ausführlich beraten. Weine gibt es in allen Preisklassen bereits ab 5 Euro die Flasche.
Ein Tipp: Hier erhält man kleine Einfüllstutzen aus Plastik für den Flaschenhals. Sie verhindern, dass nach dem Einschenken beim Absetzen einer Rotweinflasche Tropfen auf die Tischdecke fallen – die geniale Erfindung eines cleveren Dänen.

Cannelés de Bordeaux

Die Backspezialität von Bordeaux sind Cannelés, Minikuchen, die in gewellten Förmchen gebacken werden. Der Teig wird auf der Grundlage von reichlich Puderzucker, Milch, in die frische Vanille gegeben wird, Eigelb, Mehl und Rum-Aroma hergestellt. Das Gebäck eignet sich nicht zum Mitnehmen nach Hause, sondern sollte frisch vor Ort genossen werden. Man erhält die Cannelés in jeder Patisserie.

Weitere Einkaufstipps

Die Rue Ste-Catherine, die nahe dem Grand Théâtre ihren Ausgang nimmt und sich von dort über mehr als 2 km in südlicher Richtung erstreckt, ist die wichtigste Einkaufspassage der Bordelaiser. Aber das Bild gleicht im Grunde den Einkaufszonen aller größeren Städte. Ein Einkaufsparadies für gehobene Ansprüche ist der Cours de l'Intendance. Von hier zweigt die Rue Voltaire ab, die auf die Rotunde des Marché des Grands Hommes zuführt, eine alte Markthalle, in der nach Umbau und Renovierung alle möglichen Läden untergebracht sind.

Antiquitätengeschäfte findet man in größerer Zahl rund um St-Michel sowie in der Rue Bouffard nahe dem Musée des Beaux-Arts. In Bordeaux haben die Editions Mirontaine ihren Sitz. Dieser kleine Verlag stellt aus Papier Modelle historischer Bauten her, die als Bausatz verkauft werden. Man kann so daheim einzelne berühmte Denkmäler Frankreichs nachbauen oder auch ganze Altstadtkomplexe in Miniaturformat erstehen lassen. Der Verkauf befindet sich: 32, Rue St-Maur (eine Seitenstraße der Rue Mandron, die nahe dem Jardin Public ihren Ausgang nimmt und von dort in nordwestlichem Bogen stadtauswärts führt).

Mollat – das ist der Name von Frankreichs größter Buchhandlung. Sie liegt in der Rue Vital-Carles, einer Seitenstraße des Cour de l'Intendance (wenn man vom Grand Théâtre stadtauswärts geht, die vorletzte Abzweigung nach links vor der Place Gambetta). Die Buchhandlung zieht sich durch mehrere Altbauten und verfügt über zahlreiche Abteilungen. Das Angebot an Büchern ist einfach überwältigend, man erhält hier praktisch alles, was lieferbar ist. Mollat ist mehr als ein Buchladen, Mollat ist eine kulturelle Institution. Allmonatlich erscheint ein Programmheft über die Veranstaltungen des Hauses. Fast jeden Abend steht etwas auf dem Programm, zumeist Autorenstunden, Vorträge, Buchpräsentationen. Im Internet unter: www.mollat.com

Schiffsfahrten auf der Garonne

Im wasserreichen Aquitanien haben wir bereits wiederholt auf die Möglichkeiten der Fortbewegung zu Wasser aufmerksam gemacht. Natürlich kann man auch Bordeaux von der Wasserseite aus kennenlernen. Am Quai des Quinconces liegen die Schiffe. Besonders schön ist die »Alienor« (das ist die okzitanische Sprachform des Namens Eleonore). Man kann an einer knapp einstündigen Rundfahrt teilnehmen, genussvoll ist die längere Fahrt über die Mittagszeit, während derer man ein Menü einnimmt. Der Preis ist durchaus erschwinglich.
Tel. 05 56 51 27 90, Fax 05 56 52 17 67
www.bordeaux-resto.com
alienor.loisirs@wanadoo.fr

Die Freuden der Tafel

Bislang haben wir den Reisenden überwiegend durch ländliche Regionen begleitet und darauf geachtet, dass Restaurants und Hotels, die wir empfehlen, unter einem Dach vereint sind. In einer Großstadt wie Bordeaux betreibt kaum ein Hotel zugleich ein Restaurant. Es fällt schwer, unter den vielen interessanten Adressen einige wenige auszuwählen. Gern bummeln die Gäste der Stadt über die Place du Parlement und durch die daran angrenzenden Gassen, wo sich Lokal an Lokal reiht. Leider haben wir hier ausschließlich unerfreuliche Erfahrungen gemacht. Wir möchten keine Restaurants empfehlen, die dem Gast Convenience-Food aus der Retorte anbieten. In den von uns getesteten Lokalen fiel zudem immer wieder der unfreundliche Service auf. Wir empfehlen folgende Adressen:

Restaurant A. Thibeaud
53, Rue St-Remi
Tel. 05 56 44 52 43.
Das Restaurant liegt unweit der Place du Parlement und gehört zu den guten Adressen in diesem Stadtteil. Es ist zugleich Fischladen (im vorderen Bereich) wie Fisch-Restaurant (im hinteren Bereich); was auf den Tisch kommt, ist garantiert frisch. Einige der Tische haben als Sockel unter der gläsernen Tischplatte ein Aquarium, so hat man einen Fisch auf dem Teller und kann zugleich den lebenden Artgenossen zuschauen.

Restaurant Chez Brunet
9, Rue de Condé
Tel. 05 56 51 35 50.
Dieses Lokal in einer kleinen Seitengasse neben dem Grand Théâtre ist auf Austern und frische Meeresfrüchte spezialisiert. Dazu sollte man einen fruchtigen Weißwein aus dem Entre-Deux-Mers kosten.

Auf höchstem Niveau ist das
Restaurant Le Chapon Fin
5, Rue Montesquieu
Tel. 05 56 79 10 10.
Es liegt nahe der Rotunde des Marché des Grands Hommes.

Das Museums-Restaurant im Musée d'Art Contemporain haben wir bereits erwähnt. Auch im Grand Théâtre kann man stilvoll speisen. Hier empfehlen wir das Café Louis, das nach einer Renovierung und seit der Wiedereröffnung im Jahr 2000 einen optisch ansprechenden Rahmen bietet.

Für den kleinen Appetit zwischendurch – eventuell nur für einen Drink –, aber auch für eine ausgedehnte Mahlzeit bietet sich ferner das ebenfalls nahe dem Grand Théâtre gelegene Café des Quatre Sœurs an. Es besitzt eine gediegene alte Bistrot-Atmosphäre.

Unser liebstes Lokal ist das am Garonneufer gelegene kleine
Restaurant La Belle Epoque
Quai Louis XVIII
Tel. 05 56 79 14 58.
Die liebevoll restaurierte Einrichtung stammt aus dem 19. Jh., geboten wird eine unspektakuläre, aber verlässliche lokale Küche zu ausgesprochen moderaten Preisen. Eine Speisekarte gibt es nicht. Das Tagesmenü steht handgeschrieben auf einer Schiefertafel, die die freundliche Bedienung vor dem Gast aufpflanzt.

Etwas vom Zentrum abgesetzt liegt nahe der Kathedrale das
Café Français
an der Place Pey Berland. Hier stammt die Einrichtung aus der Zeit um 1900, Bistrot-Atmosphäre pur, es werden kleine Snacks gereicht, aber auch Menüs.

Zuletzt noch ein besonderer Tipp:
Am Garonneufer liegt nahe der Börse die Grand Bar Castan.
Die Einrichtung stammt von 1890. Mit künstlichen Felsen, die aus der Wand herauswachsen, und Elementen des Jugendstils sieht man sich in einem bizarr anmutenden und doch zugleich historischen Ambiente. Hier trinkt man den Aperitif, aber auch warme Mahlzeiten stehen auf der Karte.

Restaurants
zum Nachlesen
Zuletzt ein Buchtipp zum Thema. Zum Jahresende 2006 erschien im Verlag Editions Erème ein Buch mit dem Titel »Restaurants, Brasseries & Bistrots du Bordelais« mit Fotos von David Bordes und Textbeiträgen von Matthieu Flory und Marie-Annick Aviotte-Le Penmelen. In dem Buch werden in ästhetisch geglückten Aufnahmen und informativen Texten 40 Lokale vorgestellt, 24 in Bordeaux selbst, weitere 15 im Bordelais – ein Buch zum Verlieben!

Hotels
In Bordeaux gibt es keine ganz große, ganz berühmte Adresse. Aber die Stadt bietet Reisenden einige originelle und auch bezahlbare Unterkünfte. Auch hier müssen wir wieder aus einem breiten Angebot auswählen. Wir haben folgende Kriterien zugrunde gelegt: zentrumsnahe, ruhige Lage, moderate Preise. Unsere Empfehlungen lauten:

Hotel du Théâtre**
10, Rue Maison-Daurade
F-33000 Bordeaux
Tel. 05 56 79 05 26, Fax 05 56 81 15 64
www.hotel-du-theatre.com
reservation@hotel-du-theatre.com.
Das Haus liegt – der Name sagt es – nahe dem Grand Théâtre in einer kleinen Gasse, die von der Rue Ste-Catherine abzweigt.

Hotel des Quatre Sœurs***
6, Cours de Trente Juillet
F-33000 Bordeaux
Tel. 05 57 81 19 20, Fax 05 56 01 04 28
www.4soeurs.free.fr
4soeurs@mailcity.com.
Das Hotel befindet sich gleich neben dem Grand Théâtre im selben Gebäude wie das gleichnamige Café, das wir oben bereits genannt haben. Man sollte explizit ein Zimmer zur Hofseite reservieren, da man sonst von Verkehrsgeräuschen belästigt wird. Nachteil: Der Frühstücksraum ist winzig und platzt an manchen Tagen aus allen Nähten. Am besten bestellt man gleich am Vorabend das Frühstück aufs Zimmer. Man hört übrigens auffallend oft Deutsch, da das Goethe-Institut hier seine Gäste einzuquartieren pflegt.

Ebenfalls nahe dem Grand Théâtre befindet sich das
Hotel Majestic***
2, Rue de Condé
F-33000 Bordeaux
Tel. 05 56 52 60 44, Fax 05 56 79 26 70
www.hotel-majestic.com
mail-majestic@hotel-majestic.com.
Dieses Haus verfügt über eine eigene Garage, was heute in einer Großstadt Gold wert ist! Der Preis, den man dafür zahlt, liegt deutlich unter der Parkgebühr auf öffentlichen Abstellplätzen.

Unser Tipp lautet:
Hotel La Tour Intendance***
16, Rue de la Vieille Tour
F-33000 Bordeaux
Tel. 05 56 44 56 56, Fax 05 56 44 54 54
www.hotel-tour-intendance.com
info@hotel-tour-intendance.com.
Dieses Hotel wurde 2006 restauriert. Es liegt in einer kleinen Seitengasse des Cours de l'Intendance (wenn man vom Grand Théâtre stadtauswärts geht, die letzte Abzweigung nach links vor der Place Gambetta). Die Zimmer sind liebevoll und geschmackvoll eingerichtet. Von hier ist wie vom Grand Théâtre aus alles problemlos zu Fuß zu erreichen.

St-Emilion und Umgebung

Die Weinregionen rund um Bordeaux dehnen sich nördlich, östlich und im Süden der Stadt aus, jedoch nicht nach Westen. Das Gebiet ist viel zu weitläufig, als das man alles in einem Kapitel unterbrächte. Wir haben eine Gliederung in vier Kapitel vorgenommen. Jedes entspricht einem Tagesausflug mit Ausnahme des letzten Kapitels, das Stoff für zwei Tagestouren bietet. Wir stellen zunächst immer die Sehenswürdigkeiten vor, im Rahmen der praktischen Informationen berichten wir über die Weine der jeweiligen Region.

Übersichtskarte der Region siehe S. 248, Karte der Weinanbaugebiete siehe S. 256

Château de Vayres

Man verlässt Bordeaux über den Pont de Pierre und folgt der Ausschilderung nach Périgueux. Auf der N 89 geht es rasch ostwärts. An der Ausfahrt Nr. 8 weist die Ausschilderung den Weg zum Château de Vayres, einem der schönsten Schlösser im Bordelais. Im Mittelalter befand sich hier eine Wehrburg, die mehrfach erweitert und umgebaut wurde. Die heutige Erscheinung des Château de Vayres, das zum Besitz der Familie d'Albret gehörte, ist von der Renaissance des 16. und Umbaumaßnahmen des 17. Jh. geprägt. Ungewöhnlich ist die geradezu üppige **Inneneinrichtung** aus unterschiedlichen Epochen. So wird die Wohnkultur früherer Zeiten recht anschaulich. Der dazugehörige Park fällt in mehreren Terrassen zum Ufer der Dordogne ab. Von hier kann man zu bestimmten Uhrzeiten ein interessantes Naturphänomen beobachten: Bei Flut dringen die Wassermassen des Atlantiks weit in die meeresnahen Flüsse Garonne und Dordogne vor. In der Dordogne kommt es dann zum Zusammenprall zwischen den stromabwärts wogenden Wassern des Flusses und den dagegendrückenden Wassern des Ozeans, und so entstehen scheinbar aus dem Nichts heraus respektable Wellen – Mascaret nennt man hier dieses Schauspiel.

Château de Vayres: Ostern bis Ende Juni und Mitte Sept. bis 1. Nov. nur So nachm. Führungen 15, 16 und 17 Uhr, Juli bis 15. Sept. tgl., Führungen um 15, 16 und 17 Uhr www.chateau devayres.com

St-Emilion

Blick in die Geschichte

In der Hauptsache aber führt dieser Ausflug nach St-Emilion. Das Städtchen ist der mit Abstand attraktivste Ort im gesamten Bordelais und lohnt durchaus einen weiteren Umweg. Die Häuser sind in eine Mulde hineingeschmiegt, die der Form eines römischen Amphitheaters ähnelt.

Nahe St-Emilion besaß der Dichter Ausonius eine Villa, die schon damals, im 4. Jh., inmitten von Weinbergen lag; daran erinnert noch heute der Name des Weinschlosses **Château Ausone** – es ist zugleich das berühmteste von St-Emilion. Die Keimzelle des Ortes entstand allerdings erst in karolingischer Zeit, nachdem aus der Bretagne der

St-Emilion ☆☆ Besonders sehenswert: idyllisches Ortsbild, Felsenkirche

St-Emilion
1 *Chapelle de la*
  Trinité
2 *Église Monolithe*
3 *Kollegiatskirche*
4 *Donjon du Roi*

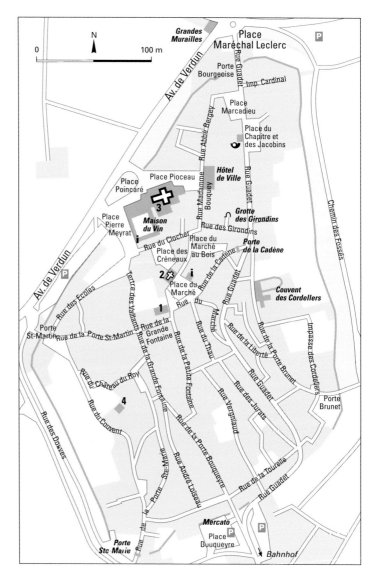

Eremit Aemilianus eingewandert war und sich hier eine Mönchsklause eingerichtet hatte. Bald nach seinem Tode 767 zogen Pilger zu seinem Grab, an dem sich Wunder zugetragen haben sollen. Dem Vorbild des Ortspatrons folgend, der seine Wohnstatt in den Felsen geschürft hatte, gruben die Mönche ihre Behausungen und ihre Kirche gleichfalls in den Felsen. So entstand im Laufe der Zeit die größte Felskirche

Europas. Der Ort, der sich um das Kloster gebildet hatte, wurde nacheinander von den Sarazenen und bald ein zweites Mal von den Normannen niedergebrannt. Im 11./12. Jh. blühte die Stadt wieder auf und wurde mit einer neuen Mauer umgürtet. Vom 13. bis in das 15. Jh. war St-Emilion ein ständiger Zankapfel zwischen Engländern und Franzosen. Erst mit Ende des Hundertjährigen Krieges waren die Besitzverhältnisse endgültig geklärt. Da die Einwohnerschaft durch die Kriegsereignisse, ferner durch Pest und Hungersnöte geschrumpft war, erlebte St-Emilion einen trostlosen Niedergang. Doch auch von diesen Schlägen erholte sich der Ort, der seit dem 17. Jh. zu einer der bekanntesten Wein-Metropolen aufstieg. Zur Zeit der französischen Revolution war St-Emilion Schauplatz einer Tragödie. Hier hatte sich Elie Guadet, der Wortführer der Girondisten, versteckt. Die Häscher Robespierres stöberten ihn auf. Er wurde mitsamt seiner ganzen Familie und etlichen Anhängern in Bordeaux guillotiniert. Heute ist St-Emilion eines der beliebtesten Touristenziele im Raum Südwestfrankreichs.

Rundgang durch die Stadt

Einen schönen Überblick über die Stadt gewinnt man von dem Platz am Fuße des Glockenturms, der sich über der darunter befindlichen Felskirche erhebt. Durch eine der schmalen Gassen erreicht man den Platz vor der Felskirche. Diese ist von außen allerdings als solche kaum zu erkennen. Lediglich ein kleines gotisches Portal verweist auf den im Erdinnern verborgenen Kirchenraum. Im Erscheinungsbild des Platzes setzt die **Kapelle Ste-Trinité (1)** den beherrschenden Akzent. Sie erhebt sich über der **Eremitage des hl. Aemilianus**.

Im Rahmen des geführten Rundgangs sieht man im Inneren der Kapelle zwei kleine in den Fels gegrabene Kammern. Diese sollen Schlafstatt und Oratorium des hl. Aemilianus gewesen sein. Eindrucksvoll sind auch die Katakomben mit den mittelalterlichen Grabstätten der Mönche. Zuletzt betritt man die aus dem Felsen geschlagene Kirche, die **Église Monolithe (2)**, eines der originellsten Bauwerke des europäischen Mittelalters. Sie ist als dreischiffige Halle konzipiert, 38 m lang, 20 m breit und 11 m hoch. Von der ursprünglichen Ausmalung ist nichts erhalten, aber einige aus dem Fels gearbeitete Reliefs. Im Gewölbescheitel des vorletzten Joches sieht man zwei Engel, die wie Kippfiguren erscheinen. Je nach Ausleuchtung wirkt der eine positiv, der andere negativ wie in den Stein gehöhlt; tatsächlich aber heben sich beide im Positivrelief vom Untergrund ab. In der Chorkonche befindet sich das größte Relief mit schwerfälligen, unbeholfenen Figuren, die den Erzengel Michael im Kampf mit dem Drachen und einen musizierenden Engel zeigen. Um diese unterirdisch verborgene Kirche nach außen hin sichtbar zu machen, errichtete man im 14. Jh. auf dem Felsen darüber einen gotischen Glockenturm, von dessen Glocke ein Zugseil bis in die Kirche führte. Besuchern wird das kreisrunde Loch in der Deckenwölbung gezeigt, durch das einstmals die-

Eremitage und Felskirche: Besichtigung nur im Rahmen einer Führung möglich. Die Uhrzeiten sind gekoppelt an die Öffnungszeiten des Office de Tourisme, das ebenfalls an diesem Platz liegt: Nov. bis März tgl. 9.30–12.30 und 13.45–18 Uhr, April bis Mitte Juni und Mitte Sept. bis Mitte Okt. 9.30–12.30 und 13.45 bis 18.30 Uhr, 2. Hälfte Juni und 1. Hälfte Sept. 9.30–19 Uhr sowie Juli/Aug. 9.30–20 Uhr www.saint-emilion-tourisme.com

ses Seil herabhing. Die ungeheure Last dieses Glockenturms ist mittlerweile zur Bedrohung für die Église Monolithe geworden. Aktuell werden unterschiedliche Möglichkeiten einer Unterfangung diskutiert. Auf jeden Fall müssen rasch Maßnahmen ergriffen werden, sonst ist ein Einsturz der Felsenkirche nicht mehr fern.

Die Arbeiten an der Felskirche waren noch nicht beendet, da hatte man unweit von hier mit dem Bau einer konventionellen Kirche für die Benediktiner begonnen. Dieser romanische Bau ist ein von zwei Kuppeln überfangener Saal, als solcher dem Périgord verpflichtet. Die Fassade dagegen mit ihrem tief gestuften Archivoltenportal leitet sich aus dem Poitou beziehungsweise aus der Saintonge her. Schon im 13. Jh. waren weder die Felskirche noch die neu gebaute **Kollegiatskirche** (3) den Erfordernissen einer ständig expandierenden Stadt gewachsen. Die geplante Erweiterung der Kollegiatskirche nach Osten geriet durch den Hundertjährigen Krieg ins Stocken und kam erst im 16. Jh. zum Abschluss. Diese Erweiterung nach Osten ist dreischiffig, die Gesamtlänge der Kirche dadurch auf 72 m angewachsen. Hervorragend erhalten ist der spätgotische Kreuzgang, der sich an die Südseite der Kirche anschließt. Seine Flügel sind 30 m lang, auffallend ist

Abendstimmung in den Gassen von St-Emilion

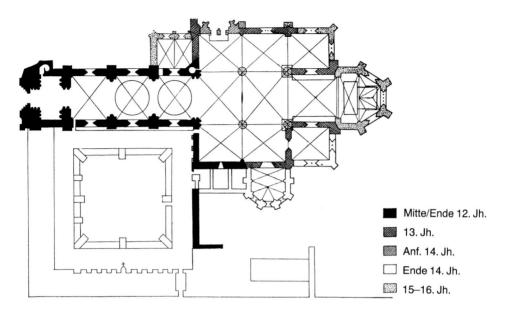

■ Mitte/Ende 12. Jh.
▨ 13. Jh.
▨ Anf. 14. Jh.
☐ Ende 14. Jh.
▨ 15–16. Jh.

St-Emilion, Grundriss der Kollegiatskirche

die breite Proportionierung mit 5 m, ein Charakteristikum der Kreuzgänge in Südfrankreich. Wegen statischen Problemen hat man auf ein
Gewölbe verzichtet. Als im 13. Jh. die Bettelorden ihre Niederlassungen in St-Emilion gründeten, stand innerhalb der Festungsmauern
kein Baugrund mehr zur Verfügung. So mussten sie sich außerhalb
der Stadtmauern ansiedeln, was in der Zeit des Hundertjährigen Krieges zwangsläufig ihre Zerstörung zur Folge hatte. Vom Kloster der
Franziskaner ist nichts mehr erhalten, von der einstigen **Klosterkirche**
der Dominikaner steht noch ein Mauerfragment inmitten von Wein-
feldern. Mit einem Verdikt setzte der Papst durch, dass die Bettelorden neue Klöster innerhalb der Stadtmauern erbauen durften. Diese
erlitten in der Revolution dasselbe Schicksal wie ihre Vorgänger und
wurden eingeäschert. Vom Dominikanerkloster blieb wiederum nur
ein trauriger Rest, der in der Hauptstraße, der Rue Guadet, zu sehen
ist. Vom Kloster der Franziskaner steht noch ein Rest der Kirche und
ein respektabler Teil des spätgotischen Kreuzgangs in der Rue de la
Porte Brunet. Heute befindet sich in den ehemaligen Konventsräumen eine kleine Schaumweinfabrik, deren moussierenden Blanc de
Blanc man im Kreuzgang verkosten kann.

Nach den vielen Kirchen und Klöstern wenden wir uns nun dem
bedeutendsten profanen Bauwerk von St-Emilion zu, dem **Château
du Roi** (4). Von diesem steht nur noch ein mächtiger Donjon, der die
Stadt weit überragt. Als Bauherr gilt König Heinrich III. Plantagenet
von England. Seit der Vertreibung der Engländer diente der 32 m hohe
Turm bis 1720 als Rathaus. Er spielt auch heute im Leben der Stadt

eine zentrale Rolle. 1948 hat sich die Jurade wieder konsolidiert, eine auf mittelalterlichen Brauch zurückgehende Bruderschaft der Winzer. An jedem dritten Sonntag im September ziehen die Mitglieder der Jurade in ihren feierlichen roten Roben auf die Plattform des Turmes und verkünden von dort droben den Beginn der Weinlese. Ein weiteres Mal sieht man sie Mitte Mai an derselben Stelle, wenn das Urteil über die Weine des Vorjahres kundgetan wird.

Wir dehnen den Rundgang bis zur südlichen Grenze der Altstadt aus. Hier befindet sich das **Musée Souterrain de la Poterie**. In den Räumen eines unterirdischen Stollens sind Erzeugnisse des Töpferhandwerks aus allen Regionen Frankreichs und aus unterschiedlichen Epochen ausgestellt. Besonders interessant ist die Gewichtung der Kunst der aktuellen Gegenwart. Vor allem lernt der Besucher hier das Œuvre des Elsässers Michel Wohlfahrt kennen, der heute sein Atelier in der Provence betreibt. Neben Werken, die ständig ausgestellt sind, finden regelmäßig Sonderausstellungen mit neuen Werken Wohlfahrts statt. Seine zum Teil skurrilen Skulpturen bewegen sich zwischen Giacometti und Max Ernst.

Musée Souterrain de la Poterie:
tgl. 10–19 Uhr. Führungen nach Vereinbarung, Tel. und Fax 05 57 24 60 93

Reisen & Genießen

Die Weine von St-Emilion

In der Region von St-Emilion und den angrenzenden Appellationen wird ausschließlich Rotwein gezogen. Die Weine von St-Emilion sind etwas fruchtiger, zugleich weicher und lieblicher als die etwas herberen Roten des Médoc. So kommt es, dass man einen St-Emilion auch zu Fisch oder zu Süßspeisen genießt.

Die bewirtschaftete Fläche beträgt 5200 ha. Bereits 1855 wurden die Weine des Médoc in mehrere Güteklassen gegliedert, in St-Emilion erfolgte eine solche erst 100 Jahre später mit zunächst vier Stufen. Dieses System wurde 1984 auf zwei Güteklassen vereinfacht, zuletzt 1996 wieder auf drei erweitert: St-Emilion AOC, St-Emilion Grand Cru AOC und St-Emilion Premier Grand Cru. In dem Gebiet mit der Herkunftsbezeichnung St-Emilion liegen heute rund 150 Domänen, davon ist ein Drittel mit der besonderen Klassifizierung des Grand Cru

ausgezeichnet, 13 führen das Signum eines Premier Grand Cru. 92 Weingüter stehen zum Besuch offen. Das bedeutet, dass man die Einrichtungen der Domäne und die Weinkeller besichtigen kann, in der Regel wird auch eine Weinverkostung angeboten. Das Office de Tourisme in St-Emilion hält eine Broschüre bereit, in der alle Adressen aufgeführt sind. Das berühmteste Weingut, das Château Ausone, kann man nicht besichtigen.

Es herrscht ein unglaubliches Preisgefälle. Grundsätzlich sind die Grand Crus kostspieliger als die normalen St-Emilion-Weine, für berühmte Namen zahlt man astronomische Preise. Aber auch innerhalb der höchsten Qualitätsstufe der Grand Crus fallen die Preisschwankungen auf. Ein gutes Beispiel ist das Château Pipeau am östlichen Rand von St-Emilion, wo man einen Spitzenwein erstehen kann, der deutlich unter dem Preis namhafter Konkurrenten

Weinprobe im Château de Cantin

liegt, ganz einfach deshalb, weil das Château Pipeau kaum jemand kennt.

Rund um St-Emilion liegen kleinere Anbaugebiete jeweils mit einer eigenen garantierten Herkunftsbezeichnung. Diese sind: Fronsac, Canon-Fronsac, Lussac-St-Emilion, St-Georges, Côtes de Castillon, Puisseguin; man bezeichnet sie auch als »Satelliten«, was man nicht als Ausdruck geringer Wertschätzung fehlinterpretieren sollte. Ein weiterer Satellit ist Pomerol, ein Gebiet, das absolute Spitzenweine hervorbringt. Obwohl es hier offiziell keine Abstufungen in der Hierarchie gibt, ist das Château Petrus unter Kennern der ungekrönte König des Pomerol. Zu erwähnen ist schließlich noch die kleine Appellation Graves-de-Vayres. Der von der Dordogne angeschwemmte Boden mit seiner Mischung aus Lehm, Kieseln und Kalk bringt hier einen sehr charaktervollen Wein hervor.

Hotels und Restaurants

Eine freundliche, bezahlbare Unterkunft (ohne Restaurant) ist die

Auberge de la Commanderie**
2, Rue des Cordeliers
F-33330 St-Emilion
Tel. 05 57 24 70 19, Fax 05 57 74 44 53
contact@aubergedelacommanderie.com.

Der Straßenname verrät, dass das Hotel nahe dem ehemaligen Franziskanerkloster und damit ganz zentral liegt.

Am nördlichen Rand der Altstadt, aber gleichfalls noch sehr zentral, liegt das gemütliche

Hotel Palais Cardinal***
Place du 11 Novembre,
F-33330 St-Emilion
Tel. 05 57 24 72 39, Fax 05 57 74 47 54
hotel@palais-cardinal.com.

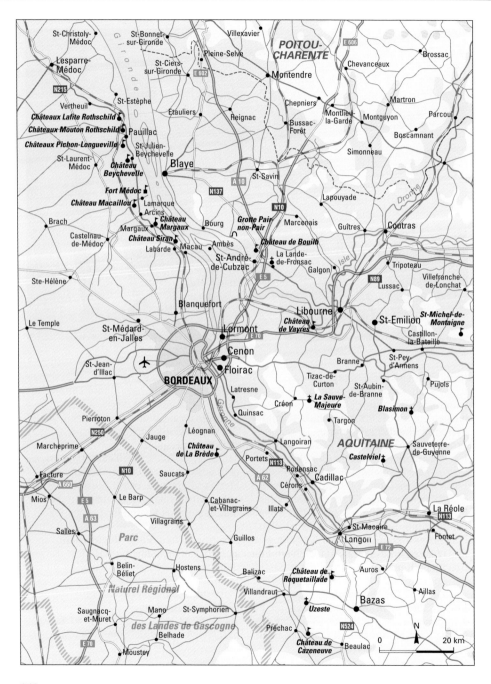

Auf dem rechten Ufer der Gironde

Zu diesem zweiten Ausflug ins Bordelais kann man gleichermaßen von Bordeaux wie von St-Emilion starten. Von Bordeaux aus folgt man ein kurzes Stück der A 10 Richtung Poitiers und nimmt die Abfahrt Nr. 40 a (Ausschilderung St-André-de-Cubzac), von St-Emilion aus wendet man sich dem Hafenstädtchen Libourne zu und folgt der D 670 über Fronsac weiter in Richtung **St-André-de-Cubzac**. Libourne ist übrigens eine alte Bastide, gegründet von dem Engländer Roger Leyburn, dessen Namen die Stadt trägt. Hier werden seit alters Weine aus den Regionen Pomerol, St-Emilion und Fronsac verschifft.

La Lande-de-Fronsac

3 km südöstlich von St-André-de-Cubsac liegt abseits der D 670 das unscheinbare Dorf La Lande-de-Fronsac. Hier lohnt die romanische Kirche St-Pierre am Ortsrand den Besuch. Das Bauwerk ist unscheinbar. Bemerkenswert ist das **Portal**, weniger im Hinblick auf seine künstlerische Qualität, die ist eher bescheiden, sondern vor allem wegen seiner Ikonografie. Das Tympanon schildert die erste Vision des Johannes auf der Insel Patmos (Offenbarung 1,9–20). Während die zweite Vision, das Weltgericht, hundertfach in Stein gemeißelt wurde, ist das Portal von La Lande-de-Fronsac das einzige Beispiel für eine Darstellung der ersten Erscheinung des Johannes. Sie ist das ins Bild übertragene Zitat des biblischen Textes: »Und als ich mich wandte, sah ich sieben goldene Leuchter und mitten unter den Leuchtern einen, der war eines Menschen Sohn gleich ... und er hatte sieben Sterne in seiner rechten Hand, und aus seinem Mund ging ein scharfes, zweischneidiges Schwert ...« Die linke Gestalt mit dem Buch in Händen ist Johannes; neben ihm, als kleine Kuppelbauten angegeben, die sieben Leuchter. Der Evangelist wendet seinen Blick zur Mitte, die Christus einnimmt (denn er ist »der eine«), in der rechten Hand einen Kreis mit sieben Rosetten haltend, die für die Sterne stehen; von seinem Mund weist nach rechts das zweischneidige Schwert. Die Schrift nennt auch die Bedeutung der Leuchter und Sterne. Die Leuchter symbolisieren die sieben Gemeinden Asiens: Ephesus, Smyrna, Pergamon, Thyatira, Sardes, Philadelphia und Ladoicaea; die Sterne stehen für die Engel, die über ihnen wachen.

Die **Datierung** des Portals ist nicht verbindlich geklärt. Ein Indiz für die zeitliche Einordnung liefern die Archivolten. Die Stirnarchivolte zeigt menschliche Gestalten: im Schlussstein Christus, links und rechts von ihm zwei Cherubim sowie Apostel, ferner Vögel, rechts unten die Muttergottes zwischen Sol und Luna. Die Technik, auf jeden Keilstein eine Figur zu meißeln, setzt die Entwicklung der Portalskulptur in der Saintonge voraus, dort ist diese erst in den 1120er-Jahren entwickelt worden. Eine Datierung des Portals von La Lande-de-Fronsac vor das zweite Viertel des 12. Jh. ist demnach auszuschließen.

In St-André-de-Cubzac wurde 1910 der berühmteste Untersee-forscher des 20. Jh. geboren: Jacques-Yves Cousteau, der mit seinem U-Boot »Calypso« in Tiefen vordrang, in die sich bis dahin noch niemals ein anderer vorgewagt hatte. 1956 erhielt er für seinen in der Tiefsee gedrehten Dokumentarfilm »Le Monde du silence« die Goldene Palme auf dem Film-Festival in Cannes. Cousteau starb 1997 und wurde auf dem Friedhof von St-André-de-Cubzac beigesetzt.

Château du Bouilh

Die Hauptstrecke von St-André-de-Cubzac Richtung Bourg-sur-Gironde ist die gut ausgebaute D 669. Parallel dazu verläuft die kleinere D 115. Auf dieser Nebenstrecke gelangt man zum Château du Bouilh. Hier stand bereits im Mittelalter eine Burg, der im 16./17. Jh. ein Neubau folgte. Aus dieser Zeit ist nur der **Pigeonnier** erhalten geblieben. Pigeonniers (Taubentürme) sind eine bauliche Besonderheit, die es nur im Raum Südwestfrankreichs gibt. Bereits im Quercy und im Périgord hat der Reisende zahlreiche Beispiele gesehen. Sie hatten aber nicht nur einen praktischen Zweck, sondern waren zudem Prestigeobjekte. Je größer ein Pigeonier, desto wohlhabender der Bauherr. Der Taubenturm von Bouilh ist einer der größten seiner Art. Er misst 12 m im Durchmesser und besitzt 1200 Fluglöcher.

Im 18. Jh. erfolgte noch einmal ein kompletter Neubau des Schlosses. Den Plan lieferte Victor Louis, der Architekt des Grand Théâtre in Bordeaux. Linker Hand steht ein mächtiger Trakt, an den sich eine sanft geschwungene Galerie anschließt. Rechter Hand sollte ein zweiter Wohnblock entsprechend dem anderen entstehen, doch dieser kam nicht zur Ausführung, Bouilh ist also unvollendet geblieben. Die originelle Architektur wirkt wie die Verschmelzung französischer Schlossarchitektur mit der Form Palladianischer Villen in Oberitalien. Die **Innenräume** sind mit alten Möbeln und Wandbehängen ausgestattet. Das Château de Bouilh, das nach mehrfachem Besitzerwechsel seit Mitte des 19. Jh. derselben Familie gehört, ist nicht nur eine Sehenswürdigkeit, sondern zugleich ein respektables Weingut und gehört zur Appellation der Côtes de Bourg. Man kann die Besichtigung mit einer Weinprobe verbinden.

Grotte Pair-non-Pair

Vom Château du Bouilh geht es nach Norden weiter auf die D 669. Nach 5 km erreicht man das Dorf Prignacet-Marcamps. Am Rande der Ortschaft wurde 1881 die kleine Höhle Pair-non-Pair entdeckt. Sie ist die einzige der Öffentlichkeit zugängliche prähistorische Stätte im Département Gironde. Die Grotte ist mit knapp 30 m Tiefe eine der kleinsten ihrer Art und hat den Cro-Magnon-Menschen zeitweilig auch als Wohnstatt gedient.

Zur Zeit ihrer Entdeckung war der größte Teil der Höhle zugeschüttet. Als man den Schutt abräumte, traten **Ritzzeichnungen** an den Felswänden zutage. Es sind ihrer etwa 20 und sie zeigen verschiedene Tiere: Pferde, Steinböcke, Hirsche und Rinder. Eine künstlerisch sensationelle Leistung ist die Gruppe von zwei Pferden, die beide ihre Köpfe rückwärts wenden – ein erstaunliches Maß an Verräumlichung ist mit dieser Darstellung verbunden. Aus den Fundzusammenhängen haben die Archäologen auf ein besonders hohes Alter der Bilder geschlossen. Sie werden ins Aurignacien datiert und sind etwa 30 000 Jahre B. P. entstanden.

Château du Bouilh:
Mitte April bis Mitte Juli und Mitte Aug. bis Ende Sept. Do, Sa und So nachm. 14.30–18, Mitte Juli bis Mitte Aug. tgl. 14.30–18 Uhr. www.chateau-du-bouilh.fr

Grotte Pair-non-Pair:
tgl. außer Mo., Führungen um 10, 10.45, 11.30 und um 14.30, 15.30 und 16.30, Mitte Juni bis Mitte Sept. zusätzliche Führungen um 12.30 sowie um 13.30 und 17.30 Uhr. Man sollte sich in jedem Fall – auch außerhalb der Saison – telefonisch anmelden, sonst riskiert man längere Wartezeiten; Tel. und Fax 05 57 68 33 40.

Dies ist eine der wenigen Höhlen, die auch für Behinderte und für Rollstuhlfahrer problemlos zugänglich ist.

Bourg-sur-Gironde

Das Hafenstädtchen liegt auf dem Ostufer der Dordogne nicht weit von deren Zusammenfluss mit der Garonne und heißt dennoch Bourg-sur-Gironde. Die Erklärung ist denkbar einfach: Noch im Mittelalter lag Bourg tatsächlich an der Gironde. Aber seither haben beide Ströme Unmassen an Sinkstoffen flussabwärts geführt, sodass sich ihr Zusammenfluss um mehrere Kilometer nach Norden verschoben hat. Die Gassen, gesäumt von hübschen alten Häusern, führen zum Flussufer hinab. Das kleine Schloss auf der Anhöhe (18. Jh.), **Château de la Citadelle**, wurde von der Wehrmacht 1944 niedergebrannt, nach dem Zweiten Weltkrieg wieder aufgebaut und ist heute Besitz der Gemeinde, die darin Empfänge und Ausstellungen veranstaltet. Einen Teil kann man besichtigen, sehenswert ist das Museum alter Kutschen.

Die Vauban-Festung Blaye

In Blaye, das wie Bourg-sur-Gironde Zentrum einer Weinanbauregion ist, stand schon in römischer Zeit ein Kastell. Als Ende des 17. Jh. erkennbar wurde, dass mit dem Tod des impotenten Königs Karl II. die spanische Linie des Hauses Habsburg aussterben würde, rüstete sich Europa und insbesondere Frankreich für den Krieg, den die Frage der Erbfolge zwangsläufig auslösen würde. Vauban, der Festungsbaumeister Ludwigs XIV., umgürtete ganz Frankreich mit einem Netz von Bollwerken gegen mögliche Invasoren. Vor allem von Westen her fürchtete man den Angriff der Engländer. Damals errichtete Vauban die Zitadelle von Blaye, deren Bau 1689 fertig gestellt war. Auf der anderen Seite der Gironde wurde als Pendant das Fort Médoc angelegt. So hätte man von beiden Ufern eindringende Schiffe unter Beschuss nehmen können, die Gironde war damit für feindliche Verbände unpassierbar geworden. 1700 brach der Spanische Erbfolge-

Château de la Citadelle:
März bis Mai und Sept./Okt. nur Sa/So sowie im Juli/Aug. tgl. 10–13 und 14–19 Uhr. www.mairie-bourg-gironde.fr

Zitadelle von Blaye:
frei zugänglich

Ausgrabung in Plassac:
April tgl. 9–12 und 14–18, Mai bis Okt. tgl. 9–12 und 14–19 Uhr. Der Besuch des Museums ist ohne, der Rundgang durch die Ausgrabung nur mit einer Führung möglich (Dauer 30 Min.)

Trutziges Bollwerk: die Festung Blaye

krieg aus, der mit dem Frieden von Utrecht 1713 zu Ende ging. Frankreich hatte sich gegenüber Österreich durchgesetzt, und so bestieg ein Bourbone den spanischen Thron. Die Festung ist vollständig erhalten. Im Sommer beleben Künstler und Kunsthandwerker die martialischen Kasematten, im Winter herrscht dagegen grenzenlose Tristesse.

Im nahen **Plassac** (3 km südlich von Blaye an der Straße Richtung Bourg-sur-Gironde) wurden die Reste einer römischen Villa ergraben. Die Fundstücke kamen in ein kleines Archäologisches Museum.

Reisen & Genießen

Die Weinanbaugebiete Bourg und Blaye

Die beiden Regionen Bourg und Blaye rangieren in der Beliebtheit hinter St-Emilion und ihren Nachbarn im Médoc. Aber sie können auf eine längere Tradition zurückschauen. Vom Hafen in Bourg-sur-Gironde wurden bereits Weine verschifft, als im Médoc noch kein Rebstock angepflanzt war. Die Weine sind kraftvoll, doch lange nicht so lagerbeständig wie die berühmten Nachbarn. Die Côtes-de-Bourg bringen hauptsächlich Rotwein hervor (97 %), die weißen Weine der Region sind blass.

Die Anaufläche von Blaye ist etwa fünfmal so groß wie jene von Bourg. Hier stehen 85 % Rotwein 15 % Weißwein gegenüber. Für die Rotweine beider Gebiete gilt: Sie werden jung und um 1 bis 2 Grad Celsius kühler getrunken als die Médoc- und St-Emilion-Weine. Der Weißwein der Côtes-de-Blaye ist deutlich charaktervoller als jener der Côtes-de-Bourg.

Fast alle Weingüter der Côtes-de-Bourg sind mit ihren Produkten in der Maison du Vin in Bourg-sur-Gironde vertreten. Das Haus liegt unübersehbar an der Hauptstraße, die am Zentrum von Bourg vorbeiführt. Ein Tipp: Auf halbem Weg zwischen der Höhle Pair-non-Pair und Bourg liegt neben der Straße eine kleinere Maison du Vin, in der ausschließlich die Weine von Bourg-Tauriac angeboten werden. Hier kann man unter fachlich guter Beratung zu ausgesprochen günstigen Preisen verlässliche Tropfen erstehen. www.cave-bourg-tauriac.com

Die Maison du Vin in Blaye liegt gleichfalls zentral am Cours Vauban. Hier sind 300 Weindomänen vertreten, rund 300 Rot- und 50 Weißweine unterschiedlicher Güte und Preise im Angebot. Auch hier sollte man sich auf die fachkundige Beratung verlassen.

Hotels und Restaurants

Wer unterwegs zur Mittagszeit eine kleine solide Mahlzeit einnehmen möchte, kehrt in Bourg-sur-Gironde ein im rustikalen Restaurant Le Troque-Sel
Tel. 05 57 68 30 67
Es liegt schräg gegenüber der Maison du Vin. Serviert wird regionaltypische Küche zu günstigen Preisen.

In der Zitadelle von Blaye befindet sich das Hotel-Restaurant La Citadelle**
Place d'Armes
F-33390 Blaye
Tel. 05 57 42 17 10, Fax 05 57 42 10 34
www.hotel-la-citadelle.com
Das Haus ist für die Zwei-Sterne-Kategorie ungewöhnlich komfortabel und hat einen Pool. Im Sommer werden die Mahlzeiten auf der Terrasse serviert. Man genießt den Blick auf die Gironde.

Die Weinschlösser des Médoc

Um sich das berühmte Weingebiet nördlich von Bordeaux zu erschließen, gibt es wiederum zwei Anfahrtmöglichkeiten. Entweder man knüpft an die vorangegangene Exkursion an und nimmt von Blaye die Fähre über die Gironde, oder Bordeaux ist erneut Ausgangspunkt.

Der Name des Médoc resultiert aus einer Kontraktion der lateinischen Bezeichnung »in medio oceanorum« (zwischen den Ozeanen). Damit ist im Westen der Atlantik und im Osten die Gironde gemeint. Hier gedeihen die besten Weine der Welt und die Namen einiger Châteaux sind jedermann geläufig. Damit es nicht zu Missverständnissen kommt, hier eine Begriffsklärung. Die **Bezeichnung Château**, die wir mit Burg oder Schloss übersetzen, hat – bezogen auf das Médoc und auf das gesamte Bordelais – eine andere Bedeutung. Ein Weingut, das auf dem Etikett seiner Flasche die Bezeichnung Château führt, muss über eine gesetzlich vorgeschriebene Reihe von weintechnischen Einrichtungen verfügen: einen eigenen Lagerkeller (chais), einen eigenen Kellermeister (maître de chais), eine eigene Flaschenabfüllanlage usw. Der Begriff des Château sagt nichts über die Baulichkeiten und deren Beschaffenheit aus. Es gibt Châteaux, die äußerlich einen bescheidenen Eindruck machen, aber wegen ihres Weines dennoch Berühmtheit genießen. Hier nun machen wir auf jene Châteaux aufmerksam, die als Baudenkmäler sehenswert sind. In den praktischen Informationen äußern wir uns zu jenen Châteaux, die als Weingüter Beachtung verdienen. Im Französischen gibt es übrigens eine kleine sprachliche Nuancierung, die jedem bei der Unterscheidung hilft. Ist von einem Château als Baudenkmal die Rede, wird zwischen das Wort Château und den Eigennamen ein »de« gesetzt, sobald es um Weingüter geht, entfällt dieses de.

Die D 1 ist auf weite Strecken als Schnellstraße ausgebaut. Sie durchzieht das Médoc in der Mitte von Süden nach Norden und gewährleistet zügiges Vorankommen, wenn man ein Ziel im Norden des Médoc ansteuert. Wir empfehlen die parallel dazu verlaufende kleinere D 2, die nah der Gironde verläuft und durch die berühmten Weinorte des Médoc führt. Das ist natürlich zeitaufwändiger, aber in jedem Fall interessanter und dem Auge wird etwas geboten. Man nennt diese Strecke »Route des Crus« oder »Route des Châteaux«.

Weinschlösser des Médoc ☆
Besonders sehenswert:
Château Margaux,
Château Beychevelle

Château Siran

Eine Fahrt von Süden nach Norden entlang dem Westufer der Gironde führt als Erstes zum Château Siran. Seine Geschichte reicht bis ins 15. Jh. zurück, später gehörte es zum weitläufigen Besitz der **Familie de Toulouse-Lautrec**. Mitte des 19. Jh. wechselte es in die Hände der Familie Miailhe, die auch heute noch in Siran lebt. Inmitten eines 5 ha großen Parks liegt das bezaubernde Barockschlösschen. Einige der Innenräume stehen zur Besichtigung offen. An den Wänden

Château Siran:
ganzjährig tgl. 10–18
Uhr (letzter Einlass um
17.30 Uhr)
www.chateausiran.com

253

Château Margaux:
Führungen (90 Min.)
tgl. außer an Wochen-
enden 10–12 und 14–
16 Uhr. Besichtigung
nur nach telefonischer
Anmeldung; Tel.
05 57 88 83 83. Im
August und während
der Weinlese im Herbst
ist die Besichtigung
nicht möglich.
www.chateau-
margaux.com

Château Maucaillou:
Das Musée des Arts et
Métiers de la Vigne et
du Vin ist ganzjährig
zu jeder Tageszeit ge-
öffnet. Fünf Gästezim-
mer stehen bereit.
Tel. 05 56 58 01 23,
Fax 05 56 58 00 88
www.maucaillou.com
notable@chateau-
maucaillou.com

Château Beychevelle:
Mai bis Sept. Mo bis
Sa und Okt. bis April
Mo bis Fr vorm. und
nachm. Vorherige An-
meldung ist ratsam:
Tel. 05 56 73 20 70,
Fax 05 56 73 20 71
www.beychevelle.com

Château Margaux ▷

hängen Zeichnungen von Rubens, Velazquez, Boucher, Daumier und zeitgenössischen Künstlern. Eindrucksvoll ist auch der Besuch des Weinkellers, wo in Eichenfässern ein hervorragender Rotwein der Flaschenabfüllung entgegenreift. 1980 hatten die kunstliebenden Betreiber einen originellen Einfall: Jedes Jahr entwerfen anerkannte Künstler die neuen Etiketten für die Weinflaschen.

Château Margaux

Das Schloss wurde im frühen 19. Jh. von dem Architekten Combes entworfen, einem Schüler des großen Victor Louis, und vertritt die nüchterne Gesinnung des klassizistischen Baustils in reinster Form. Zum Haupteingang führt eine steile Treppe hinauf. Darüber baut sich eine Schauseite mit vier Säulen und einem Giebel auf. Diese Disposition geht auf die Villen Andrea Palladios zurück. In wohltuendem Kontrast dazu steht der nach englischen Vorbildern angelegte Park. Die Weinkeller gehören zu den größten im Bordelais (Abb. S. 258).

Château Maucaillou

Abseits der D 2 liegt das Château Maucaillou. Ein Teil der 82 ha großen Rebfläche, den dieses Gut bewirtschaftet, liegt auf dem Gebiet der Appellation Moulis, ein anderer in Listrac. Die bauliche Gestalt der 1875 errichteten Weindomäne ist gründerzeitlich, ohne nennenswerte Besonderheiten. Dennoch lohnt der kleine Umweg, denn hier haben die Besitzer ein Weinmuseum eingerichtet, das einzigartig ist. Mit Bildern, Modellen und vor allem originalen Gerätschaften wie Weinpressen, Fässern usw. werden lückenlos alle Schritte vorgeführt, die zur Gewinnung eines Spitzenweines führen. Außerdem stehen Gästezimmer zur Verfügung. Wer also bei der Weinprobe zu tief ins Glas schaut, kann sich getrost im Château Maucaillou zur Ruhe betten.

Château Beychevelle

Vom Château Maucaillou geht es auf der D 2 weiter nordwärts vorbei am Fort Médoc, das nicht annähernd so gut erhalten ist wie sein Gegenüber. Unser nächstes Ziel ist das Château Beychevelle. Die Domaine gehörte einst dem Herzog von Epernon, seines Zeichens Admiral der königlichen Flotte. Es heißt, die auf der Gironde vorbeifahrenden Schiffe hätten an dieser Stelle die Segel einholen müssen, um dem Herzog einen Wegezoll zu entrichten. Die Losung »baisse voile« (holt die Segel ein) hat den heutigen Namen Beychevelle hervorgebracht. Ein altertümlicher Lastensegler ist denn auch das Logo, das auf jedem Etikett der Flaschen von Beychevelle erscheint. Die langgezogenen, verhältnismäßig flachen Gebäudetrakte stammen aus dem 18. Jh. und markieren, wie ja auch viele Bauten in Bordeaux, den Übergang vom Spätbarock zum Frühklassizismus. Sehenswert sind auch hier wieder die weitläufigen Keller.

Pauillac und Umgebung

Weinanbaugebiete im Bordelais

Mit jedem Kilometer, den man nun weiter in nördlicher Richtung vorstößt, verdichtet sich die Konzentration berühmter Weingüter. Die bekanntesten gruppieren sich um das Städtchen Pauillac direkt an der Gironde. Kurz vor Pauillac steht linker Hand der Straße inmitten seiner Weinfelder das Château Pichon-Longueville. Es wurde im späten 19. Jh. im Stil der Neorenaissance erbaut. Nach rechts hinüber befin-

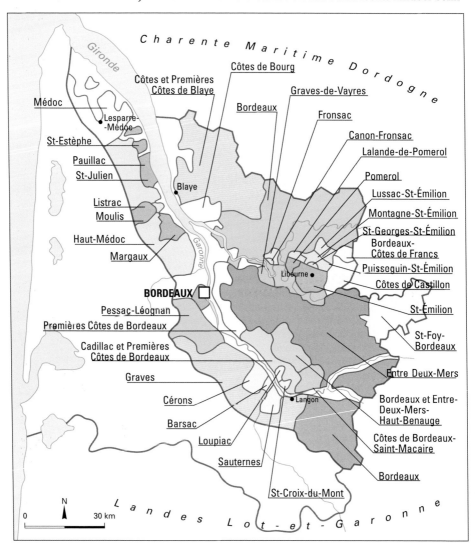

*Weingut
Cos d'Estournel*

det sich nahe dem Girondeufer, von der Straße aus nicht sichtbar, das Château la Tour. Die glanzvollsten Namen trifft man an, sobald man an Pauillac vorbei- oder durch Pauillac hindurchgefahren ist. Hier liegen nah beieinander die **Châteaux Mouthon-Rothschild** und **Lafite-Rothschild**, letzteres seit 1868 im Besitz der prominenten Pariser Bankiers-Familie. Beide sind zu besichtigen. Im Château Mouthon-Rothschild zeigt ein Museum Exponate rund um das Thema Wein. Aber das Herzstück beider Domänen sind natürlich ihre Weinkeller, die die Besucher ehrfürchtig durchschreiten – immerhin bewegt man sich hier zwischen den berühmtesten (und zugleich teuersten) Weinflaschen der Welt.

Rund um St-Estèphe

Wie Pauillac und praktisch alle Weinorte des Médoc hat auch St-Estèphe keine kunstgeschichtlichen Sehenswürdigkeiten. Besuchertempel ist hier wie allerorts die lokale Maison du Vin. Unter den Weindomänen fällt wegen seiner baulichen Gestalt der **Cos d'Estournel** auf, der 3 km südlich von St-Estèphe liegt. Gegründet hat das Gut Louis-Gaspard d'Estournel (1762–1853), den man auch den »Maharadscha von St-Estèphe« genannt hat. Sein Liebe zu allem Orientalischen hat sich im Bau des Cos d'Estournel erkennbar niedergeschlagen, dessen verspielte Architektur an einen indischen Tempel erinnert.

5 km westlich von St-Estèphe liegt das Dorf **Vertheuil** mit einer kleinen romanischen Kirche in der Ortsmitte. Das vom Poitou beeinflusste Archivoltenportal (darin u. a. Darstellungen von Bauern bei der Weinernte) öffnet sich zur Südseite. Auch die Architektur – eine dreischiffige Halle – zeigt sich vom benachbarten Poitou abhängig. Das Gebäude wurde in gotischer Zeit stark verändert.

Château Mouthon-Rothschild:
Mo bis Fr 9.30–11 und 14–16 (Fr bis 15 Uhr), geschl. an Feiertagen, 25. Dez. bis 1. Jan. Tel. 05 56 73 21 29 Nur mit Reservierung.

Château Lafite-Rothschild:
Führungen Mo bis Fr 14 und 15.30 Uhr (max. 15 Pers.); geschl. an Feiertagen sowie Aug. bis Okt. Fax 05.56.59.26.83, www.lafite.com Nur mit schriftlicher Anmeldung.

Cos d'Estournel:
Mo bis Fr 9–12.30 und 14–17.30 Uhr. Führungen (max. 15 Pers.) nur mit Anmeldung: Tel. 05 56 73 15 50, www.cosestournel.com

Reisen & Genießen

Die Weine des Médoc
Zur Zeit der Römer und noch bis ins späte
Mittelalter wuchs hier kein einziger Rebstock. Das Médoc war eine dünn besiedelte
und teils versumpfte Landschaft. Erst im
15./16. Jh. begann man damit, Rebstöcke
zu setzen, und erst im 18. Jh. machten sich
vereinzelt Weingüter einen Namen. Trotz
des Aufschwungs blieb der Weinanbau im
Médoc ein riskantes Geschäft. So kam das
Bonmot auf: »Es gibt drei Arten sich zu ru-
inieren – durch eine Tänzerin, durch ein
Rennpferd oder durch ein Weingut im Médoc, doch die dritte Art führt am schnellsten und am sichersten zum Ziel.« Aber auf
Dauer war der Siegeszug der Médocweine
nicht aufzuhalten. In diesem Landstrich
kommen mehrere Faktoren zusammen, die
erklären, warum hier heute der beste Wein
weltweit gekeltert wird – übrigens ausschließlich Rotwein. Das Médoc hat infolge

Weinkeller des Château Margaux

seiner meeresnahen Lage kein extremes Klima, vor allem frostfreie Winter. Der Sommer
garantiert intensive Sonnenbestrahlung,
aber niemals herrscht gnadenlose Hitze. Die
Wälder halten die Stürme vom Atlantik
fern. Es fallen ausreichend Niederschläge,
doch auch diese sind dosiert. Und wenn es
wirklich einmal aus Kübeln schüttet, sorgt
der Boden für die optimale Regulierung.
Zur Girondeseite hin gedeihen die Wein-
stöcke auf Schotter und Kiesel; dieser Untergrund gewährleistet eine schnelle unterirdische Entwässerung. Das rasche Versi-
ckern des Regens gewährleistet zum einen,
dass die Wurzeln niemals im Wasser stocken
und faulen, zum anderen sind die Rebstöcke gezwungen, ihre Wurzeln auf der Suche
nach Wasser tief in den Boden eindringen
zu lassen. Rebstöcke, die etliche Jahrzehnte
alt sind, erreichen Wurzellängen bis zu
15 m. Nicht nur die mineralogische Bodenbeschaffenheit, sondern vor allem die Wur-
zellänge ist, wie man heute weiß, aus-
schlaggebend für die Qualität eines Weines.
Die Kiesel haben zudem eine weitere Eigenschaft, die Winzer schätzen: Sie speichern die über Tag empfangene Wärme und
geben diese während der Nacht langsam ab,
sodass der Rebstock keinen radikalen Tem-
peraturschwankungen ausgesetzt ist.
Die Weine des Médoc sind ungemein ge-
haltvoll, kräftig und haben betonte Frucht-
aromen. Ein guter Médoc muss lange liegen
und reifen. Manche Weine soll man frü-
hestens im Alter von fünf oder noch mehr
Jahren öffnen, zudem ist ihre Lagerfähigkeit
enorm lang, wenn auch nicht unbegrenzt.
Bereits 1855 nahmen Weinexperten eine
Klassifizierung der Weindomänen des Médoc vor. Diese wurde zuletzt 1973 einer kri-
tischen Überprüfung unterzogen, wobei es
zu geringfügigen Veränderungen bzw. An-

passungen kam. Die AOC-Weine gliedern sich danach in mehrere Güteklassen von Premier über Deuxième bis hin zu Cinquième Grand Cru Classé (also von eins bis zu fünf), darunter rangiert der cru bourgeois. Eine derart differenzierte Staffelung ist weltweit einzigartig. Natürlich protzen die Premiers Crus mit diesem Gütesiegel auf dem Etikett. Dies sind nur vier Châteaux: Lafite-Rothschild, Latour, Margaux und (erst seit 1973) das Château Mouthon-Rothschild. Die Châteaux der vier nachfolgenden Stufen verzichten in der Regel auf das 2., 3., 4. und 5. und vermerken auf dem Etikett ihrer Flaschen lapidar »Grand cru classé«. Das sind heute 56 Châteaux. Unter der Rubrik Cru Bourgeois rangieren rund 120 Domänen.

Haut-Médoc ist die übergreifende Appellation für alle Anbaugebiete von der Nordgrenze von Bordeaux bis nach St-Estèphe. Aber innerhalb dieses Herkunftsgebietes haben zahlreiche Orte ihre eigene Lagenbezeichnung, als die wichtigsten nennen wir (von Süden nach Norden): Margaux, Moulis, Listrac, St-Julien, Pauillac und St-Estèphe. Jeder dieser Orte hat seine eigene Maison du Vin, immer gut ausgeschildert, in der Ortsmitte liegend und leicht zu finden. Hier sind fast alle im jeweiligen Gebiet angesiedelten Domänen mit ihren Produkten vertreten. Achtung: Wer aus Nostalgie die eine oder andere Flasche auf einem der ganz berühmten Güter kaufen möchte, kann sich den Weg dorthin sparen, denn nur in Ausnahmefällen wird an Einzelabnehmer verkauft. An das Haut-Médoc schließt sich nach Norden ein deutlich kleineres Gebiet mit der Herkunftsbezeichnung Médoc an (Hauptort ist Lesparre-Médoc); hier gibt es keine Unterappellationen.

Ein Laie wird sich über das Preisgefälle wundern. In der Tat zahlt man bei den berühmten Lagen nicht nur den Inhalt der Flasche, sondern auch das Etikett, das unter Weinliebhabern als Prestigeobjekt gilt.

Wer einfach einen hervorragenden Wein zu einem dennoch bezahlbaren Preis sucht, kann durchaus auf seine Kosten kommen. Ein gutes Beispiel ist das Château Moulin Rouge. Es liegt nur einen Steinwurf vom berühmten Château Beychevelle entfernt, für dessen Erzeugnisse man Unsummen bezahlt. Für eine Flasche des Château du Moulin Rouge (Kategorie Cru Bourgeois), dessen Rebstöcke unter fast denselben Bedingungen gedeihen wie jene von Beychevelle, zahlt man einen Preis um die 10 Euro.

Hotels und Restaurants

In einem derart hochkarätigen Weinanbaugebiet verkehren viele Gäste mit einem gut gepolsterten Konto, und auch die einheimischen Weingutsbesitzer gehören natürlich nicht zu den Empfängern von Sozialhilfe. Entsprechend ist das Médoc gespickt mit einigen Hotels und Restaurants der absoluten Spitzenklasse wie das Château Cordeillan-Bages in Pauillac oder das Relais de Margaux nahe Margaux, die in jeder Hinsicht märchenhaft sind – so auch bei den Preisen. Dennoch wird der genusssuchende, aber finanziell im Mittelfeld angesiedelte Durchschnittsmensch ebenso fündig. Am Ortsrand von Margaux liegt das in einem renovierten Gebäude aus dem 19. Jh. eingerichtete

Hotel-Restaurant Pavillon de Margaux***
3, Rue G. Mandel
F-33460 Margaux
Tel. 05 57 88 77 54, Fax 05 57 88 77 73
le_pavillon_margaux@wanadoo.fr.

In Pauillac fiel uns auf das am Quai gelegene gleichfalls in einem Gebäude aus dem 19. Jh. untergebrachte
Hotel-Restaurant France et Angleterre**
3, Quai Albert Pichon
F-33250 Pauillac
Tel. 05 56 59 01 20, Fax 05 56 59 02 31
www.hoteldefrance-angleterre.com
contact@hoteldefrance-angleterre.com.

Entre-Deux-Mers und Guyenne

Ruine der Abtei La Sauve-Majeure: Juni bis Sept. tgl. 10–18 Uhr und Okt. bis Mai tgl. außer Mo 10.30–13 und 14–17.30 Uhr; geschlossen 1. Jan., 1. Mai und 25. Dez.

Unser vierter Ausflug in die nähere Umgebung von Bordeaux führt in das hügelige Dreieck zwischen Dordogne und Garonne. Der Name Entre-Deux-Mers ist in seiner inhaltlichen Aussage identisch mit dem des Médoc und heißt wörtlich übersetzt: Zwischen zwei Meeren. Gemeint sind aber in diesem Fall nicht Atlantik und Gironde, sondern Garonne und Dordogne. Sie werden deshalb als Meere oder zum Meer gehörig angesprochen, weil die Tide sich noch 90 Kilometer flussaufwärts bemerkbar macht.

Wer sich auf das Wichtigste beschränkt, kann einen Ausflug durch die Landschaften am Unterlauf der Garonne an einem Tag absolvieren, wer mit etwas mehr Muße unterwegs ist, kann das Programm getrost auf zwei Tage verteilen. Erneut gibt es zwei Möglichkeiten des Aufbruchs. Entweder ist St-Emilion der Ausgangspunkt, von dort geht es südwärts, oder man startet wiederum von Bordeaux. In diesem Fall folgt man der D 936 ostwärts in Richtung Bergerac.

Besichtigungsziele im Entre-Deux-Mers

Nahe dem Dorf Sallebœuf verlässt man die D 936 und fährt auf der D 671 in südlicher Richtung weiter. Bald geht es durch die alte Bastide Créon (eine Besichtigung wert ist der schöne Marktplatz) und von dort weiter auf der D 671 nun Richtung Osten. Nach kurzer Fahrt gelangt man zu der eindrucksvollen Ruine der **Abtei La Sauve-Majeure** (Abb. S. 266). Das Kloster wurde um das Jahr 1075 gegründet und avancierte rasch zu einer der einflussreichsten Abteien in der Aquitaine. Der Name kommt von lat. Silva maior (großer Wald) und

Portal der romanischen Kirche in Blasimon

verweist darauf, dass der Gründer, Wilhelm IX. von Aquitanien, der Abtei ausgedehnten Waldbesitz gestiftet hatte. In der Revolution wurde das Kloster zerstört. Von der Kirche stehen heute noch ein Glockenturm und ein Teil des Chores, darin sieht man ausdrucksstarke Kapitelle. Vom Kreuzgang und den Konventsräumen blieben nur bescheidene Reste erhalten.

Unser nächstes Ziel ist **Blasimon**. Man gelangt dorthin auf verschlungenen Wegen. Ein kleiner Umweg führt über Sauveterre-de-Guyenne, von dort nordwärts. Hier liegt einsam in den Feldern eine romanische Kirche, auch sie das Überbleibsel eines mittelalterlichen Klosters (in der Regel ist die Kirche verschlossen). Der Umweg hierher lohnt wegen des schönen Portals, das dem Poitou verpflichtet ist. In den Archivolten gibt es unterschiedlich gestaltete Figuren. Radial nennt man solche, bei denen jeweils ein Motiv auf einen Keilstein fixiert ist, tangential nennt man es, wenn sich eine Figur über mehrere Keilsteine erstreckt. Hier sind es in der zweiten Archivolte von außen Personifikationen der Tugenden, die über die Laster siegen, wunderbar grazil gemeißelte Gestalten, die dem Stil der Figuren von Souillac und Moissac nahestehen.

Ein anderes der Romanik des Poitou verpflichtetes Portal sehen wir an der Kirche des Dorfes **Castelviel** 5 km südwestlich von Sauveterre-de-Guyenne. Dem mächtig ausladenden Portal gesellen sich zwei winzige Scheinportale an den Seiten hinzu. Mehrere Archivolten überspannen den Eingang. Man erkennt u.a. Darstellungen der Monatsarbeiten (in der äußeren Archivolte), den Kampf der Tugenden gegen die Laster (2. Archivolte), außerdem in der 3. Archivolte menschliche Gestalten, die durch eine Schnur miteinander verbunden sind, vermutlich ein Bild von der Gemeinschaft der Gläubigen.

In **Cadillac** erreichen wir die Garonne. Der Ort wurde 1280 als Bastide gegründet. Von der mittelalterlichen Bausubstanz sind noch ein Stadttor, Porte de la Mer, und Teile der Festungsmauer erhalten.

Aus der Zeit der Renaissance stammt das Schloss der Herzöge von Epernon. Es ist ein stilreiner Bau aus der Zeit um 1600 (Baubeginn 1599), erbaut für den Gouverneur Heinrichs IV. Eindrucksvoll sind im Innern die mächtigen Kamine. Früher hieß es, das Schloss der Herzöge von Epernon sei eines Königs würdig.

Als Automarke ist der Cadillac jedem ein Begriff. Doch wer kennt schon den Ort? Der Name der Limousine geht tatsächlich auf das Städtchen an der Garonne zurück. Ein Auswanderer aus der Region hatte in den USA den Namen Antoine de Lamothe-Cadillac angenommen und dort die Stadt Detroit gegründet. Anlässlich seines 300. Geburtstages 1958 ehrte man ihn in Detroit, indem eine Automarke auf seinen Namen getauft wurde.

Château de Cadillac: Juni bis Sept. tgl. 10–18 Uhr, Okt. bis Mai tgl. außer Mo 10–12.30 und 14–17.30 Uhr, geschl. 1. Jan., 1. Mai und 25. Dez.

Die Guyenne

Der letzte von fünf Ausflügen in das Bordelais führt in den Nordosten von Bordeaux in die Landschaft Guyenne. Der Name Guyenne ist verhältnismäßig jung. Die Engländer haben ihn während des Hundertjährigen Krieges als Verballhornung des Namens Aquitaine geprägt. Später haben die Franzosen diesen Begriff übernommen, jedoch mit einer deutlichen Eingrenzung. Unter Guyenne versteht man heute die Landschaft am Unterlauf der Garonne. Hier wird gleichfalls Wein angebaut, der noch zum Bordeauxgebiet gehört. Wir gehen am Ende des Kapitels näher darauf ein.

Château de la Brède

Man verlässt Bordeaux auf der A 62 (sie heißt Autoroute des Deux-Mers, und in diesem Fall bedeutet »Zwischen zwei Meeren« wieder etwas anderes, nämlich der Verlauf der Autobahn zwischen Atlantik und Mittelmeer). Nach nur 12 km erreicht man die Abfahrt nach La Brède. Das **Schloss Montesquieus** liegt nur wenige Minuten von der Autobahn entfernt. Es ist neben Azay-le-Rideau im Tal der Loire eines der stimmungsvollsten Wasserschlösser Frankreichs. Im Kern handelt es sich um eine mittelalterliche Wehrburg, deren martialisches Aussehen in der Renaissance gemildert wurde, indem man die größten Teile der äußeren Ummauerung abriss und die Fenster der Wohntrakte vergrößerte. Mit dem englischen Garten außen herum, den Montesquieu im 18. Jh. anlegen ließ, lässt nun auch der Wassergraben seine einstige wehrhafte Bestimmung vergessen und erscheint als Teil einer romantischen Inszenierung. So muss es wohl auch Montesquieu selbst empfunden haben, denn baulich ließ er keine weiteren Veränderungen an dem Schloss vornehmen. Lediglich das Innere, das man besichtigen kann, wurde im Stil seiner Zeit umgestaltet. Gänzlich unverändert ist das Schlafzimmer des Philosophen geblieben. Hier sieht man seine Porträtbüste mit den feinen, intelligenten Gesichtszügen, seinen Spazierstock und diverse andere Erinnerungsstücke.

Das Bazadais

Die an Sehenswürdigkeiten reichste Region in der Guyenne ist das Bazadais. So nennt man die Umgebung des Städtchens **Bazas**, das 12 km südlich von Langon und der dortigen Autobahnabfahrt liegt. Die Häuser von Bazas gruppieren sich um die gotische Kathedrale St-Jean, die im 13./14. Jh. nach nordfranzösischen Vorbildern errichtet wurde. Ungewöhnlich ist der gute Erhaltungszustand der drei Portale. Die Katholiken von Bazas hatten den Hugenotten 10 000 Taler Ablöse bezahlt, damit diese die Kathedrale verschonten. Thema des mittleren Portals ist das Weltgericht, ferner sind Szenen aus dem Leben des Evangelisten Johannes dargestellt, des Patrons der Kirche, die Seitenportale sind dem Leben der Maria und des hl. Petrus gewidmet. Der Innenraum ist weiträumig angelegt und überrascht in seiner Größe. Der Chor besitzt einen Umgang mit Kapellenkranz. Den Platz vor der Kathedrale säumen alte Häuser mit offenen Arkadengängen im Untergeschoss.

Von Bazas führt eine kleine Rundfahrt zu vier interessanten Zielen. Den Auftakt bildet der Besuch der **Burg von Roquetaillade**, die geradezu mustergültig das Ideal des mittelalterlichen Wehrbaus repräsentiert. Im Kern der Anlage erhebt sich ein Donjon aus dem 13. Jh. Anfang des 14. Jh. fand die Erweiterung statt. Der Donjon wurde mit einer Festungsmauer umgürtet, an jeder Ecke dieser Ummauerung errichtete man zwei Rundtürme nebst zwei weiteren, die den Haupteingang flankieren. Initiator des Erweiterungsbaus war Kardinal Gaillard de la Mothe, ein Neffe Papst Clemens' V., der aus dem Bazadais stammte. Sehenswert ist nicht nur die fantastisch erhaltene Architektur, sondern auch das reich ausgestattete Innere der heute noch bewohnten Burg.

An Papst Clemens V., den ersten der sieben Päpste, die im 14. Jh. in Avignon residierten, erinnert auch die Ruine des **Château de Villandraut**, das 10 km westlich von Roquetaillade liegt. Hier war der Papst höchstselbst Auftraggeber für die Errichtung der Burg am Ort seiner Geburt (Clemens V. wurde 1260 in Villandraut geboren), die als turmbewehrter Festungsbau dem nahen Roquetaillade eng verwandt ist. Die äußere Einfassung ist gut erhalten, der einstige Wohntrakt im Innern der Anlage dagegen ist weitgehend zerstört.

Von Villandraut wenden wir uns wieder nach Osten. Die D 110 verbindet Villandraut mit dem nur 5 km entfernten **Uzeste**. Dessen gotische Kollegiatskirche stammt aus dem 14. Jh. und wurde auf Initiative **Papst Clemens' V.** errichtet. Bertrand de Got durchlief eine steile Kirchenkarriere. 1295 Bischof des Comminges, 1299 Erzbischof von Bordeaux, 1305 wurde er unter dem Namen Clemens V. Papst. 1309 wählte er unter dem Druck König Philipps des Schönen Avignon zur Residenz. Dort war er ein willfähriges Instrument in Händen des französischen Königs, auf dessen Drängen hin er 1307 bzw. 1312 die Auflösung des Templerordens verfügte. Dessen Großmeister, Jacques de

Ruine der Burg von Villandraut:
Mai/Juni tgl. 14–18 Uhr, Juli bis Sept. tgl. 10–19 Uhr, Okt./Nov. und Feb. bis April nur Sa/So 14–18 Uhr, geschlossen Dez./Jan.

In der Burg Roquetaillade

Molay, wurde im Januar 1314 hingerichtet. Auf dem Scheiterhaufen stieß er einen Fluch aus und forderte Papst und König noch vor Jahresfrist vor Gottes Richterthron. Tatsächlich starben Clemens V. im April und der König im September desselben Jahres. Der Papst hatte testamentarisch verfügt, hier in Uzeste bestattet zu werden. Sein aus Marmor gearbeitetes Grabmal befindet sich heute hinter dem Altar der Kirche. Die Beschädigungen stammen aus der Zeit der Religionskriege. Aber es ist genug erhalten, um zu erkennen, dass es sich um eine außerordentlich qualitätvolle Arbeit handelt, möglicherweise von der Hand eines italienischen Bildhauers gemeißelt.

Château de Cazeneuve:
Ostern bis Juni und Okt. bis 11. Nov. nur Sa/So 14–18 Uhr, Juni bis Sept. tgl. 14–18 Uhr, geschlossen 12. Nov. bis Ostern

Letzte Station auf dieser kleinen Rundfahrt durch das Bazadais ist das **Château de Cazeneuve**. Hier stand eine mittelalterliche Burg, die zum Besitz der Familie d'Albret gehörte. Nach deren Thronbesteigung in Navarra gehörte Cazeneuve zeitweilig zu Navarra, und kam nach der Thronbesteigung Heinrichs IV., zuvor König von Navarra, ganz automatisch zu Frankreich. Heinrich IV. war es auch, der den Auftrag dazu gab, das Château de Cazeneuve für sich und seine erste Frau, Margarete von Valois, wohnlich herzurichten. Entsprechend dominiert heute im Erscheinungsbild des Schlosses der Stil der späten französischen Renaissance. Im Innern erlebt man eine wunderbar geschlossene historische Einrichtung.

Reisen & Genießen

Die Weinregionen im Entre-Deux-Mers

Die beiden in diesem Kapitel zusammengefassten Exkursionen führen uns erneut durch berühmte Weingebiete, die zu Bordeaux gehören.

Im Hügelland des Entre-Deux-Mers dominiert, anders als in den bislang besprochenen Regionen, der Anbau von weißen Trauben. Hier wird ein fruchtiger, trockener Weißwein gezogen, den man zu Fischgerichten und Meeresfrüchten trinkt. Im südlichen Abschnitt des Entre-Deux-Mers wird aber auch Rotwein angebaut, der jedoch nicht als Entre-Deux-Mers auf den Etiketten ausgewiesen ist – diese Herkunftsbezeichnung bleibt dem Weißen vorbehalten – sondern als Bordeaux.

Weinbau auf dem rechten Ufer der Garonne

Eine eigene Appellation ist der rechte Uferstreifen entlang der Garonne. Er beginnt unterhalb von Bordeaux und zieht sich mit einer Breite von nur 4–5 km etwa 60 km in südöstlicher Richtung bis kurz vor Langon hin. Dieses Gebiet trägt die Bezeichnung Premières Côtes-de-Bordeaux. Hier liegt der Ursprung der Bordelaiser Weinkultur, denn hier setzten Römer die ersten Rebstöcke. Heute haben die Premières Côtes-de-Bordeaux ihre einstige Führungsrolle längst an St-Emilion und vor allem an das Médoc abgetreten. Dennoch wird auch weiterhin ein ordentlicher Rotwein gekeltert. Am östlichen Ende dieses Streifens tauchen zwei kleine Appellationen auf, Loupiac und Ste-Croix-de-Mont. Hier wird ein schwerer, süßer Weißwein gezogen, dem Monbazillac verwandt, und natürlich dem berühmten Sauternes, der gegenüber auf dem linken Ufer der Garonne seine Heimat hat.

Weinbau auf dem linken Ufer der Garonne

Damit wenden wir uns zwangsläufig jener Region zu, deren kunstgeschichtliche Sehenswürdigkeiten im zweiten Teil dieses Kapitels porträtiert wurden, also der Landschaft auf dem linken Ufer der Garonne. Hier zieht sich, parallel zur Appellation Premières Côtes-de-Bordeaux das Gebiet mit der Herkunftsbezeichnung Graves von Bordeaux nach Südosten, und zwar etwa 55 km wiederum bis vor die Tore von Langon, bei einer Breite von 20 km.

Der Name kommt von graveleuse (kieselhaltig). In den Graves werden sowohl weiße als auch rote Weine gezogen, jedoch mit einem deutlichen Übergewicht der roten Sorten. Nahe dem Stadtrand von Bordeaux bauten die Römer beidseits der Garonne Wein an. Im Gravesgebiet führte das Mittelalter zum Aufschwung, als Eleonore von Aquitanien mit Heinrich II. Plantagenet die Ehe schloss und der Handel mit den Engländern aufblühte. Zug um Zug wurden Wälder gerodet und der Boden der Weingewinnung zugeführt. Als im 19. Jh. der Siegeszug des Médoc begann, musste der Wein aus den Graves ins zweite Glied zurücktreten. Dass der Wein dieser Gegend heute nur noch wenig bekannt ist, liegt auch an der geschrumpften Anbaufläche. Das hat zwei Gründe: Zum einen hat die Expansion von Bordeaux den Graves viel von ihrer Fläche gestohlen (in der Gemeinde Mérignac gab es um 1850 zwanzig Weingüter, heute gibt es gerade noch eines), zum anderen haben sich viele Winzer der Konkurrenz in der Nachbarschaft geschlagen gegeben und auf Gemüse- oder Obstanbau umgestellt. So ist die Rebfläche von 10 000 ha Ende des 19. Jh. auf jetzt 3000 ha zurückgegangen. Nichts-

destotrotz sind Gravesweine charaktervolle Tropfen, der Rote dem Nachbarn im Médoc verwandt, nur etwas leichter; der Weiße, der im Eichenfass reift, hat eine würzige Note. 1959 wurde auch hier ein neues Klassifizierungssystem eingeführt. Seither heben sich 15 Weindomänen von allen anderen durch die Auszeichnung cru classé ab, nur ein einziges Weingut, das Château Haut-Brion, brilliert mit dem Prädikat premier cru.

Wiederum spiegelbildlich zur Situation auf dem rechten Garonneufer mündet die Appellation Graves in mehrere kleine Gebiete, in denen süßer Dessertwein gedeiht. Dieses sind die Appellationen Cérons, Barsac und Sauternes. Was unterscheidet die Weine von Loupiac und Sainte-Croix-du-Mont von den artverwandten Nachbarn auf dem anderen Ufer der Garonne? Ganz einfach: Die Weine links der Garonne sind schwerer, süßer und haben einen höheren Alkoholgehalt, auch ist die Ertragslage unterschiedlich. Während in Loupiac/Ste-Croix-du-Mont der Ernteertrag auf 40 Hektoliter pro Hektar begrenzt ist, hat die strenge Aufsicht über die Einhaltung der Winzerregeln den Ertrag im Sauternes-Gebiet und dessen engsten Nachbarn auf 25 Hektoliter pro Hektar limitiert.

Das höchste Ansehen genießen die Weine von Sauternes, deren Stern mit dem legendären Jahrgang von 1847 am Himmel der Weinliebhaber in aller Welt aufging. Warum übertrifft der Sauternes alle seine Artgenossen? Es liegt nicht an der Bodenbeschaffenheit, auch nicht an der Rebsorte, die ist wie bei allen Dessertweinen im südwestlichen Frankreich die Sémillontraube. Nein, es sind die mikroklimatischen Verhältnisse. Der Ciron, ein kleiner Nebenarm der Garonne, führt ein um etliche Grade kühleres Wasser als der Strom, in den er mündet. So entstehen regelmäßig im Herbst Nebel, die über die Felder ziehen und die Reben befeuchten, tagsüber sind die Früchte einer

Ruine der Abtei La Sauve-Majeure

intensiven Sonnenbestrahlung ausgesetzt. Dieser stete Wechsel begünstigt die Reifung des von den Winzern freudig begrüßten Schimmelpilzes Botrytis cinerea, der die Haut der Beere porös macht und ihr die Flüssigkeit entzieht, wodurch automatisch die Konzentration der Inhaltsstoffe zunimmt.

Wie die meisten Bordeaux-Regionen hat auch das Sauternes-Gebiet eine eigene Abstufung in der Klassifizierung. Hier gibt es neben den normalen AOC-Lagen die Güter mit dem Prädikat Second cru (14 Châteaux), darüber rangieren 11 Châteaux mit der Bezeichnung Premier cru. Über diesem thront einsam mit dem Signum Premier cru superieur das Château d'Yquem, ein Name, der weltweit bekannt ist. Der Ertrag des Château d'Yquem liegt bei nur 9 Hektoliter pro Hektar. Der geringe Ertrag und die aufwändige Arbeitsleistung der mehrfachen Lese, die meist Ende Oktober beginnt und sich bis in den Dezember hinzieht, erklärt den astronomischen Preis, den man für die Sauternes-Weine zahlt.

Zuletzt einige Adressen, wo man sich noch genauer über alle Fragen rund um den Wein informieren beziehungsweise gut einkaufen kann.

In Beychac-et-Caillau (N 89 von Bordeaux Richtung Périgueux, Ausfahrt Nr. 5) befindet sich das Informationszentrum mit dem Namen Planète Bordeaux, wo man alles Wissenswerte über die Weine erfährt, die als Bordeaux oder Bordeaux superieur firmieren.

Geöffnet im Sommer Mo bis Sa 10–18 Uhr, im Winter Mo bis Fr 9–12 und 14–17.30 Uhr. Tel. 05 57 97 19 20.

www.blog-planete-bordeaux.net

Die Maison des Vins de l'Entre-Deux-Mers befindet sich in
4, Rue de l'Abbaye,
33670 La Sauve-Majeure
www.vins-entre-deux-mers.com.
Die Adresse gibt unschwer zu erkennen, dass die Vertretung aller Weingüter im Entre-Deux-Mers ihren Sitz nahe der Abteiruine in La Sauve-Majeure hat. 240 Winzer stellen hier ihre Produkte zur Verkostung und zum Verkauf aus.

Wer es vorzieht, direkt bei einem Winzer einzukaufen, dem empfehlen wir das nahe La Sauve-Majeure gelegene
Château Thieuley,
Tel. 05 56 23 00 01.
Francis Courselle hat das Château Thieuley zu Ansehen geführt, seine hochbegabte Tochter hat inzwischen auf dem Weingut die Zügel in die Hand genommen.

Wer mehr über die Weine im Gebiet Graves erfahren möchte, wendet sich an die
Maison des Vins de Graves
61, cours du Maréchal Foch
33720 Podensac
www.vins-graves.com.
Auch hier möchten wir eine persönliche Empfehlung aussprechen. Nahe Langon liegt an der D 10 Richtung Auros eine unscheinbare Domaine, das Château le Maine Perin Tel. 05 56 62 29 32. Hier bekommt man einen guten Graves-Rotwein zu einem Preis von deutlich unter 10 Euro.

Bäumeklettern für Kinder

Wer in der Guyenne mit Kindern unterwegs ist, kann die Sprösslinge als Abwechslung zu Burgen und Weinschlössern in einen Erlebnispark führen. Er heißt »Au fil du Ciron« und liegt nahe dem Dorf Bommes nur 2 km vom Château d'Yquem entfernt. Hier können die Kids nach Herzenslust in Bäumen herumklettern oder an Seilrollen durch die Luft sausen – Tyroliennes nennt man diese Hängeseilbahnen in Französisch. Geöffnet ist das Kletterparadies von Ostern bis September 10–19 Uhr.

Hotels und Restaurants

Eine Verlockung ist das
Hotel-Restaurant Claude Darroze***
95, Cours du Général Leclerc
F-33210 Langon
Tel. 05 56 63 00 48, Fax 05 56 63 41 15
restaurant.darroze@wanadoo.fr.
mit gemütlichen Zimmern (bei der Reservierung auf einem Zimmer zur Hofseite bestehen!) und einer geradezu märchenhaften Küche.

Unser persönliches Traumhotel als Familie mit überschaubarem Budget fanden wir bei Bazas abseits der Landstraße nach Mont-de-Marsan:
Domaine de Fompeyre***
Route de Mont-de-Marsan
F 33430 Bazas
Tel. 05 56 25 98 00, Fax 05 56 25 16 25
www.monalisahotels.com
resa-bazas@monalisahotels.com.
Die Domaine de Fompeyre besteht aus mehreren Gebäuden, darin Zimmer unterschiedlicher Größe und Ausstattung, entsprechend sind auch die Preise fairerweise gestaffelt. Bei gutem Wetter badet man draußen im Park, bei schlechtem Wetter tummelt man sich in dem geräumigen Hallenbad. Außerdem stehen diverse Spielgeräte, Billard usw. zur Verfügung. Die Küche ist gut, man sitzt sehr schön mit Blick auf den Park und die Kathedrale von Bazas.

Gascogne

Auf den Wegen der Jakobspilger südwärts

Landschaft und Geschichte

Die Gascogne ist die größte unter den Landschaften im Raum Südwestfrankreichs. Im Norden bildet die Garonne ihre Grenze zum Périgord und zur Guyenne, im Westen erstreckt sie sich bis in die Wälder der *Landes de Gasccogne* und damit fast bis an den Atlantik. Im Süden stößt sie bis an den Fuß der Pyrenäen vor, und im Osten bilden das Toulousain und das Quercy ihre Grenze.

Der Name der Gascogne leitet sich von den Basken (lat. Vascones) ab, die im Frühmittelalter (7. Jh.) ihren Siedlungs- und Herrschaftsbereich vorübergehend weiter nach Norden und nach Osten vorgeschoben hatten. Obwohl sie später wieder an den Atlantik zurückgedrängt wurden, blieb ihr Name an der Landschaft haften. In der zweiten Hälfte des 8. Jh. bildete sich ein eigenständiges Herzogtum Gascogne, das nach dem Aussterben der herrschenden Dynastie 1032 dem Herzogtum Aquitanien zufiel. Infolge der Eheschließung der Eleonore von Aquitanien mit Heinrich II. Plantagenet kam die Gascogne zeitweilig an England und erst nach Ende des Hundertjährigen Krieges dauerhaft an Frankreich.

In der Gascogne laufen die **vier Hauptrouten der Jakobspilger** trichterförmig aufeinander zu. Diesen Wegen folgen wir in den nachfolgenden Abschnitten.

Bemerkenswert will erscheinen, was der Pilgerführer des 12. Jh. zu den Gascognern berichtet. Er lobt die Offenheit und Gastfreundschaft der Menschen, die in diesem Landstrich leben, auf der anderen Seite tadelt er deren Schwatzhaftigkeit und warnt besonders vor der Unzuverlässigkeit der Gascogner. Merkwürdig: Noch heute spricht man im Französischen bei einem unseriösen Angebot von einer »Offre de Gascon«.

Erste Hauptroute: Via Touronensis

Der westliche Weg, der seinen Ausgang in Paris beziehungsweise in Tours nimmt, durchquert im nördlichen Abschnitt die Landschaften Poitou und Saintonge. Die markanteste Etappe ist die Stadt Bordeaux. Von hier geht es weiter durch die *Landes de Gascogne*. Der Pilgerführer des Aimery Picaud aus dem 12. Jh. beschreibt diesen Landstrich als öde und abwechselnd versumpft oder sandig, von Fliegenschwärmen und übergroßen Wespen verseucht, in jedem Fall als ungesund und gefahrvoll für den Pilger, und rät diesem deshalb, den Weg in Richtung Pyrenäen rasch hinter sich zu bringen. An diese Regieanweisung haben sich die Pilger offenbar getreulich gehalten, denn erst an der Grenze zum Baskenland sehen wir heute noch mit der Kirche in St-Paul-lès-Dax einen respektablen Bauzeugen des 12. Jh. Auf den rund 150 km zwischen hier und Bordeaux hat es offenbar nur wenige Pilgerstationen mit eher provisorischem Charakter gegeben, auf keinen Fall größere Klöster oder Hospize. So wird auch der heutige Reisende, der möglicherweise ein Urlaubsquartier nahe der spanischen Grenze ansteuert, die Wälder der *Landes de Gascogne* zügig durchfahren, was ihm der autobahnähnliche Ausbau der N 10 leicht macht.

◁ *Stadttor des Wehrdorfs Larressingle*

269

Dax und St-Paul-lès-Dax

So gelangt man rasch nach Dax. Der Name geht auf lat. Aqua zurück und verdeutlicht, dass die Römer hier Thermen betrieben. Aus der Römerzeit ist indes nichts erhalten. Aber Dax ist bis heute ein beliebter **Kurort**, dessen Wasser Rheumakranken Linderung verschaffen soll. In der Ortsmitte steht die Fontaine Chaude, aus der täglich mehr als 2 Millionen warmen Wassers sprudeln, reich an Kalzium und Sulfaten.

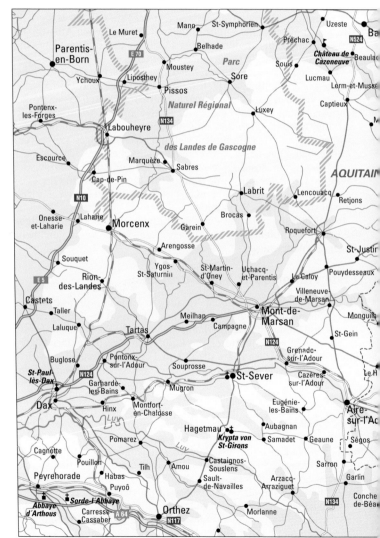

An die Blütezeit der Pilgerbewegung erinnert im Nachbarort St-Paul-lès-Dax die Kirche St-Paul. Deren Langhaus wurde allerdings im 19. Jh. wegen Baufälligkeit abgerissen und neu aufgebaut. Erhalten blieb einzig der Chor. Dieser besitzt eine Besonderheit: Ein **Fries mit Reliefs** umzieht die Außenseite des Chores. Einen derartigen Dekor gibt es in Frankreich nur noch ein zweites Mal in Selles-sur-Cher. Von Süden nach Norden erkennen wir folgende Szenen: Apokalyptische Wesen (Höllenhunde nach H. Schade), Ostermorgen (die Ma-

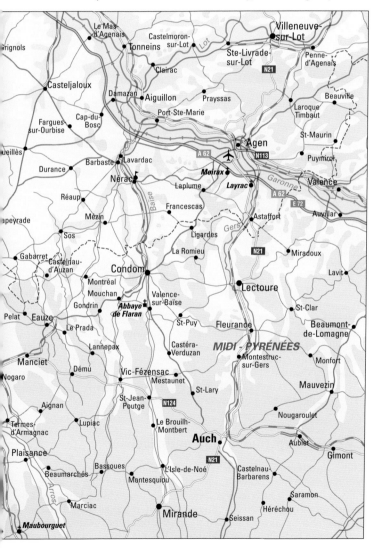

Frauen am leeren Grab – Relief am Chor der romanischen Kirche in St-Paul-lès-Dax

rien am leeren Grab), Christus zwischen zwei Propheten, Abendmahl, Judaskuss und Gefangennahme, Kreuzigung, Samsons Kampf mit dem Löwen (hier im Sinne der Typologie als auf Christus bezogen zu verstehen), Abraham, ein weiteres Höllenwesen, und zuletzt das Himmlische Jerusalem. Deutlich sind zwei unterschiedliche Stilrichtungen zu unterscheiden. Jene, für die das Abendmahl und die Gefangennahme stehen, zeigt in ihrer stereotypischen Reihung der Figuren eine Verwandtschaft mit spätromanischen Skulpturen beidseits der Pyrenäen (z.B. Portal von St-Trophime in Arles, Kapitelle im Kreuzgang von Alquézar in Aragón), die auf Vorbilder spätantiker Sarkophagplastik zurückgehen; die andere, für die wir die Marien am Grab und die Kreuzigung anführen, zeigt, wenn auch in vereinfachter Form, den bewegteren Ausdruckswillen der Toulousaner Bildhauerschule.

2 km östlich von St-Paul-lès-Dax liegt das Dorf **St-Vincent-de-Paul**. Früher hieß es Pouy. Hier wurde 1581 Vincent de Paul geboren, als Heiliger bekannt unter dem Namen St-Vincent-de-Paul. Diesen Namen nahm auch sein Geburtsort an. Er stammte aus einer Bauernfamilie, durfte dank seiner Intelligenz in Toulouse studieren und verschrieb sich schon früh der Armen- und Krankenhilfe. So wurde er zum Begründer der bis heute erfolgreich in der Sozialhilfe tätigen katholischen **Caritas**. St-Vincent-de-Paul starb 1660 in Paris. 1729 wurde er selig- und 1737 heiliggesprochen. Papst Leo XIII. ernannte ihn zum »Patron aller Vereinigungen der Barmherzigkeit«.

Zweite Hauptroute: Via Lemovicensis

Pilger, darunter viele aus dem deutschsprachigen Raum, die sich in Vézelay versammelt hatten, um von hier aus Richtung Spanien zu starten, brachten auf der Via Lemovicensis die Städte Bourges, Limoges und Périgueux als wichtigste Stationen hinter sich. Zwischen Langon und Bazas überquerten sie die Garonne und gelangten in die Gascogne. Die Sehenswürdigkeiten im Bazadais haben wir bereits im vorangegangenen Kapitel vorgestellt, sodass wir uns gleich Richtung Süden wenden können. Im ersten Teil der Strecke zwischen Bazas und Mont-de-Marsan geht es durch ein Gebiet, das noch den *Landes* zuzurechnen ist und im Mittelalter recht unwirtlich gewesen sein muss. So wird auch für den Kunstreisenden heutiger Tage die Sache erst ab **Mont-de-Marsan** wieder interessant.

St-Sever

Auf schnurgerader Straße geht es von Mont-de-Marsan in südwestlicher Richtung weiter. Nach 12 km überquert man den Adour und gelangt nach St-Sever, das auf einem Hügel hoch über dem Fluss thront. Hier hat sich im Mittelalter um ein bedeutendes Kloster der Benediktiner eine Ortschaft gebildet. Beim Stichwort St-Sever bekommt jeder Kenner mittelalterlicher Buchmalerei leuchtende Augen. Aus dem Skriptorium dieser Abtei stammt einer der am reichsten illuminierten Kommentare des Beatus von Liebana zur Apokalypse, heute ein Glanzstück der Bibliothèque Nationale in Paris, zugleich der einzige uns bekannte, der nicht in Spanien entstanden ist.

St-Sever ☆
Besonders sehenswert:
Romanischer Staffel-
chor der Klosterkirche

Vor Ort ist vom ehemaligen Kloster die Kirche erhalten. Deren Langhaus wurde allerdings im 19. Jh. fast vollständig neu errichtet (romanisch ist nur noch das Kapitell rechts vom Eingang mit Szenen vom Martyrium Johannes des Täufers). Wir konzentrieren uns deshalb auf die **Chorpartie**. Nächst Châteaumeillant (Berry) besitzt St-Sever den prachtvollsten Staffelchor der französischen Romanik. Insgesamt sind sieben Kapellen nebeneinandergereiht, wobei ihre räumliche Tiefe zu den Seiten schrittweise abnimmt. Da die Außenansicht nur geringfügig verstellt ist – in Châteaumeillant ist sie gänzlich hinter Anbauten versteckt –, ist St-Sever das einzige Beispiel der Romanik in Frankreich, wo man das Muster eines Staffelchores mit sieben Kapellen auch von außen studieren kann. Im **Innern** sind die Kapellen durch offene Arkaden miteinander verbunden. Man sieht einige vorzügli-

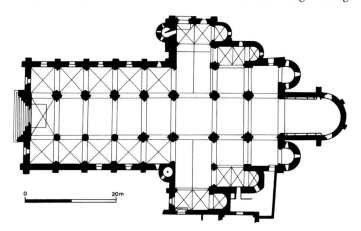

St-Sever, Grundriss

273

che **Kapitelle** mit vegetabilen und zoomorphen Schmuckformen. Aufmerksamkeit verdienen besonders die Kapitelle im südlichen Querhaus. Sie zeigen in einer ungemein plastischen Auffassung Greifen und Löwen, gängige Christussymbole, die zu grinsen scheinen. Ähnliches sieht man an Kapitellen in St-Caprais in Agen und im nahen Hagetmau. Der Besucher wird sich an der grellen farbigen Fassung stören, die in ihrer jetzigen Form den Skulpturen im 19. Jh. aufgelegt wurde. Aber man sollte daran denken, dass im Originalzustand alle romanischen Skulpturen bunt bemalt waren.

Hagetmau

Hagetmau ☆
Besonders sehenswert:
Krypta mit kunstvollen
Kapitellen

Von St-Sever fährt man erneut 12 km südwärts, dann erreicht man das nächste sehenswerte Ziel. Die D 933 umgeht das Städtchen Hagetmau im Westen. Hier muss man auf die Ausschilderung achten, sie weist von der Umgehungsstraße nach links den Weg zur ehemaligen Kirche **St-Girons**. Von dieser Kirche eines Klosters, das in engem Kontakt mit St-Sever gestanden hatte, ist überirdisch nichts erhalten. Der systematischen Zerstörung in der Revolution entging lediglich die Krypta. Man betritt zunächst einen kleinen Vorraum, von dem zwei Treppen hinabführen. Das **Gewölbe der Krypta** ruht auf vier Säulen, Spolien aus einem antiken Bauwerk. Den Wänden sind weitere acht Säulen vorgeblendet. Sie alle besitzen kunstvoll gearbeitete Kapitelle, die zum Besten gehören, was das 12. Jh. an bildhauerischen Leistungen hervorgebracht hat. Die Übereinstimmung mit den Kapitellen von St-Sever legt die Vermutung nahe, dass hier dieselbe Künstlergruppe tätig war. Erneut sieht man die lächelnden Löwen (erstes Kapitell der rechten Seite). Eine szenische Darstellung sehen wir am zweiten Kapitell der rechten Wand: die Befreiung Petri aus dem Marmertinischen Kerker. Das Kapitell der zweiten freistehenden Säule rechts schildert das Gleichnis vom reichen Prasser und dem armen Lazarus. Auf der Rückseite ist der Prophet Daniel dargestellt, dieses Mal nicht in der Löwengrube, sondern in der Begegnung mit der Schlange, die hier die Gestalt eines furchteinflößenden Drachen hat. Das **originellste Stück** aber ist das Kapitell gegenüber (also hinten links). Es zeigt vier Männer im Kampf mit riesigen Vögeln. Diese halten krampfhaft eine Frucht im Schnabel, die die Männer ihnen zu entreißen versuchen. Die Kapitelle von St-Girons fallen in die Blütezeit der romanischen Skulptur und werden in die Zeit um 1130 datiert.

Krypta der Kirche
St-Girons:
nur im Juli und Aug.
tgl. außer Di 15–18
Uhr. Sonst nur auf An-
frage bei der Mairie,
Tel. 05 58 05 77 77.

Dritte Hauptroute: Via Podiensis

Wir kommen zum dritten der vier Jakobspilgerwege durch Südfrankreich. Dieser führt von Le Puy durch die Rouergue mit Conques als wichtigster Station und von dort nach Moissac, der bedeutendsten Etappe an der Via Podiensis überhaupt. Nicht weit von Moissac überquert der Pilger die Garonne und erreicht in Lectoure den ersten größeren Ort in der Gascogne.

Lectoure

Der Name der 4000-Einwohner-Stadt kommt vom Keltenstamm der Lectorates. In antiker Zeit muss sich hier ein bedeutendes Zentrum der **Kybele-Verehrung** befunden haben, denn in dem kleinen Archäologischen Museum von Lectoure sieht man die Hälfte aller in Frankreich gefundenen Stieraltäre (20 von 40) des Kybelekultes (der Kult der Göttin Kybele hatte in Kleinasien seinen Ursprung und wurde von den Römern adaptiert; Kybele galt als Patronin bei der Gründung neuer Städte, die in Gallien in der frühen Kaiserzeit wie Pilze aus dem Boden schossen).

Die zweite Sehenswürdigkeit in Lectoure ist die spätgotische Kathedrale **St-Gervais-et-St-Protais**, die im Laufe der Geschichte mehrfach Beschädigungen hinnehmen musste und heute ein wenig seelenlos wirkt. Umso atmosphärevoller ist der Ort, dessen Häuser sich entlang zweier parallel verlaufender Achsen von Osten nach Westen hinziehen.

Agen

Wir unternehmen einen Abstecher, der uns vom Jakobsweg in das nahe Agenais führt, um das die Via Lemovicensis westlich und die Via Podiensis östlich herumführen. Die Stadt Agen, nach der die Region Agenais heißt, besitzt ein interessantes Museum mit zahlreichen Funden aus römischen Villen und Heiligtümern. Glanzstück der Sammlung ist die »Venus du Mas«, ein aus parischem Marmor gearbeiteter weiblicher Halbakt. Es handelt sich um eine späthellenistische Skulptur des 1. Jh. v. Chr., die in einem Villenkomplex bei Le Mas-d'Agenais gefunden wurde. Das Museum besitzt zudem eine sehenswerte Gemäldesammlung, darunter Werke von Goya und französischen Landschaftsmalern des 19. Jh. (Courbet, Fromentin, Millet, Corot). Eine Sehenswürdigkeit für sich ist die Architektur des Museums. Seine Räume ziehen sich durch vier Renaissance-Palais (Hôtel de Monluc 15. Jh., Hôtel de Vaurs und Hôtel de Vergès 16. Jh., sowie das Hôtel d'Estrades 17. Jh.).

Die einstige Kathedrale von Agen wurde in der Zeit der Revolution fast völlig zerstört. Der Rang der Bischofskirche ging im 19. Jh. auf die romanische **Klosterkirche St-Caprais** über, die ihrerseits schwere Schäden erlitten hatte. Ihr Langhaus war zerstört worden und wurde im 19. Jh. neu errichtet. Der Chor dagegen blieb gut erhalten. Nach außen präsentieren sich seine drei Apsiden nach der jüngsten Restaurierung in strahlend hellem Gewand, im Innern besitzt St-Caprais einige Kapitelle, die denen von St-Sever und jenen in der Krypta von St-Girons bei Hagetmau nahestehen. Vom einstigen Kloster ist der Kapitelsaal mit weiteren Kapitellen erhalten. Allerdings ist dieser nicht für Besucher zugänglich, nur Kunsthistoriker können beim Pfarrbüro von St-Caprais um eine Genehmigung zur Besichtigung bitten (Tel. 05 53 66 37 27).

Archäologisches Museum, Lectoure:
März bis Sept. tgl. 10–12 und 14–18 Uhr, Okt. bis Feb. zu denselben Uhrzeiten tgl. außer Di., an sämtlichen Feiertagen geschlossen. Das Museum ist seit 1972 im Rathaus der Stadt untergebracht, das einstmals bischöfliches Palais war.

Musée des Beaux-Arts, Agen:
2. Mai bis Sept. tgl. 10–18 und Okt. bis April tgl. außer Di 10–12.30 und 13.30–18 Uhr; geschlossen 1. Jan., 1. Mai, 1. Nov. und 25. Dez.

*Choransicht der
Klosterkirche
St-Caprais in Agen*

Ein weiteres bedeutendes sakrales Bauwerk, **St-Jacques**, die einstige Klosterkirche der Dominikaner, ist bedauerlicherweise fast immer verschlossen. Sie gehört heute der Stadt und ist nur im Rahmen von Ausstellungen, die hier veranstaltet werden, zugänglich. Sie ist eines der wenigen Beispiele eines zweischiffigen Kirchenraums, der in der direkten Nachfolge der Dominikanerkirche in Toulouse steht.

Das Agenais

Südlich vor den Toren von Agen befinden sich drei kleine Orte mit sehenswerten romanischen Kirchen. Wir beginnen im Osten. Knapp südlich der Garonne und der Autobahn liegt das Dorf **Layrac**. Hoch über dem Gers, der nahebei in die Garonne mündet, thront die frühromanische Klosterkirche St-Martin. Den einschiffigen Saal aus dem 11. Jh. überwölbt eine Spitztonne aus dem 12. Jh., die Vierung eine Kuppel über Pendentifs. Im Chor wurden Reste eines Mosaiks freigelegt. Neben verschiedenen Ornamenten ist die einzig erhaltene szenische Darstellung der Kampf Samsons mit dem Löwen. Knapp 5 km westlich liegt **Moirax**. Die Kirche Nôtre-Dame ist das schönste Denkmal der Romanik im Agenais, zugleich eine der ältesten im südwestlichen Frankreich. Die Grundsteinlegung erfolgte um 1060, die Fertigstellung gegen 1100. Der Bau verrät den Einfluss verschiedener Landschaften: Das Langhaus ist eine dreischiffige Halle (Poitou). Eine Bauplanänderung ist im letzten Joch vor der Vierung zu erkennen; hier pflanzte ein neuer Baumeister den Seitenschiffen eine Empore auf (Auvergne). Als man sich im 12. Jh. zur Einwölbung der bislang flach gedeckten Kirche entschloss, fand diese in Form der Spitztonne statt (Burgund). Schließlich fällt auf, dass der Chor ungemein weit nach Osten fluchtet (dieses ist ein Charakteristikum der Baukunst in der Saintonge). Die sternförmigen Rippengewölbe im Querhaus sind eine spätere gotische Zutat. Zuletzt besuchen wir Aubiac, das wiederum 4 km westlich von Moirax liegt. Das dortige Priorat unterstand wie auch die beiden in Layrac und Moirax der Aufsicht von Cluny. Die Kirche Ste-Marie ist ein Saal, der im Osten in einen Drei-Konchen-Chor mündet.

Dieser Ausflug im Agenais ließe sich nach Westen ausdehnen, wo es weitere interessante Ziele zu entdecken gibt. Das Städtchen **Nérac** war eine Residenz des Hauses d'Albret. Von deren einstigem Schloss – man nennt es **Château Henri IV.** – steht heute nur noch ein Flügel aus der Renaissancezeit. Er war Treffpunkt der geistigen Elite der Gascogne im 16. Jh. Vor allem drei Frauen gaben nacheinander in Nérac den Ton an: zuerst Margarethe von Angoulème, die Schwester Franz' I., dann deren Tochter Jeanne d'Albret, Mutter König Heinrichs IV., und zuletzt Margarethe von Valois, die Schwiegertochter von Jeanne d'Albret. Von einer Brücke nahe dem Schloss schaut man hinunter auf den bezaubernden alten Hafen von Nérac. Einst für den Gütertransport angelegt, dient er heute ausschließlich Freizeitkapitänen als Ankerplatz.

Château Henri IV.:
Okt. bis Mai tgl. außer
Mo 10–12 und 14–18
Uhr, Juni bis Sept.
10–12 und 14–19 Uhr

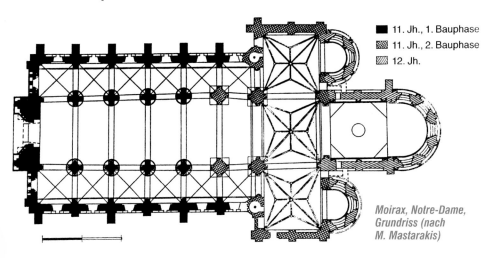

■ 11. Jh., 1. Bauphase

▨ 11. Jh., 2. Bauphase

▧ 12. Jh.

Moirax, Notre-Dame,
Grundriss (nach
M. Mastarakis)

Letztes Ziel dieser Exkursion ist das Städtchen **Le Mas-d'Agenais**. In der dortigen romanischen Kirche St-Vincent erlebt der Reisende eine Überraschung. Hier hängt am südöstlichen Vierungspfeiler – hinter Panzerglas gut gesichert – eine kleinformatige Kreuzigung von **Rembrandt** aus dem Jahr 1631 (Lichtschalter rechts um die Ecke). Der große holländische Meister zeigt in einer ergreifenden psychologischen Studie die hoffnungslose Einsamkeit des Sterbenden. Es ist deutlich spürbar, dass Rembrandt hier jenen Augenblick der Passion fixiert, als der Gemarterte ruft: »Vater, warum hast du mich verlassen?«. Das Gemälde ist Teil einer Serie von christologischen Bildern, deren erste Rembrandt wohl anfangs aus eigenem Antrieb gemalt hat, in der Fortsetzung schuf er weitere Werke im Auftrag des Prinzen Frederik Hendrik von Oranien. Bereits im 18. Jh. muss diese Serie auseinandergerissen worden sein. Sechs weitere Bilder sind erhalten, die im 19. Jh. in die Alte Pinakothek nach München gelangten, dieses eine hier in Le Mas-d'Agenais kam im Jahre 1804 testamentarisch aus dem Besitz der Familie Dufour in die Kirche St-Vincent. Erst 1957 gelang anlässlich einer Restaurierung die Sicherstellung, dass es sich um einen Rembrandt handelt, indem man die Signatur des Künstlers freilegte; und erst da entdeckte die Forschung, dass das Bild in Mas-d'Agenais zur Gruppe der Münchener Rembrandt-Bilder gehört.

Condom

Condom ☆
*Besonders sehenswert:
spätgotische Kathe-
drale*

Wir setzen die Fahrt von Lectoure nach Condom fort, das nach 20 km erreicht ist. Nun gelangen wir in jenen Landschaftsteil der Gascogne, den man **Armagnac** nennt. So heißt zugleich der hochprozentige Weinbrand, der hier destilliert wird (Näheres unter Reisen & Genießen). Das Städtchen Condom (derzeit rund 7000 Einwohner) war früher wenig bekannt und ist erst im Aids-Zeitalter seinem provinziellen Schlummer entrissen worden. Dabei hat der Ortsname mit dem weithin bekannten Verhütungsmittel nichts zu tun. Schon in römischer Zeit befand sich hier eine Siedlung, die Condatemagus hieß. Der Namensbestandteil Condate, auch von anderen Orten geläufig, bezeichnet einen Zusammenfluss, konkret die Mündung der Gèle in die Baïse, das Wort Magus steht für Markt, Marktplatz.

Im Mittelpunkt der Stadt erhebt sich die **Kathedrale St-Pierre**. Sie wurde in den Jahren 1507–31 errichtet und gehört damit zur Gruppe jener Bauten, mit denen das Kapitel der Gotik in Frankreich zu Ende ging. In ihrer baulichen Gestalt als einschiffigem Saal kommt einerseits die alte Bautradition Südfrankreichs noch einmal zum Tragen, zum anderen vollendet sich hier der Weg der Gotik, die von Anbeginn konsequent den Weg fortschreitender Vereinheitlichung gegangen ist.

Ein schöner Blick auf die Stadt mit ihrer Kathedrale als Bekrönung bietet sich vom Hafenbecken, das unterhalb der Mündung der Gèle angelegt wurde. Die Baïse wurde im 18. Jh. von Condom aus flussabwärts (sie mündet bei Buzet in die Garonne) mit dem Bau mehrerer Schleusen schiffbar gemacht. So ließen sich problemlos die Fässer mit Armagnac abtransportieren.

Gotische Kathedrale von Condom

4 km westlich von Condom ist das Dorf **Larressingle** (Abb. S. 268) ein viel besuchtes Ausflugsziel. Die Ortschaft entstand im 13. Jh. und erhielt in den bewegten Zeiten der Rivalität zwischen England und Frankreich eine Festungsmauer, die fast vollständig erhalten ist. Larressingle gilt als kleinste mittelalterliche Festungsstadt Frankreichs, ein Carcassonne im Taschenformat. Im Zentrum der Festung steht eine Schlossruine, daneben eine romanische Kapelle mit zwei aufeinanderfolgenden apsidialen Räumen. Sie ist dem hl. Sigismund, dem letzten König der Burgunder, geweiht.

Zisterzienserabtei Flaran

Wer Condom besucht, sollte den Abstecher zum nahen Flaran nicht versäumen (8 km südlich von Condom, man folgt der D 930 Richtung Valence-sur-Baïse), handelt es sich doch um die besterhaltene Zisterzienserabtei im Raum Südwestfrankreichs und die bedeutendste Sehenswürdigkeit im Département Gers neben der Kathedrale in Auch. Während die Namen anderer Zisterzienserklöster in der Regel

Flaran ☆
Prächtige Zisterzienserabtei

einfach herzuleiten sind, da sie zumeist eine Auskunft über die örtliche Beschaffenheit geben (Beispiel Sénanque in der Provence: der Name kommt von lat. sine aqua = ohne Wasser, so der Name eines Bächleins, das im Sommer versiegt), ist die Bedeutung des Namens Flaran vollkommen unklar. Das Kloster wurde im Jahr 1151 gegründet, zwei Jahre vor dem Tod des hl. Bernhard von Clairvaux, der seit seinem Eintritt in Cîteaux 1111 dem Orden zur europaweiten Verbreitung verholfen hatte. Die Initiative zu dieser Neugründung im Herzen der Gascogne ging von der Abtei Escaladieu aus, die am Fuße des Pic du Midi in der Landschaft Bigorre liegt. Flaran erlebte einen raschen Aufstieg und eine kurze Blütezeit, das Siechtum der Abtei zog sich lang und quälend hin. Zunächst flossen der jungen Gründung Stiftungen adliger Familien der Umgebung zu, sodass die Mönche schon bald die Mittel zum Bau eines Klosters aufbrachten. Mit dem Gezänk zwischen Frankreich und England um Südwestfrankreich begann der Niedergang. Den Zerstörungen im Hundertjährigen Krieg folgten weitere zur Zeit der Religionskriege. Im 17. Jh. wurde die Abtei in eine **Kommende** umgewandelt und fungierte fortan nur noch als Wirtschaftsbetrieb. 1793 erfolgte die endgültige Auflösung. Danach gingen die Baulichkeiten in privaten Besitz über. Eine letzte Katastrophe suchte Flaran 1970 heim. In den heruntergekommen Bauten brach ein verheerendes Feuer aus, dem die Kirche gottlob ohne Schaden entging. Daraufhin erwarb 1972 das Département Gers die rußgeschwärzte Ruine und führte eine aufwändige Renovierungskampagne durch, die mehrere Jahre dauerte.

Seit Abschluss der Arbeiten ist die einstige Abtei Kulturzentrum des Départements Gers. Hier finden Ausstellungen, Vorträge und Konzerte statt. Eine Dauerausstellung ist dem Thema der Jakobspilgerwege gewidmet.

Zisterzienserabtei Flaran, Chorpartie der Kirche

Rundgang

Der Besucher betritt zunächst den Ehrenhof. Rechterhand erhebt sich die schmucklose Westfassade der Abteikirche, die übrigen Flügel bilden Bauten des 18. Jh. Durch die Innenräume gelangt man in den **Kreuzgang**. Von dessen vier Flügeln ist nur noch einer gotisch (14. Jh.), die anderen, nicht vollständig erhalten, sind in ihrer schlichten Erscheinung das Resultat wiederholter Instandsetzungsmaßnahmen. Hervorragend erhalten ist dagegen die **Abteikirche**. Als dreischiffige Staffelhalle vertritt sie ein bei den Zisterziensern verbreitetes Muster. Das Querhaus lädt breit aus, um zwei Apsiden pro Seite Raum zu geben. Zwischen ihnen buchtet sich der Chor weit nach Osten vor. Da das Langhaus nur drei Joche tief ist, erscheint die Ostpartie besonders gewichtet. Obwohl die Kirche 1180–1210 errichtet wurde, weist nichts darauf hin, dass zu dieser Zeit die Gotik schon längst ihren Siegeszug angetreten hatte. Alles ist in den schweren, wandbetonten Formen der Romanik gehalten. Der kompromisslose Verzicht auf Baudekor zeigt, dass die Zisterzienser das strenge Entsagungsideal des hl. Bernhard noch einige Jahrzehnte über seinen Tod hinaus respektierten. Nördlich grenzen die kleinen Räume der Sakristei und des Armariums an die Kirche, daran schließt sich der **Kapitelsaal** an. Hier hat sich die Gotik in Form eines Kreuzrippengewölbes Bahn gebrochen. Am Ende des Ostflügels begibt man sich durch den schmalen Gang des Parlatoriums (dies war der einzige Raum des Klosters, wo man sich in Ausnahmefällen in gedämpfter Sprache unterhalten durfte) in den Park auf der Rückseite des Klosters. Von hier bietet sich ein schöner Blick auf die unverstellte Chorpartie.

Den Nordflügel des Kreuzgangs besetzen der Mönchssaal, das Refektorium und die Küche. Im Westflügel sind, ein seltener Fall, die Räume der Laienbrüder erhalten. Im Obergeschoss befindet sich über dem Kapitelsaal das **Dormitorium**, einstmals ein großer, durchgehender Saal, der im 17. Jh. in einzelne Zellen unterteilt wurde. Dass heute auch die anderen Flügel ein Obergeschoss besitzen, entspricht nicht der originalen Situation. Im Mittelalter waren Zisterzienserklöster nur im Dormitoriumsflügel zweigeschossig. Hier handelt es sich also um Aufbauten späterer Zeit (17./18. Jh.). In diesen Räumen finden Wechselausstellungen statt.

Eauze

1985 war Eauze, 30 km südwestlich von Condom, Schauplatz eines sensationellen Fundes. Bei Ausschachtungsarbeiten stieß man auf einen reichen Schatz, darunter allein 28 000 Münzen. Dank ihrer konnten Archäologen den Zeitrahmen exakt bestimmen. Demnach hat eine römische Familie den Hort um das Jahr 260 n. Chr. vergraben, um ihren Besitz vor herannahenden Barbaren zu verbergen. Seit 1995 ist dieser »**Schatz von Eauze**« in einem eigens dafür geschaffenen Museum der Öffentlichkeit zugänglich. Außer den genannten Münzen

Zisterzienserabtei Flaran:
Feb. bis Juni und Sept. bis Anf. Jan. tgl. 9.30–12.30 und 14–18 Uhr, Juli/Aug. tgl. 9.30–19 Uhr; geschlossen 1. Jan., die letzten 3 Wochen im Jan., 1. Mai und 25. Dez. An der Kasse erhält der Besucher ein kleines Faltblatt mit einem Grundriss der Abtei und einem Wegweiser für den Rundgang.

Schatz von Eauze:
Feb. bis Mai und Okt. bis Dez. tgl. außer Di 14–17 Uhr, Juni bis Sept. tgl. außer Di 10–12.30 und 14–18 Uhr; geschlossen im Jan., an sämtlichen Feiertagen sowie am ersten Wochenende im Juli

sieht man verschiedene Schmuckstücke und andere Preziosen sowie kunsthandwerklich gestaltete Gegenstände des alltäglichen Lebens. Das schönste Stück ist ein Ziermesser, dessen Griff, aus Elfenbein geschnitten, die Darstellung eines kleinen Bacchus zeigt.

Nogaro

Weitere 20 km Richtung Südwesten lädt das Dorf Nogaro zum Verweilen ein, das wie das nahe Eauze Ende des 20. Jh. dank einer Entdeckung Aufsehen erregte. In diesem Fall handelt es sich jedoch um **romanische Fresken**. Aber der Reihe nach! Das kleine Priorat St-Nicolas wurde im 11. Jh. gegründet und dem Bischof von Auch unterstellt. Noch im 11. Jh. begonnen, wurde der Kirchenbau im 12. Jh. vollendet. Sowohl in der Zeit der Religionskriege als auch in der Revolution erlitt der Bau schwere Schäden, die das 19. Jh. wieder behob. Damals wurde das westliche der vier Joche komplett rekonstruiert. Auf der Nordseite der Kirche befindet sich ein Portal, in dessen Tympanon man noch Reste einer Majestas Domini erkennt. Der Innenraum ist eine dreischiffige Staffelhalle. Mit der Romanik Spaniens hängt der Verzicht auf ein Querhaus zusammen. So münden die drei Schiffe direkt in die Konchen der Dreiapsidenanlage. Hier wurden bei Renovierungsarbeiten im Jahr 1995 unter späteren Übermalungen Fresken entdeckt, die die Forschung ins ausgehende 11. Jh. datiert. Vorzüglich erhalten sind acht Szenen mit Darstellungen aus dem Leben des hl. Laurentius.

Aire-sur-l'Adour

Die Stadt am Adour ist der Hauptort der Enten- und Gänsezucht in Südwestfrankreich und mehrmals jährlich Schauplatz bedeutender Geflügelmärkte. In spätantiker Zeit spielte Aire eine gewichtige Rolle als zeitweilige Residenz der tolosanischen Westgoten-Könige. In der Revolution verlor es den Rang einer Bischofsstadt. Als im frühen 19. Jh. die Diözesen Frankreichs neu geordnet wurden, verschmolz das vormalige Bistum Aire mit dem von Dax, das offiziell neuer Sitz des Bischofs wurde, immerhin behielt Aire den Rang einer »Concathédrale«. Deren Bau, St-Jean-Baptiste, im Ursprung ein Denkmal der Romanik, wurde durch spätere Umbauten restlos entstellt. Anschaulicher hat sich die Romanik in Gestalt der Kirche **Ste-Quitterie** erhalten. Die Namensgeberin erlitt in westgotischer Zeit das Martyrium und avancierte im Mittelalter zur Patronin der Gascogne. Allerdings wurde auch an diesem Bau vieles erneuert, authentisch ist vor allem die Krypta. Hier steht der spätantike Sarkophag, in der einer Legende zufolge die Märtyrerin Quitterie bestattet wurde. Die hervorragend erhaltenen Reliefs schildern Begebenheiten aus dem Alten und Neuen Testament: Schöpfung und Sündenfall, der Gute Hirte, Daniel in der Löwengrube, Auferweckung des Lazarus, Jonas und der Walfisch, Abrahams Opfer, die Heilung des Lahmen und der Fischfang des Tobias.

Vierte Hauptroute: Via Tolosana

Pilger aus Italien und aus Südosteuropa versammelten sich in Arles. In Frankreich spricht man deshalb auch von der »Route d'Arles«. Diese führte zunächst nach St-Gilles am Rande der Camargue, von dort ging es ins Landesinnere. Der Küstenstreifen war damals auf weite Strecken versumpft, Mückenschwärme machten das Fortkommen zur Qual. Der Weg führte zunächst zum Kloster von St-Guilhem-le-Désert, dann weiter über Lodève und Castres. Toulouse war die wichtigste Station und zugleich Namensgeberin dieser Südroute. Jenseits von Toulouse erreichte der Pilger die Gascogne und – etwa 70 km westlich von Toulouse – deren Hauptstadt Auch.

Auch – Hauptstadt der Gascogne

Der Name von Auch leitet sich von den keltischen Auscii ab. Noch heute nennt man die Einwohner von Auch (sprich: Ohsch) les Auscitains. Hauptort der Gascogne war aber nicht Augusta Auscorum, wie Auch zur Zeit der Römer hieß, sondern Elusa, das heutige Eauze (s. o.). Eauze behielt die Führungsrolle in der Gascogne noch bis in das anbrechende Mittelalter. Als aber die Basken als vorübergehende Landesherren im 7. Jh. den Bischofssitz von Eauze nach Auch verlegten, begann dessen Aufstieg, während Eauze in Bedeutungslosigkeit absank. Im Mittelalter profitierte Auch von der Pilgerbewegung. Heute ist die Präfektur des Départements Gers mit rund 23 000 Einwohnern das Zentrum des Armagnac-Handels.

Auch ☆
Besonders sehenswert: gotische Kathedrale Ste-Marie

Die Kathedrale

Die Kathedrale Ste-Marie bildet den Mittelpunkt der auf einer Hügelkuppe über dem Gers erbauten Stadt. In ihrer Heterogenität ist sie einer der erstaunlichsten Bauten der französischen Architekturgeschichte an der Wende von der Gotik zur Renaissance. 1489 fand die Grundsteinlegung statt. Niemand ahnte damals, dass sich das Projekt über mehr als 200 Jahre hinschleppen würde – im Grunde war ja die Epoche der großen Kathedralen längst vorüber. Trotz der langen Bauzeit hat man sich – mit Ausnahme der Fassade – an den ursprünglich festgelegten Plan gehalten. So ist noch einmal, ein letztes Mal in der Architekturgeschichte Frankreichs, ein stilreiner Bau der Spätgotik entstanden. Das Querhaus, das nicht über die Seitenmauern fluchtet, teilt die Kathedrale in zwei annähernd gleich große Hälften. Der Chor besitzt nach klassischem Muster einen Umgang und einen Kapellenkranz. Das basilikale Langhaus nimmt den dreigeschossigen Aufriss des Chores wieder auf, sodass das Gebäude ungemein einheitlich wirkt.

Der **Chor** besitzt eine unerhört reiche Ausstattung. Wir betrachten zunächst die **Fenster**. Keine Publikation verzichtet darauf, an dieser Stelle Emile Male zu zitieren, aber es geschieht zu Recht. Der Doyen

Viele prominente Autoren haben im 19. Jh. die Kathedrale in Auch besucht und ihre Eindrücke beschrieben. Hermann Fürst von Pückler-Muskau besuchte Auch im Jahr 1834, im Frühjahr 1838 weilte Stendhal in der Stadt und fand die Kathedrale »bar jeder Traurigkeit«. Victor Hugo resümierte nach einer Besichtigung 1843, dass hier »ein rechter Kult der Sibyllen« betrieben wurde, und meinte damit das Chorgestühl.

Glasfenster mit dem Jesaja im Chorumgang der Kathedrale von Auch

der mittelalterlichen Kunstgeschichte in Frankreich meinte zu den Fenstern von Auch: »In der Fülle und der Tiefe der Gedanken gibt es in jener Zeit nichts, das an die Fenster von Auch heranreichen würde.« Wir erlauben uns zu ergänzen: Und auch in der künstlerischen Qualität sind die Chorfenster der Kathedrale in Auch in ihrer Zeit ohne Vergleich! Der Zyklus beginnt auf der linken Seite in der ersten Kapelle mit der Genesis: Erschaffung des ersten Menschenpaares (klein oben) und Sündenfall. Danach folgt ein festes Schema. In den sechs Kapellen der beiden Langseiten bilden immer vier Lanzetten ein Gruppenfenster, in den Kapellen des Chores sind es drei. In jeder Lanzette steht eine Heiligenfigur, darunter, in kleinerem Format, erscheint eine Szene, die inhaltlich auf den betreffenden Heiligen Bezug nimmt. Es gibt drei Ausnahmen, diese sehen wir in den Kapellen 1, 6 und 11 (Genesis, Kreuzigung und Auferstehung). Aus erhaltenen Abrechnungen kennen wir den Namen des Künstlers. Arnaud de Moles, der aus St-Sever stammte, hat den Zyklus im Auftrag des Bischofs Clermont-Lodève in den Jahren zwischen 1507 und 1513 erschaffen.

Die Kapelle Nr. 7 ist verdunkelt, sie besitzt keine Fenster. Es gehört zum Raffinement der Inszenierung, dass der Künstler hier einen Materialwechsel vorgenommen hat. Die **Grablegung** erscheint nicht als gemaltes Fenster, sondern als lebensgroße Skulpturengruppe. Es gilt als sicher, dass Arnaud de Moles nicht nur die Fenster, sondern auch diese Skulpturen gestaltet hat. Damit wäre er ein Multitalent, wie es für die Renaissance – insbesondere in Italien – charakteristisch ist. Der Stil der Glasbilder steht dem der Fenster in der Abteikirche in Brou bei Bourg-en-Bresse nahe, für die Albrecht Dürer die Entwürfe geliefert hatte.

Auch, Kathedrale, Grundriss mit Eintragung der Fenster von Arnaud de Moles

KAPELLEN DER NORDSEITE

1 *Chapelle du Purgatoire: Genesis, Sündenfall*
2 *Chapelle du Saint-Cœur de Marie: Noah, Ezechiel, Petrus, die Erithräische Sibylle*
3 *Chapelle de Nôtre-Dame de Pitié: Abraham, Melchisedech, Paulus, die Samische Sibylle*

KAPELLEN DES CHORUMGANGS

Hier befinden sich jeweils drei Fenster mit drei Lanzetten, von links nach rechts benannt
4 *Chapelle Sainte-Anne: Isaak, Samuel, Hosea Jakob, Jonas, der Evangelist Markus Moses, die Libysche Sibylle, Enoch*
5 *Chapelle Ste-Catherine: Joseph, Andreas, Joel Josua, die Europäische Sibylle, Amos*

Kaleb, Bartholomäus, Abdias
6 *Chapelle du St-Sacrement: Jesaja, Philippus, Micha die Kreuzigung David, Jakobus d. Ä., Sacharja*
7 *Chapelle du Saint-Sépulcre mit der Grablegungsgruppe*
8 *Chapelle St-Louis: Jeremia, die Agrippinische Sibylle, Nahum Daniel, die Cimmerische Sibylle, Matthäus Sophonias, Elias, Urias*

KAPELLEN DER SÜDSEITE

9 *Chapelle de la Compassion: Matthias, Esra, Habakuk, die Tiburtinische Sibylle*
10 *Chapelle de Nôtre-Dame de l'Espérance: Elisa, Judas Thaddäus, die Delphische Sibylle, Haggai*
11 *Chapelle de Nôtre-Dame: Thomas, Christus, Maria Magdalena (ganz unten rechts die Künstlersignatur Arnaud de Moles)*

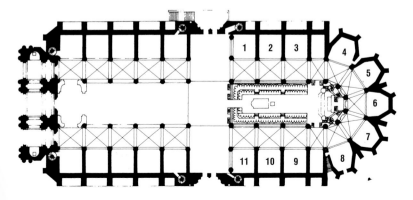

Kathedrale von Auch, Grablegungsgruppe

Am Fuß der Treppe, die von der Kathedrale talwärts führt, steht ein Bronzedenkmal d'Artagnans, eines der Helden in Alexandre Dumas' Roman »Die drei Musketiere« (1844). Das reale Vorbild hieß Charles de Batz Comte d'Artagnan. Er wurde 1615 auf Château de Castelmore in der Gascogne geboren, diente unter Ludwig XIII. und Ludwig XIV. als Musketier, und fiel bei der Belagerung von Maastricht 1673. Seine 1700 erschienenen Memoiren (vermutlich nicht von ihm selbst verfasst) dienten Dumas als Anregung zu seinem berühmten und vielfach verfilmten Roman.

Eine weitere großartige künstlerische Leistung gilt es zu beachten, das **Chorgestühl**. Es ist das reichste seiner Art in Frankreich. Diese Form des monumentalen Chorgestühls kam in Spanien im Zuge der Gegenreformation auf. Unübersehbar in den Chor gepflanzt, sollte es den unverrückbaren Autoritätsanspruch des Kathedralklerus sinnfällig machen. Von Spanien ist das Motiv über die Pyrenäen nach Südfrankreich vermittelt worden und hat hier vereinzelt Ableger hervorgebracht. Die beiden bekanntesten sind die Chorgestühle in Auch und in St-Bertrand-de-Comminges. Dieses hier ist das aufwändigste. Mehr als 1500 Personen werden dargestellt, Apostel, Evangelisten, Propheten, Heilige und Sibyllen, die in Bilderzyklen der Renaissance häufig auftreten, da man auch in ihnen in einem christologischen Sinne prophetenähnliche Gestalten sah. Hinzu kommen diverse biblische Szenen. Eine Mitwirkung Arnaud de Moles an diesem Chorgestühl ist nicht erwiesen, gilt aber als wahrscheinlich.

Zuletzt betrachten wir die **Fassade**. An die Zeit der Gotik erinnern nur noch das Muster einer Zweiturmfassade mit einer Dreitoranlage im Untergeschoss. Ansonsten aber erscheint alles im Gewand der Renaissance mit kolossalen Säulen- und Pilasterordnungen und dem Repertoire antikisierender Dekorationselemente.

Eindrucksvoll ist der Blick auf Auch von Osten. Hinter dem Chor der Kathedrale führt eine Freitreppe hinunter ins Tal des Gers. Als Fotomotiv ist dieser Blick indes schwer zu bannen, weil sich immer irgendetwas Störendes in den Vordergrund schiebt.

Maubourguet

Die Via Tolosana führt von Auch weiter in südwestlicher Richtung über Montesquieu mit schönen Fachwerkhäusern und die Bastide Marciac, bekannt für ihr Jazz-Festival, nach Maurbourguet. Hier befand sich seit der Mitte des 11. Jh. ein Priorat der Benediktiner, die

die Pilger betreuten. Vom einstigen Kloster ist die **Kirche** erhalten. Deren ältester Teil ist die Ostpartie mit einer Dreiapsidenanlage (11. Jh.), das dreischiffige Langhaus dagegen ist jünger und wurde im 12. Jh. errichtet. Aus dieser Zeit stammt auch das nach Süden ausgerichtete Portal. Über der Tür sieht man Kragsturzsteine und zwischen ihnen Metopen mit zum Teil originellen Motiven. Man erkennt u.a. einen harfespielenden Kentauren, Samson im Kampf mit dem Löwen, einen Pferdekopf und auch die Darstellung eines fußamputierten Mannes. Dieses Motiv begegnet uns in der Kathedrale von Lescar wieder.

Von Maubourguet geht es weiter ins Béarn. In dieser Landschaft am Fuße der Pyrenäen laufen die drei ersten Pilgerwege zusammen und auch die Via Tolosana durchquert das Béarn, allerdings auf einer etwas anderen Route. Wir greifen den Faden bald wieder auf, zunächst aber wenden wir uns dem Atlantik zu.

Reisen & Genießen

Armagnac und Floc de Gascogne

Das bekannteste Produkt der Gascogne ist der Armagnac, der seinen Namen dem hügeligen Gebiet im Herzen der Gascogne verdankt. Im Feudalzeitalter war das Armagnac eine Grafschaft, der heute in etwa das Département Gers entspricht.

Der Armagnac wird oft mit Cognac verglichen. Gewiss, eine Verwandtschaft besteht zwischen diesen beiden bekanntesten Weinbrandarten Frankreichs, aber bei genauem Hinsehen bzw. Schmecken betrifft sie eigentlich nur die Farbe. Die Herstellung des Armagnacs ist deutlich älter. Er wurde bereits im 15. Jh. produziert, während die Tradition des Weinbrennens in der Charente erst im 18. Jh. begann. Allerdings scheint Armagnac in früheren Zeiten ausschließlich zu medizinischen Zwecken verwendet worden zu sein. Grundlegend unterschiedlich ist der Brennvorgang. Im Cognacgebiet wird der Wein zweimal destilliert und hat deshalb zunächst einen Alkoholgehalt von bis zu 80 %, später wird er wieder verdünnt. Der Wein, aus dem Armagnac gewonnen wird, wird zwar zweimal erhitzt, doch es bleibt bei einem einzigen Destilliervorgang. Entsprechend hat der Armagnac zunächst zwischen 50 und 60 % – auch er wird später wieder auf 40 % herunternivelliert. Als Folge dessen ist er milder als der Cognac. Die Farbe – und das ist der gemeinsame Nenner – ist bei beiden ähnlich. Junge Jahrgänge sind honiggelb, dann changiert es in Richtung Ocker, alte Jahrgänge sind schließlich tiefbraun. Die Färbung kommt von der Lagerung in Eichenfässern, die außerdem an der Aromabildung maßgeblich beteiligt sind.

Der Armagnac ist ein beliebter Digestif, den man nach einem opulenten Mahl zu sich nimmt, er eignet sich auch hervorragend zum Abschmecken von Saucen (z.B. Wildsaucen). Man unterscheidet drei Regionen: Bas Armagnac im Westen (Hauptort Eauze), Ténarèze in der Mitte (Hauptort Condom) und Haut Armagnac im Osten des Départements Gers (Hauptort Auch). Als der beste Weinbrand gilt jener aus dem Bas Armagnac. Beim deutschen Publikum kaum bekannt ist dagegen der Floc de Gascogne, ein köstlicher Aperitif. Er wird durch eine Mischung von reinem, destilliertem Armagnac, der nicht in Fässern gelagert wurde, und dem Saft von Trauben hergestellt. Es gibt roten und weißen Floc, den man gut gekühlt zu sich nimmt.

Welch eminent hohe Bedeutung Armagnac und Floc haben, ersehen wir aus der Tatsache, dass etwa jeder Dritte Erwerbstätige der Region direkt oder indirekt mit der Produktion zu tun hat.

Weinanbaugebiete

In der Gascogne gibt es einige kleine Appellationen, die einen guten Wein erzeugen, aber wenig bekannt sind. Es muss bei Gott nicht immer Bordeaux sein! Das Brulhois südlich von Agen produziert einen Wein, der nicht zur AOC-Klasse gehört, sondern mit dem Signum VDQS darunter rangiert. Zur Klasse der AOC-Weine zählen dagegen die Appellationen von Buzet (Rot, Weiß und Rosé), Pacherenc du Vic Bilh (trockener Weißwein), Côtes-de-Saint-Mont (überwiegend Rot) sowie Tursan und Madiran in der südlichen Gascogne (die beiden Letzteren produzieren ausschließlich Rotwein). Hier werden neben bekannten Rebsorten wie Cabernet Sauvignon, Cabernet Franc, Sauvignon Blanc alte Rebsorten gezogen, deren Namen andernorts unbekannt sind: Tannat als rote Rebart, als weiße Sorten Arrufiac, Bourbu oder Manseng. Der Madiran ist unter allen genannten der anspruchsvollste. Er braucht eine lange Lagerung und entfaltet erst nach fünf Jahren seine volle Qualität.

Die Pflaumen von Agen

Agen bzw. das Agenais sind berühmt für ihre Pflaumen, die Pruneaux d'Agen. Den Pflaumenbaum brachten die Römer aus Asien nach Europa und in das südwestliche Frankreich. Seit 2002 besitzt das Agenais eine eigene Appellation (denn nicht nur Weine, auch andere hochwertige Nahrungsmittel der landwirtschaftlichen Pro-

duktion können in Frankreich mit dem Privileg einer AOC ausgezeichnet werden). Die Pflaumen werden getrocknet und sind entsprechend lange haltbar. In der lokalen Küche finden sie nicht nur bei der Zubereitung von Süßspeisen Verwendung (z.B. gefüllt mit Marzipan oder Schokolade). Eine Köstlichkeit ist Stallhase in Weißwein mit Pflaumen aus Agen.

Geflügel aus dem Gers

Es gibt in Frankreich zwei Landschaften, die besonders für ihre Hühnerhaltung berühmt sind. Das ist im Osten des Landes die Bresse, wo Hühner mit ganz weißem Fleisch gezüchtet werden, und im Westen das Département Gers mit seinen »poulets jaunes« (gelben Hühnern), deren Fleischfarbe aus der Fütterung mit Mais resultiert. Züchter werben damit, dass die Tiere freien Auslauf haben. Die Gers-Hühner sind kompakt und sehr fleischig. Sie eignen sich vorzüglich für einen kräftigen Coq au Vin.

Freizeitvergnügen mit Kindern

Vor den Toren von Agen lockt der Freizeitpark Walibi zahlreiche Besucher an. Es ist eine Art Disneyland, nur etwas kleiner als das berühmte Gegenstück nahe Paris, zudem kostengünstiger und irgendwie persönlicher. Ein großer Nachteil ist, dass in den Sommerferien solche Menschenmassen in das Walibi strömen, dass man überall mit langen Wartezeiten rechnen muss. Allein an der großen Wasserrutsche steht man bis zu einer Stunde an – also im Sommer weniger empfehlenswert. Das Walibi ist geöffnet tgl. 10–18 Uhr, in Ferienzeiten auch bis 19 Uhr und außerhalb der Saison vorm. erst ab 11 Uhr.

Ferien mit dem Hausboot

Über diese Möglichkeit der Urlaubsform haben wir bereits im Quercy berichtet. In der Gascogne besteht ein weiteres Mal die Gelegenheit, mit einem gemieteten Hausboot

in entspannte Ferien zu schippern. Ausgangshafen ist Le Mas-d'Agenais. Man fährt auf dem Canal latéral à la Garonne ostwärts. In Buzet muss man sich entscheiden: Entweder man setzt die Fahrt auf dem Canal weiter fort oder man lässt sich über zwei Schleusen zur Baïse hinab. Der Fluss ist zwar stellenweise recht schmal, aber letztlich problemlos zu befahren. Bei einer Wochenendfahrt reicht der Radius nur bis Nérac, bei einer Wochenmiete kann man bis nach Condom fahren. Anders als bei einer Fahrt auf dem Canal, bei der man praktisch überall anlegen kann, muss man bei einer Fahrt auf der Baïse die vorgeschriebenen Anlegeplätze benutzen. Auskünfte, Reservierung bei
Crown Blue Line
44 L'Ecluse
F-47430 Le Mas-d'Agenais
Tel. 05 53 89 50 80, Fax 05 53 89 51 13
www.crownblueline.com
lemas@crownblueline.com.

Hotels und Restaurants

Zwar haben sich in den letzten Jahren viele Ausländer in der Gascogne niedergelassen, allen voran Engländer, aber touristisch ist die Region deshalb nicht geworden. 08/15-Unterkünfte für den eiligen Geschäftsreisenden gibt es am Rande einer jeden größeren Ortschaft, aber originelle Unterkünfte mit guter Küche zu finden setzt eine Spürnase voraus. Wir haben uns umgetan und sind nach langer, intensiver Suche fündig geworden. Das
Hotel-Restaurant Le Square***
5/7, Place de la Craste
F-47220 Astaffort
Tel. 05 53 47 20 40, Fax 05 53 47 10 38
www.latrille.com
Latrille.Michel@wanadoo.fr
liegt in einer völlig nichtssagenden Ortschaft 15 km südlich von Agen (N 21). Aber das Hotel, dessen renovierte Zimmer sich durch zwei benachbarte alte Häuser ziehen,

ist ein Gourmet-Tempel, dessen Koch, Michel Latrille, originelle eigene Kreationen serviert.

20 km nach Süden lädt in Lectoure das
Hotel-Restaurant de Bastard**
Rue Lagrange
F-32700 Lectoure
Tel. 05 62 68 82 44, Fax 05 62 68 76 81
hoteldebastard@wanadoo.fr
zum Verweilen ein. Das Haus besitzt eine große Terrasse mit Pool und schönem Blick in die Landschaft. Komfortable Zimmer (die zwei Sterne sind eher ein Understatement) und eine gepflegte Küche mit regionalen Spezialitäten.

In der Ortsmitte von Condom liegt (ruhig, weil in der Fußgängerzone) das mit zwei kleinen Terrassen ausgestattete hübsche
Hotel-Restaurant Les Trois Lys***
38, Rue Gambetta
F-32100 Condom
Tel. 05 62 28 33 33, Fax 05 62 28 41 85
www.lestroislys.com
hoteltroislys@wanadoo.fr.
Es hat nur wenige Zimmer (10), aber diese sind zum Teil sehr geräumig. Das Restaurant verwöhnt mit Spezialitäten der gascognischen Küche, bei schönem Wetter auf einer der Terrassen.

Zuletzt nennen wir am Ortsrand von Valence-sur-Baïse die
Ferme de Flaran**
Bagatelle
F 32310 Valence-sur-Baïse
Tel. 05 62 28 58 22, Fax 05 62 28 56 89
www.fermedeflaran.com
hotel-flaran@wanadoo.fr.
Das Hotel liegt einen Steinwurf von der Zisterzienserabtei Flaran entfernt. Es ist rustikal, aber nicht primitiv, die Zimmerpreise sind attraktiv. Das Signum Logis de France mit drei gelben Kaminen ist der Garant für eine vorzügliche landestypische Küche.

Atlantikküste

Die Côte d'Argent

Die Landschaft

Bei Royan mündet die Gironde, der Trichter, der nördlich von Bordeaux aus dem Zusammenfluss von Dordogne und Garonne entsteht, in den Atlantik. Den Küstenabschnitt, der sich von hier nach Süden bis zum Baskenland zieht, nennt man wegen seines silbrig schimmernden Strandes Côte d'Argent (wörtlich: Silberküste). Mit 250 km Länge ist dies der längste Sandstrand Europas. Die einzige Unterbrechung stellt das Becken von Arcachon dar, das eine offene Verbindung zum Meer besitzt.

Ende November 2002 war die Côte d'Argent einer Umweltkatastrophe ausgesetzt, als der Öltanker »Prestige« vor der Küste Nordwest-Spaniens sank. Fast die gesamte Ladung, 64 000 von 70 000 Tonnen Heizöl, floss aus und wurde zum großen Teil vom Golfstrom durch die Bucht von Biskaya an die französische Küste gedrückt. Die Verschmutzungen erreichten auch Portugal und die Küste Südenglands. Entlang der Côte d'Argent wurden rund 16 000 Tonnen Rückstände eingesammelt. Etwa 3000 Seevögel wurden geborgen und gereinigt, aber nicht einmal 200 von ihnen überlebten die Katastrophe. Doch schon im Sommer 2003 waren die Strände von der Ölpest befreit und standen Badeurlaubern wieder offen.

Andere Seen, so genannte **Etangs**, sind vom Meer abgeschnürt. Bäche und kleine Flüsse speisen die Etangs mit Wasser. Das direkte Hinterland der Côte d'Argent war noch bis in das 19. Jh. öde und dünn besiedelt – der Pilgerführer des 12. Jh. rät den Jacquaires zur eiligen Durchquerung der *Landes* (der französische Begriff *Landes* bedeutet übersetzt Heideland). Die bescheidene Vegetation bot in der Hauptsache Schafen Nahrung, die hier in großen Herden gehalten wurden. Um in der weiten Ebene die Tiere besser beaufsichtigen zu können, staksten die Hirten in früheren Zeiten auf Stelzen durch die Heide. Das größte Problem, das über Jahrhunderte die Ansiedlung von Menschen und eine intensivere wirtschaftliche Nutzung der Region verhinderte, war die **Wanderung des Sandes** ins Landesinnere – bis zu 20 m pro Jahr! Erst Ende des 18. Jh. begann die systematische Aufforstung mit Kiefern (französisch: pin). Das führte im Laufe des 19. Jh. zu einer tief greifenden Wandlung. Zum einen kam die Wanderung der Dünen zum Stillstand; zum anderen dienten die Kiefern als ergiebige Nutzpflanzen. Aus ihrem Harz gewann man Terpentin, gefällte Stämme wurden der Holz verarbeitenden Industrie zugeführt. Die vormals verarmte Bevölkerung der Landes kam zu Wohlstand und bald hieß es: »Qui a pin a pain« (wer Kiefern hat, hat Brot). Inzwischen ist das Terpentin durch andere chemische Reinigungsstoffe verdrängt worden, aber die Menschen in den *Landes* und an der Küste sind deswegen nicht in Armut zurückgefallen, denn inzwischen hat der Tourismus den Reiz der Atlantikküste entdeckt. Bereits im 19. Jh.

Côte d'Argent ☆☆
Besonders sehenswert:
Becken von Arcachon,
Düne von Pilat

◁ *Als höchste Sanddüne Europas ist die Düne von Pilat ein imposantes Naturdenkmal.*

Von der Pointe de Grave auf dem Südufer der Gironde verkehren im Sommer Ausflugsschiffe zum Leuchtturm von Cordouan. Die Abfahrtszeiten hängen vom Wasserstand ab, und der Seegang entscheidet darüber, ob man beim Leuchtturm an Land gehen kann oder nicht. So oder so ist es in jedem Fall ein lohnender Ausflug. Auch von gegenüber, von Royan (auf dem Nordufer der Gironde), starten Ausflugsschiffe.

Die romanische Kirche Sainte-Radegonde in Talmont

hatte diese Entwicklung begonnen. Vorreiterin war Kaiserin Eugénie, die Mitte des 19. Jh. Biarritz zu einem Treffpunkt der europäischen Hocharistokratie machte. Schon damals übte die französische Atlantikküste ihren Reiz auf deutsche Besucher aus – der prominenteste unter ihnen war Bismarck.

Die Küste von der Gironde bis zum Becken von Arcachon

Die Côte d'Argent bietet kaum kunsthistorisch interessante Denkmäler; die Küste ist in der Hauptsache ein Eldorado für Urlauber, die hier am Strand und bei Wassersportarten Erholung suchen. Wir beschreiben die Orte von Norden nach Süden.

Der Leuchtturm von Cordouan und die Kirche in Talmont

Der Mündung der Gironde vorgestellt und schon im offenen Meer befindlich, erhebt sich weithin sichtbar der Leuchtturm von Cordouan. Hier hatten die Engländer im Hundertjährigen Krieg auf einem einsam im Ozean liegenden Felssockel ein Leuchtfeuer installiert. Das heutige Bauwerk entstand Ende des 16. Jh. Baubeginn war 1584, die Fertigstellung fand 27 Jahre später (1611) statt. Anfang des 18. Jh. fand eine erste Renovierung statt, und in den letzten Jahren des Ancien Régime wurde der Turm erhöht (1784–88). Heute ist der Phare de Cordouan der älteste in Betrieb befindliche Leuchtturm der Welt. Die Franzosen nennen das knapp 68 m hohe Bauwerk voller Stolz »Versailles des Ozeans« oder auch »König der Leuchttürme«.

Wer sich zum Besuch des Leuchtturms von Cordouan auf das rechte Ufer der Gironde begibt (von der Pointe de Grave, der Nordspitze des Medoc, verkehren während des ganzen Jahres Fährschiffe nach Royan und zurück), sollte sich die Zeit zu einem Abstecher nach Talmont nehmen. Hier erhebt sich am Rande eines hübschen Dorfes (*L'un des plus beaux villages de France*) die romanische Kirche Ste-Radegonde. Sie ist auf einem Steilfelsen über der Gironde platziert. Man meint, hier wäre eine Schaumkrone der anstürmenden Flut im Augenblick ihres Aufpralls auf das Gestade zu Stein erstarrt, so hell leuchtet der Kalkstein, aus dem die Kirche errichtet wurde. Aber genau das Gegenteil ist der Fall, das Meer ist der Feind dieses Bauwerks und brachte den Westteil schon im 14. Jh. durch ein Hochwasser zum Einsturz. Erhalten blieben der Chor und das Querhaus. Dieses besitzt auf seiner Nordseite ein reich mit Figuren verziertes **Archivoltenportal**. Darin sieht man u. a. Zirkusakrobaten, die, einer auf den Schultern des anderen stehend, eine Säule aus Menschenleibern bilden, und – in der Stirnarchivolte – Männer, die Löwen an Stricken nach sich ziehen. Im linken der beiden Scheinportale sind zwei Drachen mit weit aufgerissenen Mäulern dargestellt. Sehenswert sind auch die skulptierten Kapitelle innen im Vierungsbereich. Auf einem von ihnen erkennt man den Kampf des hl. Georg gegen den Drachen.

Soulac-sur-Mer

Nach diesem Abstecher auf das rechte Ufer der Gironde kehren wir in das Médoc zurück. Der erste Ort zur Meerseite ist Soulac. Hier landeten im Mittelalter zahlreiche Jakobspilger aus England, die den ersten Teil ihrer Reise

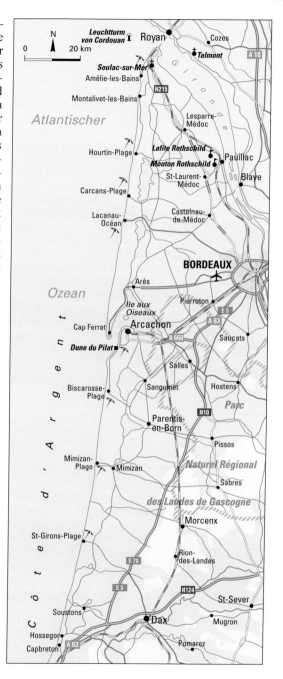

mit dem Schiff unternommen hatten. Aus dieser Zeit ist in Soulac die romanische Kirche **Nôtre-Dame-de-la-Fin-des-Terres** erhalten. Schon seit dem 14. Jh. musste das Bauwerk immer wieder von Sandmassen freigeschaufelt werden, mit denen der Westwind die Kirche regelmäßig überzog. Mitte des 18. Jh. gab man diese Bemühungen auf, die Kirche schien verloren. Doch im 19. Jh. schälten Denkmalpfleger das Bauwerk erneut aus dem Sand und retteten es dank einer grundlegenden Restaurierung. Nôtre-Dame gehört als dreischiffige Staffelhalle zur Bauschule des Poitou. Im Chor sind einige Figurenkapitelle erhalten. Die schönste Ansicht bietet sich bei Morgenlicht von Osten. Die drei Apsiden der Chorseite lassen erkennen, dass im 19. Jh. der Sand nicht bis auf das mittelalterliche Bodenniveau wieder abgetragen wurde.

Mit Soulac verbindet sich eine wichtige Legende des Mittelalters. Danach soll hier die **hl. Veronika** den Boden Galliens betreten haben, nachdem sie zuvor das berühmte Schweißtuch mit dem Abbild des Antlitzes Jesu in Rom gelassen hatte, von wo die Reliquie nach Manoppello gelangt sein soll. Veronika, so heißt es, sei in Soulac gestorben. Ihre Reliquien überführte man nach Bordeaux in die Krypta von St-Seurin, das damit eine wichtige Station auf dem Weg der Jakobspilger markierte.

Der Ort Soulac ist ein beliebtes Ferienziel, viele Bordelaiser haben hier und in der Umgebung ihre Urlaubs- und Wochenenddomänen. Der Strand ist schmal und das Wasser lässt bisweilen geringe Verschmutzungen aus der nahen Gironde erkennen.

Weitere Badeorte im nördlichen Abschnitt der Côte d'Argent

Südlich von Soulac folgen in Abständen von jeweils 10 bis maximal 20 km die Badeorte Amélie-les-Bains, Montalivet-les-Bains, Hourtin-Plage, Carcans-Plage, Lacanau-Océan und zuletzt Cap Ferret aufeinander. Sie entstanden alle erst in jüngerer Zeit als Ableger weiter im Innern des Médoc gelegener Siedlungen. Es gibt keine durchgehende Uferstraße. So wie die Jakobspilger des Mittelalters ziehen auch die heutigen Reisenden parallel zur Küste auf Straßen von Norden nach Süden, von denen Stichstraßen zu den Badeorten führen. Entsprechend erlebt man hier eine Urwüchsigkeit und Unberührtheit des Gestades, wie es heute in Europa Rarität geworden ist. Aber Achtung: Weite Strecken sind **Naturschutzgebiet** und den Badegästen nicht zugänglich, man sollte das respektieren!

Becken von Arcachon

Bei Cap Ferret wird der Strand von der Öffnung des Beckens von Arcachon unterbrochen. Dieses beschreibt ein Dreieck mit einer Fläche von rund 25 000 ha. Bei Ebbe sind vier Fünftel des Beckenbodens nicht von Wasser bedeckt. Täglich findet also zweimal ein nahezu

Ein wichtiger Hinweis für Autofahrer: Fahren Sie möglichst nicht an einem Sonntagabend vom Médoc Richtung Bordeaux! Der rückfließende Verkehr der Wochenendausflügler ist abenteuerlich, man verliert ungezählte Stunden in den endlosen Autoschlangen.

Blick in das Kirchenschiff von Nôtre-Dame in Soulac-sur-Mer

kompletter Austausch des Wassers statt – ideale Bedingungen für die **Austernzucht**. In den Orten, die sich um das Becken legen – Cap Ferret, Arès, Andernos-les-Bains, Lanton und Gujan-Mestras – ist sie der beherrschende Wirtschaftszweig.

Mitten im Becken liegt die **Ile aux Oiseaux**, die Vogelinsel, ein Reservat, das man nicht betreten darf. Hier nisten alle erdenklichen Arten von Seevögeln. Von Arcachon aus kann man Schiffsausflüge unternehmen, die zu den Austernbänken und zur Vogelinsel führen.

Arcachon ist der größte unter den Badeorten im nördlichen Abschnitt der Côte d'Argent, seit dem 19. Jh. beliebtestes Ausflugsziel der Bordelaiser. Die Hauptattraktion des Ortes ist sein Casino. Das Gebäude wurde 1853 unter dem Namen Château de Deganne errichtet, seit 1903 ist darin das Casino untergebracht. Ferner fallen im Ortsbild die vielen Villen aus der Zeit um 1900 auf, die meisten von ihnen Zweitresidenzen betuchter Familien.

Düne von Pilat

Südlich der Öffnung des Beckens von Arcachon in den Atlantik wirft sich die Düne von Pilat (auch Pyla) zu imposanter Größe auf. Mit etwas über 100 m Höhe und einer Länge von mehr als 3 km ist sie die größte Sanddüne Europas. Man erklimmt sie über eine Holztreppe, anders wäre der Aufstieg auf dem ständig nachgebenden Sand kaum möglich. Von der Anhöhe bietet sich ein einzigartiger Blick. Schaut man Richtung Süden, so dehnt sich nach rechts die endlose Weite des Atlantiks aus, direkt vor dem Auge des Besuchers zieht sich der Sandstreifen der Düne südwärts. Nach Osten hin bilden die Kiefernwälder der *Landes* einen geschlossenen grünen Teppich.

Badeorte zwischen Arcachon und Bayonne

Von der Düne von Pilat führt die D 83 durch die Kiefernwälder der *Landes* südwärts nach **Biscarosse Plage**. Hier hat der Ozean eine deutlich stärkere Brandung als im nördlichen Abschnitt der Côte d'Argent. Wer nun weiter nach Süden vorstößt, muss einen Bogen ins Landesinnere ausfahren, da sich zwischen Biscarosse und Mimizan ein größeres militärisches Sperrgebiet erstreckt. **Mimizan Plage** ist von Biscarosse kaum zu unterscheiden: heller, beinahe weißer Strand, eine tolle Brandung und kristallklares Wasser, das reinste Urlaubsvergnügen! Vor allem Surfer schätzen diesen Küstenabschnitt, Badende sollten unbedingt innerhalb der überwachten Abschnitte bleiben. Weitere kleine Badeorte mit Traumstränden sind: Contis-Plage, St-Girons-Plage, Moliets-Plage, und Vieux-Boucau-les-Bains. Auch hier handelt es sich wie bei den Badeorten im Médoc um Ableger älterer Ortschaften, die ein paar Kilometer landeinwärts liegen.

Kurz vor dem Beginn des Baskenlandes endet der Reigen der Badeorte der *Landes* mit **Capbreton** und **Hossegor**. Beide Orte sind durch die Mündung des Flüsschens Bourret voneinander getrennt. Der Besucher hat indes den Eindruck, als handele es sich um ein und dieselbe Ortschaft. Hossegor ist ein **Surferparadies** und bezeichnet sich in der Eigenwerbung im Internet als »Europas Hauptstadt der Surfer«. Regelmäßig finden hier bedeutende Wettkämpfe statt. Auch in der Literaturgeschichte hat es seinen Platz. Hier lebte das Autorengespann Rosny Jeune 20 Jahre lang (1900–1921) – der Name ist ein Pseudonym für die beiden belgischen Brüder Joseph Henri Honoré Boex (1856–1940) und Séraphin Justin François Boex (1859–1948), um 1900 beliebte Autoren und Mitbegründer des modernen Science-Fiction-Romans. Im selben Jahr wie die Brüder Rosny Jeune ließ sich Paul Margueritte (1860–1918) in Hossegor nieder. Dieser Autor zahlreicher damals viel gelesener Romane hat sich besonders durch seinen Einsatz für die Emanzipation der Frau verdient gemacht.

Capbreton ist ein traditionsreicher Fischereihafen, dessen Fangflotte im 16. Jh. bis nach Neufundland vorstieß, heute dominieren im Erscheinungsbild des Hafens private Jachten und Segelboote.

Reisen & Genießen

Wichtige Hinweise
zum Baden im Meer

Damit der Urlauber das Baden im Atlantik ungetrübt genießen kann, sollte man ein paar einfache Regeln beachten. Baden ist prinzipiell nur an überwachten Stränden und innerhalb der markierten Bereiche erlaubt. Den Anweisungen der Aufsichtspersonen ist unbedingt Folge zu leisten. Wimpel signalisieren die aktuelle Situation:
- Grüner Wimpel = Baden erlaubt, keine Gefahr
- Gelber bzw. orangefarbener Wimpel = Baden zwar gestattet, aber Achtung, es ist nicht ungefährlich
- Roter Wimpel = die See ist zu rau, Baden strikt verboten!

Gefährlich können Priele sein, die sich bei Ebbe bilden. Das Wasser zieht hier mit zum Teil unvorstellbarer Gewalt hinaus auf das offene Meer. In unbewachten Zonen sollte man auf keinen Fall in Prielen schwimmen!

Besuch des Leuchtturms
von Cordouan

Von Juni bis Oktober verkehren Ausflugsschiffe von der Pointe de Grave sowie von Royan zu der Welt ältestem in Betrieb befindlichen Leuchtturm. Zu jeder Saison erscheint ein Prospekt, in dem Daten und Uhrzeiten der Abfahrten aufgelistet sind. Diesen erhält man beim Ticketverkauf in der Rue de la Plage in Soulac-sur-Mer Nr. 33, am Hafen von Pointe de Grave, oder telefonisch unter 05 56 09 62 93 bzw. unter 05 56 09 94 71. Im Internet informiert man sich unter:
www.vedettelaboheme.com.
Der Leuchtturm liegt 8 km vor der Girondemündung, der Ausflug dauert etwa 3 bis 4 Stunden. Ob man zur Besichtigung des Turmes aussteigen kann oder nicht, entscheidet sich nach der Wetterlage und nach dem Seegang. Auf jeden Fall muss man Gummistiefel oder andere robuste und gegen Salzwasser unempfindliche Schuhe mitnehmen, da man in der Regel vom Schiff zum Leuchtturm einen Weg durch das Wasser waten muss.

Austern

Am Becken von Arcachon dreht sich alles um die Austernzucht. Diese Delikatesse ist nicht jedermanns Geschmack, aber das berechtigt uns nicht, an dieser Stelle wissenswerte Informationen unter den Tisch fallen zu lassen. Schon den Römern wurden Austern aus dem Becken von Arcachon serviert, doch erst seit dem 19. Jh. betreibt man die Aufzucht systematisch. Die heimische Austernart der Gravettes fiel 1922 nahezu vollständig einer Seuche zum Opfer. Danach begann man, portugiesische Austern zu züchten, weil diese als weniger anfällig galten. Doch 1972 wurde auch diese Spezies durch eine erneute Muschel-Seuche stark reduziert. Deshalb importierte man nun Austern aus Japan, die besonders robust und widerstandsfähig sind. Ihre Ansiedlung erwies sich als Glücksgriff, denn seither hat es keine weiteren Epidemien gegeben. Pro Jahr werden etwa 9000 t Austern am Becken von Arcachon geerntet.
Im Frühsommer pflanzen sich die Austern fort. Eine Auster kann bis zu einer Million Eier legen. Diese setzen die Züchter auf gekalkten Ziegelbänken aus. Wenn der Nachwuchs eine Größe von ca. 5 cm erreicht hat, werden die kleinen Austern in den *parcs* ausgesät. Ein großer Teil wird in andere Zuchtgebiete exportiert, vor allem in die Bretagne, wo Baby-Austern (so der ganz offizielle Begriff) keine Überlebenschancen hätten, da das Wasser in Nordfrankreich zu

kalt ist. Nach drei bis fünf Jahren werden die ausgewachsenen Austern geerntet und in *claires* (spezielle Becken) umgesiedelt, aus denen regelmäßig das Wasser abgelassen wird. So können sich die Austern von Verunreinigungen befreien, die ihren Geschmack beeinträchtigen könnten, zum anderen lernen die Muscheln, das Wasser in ihrem Innern zu speichern, um dergestalt längere Transportwege unbeschadet zu überstehen.

In früheren Zeiten wurden Austern ausschließlich in gegartem Zustand verzehrt (gebacken, gegrillt oder gekocht). Inzwischen haben sich die Gewohnheiten geändert, gerade in Frankreich schlürft man die Austern gern mit etwas Zitronensaft beträufelt roh aus der Schale. Wer einmal Austern probieren möchte, indes Scheu vor dem Verzehr der rohen Muschel hat, findet in den Lokalen entlang der Küste auch heute genügend Angebote mit gegarten Austern. Eine besondere Köstlichkeit sind frische Austern, mit Kräutern belegt, die in ihrem eigenen Saft eingeliert sind.

Am Becken von Arcachon bieten einige der rund 1800 Züchter Besuche der Austernbänke und Verkostungen an. Man beachte die Hinweise am Wegesrand, wenn man durch die Dörfer am Ufer des Beckens fährt. Eine systematische Einführung in das Thema rund um die Auster bietet La Maison de l' huître in Gujan-Mestras, das auf halber Strecke zwischen Le Teich und Arcachon auf der Südseite des Beckens von Arcachon liegt (geöffnet tgl. 10–12.30 und 14.30–18 Uhr).
www.maisondelhuitre.com

Parc ornithologique du Teich am Becken von Arcachon

In der Südostecke des Beckens von Arcachon, dort, wo das Flüsschen Eyre in das Becken mündet, befindet sich der vogelkundliche Park von Le Teich (hat nichts mit dem deutschen Wort Teich zu tun, man spricht Täsch). Er gehört zum Parc naturel régional des Landes de Gascogne und ist der Öffentlichkeit zugänglich. Ein ausgeschilderter Parcours, der eine Gesamtlänge von 6 km hat, führt hindurch – man kann den Weg natürlich zwischendurch auch abkürzen. Von kleinen Beobachtungsposten kann man 80 verschiedene Vogelarten erleben, die hier während des ganzen Jahres heimisch sind. Im Frühjahr und im Herbst ist es besonders interessant, wenn sich weitere rund 180 Zugvogelarten hier auf ihren Wegen von Norden nach Süden und umgekehrt zur Rast niederlassen. Der Park ist ganzjährig von 10 Uhr bis zum Einbruch der Dunkelheit geöffnet.
www.parc-ornithologique-du-teich.com

Schiffsausflüge im Becken von Arcachon

Rundfahrten zu den Austernbänken und in die Nähe der Ile aux Oiseaux bietet an
Le Marin Indépendant
in 33260 La Teste-de-Buch
Tel. 06 08 16 32 25
www.ami-arcachon.com.
Diese Ausflüge finden in einer privaten Atmosphäre auf einer kleinen Pinasse mit Platz für maximal 15 Personen statt. Vom Pier in Arcachon starten etwas größere Schiffe zu Rundfahrten von etwa einer Stunde Dauer. Mit etwas Glück kann man im Becken von Arcachon Delfine in freier Wildbahn beobachten.

Surfen am Atlantik

Über Möglichkeiten von Kursen für Anfänger, Aktivitäten für Fortgeschrittene usw. informiert die Fédération Française de Surf
Tel. 05 58 43 55 88, Fax 05 58 43 60 57
www.surfingfrance.com
contact@surfingfrance.com.

Hotels und Restaurants

Die Küstenorte sind voll und ganz auf die sommerliche Hochsaison eingestellt. Die

Ein Fischer mit seiner Pinasse im Becken von Arcachon

meisten der hier genannten Orte schlummern im übrigen Jahr vor sich hin. Hotels, die in zwei Monaten ihr Jahresgeschäft unter Dach und Fach bringen müssen, bieten in der Regel wenig persönliche Atmosphäre. Uns sind deshalb nur wenige Adressen aufgefallen. Hinzu kommt, dass viele der Atlantikurlauber Familien sind, die es vorziehen, auf einem der zahllosen Campingplätze Quartier zu beziehen und sich selbst zu verköstigen. Das Angebot ist deshalb ohnehin schmal und nicht annähernd mit der Situation an der französischen Mittelmeerküste zu vergleichen. Wer an den Atlantik fährt, sucht nicht das Ausgefallene, sondern Natur und Erholung am Strand.

In guter Erinnerung haben wir das
Hotel des Pins**
F-33780 L'Amélie-les-Bains
Tel. 05 56 73 27 27, Fax 05 56 73 60 39
www.hotel-des-pins.com
info@hotel-des-pins.com.
Das Hotel, dessen Restaurant eine verlässliche, gute Küche (alles ist taufrisch) bietet,

liegt nur wenige Schritte vom Strand entfernt in Amélie, 5 km südlich von Soulac-sur-Mer. Ein gemütlicher Familienbetrieb, der auch außerhalb der Sommersaison geöffnet ist. Die Zimmer sind schlicht, aber ausgesprochen günstig – selbst in der Hochsaison. Frühzeitige Anmeldung empfohlen.

Einiges komfortabler, aber auch um einiges teurer ist das
Hotel Les Vagues***
9, Boulevard de l'Océan
F-33120 Arcachon
Tel. 05 56 83 03 75, Fax 05 56 83 77 16
www.hotel-les-vagues.com
info@hotel-les-vagues.com.

Nach einer Renovierung ist von der Zwei- in die Drei-Sterne-Kategorie aufgestiegen das
Hotel de l'Océan***
85, Avenue Georges Pompidou
F-40130 Capbreton
Tel. 05 58 72 10 22, Fax 05 58 72 08 43
www.hotel-capbreton.com
hotel-capbreton@wanadoo.fr.

Das Baskenland

Das Volk, seine Sprache, seine Geschichte

Die Basken stellen innerhalb der europäischen Völkerfamilie eine ethnische Besonderheit dar. Vor allem ihre Sprache – auf Baskisch **Euskera** oder Euskara genannt – fällt aus dem Rahmen, denn es handelt sich um die einzige noch lebende vorindogermanische Sprache Europas. Sie besitzt keinerlei Verwandtschaft mit irgendeiner anderen uns bekannten Sprache. Wie extrem sich Euskara z. B. vom Französischen unterscheidet, sei an einem kleinen Beispiel verdeutlicht: Bekannt ist die bezaubernde Hafenstadt St-Jean-de-Luz; auf Baskisch heißt sie Donibane-Lohizune.

Die Basken werden in Quellen der Römer erstmals im 3. Jh. v. Chr. erwähnt. Überraschenderweise hat es offenbar über Jahrhunderte eine weitgehend friedliche Koexistenz gegeben, von Kriegen zwischen Basken und Römern ist nichts bekannt. Die Basken wahrten ihre Selbständigkeit. Lediglich der Raum des spanischen Navarra erfuhr eine stärkere Durchdringung mit römischer Kultur. Pamplona war eine Gründung des Pompeius. Auch in den Jahrhunderten, die der Antike folgten, hielten sich die Basken konsequent von fremder Bevormundung frei. Weder Westgoten noch Arabern gelang es, das Baskenland ihrer Herrschaft zu unterwerfen. Aber die Basken gerieten immerhin durch diese Besatzungsmächte auf der Iberischen Halbinsel unter Druck, und viele verließen das angestammte Siedlungsgebiet südlich der Pyrenäen. So entstand im Frühmittelalter das beidseits der Pyrenäen sich ausdehnende Baskenland, dessen Radius kurzfristig deutlich über den des heutigen französischen Baskenlandes hinausreichte. Das erklärt, warum die Gascogne den Namen der Basken annahm.

Aufgrund der unsicheren Quellenlage ist bis heute nicht geklärt, wann das Christentum Einzug im Baskenland hielt. Manche Forscher denken, dass die **Christianisierung** erst sehr spät, möglicherweise im 9./10. Jh. erfolgte und ursächlich mit der damals anhebenden Wallfahrt nach Santiago de Compostela zusammenhing. Tatsächlich fällt auf, dass romanische Kirchen im Baskenland – verglichen mit der Fülle der Denkmäler in den anderen Provinzen Südfrankreichs und Nordspaniens – nur in geringer Zahl vertreten sind.

Der spanische Teil des Baskenlandes geriet im Hochmittelalter unter den Druck der rivalisierenden christlichen Königreiche Aragón und Kastilien. Als diese schließlich Ende des 15. Jh. unter den Katholischen Königen Isabella von Kastilien und Ferdinand von Aragón miteinander fusionierten, wurden Navarra und das Baskenland zwischen ihnen zerrieben, zugleich kam es zur Teilung des Baskenlandes in einen spanischen und einen französischen Teil. Das spanische Baskenland heißt **Hegoalde**. Es umfasst die vier Provinzen Navarra im Osten und im Westen Alaya, Gipuzkoa und Biskaia. Deutlich kleiner ist das französische Baskenland, das man **Iparralde** nennt.

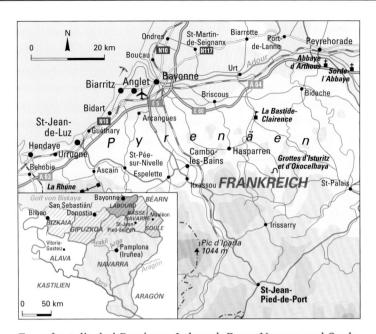

Es umfasst die drei Provinzen Labourd, Basse-Navarre und Soule. Das Baskenland hat eine Fläche von rund 20000 km², dies entspricht etwa der Größe Sloweniens oder der Hälfte von Holland.

Während sich die Basken auf der Nordseite der Pyrenäen weitgehend klaglos in den modernen französischen Staat integriert haben (das Baskenland ist hier der westliche Teil des Départements Pyrénées Atlantiques), rumort es im spanischen Baskenland bis heute. Zwar wurden im Zuge der Demokratisierung und Regionalisierung Spaniens 1979 die autonome Provinz Euskadi mit den Provinzen Alava, Gipuzkoa und Biskaia, und 1982 die autonome Provinz Navarra (hier sind die Basken in der Minderheit) geschaffen, aber die radikale Gruppierung der ETA träumt nach wie vor von einem unabhängigen Staat der Basken. Zwischen 1978 und 1980 kamen 253 Menschen bei Attentaten der ETA ums Leben. 2005 versprachen die Radikalen, die Waffen niederzulegen und fortan auf Gewalt zu verzichten, aber nach dem Bombenanschlag in Madrid Ende Dezember 2006 musste man die Hoffnung auf friedliche Lösungen vorerst wieder begraben.

Die Basken sind seit alters ein Volk von Fischern und Hirten, ungemein fleißig und zäh. Ihre **Walfangflotten** segelten schon im Mittelalter bis hinauf nach Grönland. Von der industriellen Revolution des 19. Jh. blieb indes auch das Baskenland nicht unberührt. Der Waldreichtum hat eine bedeutende Holz verarbeitende Industrie aufblühen lassen (Zellulose, Möbelfabrikation, Bauholz), auch **Metallverarbeitung** hat ihren festen Platz in der Geschichte der Basken, deren Eisenschwerter bereits die Römer zu schätzen wussten.

Baskische Sportarten

Auch im Bereich des Sports haben die Basken ihr eigenes Profil. Der populärste Volkssport ist das **Pelota**, frz. Pelote, das entfernt mit Squash verwandt ist. Die Athleten treten in Mannschaften zu je zwei Spielern gegeneinander an. Sie schleudern einen harten kleinen Ball gegen eine Wand, von der er zurückprallt. Die Gegner müssen den Schlag parieren, ohne dass der Ball dabei den Boden berühren darf. Pelota wird zum Teil in geschlossenen Hallen gespielt, meistens jedoch unter freiem Himmel. In keiner Stadt des Baskenlandes, in keinem noch so kleinen Dorf fehlt die obligatorische Pelote-Wand.

Ein Muss eines jeden Volksfestes ist **Tauziehen**, wobei zum Teil größere Mannschaften gegeneinander antreten. Der Demonstration körperlicher Kraft dient auch das **Holzhacken**. Hierbei treten immer zwei Sportler gegeneinander an. Beide haben einen gleich großen Baumstamm vor sich liegen oder stehen, den sie in kürzestmöglicher Zeit mit einer Axt in zwei Teile zerlegen müssen. Als Zuschauer staunt man, wie es geübten Spezialisten dieser Disziplin gelingt, einen Stamm von bald einem halben Meter Durchmesser in nur wenigen Minuten in zwei Stücke zu spalten. Und fast noch mehr erstaunt, dass auch Frauen diese ungewöhnliche Sportart mit Hingabe ausüben. Populär ist auch der spanische Stierkampf, die **Corrida**, die allerdings bei Gästen aus dem Ausland in der Regel wenig Anklang findet.

Bayonne

Blick in die Geschichte

Bayonne ist kein offener Seehafen, sondern liegt, leicht ins Landesinnere versetzt, am Adour nahe dessen Mündung in den Atlantik. Zugleich mündet im Stadtgebiet die Nive in den Adour. Bayonne ist die größte Stadt des französischen Baskenlandes und zugleich dessen Hauptstadt, daneben aber auch Unterpräfektur des Départements Pyrénées Atlantiques. Schon in römischer Zeit war hier ein bedeutender Hafen. Von der Mitte des 12. bis zur Mitte des 15. Jh. stand dieser unter englischer Herrschaft, erst 1451 kam Bayonne endgültig an Frankreich, das die Stadt für ihre Solidarität mit den Engländern zunächst hart bestrafte – man ließ den Hafen einfach versanden. Erst Karl IX. (1560–74) ließ ihn wieder in Betrieb nehmen, der seither einer der bedeutendsten Atlantikhäfen Frankreichs ist.

Bayonne ☆
Besonders sehenswert:
gotische Kathedrale

Kathedrale

Die Gassen der Altstadt steigen leicht hügelan. Den höchsten Punkt der seichten Erhebung besetzt die gotische Kathedrale Nôtre-Dame (1). Mit ihrem Bau wurde Mitte des 13. Jh. begonnen. Sie ist damit erste Bau stilreiner Gotik nordfranzösischer Prägung in Südfrankreich. Der Architekt war möglicherweise der Meister Jean Deschamps,

◁ *Bayonne, Kirchenschiff der gotischen Kathedrale*

ein Auvergnate, der seine Schulung an den Bauhütten der Ile de France erhalten hatte. 1248 hatte er in seiner Heimatstadt Clermont-Ferrand den Grundstein zur dortigen Kathedrale gelegt, von dort führte sein Weg über Bayonne zuletzt nach Narbonne. Bestattet ist er in Clermont-Ferrand. Obwohl die Errichtung der Bischofskirche durch den Hundertjährigen Krieg zeitweilig unterbrochen wurde und bis in das 16. Jh. andauerte, wirkt der Bau ungemein einheitlich. Er zeigt das Muster der nordfranzösischen Gotik mit einer dreischiffigen Basilika, deren Hochschiffwand in drei Geschosse gegliedert ist (Arkade, Triforium, Obergaden). Da auch das Triforium durchfenstert ist, besitzt der Raum eine größere Lichtfülle als viele andere Kathedralen. An das breit ausladende Querhaus schließt sich der **Chor** mit Umgang und Kapellenkranz an. So wie der Innenraum vermittelt auch die Außenansicht mit ihrer Zweiturm-Fassade im Westen den Eindruck erstaunlicher Geschlossenheit. Die Türme allerdings wurden wie bei so vielen unvollendet gebliebenen Kathedralen der Gotik erst im 19. Jh. fertig gestellt. Den schönsten Blick auf diese Türme erlebt der Besucher vom **Kreuzgang** (2) aus. Dieser wurde im 14. Jh. errichtet und besitzt in seinen Arkadenbögen kunstvoll gestaltete Maßwerkfenster. Er ist außerordentlich gut erhalten und einer der größten gotischen Kreuzgänge Frankreichs.

Museen der Stadt

Bayonne besitzt zwei sehenswerte Museen. Das Kunstmuseum der Stadt, das **Musée Bonnat** (3), trägt den Namen des Malers Léon Bonnat (1833–1922), der seine stattliche Privatsammlung seiner Vaterstadt vermacht hatte. Im Parterre ist die Skulpturenabteilung mit Werken von der Antike bis in das 19. Jh. ausgestellt. Das Herzstück der Sammlung, die Gemäldegalerie, befindet sich in den Stockwerken darüber. Hier fallen unter anderem Werke von El Greco, Rubens und Van Dyck auf. Ein besonderer Schatz sind die drei Gemälde von Francisco Goya, darunter ein eindringliches Selbstporträt, das den Künstler im Alter von Mitte Vierzig zeigt. Besonders gut ist natürlich Bonnats eigene Epoche, das 19. Jh., vertreten. Da sind auf der einen Seite die Klassizisten wie Ingres und dessen Nachfolger, auf der anderen Seite die Wegbereiter des Impressionismus als zweiter großer Entwicklungslinie innerhalb der französischen Malerei des 19. Jh.: Delacroix und Géricault.

Das **Musée Basque** (4) liegt am Ufer der Nive im Dreieck zwischen der Rue Marengo und der Rue Marsan, die nahe dem Pont Marengo im spitzen Winkel aufeinander zulaufen. Das volkskundliche Museum gewährt Einblicke in alle Fragen und Themen baskischer Geschichte, Kultur und Lebensformen. Es befindet sich in einem Bauwerk des 17. Jh., das damals dem wohlhabenden Bayonner Kaufmann Dagourette gehörte. Im 19. Jh. befand sich darin vorübergehend ein Krankenhaus. 1912 fasste man den Plan, das Musée Basque einzurichten, das 1922 eröffnet wurde. Erst 1991 wurde die Maison Dagourette als

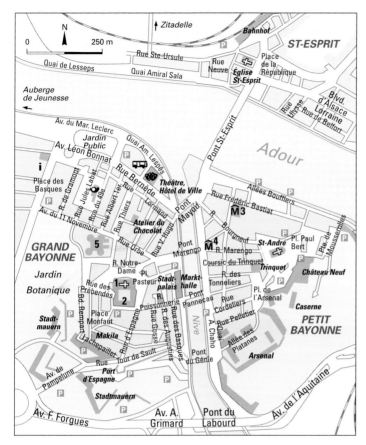

Bayonne
1 Kathedrale
2 Kreuzgang
3 Musée Bonnat
4 Musée Basque
5 Château Vieux

monument historique klassifiziert; daran schlossen sich die mehrjährigen Renovierungsarbeiten an, die bis 2001 dauerten. Hier eine detaillierte Beschreibung durch die vielen Räume zu geben, würde zu weit führen. An der Kasse erhält man kostenlos ein vorzüglich gestaltetes Faltblatt, mit Plänen der drei Stockwerke und der exakten Benennung, was dort im Einzelnen ausgestellt ist.

Rundgang durch die Altstadt

Bayonne ist eine Stadt von selten dichter Atmosphäre! Dafür sind in erster Linie die zahlreichen Fachwerkhäuser verantwortlich, die uns auch im ländlichen Milieu des Baskenlandes auf Schritt und Tritt begleiten. Besonders malerisch ist die **Rue du Port-Neuf**, die nahe der Nive an der Place de la Liberté beginnt und von hier zur Kathedrale hügelaufwärts führt. In den Untergeschossen dieser historischen Einkaufsmeile säumen offene Kolonnaden den Verlauf der Straße, die

Musée Basque:
Mai bis Okt. tgl. außer
Mo 10–18.30 Uhr und
Nov. bis April tgl.
außer Mo 10–12.30
und 14–18 Uhr; ge-
schlossen 1. Jan.,
1. Mai, 1. Nov. und
25. Dez. Der Eingang
befindet sich am Quai
des Corsaires.

heute Fußgängerzone ist. So kann man auch bei Regen in Ruhe die verführerischen Auslagen der Spezialitätenläden betrachten. Wir möchten noch einen zweiten Weg empfehlen. Er führt von der Rue des Gouverneurs zunächst hügelabwärts zur Flussseite. Beim **Château-Vieux** (5), einer kleinen Burg aus dem 15./16. Jh., biegt man links in die Avenue du 11 Novembre ab und erreicht nach 200 m die Wallanlagen, mit denen Vauban im 17. Jh. das mittelalterliche Bayonne umgürtete. Wir wenden uns nach links, also nach Süden, und folgen der hier beginnenden Grünanlage. Nach etwa 400 bis 500 m wendet man sich zurück und erlebt den Blick auf die Türme der Kathedrale aus völlig neuer Perspektive.

Biarritz

Biarritz ☆
Berühmtes Seebad

Die Hafenstadt Bayonne und der Badeort Biarritz waren früher deutlich voneinander getrennt. Heute hat sich die Ortschaft Anglet zwischen beide geschoben, sodass eine Art Reißverschluss zwischen Bayonne und Biarritz entstanden ist. Folgt man mit dem Auto von Bayonne der (leider nur spärlichen) Ausschilderung nach Biarritz, kommt man nur noch durch bebautes Gebiet. Der Anblick des Atlantiks, der dann ganz unerwartet vor dem Besucher auftaucht, ist überwältigend. Noch bis in das 19. Jh. war Biarritz ein kleiner Fischerhafen. Seit Ende

Nächtlich erhellte
Küste von Biarritz

der 1830er-Jahre verbrachte hier die Gräfin von Montijo regelmäßig ihre Urlaube in Begleitung ihrer Tochter Eugénie, die später Napoléon III., seit 1852 Kaiser der Franzosen, heiratete. Schon zwei Jahre nach der Thronbesteigung, also 1854, begleitete Napoleon III. seine Gemahlin zu Tagen sommerlicher Erholung nach Biarritz – viele weitere Aufenthalte der kaiserlichen Familie sollten folgen. Das machte Biarritz über Nacht berühmt und zu einem Magneten nicht nur der französischen, sondern der gesamten europäischen Hocharistokratie. Bis auf den heutigen Tag ist Biarritz eines der populärsten und meistbesuchten Bäder an Südfrankreichs Atlantikküste.

Da die Geschichte von Biarritz erst in jüngster Vergangenheit beginnt, besitzt die Stadt keine nennenswerten Denkmäler. Ein Rundgang durch das berühmte Seebad bietet dem Auge dennoch viel Abwechslung. Da sind auf der einen Seite die zahlreichen Villen und Hotels des 19. Jh. und aus der Zeit der **Belle Epoque**, zum anderen fasziniert die Kulisse der Natur. Denn etwas nördlich von hier – bei Hossegor/Capbreton – endet die Côte d'Argent, und bei Biarritz ragen die ersten, zum Teil bizarren Felsformationen aus dem Wasser, die die nahen Pyrenäen ankündigen. Hier schlagen die Wogen des Ozeans zum Teil mit brachialer Wucht gegen das Land. Im Winter können diese Wellen Höhen von 5 m oder mehr erreichen. Wahrzeichen von Biarritz ist der **Rocher de la Vièrge**, den der Besucher über eine schmale Eisenbrücke erreichen kann – aber schwindelfrei sollte man bei dieser Begehung schon sein! Diese Brücke entwarf kein Geringerer als Gustave Eiffel, der Erbauer des nach ihm benannten Eiffelturms in Paris. Sehenswert ist das **Musée de la Mer**, das sich gegenüber dem Rocher de la Vièrge an der Uferpromenade befindet. Hier sieht man in großen Aquarien alle möglichen Fischarten, sowohl heimische, die im Golf von Biskaya vorkommen, als auch exotische.

Musée de la Mer:
Juli/Aug. tgl. 9.30–24 Uhr, Jan. bis März und Okt. bis Dez. tgl. außer Mo 9.30–12.30 und 14–18 Uhr, Juni und Sept. tgl. 9.30–19 Uhr, in Ferienzeiten (2. Hälfte Feb., Osterferien usw.) tgl. durchgehend 9.30–18 Uhr; geschlossen außerhalb der Saison an Montagen (außer Ferienzeiten) und in der 2./3. Januarwoche.

St-Jean-de-Luz

Über die Badeorte Bidart und Guéthary geht es weiter nach St-Jean-de-Luz. Einst ein verträumter kleiner Hafen an der Mündung der Nivelle, ist St-Jean-de-Luz heute ein Publikumsmagnet, der im Sommer aus allen Nähten platzt. Aber der Charme dieses Städtchens ist ja auch unwiderstehlich! Im Hafen liegen die kunterbunt lackierten Fischtrawler, ein beliebtes Fotomotiv. Auf der Südseite des Hafenbeckens steht die **Maison d'Infante**, ein patrizisches Wohnhaus der Spätrenaissance. Hier war im Juni 1660 für ein paar Tage die spanische Infantin Maria Theresia einquartiert, die gemäß dem im Jahr zuvor zwischen Frankreich und Spanien geschlossenen »Pyrenäenfrieden« den französischen König Ludwig XIV. heiraten sollte. Am 9. Juni wurde die Ehe in St-Jean-de-Luz geschlossen. Damit begründete sich der spätere Erbanspruch der Bourbonen auf die spanische Krone nach dem Aussterben der dortigen Habsburger. Am Hafen beginnt die Hauptachse, die **Rue de la République**, heute Fußgängerzone, die den Ort in seiner ganzen Länge durchzieht.

St-Jean-de-Luz ☆
Besonders sehenswert: Stadtensemble

»Als ich erwachte, fiel mein erster Blick auf das Meer. Da lag es und schimmerte – die Bucht von St-Jean-de-Luz, dahinter die Mole und dahinter das Meer, die Biskaya, der Atlantik. Ich hatte noch nie das Meer gesehen. Ich stand sofort auf, trat auf den Balkon, stampfte mit dem Fuß und rief: Trutz blanke Hans! Ich war ein Deutscher, und Deutsche taten das angesichts der See ... Und jetzt, dachte ich, wird es Zeit, dass du dir deine deutschen Komplexe abgewöhnst.«
So beschreibt Ernst von Salomon in seinem Roman »Glück in Frankreich« seinen ersten Morgen in St-Jean-de-Luz.

Château d'Abbadie:
Feb. bis Mai und Okt. bis Mitte Dez. Di bis Sa 14–17 Uhr und Juni bis Sept. Mo bis Fr 10–11.30 und 14–18 sowie Sa/So 14–18 Uhr; geschlossen Mitte Dez. bis Jan. Es werden Führungen angeboten (Teilnahme freiwillig). Außerdem finden Konzerte und andere Sonderveranstaltungen statt. Infos: Tel. 05 59 20 04 51, Fax 05 59 20 90 51, www.academie-scien ces.fr/abbadia.htm

Nur wenige Schritte geht man vom Hafen zur nahen Place Louis Quatorze. Hier steht das **Rathaus** (16. Jh.), daran angelehnt die Maison Louis XIV., in der der Sonnenkönig die letzte Nacht vor seiner Eheschließung mit der spanischen Prinzessin verbrachte. Die beiden sollen übrigens trotz der vielen Mätressen, die sich der König leistete, eine leidlich harmonische Beziehung gehabt haben. Jedenfalls meinte der König beim Tode Maria Theresias – sie starb lange vor Ludwig XIV. im Jahr 1683 im Alter von nur 45 Jahren – dieses sei das erste Mal, dass sie ihm Kummer bereitet hätte.

Schräg gegenüber liegt die Kirche **St-Jean-Baptiste**, die Pfarrkirche des Ortes. Es handelt sich um einen einfachen spätgotischen Bau des 15. Jh. Dieser war kurz vor der königlichen Hochzeit vergrößert worden. Anlässlich der Sensationsheirat wurde der Innenraum prachtvoll erneuert. An den Seiten des einschiffigen Saales gehen in mehreren Etagen übereinander schmale, hölzerne Emporen auf – eine baskische Besonderheit, die man auch in anderen Kirchen der Gegend wiedersieht. Der gewaltige Altar, der die gesamte Apsiswand füllt, ist vom spanischen Barock inspiriert. Hier also fand am 9. Juni 1660 die spektakulärste Hochzeit des 17. Jh. in Europa statt, die mit unvorstellbarem Pomp über die Bühne ging. Nachdem das Brautpaar die Kirche verlassen hatte, wurde das eigens für diesen Zweck geschaffene Seitenportal für immer zugemauert.

Parallel zur Rue de la République verläuft die Strandpromenade, die dem Verlauf der Bucht von St-Jean-de-Luz in leicht geschwungenem Bogen folgt. An ihrem Ende erhebt sich das nach langen Jahren der Renovierung 2007 wieder eröffnete Grand Hotel, ein Prachtbau aus der Zeit um 1900.

Wer nach dem Besuch des Musée Basque in Bayonne den Wunsch verspürt, tiefer in Fragen baskischen Brauchtums einzudringen, sei aufmerksam gemacht auf das **Ecomusée Basque** in St-Jean-de-Luz. Es liegt nahe der Autobahnausfahrt St-Jean-de-Luz-Nord an der N 10. Dem Museum, das in einem restaurierten Gutshof aus dem 19. Jh. untergebracht ist, sind Verkaufsräume angeschlossen, wo man u.a. Geschirr und Stoffe kaufen kann. Abseits des Massentourismus liegt das Dorf Sare nahe dem Berg La Rhune, wo sich das **»Ortillopitz – La Maison Basque de Sare 1660«** befindet. Hier wird bäuerliches Leben früherer Zeiten in einer ebenso schlichten wie eindrucksvollen Form vorgeführt. Geöffnet April bis Juni 14–18 Uhr, Juli/Aug. 10.45–19 Uhr, Sept./Okt. 14–17 Uhr.

Hendaye

Der letzte Badeort vor der spanischen Grenze ist Hendaye. Die Küstenstraße dorthin führt entlang der Corniche Basque, einem aus schräg gelagerten Steinschichten imposant gebildeten Steilufer. Kurz vor Hendaye erhebt sich hoch über dem Meer das **Château d'Abbadie**. Das neogotische Schloss erbaute der berühmte Viollet-le-Duc 1860–70 für den Astronomen und Kartografen Antoine d'Abbadie (1810–97), der

das Gebäude nebst seiner Ausstattung (darin u. a. ein komplett ausgestattetes Observatorium) testamentarisch der baskischen Akademie der Wissenschaften vermachte, die auch heute noch der offizielle Besitzer ist. Die Akademie hält das Schloss zur Besichtigung offen.

Blick über den Hafen von St-Jean-de-Luz zum Haus der Infantin (rechts)

Wie die meisten Küstenorte des Atlantiks hat sich auch Hendaye eine Flussmündung für seine Hafenanlage zunutze gemacht. Die Bidassoa mündet hier in den Golf von Biskaya. Eine große Rolle in der Geschichte hat die kleine **Fasaneninsel** gespielt, die die Grenze zwischen Frankreich und Spanien markiert. Hier trafen sich 1463 Ludwig XI. von Frankreich und Heinrich IV. von Kastilien, 1526 wurde Franz I. nach seiner Gefangennahme bei Pavia durch die Spanier gegen eine hohe Lösegeldzahlung den Franzosen überstellt, 1659 wurde auf eben diesem Eiland der Pyrenäenfrieden unterzeichnet, der die Pyrenäen für immer als Grenze zwischen Frankreich und Spanien festschrieb. Zuletzt trafen sich hier zu Beginn des Zweiten Weltkriegs Hitler und Franco, um über eine Kriegsbeteiligung Spaniens auf deutscher Seite zu verhandeln. Spanien gelang es damals, den Kopf aus der Schlinge zu ziehen und sich vom Zweiten Weltkrieg fernzuhalten.

Sehenswürdigkeiten im Landesinnern

Kaum verlässt man die Küste der Biskaya und wendet sich dem Innern des Baskenlandes zu, eröffnet sich ein atemberaubendes Landschaftspanorama. Die baskischen Pyrenäen gehören zum Schönsten,

Villa Arnaga:
April/Mai und
Sept./Okt. tgl. 10–
12.30 und 14.30–19,
Juli/Aug. tgl. 10–19
Uhr, tgl. 14.30–19
Uhr und im März nur
Sa/So 14.30–18 Uhr;
geschlossen Nov. bis
Feb.

Grottes d'Isturitz et
d'Oxocelhaya:
Mitte März bis Mitte
Nov. Führungen
(Dauer 45 Min.) finden
März bis Mai und
Okt./Nov. tgl. 14–17
Uhr statt, an Sonn-
und Feiertagen auch
vorm. um 11 Uhr, Juni
und Sept. tgl. um 11
und 12 sowie 14–17
Uhr, im Juli/Aug. 10–
12 und 13–18 Uhr. Die
Höhle hat während
des ganzen Jahres
eine konstante Tempe-
ratur von 14 °C. Vom
Parkplatz geht man
zum Höhleneingang
etwa 10 Minuten.

was man in Europa sehen kann. Satt übergrünte Weiden wechseln mit tiefen Taleinschnitten oder schroffen Felsformationen, und in diesen ständigen Farbenwechsel von Braun-, Grau und Grüntönen malen die weiß getünchten Häuser mit ihren rot oder grün lackierten Holzteilen anmutige Tupfer.

Nicht weit von St-Jean-de-Luz ragt der 900 m hohe Berg **La Rhune** auf; im Sommer kann man mit einer Zahnradbahn hinauffahren. Reizvoll ist die Fahrt mit dem Auto von St-Jean-de-Luz im Tal der Nivelle flussaufwärts nach Cambo-les-Bains und von dort im Tal der Nive weiter bergauf bis zur alten Pilgerstation St-Jean-Pied-de-Port. Nahe dem Kurort Cambo-les-Bains steht die stattliche **Villa Arnaga**, die sich 1903–06 der Dichter Edmond Rostand (1868–1918) in baskischem Stil erbauen ließ. Der Begriff Villa erscheint in Anbetracht der schlossähnlichen Dimensionen des Bauwerks untertrieben. Die Gärten ließ der Dichter in französischem Stil anlegen, von hier hat man schöne Aussichten auf die Erhebungen der Pyrenäen. Das Innere zeigt unverändert den Zustand aus der Zeit des frühen 20. Jh.

Das beliebteste Ausflugsziel der Gäste, die ihre Ferien an der Küste verbringen, sind die **Grottes d'Isturitz et d'Oxocelhaya**. Das weitläufige Höhlensystem befindet sich 20 km östlich von Cambo-les-Bains, der Weg dorthin ist gut ausgeschildert. Es handelt sich um eine Doppelhöhle mit zwei übereinander liegenden Grotten, die von demselben Fluss ausgespült wurden. Die höher gelegene Grotte d'Isturitz wurde Ende des 19. Jh., die darunter befindliche Grotte d'Oxocelhaya 1925 entdeckt. Teile des Höhlensystems wurden vom Cro-Magnon-Menschen genutzt, der vereinzelt Spuren hinterlassen hat, darunter Felszeichnungen und kleine gemalte Bilder. Ansonsten fasziniert die Vielfalt der Sinterformen.

Hübsche kleine Orte rund um die Höhle von Isturitz sind das Dorf Hélette mit seiner emporenbestückten Kirche, Hasparren mit seinen vielen Fachwerkhäusern und vor allem **La Bastide-Clairence**, wo man am Ortseingang wieder einmal das vertraute Signum *L'un des plus beaux villages de France* sieht. Diese Bastide wurde im 14. Jh. gegründet und sollte den Zugang Navarras zum Meer sichern. Den rechteckigen Platz säumen historische Fachwerkhäuser. Etwas weiter hügelan liegt die Pfarrkirche. Sie besitzt als baskische Besonderheit beidseits der Außenmauern überdachte Galerien, darin die Gräber der einflussreichen Familien der Bastide.

Romanische Kirchen im Baskenland

Denkmäler der Romanik sind im Baskenland Rarität – wir wiesen bereits darauf hin. Wahrscheinlich hängt dies mit der späten Christianisierung der Basken zusammen. Tief in den Bergen versteckt, nahe der spanischen Grenze, liegt die Kirche der einstigen **Abtei Ste-Engrace**. Mönche aus dem berühmten Kloster Leyre haben sie im 12. Jh. als dreischiffige Staffelhalle erbaut. Auf Spanien verweist der Verzicht auf ein Querhaus. Im Tympanon ist ein für den Pyrenäenraum typi-

sches Chrismon dargestellt (Alpha und Omega im Kreuz des griechischen Chi, des Anfangsbuchstabens von Christus), im Innern sieht
man einige skulptierte Kapitele. Wer bis hierher vorstößt, sollte den
Abstecher zu den nahen Gorges de Kakaouetta nicht verabsäumen,
einem canyonartigen tiefen Taleinschnitt, dem imposantesten seiner
Art im gesamten Pyrenäenraum.

Von Ste-Engrace wenden wir uns wieder der Talseite zu. Bei dem
Städtchen Peyrehorade ist der Zusammenfluss des Gave d'Oloron
und des Gave de Pau. Von hier bis zu seiner 8 km westlich befindlichen Mündung in den Adour heißt der Fluss nun Gaves Réunis (die
vereinigten Gaven). Südlich dieser Gaves Réunis, ganz nahe bei Peyrehorade, liegt die ehemalige **Prämonstratenser-Abtei Arthous**, seit
ihrer Auflösung in der Revolution zur Ruine verkommen. Deren letzte
private Besitzerin vermachte 1966 die verfallenen Gemäuer dem Département, das alsbald eine langjährige Renovierung und Teilrekon-
struktion einleitete. Von der romanischen Substanz des Klosters ist
einzig die Kirche erhalten, die bald nach der Gründung von Arthous
1161 errichtet wurde. Der einschiffige Saal, im Westteil rekonstruiert,
hat seine Wölbung verloren, mächtig lädt das Querhaus aus, daran
schließen die Kapellen der Dreiapsidenanlage an. Hier sehen wir die
interessanteste Partie. Gemeint sind die vielgestaltigen Kragsteine unterhalb des Dachansatzes mit Darstellungen von Tieren, Monstern,
Akrobaten.

Auch die ehemaligen Konventsbauten wurden zum Teil rekonstruiert. Sie entstammen der Renaissancezeit. Heute befindet sich ein kleines Museum in der einstigen Abtei, außerdem hat hier das Département Landes ein Kulturzentrum gegründet.

Ein anderes Kleinod der Romanik liegt ganz nahe, nur 4 km östlich
von Peyrehorade. Es ist dies die ehemalige **Benediktiner-Abtei Sorde-
l'Abbaye**, deren Kirche St-Jean gleichfalls dem 12. Jh. entstammt. Sie
ist zwar besser erhalten als jene in Arthous, hat aber dafür in gotischer
Zeit tief greifende Umgestaltungen erfahren. Die gesamte Wölbesi-
tuation ist nicht mehr original. Der Schatz dieser Kirche ist ein qua-
dratisches Fußbodenmosaik im Chor, das man zur Zeit seiner Entdeckung Mitte des 19. Jh. für antik hielt, da das Kloster über den
Grundmauern einer gallorömischen Villa errichtet wurde. Inzwischen
besteht kein Zweifel mehr daran, dass es sich um ein romanisches
Mosaik aus dem 12. Jh. handelt, dem allerdings mit einiger Wahr-
scheinlichkeit römische Mosaiken als Vorbilder dienten. In vielfach
verschlungenen Ornamenten sieht man unterschiedliche Tierdarstellungen. Besonders lebendig ist die Szene, die einen schwarzen Hund
zeigt, der auf einen flüchtenden Hasen Jagd macht. In der Symbolik
der Romanik gilt der Hase als Inbegriff der Wollust.

Abtei Arthous:
April bis Okt. tgl. außer
Mo 10.30–13 und 14–
18.30 Uhr, Nov./Dez.
und Feb./März tgl.
außer Mo 14–17 Uhr;
geschlossen an Feier-
tagen und im Jan.

Zum Zeitpunkt der
Drucklegung dieses
Buches waren die
Mosaiken von ihrem
Platz entfernt und zur
Restaurierung in die
Werkstätten der Denk-
malbehörde in Mont-
de-Marsan überführt.
Wann die Restaurie-
rung abgeschlossen
werden wird, stand
noch nicht fest.

Reisen & Genießen

Die Spezialitäten des Baskenlandes
Bayonne ist berühmt für zwei sehr unterschiedliche kulinarische Köstlichkeiten. Die eine davon ist der Jambon de Bayonne, der Schinken. Dieser wird mit Paprikaschoten eingerieben und ein Jahr lang luftgetrocknet. Ein gutes Angebot führt das Geschäft Oteizo am Beginn der Rue d'Espagne direkt hinter der Kathedrale. Die andere Spezialität von Bayonne ist Schokolade. Die Kenntnis der Herstellung gelangte im 17. Jh. durch Juden, die vor der Inquisition aus Spanien geflüchtet waren, hierher. Bayonne ist seither Frankreichs bedeutendste Stadt in der Schokoladenherstellung. Heute wird größtes Raffinement bei der Produktion von Schokoladen und Pralinen aufgewendet. Allerdings sind die Preise mitunter atemverschlagend. Die besten Geschäfte findet man in der Fußgängerzone der Rue du Port-Neuf (Cazenave, Pariès und Daranatz), in der Rue des Carmes (Atelier du Chocolat) und am Beginn der Rue d'Espagne (Puyodebat) hinter der Kathedrale. Das Atelier du Chocolat genießt in Frankreich übrigens einen hervorragenden Ruf. Das Stammhaus in Bayonne unterhält Filialen in 25 weiteren Städten, die meisten davon im Raum Südwestfrankreichs.

Ein fester Bestandteil der baskischen Küche sind die kleinen roten Chilischoten, französisch *piments* genannt. Angebaut werden sie rund um die Ortschaft Espelette nahe Cambo-les-Bains. Die Schoten, die wie Kakao ursprünglich aus Südamerika kommen, werden frisch verarbeitet oder, auf Schnüren aufgefädelt, aufgehängt und getrocknet. So sieht man sie überall in Restaurants, in den Markthallen und Spezialitätenläden. Nicht nur bei salzhaltigen Speisen finden sie Verwendung, sondern auch zum Würzen von bestimmten Schokoladen-

sorten. Man kann sie als Pulver oder als Pürée in Gläsern eingemacht mit auf den Heimweg nehmen und zur Würzung verwenden.

Im Baskenland werden unterschiedliche Käsesorten produziert, in der Hauptsache Schafskäse, aber es gibt auch Sorten, bei denen Schafsmilch mit Kuhmilch kombiniert wird oder Milch vom Schaf mit der von der Ziege. In vielen Orten liest man die Einladung zu einem Besuch der bäuerlichen Produktionsstätten und einer Verkostung. Wir empfehlen hier besonders den Besuch der Käserei in Hélette, die sich »Le Musée Basque du Pastoralisme et du Fromage« nennt – oder Baskisch: Artzaintza eta Gasnaren Euskal Erakustokia; geöffnet Mo bis Fr 8–12 und 14–18 sowie Sa 8–12 Uhr.

Hinsichtlich der Getränke ist anzumerken, dass der Cidre (Apfelwein) ein baskisches Nationalgetränk ist (wie in der Bretagne und in Asturien), zudem besitzt das französische Baskenland ein eigenes Weinanbaugebiet. Es heißt Irouleguy und dehnt sich an den Ausläufern der Pyrenäen in der Provinz Labourd aus. Produziert werden schmackhafte Rot-, Weiß und Roséweine. Neben den kulinarischen Köstlichkeiten gibt es auch andere Erzeugnisse, die für das Baskenland typisch sind und sich als Souvenirs großer Beliebtheit erfreuen. Das baskische Geschirr zeigt ein einfaches geometrisches Muster auf den Tellerrändern. Handtücher, Bettwäsche, Tischtücher und Servietten haben Streifen in den baskischen Nationalfarben Grün, Rot und Weiß.

Ein Sprung über die Grenze nach Spanien

Wen es in St-Jean-de-Luz oder Hendaye zu einem Abstecher ins Spanische Baskenland gelüstet, dem sei vor allem der Besuch von

San Sebastián empfohlen, einem hinreißenden Badeort an einer traumhaften Bucht mit einer Vielzahl verlockender Restaurants. Die wichtigste Sehenswürdigkeit im weiten Umkreis ist das Freilichtmuseum in Hernani, das dem Bildhauer Eduardo Chillida (1924–2002) gewidmet ist. Er gilt als einer der bedeutendsten Bildhauer Spaniens im 20. Jh. und ist vielleicht der wichtigste baskische Künstler aller Zeiten. Den Deutschen ist er bestens bekannt, seit 1999 im Ehrenhof des Bundeskanzleramtes in Berlin die von Chillida geschaffene monumentale Eisenskulptur mit dem Titel »Berlin« steht. Gestiftet haben dieses Werk der Münchener Verleger Rolf Becker und seine Frau Irene. Fast bei jedem Interview mit dem Kanzler bzw. der Kanzerlin im Fernsehen sieht man diese markante Skulptur im Hintergrund.

Hotels und Restaurants
Einen kultivierten Rahmen bietet in Bayonne das Grand Hotel***
21, rue Thiers
F-64100 Bayonne
Tel. 05 59 62 00, Fax 05 59 62 01
www.bw-legrandhotel.com
infos@bw-legrandhotel.com.
Die Preise sind für ein Haus dieser Klasse ausgesprochen moderat.

In Biarritz zahlt man dagegen für gute Hotels astronomische Preise. Hier möchten wir uns mit einer Empfehlung zurückhalten und es dem Geschmack und der finanziellen Lage unserer Leser überlassen, eine Wahl zu treffen. Informationen erhält man im Internet unter:
www.holidaycityeurope.com/biarritzhotels.

Aber einige Restaurants fielen uns in Biarritz und in Anglet auf: das urgemütliche Bistrot des Halles in Biarritz (1, Rue du Centre, Tel. 05 59 24 21 22), gleichfalls in Biarritz das Restaurant Chez Albert am Port des Pêcheurs (Tel. 05 59 24 43 84), wo man vorzügliche Fischgerichte genießt, und in Anglet das Restaurant La Concha (Tel. 05 59 63 49 52), das am Ende der Avenue de l'Adour liegt, sowie das Restaurant La Fleur de Sel (Tel. 05 59 63 88 66) im Wald von Chiberta (neben dem gleichnamigen Golfplatz), wo rund ums ganze Jahr regionale Spezialitäten in sehr gepflegtem Rahmen und zu bezahlbaren Preisen offeriert werden.

Die Hotels in St-Jean-de-Luz liegen fast alle in den Gassen des Ortes, wo man leider viel vom Straßenverkehr mitbekommt – und der ist in der Hochsaison beträchtlich. Das Grand Hotel ist ein Traum, aber es hat natürlich ein hohes Preisniveau.
Einigermaßen erschwinglich und sehr schön an der Strandpromenade gelegen ist das Hotel de la Plage***
33, Rue Garat
F-64500 St-Jean-de-Luz
Tel. 05 59 51 03 44, Fax 05 59 51 03 48
www.hoteldelaplage.com
reservation@hoteldelaplage.com.
Das Haus wurde 2004/05 restauriert und verfügt über komfortable Zimmer, einige mit Meerblick (gegen Aufpreis). Hier sitzt man bei den Mahlzeiten in der verglasten Veranda und genießt neben den Speisen den wunderbaren Blick auf die Bucht.

Wer den Trubel und das hohe Preisniveau an der Küste scheut, sollte sich ins Landesinnere wenden. Bereits nach 15 km verlässt man die touristische Bannmeile und findet sich im unberührten baskischen Hinterland wieder. Hier empfehlen wir das Hotel Auberge Aguerria**
F-64640 Hélette
Tel. 05 59 37 62 90, Fax 05 59 37 66 60.
Es liegt in einem Dorf und ist in baskischem Stil erbaut. Die Zimmer sind schlicht und funktional. Die Küche ist bäuerlich, aber verlässlich und bietet Spezialitäten der ländlichen baskischen Küche.

Pyrenäen

Das Béarn – Der Pyrenäenraum rund um Pau

Geografie und Geschichte

Der Name der Landschaft Béarn geht wie in so vielen Fällen auch hier auf einen Keltenstamm zurück, und zwar auf die **Venarni**. Das Béarn beschreibt auf der Landkarte ein herzförmiges Gebilde mit dem breiten Ende im Tal des Adour, die Spitze zielt nach Süden in die Hochpyrenäen. Die markanteste Erhebung ist hier der Pic du Midi d'Ossau, mit 2884 m Höhe einer der höchsten Berge in den Französischen Pyrenäen.

Die Geschichte der einstigen Vizegrafschaft Béarn ist ein Musterbeispiel für die Migration der kleinen Fürstentümer über die Pyrenäenpässe im Verlauf des Mittelalters. Im 10. Jh. in das Herzogtum Gascogne integriert, orientierte sich das Béarn im 11. Jh. nach Süden und gehörte im 12. Jh. zum Königreich Aragón. Die Ritterschaft des Béarn war maßgeblich an der Befreiung Huescas von den Mauren 1096 beteiligt. Gaston IV. zeichnete sich bei der Eroberung Jerusalems 1099 aus. Denselben Vizegrafen sah man 1118 bei der Eroberung Zaragossas erfolgreich an der Seite des Königs von Arragón streiten.

Die **Schlacht von Muret** 1213 bewirkte erneut eine Umorientierung. Fortan war das Béarn wieder stärker dem Herzogtum Gascogne angeschlossen. 1290 wurde die dynastische Verbindung mit dem Haus Foix hergestellt. In diesem Verbund fiel dem Béarn alsbald die Führungsrolle zu.

Als 1481 die Vizegrafen von Béarn schließlich den Thron Navarras bestiegen, ging das Béarn im **Königreich von Navarra** auf. Navarra seinerseits hatte wiederholt den Besitzer zwischen Frankreich und Spanien gewechselt. Die Vereinigung Aragóns mit Kastilien hatte zur Abtrennung des spanischen Teils von Navarra geführt, der heute französische Teil Navarras bestand noch rund einhundert Jahre als kleines, doch souveränes Königtum fort. Der letzte Monarch Navarras, König Heinrich, war durch seinen Vater, Anton von Bourbon, in direkter Linie mit dem alten französischen Königsgeschlecht der Kapetinger und konkret mit Ludwig IX. dem Heiligen verwandt. Diese Tatsache begründete seinen Anspruch auf den französischen Thron, nachdem 1589 beim Tode Heinrichs III. das Haus Valois erloschen war. So war die einzige ernst zu nehmende Hürde, die zwischen dem König von Navarra und der Krone Frankreichs stand, die Religion. Seine Mutter Jeanne d'Albret hatte den Prinzen im Sinne des Protestantismus erzogen. Doch er konvertierte mit dem viel zitierten Satz auf den Lippen:»Paris ist eine Messe wert«. So konnte der Navarrese dann doch als Heinrich IV. den Thron von Frankreich besteigen, er begründete das Haus der Bourbonen. Navarra und mit ihm die einstige Vizegrafschaft Béarn gehören seither zu Frankreich.

◁ *Rast mit Blick auf den Cirque de Gavarnie und den höchsten Wasserfall Frankreichs*

Salies-de-Béarn und Umgebung

Salies-de-Béarn ☆
Reizvolle Kleinstadt

Wir beginnen unsere Streifzüge durch das Béarn im westlichen Grenzgebiet nahe dem Baskenland. Ausgangspunkt ist das Städtchen Salies-de-Béarn am Saleys gelegen, einem kleinen Seitenarm des Gave d'Oloron (der Begriff Gave kommt übrigens aus dem Baskischen und bedeutet so viel wie Gebirgsbach, Wildgewässer). Salies ist unter den Orten der Region einer der jüngsten, denn er wurde erst im 18. Jh. gegründet. Als Thermalort genoss Salies im 19. und auch im frühen 20. Jh. Beliebtheit. Als Kurort spielt Salies kaum noch eine Rolle, dafür haben Engländer den Reiz des Städtchens und seines nahen Umfeldes entdeckt: Drei Maklergeschäfte säumen den Marktplatz, alle drei gehören Engländern. Salies besitzt keine hervorhebenswerten Denkmäler, aber ein Spaziergang durch diesen bezaubernden Ort ist in jedem Fall ein Gewinn.

Von Salies führt ein Abstecher nach Süden in das nahe Sauveterre-de-Béarn. Hier sollte man sich ans Ufer des **Gave d'Oloron** begeben. Von dort genießt man einen der reizvollsten Ausblicke im südwestlichen Frankreich: Im Vordergrund steht als einziger Rest einer mittelalterlichen Brücke ein Bogen mit einem seitlich darüber aufgehenden Wehrturm. Dahinter erhebt sich auf der Anhöhe rechts eine romanische Kirche und links daneben als Überbleibsel einer Burg ein Donjon. Vom Flussufer zieht es den Besucher hinauf in den Ort und zur **Kirche St-André**. Sie besitzt ein kleines Tympanon mit der Darstellung einer Majestas Domini (im 19. Jh. weitgehend erneuert). Der dreischiffige Innenraum erfuhr in der Gotik Veränderungen, das schwer beschädigte Gebäude wurde im 19. Jh. grundlegend saniert.

Vor der Verschmelzung des Béarn mit dem französischen Navarra besaß **Orthez**, das 10 km östlich am Gave de Pau liegt, den Rang der Residenz der Vizegrafen. Aus dieser Zeit ist der Pont Vieux aus dem 13. Jh. erhalten. Er erscheint wie ein kleiner Bruder des Pont Valentré in Cahors. Es handelt sich wie dort um eine Wehrbrücke, nur ist hier die Zahl der Türme auf einen einzigen reduziert, dieser ragt über dem Mittelpfeiler der Brücke auf. Den schönsten Blick auf dieses Denkmal, über das heute natürlich nur noch Fußgängerverkehr stattfindet, hat man von der etwa 200 m östlich davon den Gave überspannenden Autobrücke.

Pau – Residenz der Könige von Navarra

Pau ☆
Besonders sehenswert:
das Schloss

Pau muss schon früh eine Festung gewesen sein, denn der Name kommt aus dem Okzitanischen und bedeutet Palisade. Doch es dauerte lange, bevor Pau Residenz der Herrscher von Navarra wurde. Diesen Rang nahm anfangs Morlaàs ein, heute ein östlicher Vorort von Pau. Im Hochmittelalter trat Lescar, 7 km westlich von Pau, an die Stelle von Morlaàs, und erst Mitte des 15. Jh. erfuhr Pau seine Rangerhebung zur Hauptstadt des Béarn beziehungsweise des französischen Teils von Navarra. Heute ist Pau Präfektur des Départements

Pyrénées Atlantiques und mit rund 80 000 Einwohnern zweitgrößte Stadt der Region Aquitaine nach Bordeaux. Im aktuellen Wirtschaftsleben Frankreichs spielt es eine bedeutende Rolle. Hier hatte die Mineralölgesellschaft Elf Aquitaine ihre Firmenzentrale. Im Jahr 2000 fusionierten die Rivalen Fina und Elf Aquitaine mit Total zum nunmehr viertgrößten Mineralölkonzern der Welt. Ein wichtiger Zweig der Firmenverwaltung hat weiterhin seinen Sitz in Pau. Es ist deshalb aktuell eine rasant expandierende Stadt, an deren Rändern Neubauten wie Pilze aus dem Boden schießen. Das historische Erbe dagegen ist außerordentlich bescheiden und reduziert sich auf das Schloss, in dem der berühmte Henri IV. zeitweilig seine Kindheit und Jugend verbrachte – Heinrich Mann erzählt davon sehr anschaulich in seinem Roman »Die Jugend des Königs Henri IV.«. Wir wollen darüber nicht vergessen, dass Pau auch die Wiege eines zweiten bekannten Königs ist. Hier wurde am 26. Januar 1763 **Jean Baptiste Jules von Bernadotte** geboren, der in der Zeit der Revolutionskriege in der Armee Karriere machte und zum General aufstieg. 1806 erhob Napoleon seinen treuen Parteigänger Bernadotte zum Fürsten von Pontecorvo. Später entzweiten sich die beiden. Bernadotte wurde 1810 in Schweden zum Kronprinzen gewählt, nach dem Tod König Karls XIII. trat er dessen Nachfolge an und regierte bis zu seinem Tode 1844 Schweden und Norwegen unter dem Namen Karl XIV. Johann. Er ist der Urahn der heute noch in Schweden regierenden Königsfamilie.

Das Schloss

Die Ursprünge der einstigen Burg im Herzen der Stadt reichen in das 14. Jh. zurück. Erste Baumaßnahmen gehen auf Gaston Phoebus zurück, der das Haus Foix mit Béarn/Navarra verbunden hatte. Die heutige Erscheinung des hoch über dem Gave de Pau aufragenden Schlosses hat jedoch erst die Renaissance geprägt. Von der mittelalterlichen Substanz ist nur noch der mächtige **Donjon** erhalten, der rechts etwas abgesetzt von den Renaissance-Trakten steht. Die Baumaßnahmen des 16. Jh. hatten Heinrich von Navarra und seine Frau Margarete von Angoulême (Schwester König Franz' I.), die Großeltern König Heinrichs IV. von Frankreich, initiiert. Mit dem Blick vom Südufer des Gave auf das stattliche Schloss glaubt sich der Betrachter für einen Moment an die Loire versetzt. Gelangt man hinauf zum Schloss, so erkennt man, dass sich der langgestreckte Ehrenhof nach Westen hin dem Besucher öffnet. Eine zierliche Galerie mit drei Arkaden bildet den Durchgang.

Unter dem mittleren Bogen steht eine **Statue Heinrichs IV.** Sie zeigt den Souverän lächelnd und in lockerer Haltung und damit authentisch als jenen humorvollen Herrscher, als der er bis auf den heutigen Tag bei den Franzosen ungebrochene Popularität genießt.

Das Schloss wurde in der Revolution geplündert und brannte vollständig aus. Im 19. Jh. wurde das Innere wiederhergestellt und zum Teil neu möbliert; doch nichts erinnert mehr an die ursprüngliche Si-

Schloss:
tgl. 9.30–11 und
14–17.15 Uhr.
Am Fuße des Hügels,
auf dem sich das
Schloss erhebt, gibt
es einen Parkplatz.
Von hier kann man ko-
stenlos einen Aufzug
benutzen, mit
dem man in den Park
direkt unterhalb des
Schlosses gelangt.

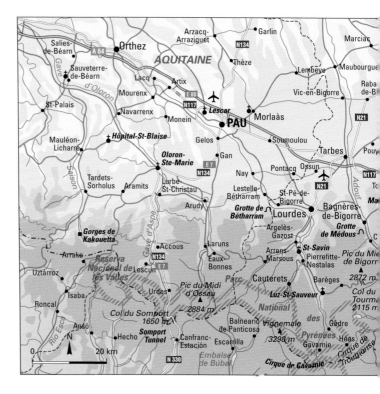

tuation. Wir stellen das hier ungeschminkt fest, denn unseres Erachtens kann man auf eine Innenbesichtigung dieses Schlosses ohne Weiteres verzichten.

Rundgang durch Pau

Wendet man sich vom Schloss Richtung Osten, erreicht man nach wenigen Schritten den berühmten **Boulevard des Pyrenées**, eine Grünanlage, von der sich bei klarer Sicht ein überwältigender Ausblick auf die Pyrenäen auftut – so jedenfalls steht es in den Werbeprospekten der Stadt und in allen Reiseführern; in der Regel ist der Blick auf die Berge jedoch von Dunst verhüllt, und nur selten ist Besuchern von Pau dieser Ausblick vergönnt. Pau ist weithin bekannt für sein mildes Mikroklima. Selbst in strengen Wintern bewegt sich hier das Thermometer nur selten gegen Null. Die Stadt wurde deshalb schon Mitte des 19. Jh. ein magischer Anziehungspunkt für wärmehungrige, wohlhabende Engländer, die sich hier standesgemäße Zweitresidenzen errichten ließen. Man nennt das Ensemble hochherrschaftlicher Villen, deren Reigen am Boulevard des Pyrenées beginnt und sich von hier weit nach Osten hinzieht, die Ville Anglaise.

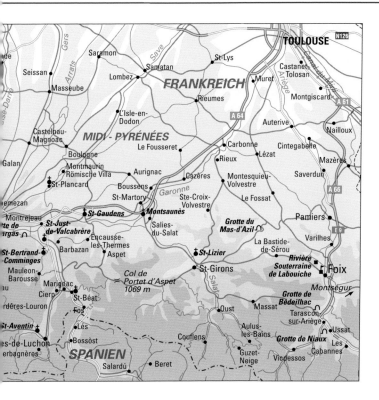

Lescar

Lescar, Vorgängerin von Pau im Rang als Residenz der Vizegrafen von Béarn, liegt 7 km westlich von Pau nahe der Autobahn. In Lescar ist das Christentum bereits im 3. Jh. bezeugt und schon unter den Westgoten bestand an dieser Stelle ein Bistum. Hier wurde über älteren Vorgängern im 12. Jh. ein stattlicher Neubau aufgezogen, dessen ältester Teil die Ostpartie mit einer Dreiapsidenanlage und dem Querhaus ist, entstanden unter Bischof Guido zwischen 1120 und 1140. Die Mauern des Langhauses wuchsen in der zweiten Hälfte des 12. Jh. empor. Die äußerlich unscheinbare Kirche, die in den Religionskriegen ihr Hauptportal verlor und auch in der Revolution schweren Schaden hinnehmen musste (Restaurierung in den 1880er-Jahren), erweist sich im Innern als höchst origineller Beitrag der Romanik zum Thema des südfranzösischen Einheitsraumes. Der Grundriss vermittelt das konventionelle Bild einer dreischiffigen Anlage. Aber der Aufriss zeigt, dass hier ein Zwitter geboren wurde, nicht Halle, nicht Basilika. Die Tonne des Mittelschiffs ist weit heruntergezogen (Gewölbehöhe lediglich 15 m) und wird von Transversaltonnen über den Seitenschiffjochen gestützt, ein System, das, ursprünglich im burgundischen Tour-

Lescar ☆
Besonders sehenswert:
Mosaiken in der romanischen Kathedrale

nus als Mittelschiffwölbung kreiert, gelegentlich von den Zisterziensern in den Seitenschiffen ihrer Abteikirchen angewandt wurde, so auch im nicht weit entfernten Escaladieu (siehe folgendes Kapitel, S. 330). Würde man die Durchgänge zwischen den Seitenschiffeinheiten vermauern, so ergäbe das Resultat einen Saal mit eingezogenen Wandpfeilern, wie es als Bautypus in der südfranzösischen Gotik gängig wurde. Die Kathedrale von Lescar hat die Kathedralen des 13. und 14. Jh. im Pyrenäenraum entscheidend mitvorbereitet. Der Raum besitzt einige hervorragende Kapitelle aus dem Toulousaner Umkreis.

Berühmt ist die Kathedrale von Lescar jedoch in erster Linie für ihre **Mosaiken**, die sich im Chor befinden. Von einem ursprünglich umfangreicheren Zyklus blieben nur zwei Streifen von 5 m Länge und 1,50 m Breite erhalten. Sie zeigen profane Szenen. Im linken Streifen sieht man eine Sauhatz. Ein Jäger legt seine Lanze auf ein Wildschwein an, in dessen Nacken sich ein Jagdhund verbissen hat. Daneben schlagen zwei Löwen eine Ziege, darüber schweben Vögel. Noch origineller ist der andere Streifen, wo man einen Esel sieht, der einen an seinen Schwanz gebundenen Wolf hinter sich herzieht. Dieser kauzigen Prozession marschiert ein schwungvoll ausschreitender Jäger voran, einen Olifant über die Schulter geworfen, der mit Pfeil und Bogen auf ein (nicht mehr erhaltenes) Beutetier zielt. Dieser Jäger besitzt eine hölzerne Beinprothese, wie sie im 12. Jh. nur die Medizinkunst der Araber kannte. Vergleichsbeispiele zeigt ein Kapitell der

Ein Fußbodenmosaik im Chor der romanischen Kathedrale zeigt einen fußamputierten Jäger.

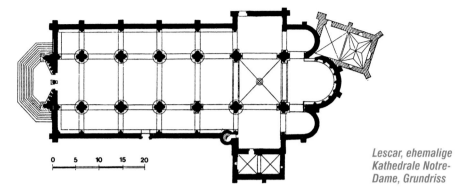

0   5   10   15   20

Lescar, ehemalige Kathedrale Notre-Dame, Grundriss

Kirche in St-Aventin sowie eine Skulptur am Portal der romanischen Kirche in Maubourguet. Die Profanität dieser Mosaiken hat dazu geführt, dass man sie früher für gallorömische Arbeiten hielt. Allein, die Inschrift nahe dem fußamputierten Jäger schließt jeden Zweifel aus, dass es sich um ein Werk des 12. Jh. handelt: DOMINUS GUIDO EPISCOPUS LASCURRENSIS HOC FIERI FECIT PAVIMENTUM (Bischof Guido von Lescar hat dieses Mosaik machen lassen). Nach dem Mosaik im Chor der Klosterkirche von Ganagobie (Haute Provence) mit seinen etwa 70 m² ist jenes von Lescar das zweitgrößte der französischen Romanik und eines der qualitätvollsten in Europa aus der ersten Hälfte des 12. Jh.

Morlaàs

Lescar genau entgegengesetzt liegt 5 km östlich von Pau die kleine Ortschaft Morlaàs, die wiederum Vorgängerin von Lescar in der Rolle der gräflichen Residenz des Béarn war. Der Vollständigkeit halber erwähnen wir den Ort und seine romanische Kirche, die einstmals eines der schönsten Portale der Romanik im Pyrenäenraum besaß. Dieses hatte bis ins 19. Jh. allerdings so weitgehende Schäden erlitten, dass man nur die Wahl hatte, es vollkommen verrotten zu lassen, oder ihm eine neue Gestalt zu geben. Man entschied sich für Letzteres; so entstand ein **neoromanisches Portal**, welches derart geschickt den Stil des 12. Jh. nachahmt, dass ein Laie das Ganze ohne zu zögern für eine Arbeit des Mittelalters halten könnte.

Oloron

Wenige Kilometer südlich von Pau ziehen zwei Ortschaften mit (nun wieder authentischen!) romanischen Kirchen das Interesse auf sich: Oloron und das kleine Hôpital-St-Blaise. Oloron liegt am Zusammenfluss der Wildbäche Gave d'Aspe und Gave d'Ossau, die sich hier zum Gave d'Oloron vereinigen. Der Ort ist aus zwei benachbarten Siedlungen hervorgegangen, deshalb liest man auch heute noch den

Oloron ☆
Besonders sehenswert: romanisches Portal von Ste-Marie

Doppelnamen Oloron-Ste-Marie. Im Frühmittelalter befanden sich hier entsprechend zwei Bischofssitze. Daran erinnert die Präsenz zweier Denkmäler der Romanik. Östlich des Gave steigen die Häuser zur **Kirche Ste-Croix** bergan. Sie wurde im späten 11. Jh. als dreischiffige Halle errichtet. Ihre Vierung überwölbt eine Trompenkuppel, deren Schale Bandrippen aufgeblendet sind, die ein kunstvolles Muster sich kreuzender Linien beschreibe. Der Ursprung für diese Wölbeform liegt in der islamischen Baukunst Südspaniens. Die ältesten Beispiele besitzt die Mezquita in Córdoba (10. Jh.).

Kirche Ste-Marie

Im gegenüber gelegenen Stadtteil Ste-Marie liegt die gleichnamige etwas jüngere Kirche (12. Jh.). Ihre bauliche Gestalt ist infolge späterer Veränderungen weniger interessant; hier richtet der Besucher sein Augenmerk auf das **Portal**. Es ist das figurenreichste und zugleich in seinem künstlerischen Niveau bedeutendste Portal der Romanik in den französischen Pyrenäen.

Das **Tympanon** ist – eine lokale Besonderheit – dreigeteilt und besitzt innerhalb seiner großen Bildfläche zwei kleinere Tympana, die die Türen links und rechts des Trumeaus (Mittelpfeilers) überfangen. Diese Tympana mit den Darstellungen von Personifikationen der bedrängten (rechts) und der triumphierenden (links) Kirche sind Neuschöpfungen des 19. Jh. Das große Zwickelfeld zwischen den beiden kleinen Tympana füllt eine auf mehrere Marmorplatten verteilte Darstellung der Kreuzabnahme Jesu. Wenn man bedenkt, dass die Passion die Romanik nur am Rande interessierte, da diese Epoche in Christus ausschließlich den Souverän, den Triumphator über Leid und Tod sah, überrascht es ungemein, diese Sequenz in einem Tympanon zu sehen. Die Herleitung ist indes denkbar einfach. Das Spanien der Reconquista-Zeit, dessen Geschichte mit Blut geschrieben wurde, dem also Leiden und Tod eine alltägliche Gegenwart war, hat diesen Bildtypus hervorgebracht. Darstellungen der Kreuzabnahme kennen wir aus Kreuzgängen (Huesca, Santo Domingo de Silos), in Tympana (León, Puerta del Perdón an San Isidoro) und auch in der Gestalt monumentaler, aus Holz geschnitzter Gruppenbilder (San Juan de las Abadessas in Katalonien). Von Spanien ist das Motiv über die Pyrenäen gewandert und hat von hier über die Provence Eingang in die italienische Spätromanik gefunden (Relief des Benedetto Antelami im Dom von Parma). Den nördlichsten Ableger sieht man im Beispiel der so genannten Externsteine im Teutoburger Wald.

Das Tympanon überfangen zwei **Archivolten**. Die darin befindlichen Skulpturen gehören zu den schönsten, zugleich zu den lebendigsten Leistungen der französischen Romanik. In der äußeren Archivolte sind die Greise der Apokalypse dargestellt – wie in Moissac als Gekrönte, mit einem Saiteninstrument und einem Trinkgefäß in Händen. In der inneren Archivolte erkennt man überraschend weltliche Szenen wie Weinkelter oder Schweineschlachten. Spontan denkt man an Darstellungen der Monatsarbeiten, die ja zum festen Repertoire der Romanik gehören. Aber der Blick auf die Gestalten rechts vom Mittelpunkt der Archivolte klärt darüber auf, dass hier offenbar eine andere inhaltliche Bestimmung gemeint ist. Dort ist nämlich eine ganze Geschichte erzählt. Man sieht einen Fischer, der einen mächtigen Lachs gefangen hat, den er über der Schulter zum Markt trägt. Dort wird der Lachs verkauft, danach bereitet der Koch den Fisch für die Tafel zu. Zuletzt folgt der Festschmaus. Die Monatsarbeiten können also nicht gemeint sein, andererseits ist es undenkbar, dass hier zusammenhanglos Alltagsszenen zusammengetragen wurden. Es gibt seit alters im Béarn ein Volksfest, die »Fête du pèle-porc«. In diesen Darstellungen könnten Szenen der Vorbereitung zu diesem Fest gemeint sein.

Vom Portal lösen sich vollplastisch zwei **Figurengruppen**, links ein menschenverschlingendes Monster, rechts ein Reiter, dessen Pferd einen am Boden liegenden Mann niedertrampelt. Der Sinn des Monsters als Inbegriff des den Menschen bedrohenden Bösen ist klar. Die Bedeutung des Reiters ist hingegen vielschichtiger. In der Romanik

Portal der romanischen Kirche Ste-Marie in Oloron

Vierungskuppel der romanischen Kirche in Hôpital-St-Blaise

des Poitou ist der Typus des Reiters verbreitet. Dort handelt es sich in der Regel um das Bild Kaiser Konstantins. Das wird auch hier der Fall sein. Vermutlich ist aber zugleich auch Gaston IV. von Béarn gemeint, der sich im Kampf gegen die Mauren hervorgetan hatte. Auf diese bezieht sich auch das Atlantenpaar am Sockel des Trumeaus. Die beiden Männer, auf deren Schultern die ganze Schwere des Portals ruht, und die unter der Last erkennbar in die Knie gehen, sind in Physiognomie und Kleidung (ein Turban als Kopfbedeckung) unschwer als Muslime zu identifizieren, Gefangene zumal, das macht die Kette um ihre Hüften deutlich, mit der sie aneinandergefesselt sind.

Selten erlebt man ein Portal mit einer derart heterogenen Vielfalt der Stile und Unterschiedlichkeit der verwendeten Werkstoffe. Der Künstler, der die Kreuzabnahme im Tympanon gemeißelt hat, hat seine Reliefs in einen grauen Pyrenäenmarmor geschnitten. Dieses Relief ist extrem flach. Das hängt mit der Toulousaner Schule zusammen und vertritt eine heimische, sagen wir ruhig: pyrenäische, Tradition, die man desgleichen im Roussillon antrifft. Ganz anders dagegen die Archivolten! Ihre Figuren sind aus gelbtonigem Kalkstein gearbeitet und besitzen ein hohes Maß an Verräumlichung. Die Spezialisten in Sachen Archivoltenskulptur waren im Frankreich des 12. Jh. die Künstler des Poitou. Hier ist ein Wanderkünstler aus Westfrankreich neben einem Meister aus der Region tätig gewesen.

Oloron war beziehungsweise ist die letzte größere Station der Jakobspilger an der **Via Tolosana** in Frankreich. Von hier geht es hinauf zum Pass von Somport und nach Aragón.

Hôpital-St-Blaise

Beim Betreten der Kirche in Hôpital-St-Blaise wird durch eine Lichtschranke eine Automatik ausgelöst. Über Band erfolgt eine Beschreibung der Kirche und ihrer Geschichte, allerdings nur auf Französisch. Aber von der wechselnden Ausleuchtung der Kirche und insbesondere der Kuppel werden alle, besonders Fotografen, entzückt sein.

Einige Pilger aber setzten den Weg von Oloron zunächst noch weiter nach Westen fort, um sich bei Ostabat Pilgern der drei anderen Wege anzuschließen. Auf dieser Route gelangte man in einem Tagesmarsch von Oloron zum etwa 20 km entfernten **Hôpital-St-Blaise**. Der Name hält bis heute die Erinnerung daran wach, dass sich hier im Mittelalter ein Pilgerhospiz befunden hat. Von diesem ist einzig die kleine romanische Kirche erhalten geblieben, ein architektonisches Juwel! Sie besitzt einen zentralen Grundriss von annähernd gleich langen Armen, da das Langhaus extrem kurz gehalten ist. Das Vierungsquadrat überfängt eine Kuppel, die jener von Ste-Croix in Oloron eng verwandt ist. Man sieht ein beinahe identisches Muster sich kreuzender Bandrippen. Einer der Bauten, über den diese Kuppelgestalt von der maurischen Baukunst an die Romanik Europas vermittelt worden ist, kennen wir in Gestalt des Oktogons S. Sepolcro in Torres del Rio im spanischen Navarra.

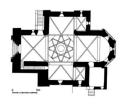

Hôpital-St-Blaise, Grundriss der romanischen Kirche

Reisen & Genießen

Sauce Béarnaise

Der Name der Landschaft Béarn ist vielleicht nicht jedem geläufig – aber die Sauce Béarnaise, die nach dieser Ecke Frankreichs benannt ist, kennt man weithin. Allerdings hat sie nur indirekt mit dem Béarn zu tun. In den 1830er-Jahren kreierte der Koch Collinet in einem Restaurant in St-Germain-en-Laye bei Paris diese Köstlichkeit. Er stammte aus dem Béarn und taufte seine Kreation nach seiner Heimat. Die Sauce Béarnaise ist der Sauce Hollandaise verwandt. In einem Wasserbad werden Eigelb und Butter miteinander vermengt, hier hinein wird ein Gemisch aus Essig und Wein geschlagen, das man zuvor separat – mit Schalotten und Estragon gewürzt – in einem Topf auf die Hälfte reduziert hat.

Noch einmal das Thema Schokolade

Die weltbekannte Schweizer Schokoladenfirma Lindt betreibt an vereinzelten Orten auch in anderen Ländern Europas Produktionsstätten. Die Außenstelle in Frankreich besteht in Oloron. Hier wird unter anderem eine Pralinenart mit dem Namen »Les Pyrénéens« hergestellt, die sich allergrößter Beliebtheit erfreut und zu Geburtstagen und zu Weihnachten häufig als Geschenk offeriert wird. Man kann die Schachteln in jedem größeren Supermarkt erstehen. In Oloron selbst besteht die Möglichkeit, die Produktionsstätte zu besuchen. Sie befindet sich in der Avenue Lattre-de-Tassigny, Tel. 05 59 88 88 88. Man darf aus Gründen der Sicherheit und Hygiene zwar die Herstellungshalle selbst nicht betreten, aber Lindt hat eine Dokumentation bereitgestellt, die Auskunft über die Entstehung der Schokolade gibt. Natürlich ist ein Verkaufsraum angeschlossen.

Die Weine der Region

Das Béarn besitzt zwei getrennte Appellationen, die eine trägt den Namen einer Stadt, die andere den der Landschaft. Der Reihe nach! Wer von Pau nach Süden fährt, um Oloron zu besuchen, kommt jenseits des Gave de Pau durch das Städtchen Jurançon. Das ist zugleich der Name eines Anbaugebietes für Weißwein. Es gibt den milden Süßwein, der in Frankreich nicht nur zu Foie gras und Blauschimmelkäse genossen wird, sondern zugleich als Messwein bei der Eucharistie liturgischen Zwecken dient, und den herben, den Jurançon Sec, eine Köstlichkeit zu jeder Art von Fisch und Meeresgetier. Nur wenige Weinbauern beziehungsweise -güter arbeiten auf eigene Rechnung, die meisten Produzenten liefern ihre Erträge bei der Kooperative ab, die die Weiterverarbeitung und die Flaschenabfüllung besorgt. Diese befindet sich nicht in Jurançon selbst, sondern in der 5 km weiter südlich gelegenen Ortschaft Gan. Der Wein genießt größte Beliebtheit bei den Einheimischen, denn 50 % der Produktion wird vor Ort direkt bei der Kooperative verkauft. Weitere 30 % werden über Geschäfte in der Region verkauft, etwa 15 % landen auf den Weinkarten der regionalen Restaurants. Bleiben verschwindende 5 %, die in den Export gelangen – wir erwähnen das, weil es sich so erklärt, dass der Jurançon in Deutschland nahezu unbekannt ist.

Ein Besuch bei der Kooperative – der korrekte Name ist »Cave des Producteurs« – lohnt auch in kunstgeschichtlicher Hinsicht. Wenn man Zeit zu einer Führung durch die Kellereien mitbringt, erlebt man ein großflächiges römisches Mosaik, das hier bei Ausschachtungsarbeiten gefunden und vorbildlich restauriert wurde.

Neben dem Jurançon gibt es auch einen Wein, der die Herkunftsbezeichnung Béarn trägt. Diesen gibt es als Roten und als Rosé – verlässliche, ordentliche Tropfen, die man gern zu einer Alltagsmahlzeit trinkt, aber nichts Herausragendes.

Hotels und Restaurants

Pau ist ein untouristisches Pflaster, nur wenige Reisende machen hier Station. Die werden aber über das Preisniveau in der Stadt nicht schlecht staunen. Man hat sich eben auf die Geschäftsreisenden in Sachen »Total« eingerichtet, und das gehobene Management logiert nicht gern im Zwei-Sterne-Bereich. Wer Pau in vollen Zügen genießen will und dabei nicht auf die Kosten schaut, dem empfehlen wir das Luxushotel der

Villa Navarre****
59, Avenue Trespoey
F-64000 Pau
Tel. 05 59 14 65 65, Fax 05 59 14 65 64
www.mercure.com
e-mail: H5677@accor.com.
Wie die Internetadresse zu erkennen gibt, handelt es sich um ein Haus, das heute zur Mercure-Gruppe gehört, aber es hat seine Individualität und vor allem sein Flair alter englischer Prägung bewahrt.

Märchenhafte kulinarische Genüsse offeriert das Restaurant Chez Ruffet
3, Avenue Ch. Touzet
F-64110 Jurançon
Tel. 05 59 06 25 13, Fax 05 59 06 52 18
chez.ruffet@wanadoo.fr.
Es ist in einem Gutshof aus dem 18. Jh. untergebracht, der in dem Weinort Jurançon vor den Toren von Pau liegt. Tisch unbedingt vorreservieren!

Wenn man in die Umgebung ausweicht, findet man zum Teil bezaubernde Unterkünfte zu sehr vernünftigen Preisen. Unsere beiden Empfehlungen lauten:
Hotel-Restaurant La Terrasse**
1, Rue Maubec
F-64320 Lescar
Tel. 05 59 81 02 34, Fax 05 59 81 08 77.
Das sympathische Haus liegt am Fuße des Hügels, auf dem die romanische Kathedrale steht.

Ein ganz besonderer Tipp ist die
Hostellerie de l'Horizon**
Chemin Mesplet
F-64290 Gan
Tel. 05 59 21 58 93, Fax 05 59 21 71 80.
Eine Unterkunft für Romantiker. Die Villa aus der Zeit um 1900 liegt in einem schönen Garten mit Blick auf die Pyrenäen (Zufahrt auf der Straße, die bei der Cave des Producteurs in Gan abbiegt und in westlicher Richtung hügelan führt).

Die Hochpyrenäen – Bigorre, Comminges und Ariège

Die Landschaft

Wir wenden uns nun den Zentralen Hochpyrenäen zu, die sich entsprechend den von Norden nach Süden tief in das Gebirge eingeschnittenen Tälern in mehrere kleinere Bereiche gliedern. An das Béarn grenzt östlich die Landschaft Bigorre mit den höchsten Erhebungen der französischen Pyrenäen. Anders als am Atlantik und am Mittelmeer, wo die Berge seicht zu den Meeren auslaufen und eine Überquerung der Höhenzüge dem Menschen zu keiner Zeit Probleme bereitete, bilden die Pyrenäen hier tatsächlich eine nahezu unüberwindbare Barriere zwischen Frankreich und Spanien. Charakteristisch für die Bergwelt des Birgorre sind die *cirques*, Bergkessel, die ein gewaltiges Halbrund mit nahezu senkrecht aufsteigenden Felswänden beschreiben – der berühmteste ist der **Cirque de Gavarnie**.

Die Bergwelt des Comminges ist etwas weniger spektakulär, dafür hat es die bedeutenderen Denkmäler aufzuweisen. Das Comminges ist das Ursprungsgebiet der Garonne. Sie entspringt auf spanischer Seite im Val d'Aran, ihr Oberlauf durchzieht das Comminges. Nachdem sie die Pyrenäen verlassen hat, beschreibt die Garonne einen weit ausgreifenden Bogen, der zunächst in östlicher Richtung nach Toulouse und von dort nach Nordwesten nach Bordeaux führt. Mit 650 km Länge ist die Garonne der größte Strom im südwestlichen Frankreich.

Geschichte des Bigorre

Der Name des Bigorre geht auf die keltischen Bigerrones zurück. Erst im 11. Jh. tritt das Bigorre, damals eine kleine Grafschaft, ins Licht der überlieferten Geschichte. Die Herzöge der Gascogne, die Grafen von Armagnac und der König von Aragón befehdeten sich ständig in ihrem Anspruch auf das Bigorre. Geradezu absurd war die Lage 1251 nach dem Tod der Gräfin Petronilla. Sie hatte nämlich fünf Heiratsverträge abgeschlossen und außerdem ein Testament hinterlassen, das in sich völlig widersprüchlich war, weil sie unterschiedliche Erben eingesetzt hatte. Dies zog einen der langwierigsten Erbschaftsprozesse der französischen Rechtsgeschichte nach sich. Anfang des 14. Jh. durchschlug König Philipp IV. der Schöne diesen gordischen Knoten und unterstellte per Dekret das Bigorre der französischen Krone. Dieser Zustand hielt bis 1369, dann ging das Gezerre erneut los, nun stritten die Häuser Foix und Armagnac um das Bigorre. Erst 1503 fällte das Parlament (die damalige Bezeichnung für den obersten königlichen Gerichtshof) ein endgültiges Urteil und sprach die Grafschaft Bigorre dem Haus Foix-Navarra zu. Auf diesem Wege kam das Bigorre zusammen mit Navarra 1589 automatisch an Frankreich.

Städte und Sehenswürdigkeiten im Bigorre

Grotte de Bétharram:
25. März bis Okt. tgl.
9–12 und 13.30–17.30
sowie Anfang Jan. bis
24. März 14.30–16
Uhr; geschlossen
Nov./Dez.
Wir mussten die Erfah-
rung machen, dass
Öffnungszeiten außer-
halb der Saison zum
Teil willkürlich und
kurzfristig geändert
werden. Man informie-
re sich über die aktu-
elle Situation unter
Tel. 05 62 41 80 04,
denn auch die im In-
ternet angegebenen
Zeiten sind nicht
immer stichhaltig.
www.betharram.com

Von Pau bilden die Autobahn A 64 und die Nationalstraße N117 schnelle Verbindungen nach Tarbes. Einst Residenz der Grafen von Bigorre und heute Präfektur des Départements Hautes Pyrenées mit etwa 50 000 Einwohnern ist die Stadt merkwürdig gesichtslos und bietet dem Auge des Besuchers kaum Interessantes. Die Erklärung gibt die oben beschriebene Geschichte: Dem Bigorre war es nie vergönnt, ein eigenes Profil zu entwickeln. Aber in der Militärgeschichte Frankreichs spielt Tarbes als traditionsreiche Garnisonsstadt bis auf den heutigen Tag eine gewichtige Rolle. Aus Tarbes sind bedeutende Generäle, so zum Beispiel der berühmte Foch, hervorgegangen.

Wer von Pau in östlicher Richtung aufbricht, um die interessantesten Sehenswürdigkeiten des Bigorre kennenzulernen, folgt deshalb eher der D 938/937 im Tal des Gave de Pau aufwärts. Auf der Grenze zwischen Béarn und Bigorre (heute ist dies die Grenze zwischen den Départements Pyrenées Atlantiques und Hautes Pyrenées) befindet sich nahe der Ortschaft St-Pé-de-Bigorre die **Grotte de Bétharram**, eine der aufregendsten Naturseswürdigkeiten in den Pyrenäen. Das verzweigte Höhlensystem wurde 1810 entdeckt. Die anschließende Erforschung zog sich über viele Jahrzehnte hin. Seit die Mitte des 19. Jh. beteiligten sich einige der in Pau residierenden englischen Aristokraten finanziell an der Erkundung. 1903 war es schließlich so weit, die Höhle wurde der Öffentlichkeit zugänglich gemacht. Besucher erleben eine atemberaubende Vielfalt an Stalaktiten und Stalagmiten sowie allen anderen Formen des Höhlensinters. Die Besichtigung erfolgt nicht nur zu Fuß, sondern zum Teil mit einer elektrisch betriebenen kleinen Eisenbahn, und auch eine Fahrt mit dem Boot auf unterirdischen Gewässern ist Teil des abwechslungsreichen Programms.

Von St-Pé-de-Bigorre gelangt man auf der D 937 – immer noch im Tal des Gave de Pau – nach **Lourdes**. Einstmals ein unbedeutendes Hirtendorf, erlebte Lourdes bald nach der Mitte des 19. Jh. den kometenhaften Aufstieg zu einem der meistbesuchten Wallfahrtsorte der katholischen Christenheit in Europa. In Lourdes lebte das Bauernmädchen Bernadette Soubirou (1844–1879; 1925 wurde Bernadette Soubirou selig- und 1933 heiliggesprochen), die hier erstmals 1859 und danach noch mehrfach Erscheinungen der Muttergottes hatte. Im selben Jahr soll am Ort der Visionen, in der Grotte de Massabielle, eine Quelle entsprungen sein, der man unverzüglich heilende Kräfte nachsagte. Seither pilgern alljährlich ungezählte Kranke in der Hoffnung auf Linderung ihrer Gebrechen nach Lourdes. Im Jubiläumsjahr 1959 wurde die neue Wallfahrtskirche mit Platz für rund 20 000 Menschen eingeweiht; damals strömten 5 Millionen Pilger aus aller Welt nach Lourdes. Lourdes steht heute in Frankreich, gerechnet nach der Anzahl der Hotels, hinter Paris an zweiter Stelle.

Von Lourdes aus dringt die D 921 im Tal des Gave de Gavarnie tief in die Bergwelt der Pyrenäen vor. Auf diesem Weg Richtung Süden laden zwei Denkmäler der Romanik zu einem Besuch ein. Zwischen den beiden Ortschaften Argelès-Gazost und Soulom steht in dem Dorf **St-Savin** die Kirche Nôtre-Dame-de-l'Assomption. Das einstmals dazugehörige Kloster ist aus einer frühmittelalterlichen Eremitage hervorgangen. Hier, abseits der Pilgerwege, waren die Mönche ganz unter sich, das geben der Grundriss und die bauliche Disposition unmissverständlich zu erkennen. Der Raum für die Laien, das Langhaus, ist einschiffig, schmal, und sehr kurz gehalten. Dagegen ist die Ostpartie mit breit ausladendem Querschiff und der stark betonten Dreiapsidenanlage erkennbar auf eine größere Gruppe von Mönchen abgestimmt.

Weitere 10 km im Tal aufwärts gelangt man nach **Luz-St-Sauveur** mit einer der originellsten Wehrkirchen des französischen Mittelalters. Das Bautenensemble ist zu zwei unterschiedlichen Epochen entstanden, die kleine Kirche St-Sauveur ist ein Saalbau der Romanik (12. Jh.) mit Annexen späterer Zeiten, die zinnenbewehrte Ummauerung dagegen wurde erst im 14. Jh. errichtet und diente der Bevölkerung als Zuflucht vor den »Grandes Compagnies«. So nennt man die Söldnertruppen, die in den Friedensphasen des Hundertjährigen Krieges – nun vorübergehend beschäftigungslos – raubend und plündernd jene Landschaften im Süden Frankreichs verunsicherten, die durch die Kriegsereignisse noch nicht verwüstet waren und deshalb reichlich Beute boten.

Weiter geht es auf der D 921 durch die Gorges de St-Sauveur. Nach 20 km gabelt sich in dem Dorf Gèdre die Straße. Die D 921 führt von hier zu dem berühmten **Cirque de Gavarnie**, die schmale D 922 zu dem weniger bekannten **Cirque de Troumouse**. Diesem gab Kurt Tucholsky bei seiner Pyrenäenreise den Vorzug. Während er vom Cirque de Gavarnie etwas verächtlich feststellte: »Der Cirque de Gavarnie ist nicht nur ein Gebirgskessel, sondern eine nationale Zwangsvorstellung«, und sich schon damals, in den 1920er-Jahren!, über den Massenrummel mokierte, meinte er vom Cirque de Troumouse: »Er ist größer als der von Gavarnie, in seiner völligen Verlassenheit viel schöner.«

Über Gèdre geht es zurück nach Luz-St-Sauveur. Wer nicht Richtung Lourdes zurückfährt, dem empfehlen wir, in Luz-St-Sauveur nach rechts auf die D 918 abzubiegen. Diese Straße, eine der Traditionsetappen der Tour de France, windet sich in steilen Serpentinen zum **Col du Tourmalet**, mit knapp 2000 m Höhe einer der höchsten Pyrenäenpässe. Von hier bietet sich ein atemberaubender Blick nach Norden auf den Pic du Midi de Bigorre, mit 2872 m Höhe einer der höchsten Berge in den französischen Pyrenäen, nach Süden auf das Massif de Néouvielle, dessen Spitzen bis knapp über 3000 m aufragen.

Auf der Ostseite des Col du Tourmalet geht es wieder talwärts, und bald erreicht man den Skiort La Mongie. Von hier aus kann man mit der Kabinenbahn auf die Spitze des Pic du Midi hinauffahren. Von La Mongie geht es – nun im Tal des Adour – weiter talwärts Richtung Bagnères-de-Bigorre. Kurz vor diesem Ort weist ein großes Schild auf die **Grotte de Medous** hin. Diese Tropfsteinhöhle, obwohl schon länger bekannt, wurde erst ab 1948 von den Speleologen systematisch

Der Col du Tourmalet ist nur in den Sommermonaten befahrbar. In den Wintermonaten ist er für den Autoverkehr gesperrt, da die Passstraße in das Pistensystem des Skigebietes von La Mongie eingebunden ist.

Grotte de Medous:
*April bis Juni und
Sept. bis Mitte Okt.
9–11.30 und 14–17
Uhr, Juli/Aug. 9–12
und 14–18 Uhr
www.grottes-
medous.com*

Burg von Mauvezin:
*Mitte April bis Mitte
Okt. tgl. 10–19 Uhr
und Mitte Okt. bis
Mitte April tgl. 13.30–
17.30 Uhr.*

Abtei von Escaladieu:
*Mai bis Sept. tgl.
9.30–12.30 und
13.30–18.30 Uhr, Okt.
bis April tgl. außer Di
9.30–12.30 und 13.30
bis 17 Uhr; geschlos-
sen 1. Jan., 1. Mai und
25. Dez.*

erforscht und 1951 Besuchern zugänglich gemacht. Erneut erschließt sich dem Betrachter die wie verzaubert wirkende Welt des Höhlensinters. Der Besuch der Grotte endet wie in Padirac und Bétharram mit einer Kahnfahrt auf einem unterirdischen Flüsschen, das ganz nahe als Karstquelle zutage tritt und sein Wasser dem hier noch jungen Adour zuführt.

Bagnères-de-Bigorre ist ein liebenswerter kleiner Kurort, den wir als Thermalstation in »Reisen & Genießen« eingehender vorstellen. Wir setzen die Fahrt in Richtung Osten auf der D 938 fort. Besonders reizvoll ist der Abschnitt zwischen Cieutat und Capvern. Seit ihrer Restaurierung leuchtet über den Hügeln des Pyrenäenvorlandes die mittelalterliche **Burg von Mauvezin** (13./14. Jh.) in ihrem honiggelben Kalkstein. Am Fuße des Hügels, auf dem sich die Burg von Mauvezin erhebt, liegen die Reste der ehemaligen Zisterzienserabtei Escaladieu. Mönche aus dem burgundischen Morimond hatten das Kloster 1137 gegründet. 1830 wurden der Kreuzgang und mit ihm die größten Teile der Abtei abgerissen. Erhalten blieben der Kapitelsaal und die Kirche. Diese, die dringend einer Renovierung bedarf, ist dreischiffig angelegt, im Mittelschiff eine zugespitzte Tonne, in den Seitenschiffen zugespitzte Quertonnen. Dieses ausgeklügelte System von Transversaltonnen, die sich gegenseitig stützen, hat seinen Ursprung im burgundischen Tournus. Im Pyrenäenvorland findet sich der nächste Verwandte zu der Kirche von Escaladieu in der Kathedrale von Lescar.

Geschichte des Comminges

Der Name der einstigen Grafschaft Comminges geht zurück auf den Keltenstamm der Convenae. Hauptort war ursprünglich die Bischofsstadt St-Bertrand-de-Comminges, später ging dieser Rang an St-Gaudens über, das heute eine von zwei Unterpräfekturen des Départements Haute-Garonne ist. Schon im 10. Jh. begann sich die kleine Grafschaft zu formieren, doch erst im 12. Jh. nahm die »Terre de Comminges« ihre feste Gestalt an. Dem Grafen Bernhard IV. (1176–1225) gelang das diplomatische Kunststück, das Comminges aus der Rivalität zwischen Toulouse und Barcelona, aber auch aus den Katharer-Kriegen herauszuhalten, was umso mehr verwundert, weil gerade dieser Graf offen mit den Katharern sympathisierte. Dennoch begann bald der Zersetzungsprozess des kleinen Pyrenäenstaates. Scheibchenweise ging ein Teil an das Béarn, der größere an die Grafschaft Toulouse verloren. Nach dem Tod des Alphonse von Poitiers 1271 kam das Comminges als Anhängsel von Toulouse an die Krone Frankreichs.

St-Gaudens

St-Gaudens ☆
Besonders sehenswert:
Kirche und Kreuzgang

Die nächste Station auf unserem Wege von Westen nach Osten ist das Städtchen St-Gaudens. An die Zeit der Pilgerbewegung (St-Gaudens lag am so genannten Pyrenäenweg, eine am Rande der Berge entlangführende südliche Alternative zur Via Tolosana) erinnert die im Herzen der Ortschaft gelegene romanische Kirche St-Pierre-et-St-Gaudens. Der Namenspatron von Kirche und Ort ist eine legendenhafte Gestalt. Er soll im jugendlichen Alter zur Zeit des Kaisers Diokletian an dieser Stelle das Martyrium erlitten haben. Am Außenbau der Kirche wurde im 19. Jh. vieles restauriert, der mächtige Glockenturm zur Gänze neu errichtet. Interessant ist der **Innenraum**. An die Dreiapsidenanlage schließt ein dreischiffiges Joch mit Emporen in den Seitenschiffen an, eine Disposition, die für die Bauschule der Auvergne charakteristisch ist. Nach Fertigstellung dieses Jochs ging man zu einer schlichteren Disposition über, nämlich zu einem einschiffigen Saal. Dieser Planwechsel ist allein dadurch zu erklären, dass die Bauleitung in die Hände eines anderen Architekten übergegangen war. An der letzten Säule vor dem Chor auf der linken, also der Nordseite, sieht man eines der obszönsten Kapitelle der romanischen Kunst. Dort sind Äffinnen dargestellt, die dem Betrachter mit gespreizten Beinen ihr Geschlecht entgegenstrecken. Darunter befindet sich eine Versammlung von Männern, die vermittels eines Stricks gefesselt sind. Das Bild ist in seiner Symbolik unmissverständlich, es spielt auf die Gefangenheit des Menschen in seiner Triebhaftigkeit an.

Kapitell mit Darstellungen der Apostel im Kreuzgang von St-Gaudens

Auf der Südseite der Kirche befindet sich der **Kreuzgang**, allerdings nicht in seiner originalen Gestalt, sondern als Rekonstruktion. Er war in den Jahren zwischen 1807 und 1815 abgebrochen worden. Was an **Kapitellen** den Vandalismus überlebt hatte, kam im 19. Jh. in das kleine Museum der Stadt, eines dieser Kapitelle befindet sich heute im Musée des Augustins in Toulouse. Mitte der 1980er-Jahre wurden drei der ursprünglich vier Flügel des Kreuzgangs wieder aufgebaut, wobei die in St-Gaudens befindlichen Kapitelle an ihren ursprünglichen Platz gelangten, nur das erwähnte Toulousaner Kapitell verblieb im Musée des Augustins. Die meisten dieser Kapitelle zeigen verspielten vegetabilen Dekor, ein untrügliches Zeichen für die späte Romanik. Entsprechend kann man die Arbeiten in die zweite Hälfte des 12. Jh. datieren, die neuere Forschung kreist die Entstehung in die Zeit um das Jahr 1180 ein. Die romanischen Originale befinden sich in der Nordgalerie, die sich an die Kirche lehnt. Vom Pfeiler in der Nordostecke gerechnet zeigt das dritte Kapitell das erste Menschenpaar und den Sündenfall. Das siebte Kapitell in dieser Reihe ist das künstlerisch reifste Werk. Es zeigt die Apostel, einige von ihnen haben wie so oft in der romanischen Skulptur Südwestfrankreichs die Beine in beinahe tänzerischer Anmut gekreuzt.

Beim Chor führt zwischen zwei Cafés eine Freitreppe hinunter auf den mit Bäumen bestandenen **Boulevard Jean Bepmale**. Ach, wie schön könnte von hier der Blick auf die Pyrenäen sein, allein, allzu störend schiebt sich eine nahe gelegene Zellulosefabrik ins Blickfeld, die bei ungünstigem Wind nicht nur das Auge, sondern auch die Nase des Besuchers empfindlich stört. Also wenden wir uns unverzüglich nach rechts und folgen dem Boulevard, hier meist Esplanade genannt, stadtauswärts. Vorbei an dem schmucken Rathaus, in den Sommermonaten blumenüberschüttet, gelangt man nach 300 m zu einer kleinen Grünanlage. Hier stehen die Reste eines weiteren **mittelalterlichen Kreuzgangs**. Er stammt aus der zerstörten Zisterzienserabtei Bonnefont, die 15 km östlich von St-Gaudens lag. Eine Hälfte dieses Kreuzgangs wurde nach Amerika verkauft und steht heute hoch über dem Hudson-River in New York im Museum of the Cloisters. Da es sich um die Reste eines Zisterzienser-Kreuzganges aus dem 13. Jh. handelt, sind die Kapitelle gänzlich schmucklos.

St-Gaudens ist ein guter Ausgangspunkt für Ausflüge in die Landschaft Comminges. Die wichtigsten Sehenswürdigkeiten liegen südlich der Stadt und sind rasch zu erreichen.

St-Just-de-Valcabrère

St-Just-de-Valcabrère ☆
Besonders sehenswert: Kirchenensemble mit St-Bertrand

St-Just-de-Valcabrère liegt 20 km südwestlich von St-Gaudens nahe der Garonne. Das Ensemble der Kirchen von St-Just im Tal und St-Bertrand auf der Anhöhe dahinter ist eines der beliebtesten Fotomotive, zugleich eine der bedeutendsten Denkmälergruppen im Raum des südwestlichen Frankreich, und wurde im Sommer 2005 in die Liste des Unesco-Welterbes aufgenommen. Man ahnt es nicht mehr, dass

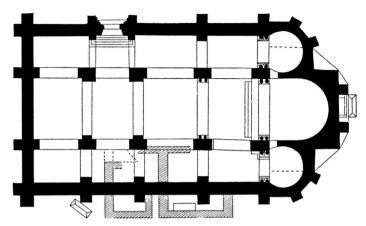

sich hier zur Römerzeit eine große Stadt befunden hat; sie hieß Lugdunum Convenarum und soll nach Schätzungen der Archäologen in
ihrer Blütezeit 60 000 Einwohner gehabt haben. Mitte des 1. Jh. n. Chr.,
so berichtet uns der jüdische Geschichtsschreiber Flavius Josephus,
wurden Herodes Antipas und seine Frau Herodias, die Verantwortlichen für die Enthauptung Johannes' des Täufers, hierher verbannt
und sollen in Lugdunum ihre Tage beschlossen haben.

Kapelle St-Just-et-St-Pasteur

Dort, wo sich in gallorömischer Zeit die Nekropole von Lugdunum
befand, erhebt sich heute die frühromanische Kapelle St-Just-et-St-
Pasteur, die ihrerseits den Dienst einer Friedhofskapelle versah. Sie
wurde im 11. Jh. errichtet und in einer zweiten Bauphase im 12. Jh.
vergrößert. Aus dieser Zeit stammt das **Nordportal**. Es erscheint noch
ganz im Stil der Spätromanik. Allein die Tatsache, dass wir hier vier
so genannte *statues colonne* (Statuen, die mit der sie hinterfangenden
Säule aus einem Stück gearbeitet sind) sehen, wie sie erst die Gotik
Nordfrankreichs um 1140/50 als Typus kreiert hat, drängt eine Datierung in das späte 12. Jh. auf. Diese Skulpturen hängen eng mit jenen
des romanischen Kreuzgangs in St-Gaudens zusammen und dürften
etwa zur selben Zeit entstanden sein. Die **vier Säulenfiguren im Gewände** zeigen die beiden katalanischen Märtyrer Justus und Pastor,
die Patrone dieser Kirche (links und rechts vorne), weiter Stephanus
auf der linken sowie auf der rechten Seite die hl. Helena, die Mutter
Kaiser Konstantins des Großen. Die Kapitelle zu Häupten der vier
Heiligen nehmen szenisch Bezug auf deren Leben beziehungsweise
Sterben. So sieht man die Hinrichtungen von Justus und Pastor, die
Steinigung des Stephanus, und bei Helena, die keines gewaltsamen
Todes starb, ist jenes Ereignis dargestellt, das dieser spätrömischen
Herrscherin für alle Zeiten ihren Ruhm sichert: die Auffindung des

Kreuzes Christi. Das kleine **Tympanon** darüber zeigt das verbreitete Thema der Majestas Domini, allerdings in einer höchst eigenwilligen Fassung. Im Zentrum thront Christus in einer Mandorla, und während die Evangelisten sonst immer in ihrer zoomorphen Symbolgestalt gegenwärtig sind, erscheinen die Autoren der vier Evangelien, links zwei und rechts zwei, in Menschengestalt; ein jeder von ihnen hält das ihm zugeordnete Symbol in Händen. In den kleinen Zwickelfeldern über ihnen erscheinen Halbfiguren von Engeln, die ein Weihrauchfass schwenken. Im Inneren der dreischiffigen, querhauslosen Kirche fallen die vielen Spolien aus gallorömischer Zeit auf. Zunächst wirkt das alles etwas verwirrend. Dann aber erkennt man namentlich an den Pfeilern im östlichen Abschnitt, dass dem Ganzen eine konzeptionelle Idee zugrunde liegt. Hier sieht man kleine Säulen in zwei Geschossen übereinander aufgehen. Dasselbe Muster ist – dort allerdings in monumentalisierter Form – in der Abteikirche von St-Pere-de-Roda in Katalonien zu sehen, die, um das Jahr 1000 errichtet, den seltenen Fall eines Bauwerks darstellt, in dem man den Übergang vom mozarabischen zum frühromanischen Stil beobachten kann. Auch in St-Just finden sich weitere Hinweise auf die der Romanik vorangegangene mozarabische Baukunst, deren prägnantestes Merkmal der Hufeisenbogen ist. Eben jenen sieht man im Grundriss der beiden Seitenkapellen. Diese stammen noch aus dem 11. Jh.; der Chor dagegen, mit seinem romanischen Halbrund, erhielt erst im 12. Jh. seine jetzige Gestalt.

St-Bertrand-de-Comminges

Von St-Just geht es hinauf nach St-Bertrand. Am Ortseingang empfängt uns die inzwischen vertraute Plakette *L'un des plus beaux villages de France* – ein Dorf also ist St-Bertrand heute mit nur wenig
mehr als 200 Einwohnern; da ist es kaum vorstellbar, dass sich hier
in der Antike eine Großstadt befunden haben soll. Reste des antiken
Theaters wurden am Hügel unterhalb der Kathedrale freigelegt, Grundmauern weiterer Gebäude sieht man neben dem Parkplatz drunten
im Tal. Zur Zeit der Völkerwanderung wurde Lugdunum zerstört, als
Siedlung aufgegeben und war über mehrere Jahrhunderte entvölkert.
Erst im späten 11. Jh. kehrte Leben auf den Hügel zurück. Bertrand de
l'Isle-Jourdain, aus lokalem Adel stammend, gründete hier eine Diözese, deren erster Bischof er wurde. In dieser Funktion betrieb er drei-
ßig Jahre lang (1083–1113) den Bau der romanischen Kathedrale und
den teilweisen Wiederaufbau der Ortschaft. 1218 wurde Bertrand heiliggesprochen und vier Jahre später nahm der Ort seinen Namen an.
Sieben Jahrzehnte später folgte ihm ein anderer Bertrand auf dem Bi-
schofsstuhl, der weniger rühmlich in die Geschichte eingegangen ist.
Wir sprechen von jenem Bertrand de Got, der hier 1295 als Bischof
seine Kirchenkarriere begann und nur zehn Jahre später als Clemens V.
zum Papst aufstieg (zur Biografie dieses Papstes siehe S. 263). Bereits
im Spätmittelalter verlor St-Bertrand erneut an Bedeutung, viele Einwohner zogen entweder in die nahe Bastide Montréjeau oder nach
St-Gaudens, 1801 wurde das Bistum aufgelöst.

St-Bertrand ☆☆
*Besonders sehenswert:
Kathedrale und Kreuz-
gang*

Kathedrale St-Bertrand und ihr Kreuzgang

Vom romanischen Bau des 12. Jh. steht heute nur noch der Turm mit
dem kleinen Portal, darin ein **Tympanon**, das die Anbetung der Könige und eine Figur des hl. Bertrand zeigt. Erneut handelt es sich um
eine spätromanische Arbeit, man datiert die Skulpturen in das ausgehende 12. Jh.

Bevor wir nun die Kirche betreten, wenden wir uns dem kleinen
romanischen **Kreuzgang** auf ihrer Südseite zu. Der Westflügel wurde
als Erster errichtet. Er stammt aus der Zeit um 1200 und wurde von
demselben Atelier gearbeitet, das auch im Kreuzgang von St-Gaudens
und am Portal in St-Just-de-Valcabrère tätig war. Die Kapitelle zeigen
überwiegend ornamentalen Dekor, kaum szenische Zusammenhänge.
Ungewöhnlich ist das höfisch anmutende Kapitell (das letzte vor dem
Pfeiler in der Südwestecke) mit der Darstellung einer Dame, die zwei
Pferde am Zaumzeug hält. Aber wir haben bereits an anderer Stelle
gesehen, dass die Romanik im Pyrenäenraum ungemein profan sein
kann (vgl. Oloron). Eine Besonderheit ist der Pfeiler in der Mitte dieser Galerie mit den Statuen der vier Evangelisten, der an das berühmte
Freudenstädter Lesepult aus derselben Zeit erinnert. Der Süd- und
der Ostflügel entstanden im 13. Jh. Der Nordflügel wurde beim Neubau der Kathedrale im 14. Jh. abgerissen.

*In der Hochsaison
endet die Autofahrt am
Fuße des Hügels, auf
dem sich St-Bertrand
erhebt. Ein Schlag-
baum verwehrt die
Weiterfahrt. Man stellt
den Wagen auf dem
weiträumigen Park-
platz ab und geht zu
Fuß hinauf zur Kathe-
drale, oder man fährt
mit dem Shuttlebus.
Außerhalb der Saison
steht der Schlagbaum
offen und man kann
ungehindert hinauffah-
ren. Nahe der Kathe-
drale befindet sich ein
größerer Parkplatz.*

*St-Bertrand-de-Com-
minges, ehemalige
Kathedrale mit Kreuz-
gang, Grundriss*

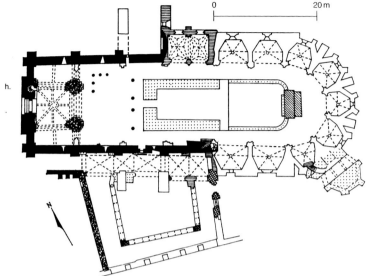

romanisch
2. Hälfte 12. Jh.
13. Jh.
Anfang 14. Jh.
Ende 14. Jh.
15. Jh.
16. Jh.

**Kreuzgang
und Chorgestühl:**
*Feb./März und Nov./
Dez. tgl. außer Mo 10–
17 Uhr, April bis Juni
und Sept./Okt. tgl. 10–
18 und Juli/Aug. tgl.
10–19 Uhr, geschlos-
sen im Jan.*

*Man kann die Kathe-
drale zwar durch das
Westportal betreten,
gelangt aber nur in
deren vorderen Teil.
Möchte man ihr be-
rühmtes Chorgestühl
besichtigen, führt dies
zwangsläufig durch
den Kreuzgang. Zum
Besuch des Kreuz-
gangs und des Chor-
gestühls ist ein Eintritt
zu zahlen.*

Die romanische Kathedrale wurde im 14. Jh. durch einen Nachfolgebau ersetzt. Die Initiative dazu ging von Papst Clemens V. aus, vormals
Bischof in St-Bertrand. Die Bauarbeiten brachte Bischof Hugo von
Châtillon 1351 zum Abschluss. Heute ist die Kathedrale ein mächtiger Saal mit gotischen Rippengewölben und gehört zur Bautenfamilie
der einschiffigen Kathedralen in Südfrankreich (Albi, Perpignan u.a.).

Auch wenn damals schon der Stern von St-Bertrand-de-Comminges
im Sinken begriffen war, besaßen die Bischöfe des 16. Jh. noch genügend Initiative, das Bauwerk mit kostbarer Ausstattung zu versehen.
Bischof Jean de Mauléon (1523–1551) ließ von Toulousaner Holz-
schnitzern das gewaltige **Chorgestühl** anfertigen, das neben jenen in
der Kathedrale in Auch und der Grabeskirche der Margarete von
Österreich in Brou zu den schönsten der Renaissance in Frankreich
gehört. 1534 wurde es seiner Bestimmung übergeben. Es ist multifunktional und erfüllt die verschiedenen Aufgaben von Lettner, Chorschranke und Chorgestühl; zudem sind dem Chorschrankenteil Altäre eingegliedert. Das Gestühl der Domkleriker staffelt sich in zwei
Reihen mit 28 Sitzen in der unteren und 38 in der oberen. Über den
Rückenlehnen der oberen Sitzreihe erscheinen in Reliefs Heilige und
biblische Gestalten, die in summa einmal die Gesamtheit der katholischen Kirche repräsentieren, zudem ist in der Gegenüberstellung
von Gestalten des Alten wie des Neuen Testamentes ein typologisches
Progamm mit beinhaltet. Die Geländer an den Aufgängen von der unteren zur oberen Sitzreihe sind mit freiräumlich geschnitzten Gruppen besetzt. Man sieht Versuchungen Christi und das erste Menschenpaar, Evangelisten und Tierszenen. Im Detail haben die Künstler hu-

moristische Einzelheiten untergebracht, so etwa in der Südwestecke des Gestühls, wo ein erboster Geistlicher einem faulen Schüler das entblößte Hinterteil mit einer Rute gerbt. Monumentale Chorgestühle dieser Art haben ihren Ursprung in der spanischen Kunst des anhebenden 16. Jh. In der Zeit der Gegenreformation sollten sie zum Sinnbild des wiedererstarkenden Selbstbewusstseins der katholischen Kirche werden. Zuletzt komplettierte die aufwändig gestaltete Orgel, deren Gehäuse um die Mitte des 16. Jh. geschnitzt wurde, die aufwändige Ausstattung. Damals hatten die Olivetaner aus der Toskana – gegründet durch Bernardo Tolomei (1272–1348), Stammkloster Monte Oliveto Maggiore – eine ihrer am weitesten nach Westen ausgreifenden Niederlassungen in St-Bertrand gegründet. Das Kloster besteht schon lange nicht mehr und lebt heute nur noch im Namen des Gebäudes des örtlichen Fremdenverkehrsamtes fort, das sich direkt neben der Kathedrale befindet und mit einem gut sortierten Buchladen aufwartet.

Höhle von Gargas

Von St-Bertrand-de-Comminges gelangt man in wenigen Minuten zu der nah gelegenen Grotte de Gargas. Sie wurde 1906 entdeckt und schon bald zur Besichtigung freigegeben. Sie ist ein Unikum und hat

Vom romanischen Kreuzgang von St-Bertrand blickt man auf die Bergwelt der Pyrenäen.

Grotte de Gargas:
ganzjährig tgl. 10–12 und 14–17, Juli/Aug. 10–12 und 14–18 Uhr; geschlossen nur am 25. Dez. Telefonische Anmeldung ist dringend angeraten, in der Hochsaison sogar unerlässlich; Tel. 05 62 39 72 39. Die Führung (in Französisch) dauert 45 Min.

in der Wissenschaft zahlreiche und zum Teil konträre Diskussionen ausgelöst. An ihren Felswänden hat man die Darstellungen von etwa 150 Händen gefunden – in anderen Höhlen des Cro-Magnon tauchen solche Hände nur vereinzelt auf. Diese geballte Zahl ist vollkommen singulär. Aber damit nicht genug! Die Darstellungen, die übrigens durch das Überpusten einer auf den Felsen aufgelegten Hand mit Farbe hergestellt wurden, lassen die merkwürdigsten Anomalien erkennen: mal fehlen ein Daumen, dann irgendein anderer Finger, zum Teil sogar mehrere Finger. Früher hatte man gemeint, dass Verkrüppelungen der Hände in der Steinzeit etwas ganz Normales gewesen seien. Das glaubt heute niemand mehr. Neuerdings wird die These diskutiert, wonach es sich möglicherweise um symbolische Zeichen handelt, vielleicht sogar um die archaische Frühform von Schrift. Aber es ist sehr zu bezweifeln, ob das Rätsel von Gargas jemals gelöst wird.

St-Béat und Bagnères-de-Luchon

Weitere Denkmäler der Romanik laden zu einem tieferen Eindringen in die Pyrenäen ein. Kurz vor dem Dorf Cierp-Gaud gabelt sich das Tal und mit ihm die Straßenführung. Richtung Südosten führt die N 125 im Tal der Garonne flussaufwärts. Nach 5 km erreicht man das Dorf St-Béat, das unterhalb einer Burgruine liegt. Der Name erinnert an den westgotischen Mönch Beatus von Liebana. Hier steht am Ufer der Garonne die **Kapelle St-Benoit-et-St-Privat** mit einem spätromanischen Tympanon. Darin sieht man die Majestas, Christus mit den vier Evangelisten, in ungewohnter Weise: Christus thront nicht, wie üblich, in einer Mandorla, sondern sitzt zwischen zwei Säulen, die den Hoheitsraum des Pantokrators gegen die seitlich angebrachten Symbole der Evangelisten abgrenzen.

St-Aventin, Detail vom romanischen Portal mit der Gefangennahme Christi. In der Mitte deutlich erkennbar ein fußamputierter Soldat.

Wir kehren zurück zur Weggabelung und folgen nun auf der D 126 dem Lauf des Pique aufwärts. Nächste Station ist der Kurort Bagnères-de-Luchon, der schon bei den Römern wegen seiner **heißen Quellen** beliebt war. Bei Ausgrabungen wurden Marmorplatten gallo-römischer Thermen gefunden. Im Mittelalter ging die Kenntnis der Heilkraft dieser Quellen verloren. Erst im 18. Jh. begann die Renaissance von Luchon. Bagnères-de-Luchon ist zugleich ein idealer Ausgangspunkt für Wanderungen in den Pyrenäen und im Winter ein frequentierter **Skiort**. Während des ganzen Jahres verkehrt deshalb täglich ein Nachtzug direkt von Paris nach Luchon. Vom Tal bringt eine Gondelbahn die Besucher auf die Anhöhe von Superbagnères, im Sommer Ausgangspunkt für Wanderungen, im Winter führen von hier Skipisten unterschiedlicher Schwierigkeitsgrade talwärts. Von Superbagnères bietet sich ein überwältigender Blick auf das Maladetta-Massiv in den Spanischen Pyrenäen und auf den Pico de Aneto, den mit 3408 m Höhe höchsten Berg der Pyrenäen.

St-Aventin

Am Ortsrand von Bagnères-de-Luchon zweigt die D 618 in westlicher Richtung ab. Sie führt in Serpentinen hinauf zum Pass von Peyresourde und im Winter zu dem dort befindlichen Skigebiet von Peyragudes. Nach 4 km steiler Fahrt bergan kommt man durch das unscheinbare Nest St-Aventin, wo am Ortsrand – etwas oberhalb des Ortskerns – eine der bemerkenswertesten Kirchen des gesamten Pyrenäenraums liegt.

Die Kirche ist aus **Bruchstein** erbaut. Das würde normalerweise für eine Datierung in das 11. Jh. sprechen; doch in den Hochpyrenäen hat sich beidseits des Gebirgskamms der Bruchstein als Baumaterial noch weit hinauf in das 12. Jh. gegen den Quader behaupten können. Die Kirche von St-Aventin ist aufgrund ihrer Skulpturen in das 12. Jh. zu datieren. Die für ein Bergdorf aufwändige Gestalt des Bauwerks mit zwei Türmen, einen über der Vierung, einen zweiten im Westen, erklärt sich aus der Tatsache, dass der hl. Aventin, ein Eremit, der durch die Araber das Martyrium erlitten haben soll, ein populärer Lokalheiliger war. Die Kirche ist eine dreischiffige Basilika, deren nördlicher Obergaden keine Fenster besitzt. Dies ist eine Schutzmaßnahme gegen heftige Nordwinde, wie man es auch von exponiert gelegenen Kirchen der Provence kennt. Im Chor wurden 1877 bei einer ersten Restaurierung **Wandbilder** entdeckt, die jedoch erst 1967 bei einer erneuten Restaurierung freigelegt wurden. Leider hat sich ihr Kolorit fast vollständig verflüchtigt, erhalten blieben nur die Umrisszeichnungen, weil der Künstler nicht *al fresco*, sondern *al secco* gemalt hat. Man erkennt eine Majestas Domini in der Chorwölbung, Darstellungen von Heiligen und Engeln im östlichen Langhausgewölbe und in den Bogenlaibungen der Arkaden. Ferner ist ein schönes schmiedeeisernes Chorgitter erhalten. Auch der romanische Taufstein nahe dem Ausgang ist zu beachten.

St-Aventin ☆
Besonders sehenswert: romanische Kirche

Kirche St-Aventin:
Die romanische Kirche ist meistens geschlossen. Man kann sich den Schlüssel in der Mairie, dem Bürgermeisteramt mitten im Ort, holen. Das Büro ist allerdings nur werktags 9–12 und 14–17 Uhr besetzt. Man sollte es also vermeiden, am Wochenende nach St-Aventin zu fahren. Zur Kirche führt eine kleine Stichstraße hinauf. Das Auto stellt man an der Hauptstraße ab, hier befindet sich eine kleine Haltebucht mit Platz für 5 bis 6 Autos.

Unser besonderes Interesse verdient indes vor allem die **Außenpartie**, und zwar die Südseite. Sie erscheint wie ein lebendiges Lexikon der Skulptur. Als Spolien wurden hier römische Grabsteine aus dem 3. und 4. Jh. n. Chr. verbaut. Aus merowingischer Zeit (6./7. Jh. n. Chr.) stammt das Fragment einer Chorschranke mit stilisierten Weinranken. Die Romanik ist in mehreren Werken vertreten. An der Südwand bemerkt man das Bild eines Stieres, über ihm einen Engel, darunter einen kleinen Sarkophag mit einem Toten darin. Hier wird die Legende geschildert, die zur Wiederauffindung der Reliquien des hl. Aventinus geführt haben soll. Ein Stier stieß beim Scharren mit den Hufen auf das verloren geglaubte Grab.

Die anderen Skulpturen des 12. Jh. konzentrieren sich im **Portalbereich**. Rechts ist eine Reliefplatte mit der Darstellung der Muttergottes angebracht, daneben die Figur eines Violinspielers. Im Tympanon sehen wir zum dritten Mal im Comminges eine Majestas, und wieder hat sich der Künstler eine neue Variante zum Thema einfallen lassen: Hier schweben die vier Evangelisten als Engel neben der Mandorla.

Höchst originell sind die **Kapitelle** im Gewände darunter mit Szenen aus dem Leben Jesu. Rechts sieht man die Gefangennahme im Garten Gethsemane. Einer der Soldaten ist fußamputiert und trägt eine Prothese am Unterschenkel – das Motiv sahen wir bereits in Maubourguet und vor allem in dem herrlichen Mosaik in Lescar.

St-Plancard

Ein zweiter Ausflug führt von St-Gaudens nach Norden, eine Exkursion, die nur diejenigen unternehmen, die mit viel Muße unterwegs sind. Ca. 15 km nordwestlich von St-Gaudens liegt das Dorf St-Plancard (es ist bereits in St-Gaudens ausgeschildert). Hier holt man sich in der kleinen Bar im Ort den Schlüssel zu der ein paar hundert Meter außerhalb der Ortschaft gelegenen **Kapelle St-Jean-Baptiste**, auch St-Jean-de-Vigne genannt, ein Hinweis darauf, dass sich hier früher Weinberge befanden. Wir gelangen in ein Gebiet, das in gallorömischer Zeit dicht besiedelt war. In der Kapelle sind zahlreiche Fundstücke, Altäre, Grabsteine und Architekturfragmente ausgestellt. Im Chor und in der rechten Seitenkapelle fand man 1945 romanische Wandbilder, die leider stark verblasst sind. Im Chorgewölbe erkennt man eine Majestas mit demselben Pleonasmus, der uns bereits am Portal von St-Just-de-Valcabrère begegnete, denn wie dort sehen wir die vier Evangelisten sowohl in ihrer anthropomorphen wie zugleich in ihrer symbolischen zoomorphen Gestalt. Darunter erahnt man noch Darstellungen der Anbetung der Könige, der Himmelfahrt Christi und des Weltgerichts. Künstlerisch um einiges höher stehen die Bilder in der rechten Kapelle, erneut mit einem Pantokrator im Gewölbe, auch dieser stark verblasst, sehr gut erhalten dagegen an der Wand rechts vor dieser Seitenkapelle die Darstellung des Sündenfalls. Eva ist nur zur Hälfte, der Baum der Erkenntnis mit der Schlange zu einem großen Teil und Adam fast vollständig erhalten. Die starke Stilisierung dieser Bilder weist auf Katalonien, das damals in Sachen romanischer Wandmalerei in den Pyrenäen führend war.

Montmaurin

Von St-Plancard (bitte nicht vergessen den Schlüssel wieder abzugeben!) führt die D 633 zu einem Denkmal der Römerzeit; es liegt nur 7 km von hier entfernt am Fuße des Hügels, auf dem sich das Dorf Montmaurin erhebt. Auf freiem Feld wurden schon Mitte des 19. Jh. **Reste einer römischen Villa** entdeckt, dem schlossen sich drei Grabungskampagnen an. Die erste noch Ende des 19. Jh., die zweite gleich nach Ende des Zweiten Weltkriegs, letzte Partien der Grundmauern wurden in den Jahren zwischen 1962 und 1969 dem Erdreich entrissen. Der Besucher erlebt hier nicht nur eine der größten und komplexesten Villen der gallorömischen Kultur in Frankreich, sondern zugleich ein Beispiel ungewöhnlicher Klarheit und Ordnung. Die Ursprünge reichen in das erste Jahrhundert nach Christus zurück, doch wohl erst in der Spätantike hat diese Villa ihre endgültige Gestalt gefunden. Alles gruppiert sich um den großen Atriumhof, dem nach Süden ein ausladender Eingangsbereich mit halbkreisförmigem Grundriss vorgelagert ist. Teile der einstigen Bäder wurden zur besseren Anschaulichkeit rekonstruiert.

Montsaunès

Unsere letzte Station im Comminges ist Montsaunès, knapp 20 km östlich von St-Gaudens. Hier steht an der Hauptstraße als Rest der einst wichtigsten Komturei des Templerordens im nördlichen Pyrenäenvorland die romanische Kirche **St-Christophe** aus dem 3. Viertel des 12. Jh. Der Backsteinbau ist als schlichter Saal keine architektonische Sensation. Umso bemerkenswerter ist der skulpturale Dekor. Die Kirche hat zwei Portale, eines auf der Nord- und eines auf der Westseite. Das kleinere **Nordportal** besitzt vier Kapitelle mit Szenen aus der Kindheit Jesu: Verkündigung, Heimsuchung, der Traum Josephs und die Geburt auf der linken Seite, gegenüber das Bad des Kindes (ein byzantinischer Bildtyp), Verkündigung an die Hirten und zuletzt die Anbetung der Könige. Das **Westportal** ist ebenfalls ein Archivoltenportal, besitzt also kein Tympanon. Wir beginnen erneut mit den Kapitellen: links die Martyrien Petri und Pauli, rechts die Steinigung des Stephanus, daneben die Auferweckung des Lazarus, Apostel und Jesus mit Martha und Magdalena. Über dem Portal ist eine Platte mit einem Chrismon eingelassen, das zwei Engel halten. Nun zu der Stirnarchivolte, die einzigartig ist und nirgend sonst in der Romanik eine Parallele hat. Hier sind fünfzig unterschiedliche Köpfe dargestellt: Männer und Frauen, darunter einige gekrönt, auch Tierköpfe und maskenähnliche Gesichter; kein Einziger ist namentlich zu bestimmen. Der Sinn dieses Gruppenbildnisses harrt noch der Aufklärung.

Villa von Montmaurin: Mai bis Aug. tgl. 9.30–12 und 14–18 Uhr, Sept. bis April tgl. außer Mo 9.30–12 und 14–17 Uhr; geschlossen 1. Jan., 1. Mai, 1. und 11. Nov. sowie 25. Dez. An der Kasse erhält man (sogar in deutscher Übersetzung!) einen ausgezeichneten farbigen Plan, in dem alle Räume und Baulichkeiten lückenlos erklärt sind. Leider muss man das instruktive Dokument nach dem Rundgang wieder abgeben. Im nahen Dorf Montmaurin stellt ein kleines Museum Fundstücke aus der Villa aus.

10 km nördlich von Montsaunès liegt **Aurignac**. Rund um das Städtchen wurden zahlreiche Fundstücke aus prähistorischer Zeit ergraben. Nach diesem Ort hat die steinzeitliche Epoche des Aurignacien ihren Namen erhalten. Heute führt ein Lehrpfad rund um Aurignac, die prähistorischen Siedlungsplätze sind allerdings nur schwer auszumachen.

Geschichte des Départements Ariège

Damit es nicht zu Missverständnissen kommt, müssen wir zunächst eine Klärung der Begriffe abgeben. Sowohl das Bigorre als auch das Comminges sind einstige Grafschaften, deren Namen erhalten blieben und heute noch als Landschaftsbegriffe benutzt werden. Bigorre und Comminges gehören heute zu den Départements Hautes-Pyrénées bzw. Haute-Garonne, sind aber nur Teile dieser Départements, deren Flächen weiter gefasst sind. Östlich an beide grenzte im Mittelalter eine weitere Grafschaft, nach ihrer Residenz Foix benannt. Die Landschaft trägt aber heute nicht mehr den Namen Foix, dieser ist einzig und allein an die Stadt gekoppelt. Die ehemalige Grafschaft ist heute identisch mit dem Département Ariège. Im Mittelalter verlief die Geschichte der Grafschaft Foix diametral entgegengesetzt zu den Nachbarn Comminges und Bigorre. Während jene schrumpften und letztlich von mächtigeren Nachbarn geschluckt wurden, erlebte die Grafschaft Foix eine systematische Expansion. Sie gründete schon im 13. Jh. Enklaven in Katalonien, Graf Roger Bernhard III. (1265–1302) sicherte sich durch Heirat die Vizegrafschaft Béarn und ertrotzte sich die Anerkennung von Seiten der französischen wie auch von der aragonesischen Krone. Im Spätmittelalter bot die Doppelgrafschaft Foix/Béarn – wenn auch im kleineren Maßstab – ein ähnliches Bild wie das damals mächtige Herzogtum Burgund, nämlich das eines Staates mit weit verstreut gelegenen Territorien, oder, salopp gesagt: eines Flickenteppichs. Die schillerndste Gestalt dieser Zeit ist der **Graf Gaston Phoebus** (1331–1391), hochgebildet, ein literarischer Mäzen und selbst als Autor dilettierend. Als Politiker ebenso ehrgeizig wie besonnen, muss er – vor allem im Privatleben – ein pathologischer Tyrann gewesen sein. Er verstieß seine Frau Agnes, ließ seinen Bruder ermorden und erschlug im Jähzorn seinen eigenen Sohn Gaston. Die Stellung der Grafen von Foix/Béarn festigte sich auch im Laufe des 15. Jh. weiterhin, und zuletzt erlangte Gaston IV. die Königswürde über Navarra. Erst im 16. Jh. verblasste der Glanz des Hauses, schließlich wurde die Konstellation Foix/Béarn/Navarra im Kräftespiel zwischen Spanien und Frankreich aufgerieben.

St-Lizier

St-Lizier ☆
**Besonders sehenswert:
der Kreuzgang**

Wir folgen dem Tal des Salat (sprich: Salá), der nahe bei Montsaunès in die Garonne mündet, und erreichen nach 25 km als ersten Ort in der Ariège die alte Bischofsstadt St-Lizier, im Mittelalter Hauptstadt

der Landschaft Couseran (der Name geht auf die keltischen Consorani zurück). Die romanische Kathedrale ist Zentrum und zugleich das wichtigste Denkmal dieser malerischen Ortschaft, die den Besucher mit dem Signum *L'un des plus beaux villages* empfängt. Die Außenansicht des Chores macht die Abfolge unterschiedlicher Epochen sichtbar. Im Mauerwerk eingelassen sind römische Spolien, die unteren Partien (Bruchstein) sind älter als jene oberen Abschnitte, die aus Quadern errichtet wurden. Dieser romanische Bau wurde 1117 geweiht. Im **Inneren** spricht des Weiteren die Gotik mit, denn nach einem Brand wurde das Gewölbe im Hochmittelalter erneuert. Die große Kostbarkeit dieses sehr schlichten Bauwerks sind die Fresken, die man im 19. Jh. im Chor freigelegt hat. Wir ignorieren das Bild des Pantokrators in der Apsiswölbung, eine schwache Arbeit des Spätmittelalters. Die großartigen romanischen **Wandbilder** befinden sich in zwei Zonen übereinander in den hoch aufgehenden Blendbögen der Apsiswand. Unten sind Szenen aus der Kindheit Jesu dargestellt, rechts vom Mittelfenster Verkündigung und Heimsuchung, links – leider schlecht erhalten – Reste einer Darstellung der Anbetung der Könige. Meisterleistungen der romanischen Wandmalerei sind die Bildnisse der Apostel darüber, rechter Hand wiederum der bessere Erhaltungszustand als links. Die schwebende Stellung der Figuren sowie die feinnervige Zeichnung ihrer Gewandung ist mit byzantinischem

Kreuzgang von St-Lizier

Weitere romanische Fresken wurden 1957 in der kleinen Kapelle in dem Dorf Montgauch 6 km westlich von St-Lizier entdeckt (Schlüssel bei der Kustodin am Dorfende). Dargestellt sind die Majestas (im Apsisgewölbe), darunter an den Wänden Szenen aus der Kindheit Jesu und – weniger gut erhalten – Passion und Auferstehung.

*Grotte de Mas-d'Azil:
Juni bis Sept. 10–12
und 14–18 Uhr, April/
Mai 14–18, So und Fei
auch 10–12 Uhr, März
sowie Okt./Nov. nur So
und Fei 14–18 Uhr; ge-
schlossen Dez. bis
Feb. Die Führung dau-
ert offiziell 1 Stunde,
in Wirklichkeit meist
viel länger. Der Besuch
ist zeitraubend und
wenig ergiebig. Wirk-
lich spannend sind die
Fahrt oder der Gang
durch jenen Abschnitt
der Höhle, der ohnehin
jedem offen steht.*

Mas-d'Azil ☆
*Riesige Durchgangs-
höhle*

Einfluss zu erklären, der in diesem Fall via Oberitalien und Katalonien hierher vermittelt wurde. Bestimmte Details, so zum Beispiel die
kugelrunden, weit aufgerissenen Augen, sind eine stilistische Besonderheit, die auf der Südseite der Pyrenäen in der kleinen Kirche von
Pedret ihre einzige Parallele hat. Die Forschung schreibt deshalb die
Fresken von St-Lizier der Hand des Meisters von Pedret zu.

Durch ein Türchen in der Südwand der Kathedrale betritt man den
spätromanischen Kreuzgang, dessen vier Flügel über rechteckigem
Grundriss errichtet wurden. Mit seinem Wechsel von einfachen und
gekuppelten Säulen folgt er so getreulich wie kaum ein anderer dem
Vorbild des Kreuzgangs von Moissac, dem Urvater aller Kreuzgänge
der Romanik im Raum des südwestlichen Frankreich. Die Nordgalerie ist die älteste und entstand zwischen 1160 und 1180. Die drei anderen kamen erst im 13. Jh. hinzu. Wie immer in der späten Romanik
sucht man vergebens nach bildlichen Darstellungen, hier triumphiert
das Ornament. Die offene Galerie darüber geht auf spanische Vorbilder zurück und wurde dem Kreuzgang erst im 16. Jh. aufgepflanzt.

Den Nachbarort St-Girons lassen wir rasch hinter uns. Er besitzt
keine Denkmäler, dafür aber eine große wirtschaftliche Bedeutung als
Papierproduzent.

Höhle von Mas-d'Azil

Von St-Girons führt die D 117 ostwärts Richtung Foix. Nach 8 km
zweigt in dem Flecken Labaure die D 119 nach links zur Grotte de
Mas-d'Azil ab, die man nach 20 km erreicht. Hier hat der Fluss Arize
in Jahrmillionen eine gewaltige Höhle durch den Felsen gefurcht, so
groß, dass die Landstraße problemlos hindurchgeführt werden konnte.
Heute fahren sogar Busse und Schwerlastzüge durch die Höhle – dergleichen gibt es nur noch an zwei anderen Orten auf der Welt, auf Sardinien (Grotta di San Giovanni) und in Australien (Jenolan-Höhle).
Von der Hauptgrotte zweigen kleinere Höhlengänge in den Felsen ab.
Hier fand man neben Tierknochen auch von Menschen bearbeitete
Werkzeuge und kleinere Artefakte, Reste von Ritzzeichnungen und
Felsmalerei. Besonders zahlreich sind die Funde aus dem frühen Me-
solithikum. Die Altertumsforscher haben deshalb die erste Epoche
des Mesolithikums nach dieser Höhle das Azilien genannt (10000–
8000 v.Chr.).

Die Höhle von Mas d'Azil hat übrigens auch ihren festen Platz in
der mittelalterlichen Legendenbildung. Nach einer von unterschiedlichen Versionen der Gralslegende soll sich dieser hier befunden haben. Er galt als der geheimnisvolle Schatz der Katharer.

Foix

Foix ☆
*Besonders sehenswert:
die Burg*

Im heutigen Stadtbereich von Foix, aber auch im weitläufigen Umkreis ist menschliche Besiedlung seit prähistorischer Zeit belegt. Seit
dem 9. Jh. befand sich am Fuße des nachmaligen Burgfelsens das Klos-

ter St-Volusien. Um das Jahr 1000 ließ Bernard Roger, Graf von Carcassonne, eine erste Befestigung auf dem Felsen über dem Kloster anlegen, und übertrug die Verantwortung darüber seinem Sohn Roger. Dieser löste Foix aus der Einheit mit Carcassonne und begründete das später so mächtige Haus Foix, das, wie oben bereits geschildert, im Spätmittelalter seinen Schwerpunkt in das Béarn und nach Navarra verlagerte. Foix ist heute Präfektur des Département Ariège und mit etwas weniger als 10000 Einwohnern eine der kleinsten Départementhauptstädte des Landes.

Die romanische Kirche St-Volusien existiert nicht mehr, sie wurde im 14. Jh. durch einen seelenlosen gotischen Nachfolgebau ersetzt. Erhalten blieben lediglich einige wenige Kapitelle.

Die einstige **Burg der Grafen von Foix**, hoch auf steilem Felsen über den Dächern der Stadt postiert, ist auch heute noch, obwohl sie einen großen Teil ihrer Wehrmauern und Türme verloren hat, mit ihren drei bestehenden Türmen eine der eindrucksvollsten Architekturkulissen Südfrankreichs. Die erhaltene Bausubstanz stammt aus dem 13./14. Jh. Vom Ort führt ein steiler Aufstieg zur Burg. In den restaurierten Räumen befindet sich heute das **Musée Departementale**. Hier sind unter anderem jene romanischen Kapitelle ausgestellt, die sich einstmals in der Klosterkirche St-Volusien befanden. Breiten Raum nimmt die prähistorische Sammlung mit zahlreichen Fundstücken aus der Umgebung ein.

Burg von Foix mit ihren drei erhaltenen Türmen

Burg bzw. Burgmuseum:
April bis Juni und Sept./Okt. tgl. 9.45–12 und 14–18 Uhr, Juli/ Aug. tgl. 9.45–18.30 Uhr, Nov. bis März tgl. außer Mo und Di 10.30–12 und 14– 17.30 Uhr; geschlossen 1. Jan. und 25. Dez.

Grotte de Niaux:
Führungen April bis
Juni und Okt. tgl.
10.30, 11.15, 13.45,
14.30, 15.30, 16.15
und 17 Uhr, Juli bis
Sept. 9, 9.45, 10.45,
11.30, 13, 13.45,
14.45, 15.30, 16.15,
17 und 17.45 Uhr,
Nov./Dez. sowie Jan.
und März 11, 14.30
und 16.15 Uhr; ge-
schlossen im Feb.

Juli bis Sept.: Führun-
gen um 9 und um 13
Uhr in englischer
Sprache. Der Besuch
ist nur nach vorheriger
telefonischer Anmel-
dung möglich; Tel.
05 61 05 10 10.

Die Höhle ist nicht
ausgeleuchtet, jeder
Besucher erhält eine
Taschenlampe; das ist
natürlich sehr roman-
tisch, aber wer zur
Ängstlichkeit neigt,
nimmt besser Abstand
vom Besuch. Mit Kin-
dern unter 6 Jahren
sollte man gleichfalls
auf den Besuch ver-
zichten.

Burg Montségur ☆
Letzte Fluchtburg
der Katharer

Am Oberlauf der Ariège

Ein Ausflug führt von Foix im Tal der Ariège aufwärts. Nach 10 km erreicht man Tarascon-sur-Ariège. Hier weisen Schilder den Weg zur **Höhle von Niaux**, zu der bedeutendsten prähistorischen Höhle in den französischen Pyrenäen. Sie wurde 1906 entdeckt und ist Teil eines weit verzweigten unterirdischen Systems, das auf eine Länge von etwa 10 km erforscht ist, und misst ihrerseits etwa 4 km. Der Hauptgang mündet in zahlreiche Verästelungen. Einer dieser Nebengänge führt in eine gewaltige Höhle von 50 m Höhe. Man nennt sie den Salon Noir wegen der darin entdeckten schwarztonigen Tierzeichnungen. Mit Manganoxyd haben prähistorische Künstler ihre Bilder von Bisons und Pferden auf die Felswand gebannt. Diese sind in das späte Magdalenien datiert worden, also mindestens 13 000 Jahre alt.

Abseits der N 20 lädt zwischen Tarascon und Ax-les-Thermes das Dorf **Unac** zu einem Abstecher ein. Hier erhebt sich über dem Dorf eine kleine, aber ungemein kraftvolle, urwüchsige romanische Kirche. Ihr Bruchstein, die verhaltene Gliederung und besonders der Glockenturm erinnern an die Frühromanik Oberitaliens. Die lombardische Baukunst, die sich im 11. Jh. in Katalonien breit gemacht hatte, ist über das nahe Andorra bis hierher vorgedrungen. Etwa 5 km oberhalb von Unac steht am Rande des Dorfes Axiat eine ganz ähnliche, jedoch deutlich kleinere Kirche.

Burg Montségur

Bereits in Foix haben wir Katharerland erreicht. Montségur, die letzte Hochburg dieser Bewegung, liegt 30 km südöstlich von Foix, man erreicht sie über Lavelanet. Es ist ein ergreifender Moment, wenn man hier im Bereich des Übergangs von atlantischem zu mediterranem Milieu in der kargen Landschaft die Pyramide jenes einsam aufragenden Felsens vor sich sieht, wo das Schlusskapitel der **Katharerkriege** stattfand.

Nach dem Friedensschluss von 1229 hatten sich in der schon zu Anfang des 13. Jh. erbauten Fluchtburg die letzten Katharer verschanzt, mit ihnen harrten dort Sympathisanten und geächtete Ritter aus, die dem Widerstand des lokalen Adels angehörten. Im Sommer 1242 stiegen einige Ritter vom Montségur herab und überfielen nächtens in Avignonet-Lauragais zwei dominikanische Inquisitoren, die sie mitsamt deren Begleitern niedermetzelten – 12 Männer fielen dem Meuchelmord zum Opfer. Dies war das Fanal für die Krone, zum Sturm gegen den letzten Widerstand im Katharerland zu blasen. 1243 umzingelte der königliche Seneschall mit einer rund 10 000 Mann starken Armee den uneinnehmbaren Berg. Neun Monate dauerte die Belagerung, dann waren die letzten Überlebenden auf dem Montségur derart von Hunger geschwächt, dass man schließlich kapitulierte. Noch am Tag der Übergabe wurden die 205 Katharer, die sich in der Burg aufgehalten hatten, am Fuße des Pog – so der landläufige Name

des Berges damals – verbrannt, alle anderen durften ungestraft abziehen, selbst Pierre-Roger de Mirepoix, obwohl dieser als der Ver-
antwortliche für das Massaker in Avignonet-Lauragais galt.

Nur etwa eine Viertelstunde dauert der Aufstieg, aber er ist extrem
steil und atemerschöpfend. Oben angekommen, sieht man nur noch
die kargen Außenmauern der dreieckigen Burganlage, heroische Zeugen einer Zeit, als die Krone den unabhängigen Süden Frankreichs
endgültig in die Knie gezwungen und die Orthodoxie das Terrain für
die katholische Kirche zurückgewonnen hatte.

Der Reisende hat nun die Wahl. Entweder man wendet sich nach
Norden und steuert Toulouse an, oder man umgeht Toulouse südlich
und wendet sich nach Carcassonne. Der direkte Weg dorthin führt
vom Montségur über Lavelanet, Mirepoix und Fanjeaux. Mirepoix ist
wiederum eine Bastide. Auch hier hat sich der zentrale Platz mit vielen alten Häusern ähnlich gut wie in Monpazier (Périgord) oder in La
Bastide-Clairence (Baskenland) erhalten.

Reisen & Genießen

Thermalkurorte

Die Pyrenäen zogen die wasser- und sau-
berkeitsfanatischen Römer magisch in Bann.
Ihre Thermen gerieten über den Stürmen
der Völkerwanderungszeit und im Mittelalter vollständig in Vergessenheit. Die Geschichte der Thermalorte beginnt erst
wieder in der jüngeren Neuzeit. Im 19. Jh.
waren die Kurorte in den Pyrenäen an Beliebtheit jenen in der Auvergne ebenbürtig.
Inzwischen sind viele von ihnen, insbesondere die kleineren, entweder aufgegeben
worden oder haben nur noch lokale Bedeutung. Dennoch haben sich ein paar Kurorte
behauptet, die nach wie vor eine wichtige
Rolle spielen und Publikum von weither
anlocken. Auch Gäste aus Deutschland
sollten, nachdem im Zuge der Gesundheits-
reform gerade bei Kuren die Leistungen
der Kassen drastisch reduziert wurden, die
Preise pyrenäischer Thermalbäder unter die
Lupe nehmen. Man staunt, wie günstig in
einigen Orten die Angebote lauten.
Zu empfehlen ist besonders Bagnéres-de-
Bigorre. Hier stehen vom alten Thermalbad
aus dem späten 19. Jh. nur noch die Außenmauern. Einhundert Jahre später hatte
der Toulousaner Architekt Luc Demolombe
den Auftrag, hier ein neues Thermalzen-
trum zu erbauen. Er respektierte die Außenmauern, das Innere dagegen wurde vollständig entkernt. Die Schwimmhalle erinnert jetzt entfernt an Kathedralen, zugleich
hat sich der Architekt vom Jugendstil des
Antonio Gaudí inspirieren lassen. Am Bau
des Dampfbades haben Spezialisten aus Sy-
rien mitgewirkt; hier steckt viel Liebe im
Detail. Nach der Fertigstellung wurden der
Bau und sein Architekt in den Jahren
2003/04 mit Preisen überschüttet. Selbst
wer nur auf der Durchreise ist, sollte sich in
Bagnères-de-Bigorre zwei Stunden Zeit zu
einem Bad nehmen – einfach wunderbar!
Aquensis heißt dieser neue Komplex nach
dem alten römischen Namen für Bagnères-
de-Bigorre. www.aquensis-bagneres.com
Ebenfalls sehr beliebt ist Bagnères-de-
Luchon im Comminges. Hier steht noch die

Schwimmhalle aus der Zeit um 1900, natürlich mehrfach restauriert. Der Ort atmet auch heute noch ein wenig den Charme der Belle-Epoque. In den Ferienzeiten im Winter wird es allerdings quirlig, wenn die vielen Skiurlauber in den Ort drängeln.

Wintersport

Den Deutschen, erst recht den Schweizern und Österreichern sind die Pyrenäen als Skigebiet wenig bekannt, verständlich, wo man doch die Alpen vor der Tür hat. Aber vielleicht kommt ja doch der eine oder andere Gast aus dem deutschsprachigen Raum auf den Geschmack und probiert einmal Skiurlaub in den Pyrenäen aus. Der Massenandrang, der das Wintersport-Vergnügen in den Alpen oftmals trübt, ist hier unbekannt. Anstehen an den Liften ist selbst in Ferienzeiten ein Fremdwort. So kann man die Zeit wirklich optimal nutzen. Es gibt Skigebiete unterschiedlicher Größe und Pisten jeden Schwierigkeitsgrades. Es gelten die Internationalen Symbole: Blau = für Anfänger, Grün = leicht, Rot = schwierig, Schwarz = extrem schwierig, nur für geübte Skiläufer bzw. Snowborder. Einziger Wermutstropfen: es gibt keine gewachsenen alten Orte wie in den Alpen. Die Skiorte sind ausnahmslos Retortenstädte. Hier steht der Sport im Vordergrund. Wer Unterhaltung und Abwechslung beim Après-Ski oder lauschige Hüttenidylle sucht, wird mit Sicherheit enttäuscht.

Das größte Skigebiet in den französischen Pyrenäen ist jenes von La Mongie am Col du Tourmalet. 69 Lifte erschließen ein weitläufiges Areal, in dem es Besuchern niemals langweilig wird. Weitere interessante Gebiete: Guzet Neige und Les Monts-d'Olmes im Département Ariège, Luchon (Superbagnères) und Peyragude im Département Haute-Garonne, St-Lary-Soulan, Gavarnie-Gèdre und Cauterets im Département Hautes-Pyrénées sowie Gourette und Artouste im Département Pyrénées-Atlantiques.

Zwei Gebiete wollen wir neben dem von La Mongie besonders herausstellen: Piau-Engaly (Département Hautes-Pyrenées) ist das höchstgelegene Skigebiet in den französischen Pyrenäen. Hier reichen die Pisten bis auf 2500 m. Selbst in schneearmen Wintern hat man (fast) immer die Garantie auf schneereiche Pisten.

Das Gegenteil ist Le Mourtis (Département Haute-Garonne), das am niedrigsten gelegene Skigebiet von allen. In milden Wintern, die leider immer häufiger werden, bleiben hier die Pisten grün. Wir erwähnen Le Mourtis deshalb, weil es mit seinen vielen leichten Pisten ein ideales Terrain für Anfänger ist.

Musikfestivals

Das Festival du Comminges für klassische Musik hat überregionale Bedeutung. Es findet von Mitte Juli bis Mitte August statt. Die Interpreten sind international bekannte Künstler aus aller Welt, Kammermusik steht im Vordergrund. Die Konzerte finden in der gotischen Kathedrale in St-Bertrand-de-Comminges statt sowie in den romanischen Kirchen von St-Just-de-Valcabrère und St-Gaudens. Für den deutschen Geschmack gewöhnungsbedürftig sind die Uhrzeiten, denn in der Regel beginnen die Konzerte erst um 21.30 Uhr. Weitere Informationen: www.festival-du-comminges.com

Überwiegend der Kammermusik gewidmet ist ebenfalls das Festival de St-Lizier, das traditionell von Ende Juli bis kurz vor Mitte August stattfindet. Es dauert selten länger als 10 Tage, dafür wird fast jeden Abend sehr konzentriert ein hochkarätiges Konzert angeboten. Die Aufführungen finden in der Regel in der romanischen Kathedrale statt. Angenehm: Die Konzerte fangen nicht so spät an wie jene im benachbarten Comminges, Beginn ist immer um 20.30 Uhr. Weitere Informationen: www.festivals.midipyrenees.fr

Abgesehen von den Musikfestivals bietet die Region Midi-Pyrénées, die in kultureller Hinsicht ungemein aktiv ist, Darbietungen aller Art: Theater, Kleinkunst, Variété, Jazz usw. Bei Franzosen besonders beliebt sind Veranstaltungen der Kompanien, die sich auf Straßentheater spezialisiert haben, die bekannteste ist das Ensemble mit dem Namen Pronomades. Dessen Vorführungen finden schwerpunktmäßig im Département Haute-Garonne statt.
www.pronomades.org

Tafeln wie die Römer!

Ein ungewöhnliches Restaurant namens »Lugdunum« liegt knapp einen Kilometer östlich von St-Just-de-Valcabrère. Hélène und Renzo Pedrazzini bereiten hier Gerichte nach originalen römischen Rezepten – sie haben sich dabei von Altphilologen und Wissenschaftlern profund beraten lassen, alles hat Hand und Fuß! Ein Menü in diesem Lokal mutet wie die Entdeckung eines Neuen Kontinents an. Es ist sehr hilfreich, dass beim Servieren die Mahlzeiten und deren Gewürze erklärt werden. Zudem sitzt man sehr schön mit Blick auf St-Just und St-Bertrand. Unbedingt Tisch reservieren! Tel. 05 61 94 52 05, www.lugdunumrestaurant.com

Hotels und Restaurants

Als bekannter Kurort verfügt Bagnères-de-Bigorre natürlich über ein breit gefächertes Angebot an Unterkünften. Besonders gefällt uns jedoch ein Haus etwas außerhalb von Bagnères. Es ist das mit drei gelben Kaminen ausgezeichnete Logis de France
Hotel-Restaurant Le Catala**
F-65710 Beaudéan Village
Tel. 05 62 91 75 20, Fax 05 62 91 79 72
www.le-catala-hotel-pyrenees.com
le.catala@wanadoo.fr.

Seit 2006 besitzt Bagnères-de-Bigorre eine neue Hotelattraktion. Der bekannte Radprofi und mehrfache Teilnehmer der Tour de France Laurent Fignon hat hier im Ortsteil Gerde das hypermoderne
Hotel Le Relais des Pyrénées***
1, Avenue du 8 Mai
F-65200 Gerde
Tel. 05 62 44 66 67, Fax 05 62 44 90 14
www.relais-des-pyrenees-com
contact@relais-despyrenees.com
mit eigenwillig gestalteten Zimmern eröffnet. Angeschlossen ist das Restaurant Briques & Marronier mit einer Top-Küche. Man sitzt allerdings in einem supercoolen Styling, das nicht unbedingt jedermanns Geschmack ist.

St-Gaudens ist eine vom Tourismus kaum berührte Stadt, entsprechend dünn ist hier das Angebot an Hotels. Wir empfehlen das
Hotel-Restaurant du Commerce**
Avenue de Boulogne
F-31800 St-Gaudens
Tel. 05 61 89 44 77, Fax 05 61 95 06 96
hotel.commerce@wanadoo.fr.
Das Haus liegt im Zentrum von St-Gaudens, aber abseits der Hauptstraße. Das Gebäude stammt aus den 1960er-Jahren und wurde 2005/06 grundlegend renoviert. Ein freundlicher Familienbetrieb mit einer soliden, bodenständigen Küche.

Nach diesen Adressen im Bigorre und Comminges zuletzt eine Empfehlung für den anspruchsvollen Reisenden in der Ariège:
Hotel-Restaurant Eychenne***
8, Avenue Paul-Laffont
F-09200 St-Girons
Tel. 05 61 04 04 50, Fax 05 61 96 07 20
www.chateauxhotels.com/eychenne
eychen@club-internet.fr.

Toulouse und Umgebung

Toulouse – Hauptstadt der Region Midi-Pyrénées

Die beiden größten Städte im Raum Südwestfrankreichs, Bordeaux und Toulouse, liegen an der Garonne und sind Hauptstadt einer Region, in der mehrere Départements zusammengefasst sind. Damit sind die wenigen Gemeinsamkeiten beider Städte aufgezählt – ansonsten kann man sich kaum zwei gegensätzlichere Städte vorstellen: Bordeaux, ein Seehafen, ist einen kontinuierlichen Weg in der Geschichte gegangen, seit der Antike steht hier der Weinbau im Mittelpunkt des Wirtschaftslebens. Die Geschichte von Toulouse, einer Stadt des Binnenlandes, dagegen vollzog sich in Sprüngen, auf Höhen folgten periodische Abstürze in völlige Bedeutungslosigkeit.

Toulouse ☆☆
Besonders sehenswert:
Rathaus, Kirche
St-Sernin, Musée
St-Raymond, Kloster-
kirche St-Jacques,
Musée des Augustins,
Hôtel d'Assézat,
Musée des Abattoirs

Blick in die Geschichte

Die vormalige Römerstadt errang im 5. Jh. n. Chr. als Hauptstadt des Westgotenreichs den Rang einer Metropole und war Namensgeberin des Tolosanischen Reiches, das 507 dem Ansturm der Franken erlag. 300 Jahre später ging mit dem Zerfall des Karolingerreichs ein erster Niedergang einher, zugleich verselbständigten sich die Grafen, die Toulouse erneut auf die Höhe führten. Unter dem Geschlecht der Raimoniden war Toulouse vom 11. bis zum 13. Jh. eine der kulturellen Hochburgen Europas – dies war die zweite Blütezeit der Stadt. Erneute Rückschläge brachten die Katharerkriege, als deren Folge Toulouse nebst der dazugehörigen Grafschaft 1271 an die Krone kam.

Toulouse und der Farbstoff Pastel

Nach Ende des Hundertjährigen Krieges brachte der Pastelhandel Toulouse ein drittes Mal empor. Die Religionskriege sowie die Konkurrenz durch den billigeren Indigohandel brachen der Stadt im 17. Jh. erneut das Genick, die fortan bis zum 20. Jh. nahezu bedeutungslos blieb.

Heute verstehen wir unter Pastell (mit zwei l geschrieben) jene Kreiden, mit denen Henri de Toulouse-Lautrec leidenschaftlich arbeitete. Früher war damit jedoch ein Farbstoff gemeint, der sich nur mit einem l am Ende schreibt: Pastel. Er wurde aus einer Pflanze gewonnen, die den lateinischen Namen *Isatis* trägt, im Deutschen Waid oder **Färberwaid**, und zur Familie der Cruziferen gehört. Im 15./16. Jh. wurde der Waid rund um Toulouse plantagenmäßig angebaut. Im Herbst erntete man die Blätter, die zunächst luftgetrocknet und dann zerstampft wurden. Zu Bällchen geformt und leicht angefeuchtet wurde dann in einem Gärungsprozess ein Glykosid freigesetzt, das den Grundstoff für ein blaues Farbpigment abgibt. Dieser taubenblaue Farbstoff war europaweit äußerst beliebt und wurde zu astronomischen Summen gehandelt. Toulouse hatte in Europa das Monopol da-

◁ *Palmengewölbe*
der Kirche Les Jacobins in Toulouse

351

Toulouse ist fast zur Gänze aus Ziegeln erbaut, was der Stadt den Namen »ville rose« einbrachte. Es heißt, sie leuchte am Morgen rosa, zur Mittagszeit rot und gegen Abend malvenfarbig. Im Mittelalter ist der Backstein hauptsächlich in drei Regionen Europas zum bestimmenden Baumaterial geworden: im Toulousain, in der Lombardei und in Norddeutschland.

rauf. Als aber bald nach der Mitte des 16. Jh. aus Asien das Indigo als Alternative zum teureren Pastel eingeführt wurde, war das Toulousaner Monopol bald gebrochen. Die dritte Blütezeit von Toulouse fand ein jähes Ende.

Doch schon vor dem Ersten Weltkrieg begann sich das Blatt zu wenden, als in Toulouse der Flugzeugbau Fuß fasste. Am Anfang des 3. Jahrtausends erlebt die Stadt – nun zum vierten Mal in ihrer Geschichte – erneut einen kometenhaften Aufstieg. In der Statistik wurde Toulouse noch 1998 als sechstgrößte Stadt des Landes geführt, bereits zwei Jahre später stand sie infolge der rasanten Zuwanderung mit 800 000 Einwohnern auf Platz vier hinter Paris, Lyon und Marseille. Der Grund für die atemberaubende Entwicklung ist die Airbus-Industrie, die in weniger als drei Jahrzehnten seit ihrer Gründung eine Weltspitzenposition erklommen hat. Heute gilt Toulouse mit seinen Museen, seiner Theater-, Konzert- und Opernszene, seinen Messen und kulturellen Veranstaltungen als quirligste Stadt Frankreichs nächst Paris. Zudem ist das Durchschnittsalter der Einwohner ungewöhnlich niedrig, denn jeder vierte Bewohner der Stadt ist Student. Toulouse ist nicht nur Präfektur des Département Haute-Garonne, sondern zugleich Zentrale der Region Midi-Pyrénées.

Dies ater – Der 21. September 2001

Dies ater bedeutet »Schwarzer Tag«, ein solcher war der 21. 9. 2001 für Toulouse. An diesem Tag explodierte am Stadtrand die Chemiefabrik AZF, nachdem sich ein tödliches Gasgemisch entzündet hatte. 30 Tote waren zu beklagen, mehr als 100 Menschen wurden schwer, an die 1000 leicht verletzt. Noch bis 30 km im Umkreis gingen Fensterscheiben zu Bruch. Toulouse stand unter einem unvorstellbaren Schock. Da in den ersten Augenblicken nach der Explosion viele glaubten, nun sei auch hier ein von Terroristen gesteuertes Flugzeug zum Absturz gebracht worden, rannten Abertausende in Panik aus der Stadt hinaus in der Erwartung, dass es – wie zehn Tage zuvor in New York – zu einem weiteren Einschlag kommen könnte. Dieser Katastrophentag blieb von der Weltöffentlichkeit nahezu unbeachtet, da in jenen Tagen alles noch unter dem Schock der Ereignisse in Amerika stand. So war Toulouse ganz auf sich allein gestellt.

Epochen und Werke

Die abwechslungsreiche Geschichte der Stadt hat dazu geführt, dass aus der Römer-, der Westgoten- und der Merowingerzeit keine Denkmäler erhalten geblieben sind, nicht einmal Ruinen. Das Musée St-Raymond bietet allerdings reichliches und gutes Anschauungsmaterial aus der Antike.

Die Romanik ist die für die Kunstgeschichte zentrale Epoche in Toulouse. Mit der Wallfahrtskirche St-Sernin wurden im 11. Jh. Maßstäbe gesetzt, die für Europa richtungsweisend waren. In ihrer Blüte-

Toulouse ▷
 1 *Le Capitole*
 2 *St-Sernin*
 3 *Musée St-Raymond*
 4 *Couvent des Jacobins*
 5 *Musée des Augustins*
 6 *St-Etienne*
 7 *Hôtel Delfau*
 8 *Hôtel Bernuy*
 9 *Hôtel d'Ulmo*
 10 *Hôtel d'Assézat*

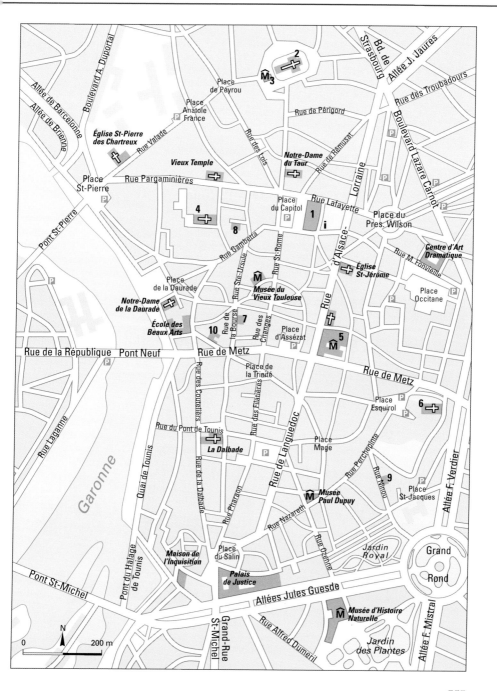

In den engen Straßen der Altstadt sollte man nicht mit dem Auto herumfahren. Als Ortsunkundiger verfährt man sich hoffnungslos. Aber die Innenstadt verfügt über ein dichtes Netz großer Tiefgaragen, die überall ausgeschildert sind. Für Touristen wie geschaffen ist die 2006 sanierte und erweiterte Garage unter dem Platz vor dem Rathaus, kurz Capitole genannt. Von hier aus ist alles leicht zu Fuß zu erreichen.

Place du Capitole mit Rathaus

zeit besaß die Stadt drei der größten romanischen Kreuzgänge Frankreichs und könnte sich heute »Welthauptstadt der Romanik« nennen, wenn nicht die Revolution so gnadenlos unter den Denkmälern gewütet hätte. Alle drei Kreuzgänge wurden zerstört. Was an Kapitellen übrig blieb, befindet sich heute im Musée des Augustins. Aber auch die Gotik wusste in Toulouse aufzutrumpfen. Zwei Kreuzgänge des 13. Jh. sind erhalten sowie zwei große gotische Kirchen, als wichtigste die des Dominikanerklosters, genannt Les Jacobins. Entsprechend der dritten Blütezeit von Toulouse im 16. Jh. ist auch die Renaissance großartig vertreten, und zwar in Gestalt der Stadtpalais der Adeligen, allen voran das Hôtel d'Assézat.

Le Capitole – Das Rathaus

Das 18. Jh. hat nur einen nennenswerten Bau in Toulouse hervorgebracht, das Rathaus (1), Capitole genannt. Sein Name erinnert an die frühere Form der Stadtregierung. Bereits im 12. Jh. hatte sich das Bürgertum aus der gräflichen und bischöflichen Bevormundung gelöst und eine kommunale Selbstverwaltung eingerichtet, an deren Spitze Konsuln standen, in Anlehnung an das Capitol in Rom »capitouls« genannt. Deren Einfluss wurde mit dem Beginn der kapetingischen Herrschaft 1271 zwar eingedämmt, doch nicht restlos gebrochen. Seit dem 15. Jh. trat neben die Konsuln als ein neues politisches Instrument das Parlament des Languedoc. Dennoch blieb die konsularische Verfassung von Toulouse bis zur Revolution bestehen.

Über 128 m Breite erstreckt sich die **Fassade**, an der – wie auch an anderen Bauten der Stadt – der Wechsel unterschiedlicher Baumaterialien ein kontrastreiches Farbenspiel inszeniert. Diese Fassade ist ein Schulbeispiel für die französische Baukunst des Barockzeitalters, die anders als fast überall sonst in Europa auf die typischen verspielten Dekorationselemente des Barock verzichtet und einen nüchternen Grundton bewahrt. Der Begriff des »style classique«, der in Frankreich offiziell verwendet wird, ist in der Tat treffender als das Signum »barock«. Das Rathaus ist zwar in der Hauptsache ein Bau des 18. Jh., die einheitliche Fassade, 1750 begonnen, täuscht indes darüber hinweg, dass sich dahinter heterogene Baukörper befinden. In die bestehende Substanz sind Teile aus Mittelalter und Renaissance inkorporiert worden. Als separater Baukörper steht noch heute auf der Rückseite des Rathauses der »Donjon du Capitole« aus dem 15. Jh. (darin befindet sich heute das Office de Tourisme). Das Renaissanceportal im Innenhof stammt aus dem 16. Jh. und ist ein Werk des Nicolas Bachelier. Heute ist das Rathaus von Toulouse Sitz des Bürgermeisters und Tagungsort des Stadtrats. Im Südflügel ist das Theater untergebracht. Im Obergeschoss des Nordflügels befindet sich der prächtige Barocksaal mit dem Namen »Salle des Illustres« (Saal der Berühmtheiten, denn solche sind hier im Bilde dargestellt). Hier finden die großen Empfänge des Bürgermeisters statt.

Der Name des Rathauses, Capitole, macht irrtümlich glauben, der Bau stünde an der Stelle des einstigen Forums der antiken Stadt. Dies ist definitiv nicht der Fall, wie wir allerdings erst seit kurzem wissen. 1992 wurde bei Grabungen das römische Forum im Bereich der Place Esquirol 300 m südlich des Capitole nachgewiesen. Der weite Platz vor dem Rathaus erhielt seine jetzige Gestalt im 19. Jh.

Salle des Illustres:
für Publikum offen an Werktagen 8.30–17, Sa 9–12 und So 10–19 Uhr. Wenn nicht gerade ein Festakt stattfindet, kann man den Saal ungehindert betreten und kostenlos besichtigen.

St-Sernin

Vom Rathaus gehen wir durch die schmale Rue du Taur stadtauswärts zur Kirche St-Sernin (2). Der **hl. Saturninus** (frz. St-Sernin) lebte im 3. Jh. n. Chr. und gilt als erster Bischof von Toulouse. Um das Jahr 250 n. Chr. erlitt er unter Kaiser Decius ein denkbar grausames Martyrium: Er wurde an einen Stier gebunden, der den Delinquenten zu Tode schleifte. Im Namen der Rue du Taur (= Stierstraße) lebt die Erinnerung an dieses Ereignis fort.

Die Wallfahrtskirche St-Sernin ist heute, nach dem Verlust von Cluny, das größte Bauwerk der Romanik in Frankreich (115 m Länge). Der Baubeginn fällt in die 1080er-Jahre und hängt ursächlich mit einem kirchenpolitischen Skandal zusammen. 1083 hatte Abt Hunaldus von Moissac mit Brachialgewalt versucht, das bis dahin freie Kloster in den cluniazensischen Kirchenverband einzuschweißen. Der Papst und der Bischof Isarnus von Toulouse, aber auch Abt Hugo von Cluny und selbst der Graf von Toulouse gaben ihm dabei Rückendeckung. Doch die Mönche von St-Sernin revoltierten gegen die »feindliche Übernahme« und verließen ostentativ ihr Kloster. Papst, Bischof,

An den Wochenenden findet rund um St-Sernin ein Antiquitäten- und Trödelmarkt statt. So lässt sich eine Besichtigung der großen romanischen Kirche mit einem Bummel durch die Stände der Händler unterhaltsam unterbrechen. Aber Vorsicht: Hier treiben Taschendiebe ihr Unwesen!

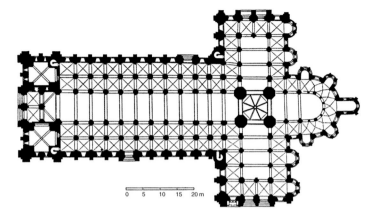

Graf und Abt von Cluny zogen sich daraufhin zurück, Hunaldus stand als der Düpierte da und wurde von seinen eigenen Mönchen in Moissac, die auch sonst unzufrieden mit seiner Amtsführung waren, 1085 zum Rücktritt gezwungen. Die Mönche von St-Sernin kehrten sofort nach Toulouse zurück und begannen damit, einen Bau in Szene zu setzen, der nicht zuletzt Ausdruck ihres strotzenden Selbstbewusstseins wurde.

Wir wenden uns zunächst der **Architektur** des Bauwerks zu, auf die Fragen der Ausstattung, namentlich der Skulptur, gehen wir weiter unten ein. Toulouse lag nicht nur an einer der wichtigsten Routen nach Santiago, der Ort selbst war das Ziel zahlreicher Pilger, insbesondere die Kirche St-Sernin, die damals den reichsten Reliquienschatz des Abendlandes (nach Rom) besaß und zudem behauptete, auch die Gebeine des Apostels Jakobus d. Ä. würden sich hier befinden (das geflügelte Wort »Das ist nicht der wahre Jakob« stammt aus dieser Zeit). Zwangsläufig musste das Bauwerk die Gestalt einer Pilgerkirche annehmen. So zeigt der Chor das im Raum Südwestfrankreichs seltene Muster des Pilgerchores mit Umgang und Radialkapellen. Der Umgang führt ohne Unterbrechungen durch das dreischiffig angelegte Querhaus und setzt sich dann in den äußeren Seitenschiffen des Langhauses fort. Dieses ist nicht als Basilika, sondern als fünfschiffige Emporenkirche konzipiert. Die Funktion der Empore ist die baustatisch solide Absicherung der Mittelschifftonne. Inwieweit die Emporen auch eine liturgische, eventuell sogar praktische Aufgabe – Unterbringung von Pilgern – erfüllten, ist immer noch unklar. Es fällt jedenfalls auf, dass die wichtigsten Pilgerkirchen Frankreichs alle demselben Muster folgten (die meisten leider zerstört: St-Martin in Tours, St-Martial in Limoges, erhalten nur noch Ste-Foy in Conques). In Santiago de Compostela entstand gleichzeitig mit St-Sernin ein beinahe identischer Bau, was aber nicht nur mit der ähnlichen Bestimmung als Pilgerkirche zusammenhängt, sondern auch als Ausdruck der Konkurrenz zwischen den beiden bedeutenden Wallfahrtszentren gelten kann. Weithin sichtbar überragt der vielstöckige, oktogonale Vierungsturm die Kirche, dessen Gestalt zum Vorbild zahlloser Nachfolger im gesamten nördlichen Pyrenäengebiet wurde.

Nun zur Skulptur! Nicht nur in Sachen der Architektur hat St-Sernin Geschichte gemacht, auch im Bereich der Skulptur haben die an dem Projekt beteiligten Künstler Meilensteine gesetzt. Bereits in den letzten Jahren des 11. Jh. war mit dem zweitorigen Portal des südlichen Querhauses, der so genannten Porte des Comtes (sie trägt diesen Namen, weil in einer Nische daneben gräfliche Grabtumben stehen), eines der ersten Stufenportale des europäischen Mittelalters entstanden. Ihm fehlt als konstituierender Bestandteil einzig das Tympanon. Ein solches erhielt die nur wenige Jahre später (vor 1115) entstandene **Porte Miégeville**, deren Bogenfeld erstmals an einem romanischen Portal die Himmelfahrt Christi zeigt. Den großen Einfluss von Toulouse in jener Zeit erkennen wir an dem Umstand, dass sich dieses Thema rasch überall in Frankreich ausbreitete und um 1130 zahlreiche Ableger vor allem in Burgund fand.

Die führende Persönlichkeit unter den um das Jahr 1100 in Toulouse tätigen Bildhauern war der Künstler Bernardus Gelduinus, dessen Signatur die **Altarmensa** von St-Sernin trägt. Es ist derselbe Altar, den Papst Urban II. 1096 anlässlich der Chorweihe von St-Sernin konsekrierte.

Im **Chorumgang** von St-Sernin sind einige Reliefplatten aus Marmor aus der Zeit um 1100 eingemauert, von denen nicht verbindlich geklärt ist, ob es eigenhändige Arbeiten des Bernardus Gelduinus sind

Der originale Altar in der Vierung ist durch Gitter gesichert, man kann ihn leider nur aus der Ferne sehen. Im nördlichen Querschiff hat man eine Nachbildung aufgebaut, an der man Details aus der Nähe betrachten kann. Besonders schön sind die antikisierenden Brustbildnisse in kleinen Medaillons. Der Chorumgang ist über die Mittagszeit geschlossen. Hier muss man Eintritt bezahlen.

Tympanon der Porte Miégeville

oder ob sie von einer anderen Hand geschaffen wurden. Auf jeden Fall sind sie seinem Umkreis zuzuordnen. Sie befanden sich ursprünglich in anderen Kirchen von Toulouse, die in der Revolution abgerissen wurden, und kamen erst im 19. Jh. an ihren heutigen Platz. Man sieht ein Relief mit einer Darstellung des in einer Mandorla thronenden Pantokrators, auf den anderen Platten sind Engel und Apostel dargestellt. Diese Arbeiten sind ein Quantensprung in der Entwicklung der romanischen Skulptur. Waren die Arbeiten noch bis in die Mitte des 11. Jh. flach und unbeholfen, vermutlich das Produkt von Steinmetzen, weil es das Berufsbild des Bildhauers noch gar nicht gab, so erlebt man nun, Ende des 11. Jh., die voll entwickelte Persönlichkeit eines echten Bildhauers. Er verabschiedet sich vom Kleinformat der Frühromanik und steuert auf die Monumentalisierung der Skulptur zu. Des Weiteren findet eine Form der Antikenannäherung

St-Sernin, Chorpartie

358

statt, wie es zuletzt in den Werken der Hofschule Karls des Großen oder in der ottonischen Protorenaissance des 10. Jh. der Fall war. Die Figuren dieser Reliefs zeigen Gewandformen, Frisuren und Charakterköpfe, wie man es von römischen Statuen und Porträtbüsten kennt.

Ein paar Stufen führen in die Krypta hinunter, wo zahlreiche Reliquiare ausgestellt sind, zumeist barockzeitlich. Die wirklich wertvollen Stücke des Mittelalters mit viel Edelmetall und kostbaren Steinen wurden allesamt in der Revolution geplündert.

Musée St-Raymond

Der Kirche St-Sernin benachbart ist das in einem vorbildlich restaurierten Renaissancepalais untergebrachte Antikenmuseum der Stadt (3). Hier sind Funde aus Toulouse, aber auch aus zahlreichen anderen Ausgrabungen im gesamten Languedoc ausgestellt. Besondere Aufmerksamkeit verdient die **Sammlung römischer Porträtbüsten** im ersten Stockwerk, eine der umfangreichsten weltweit (nach denen in Rom, München und Kopenhagen). Hier ist eine Galerie von Köpfen aufgereiht, die mit der frühen Kaiserzeit beginnt und bis hinauf in das 4. Jh. n. Chr. führt.

Das bedeutendste Relief im Chorumgang von St-Sernin zeigt Christus Pantokrator.

Die Büste kam erst in der Zeit der späten Republik auf. Anknüpfend an den Brauch, von Verstorbenen Totenmasken herzustellen, zeigen die frühen Porträts fast nur alte Männer, und dies mit einem geradezu fotografischen Verismus. Zur Zeit des Augustus glätten sich die Gesichter und werden jünger – es ist die erste Epoche eines Klassizismus in der europäischen Kunst. Danach folgt eine kurze Zeit, die man nach der zweiten Herrscherdynastie (69–96 n. Chr.) den »Flavischen Impressionismus« genannt hat. Vor allem die Damen wurden in dieser Zeit (Ende des 1. Jh. n. Chr.) mit verspielten Löckchen dargestellt. Unter Kaiser Trajan (98–117) – hier mit gleich zwei Porträts vertreten –, dem ersten in der Reihe der Adoptivkaiser, begann eine kurze Phase der Verhärtung. Mit seinem Nachfolger Hadrian (117–138) zog ein zweiter Klassizismus herauf. Hadrian war ein großer Bewunderer griechischer Kultur und machte den Philosophenbart populär. Unter seinen Nachfolgern Antoninus Pius (138–161), Lucius Verus (kurze Zeit Mitregent des Marc Aurel) und Marcus Aurelius (161–180) wurde aus dem anfänglichen Stutzbärtchen ein üppiger Rauschbart. Diesen übernahm nach Ende des Zeitalters der Adoptivkaiser Septimius Severus (193–211), der das Severische Haus begründete. Im Laufe des 3. Jh. n. Chr. begann der Impetus der römischen Kunst zu erlahmen – es war ohnehin die politisch verworrene Zeit der Soldatenkaiser. Im 4. Jh. n. Chr. gelang Diokletian (284–305) und nach ihm Konstantin dem Großen (313 bzw. 324–337) noch einmal eine letzte Konsolidierung des Römischen Reiches – aber die Kunst ist bereits Ausdruck eines neuen Zeitalters, dem Beginn des Christentums mit seinen transzendenten Vorstellungen. Die Porträts dieser Zeit scheinen nicht mehr von dieser Welt zu sein. Ihr Blick geht über den Kopf des Betrachters hinweg ins Leere.

Musée St-Raymond: tgl. außer Di 10–18, Juni bis Aug. bis 19 Uhr; geschlossen 1. Jan., 1. Mai und 25. Dez. Am 24. und 31. Dez. nachm. nur bis 17 Uhr geöffnet.

Dominikanerkloster Les Jacobins

Geschichte des Ordens

Unser zweiter Rundgang beginnt wieder auf dem Capitolsplatz und führt von dort zum versteckt gelegenen, aber sehr nahen Dominikanerkloster. Les Jacobins (4) ist das **Mutterkloster des Dominikanerordens**. Schon 1206 hatte der hl. Dominikus (1170–1221) in Prouille nahe Toulouse ein Missionszentrum gegen das Katharertum ins Leben gerufen. 1215 folgte die Gründung eines Predigerheims in Toulouse. Doch Papst Innozenz III. verweigerte der jungen Kongregation die Anerkennung als Orden. Dieses Versäumnis holte sein Nachfolger Honorius III. 1216 nach. Von Toulouse aus fand der Orden nun eine rasche Verbreitung in ganz Europa (weitere Angaben zur Ausbreitung des Ordens der Dominikaner vgl. die Biografie des hl. Dominikus in der Galerie berühmter Persönlichkeiten).

Ausgangspunkt des hl. Franziskus wie des hl. Dominikus war die Verwirklichung eines apostolischen Lebens in Armut und Entsagung im Dienste der Kirche und die direkte Ansprache der Menschen ihrer Zeit, insbesondere in den Städten. Während Dominikus jedoch planvoll zu Werke ging, sich um Fragen der Ausbildung des Nachwuchses und der Unterbringung kümmerte, hatte Franziskus einen Weg der Intuition eingeschlagen; er gründete eher spontan das eine oder andere Sanktuarium. Die Dominikaner machten es sich zur Hauptaufgabe, Dämme gegen das Ketzertum zu bauen. Sie wurden die Ziehväter der Inquisition und bedienten sich dabei nicht selten brutaler Mittel. (Die Anwendung der Folter war offiziell von Rom sanktioniert worden.) 1217 mussten sie Toulouse infolge der Kriegswirren fluchtartig verlassen und kehrten erst nach dem Friedensschluss

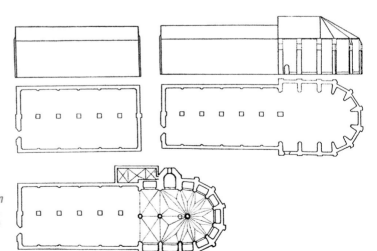

Toulouse, Les Jacobins, Abfolge der drei Bauphasen: links oben und Mitte 1230–1235, rechts oben und Mitte vor 1252, unten Form des Chors ab 1335

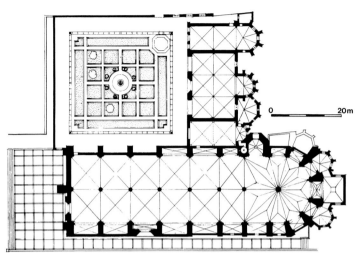

Toulouse, Les Jacobins, Grundriss des heutigen Zustandes

0   20 m

von 1229 zurück. Der Friedensvertrag sah unter anderem die Gründung einer kirchlich geführten Universität vor, deren Leitung die Dominikaner übernahmen – es ist die zweitälteste Universität des Landes nach der Sorbonne in Paris. Obwohl Toulouse der Gründungsort des Ordens ist, gewannen im Mittelalter die Niederlassungen in Bologna und Paris größere Bedeutung.

Klosterkirche St-Jacques

Die Baugeschichte der Klosterkirche St-Jacques liest sich einigermaßen verwirrend und gliedert sich in vier Kapitel:

1230–1235 entstand der **erste Bau**, der sich getreulich an die 1228 festgelegten Ordensstatuten hielt, denn ähnlich wie bei den Zisterziensern sollten die Bauten der Dominikaner ein Spiegel ihres Armutsideals sein. Es war ein einfaches Rechteck von 60 x 20 m ohne Chor, nur 13 m hoch (die Ordensstatuten hatten 11,5 m Raumhöhe als Maximum vorgesehen). Mit dem heute bestehenden Bauwerk stimmte jedoch bereits die Zweischiffigkeit überein, für die die Dominikanerkirche in Paris das Vorbild abgegeben hatte.

In einem **zweiten Bauvorgang** wurde dem Rechteck im Osten 1245–1252 ein polygonal gebrochener Chor mit eingezogenen Wandpfeiler-Kapellen angefügt. Dieser war einschiffig und ungewölbt.

Erst in einer **dritten Kampagne** 1275–1292 erhielt der Chor seine heutige Gestalt. Es ist gewiss kein Zufall, dass die fortschreitende »Gotisierung« der Baukunst in Toulouse just in jene Zeit fällt, als nach dem Aussterben der Raimoniden das Haus der Kapetinger die einstmals freie Grafschaft in Besitz genommen hatte. Nun wurde auch der Chor in zwei Schiffe unterteilt und eingewölbt.

Kloster der Dominikaner:
tgl. 10–19 Uhr. Der Eintritt in die Kirche ist frei, für den Besuch des Kreuzgangs mit dem Kapitelsaal ist jedoch eine Gebühr zu bezahlen.

Der Name Jakobiner irritiert und hat ursprünglich nichts mit den radikalen Revolutionären der Jahre 1790–1794 zu tun. Das Dominikanerkloster in Paris stand nahe dem Jakobstor, weshalb die Dominikaner im Volksmund schon früh den Namen Jacobins erhielten. Dieser Name ging auf die Revolutionäre über, da diese den weiträumigen Kirchenraum der Dominikaner in Paris für ihre Versammlungen benutzten.

Im 14. Jh. schließlich glich man das Langhaus dem Chor an. Ab etwa 1324/25 wurden die Langhausmauern auf dieselbe Höhe gezogen wie jene des Chores und nunmehr das gesamte Gebäude mit gotischen Kreuzrippen überwölbt. Obwohl die Bauarbeiten etwa 1335 zum Abschluss kamen, fand die **Weihe** erst 1385 statt.

Auch wenn mit St-Jacques – oder Les Jacobins – das Muster der zweischiffigen Halle nicht erstmals kreiert wurde, stellt die Kirche die schönste Realisierung dieses seltenen Bautyps dar. Ihre einheitliche Wirkung lässt nicht ahnen, dass dem Endresultat ein Experimentieren über Generationen vorausging. St-Jacques besitzt zwei Gesichter. Der Außenbau ist gänzlich schmucklos. Kühl und abweisend wachsen die Ziegelmauern empor, der Vergleich mit Burgen des Mittelalters drängt sich auf. Völlig anders der Innenraum! Die farbigen Fenster (nicht original) verleihen der Architektur etwas beinahe Unwirkliches. Der Raum erscheint wie schwebend und völlig losgelöst von aller irdischen Wirklichkeit. Diese Leichtigkeit resultiert auch aus der gemessen an der Größe des Bauwerks geradezu grazil wirkenden Schlankheit der Rundstützen. In keinem anderen Bau finden die konträren Auffassungen des Nordens – Höhenstreben, Wanddurchbrechung – und die Bautradition des Südens – Einheitsraum, Geschlossenheit der Wand – zu einer so geglückten Synthese wie in dieser Kirche, die schon im Mittelalter das Staunen und die Bewunderung der Zeitgenossen auf sich zog.

Wie hoch die Kirche St-Jacques im Ansehen stand, verdeutlicht der Streit um die **Reliquien des hl. Thomas von Aquin** (1226–1274), des bedeutendsten Theologen des Mittelalters. 1334 war der nächst dem hl. Dominikus prominenteste Dominikaner heiliggesprochen worden. Um seine Reliquien entbrannte ein Streit zwischen Bologna, Paris und Toulouse. 1369 griff Papst Urban V. in die Kontroverse ein und entschied apodiktisch für Toulouse. Sein Argument: Da diese Stadt die mit Abstand schönste Kirche besäße, sei nur sie allein würdig, dem großen Kirchenlehrer als letzte Ruhestätte zu dienen. So war Toulouse für den Verlust der sterblichen Überreste des hl. Dominikus, der in Bologna beigesetzt worden war, entschädigt.

Kreuzgang

Der ausladende Kreuzgang wurde um das Jahr 1300 angelegt. Er vermittelt den Eindruck zisterziensisch anmutender Schlichtheit, was nicht nur dem Armutsgedanken entspringt, sondern hier konkret der bodenständigen Kreuzgangsarchitektur der Gotik entspricht.

Ein Wunderwerk später Gotik ist der **Kapitelsaal**. Die sechs Joche seines Kreuzrippengewölbes ruhen in der Raummitte auf zwei zerbrechlich wirkenden Säulen, deren Schäfte bis auf ein statisch noch eben vertretbares Maß ausgedünnt erscheinen. Hier wird der Raumgedanke der Kirche aufgegriffen und zugleich bis zum Äußersten perfektioniert.

Die Revolution war nicht nur für die romanischen Kreuzgänge, sondern auch für das Jakobinerkloster eine Katastrophe. Das Militär be-

Grazile Pfeiler ▷ stützen den Kapitelsaal im Kreuzgang von Les Jacobins

mächtigte sich der Bauten und richtete darin eine Kaserne ein. Die entweihte Kirche fand als Pferdestall Verwendung – und das noch bis 1865! Erst dann verließen die Soldaten das Kloster, und es konnte eine erste Renovierung durchgeführt werden. Zwei der vier Kreuzgangsflügel waren abgerissen worden und wurden nun wieder aufgebaut. Mit Unterbrechungen dauerten die Instandsetzungsmaßnahmen noch bis in die 1970er-Jahre an.

Musée des Augustins

Musée des Augustins: tgl. 10–18 Uhr, am Mi bis 21 Uhr; geschlossen 1. Jan., 1. Mai und 25. Dez.

Wir bleiben zunächst noch im zeitlichen Spektrum des Mittelalters und schlagen nun den Besuch des Kunstmuseums der Stadt vor, das sich – der Name sagt es – in den Räumen des einstigen Augustiner-Konvents (5) befindet.

Neben dem Kreuzgang von Les Jacobins besitzt Toulouse als zweiten Vertreter später Gotik den Kreuzgang des ehemaligen Augustiner-Konvents. Er wurde Ende des 14. Jh. errichtet, ist also knapp einhundert Jahre jünger als der des Dominikanerklosters, diesem jedoch in Größe und Gestalt eng verwandt. Im Hof des Kreuzgangs haben die Museumsverantwortlichen Ende der 1990er-Jahre einen Garten angelegt, in dem typische Pflanzen gedeihen, die man im Mittelalter in der Küche und im Arzneiwesen verwendete. Das Kloster besitzt zudem einen zweiten, kleineren Kreuzgang aus dem 18. Jh. sowie die spätgotische Kirche. Bereits 1794 wurde in diesen Räumen das »Musée provisoire du Midi de la République« installiert, aus dem das heutige Musée des Augustins hervorgegangen ist. Neben einer Gemäldegalerie und einer Kollektion spätmittelalterlicher und neuzeitlicher Skulpturen ist das eigentliche Herzstück des Museums die Sammlung romanischer Kapitelle aus den in der Revolution zerstörten Kreuzgängen der Stadt. Sie befindet sich heute in einem großen Saal, den Viollet-le-Duc eigens für diesen Zweck Mitte des 19. Jh. konzipiert hat. Es handelt sich um der Welt umfangreichste Sammlung romanischer Bauplastik.

Die ältesten Kapitelle stammen aus dem **Kloster La Daurade**. Der Name dieser Abtei – die Goldene – stammt von der verlorenen goldenen Fassung ihrer Kreuzgangskapitelle. La Daurade war kein unabhängiges Kloster, sondern unterstand seit dem 11. Jh. der Aufsicht durch Moissac, das seinerseits mit Cluny verbunden war. Von Moissac kam das erste Atelier, das um 1100 oder ganz kurz danach die ersten Kapitelle des Kreuzgangs schuf, nachdem die Arbeiten am Kreuzgang in Moissac abgeschlossen waren. Um etwa 1125 setzte ein zweites Atelier die Arbeiten fort. Dessen Figurenkapitelle zeigen eine größere Erzählfreude und intensivere szenische Zusammenhänge; es ist der entwickelte Stil der hohen Romanik. Ein drittes Atelier schließlich brachte Ende des 12. Jh. die Arbeiten im Kreuzgang zum Abschluss, der nach unserer Kenntnis der prächtigste unter allen Kreuzgängen der Romanik in Europa gewesen sein muss.

Vom **Kreuzgang von St-Sernin** ist nur wenig erhalten geblieben, als

Wichtigstes ein Relief mit zwei Frauengestalten, die einen Widder und einen Löwen in Händen halten (möglicherweise war dieses ursprünglich für die – nicht ausgeführte – Westfassade von St-Sernin bestimmt). Diese Arbeit steht in der Nachfolge der Porte Miégeville und zeigt eine enge stilistische Verwandtschaft mit gleichzeitigen Bildhauerarbeiten in Nordspanien (León, San Isidoro; Santiago de Compostela, Nordportal).

Der dritte der verlorenen Kreuzgänge ist jener der **Kathedrale St-Etienne**. Der romanische Kreuzgang war eine weitere Spitzenleistung der romanischen Bildhauer. An einem der Kapitelle soll im 19. Jh. noch der Name des Gilabertus zu entziffern gewesen sein, der zu den Vollendern der Skulptur des 12. Jh. gehört. Höchste Virtuosität der Steinbearbeitung zeigt jenes Kapitell, an dem der Tanz der Salome und der Tod des Johannes dargestellt sind. Zum Umkreis des genialen Gilabertus gehören zwei andere Kapitelle, die die Maria Ägyptiaca und die Anbetung der Könige zeigen. Die schwungvollen Bewegungen namentlich im Kapitell mit der Anbetung zeigen die romanische Skulptur auf ihrem Zenit in der Zeit um 1140, zugleich zeichnet sich jener »barocke« Spätstil ab, der in der Gestalt des Jesaja von Souillac seinen Höhe- und Schlusspunkt finden sollte.

In der Abteilung gotischer Skulpturen finden sich einige schöne Stücke. Ein Kleinod ist die Madonna »Nôtre-Dame de Grasse« (15. Jh.), die sich ursprünglich in der Dominikanerkirche befand. In der Gemäldeabteilung muss man sich lange umtun, bevor man ein paar Rosinen unter vielen provinziellen Exponaten entdeckt, in der Kirche einen Teil eines Perugino-Altars, im Obergeschoss Bilder von Ingres, Delacroix, Corot, Courbet und Toulouse-Lautrec.

Von hier bietet sich ein Abstecher zum sehenswerten Museum des Kunsthandwerks, dem **Musée Paul-Dupuy** in der Rue de la Pleau an, einer kleinen Seitenstraße der Rue Ozenne. Es liegt etwa 300 m südlich vom Musée des Augustins. Das Museum wurde 1939 von Paul Dupuy ins Leben gerufen und befindet sich in den (in den 1980er-Jahren restaurierten) Räumen des Hôtel Besson. Darin ist u. a. der berühmte Olifant Rolands ausgestellt, ein Elfenbeinhorn des 11. Jh. aus dem einstigen Kirchenschatz von St-Sernin. Besonders kostbar ist die **Porzellansammlung**.

Musée Paul-Dupuy: Juni bis Sept. tgl. 10–18 Uhr, Okt. bis Mai tgl. außer Di 10–17 Uhr.

Kathedrale St-Etienne

Während andernorts die Kathedralen den Mittelpunkt vieler Städte markieren und deren bedeutendste Sehenswürdigkeit darstellen, ist die Bischofskirche von Toulouse (6) an den Rand der Altstadt gedrängt, und ihre bauliche Gestalt rangiert um Klassen hinter St-Sernin und Les Jacobins. Sie besteht aus zwei Baukörpern, die achsial gegeneinander versetzt erscheinen. Das einschiffige Langhaus stammt aus dem späten 12. Jh. Es ist einer der ersten Vertreter des südfranzösisch-gotischen Einheitsraums. Der Start zu einem Neubau, der in den Jahren der Katharerkriege in Angriff genommen wurde, verlief damals zwangsläufig im Sande. 1272 begann Bischof Bertrand de l'Isle-Jourdain mit dem Neubau des Chores im Stil der nordfranzösischen Gotik, dem die Errichtung eines neuen Langhauses hätte folgen sollen – doch dazu ist es nie gekommen. Der Bischof hatte sich mit dem Projekt übernommen. Toulouse stand wieder einmal am Vorabend eines Niedergangs, die Finanzen lagen im Argen. So besteht die Kathedrale heute aus zwei sehr ungleichen Teilen.

Das Zeitalter der Renaissance in Toulouse

Der Pastelhandel hatte Toulouse im ausgehenden Mittelalter enormen Wohlstand beschert, die Stadt besaß in Europa das Monopol auf den begehrten Farbstoff. Einige Familien wurden dabei unermesslich reich. Zwei zusätzliche Ereignisse begünstigten den Ausbau der Stadt am Ende des Mittelalters. Zum einen hatte die Zentralgewalt der Provinz Languedoc 1444, also kurz vor Ende des Hundertjährigen Krieges, dessen glücklicher Ausgang für Frankreich damals bereits feststand, ein autonomes Parlament zugestanden, das seinen Sitz in Toulouse bezog, zum anderen wütete 1463 beinahe zwei Wochen lang ein Großbrand in der Stadt, der tiefe Breschen in die Bausubstanz der historischen Altstadt schlug. Mittel waren jetzt wieder ausreichend vorhanden, um unverzüglich die entstandenen Lücken zu schließen. Da wiederum vom 17. bis zum 19. Jh. eine weitgehende städtebauliche Stagnation herrschte und kein nennenswerter Abriss älterer Substanz stattfand, besitzt Toulouse heute eine Fülle von aristokratischen Wohnbauten des 15. und mehr noch des 16. Jh.

Wir können drei Phasen unterscheiden. Im 15. Jh. und bis in die ersten Jahre des 16. Jh. war man noch dem Mittelalter verpflichtet. Die Bauten aus dieser Periode haben einen geschlossenen, wehrhaften Charakter und besitzen auffallende Treppentürme, damals ein Prestigezeichen. Beispiele dafür sind das **Hôtel Delfau** (7; in der Rue de la Bourse, Ecke Rue Temponières), das 1493–97 erbaut wurde (sein Treppenturm ist 22 m hoch), und das **Hôtel Bernuy** (8; an der Ecke Rue Gambetta/Rue Lakanal), dessen Turm mit 26,5 m Höhe einer der höchsten in der Stadt ist. Mit dem frühen 16. Jh. hielt in Toulouse die italienische Renaissance ihren siegreichen Einzug. Die Stadtpalais wurden geräumiger und verloren ihre abweisende Erscheinung. Für diese zweite Phase nennen wir als exemplarisch das **Hôtel d'Ulmo**, (9), erbaut 1526–36 (an der Place Stes-Scarbes).

Mit dem Bau des Hôtel de Bagis (auch Hôtel de Pierre genannt), einem Werk des Architekten Nicolas Bachelier, begann 1538 die dritte Phase, das Zeitalter der Hochrenaissance in der Architekturgeschichte des *hôtel particulier* in Toulouse, wie man im Französischen diese Stadtresidenzen wohlhabender Patrizier offiziell nennt. Die Bauten gewinnen nun nahezu schlosshafte Ausmaße und besitzen aufwändige Architekturdekorationen. Das schönste Beispiel dieser reifen Phase ist das Hôtel d'Assézat an der Rue de Metz (nahe dem Pont Neuf), dem wir uns nun ausführlicher widmen.

Hôtel d'Assézat

Dieses stolze Palais (10) wurde in einer Rekordzeit von nur zwei Jahren Bauzeit 1555–1557 nach einem Plan des Toulousaner Architekten Nicolas Bachelier errichtet. Bauherr war der Consul Assézat, dessen Namen das Gebäude bis auf den heutigen Tag trägt. Vier Flügel legen sich um einen geschlossenen Hof, wobei die Nordseite lediglich aus einer schlichten Wand besteht. Die Säulengliederung der drei übereinander aufgehenden Geschosse zeigt in korrekter Rezeption des klassischen Kanons von unten nach oben die Abfolge der antiken Säulenordnungen: dorisch, ionisch, korinthisch. Zudem nimmt die Höhe der Geschosse nach oben hin ab, was dem Gebäude den Eindruck von Last und Schwere nimmt. Reizvoll ist das Farbenspiel, das aus dem Wechsel von Ziegel im Mauerwerk und weißlichem Kalkstein in den Rahmen- und Gliederungsteilen resultiert.

Fondation Bemberg

Heute befindet sich im Hôtel d'Assézat die Fondation Bemberg. Gestiftet hat sie Georges Bemberg. Dessen Familie stammte ursprünglich aus Köln, von dort wanderte sie nach Argentinien aus, wo die Bembergs als Industrielle zu Vermögen kamen. Georges Bemberg baute eine **einzigartige Kunstsammlung** auf, die er 1995 der Obhut von Toulouse anvertraute.

Fondation Bemberg im Hôtel d'Assézat: tgl. außer Mo 10–12.30 und 13.30–18, Do bis 21 Uhr.

Die Sammlung hat drei Schwerpunkte: die Kunst der Renaissance, das Rokoko und Malerei der klassischen Moderne (Impressionismus und Postimpressionismus). Das 16. Jh. ist vor allem durch die Malerei des Lucas Cranach als Repräsentant für Deutschland vertreten, Italien ist besonders mit den venezianischen Meistern präsent (Porträts von Tintoretto und Veronese). Desgleichen ist das Settecento Veneziano (die Kunst Venedigs im 18. Jh.) stark vertreten, der ein eigener Raum gewidmet ist. Die nüchternen Veduten eines Canaletto, die impressionistisch angehauchten Venedig-Ansichten Guardis, die Szenen, die Pietro Longhi aus dem Leben der Venezianer eingefangen hat, und die zarten Pastellporträts der Rosalba Carriera erzählen vom Facettenreichtum der venezianischen Malerei am Vorabend des Untergangs der Republik Venedig. Monet, Renoir, Sisley und andere Meister des Impressionismus sind im Stockwerk darüber mit je einem Bild vertreten. Für den Postimpressionismus steht besonders Pierre Bonnard, von dem wir hier eine ganze Kollektion an Bildern sehen.

Musée des Abattoirs

Der Blick in die Kunstsammlung der Fondation Bemberg hat uns bis in das 20. Jh. geführt. Die Rundgänge durch Toulouse kann man nun mit einem Besuch des »Centre d'Art Moderne et Contemporain« beschließen, auch Musée des Abattoirs genannt. Abattoirs heißt Schlachthof und bedeutet in diesem Zusammenhang ganz konkret,

Musée des Abattoirs:
tgl. außer Mo 11–19
Uhr; geschlossen
1. Jan., 1. Mai und
25. Dez.
Das Museum liegt auf
dem linken Ufer der
Garonne im Stadtteil
St-Cyprien (nahe dem
Pont des Catalans).
Nächstgelegene
U-Bahn-Station ist
République, zu Fuß
geht man von der In-
nenstadt etwa 20 Min.
hierher.

dass sich hier noch bis in das ausgehende 20. Jh. der Schlachthof von Toulouse befunden hat. Die große Ziegelhalle wurde 1828–31 nach einem Plan des Architekten Urbain Vitry errichtet und 1989 aufgegeben. Bereits 1990 fand das Gebäude Aufnahme in den Katalog der *monuments historiques*. Dadurch wurden staatliche Geldmittel für die Wiederinstandsetzung frei, und schon rasch reifte der Plan, das Denkmal als **Museum moderner Kunst** einer neuen Bestimmung zuzuführen. 1995 gewannen die beiden Architekten Antoine Stinco und Rémi Papillaut den internationalen Wettbewerb, den die Stadt Toulouse ausgeschrieben hatte. 1997 begannen die Baumaßnahmen, die im Jahr 2000 zum Abschluss kamen. Seither besitzt Toulouse eine großartige Museumsattraktion mehr.

Das Museum verfügt über einen Bestand von rund 2000 Kunstwerken. Das meiste geht auf die Stiftungen von Daniel Cordier und Anthony Denney zurück, darüber hinaus hat das Centre Pompidou einen Teil seiner Sammlung als Dauerleihgabe nach Toulouse verlagert. So reich sind jetzt die Bestände, dass immer nur Teile gezeigt werden können. Es finden deshalb ständig Umstellungen und Neuhängungen statt, sodass wir keinen genauen Rundgang beschreiben können. Wir halten fest, dass praktisch alle Richtungen der neueren und neuesten Kunstgeschichte (Art Brut, Actionpainting, Minimal Art, Informel, Tachismus usw.) und alles, was in der aktuellen Kunstszene bzw. in jüngster Vergangenheit Rang und Namen hat, hier mit mindestens einem Werk vertreten ist: Arman, Bissier, Brassaï, César, Chaissac, Combas, Dubuffet, Duchamp, Hartung, Karen, Mapplethorpe, Morris, Rauschenberg, Rotella, Saura, Venet, Viallat.

Das Museum besitzt zudem das größte Gemälde (8,31 x 13,25 m), das **Pablo Picasso** jemals geschaffen hat. Seiner Lichtempfindlichkeit wegen darf es nicht ständig ausgestellt werden, sondern ist nur während der Sommermonate im Tiefparterre zu sehen. Es handelt sich um ein Kulissenbild, das der große Spanier 1936 für das Drama »14. Juli« von Romain Rolland gemalt hat. Es trägt den Titel »La dépouille du Minotaure en costume d'Harlekin« (»Der Minotaurus entledigt sich seines Harlekin-Kostüms«). Das Bild ist kennzeichnend für den Stil Picassos in den 1930er-Jahren; die Kunstgeschichte nennt diese Epoche im Œuvre Picassos seine »antikisierende Phase«. Picasso hatte zu dieser Zeit den von ihm mitkreierten Kubismus hinter sich gelassen. Monumentale Akte lassen seine Auseinandersetzung mit der Antike erkennen, so auch hier. 1965 machte Picasso das Monumentalbild der Stadt Toulouse zum Geschenk.

Reisen & Genießen

Sehenswürdigkeiten
moderner Technologie
Neben den historischen Denkmälern besitzt Toulouse auch eine Reihe von Sehenswürdigkeiten im technischen Bereich.

Da ist zum einen die Cité de l'Espace, wo sich alles rund um die Erforschung des Weltraums dreht. Hier sieht man u. a. ein Modell der Ariane-5-Rakete und eines von der Raketen-Abschussrampe in Kourou in Guyana. In dem im Jahr 2000 eröffneten »Terr@dome«, einer Halbkugel mit 25 m Durchmesser, wird in einer atemberaubenden Simulation mit vielen Spezialeffekten das Leben auf der Erde während der letzten 5 Millionen Jahren im Zeitraffer simuliert. Die Cité de l'Espace liegt an der östlichen Autobahn-Umgehung von Toulouse, Ausfahrt Nr. 17. Geöffnet tgl. außer Mo (während der französischen Schulferien auch Mo geöffnet) 9.30–18 Uhr, an Wochenenden und an Feiertagen 9.30–19 Uhr. www.cite-espace.com

Zum anderen gewährt der Flugzeugbauer Airbus Einblick in seine Werkshallen! Im westlichen Vorort Colomiers kann man die Montagehallen besichtigen, in denen der A380, der Welt größtes Passagierflugzeug, montiert wird. Der Besuch dauert etwa eine Stunde. Ganz wichtig! Man muss sich lange vorher anmelden, in Ferienzeiten am besten schon Monate im Voraus:
Airbus Visit – Manatour Taxiway
Rue Franz-Joseph-Strauss
F-31700 Blagnac
Tel. 05 34 39 42 00, Fax 05 34 39 42 05
direction@taxiway.fr.
Man muss bei der Anmeldung die Nummer des Ausweises angeben, und beim Eintritt muss man wiederum den Ausweis vorzei-

Für Weltraumbegeisterte ist die Cité de l'Espace ein Paradies.

gen. Wer diesen nicht dabei hat, wird (aus Sicherheitsgründen, man befürchtet Werksspionage) automatisch vom Besuch ausgeschlossen.

Pastel

In Toulouse gibt es ein Geschäft, in dem man Kleidung, vor allem Tücher und Hemden, aber auch andere Gegenstände kaufen kann, die mit echtem Pastel gefärbt sind. Es heißt »La Fleurée de Pastel« und befindet sich in der Rue de la Bourse Nr. 20 (das ist die schmale Verbindungsstraße, die in einem Bogen die Place du Capitole mit der Rue de Metz verbindet und nahe dem Hôtel d'Assézat auf diese stößt). Nahe dem Städtchen Lectoure in der Gascogne hat sich ein Betrieb auf die Anpflanzung des Färberwaids und auf die Gewinnung von Pastel spezialisiert.

Festivals

Zwei Musikfestivals, mit denen Toulouse in den letzten Jahren ein internationales Profil gewonnen hat, sind hier herauszustellen. Im September findet das »Festival International Piano aux Jacobins« statt. Junge Pianisten und Pianistinnen aus aller Welt konzertieren im Kapitelsaal bzw. im Kreuzgang des Dominikanerklosters. Es gibt nicht nur solistische Darbietungen, sondern auch Kammerkonzerte. Wer im September in Toulouse weilt, sollte sich eines dieser Konzerte nicht entgehen lassen! Infos unter Tel. 05 61 22 40 05, www.pianojacobins.com 1995 wurde daneben das »Festival International Toulouse les Orgues« ins Leben gerufen. Einige Toulousaner Kirchen besitzen ausgezeichnete Barockorgeln, auf denen im Oktober, also gleich im Anschluss an das Klavier-Festival, zahlreiche Konzerte gegeben werden. Infos unter Tel. 05 61 33 76 80, www.toulouse-les-orgues.org An dieser Stelle möchten wir darauf hinweisen, dass sich in dem Ort Cintegabelle 40 km südlich von Toulouse in der spätgotischen Saalkirche Ste-Marie-de-la-Nativité eine der schönsten und wertvollsten Barockorgeln Frankreichs befindet (zuletzt 1989 restauriert). Hier finden gleichfalls Orgelkonzerte mit hervorragenden internationalen Interpreten statt.
http://orguecintegabelle.free.fr

Hotels

In Toulouse sind in den meisten Fällen die Hotels Beherbergungsstätten ohne eigene Restaurants. Den Charakter einer freundlichen Familienpension hat das zentral hinter der Kirche St-Sernin gelegene
Hotel St-Sernin**
2, Rue St-Bernard
F-31000 Toulouse
Tel. 05 61 21 73 08, Fax 05 61 22 49 61.
Es liegt an der Chorseite der Kirche St-Sernin. Die Zimmer sind klein, aber ordentlich und praktisch eingerichtet und außerdem sehr erschwinglich. Unser Tipp (besonders für Fotografen!). Lassen Sie sich bei der Anmeldung das Zimmer Nr. 20 im 4. Stock reservieren. Es ist das einzige, von dem aus man einen unverstellten Blick auf den Chor von St-Sernin hat, den größten Pilgerchor der europäischen Romanik – in den Morgenstunden ein einzigartiges Fotomotiv!

Nicht weit davon entfernt liegt ein weiteres Hotel der Zwei-Sterne-Kategorie in zentrumsnaher, ruhiger Lage, es ist dies das
Hotel Albert 1er**
8, Rue Rivals
F-31000 Toulouse
Tel. 05 61 21 17 91, Fax 05 61 21 09 64.

An der Place Wilson, nur wenige Schritte von der Place du Capitole entfernt, liegt das Hotel Le Capoul, das 2004 von der Holiday Inn-Gruppe übernommen wurde, aber im alten Stil weitergeführt wird:
Holiday Inn Centre***
13, Place Wilson
F-31000 Toulouse

Tel. 05 61 10 70 70, Facx 05 61 21 96 70
hicapoul@guichard.fr.
Sehr komfortable, sehr ruhige Zimmer zum
Innenhof. Irritiert hat uns lediglich, dass die
meisten Badezimmer kein Fenster haben
und zum Schlafbereich nur mit einer Klapp-
tür im Stil von Westernsaloons abgesetzt
sind.

Ein Haus der Spitzenklasse, ruhig und doch
zentral gelegen ist das
Grand Hotel de l'Opéra****
1, Place du Capitole
F-31000 Toulouse
Tel. 05 61 21 82 66, Fax 05 61 23 41 04
www.grand-hotel-opera.com
contact@grand-hotel-opera.com.

Restaurants

Wie in Bordeaux fällt es auch hier schwer,
aus einem uferlosen Angebot ein paar
Adressen auszuwählen. Wir nennen jene
Lokale, in denen wir uns besonders gut auf-
gehoben fühlten. Ein wichtiger Hinweis:
Der Sonntagabend ist in Toulouse trostlos
– zu jeder Jahreszeit! Dann ist es sehr
schwer, ein geeignetes Lokal zu finden,
denn fast überall ist geschlossen.
Direkt an der Place du Capitole (südliche
Schmalseite) liegt die Brasserie le Bibent,
deren Dekor aus der Zeit um 1900 Denk-
malschutz genießt – eine gute Adresse für
die kleine Mahlzeit zur Mittagszeit. Das Bibent gehört übrigens zu den wenigen Lokalen, die am Sonntagabend geöffnet sind.
Ebenfalls an der Place du Capitole (gleichfalls die südliche Schmalseite) befindet sich
die gemütliche Brasserie de l'Opéra, deren
Wände mit den signierten Fotos zahlreicher
Opernstars gepflastert sind. Hier gibt sich
die Geschäftswelt von Toulouse zur Mittagszeit ein Stelldichein.

Für die Abendmahlzeiten, wenn man mit
etwas mehr Zeit tafeln möchte, bieten sich
folgende Restaurants an:

Restaurant 7 Place St-Sernin.
Der Name ist zugleich die Adresse dieses
originellen Lokals auf der Nordseite von St-
Sernin. Moderne Aufmachung, aber nicht
ungemütlich, und eine originelle abwechslungsreiche Küche.

Nicht weit von der Place du Capitole entfernt befindet sich in der Rue de Rémussat
Nr. 35 das
Restaurant Michel, Marcel, Pierre
et les Autres,
dessen Namen an einen berühmten Film
von Sautet erinnert. Die Nahrungsmittel für
die Mahlzeiten liefert frisch der nahe Markt.
So und Mo geschlossen.

Das Top-Restaurant von Toulouse mit zwei
Sternen im roten Michelinführer ist das
Restaurant Michel Sarran
21, Boulevard A. Duportal
Tel. 05 61 12 32 32, Fax 05 61 12 32 33
www.michel-sarran.com.
Es liegt etwas außerhalb des Zentrums hinter den neuen Instituten der Universität. Michel Sarran, Namensgeber und Chefkoch
dieses Luxusetablissements zelebriert eine
fantasievolle moderne Küche unter Be-
rücksichtigung regionaler Traditionen.

Unser erklärtes Lieblingslokal in Toulouse
ist seit Jahren die
Brasserie Flo – Les Beaux-Arts
1, Quai Daurade.
Dieses urige Restaurant besitzt die Bistrot-
Atmosphäre der 20er- und 30er-Jahre mit
Holzvertäfelungen, kleinen Marmortischen,
und natürlich tragen die Ober knöchellange
weiße Schürzen. Bodenständige Gerichte,
auch sind frische Meeresfrüchte jederzeit
im Angebot. Die Brasserie Flo liegt am Garonneufer nahe der Kunsthochschule, und
so haben denn auch viele Künstler das Lokal besucht. Ingres, Bourdelle und auch
Matisse haben sich hier schon wohl gefühlt.
Auch an Wochenenden geöffnet.

Städte beidseits der Montagne Noir

Montagne Noir ist der Name jenes Mittelgebirges, das sich als Verlängerung der Cevennen nach Westen zwischen die Städte Carcassonne und Castres schiebt. Seine höchste Erhebung ist der Pic de Nore mit 1211 m Höhe. An mehreren Stellen überwinden kleinere Straßen die Passhöhen, die wichtigste Nord-Süd-Verbindung ist die gut ausgebaute N112 (ab Mazamet die D118), die die Städte Albi, Castres und Carcassonne miteinander verbindet. Von Toulouse wiederum gelangt man rasch auf der Autobahn A68 nach Albi.

Albi

Kathedrale Ste-Cécile

Albi ☆☆
Besonders sehenswert:
Kathedrale, Musée
de Toulouse-Lautrec

Weithin überragt die aus Ziegeln errichtete Kathedrale die Stadt am Ufer des Tarn. Sie ist einer der erstaunlichsten Bauten der Gotik in Südfrankreich. Ihre Geschichte liest sich ungewöhnlich geradlinig. Nachdem die Katharerkriege 1229 mit dem Vertrag von Paris zu Ende gegangen waren, setzte die katholische Kirche alles daran, verlorenes Terrain zurückzugewinnen und ihre Stellung in Südfrankreich erneut zu festigen. Die Jakobinerkirche in Toulouse und die Kathedrale in Albi sind dafür die eindrucksvollsten Zeugen. Die Grundsteinlegung erfolgte 1282 unter dem Bischof Bernard de Castanet. Wie üblich begann man am Chor, der 1335 fertig gestellt war. 1383, einhundert Jahre nach Baubeginn, wurden die letzten Gewölbe des Langhauses geschlossen. Die Ausstattung sollte sich dann noch einmal über mehr als ein Jahrhundert strecken. 1482, zweihundert Jahre nach der Grundsteinlegung, erfolgte die Weihe, die Ausmalung zog sich noch bis weit in das 16. Jh. hin.

Ste-Cécile besitzt zwei diametral entgegengesetzte Ansichten. Von außen wirkt das Gebäude burghaft geschlossen, abweisend, ja, beinahe martialisch. Für den heutigen Betrachter wird dieser Eindruck – von den damaligen Baumeistern gänzlich unbeabsichtigt – noch dadurch verstärkt, dass die runden Strebepfeiler dank ihrer nach oben sich verjüngenden Zurückstufungen wie Patronenhülsen anmuten.

Um 1400 ließ der Bischof Dominique de Florence das nach ihm benannte **gotische Portal** anlegen, das sich wie eine Brücke zwischen einen alten Wehrturm und die südliche Außenwand der Kathedrale schwingt. Hier ist der Fußpunkt einer Freitreppe, die zum Südportal hinaufführt. Wie ein Vorbote der Schätze, die den Besucher im Innenraum erwarten, wirkt dieses filigrane spätgotische Südportal mit dem ihm vorangestellten Baldachin aus dem frühen 16. Jh.

Der erste Eindruck des **Innenraumes** ist einfach überwältigend! Das Bauwerk steht in der Tradition südfranzösischer Gotik und ist als Einheitsraum konzipiert. In diesem Fall handelt es sich um einen eingezogenen Wandpfeilersaal, die gewaltigen Stützpfeiler wurden zur

Blick in den ▷
Kirchenraum der
Kathedrale
Ste-Cécile in Albi

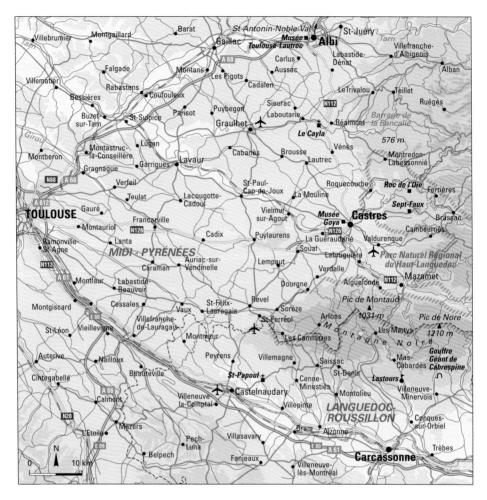

Einrichtung von Seitenkapellen genutzt. Der mächtige Lettner trennt den Raum in zwei Hälften. Wir wenden uns zunächst nach Westen. Die Wände und das gesamte Gewölbe sind mit Fresken bedeckt. So erleben wir hier den einzigen Fall der gesamten europäischen Kunstgeschichte des Spätmittelalters, dass eine Kathedrale ohne den geringsten Verlust ihre **komplette Ausmalung** bewahrt hat. Wir betrachten zunächst die Innenseite der in ihrer Mitte durch einen Rundbogen durchbrochenen **Westwand** (dieser Durchbruch fand später statt und hat erst nachträglich das einstmals zusammenhängende Monumentalbild in zwei Hälften geteilt). Hier sehen wir eines der größten Wandbilder der Welt mit 180 m² Fläche. Es stellt das Jüngste Gericht dar, das nach alter byzantinischer Tradition seinen Platz immer im Westen einer Kirche hat. In einem mittleren Streifen sieht man die Toten, die ihren Gräbern entsteigen, linker Hand haben die Auserwählten und über ihnen die Apostel als Beisitzer des Jüngsten Gerichtes Platz genommen. Die entsprechende Bildfläche gegenüber ist leer geblieben und zeigt lediglich ein dunkles Gewölk, darin nur ein helles Schriftband. Dieses nimmt Bezug auf einen Passus im Matthäus-Evangelium (Mt 25, 41), wo es heißt: »Weichet von mir, ihr Verfluchten, in das ewige Feuer, das bereitet ist dem Teufel und seinen Engeln.« Zuunterst sieht man die Verdammten den höllischen Martern ausgeliefert. Den oberen Abschluss bilden Engelschöre. Darüber befand sich ursprünglich der Weltenrichter mit seinen Assistenzfiguren; dieser Teil ist bei der Anlage der Orgel Anfang des 18. Jh. verloren gegangen. Das Bild war 1480 fertig gestellt. Es ist so nachhaltig vom Stil der Altniederländischen Malerei geprägt, dass man sehr wohl vermuten darf, dass hier ein Meister aus den Niederlanden tätig war. Konkret besteht eine enge Verwandtschaft zu dem berühmten Weltgerichts-Polyptychon des Roger van der Weyden im Hôtel-Dieu in Beaune, das dieser Künstler gekannt haben muss. Auftraggeber dieses Monumentalwerks war Bischof Ludwig I. von Amboise (Amtszeit 1474–1503), der aus einer der einflussreichsten Familien Frankreichs stammte – sein Bruder war Kanzler König Ludwigs XII.

Aus entgegengesetzter Richtung, nämlich aus Italien, kamen jene Künstler, die das **Gewölbe** in einer Rekordzeit von nur drei Jahren ausmalten (1509–1512). Namen sind nicht bekannt; man vermutet, dass es Freskanten aus der Emilia-Romagna waren. Das Gewölbe besteht aus 12 Jochen, jedes ist durch die Rippen in vier Felder unterteilt. Die Joche zeigen im Wechsel ornamentale Malerei, konkret so genannte Renaissance-Grotesken, und szenische Darstellungen. In den ersten Travéen von Westen her sieht man Patriarchen und Propheten des Alten Testaments. Den Übergang vom Alten zum Neuen

Albi, Kathedrale Ste-Cécile, Grundriss und Schnittzeichnung

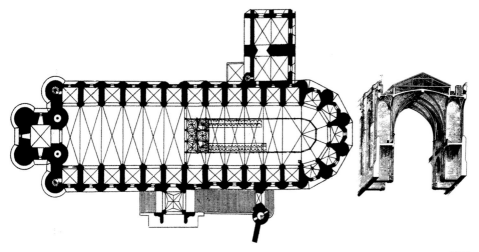

Toulouse-Lautrec,
»Der Wäscher im
Bordell«, 1894, Öl
auf Karton

Testament markiert der Stammbaum Christi, die so genannte Wurzel Jesse. Es folgen Darstellungen aus dem Neuen Testament. Der Zyklus mündet in die Travéen der Ostpartie. Im vorletzten Joch vor dem Chor sieht man die Krönung Mariens und abschließend, bereits im vorderen Abschnitt des Chorgewölbes, den Christus-Pantokrator umgeben von den Symbolen der Evangelisten, zu Seiten hinter einer Balustrade die vier Kirchenväter und zuletzt unter diesen Adam und Eva. Diese Bilder entstanden unter dem Nachfolger Ludwigs I., Ludwig II. von Amboise (Amtszeit 1503–10), einem Neffen Ludwigs I.

Damit haben wir bereits den **Chorbereich** betreten. Zuvor werfen wir noch einen Blick in das kunstvoll gestaltete Gewölbe über diesem Lettner mit seinen tief hängenden Schlusssteinen, Meisterwerke spätgotischer Steinmetzkunst. Sobald man den Lettner durchschritten hat, stellt man fest, dass sich an diesen ein hoch aufgehendes Chorgestühl anschließt, dessen Trennwand den Ostteil der Kathedrale in einen Umgang und ein davon abgetrenntes Chorhaupt scheidet. Diese Trennwand zeigt dieselben spätgotischen verschlungenen Ornamentformen wie der Lettner, zudem einen Zyklus von etwa halb lebensgroßen Statuen. Am Sockel sind alle diese Figuren, in der Hauptsache Propheten und andere Gestalten des Alten Testaments, namentlich benannt. Oberhalb dieser Figuren umzieht ein Reigen von kleineren Engeln die Außenseite dieser monumentalen Trennwand. Die Künstler haben diese Werke um 1500 geschaffen. Sie stehen dem Mittelalter näher als der Renaissance, die hier in Ste-Cécile erst mit den Fresken der Italiener ihren Einzug hielt. Drehen wir uns um und richten den Blick auf die Wände gegenüber, fällt unser Blick auf farbenfrohe Fresken von den Händen italienischer Renaissancemaler mit Darstellungen aus dem Leben Jesu.

Zuletzt betreten wir den inneren Chorbereich. Mit seinen 120 Sitzen sehen wir eines der aufwändigsten Chorgestühle der französischen Spätgotik. Die Innenseite der Trennwand zeigt weitere Statuen, hier sind es die Apostel. Von dieser Stelle aus mit Blick auf die Choreinfassung, die Skulpturen und die Ausmalung an Wänden und Gewölben erleben wir den großartigsten Gesamteindruck.

Musée de Toulouse-Lautrec im Palais de la Berbie

Die zweite große Sehenswürdigkeit in Albi ist das dem Maler Henri de Toulouse-Lautrec gewidmete Museum. Es ist in der ehemaligen Residenz der Bischöfe von Toulouse untergebracht. Obwohl der größte Teil dieses Bauwerks, errichtet unter dem Bischof Ludwig I. von Amboise, der für einen großen Teil der Ausstattung in der Kathedrale verantwortlich ist, im 15. Jh. entstand, als die Katharer-Bewegung in Südfrankreich längst der Vergangenheit angehörte, müssen sich die Kirchenfürsten ihrer Lage immer noch nicht sehr sicher gewesen sein. Das Palais ist durch eine Wehrmauer gesichert und trägt seinerseits burghafte Züge. (In einem Prozess, der Ende des 15. Jh. in Toulouse stattfand, beklagte ein Advokat, dass es in Albi zwischen Bürgern und Bischof keinen Frieden gäbe.) Die Räume im Innern sind dagegen großzügig proportioniert und deshalb für Museumszwecke bestens geeignet.

Bei einem Rundgang durch dieses Museum, das einen lückenlosen Überblick über das gesamte Œuvre des Henri de Toulouse-Lautrec bietet, fasziniert die Entwicklung, die dieser Künstler durchlaufen hat (Biografie des Künstlers siehe Galerie berühmter Persönlichkeiten). Es beginnt mit Jugendarbeiten, Zeichnungen und Skizzen, die in ihrer schwungvollen Strichführung bereits das Genie ahnen lassen. Der junge Maler hat sich schon früh im Porträt geübt und in exakten Naturstudien seine Fertigkeit geschult. Bereits damals ist ein humoristisches Element zu erkennen.

Den Hauptteil der Sammlung nehmen die großen Bilder aus seinen Pariser Jahren ein. Hier sehen wir alle Persönlichkeiten, die im Pariser Variétée des ausgehenden 19. Jh. Rang und Namen hatten, wie den Kabarettisten Aristide Bruant, die Sängerin Yvette Guilbert, die extrovertierte Tänzerin Jane d'Avril, die Goulue und viele andere. Berühmt ist die Serie jener Interieurs, die den unverfänglichen Titel »Au salon de la rue des Moulins« trägt. In Wahrheit handelt es sich um den Blick in ein Bordell. Aber diese Bilder sind fern von voyeuristischem Interesse, bar jeder Schlüpfrigkeit, sondern die hier darge-

Musée Toulouse-Lautrec:
Nov. bis Feb. tgl. außer Di 10–12 und 14–17 Uhr, März und Okt. tgl. außer Di 10–12 und 14–17.30 Uhr, April/ Mai tgl. 10–12 und 14–18 Uhr, Juni und Sept. tgl. 9–12 und 14–18 Uhr, Juli/Aug. tgl. 9–18 Uhr; geschlossen 1. Jan., 1. Mai. 1. Nov. und 25. Dez.
Das Museum liegt direkt neben der Kathedrale auf deren Nordseite. In jüngster Zeit wurden umfangreiche Renovierungsarbeiten durchgeführt, die zum Jahreswechsel 2007/2008 abgeschlossen sein sollen.

stellten Frauen erscheinen isoliert, beinahe wie erstarrt. Man spürt die innere Anteilnahme des Künstlers, der sich selbst als Außenseiter der Gesellschaft empfunden hat. Eine eigene Abteilung ist dem Thema der Plakatkunst gewidmet. Henri de Toulouse-Lautrec ist es zu verdanken, dass das eigentlich banale Medium der Werbung in den Rang der Kunst aufgestiegen ist.

Rundgang durch die Stadt

Hinter dem Chor der Kathedrale breitet sich die Place Ste-Cécile aus. In ihrer Südost-Ecke beginnt die Fußgängerzone der Rue Ste-Cécile. Von hier führt eine überbaute Passage in den Kreuzgang von St-Salvy. Es handelt sich um einen spätromanischen Kreuzgang des frühen 13. Jh., von dem nur noch ein Flügel erhalten ist. In der dazugehörigen Kirche St-Salvy (benannt nach einem Bischof des 6. Jh.) befinden sich qualitätvolle Figuren einer Grablegungsgruppe aus dem 15. Jh.

Im Stadtbild fallen einige historische Bürgerhäuser aus Spätmittelalter und Renaissance auf. Den **Abstecher** zum Pont du 22 août 1944 sollte man nicht versäumen. Man gelangt dorthin entweder durch die Rue Emilie Grand (vorbei an der 2006/2007 erneuerten Markthalle) oder, was noch reizvoller ist, über die Uferpromenade, die hinter dem Palais de la Berbie auf dem Hochufer des Tarn stadtauswärts führt. Von dieser Brücke bietet sich dem Betrachter eine der schönsten Stadtansichten Südfrankreichs. Im Vordergrund überspannen die Bögen des Pont Vieux den Tarn, dahinter baut sich die Kathedrale als gewaltige Backsteinkulisse auf.

Ausflüge ins Albigeois

Wer sich in Albi für mehr als nur einen Tag aufhält und sich die nähere Umgebung erschließen möchte, findet nördlich von Albi einige lohnende Ziele, auf die wir kurz aufmerksam machen möchten.

Über die D 600 erreicht man die knapp 30 km nordwestlich von Albi gelegene Stadt Cordes-sur-Ciel, eine Bastide, die der Graf von Toulouse im 13. Jh. hatte anlegen lassen. Der Name sagt es unmissverständlich: Die befestigte Stadt erhebt sich auf einem steil aufragenden Berg. Es ist vieles von der historischen Substanz erhalten geblieben. Weitere 30 km in nordwestlicher Richtung (erst D 600, dann D 115) kommt man nach St-Antonin-Noble-Val, ein weiterer malerischer Ort mit dem ältesten Rathaus Frankreichs. An diesem befinden sich romanische Skulpturen, die aus der Schule von Toulouse kommen.

Dort, wo die D 600 auf die D 115 stößt, beginnt die Landschaft **Rouergue**. Überquert man die D 115 und fährt auf der D 33 10 km nordwärts, kommt man bald zu der ehemaligen Zisterzienserabtei Beaulieu-en-Rouergue, von der noch die gotische Saalkirche steht.

Einen Abstecher lohnt vor allem der kleine Ort **Monestiés** 15 km östlich von Albi (hierher gelangt man über die D 91), wo uns ein letztes Mal die Plakette *L'un des plus beaux villages de France* am Ortsrand empfängt. Hier befand sich eine Station der Jakobspilger, die zunächst der Via Podiensis gefolgt waren, und sich dann bei Espalion auf eine Nebenroute begegeben hatten, die über Rodez und Albi eine Querverbindung zur Via Tolosana darstellte und in Toulouse auf diese traf. In der unscheinbaren Chapelle St-Jacques trifft der Reisende heute auf einen Schatz spätmittelalterlicher Kunst, zwei vielfigurige Skulpturengruppen, aus Kalkstein gearbeitet, die sich bis ins späte 18. Jh. in einem nahen Schloss befunden hatten. Dieses gehörte Bischof Ludwig I. von Amboise, dem die Kathedrale in Albi große Partien ihrer Ausstattug verdankt. Der leidenschaftliche Mäzen hatte die Figuren 1490 für seine Privatkapelle in Auftrag gegeben. Schon 1774 über-

Häuserfassaden von Castres am Agout (siehe S. 380)

führte man die Kunstwerke nach Monestiés, da die Burg damals einzustürzen drohte. Der Kruzifixus, der jetzt über den Figuren angebracht ist, stammt aus dem 18. Jh. Spätgotisch ist die Beweinungsgruppe (15. Jh.), die aus einem großen Stück gearbeitet ist. Hauptthema ist indes die Grablegung mit 10 frei stehenden Figuren, die sich von zwei Seiten dem Katafalk mit dem Leichnam Christi (als 11. Figur) nähern, ausdrucksstarke Gestalten, die auf der Wende von der Spätgotik zur Renaissance stehen.

Castres

Castres ☆
Besonders sehenswert:
Goya-Museum

Castres liegt 40 km südlich von Albi. Im Herzen der Altstadt flankieren hängende Häuser die Ufer des Agout, eines Seitenarmes des Tarn. Mit dem Goya-Museum besitzt das Städtchen eine Sehenswürdigkeit ersten Ranges.

Goya-Museum

Das Goya-Museum befindet sich im einstigen bischöflichen Palais, das auf einen Entwurf J. H. Mansarts zurückgeht und in einem gepflegten Park liegt. Im selben Gebäude erinnert eine Dokumentation an den berühmtesten Sohn der Stadt, **Jean Jaurès**, den Gründer der sozialistischen Partei Frankreichs.

Dem Museum liegt die Kollektion des aus Castres stammenden Malers Marcel Briguiboul (1837–92) zugrunde, der sich posthum den größeren Ruhm als Sammler denn als Maler erworben hat. Seine Erben haben die Kunstwerke der Stadt Castres vermacht. Seine besondere Liebe galt Goya und der spanischen Malerei. Der Rundgang durch das Museum ist deshalb so fesselnd, weil alle Epochen der spanischen Malerei in ausgewählten Werken gegenwärtig sind. Spätmittelalterliche Bilder des 15./16. Jh. machen deutlich, dass die politische Allianz zwischen Habsburg und Kastilien damals auch zu einem kulturellen Austausch geführt hat. Die altspanische Kunst steht ganz unter dem Einfluss der (damals habsburgischen) Niederlande. Das »siglo d'oro« (das Goldene Zeitalter), der spanischen Malerei ist das 17. Jh., hier durch seine größten Meister vertreten: Diego Velázquez (1599–1660) mit einem lebensgroßen, ganzfigurigen Porträt Philipps IV., Esteban Murillo (1618–82) mit einer »Pietà mit dem Rosenkranz« sowie José de Ribera (1591–1652) mit einem Bildnis des hl. Petrus. Das Herzstück der Sammlung sind die Werke Francisco Goyas (1746–1828), nach dem dieses Museum benannt ist. Optisch wirkungsvoll ist an der Stirnseite eines schmaleren Raumes das größte Ölbild (327 x 417 cm), das Goya jemals geschaffen hat, aufgehängt – datiert um 1815. Es zeigt die »Versammlung der Philippinen-Kompanie«, die Karl III. 1785 gegründet hatte. Den Vorsitz führt Ferdinand VII., umgeben von den Direktoren der Kompanie. Das Bild besitzt kaum Farbe, alles erscheint in einem verwaschenen Grau und in gebrochenen Brauntönen. Diese beinahe Monochromie unterstreicht den Eindruck

Goya-Museum:
tgl. außer Mo 9–12
und 14–18 Uhr, 22.
Sept. bis März nachm.
bis 17 Uhr, an Sonn-
und Feiertagen vorm.
erst ab 10 Uhr, Juli/
Aug. 10–18 Uhr;
geschlossen 1. Jan.,
1. Mai, 14. Juli, 1. Nov.
und 25. Dez.

von Öde. Die Teilnehmer der höfischen Zeremonie räkeln sich, grenzenlos gelangweilt, auf ihren Stühlen. Desgleichen sind zwei der berühmten grafischen Zyklen Goyas in allen einzelnen Blättern präsent. Die 1790er-Jahre stellten im Leben des Künstlers einen tiefen Einschnitt dar, nach schwerer Krankheit 1792 war er nahezu taub. Fortan wurden seine Bilder immer kritischer. 1799 veröffentlichte er die Radierfolge der »Caprichos«. In diesen Blättern nimmt er mit beißender Ironie Missstände im kirchlichen, politischen und sozialen Leben Spaniens um 1800 aufs Korn. Unter dem Eindruck der Napoleonischen Invasion in Spanien (1808) entstand in den Jahren 1810–13 die Radierfolge »Desastres de la guerra«, ein flammender Vorwurf gegen die Unmenschlichkeit des Krieges.

Blick über die Aude auf die Mauern der mittelalterlichen Cité von Carcassonne

Carcassonne

Blick in die Geschichte

Etwas westlich von Carcassonne liegt der Seuil de Naurouze, der mit 194 m Höhe über dem Meeresspiegel erhabenste Punkt zwischen Mittelmeer und Atlantik. Dieser Punkt ist zugleich die Wasserscheide zwischen beiden Meeren und seit jeher die Klimascheide zwischen atlantischem und mediterranem Milieu. Merkwürdigerweise sollte die-

Carcassonne ☆☆
Besterhaltene mittelalterliche Stadtanlage Europas

Carcassonne, Plan der Cité
1 Die Narbonnaise-Türme
2 Trésau-Turm
3 Aude-Tor
4 Westgotischer Turm
5 Runder Bischofsturm
  (»Inqisitionsturm«)
6 St-Nazaire-Turm
7 Äußerer Narbonnaise-
  Turm
8 St-Louis-Vorwerk
9 Großer Schlosshof
10 Kleiner Schlosshof
11 Kathedrale St-Nazaire

ser Bereich auch in der Geschichte der Menschen wiederholt eine Grenze markieren. Das beginnt bereits in der Völkerwanderungszeit. Zu Zeiten des **Tolosanischen Reiches** hatten die Wesgoten dort, wo sich heute Carcassonne befindet, bereits eine erste Burg angelegt. Nachdem diese den Franken unterlegen waren (507 Schlacht bei Vouillé), wurden sie bekanntlich über die Pyrenäen abgedrängt. Dennoch konnten sie für eine Übergangszeit eine Enklave im nunmehr fränkischen Südgallien behaupten, Teile des niederen Languedoc sowie das Roussillon, einen Bereich, den man damals die Septimania nannte. Diese geografische und politische Situation wiederholte sich auch nach dem Untergang des spanischen Westgotenreiches, nun aber mit einer völlig neuen Rollenverteilung. Jetzt traten die Araber an die Stelle der Westgoten, erneut verlief die Demarkationslinie für einige Jahrzehnte bei Carcassonne. Im 11. Jh. etablierte sich die Adelsfamilie von Trencavel in der Würde der Vizegrafen von Carcassonne. Im Laufe des 12. Jh. stiegen sie zu den mächtigsten Fürsten im Languedoc auf, geboten über Albi und Béziers, und waren nur dem Grafen von Toulouse untergeordnet. Als sich 1209 das Kreuzfahrerheer auf

Carcassonne zuwälzte, hielt der damals erst 24-jährige Vizegraf Raimund Roger Trencavel seinem Namensvetter, dem Grafen von Toulouse, Raimund VI., die Solidarität, und schloss die Tore der mächtigen Festung. Das Kreuzfahrerheer nahm die Stadt dennoch ein und ernannte nun den von Ehrgeiz brennenden Simon von Montfort zu ihrem Führer. Er ließ den jungen Vizegrafen in den Kerker werfen, wo dieser noch vor Jahresablauf unter elenden Bedingungen zugrunde ging. 1240 unternahm der Sohn Raimund Rogers von Trencavel, Raimund II., den Versuch, Carcassonne noch einmal zurückzuerobern, und scheiterte damit. Nun verfügte der französische König Ludwig IX. einen drakonischen Erlass. Um für immer den Widerstand zu brechen, mussten die Einwohner die Stadt verlassen und durften sie fortan nicht mehr betreten. So entstand nach Mitte der 1240er-Jahre auf der Südseite der Aude das neue Carcassonne, eine fantasielos über Schachbrettmuster angelegte Stadt. Die Cité dagegen wurde dauerhaft zur Garnison königlicher Besatzungstruppen. Mit dem Anschluss des Roussillon an Frankreich im 16. Jh. und der Ratifizierung des Pyrenäenvertrages im 17. Jh. hatte Carcassonne seine Rolle als Festung und insbesondere Grenzfeste endgültig ausgespielt. Fortan waren die Mauern dem Verfall preisgegeben und boten Mitte des 19. Jh. den Anblick einer kläglichen Ruine. Die staatliche Denkmalpflege, damals durch unzählige Aufgaben und Projekte hoffnungslos überlastet, lehnte die dringend notwendigen Erhaltungsmaßnahmen ab. Da kam Viollet-le-Duc auf den genialen Einfall, den Kriegsminister bei seiner Ehre zu packen. Der Kunsthistoriker und Restaurator machte diesem klar, dass es Sache der Generalität sei, das militärhistorisch einzigartige Denkmal vor dem Untergang zu retten. So ist die Wiederherstellung von Carcassonne der einzige Fall in der Geschichte, wo aus der Schatulle eines Kriegsministers die Restaurierung eines Denkmals finanziert wurde.

Parkplätze findet man nahe dem Ufer der Aude, weitere Großparkplätze, die aber in der sommerlichen Ferienzeit in der Regel aus allen Nähten platzen, finden sich etwas weiter oberhalb nahe der Porte Narbonnaise.

Cité

Den schönsten Blick auf Europas besterhaltene Stadtbefestigungsanlage des Mittelalters hat man vom Tal der Aude.

Haupteingang ist die nach Osten ausgerichtete **Porte Narbonnaise** mit ihren beiden mächtigen halbrunden Türmen. Sobald man dieses Tor durchschritten hat, befindet man sich in einem breiten Korridor zwischen zwei Festungsmauern. Seine endgültige Form mit einem doppelten Mauerring hat Carcassonne erst im 13. Jh. erhalten. Mit den damaligen Mitteln der Kriegstechnik war diese Festung, wie man nun erkennt, praktisch uneinnehmbar. So war sie denn auch 1209 nicht im Kampf erobert worden, sondern hatte sich nach langer Belagerung infolge Wassermangels ergeben müssen. Wir durchschreiten nun das innere Stadttor. Eine schmale Gasse führt hügelaufwärts zur Burg der Vizegrafen von Carcassonne, die ihrerseits noch einmal eine Festung innerhalb der Stadtbefestigung darstellt. Vor der Burg wenden wir uns nach links und folgen der Rue St-Louis bis zur Kathedrale.

Burg:
Nov. bis März 9.30–17 Uhr, April/Mai und Okt. 9.30–18 Uhr sowie Juni bis Sept. 9.30–19.30 Uhr; geschlossen 1. Jan., 1. Mai, 1. und 11. Nov. und 25. Dez.
Man kann die Innenräume dieser Château Comtal genannten Burg besichtigen, jedoch nur im Rahmen einer Führung, die etwa 45 Min. dauert.

Kathedrale St-Nazaire

Bereits von außen macht die einstige Bischofskirche einen uneinheitlichen Eindruck. Noch das 19. Jh. hat daran willkürliche Ergänzungen vorgenommen. Umso überraschender ist der Eindruck, den uns der Innenraum vermittelt. Zwar geben, wie man klar erkennen kann, hier die Epochen der Romanik und der Gotik den Ton an, doch ist beides sehr klar voneinander getrennt – und obwohl sich solche Konstellationen erfahrungsgemäß nicht vertragen, staunt man an dieser Stelle über die Homogenität der baulichen Gesamtwirkung.

Romanisch ist das dreischiffige Langhaus, eine Staffelhalle nach poitevinischer Art, nur bescheiden durchfenstert und deshalb in Halbdunkel getaucht. So zieht der rein gotische Ostteil mit Querhaus und Chor den Blick auf sich. Dieser gotische Chor, der an die Stelle eines romanischen Pilgerchores getreten war, wurde in den Jahren 1269 bis 1320 erbaut. Selten sieht man eine derart vollendete Gotik, so filigrane Architektur! Nirgendwo ist Wandfläche stehen geblieben, alles ist in farbige Fensterfläche aufgelöst, davon noch vieles Originalsubstanz. Kein Zweifel, hier hat die berühmte Ste-Chapelle in Paris Pate gestanden. Dafür spricht auch die Aufstellung von Apostelstatuen an den Stützen im Innern des Chores. Skulpturen in Innenräumen gotischer Kirchen sind in Frankreich im Gegensatz zur deutschen Gotik die absolute Ausnahme. In ihrer stilreinen und ungetrübt nordfranzösischen Erscheinung ist diese Architektur Stein gewordenes Abbild des Machtanspruches der Krone im Süden Frankreichs.

Reisen & Genießen

Weine im Toulousain, im Albigeois und im Minervois

Auch im letzten Kapitel dürfen Hinweise auf lokale Weinanbaugebiete natürlich nicht fehlen. Nördlich von Toulouse breiten sich die Felder der Appellation Frontonnais aus. Erst 1975 ist die kleine Region, in der überwiegend Rotwein gedeiht, in den Rang der AOC erhoben worden. Diese Weine sind mildfruchtig und leicht bekömmlich, sie werden jung getrunken.

Die Weine aus Gaillac blicken auf eine lange Tradition zurück, die hier, westlich von Albi, wie im Bordelais auf die Römer zurückgehen soll. Im 19. Jh. verlor der Weinanbau von Gaillac fast völlig an Bedeutung, weil die süßen Weißweine, auf die man sich hier spezialisiert hatte, aus der Mode gekommen waren. Erst in den 1960er-Jahren unternahmen die Winzer Anstrengungen, dem Gaillac wieder zu Reputation zu verhelfen, wobei man nun auf die Erzeugung von Rotwein umsattelte. Die Rechnung ging auf, denn inzwischen erfreuen sich die Weine aus Gaillac wieder großer Beliebtheit. Neben dem Rotwein gibt es aber auch weiterhin Weißweine sowohl der herben als auch der lieblichen Richtung.

Östlich von Carcassonne beginnt ein weitläufiges Weinanbaugebiet, die AOC Minervois. Die Weißweine dieser Region darf man als bescheiden bezeichnen, die Rotweine dagegen, deren Reben der karge Boden liegt, sind überraschend vollmundig und zum Teil mit bis zu 13,5 % Alkoholvolumen recht schwer, ideale Begleiter für Braten und Grillspezialitäten oder zum Cassoulet. Einen champagnerähnlichen moussierenden Weißwein produziert die kleine Region Limoux, 20 km südlich von Carcassonne.

Das Cassoulet
Das Cassoulet ist die Spezialität der Gegend von Carcassonne. Angeblich ist es ursprünglich in Castelnaudary kreiert worden. Es handelt sich dabei um einen deftigen Bohneneintopf, den es in zwei Varianten gibt. In der bäuerlicheren Version werden den Bohnen Würste und Bauchspeck vom Schwein beigemengt. Etwas nobler, aber immer noch robust, ist die Dreingabe von *Confit de canard* (Entenbein). Wer nach Carcassonne kommt, sollte das Cassoulet unbedingt probieren.

Hotels und Restaurants
In Albi liegt das Hotel Mercure hoch über dem Tarn, von hier genießt man in aller Ruhe den traumhaften Blick auf die Stadt:
Hotel Mercure***
41, Rue Porta
F-81000 Albi
Tel. 05 63 47 66 66, Fax 05 63 46 18 40
h1211-gm@accor.com.

Etwas nüchtern, weil gegenüber dem Bahnhof, erscheint das
Grand Hotel d'Orléans***
Place Stalingrad
F-81000 Albi
Tel. 05 63 54 16 56, Facx 05 63 54 43 41
www.hotel-orleans-albi.com
hoteldorleans@wanadoo.fr.
Hier speist man vorzüglich und im Innenhof gibt es ein Freibad.

Gleich nebenan befindet sich das einfachere, aber ordentliche
Hotel George V.**
29, Avenue Maréchal Joffre
F-81000 Albi
Tel. 05 63 54 24 16, Fax 05 63 49 90 78
www.laregence-georgev.fr
info@hotelgeorgev.com.

Eine empfehlenswerte Luxusadresse für den verwöhnten Gast ist das nördlich von Albi etwas außerhalb der Stadt am Tarnufer gelegene
Hotel-Restaurant La Réserve****
Route de Cordes
F-81000 Albi
Tel. 05 63 60 80 80, Fax 05 63 47 63 60
e-mail: lareservealbi@wanadoo.fr.

Carcassonne ist eine Hochburg des Tourismus, entsprechend gibt es eine Unzahl von Hotels, alle sind auf den eilig durchreisenden Gast eingestellt.
Recht gut gefällt uns wegen seiner Lage und wegen des Blicks, den man von hier auf die Cité hat, das
Hotel-Restaurant Les Trois Couronnes***
2, Rue des Trois Couronnes
F-11000 Carcassonne
Tel. 04 68 25 36 10, Fax 04 68 25 92 92
www.hotel-destroiscouronnes.com
hotel3couronnes@wanadoo.fr.

Etwas außerhalb von Carcassonne, an der Straße, die nach St-Hilaire de-l'Aude führt, liegt ein Traumquartier, das
Hotel-Restaurant Chateau de Cavanac***
F-11570 Cavanac
Tel. 04 68 79 61 04, Fax 04 68 79 79 67
infos@chateau-de-cavanac.fr.
Hier genießt man zum Essen Weine aus eigener Ernte in einem urigen Restaurant, das im ehemaligen Pferdestall eingerichtet wurde.

Glossar kunstgeschichtlicher Begriffe

Apsis

Apsis griech. = Bogenrundung. Die das Ende des Chores, gelegentlich auch der Seitenschiffe bildende Altarnische über fast immer halbrundem – selten auch polygonalem Grundriss.

Architrav Waagerechter Steinbalken über Säulen, Pfeilern oder Pilastern.

Archivolte Rahmenleiste an der Stirnseite eines Bogens oder die (meist plastische) Innengliederung einer Bogenlaibung. Bei Vorhandensein mehrerer Archivolten zählt man von innen (d. h. unten) nach außen (d. h. oben). Die oberste ist die Stirnarchivolte.

Arkade lat. = Bogen. Bogenstellung, d. h. ein Bogen über Säulen oder Pfeilern. Das Wort kann auch die fortlaufende Reihe von Bögen bezeichnen.

Baptisterium Taufkirche, als Zentralbau stets einer Bischofskirche (= Kathedrale) zugeordnet; kommt aus dem Frühchristentum.

Basilika griech. = Königshalle. Die römische Basilika, ursprünglich Markt oder Gerichtshalle, ist eine flachgedeckte Säulenhalle mit drei oder mehr Schiffen und einer apsidialen Rundung im Osten. Längsrichtung und Höhenstufung der Schiffe, wobei das Mittelschiff sein Licht von der Fensterzone über den Seitenschiffen, dem sog. Licht- oder Obergaden, empfängt, sind die Wesensmerkmale der Basilika, die in ihren zahlreichen Abwandlungen zum wichtigsten Typ des christlichen Kultbaus wurde. Seit Mitte des 11. Jh. in der Regel eingewölbt.

Basis griech. = Fuß. Der ausladende, meist profilierte Fuß einer Säule oder eines Pfeilers, der den Druck der Stütze (Pfeiler bzw. Säule) auf eine größere Grundfläche verteilt.

Bauhütte Mittelalterliche Werkstattgemeinschaft, in der vom Lehrjungen bis zum obersten Bauplaner alle am Kirchenbau beschäftigten Maurer, Steinmetze, Zimmerleute etc. zusammengefasst sind.

Blende Das einem Baukörper vorgelegte, der Dekoration oder Gliederung dienende »blinde« architektonische Motiv, das nicht räumlich in Erscheinung tritt, z. B. Blendfenster, Blendarkade etc.

Maßverhältnisse im Kreuzgang von Moissac.
Die Breite der Pfeiler misst 2 Fuß = 64 cm, das Grundmaß. Alle Proportionen des Kreuzgangs leiten sich durch Multiplikation oder Brechung daraus ab.

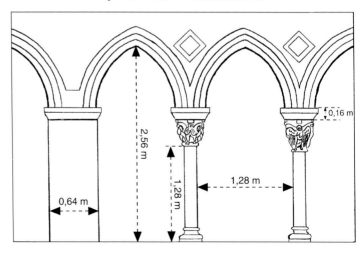

Bündelpfeiler In der Hochromanik aufkommende Pfeilerform. Der Pfeilerkern ist von einer Vielzahl von Diensten umstellt.

Campanile Freistehender Glockenturm neben der Kirche.

Chor griech. = Tanz, Tanzplatz. Ursprünglich Raum für den Chorgesang der Geistlichen, seit dem 15. Jh. übliche Bezeichnung für den Altarraum und seine Annexe (Chorumgang, Kapellenkranz).

Chorhaupt Abschluss eines Chors, der an der Außenseite der Kirche hervortritt.

Dachreiter Dem Dachfirst meist über der Vierung aufsitzendes Türmchen zur Aufnahme einer Uhr oder Glocke. Besonders von den Reformorden des hohen Mittelalters (Zisterzienser, Kartäuser) anstelle eines aufwändigen Turmes verwendet.

Dienst Der Wand oder Pfeilern vorgelegter Rundstab zur Aufnahme der Rippen, Gurte und Schildbögen des in der Gotik üblichen Kreuzrippengewölbes. Die stärkeren Dienste bezeichnet man als die »alten«, die dünneren als die »jungen«.

Donjon Hauptturm der mittelalterlichen Burgen Frankreichs. Im 9. Jh. aufkommend, begann mit ihm die reiche Entfaltung der vielgestaltigen Schlossarchitektur in den folgenden Jahrhunderten.

Dormitorium Schlafraum der Mönche in einem Kloster.

Flamboyant Stilbegriff für die französische Spätgotik mit ihrem züngelnden Maßwerkornament.

Fresko ital. = frisch (im Gegensatz zu secco = trocken). Auf feuchten Verputz aufgetragenes Wandgemälde, das durch gleichzeitiges Abtrocknen von Putz und Farbe besonders haltbar ist.

Gewände Die durch schrägen Einschnitt eines Fensters oder Portals in der Mauer entstehende Schnittfläche, während die sich bei rechtwinkligem Einschnitt ergebende Fläche Laibung genannt wird.

Gewölbe Grundlegende Wölbeform ist das Tonnengewölbe. Sein Querschnitt hat einen Halbkreis, einen Segmentbogen, kann aber auch einen Korb- oder Spitzbogen bilden. Wird über einem quadratischen Grundriss ein Tonnengewölbe mit zwei Diagonalstücken in vier Teile zerlegt, so entstehen zwei Wangen- und zwei Kappenstücke. Durch Zusammensetzen von vier Kappenstücken entsteht das Kreuzgratgewölbe (häufig in den Seitenschiffen). In der Gotik treten an die Stelle der Grate Rippen (= Kreuzrippengewölbe). Im Périgord trifft man auffallend oft Wölbungen mit Kuppeln (vgl. Kuppel).

Gewölbe

Griechisches Kreuz Kreuzgrundriss mit vier gleich langen Armen.

Gurt Gurtartiger Verstärkungs- oder Markierungsbogen verschiedener Gewölbesysteme, der die einzelnen Raumabschnitte – die Joche – bezeichnet.

Hallenkirche Langhauskirche, deren Schiffe gegenüber denen der Basilika durch gleiche Scheitelhöhe vereinheitlicht sind. Die drei Schiffe sind meistens unter einem Satteldach vereinigt. Vorform für diesen in der Romanik vorherrschenden Typus ist die Hallenkrypta.

Joch Gewölbeeinheit innerhalb einer Folge derartiger Einheiten sowie der dadurch bestimmte Raumabschnitt. Als Joch wird auch der von Pfeiler zu Pfeiler (bzw. von Säule zu Säule) begrenzte Abschnitt einer Brücke bezeichnet.

Kalotte franz. = Käppchen. Kuppelform, die mittels eines horizontal geführten Schnittes durch eine Kugel oberhalb ihres Großkreises (= Äquator) entsteht. Auch Bezeichnung für eine geviertelte Kugel als Wölbung über einer Apsis auf Halbrundgrundriss.

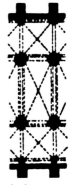

Joch

Kämpfer Oberste Platte eines Pfeilers oder einer Säule, die als Auflager für Bogen oder Gewölbe dient.

Kannelure Senkrechte Kehle in Säulenschäften oder Pilastern.

Kapitell Oberer Säulen oder Pfeilerabschluss unterhalb der Kämpferplatte. Die wichtigsten antiken Grundformen sind das dorische, ionische und korinthische Kapitell. In der romanischen Architektur meist ornamental oder figural ausgeschmückt.

Kapitelsaal Wichtigster profaner Saal eines Klosters, in der Regel hallenartig und an der Ostseite des Kreuzganges gelegen. Im Kapitelsaal finden außer Beratungen und Lesungen (von daher der Name) jene außerliturgischen Feste statt, die nicht an die Kirche selbst gebunden sind.

Kappe Das durch Grate oder Rippen ausgesonderte Teilstück eines Gewölbes (vgl. Gewölbe).

Karner Beinhaus.

Kassettendecke Flache oder gewölbte Decke mit gleichmäßig verteilten, zugleich vertieften Feldern, die quadratisch, polygonal oder rund sein können.

Kathedrale Bischofskirche.

Konsole Ein aus der Mauer hervortretender Stein (Kragstein, Kragsturz, Sturzstein) zum Tragen bzw. als Widerlager für Bögen, Architrave, Gesimse etc.

Kragsturzfigur Plastisch ausgestalteter Kragstein, oft als Träger des Architravs romanischer Portale.

Kreuzgrat bzw. Kreuzrippengewölbe vgl. Gewölbe.

Krypta Teils oder vollständig unterirdischer Raum unter dem Ostchor romanischer Kirchen zur Aufbewahrung von Reliquien oder als Grabstätte für Heilige und weltliche Würdenträger.

Kuppel Gewölbe in Form einer Halbkugel über quadratischem Grundriss. Die Überleitung vom Quadrat zum Rund erfolgt über Pendentifs (Hängezwickel) oder Trompen (Nischen in den Ecken des Quadrats). Verbreitete Wölbungsart über der Vierung. Als vorwiegende Wölbform eines ganzen Kirchenraumes im byzantinischen Kunstkreis beheimatet. Von dort hat es über Venedig (San Marco) Eingang ins Périgord gefunden.

Laibung s. Gewände.

Lisene Senkrechter, flacher Mauerstreifen ohne Basis und Kapitell.

Lukarne Giebel- oder Dachfenster.

Mandorla ital. = Mandel. Heiligenschein in Mandelform (bei Christus- und Mariendarstellungen), der – anders als der nur das Haupt umgebende Nimbus – die ganze Figur umstrahlt.

Maßwerk Geometrisch »gemessenes« Bauornament der Gotik.

Narthex Schmale Vorhalle der antiken und später christlichen Basiliken.

Obergaden Lichtgaden, s. Basilika.

Pendentif Hängezwickel (vgl. Kuppel).

Pilaster Flacher Wandpfeiler mit Basis und Kapitell (im Unterschied zur Lisene) antiker Herkunft

Polygon Vieleck.

Refektorium Speisesaal der Mönche, meist an der Südseite des Kreuzganges gelegen.

Reliquiar Von lat. relinquere = zurücklassen; Behälter für die sterblichen Überreste (Reliquien) eines Heiligen oder für die seinem Andenken geweihten Gegenstände, um sie zur Verehrung zu zeigen oder auf dem Altar auszustellen.

Rundbogenfries Fries aus ornamentierten oder glatten kleinen Halbrundbögen. Der Rundbogenfries begleitet die teilenden oder abschließenden Gesimse romanischer Wände.

Saalkirche Einschiffige Kirche.

Scheidbogen Der ein Joch des Mittelschiffs vom entsprechenden Joch des Seitenschiffes trennende Bogen.

Lisenen

Spolie Von lat. spolia = Beute, Werkstück eines Baues (z. B. Säule), das für einen älteren (antiken) Bau geschaffen wurde. In der Romanik Frankreichs wurden häufig Spolien aus römischen Bauwerken verwendet.

Strebewerk In der gotischen Architektur das System von Strebepfeilern und -bögen zur Abstützung von Wänden und Gewölben und Aufnahme ihrer statischen Kräfte.

Sturz Waagerechter Abschluss einer Tür- oder Fensteröffnung. Ähnliche, aber eingegrenzte Bedeutung wie Architrav.

Stützenwechsel Der rhythmische Wechsel von Säule (rund) und Pfeiler (quadratisch).

Substruktion Unterbau zum Ausgleich von Terrainunterschieden.

Tonnengewölbe s. Gewölbe.

Triforium Laufgang in der Hochschiffwand romanischer und gotischer Kirchen. Kann räumlich oder auch nur aufgeblendet sein (s. Blende). Das Triforium bildet im dreigeschossigen Aufriss einer Basilika das Zwischengeschoss zwischen Arkadenzone (unten) und Obergaden (oben). Durch die an der Hochschiffwand außen anliegenden Pultdächer der Seitenschiffe ist das Triforium eine von der Lichtführung her gesehen blinde Zone.

Triptychon Dreiteiliges Gemälde, insbesondere dreiflügeliger Altar mit feststehendem Mittelteil und beweglichen Flügeln.

Trompe franz. = Jagdhorn. Bogen mit nischenartiger Wölbung zwischen zwei im rechten Winkel aufeinander stoßenden Mauern. Die Trompe dient in der Regel bei Türmen und Kuppeln zur Überleitung vom quadratischen zum oktogonalen und kreisrunden Grundriss.

Trumeau Mittelpfeiler eines Portals

Tympanon griech. = Handpauke. Die das Bogenfeld eines Portals füllende Steinplatte, häufig mit ornamentalem oder figürlichem Relief geschmückt. Vorwiegendes Thema romanischer Tympana in Frankreich ist die Darstellung des Jüngsten Gerichts (Autun, Moissac u. a.).

Verkröpfung Eine Verkröpfung entsteht, wenn Gebälke oder Gesimse um Mauervorsprünge, Säulen, Pfeiler oder Lisenen etc. herumgeführt werden.

Vierung Mittelraum, der bei Durchdringung von Langhaus und Querhaus entsteht.

Glossar höhlenkundlicher Begriffe

Abri Felsdach, Halbhöhle.

Dolomit Gestein aus Kalziumkarbonat und Magnesiumkarbonat.

Erosion Mechanisch abtragende Tätigkeit des fließenden Wassers; die Abscheuerung erfolgt vor allem durch mitgeführten Sand, Schotter und dergleichen.

Excentriques Vielfältig gekrümmte Sinterbildungen, durchsichtig, kristallen.

Gesamtganglänge Summe aller vermessenen Gangstrecken eines Höhlensystems.

Höhle Natürlicher unterirdischer, begehbarer Hohlraum im Gestein.

Kalk Verkarstungsfähiges Ablagerungsgestein, das zum größten Teil aus Kalziumkarbonat besteht ($CaCO_3$).

Kalzit Kristalliertes Kalziumkarbonat; Sinterbildungen bestehen vorwiegend aus Kalzit.

Kalziumbikarbonat Chemische Bezeichnung des wassergelösten Kalks, chemische Formel Ca(HCO$_3$)$_2$.

Kalziumkarbonat Chem. Grundsubstanz von festem Kalk, chemische Formel CaCO$_3$.

Karst Durch Korosionserscheinungen geprägte Landschaft, charakteristisch für wasserlösliche Gesteine. Ursprünglich Eigenname der Gebirgslandschaft im Umkreis von Triest, jetzt Begriff für alle Gebiete mit ähnlichen Bedingungen.

Karsterscheinungen Formen, die sich in der Karstlandschaft entwickeln; dazu zählen Schlinger, Schwinden, Karstquellen und Höhlen mit ihrem Formenschatz.

Karstlandschaft Gesamtbild der Landschaft in einem Karstgebiet.

Karstquelle Austrittstelle des Wassers aus einem Karstgebiet. Eine Karstquelle ist die Wiederaustrittstelle versunkener Flüsse oder auch die Austrittstelle eines unterirdischen Baches, der aus dem Wasser mehrerer Schluckstellen gespeist wird.

Korosion Auflösung oder chemische Zersetzungen; speziell Auflösung von Kalk, der sich in Kalziumkarbonat umwandelt.

Molasse Bezeichnung für lockere Sandsteine.

Schacht Vertikaler Höhlenteil. An der Oberfläche ansetzende Schächte werden im Französischen Gouffre genannt.

Schlinger, Schwinde Öffnungen, durch die Wasser in ein unterirdisches Bett eintritt. In einer Schwinde fließt das Wasser als Sohlengerinne, in einen Schlinger tritt es unter Druck ein.

Sinterbecken Flaches, wannenförmiges Gebilde aus Sinter, im Entstehungszustand mit Wasser gefüllt.

Sinterschale Bezeichnung für ein Sinterbecken innerhalb einer Formation mehrerer treppenförmig angeordneter gleichaltriger Gebilde.

Siphon Abschnitt eines Höhlenganges, in dem sich die Höhlendecke in den flüssigen Höhleninhalt (Wasser) oder auch in den festen Inhalt (Sedimente) einsenkt.

Speläologie Höhlenkunde.

Stalagmit Aufrechte, meist zylinderoder kegelförmige Tropfsteinbildung, die durch auffallende kalkhaltige Wassertropfen auf den Boden entstehen. Stalagmiten wachsen unter einer Tropfstelle vom Boden nach oben.

Stalaktit Tropfsteinbildung, die an der Höhlendecke ansetzt und den fallenden Tropfen folgend nach unten wächst.

Troglobiont Höhlenbewohnendes Tier, das sich dauernd in der Höhle aufhält (kleine Krebse, Schnecken, Käfer usw., die meist blind sind).

Tropfröhrchen Auch als »Makkaroni« oder »Fistuleuse« bezeichnet: Anfangsstadium eines Stalaktiten; Röhrchen aus kristalliertem Kalk, nur wenige Millimeter dick und in Einzelfällen meterlang.

Tropfstein (Auch Sinterbildung) Ausscheidung von Kalziumkarbonat aus Kalklösung.

Nach: Hubert Trimmel, Redaktion Fachwörterbuch für Karst und Höhlenkunde/Jahresheft für Karst und Höhlenkunde des Landesvereins für Höhlenkunde in Wien und Niederösterreich, Wien 1965

Notre gamme
à base de Noisettes

Reiseinformationen
von A bis Z

Anreise

... mit dem Auto

Dieser Führer richtet sich in der Hauptsache an Reisende, die mit dem Auto unterwegs sind. Wer öffentliche Verkehrsmittel in Anspruch nimmt, hat die Wahl zwischen verschiedenen Formen der An- und der Rückreise, aber vor Ort sollte man dann ein Mietauto nehmen, da man mit Bussen oder der Eisenbahn nur einen geringen Teil der hier beschriebenen Sehenswürdigkeiten erreicht.

Wer von Nord- oder Westdeutschland kommt, wählt am besten die Autobahn über Paris und fährt von dort auf der A 20 südwärts, die geradlinig ins Limousin führt. Wer aus Mittel- oder Süddeutschland kommt, wählt die Autobahn über Lyon und Clermont-Ferrand.

Wer von Norden durch das Limousin anreist und in Solignac Halt macht, könnte für die Weiterfahrt nach Süden anstatt auf der A 20 auf der alten, aber gut ausgebauten Nationalstraße N 20 nach Uzerche und Brive weiterfahren.

Wer von Osten her über Clermont-Ferrand anreist, wird sich der neuen A 89 zum schnelleren Vorankommen bedienen. An dieser Autobahn wurde fast 20 Jahre lang gebaut, Umweltschützer erzwangen wiederholt Veränderungen der Trassenführung. Das letzte Teilstück dieser Autobahn (Terrasson-Thenon) wird im Jahr 2008 fertig gestellt. Sie ist heute die wichtigste Ost-West-Achse quer durch Südfrankreich und verbindet die Städte Clermont-Ferrand, Brive, Périgueux und Bordeaux.

... mit der Bahn

Zügig geht es mit der Bahn. Von Deutschland fährt man nach Paris, dort fahren die Züge des *TGV-Atlantique* von der Gare Montparnasse. Bordeaux erreicht man in knapp 3 Stunden; Toulouse in etwas mehr als 5 Stunden.

... mit dem Flugzeug

Am schnellsten geht es natürlich mit dem Flugzeug. Von München und Frankfurt verkehren täglich mehrmals Linienmaschinen im Direktflug nach Bordeaux und Toulouse, neuerdings einmal täglich auch von Stuttgart und von Düsseldorf.

Ärztliche Versorgung

Auch im EU-Ausland müssen die gesetzlichen Krankenkassen die Kosten für ärztliche Leistungen erstatten. Wer im Urlaub krank wird, legt beim Arzt oder Krankenhaus die Versicherungskarte (EHIC) seiner Krankenkasse vor.

Empfehlenswert ist eine zusätzliche **Reisekrankenversicherung**, die Behandlungskosten komplett abdeckt und auch die Kosten eines notwendigen Rücktransports übernimmt.

Apotheken

Apotheken (frz. *pharmacie*) erkennt man am grünen Kreuz auf weißem Grund. Der Nachtdienst (*pharmacie du nuit*) ist auf einer Tafel an jeder Apotheke angezeigt.

Autofahren

Hier der Hinweis auf ein paar Besonderheiten, die von internationalen Regelungen abweichen:

– Geschwindigkeitsbeschränkung auf Autobahnen 130 km/h, auf drei- oder vierspurigen Nationalstraßen 110 km/h, auf Landstraßen 90 km/h.

– Achtung: *Ralentisseurs* – das sind Bodenschwellen, die Autofahrer in Wohngebieten zu Schritttempo zwingen sollen.

– Gurtpflicht vorn und hinten.

– 0,5 Promille-Grenze respektieren! Es finden sehr oft Kontrollen statt, die Strafen sind drakonisch.

– Bei der Budget-Planung für den Urlaub sind die hohen Autobahngebühren zu bedenken. Eine Fahrt quer durch das Land kostet mindestens (in mehreren Etappen) 100 Euro für einen PKW, Wohnmobile rangieren eine Katgeorie höher und schlagen mit etwa 50 % mehr zu Buche.

Behinderte auf Reisen

Einen speziellen Hotelführer für Behinderte (auf Französisch) gibt es bei der **Association des Paralysés de France** 17, Bld. Auguste Blanqui 75013 Paris Tel. 01 40 78 69 90 Fax 01 40 78 69 36 www.apf.asso.fr

Diplomatische Vertretungen

... für Deutsche:
Generalkonsulat der Bundesrepublik Deutschland
377, Boulevard du Président Wilson
F-33200 Bordeaux-Caudéran
Tel. 05 56 17 12 22, Fax 05 56 42 32 65

... für Österreicher:
Honorarkonsulat der Republik Österreich
32, Rue des Cosmonautes
F-31031 Toulouse
Tel. 05 61 20 82 50, Fax 05 62 16 13 62

... für Schweizer:
Generalkonsulat der Schweiz
14, Cours Xavier-Arnozan
F-33080 Bordeaux
Tel. 05 56 52 18 65, Fax 05 56 44 08 65

Einreise- und Zollbestimmungen

Bürger der EU sowie Schweizer benötigen bei der Einreise einen gültigen Personalausweis oder Reisepass.
Zollbestimmungen: EU-Bürger dürfen Waren für den Eigenbedarf unbegrenzt ein- und ausführen. Als Richtmenge gelten 800 Zigaretten bzw. 400 Zigarillos, 200 Zigarren oder 1 kg Tabak sowie 110 l Bier bzw. 90 l Wein (davon max. 60 l Schaumwein) oder 10 l Spirituosen. Für Schweizer gelten folgende Freimengen: 200 Zigaretten bzw. 100 Zigarillos, 50 Zigarren oder 250 g Tabak sowie 2 l Wein oder 1 l Spirituosen.

Hunde
Wer Tiere mit in den Urlaub nehmen möchte, muss eine amtstierärztliche Impfbescheinigung vorlegen. Hunde und Katzen müssen gegen Tollwut geimpft sein.
Ein wichtiger Hinweis für Hundebesitzer! Sie sollten vor einer Reise nach Südwestfrankreich ihr Tier daheim gegen **Babesiose** impfen lassen. Diese tückische Krankheit führt zu Lähmungen und in den meisten Fällen zum Exitus; sie wird von Zecken übertragen.

Elektrizität

In Frankreich beträgt die Netzspannung 220 Volt. Flachstecker von elektrischen Geräten passen in französische Steckdosen. Für Schukostecker braucht man jedoch einen Adapter.

Essen und Trinken

Die Küche in Südwestfrankreich
Das Wappentier der Küche im Raum Südwestfrankreichs ist die Ente, im Périgord kommt die Gans hinzu. Als die kulinarische Spezialität par excellence gilt die Gänse- oder Entenstopfleber, **le foie gras**. Bevor wir darauf näher eingehen, ist einem verbreiteten Vorurteil entgegenzutreten. Das Stopfen der Tiere gilt gerade bei tierliebenden Deutschen als Akt der Barbarei. Man sollte sich während der Reise einmal auf einem der vielen Gehöfte, die überall dazu einladen, umsehen und sich ein eigenes Bild machen. Die Gänse leben sechs Monate unter artgerechten Bedingungen. In manchen Züchtereien haben sie sogar die Möglichkeit, in der Dordogne zu plantschen. Erst während der letzten drei Wochen vor dem Schlachten beginnt das Stopfen. Es wird dreimal am Tag durchgeführt und dauert weniger als eine Minute. Gänse sind hochintelligente Tiere, die spätestens nach wenigen Wiederholungen der Prozedur, die heute fast überall mit einer schnell arbeitenden Maschine durchgeführt wird, um ihr Los wüssten und sich gewiss dagegen wehren würden. Stattdessen sieht man das Federvieh zur Stunde der Zwangsfütterung sich duldsam zur Stelle einfinden. Da passieren bei Tiertransporten, auf Schlachthöfen und Hühnerfarmen in Deutschland ganz andere, wirklich anzuprangernde Dinge! Zurück zum *foie gras*. Es gibt ihn in vier unterschiedlichen Formen der Zubereitung. *Le foie gras frais*, der in vielen Restaurants angepriesen wird, wurde nur sehr kurz gegart und ist praktisch fast roh, nur wenig gewürzt und gesalzen und weitgehend naturbelassen. Er hält sich deshalb auch nur wenige Tage im Kühlschrank und kann keinesfalls über längere Strecken transportiert werden. Er ist wegen des Futtermais' sehr hell und von fester Konsistenz. *Le foie gras mi-cuit* ist dagegen behandelt. Diese Leber wird bei einer Temperatur von etwa 70 °C im Wasserbad behutsam eine Stunde

lang angegart und bleibt dadurch etwas länger haltbar. Diese Form des *foie gras* kann man auch in Gläsern kaufen und – vorausgesetzt ein kühler Transport ist garantiert – mit nach Hause nehmen. Aber es ist unbedingt auf das Verfallsdatum zu achten! Durch den Garvorgang verliert die Leber – allerdings nur sehr geringfügig – von ihrem frischen Aroma. Überall findet man in den Läden *foie gras cuit*, in Dosen eingemacht und bestens präpariert für die Mitnahme in die Heimat. Diese Leber ist bei Temperaturen knapp über 100 Grad durchgegart und über längere Zeiträume zu lagern. Diesen Vorteil bezahlt man mit einem deutlicheren Verlust des Aromas und einer festeren Konsistenz. Dasselbe gilt für den *bloc de foie gras*, nur mit dem Unterschied, dass bei dieser Form der Zubereitung die Leber durchpassiert und also streichfähig wird.

Etwas würziger als Gänseleber ist die Entenleber, die sich ebenfalls großer Beliebtheit erfreut. Das dürfte aber nicht zuletzt auch handfeste finanzielle Gründe haben, denn Entenleber ist deutlich günstiger als Gänseleber.

Geflügelleber wird aber auch in zahllosen anderen Formen verarbeitet; mal vermischt mit Fleisch vom Schwein oder Rind, mal mit Armagnac oder Cognac abgeschmeckt und mit diversen anderen Ingredienzien versehen. Was wir landläufig dann Pastete nennen, findet man auf den Speisekarten der Restaurants zumeist als »Terrine« ausgewiesen. Der deutschsprachige Gast denkt dann spontan an eine Suppenterrine, aber nicht die ist gemeint, sondern die irdenen Töpfe, in denen die Pastete eingemacht wird. Praktisch jedes Haus hat diesbezüglich sein eigenes Rezept.

Viele dieser Köstlichkeiten werden mit **Trüffeln** angereichert, was den Geschmack geringfügig verbessert und den Preis spürbar nach oben treibt. Ein Kilo Trüffel wird um die 1000 Euro gehandelt. Der hohe Preis erklärt sich aus dem Umstand, dass es bislang nicht gelungen ist, Trüffeln zu züchten. Da schlug die Nachricht im Sommer 1995 wie eine Bombe ein, einem Forscher aus Hannover sei es gelungen, Trüffeln künstlich zur Fortpflanzung zu bringen. Aber seither hat man von der Neuentdeckung kaum noch etwas gehört. Früher wurde die Trüffel ausschließlich mit Schweinen gesucht. Der Pilz, der etwa 30 cm unter der Erde ein Dasein als Schmarotzer an den Wurzeln der kleinen Trüffel-

eiche führt, sondert Duftstoffe ab, die die Tiere mit ihrer sensiblen Nase erschnüffeln. Schon seit Jahrzehnten ist man fast überall dazu übergegangen, die Ernte mithilfe eigens darauf abgerichteter Schäferhunde einzubringen. Viel Mythos ist um »den Schwarzen Diamanten« entstanden. Im Mittelalter galt er als Aphrodisiakum, und heute schwören Köche – namentlich im Périgord – darauf, dass bestimmte Speisen ohne Trüffeln nicht zu denken seien.

Doch zurück zu **Gans und Ente**. Die Zubereitung des ganzen Vogels, wie man es in unseren Breiten zu Sankt Martin, zu Kirchweihfesten oder an Weihnachten macht, ist unüblich. Dort werden die Teile einzeln verarbeitet und zubereitet. Die Schenkel werden gekocht und im eigenen Fett eingemacht. Das heißt dann *confit*. Das *confit* hält sich in der Speisekammer mehrere Wochen und wird vor dem Verzehr in das Backrohr geschoben. Das feinste Stück ist das zarte Brustfleisch, besonders bei der Ente. Dieses wird im Ganzen gebraten oder gegrillt und kommt unter dem Namen *magret* in feine Scheiben geschnitten auf den Tisch, meist mit einer raffinierten Soße angemacht. Unübertroffen ist zum Beispiel ein *magret de canard à l´orange*.

Dass diese Küche ihre Wurzeln in alter bäuerlicher Tradition hat, ist daraus zu ersehen, dass man nichts umkommen lässt, alles, bis zum letzten Krümel, wird verwertet. Aus den Geflügelmägen, die gargekocht werden, gewinnt man *le gesier*, der, in feine Scheiben geschnitten, eine wunderbare Salatgarnierung abgibt; aus Fett und kleinen Fleischresten wird das Schmalzfleisch, *les rillettes*, gemacht, das man in manchen Lokalen unaufgefordert (und kostenfrei) zugleich mit der ersten Portion Weißbrot serviert bekommt. Was dann noch übrig bleibt an Verwertbarem, wandert in den *cou farci*, in den gefüllten Gänse- oder Entenhals. Heute gibt es den auch in der Luxusvariante, dann nicht mit Resten, sondern mit *foie gras* und anderen Kostbarkeiten gefüllt.

Von den Trüffeln war schon die Rede. Aber auch andere **Pilzarten** sind Grundpfeiler der Küche in Südwestfrankreich, allen voran der Steinpilz, dessen Erntesaison von Juni bis Oktober reicht. Man genießt ihn pur, in einem Omelett oder reicht ihn als Beilage. Getrocknet oder eingelegt wird er für die Wintermonate haltbar gemacht. Im Frühjahr tauchen auf den Märkten die Morcheln auf. Zu Scampi – in Sahnesoße – oder zu hellem Hühnerfleisch gibt die Morchel ein unvergleichliches Aroma. Und nicht zu vergessen die girolles, die Pfifferlinge, die so manches Wildgericht begleiten, wobei man gerade bei Reisen im Herbst einigermaßen überrascht ist, wie selten Wildgerichte auf den Speisekarten der Restaurants auftauchen – und das bei der Jagdleidenschaft der Franzosen! Die Erklärung ist denkbar einfach: Die Jäger verzehren ihre Beute lieber selbst, als sie in den Handel zu bringen oder an Lokale weiterzugeben. Auch ist der Wildbestand, wenn wir von den Pyrenäen absehen, stark reduziert. Zur Jagdzeit werden gezüchtete Fasane in der Wildbahn ausgesetzt, damit die Jäger überhaupt noch etwas vor die Flinte bekommen.

Die vielen Flüsse liefern **Süßwasserfische**, vor allem Forellen, aber auch Schleien und Zander und Süßwasekrebse. Am Atlantik kommt dann noch die ganze Vielfalt der **Meeresfische**, der Schalen- und Krustentiere hinzu. Der Scholle entspricht hier ein anderer Plattfisch, der den Namen Limande trägt (im Deutschen auch Rotzunge genannt). Ein zünftiges Plateau *Fruits de mer* enthält: Austern, Venusmuscheln und Miesmuscheln (roh) sowie Meeresschnecken, Krabben, Crevetten, Langustinen und Krebs (gekocht). Selig, wer in St-Gaudens oder Umgebung und damit auf halber Strecke zwischen Atlantik und Mittelmeer lebt oder den Urlaub verbringt. Hier treffen die Lieferungen der Fischhändler beider Meere ein, die Auswahl auf den Märkten ist stets üppig.

Kaum minder vielfältig ist das Angebot an **Käsesorten**. Aus dem Quercy, dem Périgord und den Pyrenäen kommen die unterschiedlichsten Ziegenkäsesorten. Eine Köstlichkeit ist *chèvre chaud*, kleine, runde Ziegenkäse, die, im Rohr kurz angewärmt, mit knusprig gebackenem Brot auf einem Salatbett serviert werden, dazu eine würzige Sauce vinaigrette.

Gemessen an den bislang aufgezählten Köstlichkeiten erscheint die Auswahl an **Desserts** eher bescheiden. Gern isst man als Nachtisch unterschiedliche Kuchensorten, im Périgord vor allem den regionaltypischen Walnusskuchen oder Varianten mit Früchten, oder Schokoladenspeisen, die dank der Chocolatiers in Bayonne historisch in der Küche Südwestfrankreichs verankert sind.

Gaumenfreuden von der Atlantikküste: frische Austern

Getränke

Der Raum Südwest-Frankreichs ist reich an Quellen, Bächen, Flüssen, doch gibt es nur wenige ausgesprochene Mineralwasserquellen. In den Pyrenäen erfreut sich das Wasser aus Ogeu großer Beliebtheit, es ist nur gering mit Kohlensäure versetzt.

Feiertage

Die wichtigsten Feiertage in Frankreich sind: 1. Januar (*Nouvel An*), Ostersonntag, 1. Mai (Tag der Arbeit, fast alles geschlossen), 8. Mai (Waffenstillstandstag/Ende des Zweiten Weltkriegs, wird vielerorts mit Kranzniederlegungen an den Denkmälern der Gefallenen gefeiert), 14. Juli (Nationalfeiertag, erinnert an den Sturm auf die Bastille 1789), 15. August (Mariä Himmelfahrt, ist überraschend in dem stark säkularisierten Frankreich einer der höchsten Feiertage, keine Kirchenbesichtigungen in den Vormittagsstunden), 1. November (Allerheiligen, das ganze Land ist auf den Beinen, um die Gräber verstorbener Angehöriger zu schmücken), 11. November (*Armistice*, Waffenstillstandstag, Ende des Ersten Weltkriegs, überall im Land finden Gedenkfeiern und Kranzniederlegungen vor den Kriegerdenkmälern statt), 25. Dezember (Weihnachten, alles hat geschlossen).

Zu beachten: Fällt einer dieser Feiertage auf einen Donnerstag, so sind in der Regel Ämter, Banken und zum Teil auch Geschäfte am darauf folgenden Freitag geschlossen. Supermärkte ignorieren die Feiertage zunehmend und haben zumindest in den Vormittagsstunden geöffnet.

Geld

Landeswährung ist der Euro. Bargeld bekommt man an vielen Geldautomaten mit der ec-/Maestro-Karte oder Kreditkarte. Der bargeldlose Zahlungsverkehr mit Kreditkarte hat sich überall durchgesetzt.

Höhlenbesuche

In den meisten Höhlen wurden maximale Besucherzahlen pro Tag festgelegt, die in der Vor- und Nachsaison eher unterschritten werden. In den Sommerferien ist der Andrang jedoch gewaltig und eine vorherige Anmeldung dringend angeraten. In **Font-de-Gaume** muss man sich zu jeder Jahreszeit anmelden, andernfalls wird der Einlass verwehrt. In **Lascaux II** kann man außerhalb der Hochsaison in der Regel die Uhrzeit für eine Besichtigung frei wählen. Im Juli/August dagegen diktiert das Office de Tourisme die Besuchszeit, da der Andrang gewaltig ist. Da hilft nur eines: So früh wie möglich vorstellig werden, dann kann man den betreffenden Tag entspannter planen.

In praktisch allen Höhlen ist das Fotografieren grundsätzlich untersagt.

Bei einem Besuch sollte man an warme Pullover und/oder Jacken denken, da man sonst bei den kühlen Temperaturen unter Tage leicht eine Erkältung riskiert.

Nur ganz wenige Höhlen können auch Körperbehinderte und Rollstuhlfahrer problemlos besichtigen: dazu zählen die Höhle von Bara-Bahau und die Grotte Pair-non-Pair.

Informationsstellen

Heutzutage hat jeder etwas größere Ort in Frankreich eine Informationsstelle für Reisende. Früher hießen in Frankreich die Informationsbüros für Touristen Syndicat d'Initiative. Der Begriff ist fast völlig außer Mode gekommen, aber gerade im ländlichen Bereich kann man noch gelegentlich ein Hinweisschild mit dem Kürzel SI lesen. Landesweit hat sich überwiegend die Bezeichnung Office de Tourisme durchgesetzt, die Kürzel lautet OT, auf Hinweisschildern sieht man jedoch meistens das international üblich gewordene »i«.

Französisches Fremdenverkehrsbüro – Maison de la France
www.franceguide.com

... in Deutschland
Zeppelinallee 37
60325 Frankfurt/Main
Tel. 09 00/1 57 00 25 (0,49 Euro/Min)

... in Österreich
Lugeck 1–2
1010 Wien
Tel. 09 00/25 00 15 (0,68 Euro/Min.)

... in der Schweiz
Rennweg 42
8023 Zürich
Tel. 044/2 17 46 00
(Einwahl 1,20 SFr. plus 0,30 SFr./Min.)

Leben in Midi-Pyrénées

Mit dieser Information richten wir uns ausnahmsweise nicht an die durchreisenden Gäste, sondern vorwiegend an Menschen aus den deutschsprachigen Ländern, die befristet, vielleicht auch länger in Toulouse oder Umgebung leben. 2003 wurde ein Verein mit dem Namen »Leben in Midi-Pyrénées« (kurz LMP) gegründet, dessen Ziel es ist, Deutsche, Österreicher und Schweizer, die hier leben, mit ihrer neuen Heimat und mit Franzosen bekannt und vertraut zu machen und zugleich heimisches Brauchtum zu pflegen. Es finden Vorträge, gemeinsame Ausflüge und Konzerte statt, aber auch Seminare und Kolloquien, die das Ziel haben, den hier ansässigen Deutschsprachigen das Fußfassen – auch das berufliche – in der neuen Heimat zu erleichtern.

Leben-in-Midi-Pyrénées e. V.
26, Rue des Fontanelles
F-31320 Castanet
www.lebenmp.fr

Literaturtipps

Droste, Thorsten: Die Pyrenäen
Hirmer Verlag, 2001
Der Coautor dieses Reiseführers hat einen opulent illustrierten Band über den Pyrenäenraum veröffentlicht. Neben der Kunstgeschichte (schwerpunktmäßig der Romanik) werden auch andere Bereiche der Geschichte und der Landschaft behandelt.

Fittko, Lisa: Mein Weg über die Pyrenäen
DTV, 2004
Von der spannungsvollen Zeit des Zweiten Weltkriegs handelt der Tatsachenbericht, den Lisa Fittko (1909–2005) 1985 veröffentlicht hat. Die ursprünglich aus Österreich-Ungarn stammende Tierärztin war vor den Nazis aus Berlin geflohen. Als die Wehrmacht 1940 in Frankreich einfiel, wurde Fittko verhaftet und in dem KZ Gurs nahe Oloron in-

haftiert. Von dort gelang ihr die Flucht, und nun organisierte sie einen Fluchtweg über die Pyrenäen. So haben sie und ihre Helfer hunderte Juden und politisch Verfolgte vor den Nazischergen gerettet. Nachdem die Wehrmacht auch den Süden Frankreichs besetzt hatte, floh sie über Kuba in die Vereinigten Staaten, wo sie bis zum ihrem Lebensende blieb. Das Buch über ihre Tätigkeit im Widerstand und namentlich über ihre Fluchthilfe über die Pyrenäen ist ein ergreifendes Zeitzeugnis.

Lambert, Malcolm: Geschichte der Katharer – Aufstieg und Fall der großen Ketzerbewegung
Wissenschaftliche Buchgesellschaft, 2001
Das neue Grundlagenwerk zum Thema der Ketzer in Südfrankreich, wissenschaftlich fundiert, doch zugleich für den interessierten Laien leicht und anschaulich lesbar. Den Text begleiten ungezählte Fußnoten, sodass man sich dort über weiterführende Literaur informieren kann.

Löwinger, Paul: Das Lied des Troubadours
Fischer Verlag, 2003
In der historischen Information verlässlich recherchiert und als Roman fesselnd geschrieben von dem Wiener Theaterregisseur.

Raddatz, Fritz J.: Pyrenäenreise im Herbst – Auf den Spuren Kurt Tucholskys
Rowohlt Verlag, 1985
60 Jahre nach Tucholksy folgte Fritz J. Raddatz seinen Wegen. In einer geschickt inszenierten Collage verwebt der Verfasser eigene Eindrücke mit Zitaten aus dem Buch seines Vorbildes.

Tucholsky, Kurt: Ein Pyrenäenbuch
Rowohlt Verlag, 2000
1924 brach Kurt Tucholsky (1890–1934) zu einer mehrwöchigen Reise durch die Pyrenäen auf. Sein daraus entstandenes Buch ist eines der meistgelesenen literarischen Reisebücher deutscher Sprache aller Zeiten und in ungezählten Auflagen erschienen.

von Salomon, Ernst: Glück in Frankreich
Rowohlt Verlag, 1983
1931 verließ der deutsche Autor Ernst von Salomon (1902–72) Berlin aus politischen Gründen und tauchte in St-Jean-de-Luz unter. Mehr als 30 Jahre später hat er die Erinnerungen an diese Zeit in Romanform niedergeschrieben. Der Roman ist auch heute noch eine unterhaltsame Lektüre, spritzig, humorvoll, ungemein lebendig und anschaulich.

Notruf

Überregionaler Notruf für ärztliche Hilfe bzw. Krankenwagen (SAMU) ist **15**, Polizei **17** und Feuerwehr **18**.

Öffnungszeiten

Die Öffnungszeiten der Schlösser und Museen variieren je nach Saison und Bekanntheitsgrad. In der Regel wird eine Mittagspause zwischen 12 und 14 Uhr eingelegt. Auch Kirchen sind in dieser Zeit meist geschlossen. Dienstags haben Schlösser und Museen vielerorts Ruhetag.

Geschäfte haben in der Regel von 9–12 und von 14–19 Uhr geöffnet, wobei es in Frankreich keine festen Ladenöffnungszeiten gibt. In den meisten kleineren Orten gibt es auch am Sonntagvormittag frisches Brot zu kaufen und die meisten Läden haben offen. Am Montagvormittag hingegen sind viele Läden geschlossen.

Rauchen

Im Frühjahr 2007 ist in Frankreich ein Gesetz in Kraft getreten, das Rauchen in öffentlichen Gebäuden verbietet. Jetzt dürfen Raucher nur noch in speziell ausgewiesenen Bezirken ihrem Laster frönen. Der Preis für Zigaretten hat sich außerdem extrem verteuert, sodass tatsächlich viele Raucher das Qualmen aufgegeben haben. Einige Tabakläden haben ganz auf Zeitungen und Schreibbedarf umgesattelt.

Reisezeit

Die idealen Monate für Besichtigungen im Raum Südwestfrankreich sind **Mai/Juni** sowie **September/Oktober**. Wer einen Sommerurlaub plant, sollte entweder früh im Juli oder spät im August unterwegs sein. In den ersten drei Wochen im August herrscht überall Hochbetrieb und außerdem kann es dann brütend heiß werden. Außerdem ist zu berücksichtigen, dass man sich vielerorts anmelden muss; das gilt vor allem für die prähistorischen Höhlen. Man kann Besichtigungsfahrten durchaus auch noch bis Anfang November unternehmen, in den Pyrenäen ist dies sogar die schönste

Zeit, weil dann die ausgedehnten Laubwälder in allen Farben leuchten. Die Wintermonate eignen sich vor allem für den Wintersport, Besichtigungen sind im Januar kaum möglich, weil dann fast alles geschlossen ist. Im frühen Frühjahr (März/April) muss man mit starken Niederschlägen rechnen.

Reiseveranstalter

Studienreisen, Gruppenreisen

Wer nicht gern eine lange Anreise auf eigene Faust unternimmt und es zudem schätzt, sich einer sachkundigen Führung anvertrauen zu können, findet in den Angeboten aller namhaften Reiseveranstalter Studienreisen nach Südwestfrankreich. Ein umfangreiches Angebot hat

Studiosus Reisen München GmbH
Riesstraße 25, D-80992 München
Tel. 089/500 60-0, Fax 089/500 60-100
www.studiosus.com

Zu Natur und Kultur auf dem französischen Jakobsweg führt
Wikinger Reisen
Kölner Straße 20, D-58135 Hagen
Tel. 023 31/90 48 04, Fax 023 31/90 48 91
www.wikinger-reisen.de

Die beiden Autoren dieses Buches führen regelmäßig anspruchsvolle und sorgfältig ausgearbeitete Reisen für Gruppen nicht nur nach Südwestfrankreich, sondern auch in andere Gebiete durch. Programme können beim Veranstalter angefordert werden:
Studienreisen Dr. Droste
Lieu dit Cerciat
F-31160 Aspet
Tel. 05 61 88 43 38, Fax 05 61 88 44 79
droste@online.fr

Sicherheit

Leider hat in den zurückliegenden Jahren die Kleinkriminalität in den Feriengebieten zugenommen, gefährdet sind vor allem unbewacht abgestellte Autos. Hier gilt ganz simpel die alte Regel: Gelegenheit macht Diebe. Wer nichts im Wagen liegen lässt, riskiert auch keinen Diebstahl.

Telefonieren

In Frankreich sind alle öffentlichen Fernsprecher Kartentelefone. Die Télécartes zu 50 oder 120 Einheiten sind im Tabac und an Zeitungskiosken, in Tankstellen und auf der Post erhältlich. Die Bedienung der Apparate ist in den Zellen selbst gut erklärt.

Auslandsvorwahlen

Deutschland: 00 49
Österreich: 00 43
Schweiz: 00 41
Nach der Landeskennzahl wird die erste Null nicht gewählt.
Landesvorwahl für Frankreich: 00 33. Anschließend die Rufnummer ohne die erste Null wählen.
In den zehnstelligen französischen Telefonnummern ist die Ortsvorwahl, die immer (auch im selben Ort) mitzuwählen ist, schon enthalten.

Mobil telefonieren

Der Empfang für Mobiltelefone ist in der Regel gut. Nur in den Tälern der Pyrenäen fällt man mit Regelmäßigkeit in Handylöcher. Wer viel telefoniert oder länger in Frankreich bleibt, kauft am besten vor Ort eine Prepaid-Karte. Mit der Karte erhält man eine französische Nummer, unter der man erreichbar ist, ohne für eingehende Anrufe zahlen zu müssen.

Trinkgeld

Im Restaurant und Café ist der Service im Preis inbegriffen, doch lässt man üblicherweise ein Trinkgeld auf dem Tisch zurück. Auch Taxifahrer, Zimmermädchen und Führer in Schlössern erwarten ein Trinkgeld.

Umweltbewusstsein

Seit die Grünen an der Regierung beteiligt waren (1997–2002), hat sich in Sachen des Umweltschutzes einiges in Frankreich getan. Erst seitdem findet Mülltrennung statt. Überall sind jetzt Container aufgestellt, die in ihrer hölzernen Verpackung die Optik kaum stören. Getrennt wird nach Glas, Papier und Plastikflaschen. In den Container für Plastikflaschen darf man auch Tetrapacks, Konservenbüchsen und Getränkedosen werfen, auf die – anders als in Deutschland – kein Pfand erhoben wird.

Unterkunft

Hotels

Die Hotels sind in Frankreich wie inzwischen überall in Europa üblich in Kategorien von * bis zu **** klassifiziert. Überall sind die Hotelketten präsent: Novotel***, Mercure*** und Ibis** gehören zu einer gemeinsamen Firmengruppe mit Namen Accor. Mercure-Hotels unterscheiden sich gelegentlich von den uniformierten Hotels anderer Ketten, da die Gruppe in den letzten Jahren verstärkt Traditionshäuser aufgekauft hat und diese in der hergebrachten Form weiterführt. Ausgesprochen billige Unterkünfte sind Hotels der Ketten Formule 1, Campanile, 1ere Classe, alle im niedrigrangigen **Sektor angesiedelt nach dem Motto quadratisch, praktisch, billig. Etwas höherrangig sind die Hotels der Kyriad-Gruppe.

Besonders aufmerksam machen wir auf die Hotels der **Logis de France-Kette**. Es handelt sich um den freiwilligen Zusammenschluss von individuell geführten Häusern mit ausgesprochen persönlicher Note; oftmals alte Familienbetriebe, die immer eine gute und landestypische Küche garantieren. Erkennungszeichen ist ein gelber Kamin auf grünem Grund. Je nach Qualität sind die Häuser von Logis de France von einem bis drei gelben Kaminen gestaffelt. Die meisten gehören in den Bereich der **Kategorie und sind preislich sehr moderat.
Fédération Nationale des Logis de France
83, Rue d´Italie
F-75013 Paris
Tel. 01 45 84 70 00, Fax 01 45 83 59 66
www.logis-de-france.fr

Viele Häuser der ***Kategorie haben sich in der Familie der **Best-Western-Hotels** zusammengeschlossen. Sie bieten gehobenen Komfort, aber eben auch zu gehobenen Preisen. Die meisten Hotels im ***Sektor jedoch sind privat geführt und gehören keiner Organisation an.

Im ****Luxus-Segment sind die Hotels, zumeist Schlösser, angesiedelt, die sich in der Organisation **Relais & Châteaux** zusammengefunden haben:
Pariser Straße 51
D-10719 Berlin
Tel. in Deutschland: 01 80/1 88 00 18,
Fax 030/88 62 53 48
www.relaischateaux.com

Daneben hat sich eine zweite Hotel-Familie im *** bis ****Bereich formiert, die den Namen Châteaux & Hotels de France führt. Hier handelt es sich ebenfalls um Schlosshotels oder um anspruchsvolle Häuser zumeist in historischen Mauern.
Châteaux & Hotels de France
84, Avenue Victor Cresson
F-92441 Issy-les-Moulineaux
www.chateauxhotels.com
Alle diese zuletzt genannten Organisationen und Ketten bringen alljährlich einen aktuellen Katalog sämtlicher zugehöriger Häuser heraus. Diese meist mehrere hundert Seiten schweren Verzeichnisse erhält man in den Hotels der jeweiligen Gruppe kostenlos, bei postalischer Zustellung wird eine Gebühr verlangt.

Privatunterkünfte

Steigender Beliebtheit erfreuen sich private Unterkünfte. Das englische Prinzip von »Bed-and-Breakfast« ist in Frankreich auf dem Vormarsch. Man achte auf die Hinweise an der Straße. Die offizielle französische Bezeichnung ist »**Chambre d´Hôte**«, und das bedeutet in der Regel, dass man hier nicht nur ein Frühstück, sondern auch eine Abendmahlzeit (in der Regel ein Drei-Gänge-Menü) erhält, die man mit anderen Gästen an einem gemeinsamen Tisch einnimmt. Liest man indes auf einem Hinweisschild die bekannte englische Kürzel B&B, dann bedeutet das wirklich wörtlich, dass man hier abgesehen vom Zimmer zwar ein Frühstück, aber keine weitere Mahlzeit erhält.
Wer einen längeren Urlaub an einem festen Ort plant, fährt gut mit der Anmietung eines Hauses oder einer Ferienwohnung von privater Seite. Hier gibt es ebenfalls einen Zusammenschlus in der Organisation »**Gîtes de France**« (Logo: eine gelbe Frankreichkarte auf grünem Grund, darin ein roter Gockel, darüber ein Dach aus einem weißen und einem roten Streifen). Für jedes Département erscheint ein eigener Katalog. Die Suche im Internet ist denkbar einfach: Man gibt www.gites.com ein und ergänzt hinter gites die Kennzahl des Departements (Ariège 09, Aveyron 12, Dordogne 24, Haute-Garonne 31, Gers 32, Gironde 33, Landes 40, Lot 46, Lot-et-Garonne 47, Pyrénées-Atlantiques 64, Hautes-Pyrénées 65, Tarn 81, Tarn-et-Garonne 82).

Camping

Für Camper ist der Raum Südwestfrankreichs ein Paradies. Es gibt viele Bauerngehöfte, die »**camping à la ferme**« anbieten, meist kleine Plätze mit nur wenigen Stellmöglichkeiten, immer sauber und sehr persönlich. Im Landesinnern gibt es viele, zum Teil sehr komfortabel ausgestattete Campingplätze mit Pool, die schönsten im Tal der Dordogne und in ihren Seitentälern.
Die Riesencampingplätze direkt am Atlantik sind in der Hochsaison überfüllt. Hier muss man lange im Voraus einen Platz reservieren. Wer größere Menschenmengen nicht scheut, hat keine Probleme. Wer es lieber etwas beschaulicher hat und dennoch auf Nähe zum Meer nicht verzichten mag, dem raten wir (aus guter eigener Erfahrung, denn viele unserer Erkundungstouren haben wir mit dem Wohnmobil durchgeführt) Folgendes: Gehen Sie ins Landesinnere! Bereits 10 km vom Strand entfernt gibt es hübsche, kleine Campingplätze, wo man auch im Juli/August problemlos schattige und ruhige Plätze zu sehr vernünftigen Preisen bekommt. Von hier ist man in weniger als einer Viertelstunde am Strand (aber rechtzeitig am Morgen aufbrechen, sonst gibt es Parkplatzprobleme).
Ein verlässlicher Informant ist der blaue Michelin-Führer, der jedes Jahr in einer neuen Auflage erscheint.

Register

Register

Verzeichnis der Karten

Abbildungsnachweis

Umschlagvorderseite: Castelnaud-la-Chapelle
Vordere Umschlagklappe: Porte de Cailhau in Bordeaux
Vordere Umschlagklappe innen: Übersichtskarte Südwestfrankreich
Vignette: Kapitell im Kreuzgang von Moissac
Hintere Umschlagklappe: Schloss La Malartrie am Dordogneufer
Hintere Umschlagklappe innen: Weinanbaugebiete in Südwestfrankreich
Umschlagrückseite: Lagekarte von Frankreichs Südwesten;
  Kreuzgang von St-Lizier;
  Aufriss und Grundriss vom *clocher-porche* in Moissac;
  Honig aus Sarlat

Über die Autoren:
Julia Droste-Hennings   Die gebürtige Kärntnerin studierte an der Universität Salzburg Kunstgeschichte, Philosophie und Germanistik. Zahlreiche Buchveröffentlichungen vor allem zu Frankreich. Für den DuMont Reiseverlag schrieb sie den Kunst-Reiseführer »Paris« (zusammen mit Thorsten Droste).
Thorsten Droste   Der in Hamburg geborene Kunsthistoriker hat annähernd 30 Bücher vor allem über Frankreich geschrieben. Im DuMont Reiseverlag erschienen von ihm die Kunst-Reiseführer »Venedig«, »Burgund«, »Poitou« und »Provence«.
Die Autoren leben seit 1997 in Südfrankreich.

Bitte schreiben Sie uns, wenn sich etwas geändert hat!
Alle in diesem Buch enthaltenen Angaben wurden von den Autoren nach bestem Wissen erstellt und von ihnen und dem Verlag mit größtmöglicher Sorgfalt überprüft. Gleichwohl sind – wie wir im Sinne des Produkthaftungsrechts betonen müssen – inhaltliche Fehler nicht vollständig auszuschließen. Daher erfolgen die Angaben ohne jegliche Verpflichtung oder Garantie des Verlages oder der Autoren. Beide übernehmen keinerlei Verantwortung und Haftung für etwaige inhaltliche Unstimmigkeiten. Wir bitten dafür um Verständnis und werden Korrekturhinweise gerne aufgreifen:
DuMont Reiseverlag, Postfach 31 51, 73751 Ostfildern
E-Mail: info@dumontreise.de

---

1. Auflage 2007
© DuMont Reiseverlag, Ostfildern
Alle Rechte vorbehalten
Grafisches Konzept: Ralf Groschwitz, Hamburg
Satz und Druck: Rasch, Bramsche
Buchbinderische Verarbeitung: Bramscher Buchbinder Betriebe